BASTEI
LÜBBE

ANATOLE FRANCE

NOBELPREIS FÜR LITERATUR

JEANNE D'ARC
DIE GÖTTER DÜRSTEN

ZWEI HISTORISCHE ROMANE

Aus dem Französischen
von Friderike Maria Zweig
und Friedrich v. Oppeln-Bronikowski

BASTEI
LÜBBE

BASTEI LÜBBE TASCHENBUCH
Band 14 189

Erste Auflage: Februar 1999

Titelbild: AKG, Berlin
Umschlaggestaltung: KKK, Köln
Satz: KCS GmbH, Buchholz / Hamburg
Druck und Verarbeitung: 45014
Groupe Hérissey, Évreux, Frankreich
Printed in France
ISBN 3-404-14189-X

Der Preis dieses Bandes versteht sich einschließlich der gesetzlichen Mehrwertsteuer

Inhalt

JEANNE D'ARC

ERSTER BAND

ERSTES KAPITEL
Kindheit

Von Neufchâteau nach Vaucouleurs fließt die Maas leicht und klar zwischen niederem Buschwerk von Weiden, Erlen und Pappeln dahin. Zuweilen gefällt sie sich in unvorhergesehenen Krümmungen, zuweilen in weiten Umwegen; so trennt und vereint sie unaufhörlich die bläulichgrünen Adern ihrer Gewässer, die sich manchmal plötzlich unter der Erde verlieren. Im Sommer ist sie nur ein lässiger Bach, der im Vorübergleiten das Schilf des kaum gehöhlten Flußbettes niederbeugt; nähert man sich aber dem Ufer, gewahrt man, daß der Flußlauf, durch Ginsterinselchen aufgehalten, mit seinem Schillern kaum ein wenig Sand und Moos bedeckt. Aber zur Regenzeit, angeschwollen durch einbrechende Sturzbäche und schwerer und reißender im Hinfließen, tränkt er die Erde rings mit Tau, der da und dort über den Wiesen in hellen Schwaden wieder aufsteigt.

Dieses Tal erstreckt sich gleichförmig ein bis anderthalb Meilen zwischen niederen, gerundeten Hügeln, die Eichen, Buchen und Ahorn krönen. Wohl steht es im Frühling in Blüte, sieht aber doch meist ernst und strenge, ja zuweilen traurig aus. Gras kleidet es in Einförmigkeit, die an schlafende Wasser gemahnt. Selbst an schönen Tagen fühlt man sich von rauhem und kaltem Klima bedroht. Milder als die Erde erscheint der Himmel; er umfängt sie mit seinem feuchten Lächeln, von ihm geht Bewegung aus, Gnade und Wonne dieser stillen und keuschen Landschaft. Naht dann der Winter, so vermischt er sich der Erde wie in einem Chaos. Die Nebel werden dicht und hartnäckig. Den weißen, leichten Dünsten, die am lauen Morgen tief über dem Tal schwebten, folgen nun undurchdringliche Wolken wie finstere, bewegliche Berge, die eine rote Sonne nur langsam zerstreut. Und mancher auf den Pfaden des Hochlandes morgendlich Wandernde hatte wie Erleuchtete in ihren Entzückungen das Gefühl, wie auf Wolken hinzuschreiten.

Nachdem der biegsame Fluß das bewaldete Plateau, von dem aus Schloß Bourlemont das Tal der Saonelle beherrscht, links und Coussey mit seiner alten Kirche rechts liegenläßt, kommt er westwärts durch den Wald Chesnu und ostwärts am Julienshügel vorbei, begegnet auf seinem westlichen Ufer den Dörfern Domremy und Greux, die einander berühren, trennt Greux von Maxey an der Maas, erreicht zwischen anderen Marktflecken, die in den Ausbuchtungen der Hügel oder auf den Erhöhungen selbst liegen, Burey-la-Côte, Maxey-sur-Vaise und Burey-en-Vaux und bespült dann die schönen Wiesen von Vaucouleurs.

In dem kleinen Dorfe Domremy, kaum drei Meilen flußabwärts von Neufchâteau und fünf Meilen von Vaucouleurs, ward gegen 1410 oder 1412 ein Mädchen geboren, das zu einem höchst seltsamen Dasein bestimmt war. Sie kam unbegütert zur Welt. Jakob von Arc, ihr Vater, aus dem Dorfe Ceffonds in der Champagne stammend, lebte vom Ertrag des Weidelandes oder von seinem kleinen Wirtschaftshofe und führte Pferde zur Arbeit. Seine Nachbarn hielten ihn für einen guten Christen und tüchtig in der Arbeit. Seine Frau war aus Vouthon gebürtig, einem Dorfe, nordwestlich anderthalb Meilen von Domremy jenseits der Wälder von Greux. Zu ihrem Namen Isabelle oder Zabillet erhielt sie zu nicht näher bekannter Zeit den Beinamen Romée. So nannte man diejenigen, die eine Romfahrt oder irgendwelche große Pilgerschaft mitgemacht hatten, und es ist anzunehmen, daß Isabelle sich ihren Beinamen verdiente, als sie den Pilgerstab ergriff. Einer ihrer Brüder war Pfarrer, ein anderer Dachdecker, einer ihrer Neffen Zimmermann. Sie hatte ihrem Manne bereits drei Kinder geschenkt: Jacques oder Jacquemin, Katharina und Jean.

Das Haus des Jakob von Arc stieß an die Einfriedung der dem heiligen Remigius, dem Apostel der Gallier, geweihten Pfarrkirche. Man brauchte bloß den Friedhof zu überqueren, um das Kind über das Taufbecken zu halten. Zu jener Zeit, so heißt es, seien in diesen Gegenden die Teufelsbeschwörungen viel weitschweifiger für Mädchen als für Knaben gewesen. Wenn auch unbekannt, ob Hochwürden Jean Minet, Pfarrherr der Gemeinde, sie über dem Haupt des Kindes ihrem genauen Wortlaut nach sprach, sei an diesen Brauch erinnert, als an eines der vielen Zeichen unüberwindlichen Mißtrauens, das stets die weibliche Natur der Kirche einflößt.

Das Kind hatte wie üblich mehrere Paten und Patinnen. Jeannette, Frau des Thiesselin von Vittel, Schreiber in Neufchâteau, war die Weiseste von allen, denn sie hatte aus Büchern Geschichten lesen hören. Es trafen da zahlreiche Jeans, Jeannes und Jeannettes zusammen wie in allen Vereinigungen guter Katholiken. Der heilige Johannes der Täufer genoß große Achtung; sein Namenstag, der am 24. Juni gefeiert wurde, bedeutete ein wichtiges Datum im christlichen und bürgerlichen Jahre. Es diente als üblicher Termin für Pacht, Mieten und Verträge aller Art. Der heilige Johann Evangelist, dessen Kopf an der Brust des Heilands geruht hatte und der am Ende aller Zeiten auf die Erde zurückkehren sollte, galt in den Augen mancher Frommen und hauptsächlich der Bettler als der größte Heilige des Paradieses. Deshalb gab man Neugeborenen zu Ehren des Verkünders oder des geliebten Apostels den Namen Jean oder Jeanne, Johann oder Johanna lieber als irgendeinen anderen Namen. Und um dem kindlichen Alter und der fast allem menschlichen Schicksal bestimmten Unscheinbarkeit diese heiligen Namen besser anzupassen, verminderte man sie zu Hans und Hannchen. Die Bauern längs der Maasufer hatten eine Vorliebe für diese zugleich schlichten und kosenden Vornamen wie Jacquot, Pierrelot, Zabillet, Mengette, Guillemette. So erhielt das Kind von der Frau des Schreibers Thiesselin den Namen Jeannette. Im Dorfe führte sie nur diesen, später in Frankreich nannte man sie Jeanne, Johanna. Sie wurde im väterlichen Hause aufgezogen. Wie ärmlich aber erschien doch das Haus Jakobs! Die Fassade war von einem oder zwei spärlich Licht verbreitenden Fenstern durchbrochen, das aus flachen Steinen bestehende Dach über einen Halbgiebel geneigt, senkte sich an der Gartenseite fast bis zur Erde herab. Wie es in der Gegend üblich, befand sich vor dem Eingang eine Anhäufung von Dünger, Holzscheiten und Arbeitsgeräten, von Rost und Kot bedeckt. Aber der einfache Garten, zugleich für Obst und Gemüse, war im Frühling weiß und rosig umblüht. – Später hatten diese guten Leute noch ein Kind, das letzte, Pierre, das Pierrelot genannt wurde.

Johanna gedieh auf kärglicher Erde zwischen rauhen und nüchternen Menschen, genährt von rosenfarbenem Wein und Schwarzbrot, das ein hartes Leben noch härter machte. Frei wuchs sie heran; Kinder arbeitsamer Bauern leben ja meist für sich, abseits von der Aufsicht der Eltern. Die Tochter Isabellens scheint sich mit den Dorfkindern sehr gut vertragen zu haben. Eine kleine um drei oder vier Jahre jüngere Nachbarin Hauviette war ihre tägliche Gefährtin. Sie schliefen gerne im selben Bett. Mengette, deren Eltern in entgegengesetzter Richtung wohnten, kam in das Haus Jakob von Arcs, um zu spinnen. Sie erledigte mit Johanna die Obliegenheiten des Hauswesens. Oftmals auch ging Johanna mit ihrer Spindelschnur zu gemeinsamer Abendarbeit zu einem Landmann namens Jacquier von Saint-Amance. Die Knaben wuchsen begreiflicherweise mit den Mädchen heran. Johanna und der Sohn des Simonin Musnier wurden, da sie Nachbarskinder waren, zusammen erzogen. Während seiner Kindheit erkrankte der Sohn Musnier, und Johanna pflegte ihn.

Es war zu jener Zeit gar nicht so selten, daß Dorfleute lesen konnten. Meister Johann Gerson empfahl wenige Jahre vorher seinen Schwestern, lesen zu lernen und versprach, wenn es ihnen gelänge, ihnen Erbauungsbücher zu schenken. Johanna aber, obzwar sie Pfarrersnichte war, lernte nicht in ihrem Gebetbuch lesen, und sie glich darin mehreren anderen Kindern des Dorfes, wenn auch nicht allein, denn es gab in Maxey eine Schule, die die Knaben von Domremy besuchten.

Von ihrer Mutter lernte sie das Vaterunser, den Englischen Gruß und das Credo. Sie hörte einige schöne Heiligengeschichten erzählen. Dies war der ganze Unterricht, den sie genoß. An Festtagen hielt sie sich, wie es bei den Bäuerinnen

Brauch war, auf den Fersen sitzend im Schiff der Kirche auf, während die Männer an die Wand gelehnt standen; so lauschte sie der Predigt des Pfarrers.

Als sie das nötige Alter erreicht hatte, arbeitete sie in den Feldern, jätete und grub, wie es noch heute die Mädchen, die auch Männerarbeit verrichten, in den lothringischen Landen tun.

Die Wiesen, ein Geschenk des Flusses, waren der hauptsächlichste Besitz der Bewohner der Maasufer. Wenn die Heuernte vorüber war, hatten alle Einwohner von Domremy auf den Wiesen des Dorfes für eine Anzahl Tiere, je nach dem Tagewerk der Wiesen, die ihnen selbst gehörten, Weiderecht. Jede Familie übernahm der Reihe nach die Aufsicht über die auf der Wiese zusammengetriebenen Tiere. Jakob von Arc, der ein wenig Grasland besaß, ließ seine Rinder und Pferde mit den anderen laufen. Wenn die Reihe des Hütens an ihn kam, entledigte er sich dessen durch seine Tochter Johanna, die sich mit ihrer Spindel auf die Wiesen begab. Aber sie zog es vor, die Geschäfte des Haushaltes zu besorgen, zu nähen und zu spinnen. Sie war fromm. Sie schwor niemals bei Gott oder den Heiligen, und um eine Sache zu bekräftigen, begnügte sie sich zu sagen »ohne Fehl«. Wenn die Glocken zum Englischen Gruß läuteten, bekreuzigte sie sich und kniete nieder. Samstag, am Tage der Heiligen Jungfrau, klomm sie die Hügel der Wiesen, der Wein- und Obstgärten hinan, erreichte den bewaldeten Rücken, von dem aus man im Westen das grüne Tal und die bläuliche Hügelkette erblickt. In der Höhe, kaum eine Meile vom Dorfe, sprudelt unter Buchen, Eschen und Eichen in einer tiefschattigen Schlucht die Quelle von Sankt Thiebault, deren sehr reines Wasser Fieber heilt und Wunden vernarben läßt. Oberhalb der Quelle erhebt sich die Kapelle von Unserer Frau von Bermont. In der schönen Jahreszeit steht sie im Duft von Wald und Wiesen, der Winter aber hüllt diese hohe Stätte in Traurigkeit und Schweigen. Zu jener Zeit nahm Unsere Liebe Frau von Bermont, in königlichem Mantel gekleidet, die Krone auf dem Haupte, in ihren Armen das göttliche Kind, die Gebete und Opfergaben der jungen Mädchen und Burschen entgegen. Sie war wundertätig. Johanna besuchte sie in Gesellschaft ihrer Schwester Katharina, einiger Mädchen und Knaben der Gegend oder auch allein. Und so oft sie nur konnte, zündete sie zu Ehren ihrer himmlischen Dame eine Kerze an. Eine halbe Meile westlich von Domremy erhob sich ein von dichtem Wald bedeckter Hügel, in den man sich aus Furcht vor Ebern und Wölfen nicht wagte. Die Wölfe waren der Schrecken der Gegend. Die Bürgermeister der Dörfer setzten für jeden Kopf eines Wolfes oder eines Wolfsjungen, den man ihnen brachte, Preise aus. Dieser Wald, den Johanna von ihrer Türschwelle aus sah, war der Wald Chesnu. Dieser Eichenwald, wie aus der Herkunft des Wortes zu erraten ist, war ein alter Forst. Wir werden später hören, wie man in Frankreich an diesen Wald Chesnu eine Weissagung Merlins, des Zauberers, knüpfte.

Zu Füßen der Anhöhe, gegen das Dorf zu, befindet sich ein Brunnen, den stachelige Johannisbeeren mit ihren sich neigenden Zweigen und grauem Buschwerk umgaben. Man nannte ihn den Johannisbeerbrunnen, den Nerprunsbrunnen. Wenn ihn Johanna nach der Meinung eines Professors der Universität zu Paris Brunnen der guten Feen unseres Herren nannte, so geschah das gewiß, weil die Dorfleute ihn mit demselben Namen bezeichneten. Und es scheint fast, als ob diese ländlichen Seelen durch diesen Namen die Wald- und Wasserdamen christlich machen wollten, was sie bestimmt nicht waren. Gewisse Doktoren sahen in ihnen Dämonen, die früher von den Heiden als Göttinnen verehrt worden waren.

Und das beruhte auf Wahrheit. Als angebetete und gefürchtete Göttinnen, gleich den Parzen, hatten sie sich Schicksalsvollstreckerinnen genannt; man hatte ihnen Macht über das Los der Menschen zugeschrieben. Aber seit langem waren sie nun ihrer Gewalt und Ehren beraubt, und diese Dorffeen gebärdeten sich so schlicht wie die Leute, in deren Nähe sie hausten. Man lud sie zu den Taufen und legte für sie ein Gedeck im Nebenzimmer der Wöchnerin auf. Bei diesen

Festen aber aßen sie allein, kamen und gingen, ohne daß man es gewahrte. Wollte man ihnen nicht mißfallen, durfte man sie nicht zu sehr beobachten. Göttliche Wesen pflegen auf geheimnisvolle Weise zu kommen und zu gehen. Den Neugeborenen machten sie Geschenke. Es gab unter diesen Feen solche, die sehr gütig waren. Aber die Mehrzahl erwies sich, ohne gerade böse zu sein, als reizbar, launisch, eifersüchtig, und wenn man selbst ohne Wissen sie beleidigte, so wurde man von ihnen behext. Sie ließen manchmal durch unbegreifliche Bevorzugung merken, daß sie Frauen waren. Mehr als eine erkor sich einen Ritter oder Landmann zum Freunde. Meist nahmen diese Liebschaften ein schlimmes Ende. Ob aber schreckhaft oder sanft, ihr Erscheinen blieb schließlich doch fatal und bedeutete Schicksal.

Ganz nahe am Waldesrand über dem großen Weg nach Neufchâteau stand eine sehr alte Buche, die weithin schönen Schatten breitete. Sie wurde beinahe so wie jene Bäume geehrt, die man, ehe die Gallier von den Aposteln bekehrt wurden, für heilig hielt.

Garnier, der traute Freund einer Fee, hatte diese abends unter der Buche aufgesucht. Von ihrer Liebe handelte ein Roman. Eine der Patinnen Johannas, Frau eines Schreiber aus Neufchâteau, hatte sicherlich jene Geschichte vorlesen hören, die an die der schönen Melusine gemahnt und in Lothringen gut bekannt war. Man war nur ungewiß, ob denn die Feen die Buche immer noch aufsuchten. Die einen glaubten es, die anderen nicht. Beatrix, gleichfalls eine der Gevatterinnen Johannas, berichtete, sie habe sagen hören, daß die Feen wohl ehemals zum Baume kamen, es aber ihrer Sünden wegen nicht mehr wagten. Das schlichte Wesen glaubte zu verstehen, daß diese Elfenfrauen Gott feind waren und der Pfarrer sie in die Flucht gejagt hatte.

Tatsächlich las der Pfarrer am Vorabend des Himmelfahrtfestes, anläßlich der Einweihungsgebete für die Feldfrüchte, während der Bittgesänge unter dem Baum der Feen das Evangelium Johanni. Er las es überdies am Johannisbeerbrunnen und an ähnlichen Plätzen der Pfarrgemeinde. Gab es doch nichts, um böse Geister zu bannen, was dem Johannesevangelium gleichkam.

Ein gewisser Aubert d'Ourches huldigte der Meinung, daß die Feen seit zwanzig oder dreißig Jahren verschwunden seien.

Dagegen glaubten im Dorfe mehrere Leute zu wissen, daß die Christen noch Umgang mit ihnen hätten, und daß der Donnerstag der Tag des Stelldicheins wäre.

Eine dritte Patin Johannas, Aubrits, des Bürgermeisters Frau, hatte mit eigenen Augen die Feen rings um den Baum erblickt und dies ihrem Patenkind erzählt. Und Aubrits Weib war als gute und gestrenge Frau bekannt und keineswegs Weissagerin oder Hexe.

Johanna vermutete in all dem irgendwelchen bösen Zauber. Was sie betraf, so war sie den Fräulein unter dem Baum niemals begegnet. Ob sie aber anderswo Feen gesehen, vermochte sie nicht zu sagen. Feen sind nicht wie Engel, sie geben sich nicht immer als das zu erkennen, was sie sind.

Alljährlich am vierten Fastensonntag, den die Kirche den Sonntag von Laetare nennt, weil man in der Messe an diesem Tage den Gesang mit den Worten Laetare Jerusalem beginnt, feierten die Bauern aus der Gegend von Bar ein ländliches Fest; sie begaben sich nämlich in Scharen zu irgendeiner Quelle, um dort zu trinken und auf dem Rasen zu tanzen. Die Leute aus Greux veranstalteten ihre Brunnenfeste bei der Kapelle von Bermont, jene aus Domremy am Johannisbeerbrunnen und unter dem Feenbaum. Man erinnerte sich der Zeit, wo der Herr und die Dame auf Bourlemont selbst die Dorfjugend dahin führten. Aber Johanna war noch in den Windeln, als Peter von Bourlemont, Herr von Domremy und Greux, kinderlos verstarb und sein Erbe seiner Nichte, Johanna von Joinville, hinterließ, die, an einen Kanzler des Herzogs von Lothringen verheiratet, in Nancy lebte.

An den Tagen des Brunnenfestes begaben sich die Mädchen und Burschen von Domremy gemeinsam zur alten Buche. Nachdem sie Blumengirlanden befestigt hatten, nahmen sie auf einem über die Erde gebreiteten Tischtuch ihr

Abendessen ein: Nüsse, harte Eier, kleines Weißbrot von seltsamer Form, von den Hausfrauen eigens gefertigt. Dann gingen sie zum Johannisbeerbrunnen, um zu trinken, führten Reigen auf, und bei einbrechender Dunkelheit begab sich ein jeder nach Hause.

Johanna vollführte wie alle Jungfrauen der Gegend ihre ›Brunnen‹. Obwohl sie zu dem nach Greux gehörigen Teil von Domremy gehörte, nahm sie nicht bei den Festen von Unserer Frau zu Bermont, sondern am Johannisbeerbrunnen und beim Feenbaum teil.

In früher Kindheit tanzte sie mit ihren Gefährtinnen unter dem Baume. Sie fertigte Kränze für das Bild von Unserer Frau von Domremy an, deren Kapelle sich auf einem benachbarten Hügel erhob. Da die jungen Mädchen Girlanden an den Baum zu hängen pflegten, tat Johanna desgleichen. Zuweilen ließ sie die Gewinde dort oder nahm sie auch mit fort. Man wußte nicht, was aus diesen wurde, und das Verschwinden der Blumen war dazu angetan, gelehrte und gescheite Persönlichkeiten zu beunruhigen. Unbestritten aber war es, daß Kranke, die von der Quelle tranken und sich dann unter dem Baume ergingen, vom Fieber genasen.

Den Frühling zu feiern, verfertigte man einen Maimann, eine Puppe aus Blättern und Blumen.

Unter einem Haselnußstrauch, unweit vom Feenbaum, verhieß eine Alraune jenen Mutigen Reichtümer, die sich nicht ängstigten, sie schreien zu hören oder Blut aus ihrem kleinen, menschlichen Körper, aus ihren gabelförmigen Füßchen tropfen zu sehen und es wagten, sie nächtlings aus der Erde zu reißen.

Aber der Baum, der Brunnen, die Alraunwurzel machten die Bewohner Domremys des Umganges mit bösen Geistern verdächtig. Ein gelehrter Doktor sprach sich deutlich dahin aus, daß das Land wegen der großen Anzahl von Leuten, die Zauber wirkten, verrufen sei.

Johanna machte in ihrer frühen Jugend mehrmals die Reise nach Sermaize in der Champagne, wo sie Verwandte hatte. Der Geistliche der Pfarre, Hochwürden Heinrich von Vouthon, war mütterlicherseits ihr Onkel. Sie hatte dort auch einen Vetter, Perrinet von Vouthon, der mit seinem Sohn Heinrich das Gewerbe eines Dachdeckers ausübte.

Domremy ist von Sermaize durch fünfzehn weit sich hindehnende Meilen Wald- und Weidelandes getrennt. Man kann vermuten, Johanna habe die Reise mit ihrem Bruder gemacht, hinter ihm auf der kleinen Stute, dem Saumpferd ihrer Weide, aufsitzend. Jedesmal, wenn das Kind sich dort hin begab, verblieb es mehrere Tage im Hause ihres Vetters Perrinet.

Das Dorf Domremy teilte sich nach Feudalrecht in zwei unterschiedliche Teile, den südlichen, mit dem Schloß an der Maas und etwa dreißig Lehen, die dem Herrn von Bourlemont gehörten, der Schloßverwaltung von Gondrecourt unterstellt, lehnbar aber der französischen Krone. Dies war Lothringen und Bar. Der nördliche Teil, auf welchem sich die Abtei erhob, war von der Präfektur von Montéclaire und Andelot, der Pachtung von Chaumont in der Champagne abhängig. Man nannte es manchmal Domremy von Greux, weil es sozusagen eins war mit dem an der Straße von Vaucouleurs ganz nahe gelegenen Dorfe Greux. Ein Bach, der nicht weit entfernt westwärts aus dreifacher Quelle entsprang, deshalb Dreiquellenbach genannt, trennte die Leibeigenen von Bourlemont von den Leuten des Königs. Das Wässerchen floß unter einem flachen Stein ganz demütig an der Kirche vorüber, stürzte sich dann über einen scharfen Abhang in die Maas, dem Hause Jakob von Arcs gegenüber, das links vom Bach auf dem Gebiete der Champagne und Frankreichs lag. Dies scheint nun alles so gründlich als möglich festgestellt, aber hüten wir uns, diese Dinge besser zu wissen, als man sie zu jener Zeit wußte. Im Jahre 1429 war man sich im Rate des Königs Karl nicht klar, ob Jakob von Arc frei oder leibeigen sei, und zweifellos wußte Jakob selbst nichts darüber. Ob nun Lothringen oder der Champagne zugehörig, lebten zu beiden Seiten des Baches Bauern, die dasselbe Leben der Arbeit und Mühsal führten. Wenn sie auch nicht vom selben Herrn abhingen, bildeten sie eine nicht weniger innig verbundene Gemeinschaft, eine einzige bäuerliche Familie. Sie teilten alles miteinander, Interessen, Bedürfnisse und Gefühle. Von denselben Gefahren bedroht, hatten sie ja auch alle die gleichen Sorgen.

Domremy, das an der südlichen Spitze der Schloßherrschaft von Vaucouleurs lag, sah sich im Osten zwischen dem Herzogtum Bar und der Champagne, im Westen zwischen Bar und Lothringen eingeschlossen. Welch schreckliche Nachbarn waren diese Herzöge von Lothringen, von Bar, dieser Graf von Vaudemont, dieser Edeljunker von Commerey, die Herren Bischöfe von Metz, Toul und Verdun, die immer miteinander im Kampfe lagen! Fürstenfehde. Die Dorfleute beobachteten sie so, wie der Frosch in der alten Fabel Stiere am Rasen kämpfen sieht. Blaß und bebend fühlte sich der arme Jakob schon von den wütigen Kämpfern zu Boden getreten. Zu einer Zeit, wo die ganze Christenheit sich dem Plündern ergab, hatten die Kriegsleute der lothringischen Mark noch überdies den Ruf, die ärgsten Plünderer der Welt zu sein. Zum Unglück für die dem Schloßgebiet von Vaucouleurs zugehörigen Landsleute lebte hart an diesem Gebiete, im Norden, Robert von Saarbruck, Edelherr von Commerey, nach lothringischer Art besonders flink im Erbeuten. Er huldigte der gleichen Meinung wie jener König von England, der behauptete, Krieg ohne Brandstiftung sei ebensowenig wert wie Leberwurst ohne Senf. Als der Edeljunker eines Tages einen kleinen Platz belagerte, in den sich die Bauern eingeschlossen, ließ er eine ganze Nacht lang die Ernte der Umgebung in Feuer aufgehen, um zur Wahl seiner Stellungen mehr Licht zu haben.

Im Jahre 1414 lag dieser Herr gegen Didier und Durand, gleichviel um welcher Ursache willen, im Streit. Die Kosten dieses Kampfes, wie aller andern, bestritten die Dorfleute. Und da auf dem ganzen Gebiet von Vaucouleurs gekämpft wurde, waren die Bewohner von Domremy auf ihre Sicherheit bedacht. Man höre, auf welche Weise: In Domremy befand sich ein Schloß, das sich im Wiesenland an der Spitze einer durch zwei Flußarme gebildeten Insel erhob, von denen der eine, der östliche, längst verschüttet ist. Zu diesem Schlosse gehörte eine Muttergotteskapelle, ein Hof mit Befestigungsanlagen und ein großer, von breiten, tiefen Gräben umgebener Garten. Man nannte diese ehemalige Behausung der Herren von Bourlemont für gewöhnlich die Inselfestung. Da der letzte dieser Herren kinderlos verstorben war, erbte seine Nichte von Joinville seine Güter; als sie aber kurze Zeit nach Johannas Geburt einen lothringischen Edelmann namens Heinrich von Ogiviller heiratete, folgte sie diesem auf das Schloß von Ogiviller und an den herzoglichen Hof von Nancy. Seit ihrem Fortzug blieb die Festung unbewohnt. Die Dorfleute mieteten sie, um darin Geräte und Vieh vor den Plünderungen zu schützen. Die Miete wurde auf Meistgebot abgeschlossen. Da ein gewisser Johann Biget und Jakob von Arc, der Vater Johannas, sich als die Höchstbietenden erwiesen und genügend Garantie geliefert hatten, wurde zwischen ihnen und der Dame von Ogiviller ein Pachtvertrag auf neun Jahre abgeschlossen, wonach Jakob von Arc und Johann Biget in den Genuß der Festung, des Gartens, des Hofes sowie der zu dem Besitze gehörigen Wiesen traten. Außer den zwei Hauptmietern gab es noch fünf Untermieter, deren erstgenannter Jacquemin war, der älteste Sohn Jakob von Arcs.

Die Vorkehrungen erwiesen sich nicht als überflüssig. Im gleichen Jahre 1419 begegneten sich Robert von Saarbruck mit den Mannen der Brüder Didier und Durand im Dorfe Maxey, das gegenüber von Greux auf der anderen Seite der Maas am Fuße der bewaldeten Hügel seine Strohdächer ausbreitete. Die beiden Parteien lieferten an diesem Orte einen Kampf, in welchem der siegende Edeljunker fünfunddreißig Gefangene machte, auf die er, wie es Brauch war, ein saftiges Lösegeld setzte. In dieser Schar befand sich jener Stallknappe Thiesselin von Vittel, dessen Frau die zweite Tochter Jakob von Arcs aus der Taufe gehoben hatte. Johanna, die damals sieben Jahre oder vielleicht etwas mehr zählte, mochte von einem der Hügel ihres Dorfes den Kampf, in dem der Ehemann ihrer Patin gefangengenommen worden war, mitangesehen haben.

Währenddessen standen die Angelegenheiten des Königtums Frankreich immer schlechter. In Domremy wußte man das, denn das Dorf lag an der Landstraße und Vorüberziehende brachten Kunde. Auf diese Weise hatte man vom Mord des Herzogs Johann von Burgund erfahren, den die Räte des Dauphins auf der Brücke von Moritereau das in der Rue Barbette vergossene orleanesische Blut büßen ließen, aber im Handel den kürzeren gezogen hatten, da dieser Tod ihren jungen Prinzen sehr erniedrigte: Es folgte daraus der Krieg zwischen der Armagnacpartei und den Burgundern, und dieser Krieg hatte den Engländern, die seit zweihundert Jahren die Provinz Guyenne besaßen und dort viel Handel betrieben, nicht wenig genützt; aber Guyenne war weit, und vielleicht wußte man in Domremy nicht, daß es einst zum Besitze des Königs gehört hatte. Dagegen aber wußte man sehr gut, daß während der letzten Wirren die Engländer wieder das Meer übersetzt hatten und der hohe Herr Philipp, Sohn des verstorbenen Herzogs Johann, ihnen die Hand zum Bund gereicht hatte. Sie hielten die Normandie, die Provinzen Maine, die Picardie, die Île-de-France und die große Stadt Paris besetzt. Auch wurden die Engländer in Frankreich ob des bösen Gerüchtes ihrer Grausamkeit sehr gehaßt und gefürchtet. In Wirklichkeit waren sie nicht schlimmer als andere Völker. In der Normandie hatte ihr Herr Heinrich angeordnet, daß in allen Orten, die seinem Gehorsam unterstanden, die Frauen und der Besitz geschont werde. Aber der Krieg ist an sich grausam, und wer ihn in ein Volk trägt, wird eben diesem Volke hassenswürdig. Man hielt sie, und nicht immer mit Unrecht, für hinterlistig, denn Aufrichtigkeit ist bei den Menschen selten. Man machte sie auf allerlei Weise lächerlich. Auf ihren Namen anspielend, nannte man sie Engel. Waren sie aber Engel, so doch gewiß böse Engel. Sie verleugneten Gott und führten immer ihr »Goddam« im Munde, weshalb man sie die Godons nannte: Teufel. Man sagte ihnen nach, daß sie geschwänzt seien, am Rückenteil einen Schweif besäßen. Man legte in vielen Häusern Frankreichs Trauer an, als die Königin Ysabeau die edlen Lilien dem Leoparden preisgab, nämlich das Königreich Frankreich den Geschwänzten überlieferte.

Seitdem waren König Heinrich von Lancaster und König Karl VI. von Valois im Zwischenraum weniger Tage, der siegreiche König und der wahnsinnige König, vor Gott erschienen, der über Gutes und Böses, Gerechtes und Frevelhaftes, über das Schwache und Mächtige Gericht hält. Das Herrschaftsgebiet von Vaucouleurs war französisch. Es gab da Geistliche und Edelleute, die diesen zweiten Joas beklagten, der als kleines, verwaistes Kind seinen Feinden entrissen, seines Erbes beraubt, nun die ganze Hoffnung des Königreiches bedeutete. Kann man aber annehmen, daß die armen Landleute Muße hatten, diesen Dingen nachzuhängen, daß die Bauern von Domremy wirklich zum Dauphin Karl, ihrem rechtmäßigen Herren, hielten und die Lothringer von Maxey, am rechten Maasufer, gemäß der Partei ihres Fürsten zu den Burgundern? Maxey war nur durch den Fluß von Domremy getrennt. Die Kinder von Domremy und von Greux gingen dorthin in die Schule. Zwischen ihnen erhob sich Streit; die kleinen Burgunder von Maxey und die kleinen Armagnacs von Domremy trugen Kämpfe miteinander aus. Mehr als einmal sah Johanna des Abends an der Brücke die Dorfjungen ganz blutig heimkehren. Daß ein so feuriges Mädchen wie sie an diesen Kämpfen lebhaft Anteil nahm, daher einen tiefen Haß gegen die Burgunder faßte, versteht sich. Man ginge indes fehl, wollte man in diesen Spielen der Kinder aus dem Volke auf die Stimmung der Leute schließen. Die kleinen Jungen beider Pfarren pflegten sich miteinander seit Jahrhunderten zu beschimpfen und zu verhauen. Überall und immer regnet es Steine und Schmähworte, wenn Kinder in Gruppen sind und die des einen Dorfes jenen des Nachbardorfes begegnen. Die Bauern von Domremy, Maxey und Greux kümmerten sich zweifellos wenig um die Angelegenheiten der Herzöge und Könige. Sie hatten die Hauptleute ihres eigenen Bundes sowie die des gegnerischen zu fürchten und bei Kriegsleuten nicht unter Freund und Feind zu unterscheiden gelernt.

Im Jahre 1420 besetzten die Engländer den Amtsbezirk von Chaumont und belegten mehrere Festungen mit Garnisonen. Herr Robert, Gebieter von Baudricourt und Blaise, war zu dieser Zeit Hauptmann von Vaucouleurs für den Dauphin Karl und Landesoberhaupt von Chaumont. Man mochte ihn selbst in Lothringen für einen großen Plünderer halten. Als der Herzog von Burgund im Frühling jenes Jahres dem Bischof von Verdun Boten sandte, machte sie am Rückweg Herr Robert, mit Einverständnis des Junkers von Commercy, zu Gefangenen. Um diesen Schimpf zu rächen, erklärte der Herzog von Burgund dem Hauptmann von Vaucouleurs Krieg, und das ganze Herrschaftsgebiet wurde durch englische und burgundische Banden verheert.

1423 befand sich der Herzog von Lothringen mit einem schrecklichen Manne in Fehde, mit jenem Stephan von Vignolles, einem gaskognischen Söldner und Abenteurer, der bereits unter dem Spitznamen La Hire berüchtigt war. La Hire hielt zur Partei des Dauphins Karl, schlug sich aber tatsächlich nur des eigenen Gewinnes wegen. Zu jener Stunde trieb er sich im Westen und Süden des Bezirkes Bar herum, verbrannte Kirchen und zerstörte Dörfer.

Als er Sermaize besetzte, dessen Kirche befestigt war, kam Johann, Graf Salm, Statthalter des Herzogtums Bar für den Herzog von Lothringen, ihn mit zweihundert Pferden zu belagern. Ein Schuß aus einem Wurfgeschoß lothringischer Kanoniere tötete Collot Turlaut, der seit zwei Jahren mit Mengette, Tochter Johannes von Vouthon, einer Kusine Johannas, verheiratet war.

Jakob von Arc war zu dieser Zeit Amtsältester der Gemeinde. Als solcher lag ihm vielerlei ob, besonders in verwickelten Zeiten. Er berief den Bürgermeister und die Schöffen zu ihren Zusammenkünften, gab die Verordnungen aus, ordnete die Wacht für Tag und Nacht und beaufsichtigte die Gefangenen. Er war auch mit der Einhebung der Steuern, Renten und Zinsen betraut, ein Amt, das in einem ruinierten Lande zu den allermühseligsten gehört.

Robert von Saarbruck, Junker von Commercy, der augenblicklich Armagnac war, plünderte in den zu Bar gehörigen Dörfern des linken Maasufers und strich unter dem Vorwand, Schirm und Schutz zu bieten, Lösegelder ein. Am 7. Oktober unterschrieb Jakob von Arc nach Bürgermeister und Schöffen als Amtmann das Schriftstück, kraft welchem der Junker diesen armen Leuten die jährliche Zahlung von zwei Gros von jedem Haushalt und ein Gros von dem der Witwen erpreßte, eine Auflage, die nicht weniger als zweihundertzwanzig Goldtaler betrug, die bis zum winterlichen Martinsfeste der Amtsälteste verpflichtet war, zusammenzubringen. Das folgende Jahr verlief für den Dauphin sehr schlecht. Hauptmann La Hire schlug sich noch im Gebiete von Bar, diesmal aber gegen den jungen Sohn der gnädigen Frau Yolande, den Schwager des Dauphin Karl, René von Anjou, kürzlich der Vormundschaft entwachsen und nun mit dem Herzogtum Bar belehnt. Mit Waffengewalt forderte Hauptmann La Hire eine bestimmte Summe Geldes, die der Bischof von Bar ihm schuldete.

Zur selben Zeit aber war Robert von Baudricourt in Fehde mit Johann von Vergy, Herrn von Saint-Dizier, Seneschall von Burgund. Das war ein schöner Krieg! Beide Teile raubten Brot, Wein, Geld, Geschirr, Kleider, Groß- und Kleinvieh und äscherten ein, was sie nicht mitnehmen konnten. Auf Männer, Frauen und Kinder wurden Lösegelder ausgesetzt. Fast in allen Dörfern von Bassigny ruhte der Ackerbau; sämtliche Mühlen waren beinahe zerstört.

Zehn, zwanzig, dreißig burgundische Banden durchzogen die Herrschaft von Vaucouleurs, steckten alles in Brand, machten alles nieder. Die Bauern versteckten ihre Pferde und standen nachts auf, um sie weiden zu lassen. In Domremy lebte man in steter Angst. Zu jeder Stunde befand sich ein Wachtposten auf dem viereckigen Turm der befestigten Kirche. Jeder Bewohner und zuweilen sogar der Geistliche standen der Reihe nach Wache, lauerten, ob sie im Staub, im Sonnenglast auf dem blassen Band der Straßen das Aufstrahlen von Lanzen erblicken konnten, durchforschten mit den Blicken die erschreckend tiefen Wälder und sahen des Nachts mit Entsetzen am Horizont Dörfer in Flammen aufgehen. Näherten sich die Kriegsleute, erklangen so stürmisch als möglich dieselben Glocken, die bald zur Taufe riefen, bald um

Tote klagten oder das Volk zum Gebet herbeiläuteten, den Blitz beschworen, Gefahr ankündigten. Die aus dem Schlafe geweckten Dorfleute stürzten halbnackt in die Ställe und stießen in wirrem Durcheinander die Herden gegen das von den beiden Maasarmen umgebene Schloß.

Im Sommer des Jahres 1425 fiel ein Bandenanführer, der im ganzen Lande raubte und mordete, Henry d'Orly, genannt der Savoyarde, mit seinen Diebsbuben über die Dörfer Greux und Domremy her. Diesmal bot das Inselschloß den Bewohnern keinerlei Schutz. Herr Heinrich von Savoyen nahm das Vieh beider Dörfer und ließ es fünfzehn oder zwanzig Meilen weit in seine Burg Doulevant entführen. Er hatte auch so viele Möbel und Güter geraubt, daß er, außerstande alles an ein und demselben Ort unterzubringen, einen Teil nach Domartin-le-Franc bringen ließ, einem unweit gelegenen Dorfe. Die so grausam beraubten Bauern waren am Verhungern. Zu ihrem Glück sandte auf die Nachricht dieser Räuberei die gnädige Frau von Ogiviller dem Grafen von Vaudemont nach seinem Schlosse von Joinville Botschaft, um sich bei ihm als ihrem nahen Verwandten wie über ein an ihr selbst begangenes Unrecht zu beklagen, da sie Herrin von Greux und Domremy war. Das Schloß Doulevant stand unter des Grafen von Vaudemonts unmittelbarer Lehnsfolge. Als er die Nachricht erhielt, sandte er sogleich einen Waffenmeister mit acht Kämpen, das Vieh zurückzuführen. Dieser Waffenmeister, mit Namen Bartholomäus von Clermont, kaum zwanzigjährig, war tüchtig in Kriegsdingen. Er fand im Schloß von Domartin-le-Franc die gestohlenen Tiere, legte Hand auf sie und brachte sie nach Joinville. Unterwegs wurde er von Leuten des Herrn von Orly verfolgt und angegriffen und geriet in Lebensgefahr. Aber er verteidigte sich so gut, daß er heil mit dem Vieh in Joinville ankam, das der Graf von Vaudemont in die Wiesen von Greux und Domremy zurückführen ließ.

Welch unerhofftes Glück! Der Landmann umarmte weinend seine Rinder. Doch schwebte über ihm nicht die Gefahr, sie morgen neuerdings auf Nimmerwiedersehen zu verlieren?

Johanna war zu dieser Zeit dreizehn oder vierzehn Jahre alt. Um sie herum überall Krieg, selbst in den Spielen der Kinder! Der Mann einer ihrer Patinnen von Kriegsknechten ergriffen und gegen Lösegeld zurückgehalten; der Mann ihrer Base Mengette durch ein Wurfgeschoß getötet; das Heimatland durch die herumziehenden Strolche zerstampft, in Brand gesteckt, geplündert, zerstört, das ganze Vieh weggeführt. Schreckensvolle Nächte, fürchterliche Träume: solcherart waren die Erlebnisse ihrer Kindheit.

ZWEITES KAPITEL
Die Stimmen

Es begab sich, daß sie ungefähr im Alter von dreizehn Jahren an einem Sommertage zu mittäglicher Stunde im Garten ihres Vaters eine Stimme hörte, die sie in große Furcht versetzte. Diese Stimme ließ sich von der Kirche rechter Hand her vernehmen und war von einem Licht begleitet; und die Stimme sprach zu ihr:

»Ich komme von Gott, dir beizustehen, auf daß du dich gut führest. Sei brav, Hannchen, und Gott wird dich schützen.«

Man weiß, daß Fasten Erscheinungen begünstigt. Johanna oblag dieser Übung emsig. Ob sie an diesem Morgen und wie lange überhaupt nüchtern war, sei dahingestellt.

An einem anderen Tage ließ sich die Stimme neuerdings vernehmen und sprach abermals: »Hannchen, sei gut!«

Das Kind wußte nicht, woher die Stimme kam. Aber als es ihr ein drittes Mal lauschte, wußte es, daß es die Stimme eines Engels sei, und erkannte sogar in ihr den heiligen Michael. Johanna konnte nicht irren, war er ihr doch wohlbekannt als der Schutzpatron des Herzogtums Bar. Sie sah ihn zuweilen an irgendeinem Pfeiler einer Kirche oder Kapelle, in Gestalt eines schönen Ritters mit gekröntem Helm, Waffenrock und Schild, den bösen Dämon mit seiner Lanze durchbohrend. Man stellte ihn auch dar, wie er die Waage haltend Seelen wog, war er doch Statthalter des Himmels und der Wächter des Paradieses, zugleich Anführer der himmlischen Heerscharen und Engel des Gerichts. Er gefiel sich an hohen Orten. Deshalb hatte man ihm in Lothringen eine Kapelle auf dem Berge Sombar, nördlich von der Stadt Toul, geweiht. Als er in alter Zeit dem Bischof von Avranches erschienen war, hatte er ihm empfohlen, eine Kirche auf dem Grabberg an der Stelle zu bauen, wo ein Stier aufgefunden werden würde, der dort von Dieben versteckt worden war, das Gebäude aber über das ganze Gebiet zu setzen, das der Stier mit seinen Füßen aufgewühlt hatte. In Befolgung dieses Befehles entstand die Abtei vom Mont-Saint-Michel-au-Péril-de-la-Mer.

Zur Zeit, als das Kind seine Erscheinungen hatte, schlugen die Verteidiger des Mont-Saint-Michel zu Land und zu Meere die Engländer, die die Festung angegriffen hatten. Die Franzosen schrieben diesen Sieg der allmächtigen Fürsprache des Erzengels zu. Und warum sollte er die Franzosen nicht bevorzugt haben, die ihm eine besondere Verehrung zollten? Seitdem der heilige Herr Dionysius seine Abtei von den Engländern hatte erobern lassen, besaß der heilige Herr Michael, der die seine so trefflich beschützte, die besten Aussichten, der wahrhafte Schutzheilige des Königreiches zu werden. Im Jahre 1419 hatte der Dauphin Karl Wappenschilder malen lassen, nach dem Ebenbilde Sankt Michaels, der ein nacktes Schwert hält und Miene macht, eine Schlange zu töten. Aber das Mädchen aus Domremy wußte nicht viel von den Wundern Sankt Michaels in der Normandie.

Sie erkannte den Engel an seinen Waffen, seiner Ritterlichkeit und den schönen Lehren, die seinem Munde entströmten.

Eines Tages sprach er zu ihr:

»Sankt Katharina und Sankt Margareta werden dir nahen. Handle nach ihren Ratschlägen, denn ihnen ist aufgetragen, dich zu leiten und zu beraten, und du wirst in das, was sie dir sagen, Glauben setzen. Dieses wird vollbracht nach dem Befehl unseres Herren.«

Diese Verheißung versetzte sie in große Freude, denn sie liebte sowohl die eine wie die andere Heilige sehr. Die heilige Frau Margareta war höchlich im Königtum Frankreich geehrt und wirkte viel Gutes. Sie stand den Frauen in ihren schweren Stunden bei und beschützte die Bauern bei ihrer Arbeit. Sie war die Schutzheilige der Flachsbauern, der Weißgerber und Baumwollwäscher. Man war ihr in der Champagne und in Lothringen ebenso ergeben wie in irgend einem christlichen Lande. Geistliche führten, auf Maultieren reitend, durch Städte und Dörfer einen Schrein, der ihre kostbaren Reliquien enthielt. Sie gestatteten, diese zu berühren und erhielten dafür reichliche Almosen. Oftmals hatte Johanna in der Kirche die heilige Frau Margareta sehr natürlich gemalt gesehen, einen Weihwedel in der Hand, den Fuß auf dem Haupte des Drachen. Sie kannte ihre Geschichte, so wie man sie damals erzählte, ungefähr folgendermaßen.

Die selige Margareta wurde in Antiochien geboren. Theodosius, ihr Vater, war Priester der Heiden. Sie ward in Pflege gegeben und heimlich getauft. Eines Tages, in ihrem fünfzehnten Jahre, erblickte sie, als sie die Schafe ihrer Amme hütete, der Statthalter Olibrius und wurde, von ihrer Schönheit betroffen, von einer großen Leidenschaft zu ihr erfaßt. Deshalb sagte er zu seinen Dienern: »Gehet und bringet mir dieses Mädchen, damit ich sie eheliche, wenn sie eine Freigeborne, oder sie zur Sklavin nehme, so sie eine Dienerin ist.«

Und als sie ihm zugeführt ward, fragte er sie, welchen Landes sie sei, und welchen Bekenntnisses. Sie antwortete, daß sie Margareta hieße und Christin sei.

Und Olibrius sagte ihr:

»Wie kann ein so edles und schönes Mädchen wie du den gekreuzigten Jesus anbeten?«

Und weil sie antwortete, daß Jesus Christus ewig lebe, ließ der erzürnte Statthalter sie ins Gefängnis setzen.

Am folgenden Morgen befahl er sie vor seinen Richtspruch und sagte ihr: »Unglückliches Mädchen, hab Mitleid mit deiner eigenen Schönheit und bete unsere Götter an, zu deinem eigenen Vorteil. Verharrst du aber in deiner Verblendung, werde ich deinen Körper zerreißen lassen.«

Und Margarete antwortete: »Jesus hat sich für mich dem Tode überliefert, und ich ersehne es, für ihn zu sterben.«

Worauf der Statthalter befahl, sie an die Folterbank zu binden, mit Ruten zu schlagen und ihr Fleisch mit eisernen Nägeln zu zerreißen. Und das Blut floß aus dem Körper der Jungfrau wie aus einer sehr reinen Quelle.

Die Anwesenden weinten und der Statthalter bedeckte sein Antlitz mit seinem Mantel, um das Blut nicht zu sehen. Und er hieß sie losbinden und sie in ihr Gefängnis zurückführen.

Der böse Geist wollte sie in Versuchung führen, und sie bat den Herrn, sie den Feind schauen zu lassen, gegen den sie zu kämpfen hatte. Und siehe, da zeigte sich ihr ein riesiger Drachen, stürzte sich auf sie, um sie zu verschlingen. Da nahm der Teufel, um sie zu verführen, Gestalt eines Mannes an. Er näherte sich ihr sanft, nahm ihre Hände und sagte: »Margareta, es ist genug an dem, was du getan hast.« Aber sie packte ihn bei den Haaren, warf ihn zur Erde, setzte ihm den Fuß gerade auf den Kopf und rief aus: »Zittere, hochmütiger Feind, du liegst unter dem Fuß einer Frau.« Am folgenden Tage wurde sie angesichts des Volkes vor den Richter geführt, der ihr befahl, den Götzenbildern zu huldigen. Und als sie sich weigerte, ließ er ihren Leib mit glühenden Fackeln sengen, sie aber schien keinerlei Schmerz zu verspüren. Und aus Angst, daß das Volk von diesem Wunder ergriffen sich in Mengen bekehren ließe, befahl Olibrius, die glückselige Margareta zu köpfen. Sie sagte dem Henker: »Bruder, nimm dein Schwert und schlage zu!« Er schlug ihr mit einem einzigen Hieb den Kopf ab. Ihre Seele entflatterte in Gestalt einer Taube gen Himmel.

Aus dieser Geschichte hatte man Lieder und Mysterien gedichtet. Sie war so bekannt, daß der durch Spott ganz lächerlich gewordene Name des Statthalters gemeiniglich den Prahlern und Hochfahrenden gegeben wurde und man von einem Dummen, der sich bös stellte, sagte: »Das ist ein Olibrius.«

Die heilige Frau Katharina, die der Engel Johanna zugleich mit der heiligen Frau Margareta angekündigt hatte, nahm die jungen Mädchen und hauptsächlich die Mägde und die Spinnerinnen in ihre besondere Obhut Die Redner und Philosophen wählten ebenfalls die Jungfrau, die die fünfzig Schriftgelehrten in Verlegenheit gesetzt und über die Magier des Ostens gesiegt hatte, zu ihrer Schutzheiligen. Im Tal der Maas sang man ihr zu Ehren gereimte Gebete in der Art des folgenden:

Ave, du hochheilige Katharein
Magd und Jungfrau, klug und fein.

Auch diese schöne Dame, die in Maxey am gegenüberliegenden Ufer des Flusses ihre Kirche hatte und deren Namen die ältere Tochter Isabella Romées trug, war für Johanna keine Fremde, wenn sie auch sicherlich die Geschichte der heiligen Frau Katharina nicht so ausführlich kannte, wie sie die großen Schriftkundigen wußten, etwa wie Herr Johann Miélot, Sekretär des Herzogs von Burgund, sie niederschrieb. Johann Miélot erzählte, wie die Jungfrau aus Alexandrien die feinsten Folgerungen Homers, die Syllogismen des Aristoteles, die hochweisen Erklärungen Äskulaps und Gallenus, der berühmten Ärzte, verwarf, die Sieben Freien Künste übte und nach den Regeln der Dialektik disputierte. Die Tochter Jakob von Arcs verstand nichts von alledem, sie kannte die heilige Frau Katharina nach den Berichten, die aus irgendeiner Geschichte in Vulgärsprache stammten, wie zu jener Zeit so viele in Prosa und in Reimen in Umlauf waren.

Katharina, die Tochter des Königs Costus und der Königin Sabinelle, war, als sie der Kindheit entwachsen war, in den Künsten bewandert und verstand es geschickt, Seidenstickereien anzufertigen. Ihr Körper strahlte in Schönheit, ihre Seele aber war im Dunkel der Götzenverehrung verblieben. Mehrere Edle des Landes freiten um sie; sie aber verschmähte sie und sagte: »Findet mir einen Gemahl, der weise, schön, edel und reich ist.« Aber im Schlafe hatte sie eine Erscheinung. Die Jungfrau Maria zeigte sich ihr mit dem Jesuskinde im Arme und sagte:

»Katharina, willst du diesen zum Gemahl nehmen? Und du, mein liebster Sohn, willst diese Jungfrau zur Braut?«

Das Jesuskind erwiderte: »Mutter, ich will sie nicht, entfernt sie lieber aus Eurer Nähe, denn sie ist Götzendienerin. Willigt sie aber in die Taufe, so verheiße ich ihr, sie mit dem Ehering zu schmücken.«

Da sie es ersehnte, den König des Himmels zu ehelichen, ging sie zum Eremiten Ananias, der in Armenien am schwarzen Berge wohnte, und erbat von ihm die Taufe. Wenige Tage darauf, als sie in ihrem Zimmer betete, sah sie inmitten eines großen Chores von Engeln und Heiligen Jesus Christus nahen. Er kam auf sie zu und steckte ihr den Ring an. Und Katharina erkannte erst jetzt, daß diese Hochzeit eine geistliche war.

Zu dieser Zeit war Maxentius römischer Kaiser. Er befahl den Bewohnern Alexandriens, den Götzen große Opfer darzubringen. Katharina, die in ihrem Oratorium betete, hörte den Gesang der Priester und das Brüllen der Opfer. Alsobald begab sie sich auf den öffentlichen Platz, und als sie Maxentius an der Türe des Tempels erblickte, sprach sie zu ihm: »Wie kannst du nur derart verblendet sein, dieser Menge die Anbetung der Götzen zu befehlen? Du bewunderst diesen Tempel, den du mit Hilfe von Arbeiterhänden errichtet hast. Du bewunderst seine kostbaren Verzierungen, die nichts als Staub sind, den der Wind entführt. Du solltest vielmehr den Himmel der Erde und des Meeres bewundern und alles, was in ihm enthalten ist. Du solltest die Zier des Himmels, die Sonne, den Mond und die Sterne, du solltest die Kreise dieser Gestirne bestaunen, die seit Weltbeginn gen Westen ziehen und im Osten wiederkehren und niemals erlahmen. Und wenn du all diese Dinge beobachtet haben wirst, forsche und erfahre, wer ihr Schöpfer ist. Es ist unser Gott, der Herr der englischen Heerscharen und der Gott der Götter.«

»Weib, laß uns unsere Opfer beenden, dann werden wir dir Antwort geben.«

Und er befahl, daß Katharina in den Palast gebracht und sorgfältig bewahrt werde, und da er die große Weisheit und die wunderbare Schönheit dieser Jungfrau bewunderte, ließ er fünfzig Schriftgelehrte rufen, die in die ägyptische Wissenschaft und in die Freien Künste eingeweiht waren und sprach zu ihnen: »Ein Mädchen mit feinem Verstande behauptet, daß unsere Götter nur Dämonen seien. Ich hätte sie zwingen können, zu opfern, oder ich hätte sie bestrafen können, aber ich habe es angemessener gefunden, daß sie kraft eurer Gegenbeweise beschämt werde. Wenn ihr den

Sieg über sie davontragt, werdet ihr mit Ehren geschmückt heimkehren.«

Und die Weisen antworteten: »Man führe sie herbei, daß ihre Kühnheit sich äußere und sie gestehe, bisher niemals Weisen begegnet zu sein.«

Als Katharina erfuhr, daß sie mit den Gelehrten sprechen sollte, fürchtete sie, daß sie die Wahrheit Jesu Christi ihnen gegenüber nicht würdig würde vertreten können. Aber ein Engel erschien ihr und sprach zu ihr:

»Ich bin der Erzengel Michael, von Gott gesandt, dir zu künden, daß du aus diesem Streit sieghaft hervorgehen wirst und würdig, unsern Herrn Jesus Christus zu empfangen, Hoffnung und Krone all jener, die für ihn kämpfen.«

Und die Jungfrau stritt mit den Gelehrten. Da diese daran festhielten, daß es unmöglich sei, daß ein Gott sich zum Menschen mache und fähig sei, Schmerz zu empfinden, brachte Katharina vor, daß die Geburt und das Leiden Christi von den Heiden selbst angekündigt und von Plato und der Sibylle verkündigt worden war.

Die Schriftgelehrten konnten gegen solch wohlbegründete Beweise nichts vorbringen. Deshalb sprach der erste unter ihnen zum Kaiser:

»Du weißt, daß bisher niemand mit uns zu streiten vermochte, ohne alsobald überführt zu werden. Aber dieses junge Mädchen, aus dem der Geist Gottes spricht, erfüllt uns mit Bewunderung, und wir wissen und wagen nichts gegen Christus zu sagen. Wir gestehen kühn, daß, wenn du uns keine besseren Beweisgründe zugunsten der Götter, die wir bisher angebetet haben, zu geben weißt, wir alle zum christlichen Glauben übertreten werden.«

Als der Tyrann diese Worte hörte, wurde er in eine solche Wut versetzt, daß er die fünfzig Schriftgelehrten inmitten der Stadt verbrennen ließ, aber zum Zeichen, daß sie für die Wahrheit starben, wurden weder ihre Kleider noch ihre Haare vom Feuer ergriffen. Maxentius sagte hierauf zu Katharina:

»O Jungfrau, aus edlem Stamm hervorgegangen und würdig kaiserlichen Purpurs, gehe mit deiner Jugend zu Rate und opfere den Göttern. Wenn du dies tun willst, wirst du in meinem Palast den ersten Rang nach der Kaiserin einnehmen und dein Bild, inmitten der Stadt aufgestellt, wird wie das einer Göttin vom ganzen Volke angebetet werden.« Aber Katharina antwortete: »Haltet ein, von solchen Dingen zu sprechen. Verbrechen ist es, nur daran zu denken. Jesus Christus hat mich zur Braut erkoren, er ist all meine Liebe, all meine Ehre, all meine Wonne.« Da er sah, daß er ihr mit Versprechungen nicht schmeicheln konnte, hoffte der Tyrann, sie durch Furcht einzuschüchtern; deshalb bedrohte er sie mit dem Tode. Der Mut Katharinas wurde dadurch nicht erschüttert. »Jesus Christus«, sagte sie, »hat sich für mich Gott Vater geopfert; es ist mir eine große Freude, daß ich zur Verherrlichung seines Namens wie eine wohlgefällige Hostie geopfert werde.«

Hierauf befahl Maxentius, daß sie mit Ruten geschlagen und sodann in ein finsteres Verlies geschleppt werde, wo man sie ohne Nahrung ließ. Und von verschiedenen dringlichen Angelegenheiten abberufen, verreiste er in eine entfernte Provinz.

Die Kaiserin aber, die Heidin war, hatte eine Erscheinung. Die heilige Katharina erschien ihr von unbeschreiblicher Helle umgeben. Weißgekleidete Engel umstanden sie, und man konnte ihr Antlitz allzu großen Strahlens wegen, das von ihnen ausging, nicht schauen. Und Katharina hieß die Kaiserin sich nähern. Sie nahm eine Krone aus der Hand einer der Engel, setzte sie auf das Haupt der Kaiserin und sagte:

»Hier ist eine Krone, dir vom Himmel gesandt, im Namen Jesus Christus, meines Gottes und Herrn.«

Das Herz der Kaiserin ward von diesem herrlichen Traum bewegt. Deshalb begab sie sich, von Porphyrus, dem Ritter und Befehlshaber der Truppen, begleitet, in der ersten Stunde der Nacht in das Gefängnis, wo Katharina eingeschlossen war. In dieses Verlies brachte ihr eine Taube göttliche Speise, und Engel verbanden die Wunden der Jungfrau. Die Kaiserin und Porphyrus fanden die Zelle in eine Fülle von Licht gebadet, über die sie so sehr erschraken, daß sie auf den Steinen in die Knie hinsanken. Aber alsbald verbreitete sich ein so wohliger Duft, der sie stärkte und ihre Hoffnung beseelte.

»Steht auf,« sagte ihnen Katharina, »und fürchtet euch nicht, denn Jesus Christus ruft euch.«

Sie erhoben sich und sahen Katharina inmitten eines Engelchores. Die Heilige nahm aus den Händen eines der Engel eine sehr schöne, goldleuchtende Krone und setzte sie auf den Kopf der Kaiserin. Und diese Krone war das Zeichen der Märtyrerschaft. Und wirklich waren diese Kaiserin und dieser Ritter Porphyrus schon im Register der ewigen Glückseligkeit eingetragen.

Als Maxentius zurückgekehrt war, gab er Befehl, daß man ihm Katharina zuführe und sagte ihr:

»Wähle unter diesen beiden Dingen: zu opfern und zu leben oder in Qualen zugrunde zu gehen.«

Und Katharina antwortete:

»Ich will mein Fleisch und Blut Jesum Christum opfern. Er ist mein Liebster, mein Hirte und Gemahl.«

Darauf ließ der Statthalter der Stadt Alexandrien, mit Namen Chursates, vier Räder mit sehr spitzen Eisenzähnen anfertigen, auf daß die selige Katharina darauf eines elenden und höchst grausamen Todes sterbe. Aber ein Engel zerbrach diese Maschine und ließ sie mit solcher Wucht bersten, daß die Splitter eine große Anzahl von Heiden töteten. Die Kaiserin aber, die von der Höhe ihres Turmes dies mit ansah, stieg herab und machte dem König Vorwürfe ob seiner Grausamkeit. Zornerfüllt hieß Maxentius die Kaiserin zu opfern, und als sie dieses verweigerte, befahl er, daß man ihr die Brüste ausreiße und ihren Kopf abschneide. Als man sie zur Peinigung führte, bereitete sie Katharina zum Tode vor, indem sie sagte: »Geh und freue dich, gottgeliebte Königin, denn heute wirst du dein vergängliches Königtum mit einem ewigen Reich vertauschen und einen sterblichen Gatten gegen einen ewigen Geliebten.«

Und die Kaiserin wurde aus der Stadt geführt, um den Tod zu erleiden. Porphyrus nahm den Leichnam und ließ ihn in Ehren bestatten wie den einer Dienerin Christi. Deshalb ließ

Maxentius Porphyrus töten und seinen Leichnam den Hunden vorwerfen. Dann ließ er Katharina kommen und sagte ihr: »Da du durch deine Zauberkünste die Kaiserin zugrunde gehen ließest, wirst du, wenn du bereust, nun die erste in meinem Palast sein. Opfere also heute den Göttern, oder dein Kopf wird fallen.«

Sie antwortete: »Tu, was du beschlossen hast, auf daß ich mich zu der jungfräulichen Schar geselle, die das Lamm Gottes begleitet.«

Der König hieß sie köpfen, und als man sie vor die Stadt Alexandria geführt hatte, hob sie, statt zu klagen, die Augen gen Himmel und sagte:

»Jesus, Hoffnung und Heil der Getreuen, Ehre und Schmuck der Jungfrauen, ich bitte dich, zu gewähren, daß wer immer mich anruft in Erinnerung an mein Martyrium, erhört sei in seiner Todesstunde, in Gefahr oder wann immer.«

Und eine Stimme des Himmels antwortete ihr: »Komm, geliebte Braut, die Pforte des Himmels ist dir geöffnet. Ich verheiße göttlichen Schutz jenen, die mich durch deine Fürsprache anrufen.«

Aus dem Hals der Jungfrau floß Milch statt Blut. Auf solche Art vertauschte die heilige Frau Katharina diese Welt mit der ewigen Glückseligkeit eines Freitages, den 25. November.

Der hochheilige Herr Erzengel Michael hatte kein falsches Versprechen gegeben; wie er es vorausgesagt hatte, erschienen die heiligen Frauen Katharina und Margareta. Anläßlich ihres ersten Besuches und auch fernerhin leistete die junge Bäuerin in ihre Hand das Gelübde, so lange es Gott gefallen werde, ihre Jungfrauenschaft zu bewahren. Sollte dies Versprechen nicht des Sinnes entbehren, so mußte Johanna, wie alt immer sie damals war, nicht mehr ganz Kind gewesen sein. Und es scheint auch, als wäre ihr der Engel und die Heiligen zu dem Zeitpunkt erschienen, wo sie Frau wurde, wenn sie es überhaupt wurde. Die Heiligen knüpften mit ihr bald vertrauten Verkehr an. Sie kamen täglich ins Dorf und zuweilen mehrmals am Tag. Wenn das Dorfmädchen sie in dem

Lichte gewahrte, das sie vom Himmel mit herabbrachten, voll Liebreiz, im Gewand von Königinnen, die Stirne mit goldenen, kostbaren edelsteinbesetzten Kronen geschmückt, bekreuzigte sie sich demütig und machte ihnen eine tiefe Verbeugung. Und da sie guter Herkunft waren, erwiderten sie ihren Gruß. Jede von ihnen hatte ihre besondere Art zu grüßen, und weil ihre allzu strahlenden Gesichter nicht ins Auge gefaßt werden konnten, unterschied Johanna sie voneinander durch die Art ihrer Verbeugung. Sie ließen sich gerne von ihrer irdischen Freundin berühren, die ihre Knie umfaßte, den Saum ihrer Kleider küßte und sich an dem Duft, der ihnen entströmte, berauschte. Wie es Johanna schien, sprachen sie mit demutvoller Stimme. Sie nannten das arme Mädchen Magd Gottes. Sie lehrten es, sich gut zu führen und die Kirche zu besuchen. Da sie jeden Augenblick kamen, wußten sie ihr nicht immer besonders neue Dinge zu sagen, führten jedoch mit ihr Reden, die sie mit Freude erfüllten, und nachdem sie verschwunden waren, küßte Johanna leidenschaftlich die Stelle, auf der ihr Fuß geruht hatte.

Sie empfing oft die himmlischen Damen in ihrem kleinen Garten, der an die Umfriedung der Kirche grenzte, begegnete ihnen am Brunnen; oft zeigten sie sich ihrem kleinen Liebling, wenn er sich in Gesellschaft befand. Johanna sagte, daß die Engel häufig inmitten der Christen erschienen, ohne daß diese sie sähen. »Ich aber sehe sie.« Im Walde, im leisen Flüstern des Laubes und hauptsächlich, wenn die Glocken zur Morgenandacht oder nach der Vesper läuteten, hörte sie die süßen Worte am deutlichsten. Die Stimme der Glocken, in die sich ihre Stimmen mischten, liebte sie besonders. Und wenn Perrin le Drapier, der Küster des Dorfes, das Abendläuten vergaß, schalt sie ihn. Sie versprach ihm Kuchen, wenn er in Zukunft pünktlich sein würde.

Von diesen Dingen offenbarte sie nichts ihrem Pfarrer, worin sie nach Meinung der trefflichen Doktoren sehr übel gehandelt habe und nach dem Dafürhalten anderer ausgezeichneter Gelehrten ganz und gar unverantwortlich. Denn wenn wir einesteils in Glaubenssachen unsere geistlichen

Vorgesetzten zu Rate ziehen sollen, regiert andererseits dort, wo der Geist sich regt, Freiheit.

Seitdem die Heiligen Johanna aufsuchten, zeigte sich der hochheilige Herr Michael weniger eifrig, er hatte sie aber nicht verlassen. Es kam die Stunde, wo er ihr den Jammer kündete, der im Königreich Frankreich herrschte, den Jammer, den sie im Herzen trug.

Und die heiligen Besucherinnen, deren Stimme in dem Maße wärmer und bestimmter wurden wie die Seele des Mädchens mutiger und frommer, offenbarten ihr die heilige Aufgabe: »Magd Gottes«, sagten sie ihr, »du mußt dein Dorf verlassen und nach Frankreich gehen.«

War dieser Gedanke einer frommen und kriegerischen Mission, von dem Johanna durch ihre Stimmen Kunde erhielt, plötzlich in ihrem Geiste entstanden, oder war er ihr durch irgendeine Person, deren Einfluß sie unterlag, eingegeben worden? Dies zu entscheiden wäre unmöglich, wenn nicht ein schwacher Hinweis uns auf die Fährte brächte. Johanna hatte in Domremy Kenntnis von einer Prophezeiung, die besagte, daß Frankreich durch eine Frau in Verzweiflung geraten und dann durch eine Jungfrau wiederhergestellt werden würde. Dies machte einen außerordentlichen Eindruck auf sie, und es geschah fortan, daß sie darüber in einer Weise sprach, die bewies, daß sie nicht nur daran glaubte, sondern daß sie sich selber für die angekündigte Jungfrau hielt. Wer mochte sie darüber unterrichtet haben? Irgendein Bauer? Man hat Grund anzunehmen, daß die Bauern davon nichts wußten, und daß diese Prophezeiung unter den Kirchenleuten in Umlauf war. Um über diese Sache Klarheit zu haben, genügt es zu bedenken, daß Johanna diese Prophezeiung in einer besonderen, sichtbar für sie zurechtgemachten Auslegung kannte, da in ihr ausdrücklich gesagt war, daß die heilbringende Jungfrau aus den lothringischen Marken hervorgehen werde. Diese örtliche Hinzufügung kann nicht von einem Ochsentreiber herrühren und enthüllt einen Geist, der es verstand, Seelen zu leiten und bestimmte Handlungen herbeizuführen. Es ist kein Zweifel möglich, daß die so vervollständigte und so zurechtgemachte Weissagung von einem Kleriker ausgeht, dessen Absichten leicht zu durchschauen sind. Von da an läßt sich ein Gedanke verfolgen, der die junge Erleuchtete beeinflußt und sie beschäftigt. Diesen geistlichen Mann, an den Ufern der Maas, der in ländlicher Demut an das Schicksal des armen Volkes dachte, und um die Erscheinungen Johannas zugunsten des Königtumes und des Friedens zu lenken, die Glut seines frommen Eifers so weit trieb, Weissagungen über das Heil der französischen Lilie zu sammeln und in einer für seine Zwecke nützlichen Weise zu vervollständigen, ihn muß man unter diesen Priestern aus der Champagne, unter lothringischen Geistlichen suchen, die am Leiden des Volkes bittersten Anteil hatten. Die Kaufleute und Handwerker, die von Zöllen und Steuern erdrückt waren, durch Geldwechsel ruiniert, die Bauern, deren Häuser, Scheunen, Mühlen zerstört, deren Felder verheert waren, sie trugen nichts mehr zu den Kosten des religiösen Kultus bei.

Mönche und Geistliche, die jetzt weder von ihren Lehnsherren Gehälter noch Zuwendungen der Frommen erhielten, verließen die Klöster und gingen auf Wanderung, ihr Brot zu erbetteln; in den Klöstern ließen sie nur zwei oder drei alte Mönche und einige Kinder zurück. Die befestigten Abteien lockten die Hauptleute und Soldaten beiderlei Parteien an, sich in ihnen zu verschanzen, sie zu plündern und niederzubrennen, und wenn eines dieser heiligen Häuser den Flammen entging, nahmen die umherirrenden Dorfleute dort ihre Zuflucht, und man konnte die Frauen nicht hindern, sich in den Refektorien und Schlafräumen breitzumachen. In der unbekannten Menge jener durch Leiden und Kränkungen der Kirche heimgesuchten Seelen mag der Verkünder und Initiator der Jungfrau zu finden sein.

Johanna hatte mit vielen Priestern und Mönchen Umgang. Sie besuchte ihren Onkel, den Pfarrer von Sermaize, und begegnete zuweilen ihrem Vetter, einem jungen Geistlichen, der seine Weihen in der Abtei von Cheminon empfing und ihr bald nach Frankreich folgen sollte. So befand sie sich mit einer ganzen Anzahl geistlicher Persönlichkeiten in Verbindung, die hinlänglich befähigt waren, ihre eigenartige Frömmigkeit zu erkennen und ihre Gabe, Dinge zu sehen, die den gewöhnlichen Christen unsichtbar blieben. Sie führten Gespräche mit ihr, die, falls sie erhalten wären, uns ohne Zweifel eine der Quellen dieser außergewöhnlichen Berufung aufdecken würden. Eine von diesen Personen war es wohl, die dem König und dem Königreich Frankreich einen engelgleichen Verteidiger vorbereitete.

Johanna aber lebte völlig in ihrem Wahn. In gänzlicher Unkenntnis der Einflüsse, die sie erfuhr, unfähig, in ihren Stimmen das Echo anderer menschlicher Stimmen oder ihres eigenen Herzens zu erkennen, antwortete sie angstvoll den Heiligen, die ihr geboten, nach Frankreich zu ziehen: »Bin ein arm Mägdelein und kann nit reiten noch Krieg führen.«

Von dem Tage, da ihre Visionen begannen, verzichtete sie auf Spiele und Spaziergänge. Sie tanzte nur mehr zu Füßen des Feenbaumes, um die kleinen Kinder hüpfen zu lassen. Auch schien sie den Feldarbeiten und dem Weiden der Herden abhold geworden zu sein. Von früher Kindheit an hatte sie Beweise einer frommen Seele gezeigt; nun oblag sie emsig den Bräuchen besonderer Gläubigkeit; sie beichtete häufig und kommunizierte mit außerordentlichem Eifer; sie wohnte jeden Tag der Messe ihres Pfarrers bei. Zu jeder Stunde fand man sie in der Kirche, zuweilen der Länge nach auf den Steinen hingestreckt, zuweilen die Hände gefaltet, das Antlitz und den Blick zum Heiland oder zur Heiligen Jungfrau erhoben.

Sie wartete nicht immer den Samstag ab, um zur Kapelle von Bermont zu wandern. Manchmal, wenn ihre Eltern meinten, sie hüte die Tiere, weilte sie zu Füßen der wundertätigen Jungfrau. Hochwürden Wilhelm Frontey, der Pfarrer des Dorfes, wußte nur Lob über sein unschuldvollstes Pfarrkind. Er schätzte die Gefühle dieses guten Mädchens. Eines Tages entschlüpfte ihm mit einem Seufzer des Bedauerns der Ausspruch: »Hätte Hannchen Geld, sie gäbe mir gewiß, um Messen lesen zu lassen.«

Was den guten Jakob voll Arc betrifft, so scheint es durchaus glaubwürdig, daß er sich zuweilen über diese Pilgerschaften, Andachten und andere, der ländlichen Arbeit unzuträglichen Glaubensübungen beklagte. Johanna erschien allen Leuten seltsam und wunderlich. Mengette und ihre Gefährtinnen fanden, sie ginge zu weit in ihrer Frömmigkeit. Sie schalten sie, daß sie nicht mit ihnen tanze. Unter anderen war es Isabellette, die Mutter des kleinen Niklas, Johannas Patenkind, die auf das kräftigste ihre Tanzunlust tadelte. Colin und alle Burschen des Dorfes machten sich über sie, ihrer großen Frömmigkeit wegen, lustig. Ihre Ekstasen forderten das Lächeln heraus, sie galt als ein wenig närrisch. Johanna litt unter diesem Spott. Aber sie sah mit eigenen Augen die Bewohner des Paradieses. Und wenn sie sich von ihr entfernten, weinte sie und hätte gewünscht, daß sie sie mit sich nähmen.

»Magd Gottes, du mußt dein Dorf verlassen und nach Frankreich gehen.«

Und die heilige Frau Katharina und die heilige Frau Margareta sagten überdies:

»Nimm auf das Geheiß Gottes die Fahne, ergreif sie kühn, und Gott wird dir beistehen.«

Wenn Johanna den Damen mit den schönen Kronen also lauschte, entbrannte sie in Sehnsucht nach großen Reitereien und Kämpfen, über denen Engel schweben, die Stirn der Krieger berührend. Aber wie sollte sie nach Frankreich gelangen? Wie sich unter die Waffenleute begeben? Die Stimmen, die sie hörte und die einfältig und großherzig wie sie selbst waren, offenbarten ihr nur ihre Seele und ließen sie in schmerzlicher Verwirrung zurück:

»Bin ein arm Mägdlein, kann nit reiten noch Krieg führen.«

Das Geburtsdorf Johannas trug den Namen des gottseligen Remigius, die Pfarrkirche stand unter dem Schutz des großen Apostels der Gallier, der, als er König Chlodwig taufte, den ersten christlichen Prinzen des edlen Hauses Frankreichs, hervorgegangen aus dem Geschlecht des edlen Königs Priamus von Troja, mit dem heiligen Öle gesalbt hatte.

Die Legende des heiligen Remigius wurde auf folgende Weise von den Geistlichen verbreitet.

Zu jener Zeit sah der fromme Eremit Montanus, der in der Gegend von Laon lebte, den Chor der Engel und die Versammlung der Heiligen und hörte eine mächtige und sanfte Stimme, die sagte: »Der Herr hat auf die Erde herniedergeschaut, er hat das Jammern jener gehört, die in Ketten sind, er hat die Söhne jener erblickt, die zugrunde gegangen sind, und er wird ihre Fesseln zerbrechen, auf daß sein Name unter den Nationen verkündet werde und die Völker und die Könige sich vereinigen, ihm zu dienen. Und Cilinia wird zum Heil des Volkes einen Sohn gebären.«

Aber Cilinia war alt und ihr Gemahl war blind. Aber nachdem Cilinia empfangen hatte, gebar sie einen Sohn und mit der Milch, mit der sie das Kind nährte, rieb sie die Augen des blinden Vaters, und er wurde sehend. Dieses von den Engeln angekündigte Kind wurde Remi genannt, was rame, Ruder, heißen soll, denn er sollte mit einem gutgefügten Ruder die Kirche Gottes steuern und hauptsächlich auf dem bewegten Meere dieses Lebens die Kirche von Reims.

Der Sohn Cilinias verbrachte seine fromme Jugend in Laon und war kaum zweiundzwanzig Jahre alt, als die Bischöfe der Provinz von Reims ihm die bischöfliche Würdigung erteilten. Zu dieser Zeit lebten Chlodwig, König von Frankreich, und seine Ritterschaft als Heiden. Da er aber durch den Anruf Jesus Christus einen großen Sieg über die Deutschen errungen hatte, beschloß er auf Bitten der heiligen Königin Chlothilde, vom Bischof von Reims die Taufe zu erbitten. Am Tage der Passion Christi, bevor Chlodwig und seine Barone getauft werden sollten, führte der Bischof den König und die Königin in ein dem heiligen Petrus geweihtes Oratorium. Da wurde die Kapelle plötzlich in so strahlende Helle getaucht, daß das Licht der Sonne verdunkelt ward und inmitten dieser Helle ließ sich eine Stimme folgendermaßen vernehmen:

»Friede sei mit euch! Ich bin es, fürchtet nichts, und haltet euch in Liebe zu mir!« Daraufhin, strahlenden Antlitzes wie Moses, von innerer Erleuchtung beseelt, prophezeite der heilige Bischof: »Chlodwig und Chlothilde, eure Nachkommen werden die Grenzen des Königreiches verrücken. Sie werden die Kirche Jesu Christi errichten und über die fremden Nationen triumphieren, wenn sie niemals von der Tugend abweichen und sich von den Wegen des Heiles nicht entfernen werden, sich nicht in die Straßen der Sünde begeben und nicht in die Falle jener tödlichen Laster, die Reiche stürzen und die Herrschaft einer Nation den anderen überliefern.«

Als sie dann zum Baptisterium gelangt waren, konnte der Priester, der das Salböl bringen sollte und von der Menge aufgehalten wurde, nicht bis zum Taufbecken vordringen, so daß durch besondere Absicht Gottes bei der Segnung das Salböl fehlte. Darauf hob der Pontifex die Augen zum Himmel und betete stumm und in Tränen. Alsbald schwebt eine Taube, weiß wie Schnee, herab, in ihrem Schnabel ein Gefäß mit Salböl vom Himmel gesandt.

Der heilige Bischof ergreift die Phiole, besprengt das Taufwasser mit dem Salböl, worauf die Taube sogleich verschwindet.

Und seither werden die Könige von Frankreich mit dem göttlichen Öle gesalbt, das die Taube vom Himmel brachte. Das heilige Gefäß, das es enthält, wird in der Kirche des heiligen Remigius zu Reims aufbewahrt. Und mit Gottes Erlaubnis ist an den Tagen der Krönung das Salbgefäß immer gefüllt.

Dies verkündeten die Geistlichen, und wahrscheinlich vermochten die Bauern von Domremy in schlichterer Sprache das gleiche und vielleicht darüber noch mehr zu erzählen. Es ist Grund vorhanden, anzunehmen, daß sie auch das Klagelied des heiligen Remigius anstimmten.

Alljährlich, wenn der erste Oktober das Fest des Patronatsherrn erneute, mußte der Pfarrer, dem Brauche nach, dem Heiligen die feierliche Lobrede halten.

Zu diesem Zeitpunkte wurde in Reims ein Mysterium gespielt, in dem die Wunder des Apostels der Gallier ausführlich zur Darstellung gebracht wurden. Und da gab es solche, die wohl geeignet waren, ländliche Seelen zu ergreifen.

Wer wußte wohl besser Bescheid über die Taufe Chlodwigs von Frankreich, als die Leute von Domremy, und daß auf das Veni Creator Spiritus der Heilige Geist herabgekommen war, die heilige Phiole, gefüllt mit dem Salböl des Herrn im Schnabel? Wer mochte die Worte besser verstanden haben, die der hochheilige Herr Remigius an den sehr christlichen König gerichtet hatte, gewißlich nicht in Kirchenlatein, sondern in guter, volksmäßiger Sprache, etwa folgendermaßen:

»O Herr, habt acht, Gott frömmlich zu dienen und das Recht zu wahren, auf daß Euer Königreich blühe. Denn so das Gerechte untergehet, wird dieses Königreich große Gefahr ereilen.«

Kurz, auf die oder jene Weise, sei es durch die geistlichen Männer, die sie leiteten, oder durch die Bauersleute, in deren Mitte sie lebte, Johanna hatte Kenntnis von dem guten Erzbischof Remigius, der dem königlichen Blut so wohlgesinnt und dem das heilige Salbgefäß und die Krönung der hochchristlichen Könige zu Reims bestimmt war. Und der Engel erschien ihr und sagte:

»Magd Gottes, du wirst den Dauphin nach Reims führen, auf daß er seine würdige Salbung erhalte.«

Das junge Mädchen verstand. Die Schleier fielen, ein blendendes Licht entzündete sich in ihrem Geiste. Deshalb also hatte sie Gott erkoren! Durch sie sollte der Dauphin Karl in Reims gesalbt werden. Die weiße Taube, die einstmals dem glückseligen Remigius gesandt worden war, sollte auf den Ruf einer Jungfrau wiederkehren. Gott, der die Franzosen liebt, prägt ihren König mit einem Zeichen. Und wem dieses Zeichen mangelt, der ist auch der königlichen Macht bar. Die Salbung allein macht den König aus, und der hohe Herr Karl von Valois war nicht gesalbt. Wenn auch sein Vater mit der Krone auf der Stirn, dem Zepter in der Hand in der Basilika von Saint-Denys in Frankreich ruht, ist der Sohn nur Kronprinz und wird seine heilige Erbschaft erst an dem Tage antreten, wenn das Öl des unerschöpflichen Salbgefäßes über seine Stirn fließen wird. Und Gott hat sie, die junge einfältige Bäuerin, erwählt, um ihn durch die Schar seiner

Feinde bis nach Reims zu geleiten, wo ihm die Salbung zuteil werden wird, die der heilige Ludwig erhalten hat. Gottes unerforschlicher Plan! Die schlichte Magd, die weder zu reiten noch Krieg zu führen versteht, ist erwählt, Gott seinen weltlichen Vertreter im christlichen Frankreich zu geben.

Von nun an kannte Johanna die großen Dinge, die sie zu vollführen hatte. Aber sie entdeckte noch nicht die Wege, vermittels welcher sie sie verwirklichen sollte.

»Du mußt nach Frankreich gehen«, sagten ihr die heiligen Frauen Katharina und Margareta.

»Magd Gottes, du wirst den Dauphin nach Reims führen, auf daß er seine gebührliche Salbung erhalte«, sprach der heilige Herr Michael, der Erzengel, zu ihr.

Es war Gebot, ihnen zu folgen. Wie aber? Gab es zu diesem Zeitpunkt nicht irgendeine fromme Persönlichkeit, die sie lenkte, so genügte ein besonderer und an sich unwichtiger Umstand, der sich damals im väterlichen Haus zutrug, der jungen Heiligen den Weg zu weisen.

Die Gemeinde wählte als ihren bevollmächtigten Sachwalter Jakob von Arc und sandte ihn nach Vaucouleurs. Es ist unbekannt, wie die zu schlichtende Angelegenheit ablief, aber wir erfahren, daß Johannas Vater Herrn Robert sah, ihn gesprochen hatte. Nach Hause zurückgekehrt, mochte er wohl mehr als einmal von diesen Begegnungen erzählt und von Wesen und Worten solch großer Persönlichkeit berichtet haben. Zweifellos vernahm auch Johanna davon mancherlei. Gewiß hatte sie den Namen Baudricourt bis zum Überdruß gehört. Da kam der ritterliche Erzengel, der strahlende Freund, nochmals, ihr den geheimen Gedanken zu offenbaren, der in ihr entstanden war:

»Magd Gottes«, sprach er zu ihr, »du wirst dich dem Hauptmann Robert von Baudricourt in der Stadt Vaucouleurs nahen, auf daß er dir Leute gebe, dich zum lieben Dauphin zu geleiten.«

Johanna, entschlossen den Willen ihres Erzengels, der ihr eigener Wille war, zu erfüllen, sah wohl voraus, daß ihre Mutter trotz ihrer Frömmigkeit ihr bei ihrem Plane nicht behilflich sein, und daß ihr Vater sich auf das entschiedenste widersetzen würde. Daher hütete sie sich, ihnen das Geringste anzuvertrauen.

Sie erwog, daß Durand Lassois der Mann sein mochte, sie der Hilfe, die sie benötigte, zu vergewissern. Sie nannte ihn in Anbetracht seines Alters ihren Onkel; er war um sechzehn Jahre älter als sie. Ihre Verwandtschaft gründete sich darauf, daß Lassois eine Kusine von Isabellens Tochter geehelicht hatte. Lassois wohnte in einem Dörfchen mit einigen Lehen, in Burey-en-Vaux, am rechten Maasufer, in einem grünen Tale, zwei Meilen weit von Domremy und weniger als eine Meile von Vaucouleurs. Johanna suchte ihn auf, teilte ihm ihren Plan mit und legte ihm dar, daß sie Herrn Robert von Baudricourt sehen müsse. Damit ihr lieber Verwandter ihr mehr Glauben schenke, erinnerte sie ihn an eine sehr seltsame Weissagung, deren wir schon Erwähnung taten: »War nicht vordem Kenntnis«, sagte sie, »daß eine Frau das Königreich Frankreich verderben und eine Frau es wieder aufrichten wird?«

Es scheint, daß diese Voraussage Durand Lassois nachdenklich stimmte. Von den beiden darin angekündigten Dingen hatte das erste, das schlimme, sich in der Stadt Troyes ereignet, als Frau Ysabeau und Katharina von Frankreich das Königreich der Lilien dem König von England überliefert hatten. Es blieb denn nichts zu hoffen, als daß die zweite Sache, die gute, sich auch erfülle. Dies war Durand Lassois' Wunsch, falls er dem Dauphin Karl zugeneigt war, worüber die Geschichte schweigt.

Während dieses Aufenthaltes sah Johanna nicht nur ihre Verwandten, die Vouthon und deren Kinder, sondern sie verkehrte auch mit einem jungen Edelmann namens Gottfried von Foug, der im Pfarrdorf von Maxey-sur-Vayse, wohnte. Sie vertraute ihm an, daß sie nach Frankreich gehen wolle. Herr Gottfried kannte Johannas Verwandte nicht näher, aber das Mädchen erschien ihm schlicht, fromm und gut, und er ermutigte sie in ihrem Unternehmen. Ungefähr acht Tage nach ihrem Kommen hatte sie ihr Ziel erreicht; Durand Lassois willigte ein, sie nach Vaucouleurs zu führen.

Ehe sie fortzog, richtete sie eine Bitte an ihre Tante Aveline, die guter Hoffnung war; sie sagte ihr: »Wenn das Kind, das Ihr erwartet, ein Mädchen ist, nennt es Katharina, zum Andenken an meine verstorbene Schwester Katharina.« Katharina, die Colin von Greux geheiratet hatte, war eben gestorben.

DRITTES KAPITEL

Erster Aufenthalt in Vaucouleurs. Flucht nach Neufchâteau. Reise nach Toul. Zweiter Aufenthalt in Vaucouleurs

Robert von Baudricourt, damals für den Dauphin Karl Stadthauptmann von Vaucouleurs, war der Sohn Liebaults von Baudricourt, der Kämmerling Roberts, Herzogs von Bar, gewesen war, und der Margareta von Aunoy, Herrin von Blaise. Seit vierzehn Jahren etwa war er Nachfolger seiner Onkel, Amtmann von Chaumont und Stadthauptmann von Vaucouleurs. Er hatte sich in erster Ehe mit einer reichen Witib verheiratet; Witwer geworden, dann mit einer nicht minder reichen Wittfrau, Frau Alarde vermählt, und es ist Tatsache, daß die Hirten von Uruffe den Karren raubten, der die Kuchen zur Hochzeitsfeier enthielt. Ritter Robert glich all den Kriegsleuten seiner Zeit: er war habgierig und schlau. Er hatte viele Freunde unter seinen Feinden und viele Feinde unter seinen Freunden, schlug sich zuweilen für seine Partei, zuweilen wider sie und immer zu seinem Nutzen. Im übrigen war er nicht bösartiger als andere und einer der minder Dummen.

Gekleidet in ein armseliges, rotes, um und um geflicktes Kleid, klomm Johanna den Hügel hinan, der Stadt und Tal beherrscht, drang ohne Hindernis in das Schloß, denn man betrat es wie die Dorfmühle, und wurde in einen Saal eingelassen, wo Herr Robert sich inmitten von Waffenleuten aufhielt. Sie hörte die Stimme, die ihr sagte: »Da ist er!« und sogleich ging sie geradewegs auf ihn zu und sprach furchtlos zu ihm, indem sie mit dem, was ihr am dringlichsten dünkte, begann:

»Ich komme zu Euch im Auftrage des Herrn, auf daß Ihr

dem Dauphin zu wissen tut, sich gut zu halten und seinen Feinden nicht Krieg anzusagen.«

Gewiß sprach sie auf einen neuerlichen Befehl ihrer Stimmen. Es ist bemerkenswert, daß sie Wort für Wort wiederholte, was fünfundsiebzig Jahre vorher unweit von Vaucouleurs ein Bauer aus der Champagne, ein Hintersasse, das heißt, ein nicht Leibeigener, vorgebracht hatte. Das Abenteuer dieses Mannes hatte so wie jenes Johannas begonnen, um allerdings viel rascher zu enden. Die Tochter Jakob von Arcs war nicht die erste, die über Offenbarungen, Krieg betreffend, zu künden hatte. Erleuchtete Personen kommen hauptsächlich zu Zeiten großer Not vor. So vernahm der Hintersasse aus der Champagne zur Zeit der Pest und des Schwarzen Prinzen eine Stimme in einem Lichte. Während der Feldarbeit hatte ihm die Stimme gesagt: »Geh, den König Jakob von Frankreich zu warnen, gegen keinen seiner Feinde zu kämpfen.« Dies trug sich einige Tage vor der Schlacht bei Poitiers zu.

Damals war der Rat gut; im Monat Mai des Jahres 1428 schien er weniger nützlich und stimmte überdies mit der Sachlage nicht sonderlich überein. Seit dem unglücklichen Tage von Verneuil fühlten sich die Franzosen nicht in der Lage, ihren Feinden Krieg anzusagen; sie dachten gar nicht daran. Man eroberte, man verlor Städte, man lieferte Scharmützel und faßte wieder verlorenen Besitz; man sagte den Feinden keinen Kampf an. Es bestand keine Notwendigkeit, den Dauphin Karl, der von Natur aus und was seine Möglichkeiten betraf, in dieser Hinsicht sehr zurückhaltend war, zur Mäßigung anzuhalten. Ungefähr zur Zeit, als Johanna diese Worte an Ritter Robert gerichtet hatte, bereiteten die Engländer ein Unternehmen in Frankreich vor und zögerten noch unentschlossen, ob sie gegen Angers oder gegen Orléans ziehen sollten.

Johanna sprach auf den Rat ihres Erzengels und ihrer Heiligen, die über die Dinge des Krieges und den Zustand des Königreiches nicht mehr und nicht weniger wußten als sie selbst. Aber es ist nicht erstaunlich, daß jene, die sich für Gottgesandte halten, den Anspruch erheben, daß man auf sie höre.

Und dann steckte in der Befürchtung des jungen Mädchens, die französische Ritterschaft könne noch eine Schlacht nach ihrer Art liefern, der grobe gesunde Menschenverstand des Volkes. Man wußte zu genau Bescheid, wie diese Leute zu Werk gingen.

Ohne in Verwirrung zu geraten, sprach Johanna weiter und weissagte in bezug auf den Dauphin: »Vor Ablauf der Fastnacht wird der Herr ihm zu Hilfe kommen.« Und sie fügte sogleich hinzu: »Wie es jetzt steht, gehört das Königtum nicht dem Dauphin. Aber der Herr will, daß der Dauphin zum Könige gemacht werde und daß er das Königreich unter seiner Obhut halte. Seinen Feinden zu Trotz wird der Dauphin zum Könige gemacht werden und ich werde es sein, die ihn zur Salbung führt.«

Die Bezeichnung »Herr« hatte wahrscheinlich etwas Fremdes und Unklares, da Herr Robert sie nicht verstand und fragte:

»Wer ist der Herr?«

»Der König des Himmels,« antwortete das junge Mädchen. Sie hatte eben auch einen anderen Ausdruck gebraucht, über den Ritter Robert, soviel man weiß, keine Frage tat und der dennoch zu denken gibt. Dieses Wort Obhut, das im Pfründenrecht gebräuchlich war, bedeutete hier anvertrautes Gut. Wenn der König das Reich zur Bestellung, zur Obhut erhielt, würde er nur sein Schatzmeister sein. Der Ausspruch des jungen Mädchens deckte sich mit dem Gedanken jener frömmsten Männer, die die Regierung von Königreichen Gott unterordnet. Johanna konnte weder Wort noch Inhalt allein gefunden haben, sondern sie waren ihr sichtlich durch einen der Kirchenmänner eingedrillt, deren Einfluß wir schon anläßlich einer lothringischen Weissagung gespürt hatten und dessen Spur auf immer verlorengegangen ist. Johanna pflegte mit mehreren Priestern geistliche Zwiegespräche; unter anderem mit Hochwürden Arnolin und Hochwürden Dominik, die ihr die Beichte abnahmen. Es ist schade, daß man nicht weiß, was sie von der unersättlichen Grausamkeit der englischen Sippschaft, dem Hochmut des Fürsten von Burgund, dem Unglück des Dauphins hielten, und ob sie etwa nicht hofften, daß unser Heiland eines Tages geruhen würde, auf die Fürbitte des armen Volkes das Königreich Karl, Sohn des Karl, in Obhut zu geben. Vielleicht stammte Johannas heilige Politik von einem dieser Männer.

Eben als sie mit Herrn Robert sprach, befand sich, wohl nicht gänzlich zufällig, beim Hauptmann ein lothringischer Edelmann mit Namen Bertrand von Poulengy, der in der Nähe eine Besitzung hatte und im Bezirk von Vaucouleurs ein Amt bekleidete. Er war damals etwa sechsunddreißig Jahre alt. Er verkehrte häufig mit Geistlichen, zumindest verstand er die Sprache der Glaubensleute vorzüglich. Vielleicht sah er Johanna zum erstenmal, aber sicherlich hatte er schon viel von ihr sprechen hören, wußte, daß sie fromm und sittsam sei. Er war vor etwa zwölf Jahren oft in Domremy gewesen, kannte dort die Leute, hatte unter dem Feenbaum gesessen, war mehrmals zu Jakob von Arc und zu Romée gegangen, die er für ehrsame Ackersleute hielt. Es mag sein, daß Wesen und Sprache des jungen Mädchens auf Bertrand von Poulengy Eindruck machten; glaubhafter ist jedoch, daß dieser Edelmann mit uns unbekannten Kirchenmännern in Verbindung stand, die die hellseherische Bäuerin unterwiesen, um sie fähiger zu machen, dem Königreich Frankreich und der Kirche Dienste zu leisten. Jedenfalls besaß sie in Bertrand von Poulengy einen Freund, der ihr später die nützlichste Stütze bieten sollte.

Diesmal bewerkstelligte er noch nichts und sprach, wenn man richtig unterrichtet ist, kein Wort. Er meinte wohl, daß es nötig wäre, zu warten, bis der Hauptmann besser auf das Ansuchen der Heiligen vorbereitet sei. Ritter Robert ging auf diese ganze Sache nicht ein, und nur dieser Punkt schien ihm klar, daß Johanna eine richtige Dirne und für die Kriegsleute einen leckeren Bissen abgeben würde. Als er den Leibeigenen, der sie ihm zugeführt, verabschiedete, empfahl er ihm, gemäß der Weisheit in bezug auf Mädchen: »Führ sie mit ein paar guten Ohrfeigen zu ihrem Vater zurück!«

Nach achttägiger Abwesenheit kehrte sie in das Dorf zurück. Die Verächtlichkeit des Hauptmannes und die Beleidigungen der Besatzung hatten sie weder gedemütigt noch entmutigt. Sie betrachtete dies sogar als Beweis für die Wahrhaftigkeit ihrer Mission und bildete sich ein, daß ihre Stimmen sie davon benachrichtigt hätten. Wie Schlafwandelnde verhielt sie sich Hindernissen gegenüber behutsam und von gelassener Hartnäckigkeit. Diesen wundersamen Schlaf, erfüllt von Bildern des Dauphins, seiner Reiterschar, seiner Schlachten, über denen Engel schwebten, träumte sie zu Hause, im Gärtchen, in den Wiesen weiter. Sie vermochte nicht zu schweigen, ihr Geheimnis entschlüpfte ihr allenthalben. Unaufhörlich weissagte sie, aber man schenkte ihr keinen Glauben. Ungefähr einen Monat nach ihrer Rückkehr sagte sie einem ganz jungen Landmann in Burey mit heimlichem Hinweis:

»Zwischen Coussey und Vaucouleurs lebt ein Mädchen, das innerhalb eines Jahres den König von Frankreich zur Salbung führen wird.« Gegenüber Gérardin d'Épinal, der als einziger in Domremy nicht auf Seite des Dauphins stand, konnte sie sich nicht enthalten, in verdeckten Worten die Ankündigung des Mysteriums ergehen zu lassen: »Gevatter, wenn du nicht Burgunder wärest, würde ich dir etwas erzählen.« Der gute Mann glaubte, es handle sich um ein bevorstehendes Verlöbnis.

Ach, wie sehr hätte es Jakob von Arc gewünscht, daß das Geheimnis seiner Tochter solcherart gewesen wäre. Dieser gerade denkende Mann, der sehr streng auf gute Aufführung seiner Kinder bedacht war, beunruhigte sich über das Wesen, das Johanna annahm. Er wußte nicht, daß sie Stimmen hörte, er hatte keine Ahnung, daß den ganzen Tag in seinem Garten ein Auf- und Abstieg aus dem Paradies stattfand und daß mehr Engel, als die Jakobsleiter getragen, vom Himmel zu seinem Hause kamen und gingen und, ohne daß andere irgend etwas sahen, für die kleine Johanna ein Mysteriumspiel stattfand, das tausendmal reicher und schöner war als jene, die man an Festtagen in Städten, wie in Toul oder Nancy, darstellte. Er war meilenweit davon entfernt, diese unglaublichen Wunder zu ahnen. Aber er sah wohl, daß seine Tochter außer Sinnen, daß sie wirren Geistes war, daß sie Narreteien sprach. Er bemerkte wohl, daß sie nur Reitereien und Schlachtgetümmel im Kopfe hatte und konnte über den Ausflug nach Vaucouleurs nicht in völliger Unkenntnis sein. Er ängstigte sich sehr, daß dieses unglückselige Kind eines Tages ganz fortgehen und in der Welt herumziehen würde. Diese peinliche Sorge verfolgte ihn bis in den Schlaf. Eines Nachts sah er sie im Traum mit Soldaten entfliehen, und der Eindruck dieses Traumes war so stark, daß er noch bei seinem Erwachen andauerte. Während mehrerer Tage sagte er und wiederholte es seinen Söhnen Peter und Johann:

»Wenn ich wahrhaftig glaubte, daß solches, was ich von meiner Tochter geträumt habe, eintreffen werde, wollte ich lieber, daß sie von euch ertränkt werde, und wenn ihr es nicht tätet, daß ich selbst sie ertränkte.« Isabelle wiederholte ihrer Tochter die Worte, um sie abzuschrecken und zurechtzuweisen. So frommgläubig sie auch war, teilte sie die Befürchtungen des Vaters. Für diese braven Leute war der Gedanke furchtbar, daß ihr Kind eine Dirne werden könne. In diesen Kriegszeiten gab es eine Menge dieser entarteten Frauen, die die Soldaten hinter sich herführten, jeder die seine. Durch das Seltsame ihrer Handlungen geben die Heiligen hauptsächlich in ihrer Jugend Anlaß zu solchem Verdacht. Und Johanna hatte den Anschein, eine Heilige zu sein. Sie war Dorfgespräch, man zeigte mit den Fingern auf sie, indem man spottend sagte:

»Da ist die Wiedererweckerin Frankreichs und des königlichen Geblütes.« Die Leute aus der Gegend, die das Übel, von dem sie besessen war, merkten, waren nicht verlegen, dessen Ursache zu finden. Sie brachten es mit irgendeiner Zauberei in Zusammenhang. Sie war unter dem »schönen Mai« gesehen worden, hatte dort Girlanden aufgehängt. Man wußte, daß die alte Buche verhext war, ebenso die benachbarte Quelle. Und es war ja eine bekannte Tatsache, daß die Feen

Zauber ausübten. Einige Leute entdeckten, daß Johanna einer bösen Fee begegnet war. Wären doch immer nur bloß Bauern dieser Meinung gewesen!

Anton von Vergy, der Statthalter der Champagne, erhielt vom Herzog von Bedford, Regent von Frankreich, im Namen Heinrichs VI. den Auftrag, tausend Waffenleute auszurüsten, die bestimmt waren, die Schloßhauptmannschaft von Vaucouleurs dem Gehorsam der Engländer zu unterwerfen. Während seines Anmarsches setzte Vergy, wie es Brauch war, alle Dörfer, die auf dem Gebiet der Schloßherrschaft gelegen waren, in Brand und Vernichtung. Die Einwohner von Domremy und Greux, neuerlich von einem ihnen nur zu gut bekannten Übel bedroht, sahen schon ihre Herden entführt, ihre Scheunen angezündet, ihre Frauen und Töchter vergewaltigt. Da sie bereits die Erfahrung gemacht hatten, daß das Inselschloß für ihre Sicherheit nicht ausreichend war, beschlossen sie, zu fliehen und in der Stadt Neufchâteau Zuflucht zu suchen. Die Familie Arc wurde von einer Frau aufgenommen, die man die Rote nannte und die eine Herberge unterhielt, wo Soldaten, Mönche, Kaufleute und Pilger einkehrten. Einige Leute verdächtigten sie, Frauen mit schlechtem Lebenswandel Unterkunft zu gewähren.

Johanna führte in Neufchâteau sowie in Domremy die Tiere ihres Vaters auf die Weide und hütete die Herden. Geschickt und kräftig wie sie war, half sie auch der Roten bei den häuslichen Arbeiten, was die Burgunder zu der bösartigen Nachrede veranlaßte, sie wäre Magd in einem Wirtshaus für Kriegsvolk und Dirnen gewesen. In Wirklichkeit verbrachte Johanna alle Zeit, die sie nicht für die Obhut der Tiere oder ihre Wirtin verwandte, in der Kirche. Es gab zwei Klöster in der Stadt, das der Franziskaner und das der Clarissen, der Töchter und Söhne des guten heiligen Franz. Während der zwei Wochen, die Johanna in der Stadt verbrachte, ging sie ihren Glaubensverrichtungen im Franziskanerkloster nach und beichtete zwei- oder dreimal den Bettelmönchen. Es ging die Rede, daß sie Laienschwester des

Franziskanerordens war, und man vermutete, daß ihre Zugehörigkeit von der Zeit ihres Aufenthaltes in Neufchâteau herrührte.

In dieser Stadt erhielt sie eine Vorladung, vor dem geistlichen Amt in Toul, dem sie, als in Domremy gebürtig, unterstellt war, zu erscheinen. Ein junger Bursche aus Domremy gab vor, daß zwischen ihm und der Tochter Jakob von Arcs ein Heiratsversprechen bestände. Johanna leugnete dies, er aber hielt an seiner Behauptung fest und bestätigte sie vor Gericht. In dieser Angelegenheit Johannas nimmt es wunder, daß ihre Eltern ihr unrecht gaben und auf seiten des jungen Mannes waren. Gegen ihr Verbot führte sie ihren Prozeß durch und erschien vor dem geistlichen Richter. Sie erklärte später, daß sie ihnen in dieser Sache ungehorsam gewesen war und dies ihr einziger Verstoß gegen die Unterwerfung gewesen sei, die sie ihnen schuldete.

Um von Neufchâteau nach Toul wieder zurückzugelangen, mußte sie mehr als zwanzig Meilen zu Fuß zurücklegen, auf Wegen, die von Kriegsvolk unsicher gemacht, in dieser verheerten Gegend, die die Bauern von Domremy eben in Furcht und Schrecken verlassen hatten. Vor dem Richter schwor sie, die Wahrheit zu sprechen und leugnete, ein Heiratsversprechen gemacht zu haben. Sie war im Rechte, aber ihr Benehmen, das einer heldenhaften und eigenartigen Unschuld entsprang, wurde schlecht ausgelegt. Man war in Neufchâteau der Meinung, daß diese Reisen ihr alles, was sie besaß, aufgezehrt hätten. Aber was besaß sie denn? Ach, sie war mit nichts fortgezogen! Vielleicht hatte sie an den Türen um ihr Brot betteln müssen; die Heiligen empfangen Almosen, wie sie selbst es geben: um der Liebe Gottes willen.

Nach zwei Wochen der Abwesenheit kehrte Jakob von Arc mit seiner Familie nach Domremy zurück. Aber in welchem Zustand der Verwüstung sahen sie Obstgarten, Haus, Kirche und Abtei, Dorf und Felder wieder! Alles war von den Kriegsleuten geplündert und in Brand gesteckt worden. Die Abtei, die vordem mit ihrem Turm, auf dem der Wächter auslugte, noch stolz wie eine Festung gewesen, war nichts mehr als eine Anhäufung angeschwärzter Steine.

Währenddessen belagerten die Engländer die Stadt Orléans, die dem Herzog Karl, ihrem Gefangenen, gehörte, ein unsauberes Spiel, denn obgleich sie seines Körpers habhaft waren, mußten sie sein Gut in Ehren halten. Sie erbauten Befestigungswälle um die Stadt Orléans, das Herz von Frankreich, und man erzählte, daß der Feind sehr zahlreich wäre.

Und die heilige Frau Katharina und die heilige Frau Margareta, die dem Lande der Lilien sehr zugetan waren, unterhielten sich mit der Hirtin über das Ungemach des Königreiches und sagten ihr unaufhörlich:

»Du mußt dein Dorf verlassen und nach Frankreich ziehen.« Johanna war um so ungeduldiger zu wandern, als sie selber den Zeitpunkt ihrer Ankunft in Frankreich angekündigt hatte und diese Zeit nun herannahte. Dem Hauptmann von Vaucouleurs hatte sie gesagt, daß der Dauphin vor der halben Fastenzeit Hilfe finden würde, und sie wollte ihre Stimmen nicht Lügen strafen.

Die langersehnte Gelegenheit, nach Burey zurückzukehren, ergab sich gegen Mitte Januar. Zu dieser Zeit kam das Weib des Durand Lassois in die Wochen. Im Lande wollte es der Brauch, daß junge Verwandte und Freundinnen der Wöchnerin sich zu dieser begaben, um Mutter und Kind zu pflegen, eine anständige und gutherzige Sitte, der man um so lieber oblag, als sie Anlaß zu freudigen Begegnungen und fröhlichem Schwatzen gab. Johanna drängte ihren Onkel, sie von ihrem Vater freizubitten, die Wöchnerin zu pflegen, und Lassois willigte ein; er tat alles, was seine Nichte verlangte, und vielleicht wurde er von frommen und angesehenen Leuten in seinem Entgegenkommen bestärkt. Aber man kann nur schwer verstehen, daß dieser Vater, der seinerzeit davon sprach, seine Tochter in die Maas zu werfen, um sie daran zu hindern, mit den Kriegsleuten zu ziehen, sie vor den Toren der Stadt unter der Obhut eines Verwandten ließ, dessen Schwäche er kannte. Dennoch handelte er so und nicht anders.

Als Johanna ihr Vaterhaus, das sie nicht mehr wiedersehen sollte, verließ, stieg sie in Gesellschaft Durand Lassois' in das heimatliche, vom Winter entblößte Tal hinab. Zum zweitenmal nun nach Vaucouleurs gekommen, glaubte sie, eine dem Dauphin gehörige Stadt zu betreten. Aber sie täuschte sich. Der Hauptmann von Vaucouleurs hatte dem Herrn von Vergy die Festung zurückgegeben, sie aber noch nicht ausgeliefert. Es war eine jener Kapitulationen auf Termin, wie man sie zu jener Zeit oft unterschrieb, die aber meist nicht wirksam wurden, falls der befestigte Platz vor dem für die Übergabe bestimmten Tag Hilfe erhielt. Johanna suchte, genau so wie neun Monate vorher, Herrn Robert im Schlosse auf und gab ihm folgende Offenbarung kund:

»Hauptmann und Herr, wisset, daß Gott mich noch mehrmals wissen lassen und mir befohlen hat, daß ich zu dem lieben Dauphin gehe, der der wahre König von Frankreich sein sollte und ist, damit er mir Waffenleute zuweise und ich die Belagerung von Orléans aufhebe und ihn zur Salbung nach Reims führe.« Diesmal eröffnete sie ihren Auftrag, Orléans zu befreien, und daß sie erst nach dieser Tat die Krönungsreise antreten würde. Man muß die Geschmeidigkeit und die Anpassung anerkennen, mit welcher die Stimmen die früher gegebenen Anordnungen, je nach dem Gebote des Augenblickes, wechselten. Die Umgangsformen Ritter Roberts Johanna gegenüber hatten sich völlig geändert. Er sprach nicht mehr von tüchtigen Ohrfeigen, die er ihr geben und daß er sie zu ihren Eltern zurückschicken wolle. Jetzt behandelte er sie nicht mehr schroff, und wenn auch ungläubig, horchte er ihren Prophezeiungen doch gutwillig. In einem der Gespräche machte sie seltsame Aussprüche: »Wenn einmal die großen Dinge vollbracht sind, die ich im Auftrage des Herrn zu tun habe, werde ich mich verheiraten und drei Söhne haben, von denen der erste Papst, der zweite Kaiser, der dritte König sein wird.« Ritter Robert antwortete belustigt:

»Da sie so große Persönlichkeiten sein werden, will ich dir gerne einen machen. Ich werde dann mehr gelten.« Johanna antwortete: »Nicht doch, lieber Robert, nicht doch! Noch ist die Zeit nicht gekommen. Der Heilige Geist wird es schon schaffen.«

Nach den wenigen uns überlieferten Worten zu urteilen, sprach die junge Visionärin zu Beginn ihrer Sendung abwechselnd auf zweierlei Arten. Ihre Worte schienen aus zwei entgegengesetzten Quellen zu fließen. Die einen, unbefangen, sanft, naiv, kurz, ländlich-schlicht, von unschuldiger Schalkhaftigkeit, zuweilen derb, ebenso von Kühnheit als von Heiligkeit beeinflußt, beschäftigten sich am häufigsten mit dem Erbe des Dauphins, seiner Salbung und der Austreibung der Engländer. Dies war die Sprache ihrer Stimmen, ihre wahre Sprache, ihre innerliche. Aus der anderen, die feiner, mit Allegorien gefärbt, blumenreich, ausgeklügelt, von wissender Gnade in bezug auf die Kirche war, spürte man den Geistlichen heraus, sie verriet sich irgendeinem Einfluß von außen. Jener Ausspruch zu dem Ritter über die drei Kinder gehörte dieser zweiten Art an. Er sollte eine Allegorie vorstellen. Ihr dreifaches Gebären bedeutet, daß aus ihren Werken der Frieden der Christenheit erwachsen würde und, nachdem sie ihren göttlichen Auftrag erfüllt hätte, der Papst, der König und der Kaiser, alle drei Söhne Gottes, die Eintracht und die Liebe in der Kirche Jesu Christi würden walten lassen. Dieses Gleichnis ist vollkommen offenkundig, dennoch bedurfte es ein wenig Geist, um es zu verstehen. Der Hauptmann aber erfaßte diesen Sinn nicht, er nahm die Sache wörtlich und antwortete demnach, denn er war ein schlichter und scherzbereiter Mann.

Johanna wohnte in der Stadt bei Verwandten ihres Vetters Lassois, einfachen Leuten. Da sie sich gut aufs Spinnen verstand, versah sie dort diese Arbeit, ging häufig mit ihren Verwandten in die Kirche und gab den Armen das wenige, das sie besaß. Oftmals stieg sie des Morgens den Hügel hinan, zu dessen Füßen sich die Dächer der Stadt drängen und begab sich gläubigsten Gemütes in die Kapelle Mariä von Vaucouleurs. Diese Stiftung gehörte zum Schlosse, das der Hauptmann bewohnte. Das ehrwürdige steinerne Schiff erhob sich kühn gegen Osten über der weiten Ausdehnung der Hügel und Wiesen und überragte das Tal, in dem Johanna herangewachsen war. In der Krypta, unterhalb der Kapelle, bewahrte man ein altes und verehrtes Bildnis der Mutter Gottes, das man Unsere Frau vom Gewölb nannte und das hauptsächlich zugunsten der Armen und Bedürftigen wundertätig war. Johanna hielt sich gerne in dieser dunklen und einsamen Krypta auf, wo sie die Heiligen besonders gerne besuchten. Ein kleiner Kleriker, fast noch ein Kind, der den Dienst in der Kapelle versah, erblickte eines Tages das junge Mädchen regungslos, mit verschlungenen Händen, die Augen erhoben und in Tränen gebadet, und bewahrte Zeit seines Lebens den Anblick dieser Verzückung.

Das fromme Mädchen war mit vielen Geistlichen und Edelleuten bekannt. Allen sagte sie: »Ich muß zum lieben Dauphin gehen. Und müßte ich auf den Knien hinrutschen, ich werde dennoch gehen.«

In der Garnison der Stadt befand sich ein Krieger, der ungefähr achtundzwanzig Jahre alt war, Johann von Novelompont, gewöhnlich nannte man ihn Johann von Metz. Er war ein freier Mann, aber nicht von Adel, und trug den Namen seines ererbten Guts. Im Jahre 1428 stand er im Dienste des Hauptmanns von Vaucouleurs. Er war mit Bertrand von Poulengy mehr oder weniger eng befreundet, und der hatte ihm gewiß von Johanna erzählt. Eines Tages sprach er das junge Mädchen an:»Nun, meine Liebe, was tust du hier? Soll der König aus seinem Reich verjagt und wir Engländer werden?«

Solche Worte eines lothringischen Kriegsmannes sind immerhin bemerkenswert. Der Vertrag von Troyes unterwarf Frankreich nicht England, er vereinigte die beiden Königreiche. Wenn man sich nach wie vor schlug, so geschah dies einzig, um eine Entscheidung zwischen den Anwärtern Karl von Valois und Heinrich von Lancaster herbeizuführen. Ob nun der eine oder der andere den Sieg davontrug, änderte nichts in den Gesetzen und Sitten Frankreichs. Aber dieser arme

Truppenführer aus den deutschen Grenzmarken dachte, er müsse unter einem englischen König gleichfalls Engländer werden, und viele Franzosen aller Stände dachten so und konnten den Gedanken, anglisiert zu werden, nicht ertragen. So machten sie ihr Los und das des Königreiches von dem des Dauphin abhängig.

Damals lief ein Gerücht um im Lande, der Sohn des Königs von Frankreich, der fünfjährige Dauphin Ludwig, sei eben mit der dreijährigen Tochter des Königs von Spanien verlobt worden, und das gewöhnliche Volk feierte diese königliche Verbindung mit so viel Lustbarkeiten, als ein solch verelendetes Land aufzubringen imstande war. Johanna, die davon hatte reden hören, sagte zu Johann von Metz:

»Ich muß zum Dauphin! Denn niemand auf Erden, weder König noch Herzog, noch spanische Königstochter können das Königreich Frankreich wieder aufrichten.«

Und sie fügte hinzu:

»Die Hilfe steht allein bei mir, wiewohl ich viel lieber bei meiner armen Mutter spinnen würde, denn jenes ist nicht mein Beruf. Aber ich muß gehen, und ich werde es tun, weil der Herr will, daß ich es tue.« Sie sprach, wie sie dachte. Aber sie kannte sich nicht, sie wußte nicht, daß ihre Stimme der Schrei ihres Herzens war und daß sie brannte, die Spindel mit dem Schwert zu vertauschen.

Johann von Metz fragte genau wie vordem Herr Robert:

»Wer ist der Herr?« »Gott«, antwortete sie und fügte sogleich leidenschaftlich hinzu, als ob er an sie glaubte: »Ich verspreche Euch, und ich gebe Euch mein Wort, daß ich Euch mit Gottes Hilfe zum König führen werde.«

Er berührte ihre Hand zum Zeichen, daß er ihr Glauben schenke und fragte sie:

»Wann willst du ziehen?« »Zu dieser Stunde«, antwortete sie; »zu dieser Stund' lieber als morgen; morgen lieber als später.«

Johann von Metz selber hat noch siebenundzwanzig Jahre später dieses Gespräch wiedergegeben. Demnach hätte er schließlich das junge Mädchen gefragt, ob sie den Weg nach

Frankreich in Frauenkleidern zurücklegen wolle. Man versteht, daß er große Unannehmlichkeiten voraussah, mit einer Bäuerin in rotem Kleid durch Frankreichs Straßen zu ziehen, die damals von rohen Sinnesmenschen durchstreift waren, und daß er es für vorsichtiger hielt, sie als Knabe verkleidet mitzuführen. Sie ging sofort auf den Gedanken Johanns ein und sagte:

»Ich werde gerne Männerkleider anziehen.« Nichts spricht gegen die Vermutung, daß sich die Dinge so zugetragen haben. Dann aber hätte ein fahrender Mann aus Lothringen der Heiligen, ihre Kleidung betreffend, einen Gedanken eingegeben, von dem sie später glauben wird, er sei ihr von Gott offenbart worden.

Aus eigener Überlegung oder noch eher auf Rat irgendeiner vorsichtigen Person, war Ritter Robert besorgt, ob denn Johanna nicht der Einflüsterung eines bösen Geistes folge. Denn der Teufel ist voll List und nimmt zuweilen die Gestalt der Unschuld an. Und da er in dieser Hinsicht nicht sehr beschlagen war, beschloß er, sich an seinen Pfarrer zu wenden. So sahen denn Katharina und Johanna eines Tages, als sie im Hause spannen, den Hauptmann von Vaucouleurs in Gesellschaft eines Geistlichen, Johann Fourniers, eintreten. Diese Herren forderten Katharina, die Hausfrau, auf, sich zurückzuziehen, und als sie mit dem jungen Mädchen allein waren, bekleidete sich Hochwürden Johann Fournier mit der Stola und sprach lateinische Worte, die ungefähr folgendes besagten:

»Wenn du vom Bösen bist, entferne dich, bist du vom Guten, so komm näher.« Es war dies die gewöhnliche Form der Teufelsbeschwörung. Nach Johann Fourniers Meinung sollten diese Worte, mit ein wenig Weihwasser vermengt, die Teufel, falls sich unglücklicherweise solche in dem Dorfmädchen befänden, zur Austreibung bringen. Hochwürden zweifelte nicht, daß die Dämonen von unmäßiger Lust befallen waren, in menschliche Körper und besonders in die der Mädchen einzudringen, von denen sie manchmal beim Verzehren des Brotes hinuntergeschluckt wurden. Die Probe, auf die

Johanna gestellt wurde, war sehr großen Heiligen nicht erspart geblieben.

Johannas Verhalten zeigte nichts Verdächtiges, keine Erregung, keine Zornesausbrüche. Sie schleppte sich nur ängstlich und flehentlich auf den Knien zu dem Priester hin; sie floh nicht vor dem heiligen Namen Gottes. Hochwürden Johann Fournier schloß daraus, daß kein Teufel in ihr war. Mit Katharina allein geblieben, bezeigte Johanna, die endlich den Sinn dieser feierlichen Handlung begriff, dem Priester gegenüber lebhaften Unwillen. Sie beklagte sich über sein Mißtrauen.

»Das war nit gut von ihm«, meinte sie zu ihrer Hauswirtin, »konnt' mich doch kennen, da er mich in der Beicht gehört.« Doch hätte sie dem Pfarrer von Vaucouleurs Gerechtigkeit widerfahren lassen, wenn sie gewußt hätte, wie sehr er ihrer Sache vorwärts half, indem er sie der Prüfung unterzogen hatte. Ritter Robert, nun unterrichtet, daß diese Jungfrau nicht vom Teufel beeinflußt war, mochte daraus schließen, daß sie von Gott geleitet sein konnte, denn allem Anschein nach war der Hauptmann von schlichter Denkungsart. Er schrieb in der Angelegenheit der jungen Heiligen an den Dauphin und beglaubigte gewiß die Unschuld und Güte, die aus ihr sprach. Man kann annehmen, daß er zugunsten Johannas, auf die Bitte einer dieser Persönlichkeiten, die sie für gut hielten, dem Dauphin schrieb, wahrscheinlich auf Ansuchen Bertrand von Poulengys und Johann von Metz. Da sie eben bereit waren abzuziehen, zeigten sie sich willig, die Erleuchtete mit sich zu nehmen, ja, selbst alle Kosten auszulegen, in der Hoffnung, sich in Chinon aus der königlichen Kassette bezahlt zu machen und aus einem so seltenen Wunder Nutzen und Ehre zu ziehen. Sie warteten noch auf die Zustimmung des Dauphins. Indessen war Johanna nicht mehr zu halten. Sie kam und ging von Vaucouleurs nach Burey und von Burey nach Vaucouleurs. Sie zählte die Tage, und die Zeit schlich ihr hin wie einer schwangeren Frau.

Ende Januar, unfähig, an sich zu halten, beschloß sie, sich

allein zum Dauphin aufzumachen. Sie bekleidete sich mit den Sachen Durand Lassois' und schlug mit diesem trefflichen Vetter den Weg gen Frankreich ein. Ein Bewohner Vaucouleurs, namens Jakob Alain, begleitete sie. Wahrscheinlich rechneten diese beiden Männer damit, daß das junge Mädchen von selber die Unmöglichkeit einer solchen Reise erkennen und man nicht weit kommen würde. So geschah es auch. Kaum waren die drei Wanderer eine Meile entfernt inmitten des großen Waldes von Saucy, als Johanna sich besann und zu ihren Gefährten sagte, es wäre doch nicht ehrlich gehandelt, so davonzugehen, worauf alle drei in die Stadt zurückkehrten.

Endlich brachte dem Hauptmann ein königlicher Bote die Antwort des Königs Karl. Sie lautete, daß Ritter Robert die junge Heilige nach Chinon senden solle.

Was Johanna verlangt hatte und was unmöglich erschienen, ward ihr nun zugestanden. Sie sollte vor den König geführt werden, so wie sie es gewollt und zu der von ihr bestimmten Frist. Aber diese Abreise, nach der sie so sehr geschmachtet hatte, wurde um einige Tage durch einen Umstand verzögert, der beweist, daß der Ruf der jugendlichen Hellseherin in Lothringen verbreitet war, und der bezeugt, daß die Heiligen von den Großen der Erde aufgesucht wurden, wenn diese ihrer bedürftig waren. Johanna ward vom Herrn Herzog von Lothringen nach Nancy berufen. Ausgestattet mit einem Paß, den ihr der Herzog gesandt hatte, zog sie in Wams und Hose auf einem Klepper, den ihr Durand Lassois und Jakob Alain gaben, von dannen. Das Pferd hatte sie zwölf Franken gekostet, die ihnen Ritter Robert später mit dem Gelde des Königs ersetzte. Von Vaucouleurs nach Nancy sind vierundzwanzig Meilen zurückzulegen. Johann von Metz begleitete sie bis Toul, Durand Lassois machte die ganze Reise mit ihr.

Ehe sich Johanna in das Schloß des Herzogs von Lothringen begab, stieg sie in das Tal der Murte hinab und verrichtete ihre Andacht vor dem großen Sankt Nikolaus, dessen Reliquien man in der Kapelle des heiligen Nikolaus du Port bewahrte, deren Dienst von Benediktinermönchen versehen wurde. Das war klug gehandelt, denn Sankt Niklas ist der Schutzpatron der Reisenden.

VIERTES KAPITEL

Reise nach Nancy.
Vaucouleurs.
In St. Katharina von Fierbois

Herzog Karl II. von Lothringen, den Engländern verbündet, hatte eben seinem Vetter und Freund, dem Herzog von Burgund, einen bösen Streich gespielt, indem er seine älteste Tochter Isabella, die Erbin von Lothringen, mit René, zweitem Sohne Frau Yolandens, Königin von Sizilien und Jerusalem, Herzogin von Anjou, verehelicht hatte. René von Anjou war mit seinen zwanzig Jahren ein liebenswürdiger Geist, den Wissenschaften ebenso lebhaft zugetan wie dem ritterlichen Leben, wohlwollend, leutselig und von angenehmen Formen. Wenn er nicht ritt oder die Lanze schwang, beschäftigte er sich gerne damit, Bilder in Bücher zu malen, er hatte Neigung für Blumengärten und für Geschichten auf Gobelins, und wie sein Vetter, der Herzog von Orléans, verfertigte er französische Gedichte. Durch den Kardinal, Herzog von Bar, seinen Großonkel, war er mit dem Herzogtum von Bar belehnt und sollte nach Herzog Karls Tode, der nicht lange auf sich warten lassen würde, das Herzogtum Lothringen erben. Diese Heirat war mit Recht als ein treffliches Unternehmen Frau Yolandens anzusehen. Aber wer Land hat, hat Krieg. Der Herzog von Burgund, höchst unzufrieden, einen Prinzen des Hauses Anjou, Schwager Karl von Valois, sich zwischen Burgund und Flandern breitmachen zu sehen, hetzte gegen René, den Grafen von Vaudemont, Anwärter des lothringischen Erbes, und die Politik der Anjous setzte der Versöhnung des Herzogs von Burgund mit dem König von Frankreich Schwierigkeiten entgegen. René von Anjou war in die Zwistigkeiten seines Schwiegervaters von Lothringen verwickelt.

Und eben machte er den Bewohnern von Metz den Apfelbuttenkrieg, den man so nannte, weil seine Ursache ein Tragkorb voll Äpfel gewesen war, der ohne die zugunsten des Herzogs von Lothringen zu entrichtende Steuer in die Stadt Metz gebracht worden war. Indessen ließ seine Frau Mutter den von den Engländern belagerten Bewohnern von Orléans von Blois Lebensmittel zusenden. Obwohl sie in schlechtem Einvernehmen mit den Räten des Königs Karl, ihres Schwiegersohnes, stand, zeigte sie sich dennoch wachsam gegen die Feinde des Königreiches, die ihr Herzogtum Anjou zu bekämpfen drohten. René, Herzog von Bar, hatte auf diese Weise zugleich in der Partei Englands, Burgunds und Frankreichs Verwandte, Freunde und Interessen. In dieser Lage befanden sich fast alle Edelleute Frankreichs. Mit dem Hauptmann von Vaucouleurs blieb er in herzlicher und eifriger Beziehung. Es mag sein, daß Ritter Robert ihn unterrichtet hatte, daß er in Vaucouleurs ein junges Mädchen beherberge, daß sich in Weissagungen über das Königreich Frankreich erging. Es mag sein, daß der Herzog von Bar, begierig sie zu sehen, sie nach Nancy hatte schicken lassen, wo er selbst sich hinbegeben sollte, aber es ist wahrscheinlicher, daß René von Anjou sich weniger um die Jungfrau von Vaucouleurs, die er niemals gesehen hatte, kümmerte, als um den kleinen Mohren und um den Hofnarren, über den sich sein herzoglicher Palast ergötzte.

Der Herzog von Lothringen, der alt und krank war, lebte mit seiner schönen Freundin Alison du Mai, einer Bastardin und Pfarrerstochter, um derentwillen die legitime Gattin, Frau Margarete von Bayern, verjagt worden war. Frau Margarete war von hoher Herkunft und fromm, aber alt und häßlich, und Frau Alison war hübsch; Herzog Karl hatte mit ihr einige Kinder gezeugt. Wahrscheinlich haben die Dinge sich folgendermaßen zugetragen. Es gab in Nancy angesehene Persönlichkeiten, die den Wunsch hegten, daß der Herzog Karl seine gute Frau wieder zu sich nähme, und sie setzten Hoffnung auf die Ermahnungen einer Frommen, die Offenbarungen vom Himmel empfing und sich Magd Gottes nannte.

Diese Leute kündigten dem alten, hinfälligen Herzog die Jungfrau von Domremy wie eine genesungbringende Heilige an. Auf ihren Rat ließ er sie rufen, hoffend, sie werde über Geheimnisse verfügen, die ihn von seinen Leiden befreien und seinen Tod verhindern würden.

Sobald er sie sah, fragte er sie, ob sie ihm nicht Gesundheit und Kraft wiedergeben könne. Sie antwortete ihm, daß sie von dieser Materie nichts wüßte. Dennoch warnte sie ihn vor schlechter Lebensführung und verkündete ihm, daß er nicht eher gesunden werde, bis er Buße getan. Und sie schärfte ihm ein, daß er Alison, seine Konkubine, wegschicken und seine gute Frau wieder zu sich nehmen müsse. Über dieses Kapitel hatte man sie ein wenig belehrt, aber sie sagte nur das, was sie dachte, denn sie empfand gegen schlechte Frauen Abneigung. Zum Herzog war sie gekommen, weil sein Zustand es erheischte und eine kleine Heilige sich dem Anliegen und den Fragen eines hohen Herrn nicht entzieht und schließlich, weil man sie ihm zugeführt hatte. Aber ihre Gedanken weilten anderswo, sie dachte nur daran, das Königreich Frankreich zu befreien.

Der Herzog schenkte ihr vier Franken und ein schwarzes Pferd.

Es dürfte nach ihrer Rückkehr von Nancy gewesen sein, daß sie ihren Eltern schrieb, um Vergebung zu erbitten, weil sie sie verlassen hatte. Man weiß nur, daß sie von ihr einen Brief erhielten und verziehen. Man hätte zweifellos Grund, verwundert zu sein, daß Jakob von Arc, der, als er bloß im Traume seine Tochter inmitten von Kriegsleuten sah, schwor, sie eigenhändig zu ertränken, falls seine Söhne es nicht täten, nun einen ganzen Monat lang, währenddessen sie sich in Vaucouleurs befand, ruhig blieb. Denn er mußte doch wissen, daß sie dort zwischen Reisigen lebte. Es war schon einigermaßen einfältig von ihm gewesen, daß er sie hatte wegziehen lassen, kannte er doch die Verfassung, in der sie sich befand. Man muß vermuten, daß fromme Personen, die an Johanna glaubten und es eilig hatten, sie zum Heile des Königreiches nach Frankreich geführt zu sehen, sich bemühten, Vater und Mutter über das Verhalten und die Aufführung ihrer Tochter zu beruhigen und die vielleicht diesen guten Leuten zu verstehen gaben, daß, falls Johanna zum König ginge, die ganze Familie daraus Nutzen ziehen würde.

Vor oder nach der Reise nach Nancy ließen einige, dem Namen nach unbekannte Bewohner Vaucouleurs, die in die junge Erleuchtete Vertrauen setzten, für sie Männerkleider anfertigen, einen Knierock, einen Überwurf aus Tuch, kurze Hosen, die mit Riemen an den Knierock befestigt waren, Gamaschen, Stiefel, Sporen, eine ganze Kriegsausrüstung. Herr Robert gab ihr ein Schwert. Sie ließ ihre Haare nach Jungenart rund abschneiden. Bertrand von Poulengy sollte sie mit Johann von Honecourt und Julius, ihrem Diener, sowie Colet von Vienne, den Boten des Königs und Richard dem Schütz begleiten. Es gab noch einiges Zögern, und man hielt Beratungen ab, denn die Waffenleute Anton von Lothringens, des Herrn von Joinvilles, machten die Gegend unsicher. Man sah im Lande nur plünderndes, raubendes Volk, das Morden und grausamer Tyrannei oblag, Frauen vergewaltigte, Kirchen und Abteien in Brand setzte und dort abscheuliche Verbrechen beging.

Es war die denkbar böseste Zeit, die erlebt worden war, aber das junge Mädchen fürchtete nichts und sagte:

»Führt mich im Namen Gottes zu dem lieben Dauphin und traget nit Furcht, daß weder ihr noch ich irgendein Übel oder Hindernis werden zu erleiden haben.«

Endlich, eines Februartages verließ die kleine Schar durch das Tor von Frankreich Vaucouleurs. Einige Freunde hatten sie bis hierher begleitet und sahen sie von dannen ziehen. Sie äußerten angesichts der Gefahren und Dauer der Reise um ihre Heilige Besorgnis. Sie aber in ihrem heiteren Herzensfrieden antwortete: »Ich fürchte die Kriegsleute nit. Mein Weg ist geebnet. Wenn ich Soldaten begegne, wird Gott mir den Weg bahnen, um zu dem Herrn Dauphin zu gehen. Um dessentwillen bin ich kommen.« Ritter Robert war beim Abschied zugegen. Gemäß der üblichen Formel ließ er alle Reisigen schwören, diejenige, die er ihnen in Obhut gab, wohl und sicher zu geleiten. Da er aber keineswegs vertrauensselig war, sagte er gleichsam als Lebewohl zu Johanna: »Geh! Und komme, was da wolle!«

Und die kleine Schar zog im Nebel dahin, der zu dieser Jahreszeit die Wiesen der Maas bedeckt.

Man mußte den Verkehrsstraßen ausweichen, besonders es vermeiden, Orte zu berühren, wo sich Waffenleute der feindlichen Partei aufhielten. Herr Bertrand und Johann von Metz, die an solche Schleichritte gewöhnt waren, kannten Seitenwege und verstanden es, nützliche Vorkehrungen zu treffen, wie etwa die Füße der Pferde mit Linnen zu umhüllen, um den Klang der Hufe am Boden zu dämpfen. Aus Furcht vor dem Feind reisten sie zur Nacht. Auf den Strohlagern schlief die junge Bäuerin zwischen Johann von Metz und Bertrand von Poulengy, zu denen sie Vertrauen hatte, unter einer Decke, völlig bekleidet, die Beinkleider an ihren Knierock angeriemt. Diese behaupteten später, daß sie ob der großen Heiligkeit, die sie in ihr erkannten, kein Verlangen nach ihr trugen; man mag es glauben oder nicht. Johann von Metz erglühte nicht in so hoher Zuversicht für diese Erleuchtete, da er sie besorgt befragte:

»Wirst du auch gewiß ausführen, was du vorgibst?« Worauf sie antwortete:

»Hab du nit Angst. Was ich tu', ist mir geheißen. Meine Brüder im Paradies vermelden mir, was ich tun soll. Ist schon fünf Jahre her, daß meine Brüder im Paradies und der Herr mich hieß in den Krieg zu gehen, um das Königreich Frankreich wieder aufzurichten.« Nicht alle Gefährten empfanden in ihrer Gegenwart heilige Scheu, manche machten sich lustig über sie und stellten sich spaßweise so, als wären sie auf der Seite der Engländer. Zuweilen machten sie falschen Alarm und gaben sich den Anschein, umzukehren. Vergebliche List! Sie glaubte ihnen, fürchtete sich aber nicht und sagte sehr ernsthaft zu den Leuten, die sie mit den Engländern erschrecken wollten: »Hütet euch zu fliehen. Bei Gott, sie werden euch kein Leid zufügen.«

Ihr größter Kummer war, daß sie nicht so oft als sie wollte in den Kirchen ihrer Andacht nachgehen konnte. Tagtäglich wiederholte sie: »Wir täten gut, wenn wir die Messe hörten, so es möglich wäre.«

Da sie die Landstraße vermieden, kamen sie selten an Brücken heran und mußten oft die vom Regen angeschwollenen Flüsse durchwaten. Endlich erblickten die Lothringer eine französische, dem König von Frankreich untergebene Stadt. Fünfundsiebzig Meilen hatten sie im feindlichen Lande zurückgelegt, ohne angegriffen oder belästigt worden zu sein, was später als wundersam angesehen wurde. War es aber wirklich sieben oder acht der Partei der Armagnacs angehörenden Rittern so unmöglich, ohne Zwischenfall englisches oder burgundisches Gebiet zu durchqueren? Der Hauptmann von Vaucouleurs nahm sehr oft Gelegenheit, dem Dauphin Briefe zukommen zu lassen, der Dauphin sandte ihm Kuriere, Colet von Vienne hatte eben erst seine Botschaft überbracht. Tatsächlich war die Gefahr für die Leute des Dauphins in den Bezirken, die sich unter seinem Gehorsam befanden, nicht geringer als in Gebieten, die anderen Herren untertan waren. Die fahrenden Kriegsleute, im Solde des Königs Karl, machten nicht viel Umstände, um zu erfahren, ob die Reisenden, die sie plünderten oder von denen sie Lösegeld forderten, Armagnacs oder Burgunder waren und gerade, nachdem Johannas Schar die Loire überschritten hatte, war diese den größten Gefahren ausgesetzt gewesen. Einige französische Kriegsknechte, die von ihrem Kommen gehört hatten, gingen ihnen entgegen und legten sich in den Hinterhalt, um sie zu überraschen. Sie wollten sich des jungen Mädchens bemächtigen, es in eine Grube werfen und unter einem großen Stein liegenlassen, da sie darauf rechneten, daß der König viel Geld geben würde, es zurückzuerhalten. Aber die schlechten Kerle, die Johanna auflauerten, hielten in dem Augenblick, wo sie zum Schlage ausholen sollten, aus unaufgeklärter Ursache, vielleicht aus Furcht, die Schwächeren zu sein, inne.

Als die kleine Schar die Touraine betreten hatte, erreichten sie die grünen Abhänge von Fierbois. Hier besaß eine der beiden himmlischen Damen, die der jungen Bäuerin täglich vertrauten Besuch abstattete, ihr berühmtes Heiligtum; hier war es, wo die heilige Katharina eine große Menge von Pilgern empfing und Wunder wirkte. Der volkstümliche Glaube lieh an diesem Orte ihrem Kult nationale und kriegerische Überlieferung, die bis zu den frühesten Zeiten Frankreichs zurückreichte: Karl Martell hatte sein Schwert in der Kapelle der gottseligen Katharina niedergelegt.

Die wunderbaren Legenden, die man ihr erzählte, mußten Johanna sehr gefallen; gleichfalls die vielen Waffen an den Wänden der Kapelle, es mußte ihr sehr zusagen, daß die Heilige, die sie zu jeder Stunde besuchte und ihr Rat erteilte, sich so offensichtlich als Freundin der armen Soldaten und Bauern zeigte, als Befreierin der Gefangenen, die von den ›Godons‹ gefesselt, in Gruben gesetzt und an Pfähle gebunden wurden. Johanna verrichtete ihre Andacht und hörte zwei Messen in der Kapelle.

FÜNFTES KAPITEL

Die Belagerung Orléans vom 12. Oktober 1428 bis März 1429

Seit dem Sieg von Verneuil und der Eroberung der Provinz Maine waren die Engländer in Frankreich wenig siegreich und ihre Eroberungen waren ihnen mehr denn je unsicherer Besitz. Nicht aus Zartgefühl verschonten sie das Gebiet des Herzogs von Orléans, ihres Gefangenen, wiewohl es an den Ufern der Loire als ehrlos galt, von den Ländereien eines Herren Besitz zu ergreifen, dessen Person man habhaft war. Aber im Kriege gilt, was Nutzen einträgt, nicht als schamlos. Der Regent hatte sich keine Gedanken gemacht, sich zur Zeit, als sein Besitzer Gefangener war, des Herzogtums Alençon zu bemächtigen. Es verhielt sich indes so, daß der gute Herzog Karl selber mit Geld und guten Worten die Engländer überzeugt hatte, sein Herzogtum anzugreifen. Die Bewohner von Orléans zahlten, um vom Kriege verschont zu bleiben, schon zwei Jahre lang eine Ablöse. Die ›Godons‹ nahmen um so bereitwilliger dieses Übereinkommen an, da sie sich kaum in der Verfassung fühlten, Kämpfe zu liefern. Während der Minderjährigkeit ihres halb französischen, halb englischen Königs lagen sich der Herzog von Gloucester, der Bruder und Statthalter des Regenten und sein Onkel, der Bischof von Winchester, Kanzler des Reiches, in den Haaren, und ihre Zwistigkeiten färbten die Londoner Straßen mit Blut. Gegen Ende des Jahres 1425 begab sich der Regent nach Frankreich, wo er siebzehn Monate damit verbrachte, Onkel und Neffen zu besänftigen und die öffentliche Ruhe wiederherzustellen. Mit List und eifriger Ausdauer gelang es ihm, seinen Landsleuten genügend Wunsch und Hoffnung einzugeben, die Eroberung Frankreichs wiederaufzunehmen und zu Ende zu führen. Das englische Parlament bewilligte zu diesem Zwecke im Jahre 1424 die Mittel.

Der klügste, erfahrenste und von Waffenglück begünstigste von allen englischen Prinzen und Hauptleuten, Thomas Montagu, Graf von Salisbury und Perche, der in der Normandie, in der Champagne und in Maine viel gefochten hatte, brachte in England eine für die Loire bestimmte Armee zustande. Er fand genügend Freischärler, sah sich aber, was Ritter und Waffenleute betraf, enttäuscht. Nur Leute kleinen Standes fanden sich bereit, sich in einem Hungerlande zu schlagen. Endlich setzte der edle Lord, der schöne Vetter König Heinrichs, mit hundertneunundvierzig Kriegern und zweitausendzweihundertfünfzig Schützen über das Meer. In Frankreich fand er die durch den Regenten gesammelten Truppen vor. In Paris wurden unwiderrufliche Entschlüsse gefaßt. Bis dahin hatte man sich für die Einnahme der Stadt Angers vorbereitet; in letzter Stunde entschloß man sich, Orléans zu belagern.

Die herzogliche Stadt zwischen Beauce und Sologne, den getreuen Provinzen Touraine, Blaisois, Berry vorgelagert, bot sich dem Feind an der Krümmung der Loire gleichsam wie die Spitze eines Pfeiles auf dem Bogen dar. Orléans war der Sitz eines Bischofs, einer Universität, des Marktes für Ober- und Unterland. Stolz auf seine Glockentürme und Pfeiler und all die übrigen Türme, die das Kreuz des Heilands, die drei Lilienherzen der Stadt und die drei Lilien Frankreichs gegen den Himmel hoben, beherbergte es unter den Schieferdächern seiner Stein- und Holzhäuser, in gewundenen Straßen und dunklen Gäßchen fünfzehnhundert Einwohner. Sie bestanden aus den Beamten der Gerichtsbarkeit und der Finanzen, aus Goldschmieden, Drogisten, Krämern, Gerbern, Fleischhauern, Fischhändlern, reichen Bürgern, die schöne Gewänder, schöne Wohnstätten, Musik und Tanz liebten; ferner aus Geistlichen, Mönchen, Lehrern, Mitgliedern der Universität, Buchhändlern, Schriftstellern, Bilderhändlern, Malern, Schülern, die nicht alle Leuchten der Wissenschaft waren, die aber gar schön Flöte zu spielen wußten, Klosterbrüdern aller Orden, Dominikanern, Franziskanern, Karmelitern, Augustinern, Mathurinern und dazu den Handwerkern und Gewerbetreibenden, den Schmieden, Bindern, Zimmerleuten, Schiffern und Fischern. Die Stadt war römischer Herkunft und hatte in ihrer Anlage die Quadratur beibehalten, die ihr zur Zeit des Kaisers Aurelius gegeben worden war. Sie war von sechs Fuß breiten Mauern umzingelt und erhob sich achtzehn bis dreiunddreißig Fuß über dem Wassergraben, der ihre Grundpfeiler näßte. Diese Mauern waren von vierunddreißig Türmen flankiert und von fünf Türen und zwei Ausfalltoren durchbrochen. Damals schleppte die Loire ihre trägen Gewässer zwischen Weiden und Birkensträuchern hin, die seither entfernt sind, um die Durchfahrt der Schiffe zu erleichtern. Die Umgebung Orléans war eine der schönsten des Königreiches. Als die Leute der Umgebung beim Nahen der Engländer sich in die Stadt einschlossen, wurde die Zahl der Einwohner mehr als verdoppelt, so umfangreich und bevölkert waren diese Vororte. Die Bewohner von Orléans waren entschlossen zu kämpfen, gewiß nicht um der Ehre willen; zu dieser Zeit heimste ein Bürger für die Verteidigung seiner Stadt keine Ehre ein, setzte sich im Gegenteil großer Gefahr aus. Die Bewohner von Orléans wurden nicht überrascht, ihre Väter schon hatten die Engländer von der Nähe gesehen und die Stadt in Verteidigungszustand gesetzt. Krieg hat immer viel Geld gekostet. Sie widmeten alljährlich drei Viertel der Einkünfte der Stadt für die Erhaltung der Befestigungen und der Bewaffnung. Als sie erfuhren, daß der Graf von Salisbury nahe, bereiteten sie sich mit erstaunlichem Eifer zu seinem Empfang vor. Am Eingang jedes Vorortes errichtete man hölzerne Schranken mit einer Wachabordnung und einem Häuschen für den Pförtner. Die Wälle, Verschanzungen, Bollwerke wurden mit einundsiebzig Schießscharten und ebensoviel Kanonen als Wurfgeschossen, die Coulevrinen nicht mitgezählt, versehen. Aus einem drei Meilen weit entfernten Bruch bezog man Steine, die die Handwerker zu Kanonenkugeln verwandelten; mit großen Kosten beschaffte man Blei, Pulver und Schwefel, den die Frauen für Kanonen und Feldschlangen zurechtmachten. Man verfertigte täglich Tausende von Pfeilen, Geschossen, Köchern mit Eisenspitzen und Pergamenthüllen, zahlreiche große Schilder, hergestellt aus bleigefaßten Dauben mit Zapfenlöchern, mit Leder bedeckt. Man kaufte Getreide, Wein, Mastvieh zur Beköstigung der Einwohner, der Soldaten, Leute des Königs und Söldner, die man erwartete. Die Städter hatten durch verbrieftes Recht, an dem sie eifersüchtig festhielten, die Wache ihrer Wälle inne. Sie verzichteten indes bereitwilligst, als sie einsahen, daß sie allein dem Ansturm einer Belagerung nicht standhalten konnten. Während Herr von Gaucourt, ihr Statthalter, und der gnädige Herr Bastard von Orléans, Generalleutnant des Königs, sich nach Chinon und nach Poitiers begaben, um vom König genügend Leute und genügend Geld zu erhalten, zogen die Bürger zu zweit als Abgesandte aus, von den Städtern Hilfe zu erlangen. Die Bewohner Orléans fürchteten Gott. In diesen Zeiten gab Gott reichlich Anlaß, gefürchtet zu sein; er war fast so schrecklich wie zur Zeit der Philister. Die armen Sünder hatten Angst, schlecht anzukommen, wenn sie sich in ihren Kümmernissen an ihn wandten. So war es denn Brauch, sich im Falle der Not mit Gebet und Geschenken an die Heiligen zu wenden, um diese gütig zu stimmen. Zur rechten Stunde erinnerten sich die Bewohner Orléans des heiligen Herrn Euvertus und des heiligen Herrn Aignan, ihrer Schutzpatrone, denen einst von Gott gegeben war, die Stadt in ähnlicher Gefahr zu beschützen, in der sie sich eben befand. Nach den Wundern zu schließen, die Sankt Aignan während seines sterblichen Lebens vollbracht hatte, maßen sie die Mirakel, die er jetzt, wo er sich im Paradiese befand, zu vollbringen fähig sein mochte. Diese beiden Bischöfe besaßen in der burgundischen Vorstadt jeder seine Kirche, wo auf das sorgfältigste ihre leiblichen Überreste bewahrt wurden. Die Knochen der Märtyrer und Bischöfe flößten zu jener Zeit die tiefste Verehrung ein. Man sagte, daß sie zuweilen balsamischen Duft verbreiteten, zufolge der Gnaden, die ihnen entströmten. Man schloß sie in goldene, mit wertvollen Steinen besetzte Schreine, und es gab kein Wunder, das man nicht mit Hilfe dieser heiligen Reliquien zu gewinnen dachte. Am 6. August 1428 holte die Geistlichkeit der Stadt aus der Kirche, in der er aufbewahrt war, den

Schrein des heiligen Euvertus und trug ihn rings um die Mauern, gefolgt vom ganzen Volk. Am 8. September wurde dem heiligen Aignan ein Kranz, der hundertundzehn Pfund wog, dargebracht. Wenn man die Heiligen brauchte, so machte man ihnen, um sie zu gewinnen, Geschenke aller Art: Kleider, Juwelen, Geldmünzen, Häuser, Landgüter, Wälder, Teiche. Das jungfräuliche Wachs aber meinte man, sei ihnen besonders lieb, solch ein Weihekranz war ein rundes, wächsernes Ding, auf welches man Kerzen steckte und kleine Wappenschilder mit den Wappen der Stadt. Auf solche Art arbeiteten die Bewohner von Orléans zu ihrem Schutz und ihrer Versorgung.

Am 5. September gelangte Graf Salisbury bis Janville, nachdem er sich ohne Mühe vierzig Städte, befestigter Kirchen oder Schlösser bemächtigt hatte. Es war das nicht die beste seiner Unternehmungen, denn so wenig Leute er auch an jedem der Plätze zurückgelassen hatte, war doch ein Teil seiner Armee unterwegs zerstreut worden, die schon allzusehr geneigt gewesen war, sich zu verlaufen. Er sandte zwei Herolde nach Orléans, um die Bewohner zur Übergabe aufzufordern. Man quartierte sie auf das anständigste ein und übergab ihnen Wein als Geschenk für den Grafen von Salisbury, eingedenk, was man solch hohem Prinzen schuldete, aber sie weigerten sich, die Tore einer englischen Garnison zu öffnen, indem sie sich wahrscheinlich nach Brauch der damaligen Bürger darauf beriefen, daß sie selber stärkere Kräfte in ihren Mauern beherbergten.

Als am 6. Oktober die Gefahr herannahte, veranstaltete man eine schöne Prozession mit Kreuzen und Bannern; es wurden Psalme gesungen und die himmlischen Schutzherren der Stadt angerufen.

Auf die Nachricht hin, daß der Feind nahe, entsandten die Stadträte Kriegsleute, um Häuser des Portereau, einer Vorstadt, sowie die Kirche und das Kloster der Kapuziner und alle Gebäude, wo der Feind sich einquartieren oder verschanzen konnte, niederreißen zu lassen. Diese Kriegsleute wurden gefangen. Die Engländer zeigten sich in Portereau. Dort versammelten sich die Sieger von Verneuil, die Blüte der englischen Ritterschaft. Die Bogenschützen waren sämtlich beritten. Es gab fast kein Fußvolk. Rinderbespannte Karren zogen allerlei Arten von Kanonen und Pulvervorrat. Auch Frauen, von denen mehrere als Spioninnen dienten, fehlten nicht. Das Fort der Türmchen und sein Bollwerk schloß den Brückeneingang. Die Engländer richteten sich in Portereau ein, stellten ihre Kanonen und Wurfgeschosse auf und schleuderten am folgenden Sonntag eine Menge Kugeln und Steine gegen die Stadt, die an den Häusern großen Schaden anrichteten, aber außer einer Frau niemanden töteten. So begann die Belagerung dieser Stadt mit dem Tod einer Frau, die mit dem Sieg einer Frau enden sollte.

In derselben Woche vernichteten die englischen Kanonen zwölf Wassermühlen, worauf die Bewohner von Orléans, um ihr Mehl nicht zu entbehren, in der Stadt elf Mühlen mit Pferdebetrieb erbauten. Es gab allerlei Geplänkel vor der Brücke, und schließlich griffen die Engländer das Bollwerk der ›Türmchen‹ an. Das kleine Söldnerheer und die Bürgermiliz verteidigten die Stadt hervorragend, wobei die Frauen ihnen halfen. Während der vier Stunden, die der Angriff dauerte, liefen die Gevatterinnen in langem Zug auf die Brücke hinaus und trugen mit teuflischer Freude in ihren Kochtöpfen und Schüsseln brennende Kohlen, um damit den ›Godons‹ einzuheizen. Der Angriff wurde zurückgeschlagen, aber zwei Tage später entdeckten die Franzosen, daß das Bollwerk unterminiert war. Da es unhaltbar geworden war, wurde es zerstört und aufgegeben, und man überließ das Fort den Engländern. Wenige Stunden nachdem die Fahne des heiligen Georg auf die Festung gepflanzt worden war, stieg der Graf von Salisbury mit William Glasdale und einigen Hauptleuten in einen der Türme, um die örtliche Lage der Stadt zu betrachten. Wie er sich nun einem Fenster näherte, erblickte er die mit Kanonen bewaffneten Mauern, die spitz oder terrassenförmig endenden Türme, den grauen, ausgetrockneten Umfassungsgraben, die Vorstädte, die noch für einige Tage mit den gezackten Steinverzierungen ihrer Kirchen und Abteien geschmückt waren, die vom Herbst gelb prangenden Weinberge und Wäldchen, die Loire und die ovalen Inselchen, die im abendlichen Frieden schlummerten. Er suchte den schwachen Punkt der Wälle, die Stelle, wo eine Bresche zu schlagen wäre und wo man die Leitern anlegen konnte. Sein Plan war nämlich, Orléans im Sturm zu nehmen. Da sagte William Glasdale zu ihm: »Gnädiger Herr, betrachtet genau Eure Stadt, hier seht Ihr sie aufs beste vor Euch ausgebreitet.«

In diesem Augenblick sprengt eine Kanonenkugel die Fenstereinfriedung ab, ein Stein des Mauerwerkes trifft Salisbury und reißt ihm das Auge mit der Hälfte des Antlitzes weg. Der Schuß war vom Turme von Notre-Dame ausgegangen, so lautete zumindest die Vermutung. Man erfuhr niemals, wer ihn abgefeuert hatte. Man glaubte, daß dieser Stein von der Hand eines Unschuldigen mit Erlaubnis der Mutter Gottes geschleudert worden war, die erzürnt war, daß Graf Salisbury die Mönche beraubt und die Kirche von unserer Frau zu Cléry geplündert hatte. Man sagte auch, er wäre bestraft worden, weil er sein Gelübde, die Ländereien und Städte des Herzogs von Orléans zu schonen, nicht gehalten hätte. Heimlich nach Meung an der Loire gebracht, starb er am 27. Oktober, worüber die Engländer reichlichst trauerten.

Am Tage nach dem Verlust des Fort der Tourelles zog der Statthalter des Königs in die Stadt ein. Es war dies Herr Johann Bastard von Orléans, Großkanzler von Frankreich, der Sohn des im Jahre 1407 ermordeten Herzogs Ludwig, dessen Tod den Aufstand der Armagnacs gegen die Burgunder zur Folge gehabt hatte.

Frau von Cany, seine Mutter, hatte ihn der Herzogin von Orléans zum Trotz geboren. Nicht nur, daß es den Kindern in keiner Weise schadete, ehebrecherisch oder in anderer Art als in rechtmäßiger Ehe empfangen worden zu sein, so war es überdies sehr ehrenvoll, sich Bastard eines Prinzen nennen zu können. Niemals als zu jener kriegserfüllten Zeit hatte man so viele Bastarde gesehen, und folgende sprichwörtliche Redensart war im Umlauf:

»Die Kinder sind wie Weizen, sät gestohlenes Korn, es wird

ebenso wachsen als ein anderes.« Der Bastard von Orléans war damals höchstens sechsundzwanzig Jahre alt. Das Jahr zuvor war er mit einer kleinen Schar den Bewohnern Montargis mit Lebensmitteln zur Hilfe geeilt, als sie der Graf von Warwick belagerte. Er hatte die Stadt, die er nur mit Nahrung versorgen wollte, mit Hilfe des Hauptmannes La Hire befreit, was für die Bewohner von Orléans von guter Vorbedeutung war. Der Bastard war der tüchtigste Edelmann seiner Zeit. Er beherrschte die Grammatik und die Astrologie und war der beste Sprecher. Er hatte von seinem Vater dessen liebenswürdigen und klaren Verstand geerbt, war aber klüger und gemäßigter. Sah man ihn sich so freundlich, ritterlich und vernünftig betragen, pflegte man zu sagen, daß er bei allen Damen, sogar bei der Königin in Gunst stände. Er war zu allem befähigt, sowohl Krieg zu führen als Handel zu treiben, er war wunderbar gewandt und besaß die Gabe vollendeter Verstellung.

Der Bastard brachte einige Hauptleute und Ritter von Namen herbei. Sie kamen, von achthundert Mann gefolgt, von Armbrust – und Bogenschützen und italienischem Fußvolk, das wie die heiligen George der venezianischen und florentinischen Kirchen große Tartschen trug. Da das Heer Salisburys sein Oberhaupt verloren hatte, zerstreute es sich in Verwirrung und Fahnenflucht. Der Winter nahte, und als die Hauptleute sahen, daß zur Stunde nichts zu erreichen war, verließen sie den Platz mit der ihnen noch verbleibenden Mannschaft. Am 8. November verblieb nur die Besatzung des Forts der ›Türmchen‹, bestehend aus fünfhundert normannischen Lanzenträgern, vor der Stadt. Die Franzosen hätten sie zu belagern vermocht und vernichten können, rührten sich jedoch nicht. Der wahre Grund hierfür ist, daß niemand wußte, was zu unternehmen war. Indessen aber ruhten die Bürger nicht. Nach dem Abmarsch der Engländer entledigten sie sich einer höchst umfangreichen und schmerzlichen Arbeit. Da sie mit Recht annahmen, daß der Feind nun aus einer anderen Richtung wiederkommen werde, vernichteten sie alle nördlich, östlich und westlich gelegenen Vororte, so wie sie schon begonnen hatten, das Portereau niederzureißen. Sie verbrannten oder demolierten zweiundzwanzig Kirchen und Abteien, unter anderem die Kirche des heiligen Aignan und sein so schönes Kloster, daß es ein Jammer war, diese Zerstörung zu sehen. Ferner die Kirche zum heiligen Euvertus, die Kirche Sankt Lorenz von Orgerils, wobei sie nicht vergaßen, den gottseligen Schutzpatronen der Stadt zu versprechen, ihnen noch schönere zu erbauen, wenn sie von den Engländern befreit sein würden.

Am 30. November sah Hauptmann Glasdale Sir John Talbot gegen die ›Türmchen‹ heranziehen, der ihm dreihundert mit Kanonen, Wurfgeschossen und anderem Kriegsrüstzeug versehene Kämpfer zuführte, und alsbald begann die Beschießung heftiger als das erstemal, riß Dächer entzwei, brach in Mauern ein und erzeugte mehr Lärm als Wirkung. In der Straße zum kleinen Schuh fiel der Stein eines Wurfgeschosses auf einen Tisch, um den fünf Leute eben zu Mahle saßen, und sie blieben unversehrt.

Am 25. Dezember hielt man Waffenstillstand, um die Geburt des Herrn zu feiern. Da die beiden Völker den gleichen Glauben und die gleiche Religion hatten, hörten sie an Feiertagen auf, Feinde zu sein und allemal, wenn der Kalender ihnen kundtat, daß sie Christen wären, erwachte in den Edelleuten die Ritterlichkeit wieder. Weihnachten ist ein Freudenfest: Hauptmann Glasdale wollte es nach englischer Sitte mit Liedern begehen. Er bat den Bastard von Orléans und den Marschall von Boussac, sie möchten ihm doch eine Schar Spielleute senden, was diese Herren liebenswürdigerweise bewilligten. Die Spielleute aus Orléans begaben sich mit ihren Trompeten und Hörnern zu den ›Türmchen‹ und spielten den Engländern Weihnachtslieder, die ihr Herz erfreuten. Die Bewohner von Orléans, die auf die Brücke hinausgekommen waren, lauschten der Musik und fanden, daß es sehr schön klang. Aber sobald der Waffenstillstand sein Ende erreichte, war jedermann auf der Hut, denn die ausgeruhten Kanonen schleuderten mit erneuter Kraft von einem Ufer zum andern ihre steinernen oder kupfernen Kugeln.

Was die Bewohner von Orléans vorausgesehen hatten, traf am 30. Dezember ein. An diesem Tage kamen die Engländer durch das Departement Beauce nach Sankt Lorenz von Orgerils. Die ganze französische Ritterschaft zog ihnen entgegen und vollführte Großtaten; aber die Engländer besetzten Sankt Lorenz, und nun begann die wirkliche Belagerung. Sie bauten Bollwerke und errichteten eine Bastille, die sie London nannten. Als sie diese Arbeiten beendet hatten, war Orléans nur zur Hälfte eingeschlossen, was soviel bedeutete, als daß es überhaupt nicht eingeschlossen war, man betrat und verließ die Stadt fast wie man wollte. Kleine Hilfskompanien, vom König gesandt, kamen ohne Zwischenfall an. Zahlreiche Edelleute, wie William Stuart, der Bruder des Konnetabels von Schottland, rückten mit nahezu zweitausend gut ausgestatteten Kämpfern in Orléans ein. Unaufhörlich erhielt man Lebensmittel und Munition. Neunhundertvierundfünfzig Schweine, vierhundert Schafe, Pulver und Viktualien, abermals sechshundert Schweine, sechshundert Stück schweres Vieh, acht Pferde, mit Fett und Öl beladen.

Unterdessen versanken die unglücklichen ›Godons‹ in Kot und Schnee und froren in ihren schlechten Erd- und Holzhütten, die man Hundelöcher nannte. Sie liefen Gefahr, wenn ihre Sache so weiterging, Hunger und Entbehrungen mehr ausgesetzt zu sein als die Belagerten. Von Zeit zu Zeit versuchten sie ohne große Hoffnung, die Stadt im Sturme zu nehmen.

Der Rat des Königs aber arbeitete mit Eifer für die Befreiung Orléans.

Man erfuhr, daß Sir John Falstaff aus Paris den Engländern vor Orléans einen Zug mit Lebensmitteln und Munition entgegenführe. Der Bastard verließ Orléans, von zweihundert Waffenleuten begleitet, um mit dem Grafen Clermont zu beraten, was zu unternehmen sei. Es wurde beschlossen, zuerst den Transport anzugreifen. Am 11. Februar rückten aus Orléans fünfzehnhundert Kämpfer unter dem Befehl von William Stuart, La Hire und anderen Rittern und Junkern aus, vom Bastard aufgerufen, mit dem Befehl, sich der Armee des

Grafen von Clermont bei Rouvray anzuschließen. Als diese Gascogner dort ankamen, war das Heer des Grafen von Clermont noch ziemlich weit entfernt. Sie erblickten am frühen Morgen die Spitze des Transportzuges, der auf der Ebene herannahte. Dreihundert Karren und Lastwagen mit Lebensmitteln und Waffen rollten an, geführt von Soldaten und Kaufleuten, etwa fünfzehnhundert Mann, still und arglos. Den Franzosen kam der natürliche Gedanke, über diese Leute herzufallen und sie im Augenblick, wo sie es am wenigsten erwarteten, zu überrennen. In größter Eile sandten sie zum Grafen von Clermont, um die Erlaubnis, angreifen zu dürfen. Dieser, schön wie Absolon und Paris von Troja, redselig und großsprecherisch – er konnte keineswegs zu den klügsten der Jünglinge gezählt werden –, war eben erst zum Ritter geschlagen worden und befand sich vor seinem ersten Unternehmen. Albernerweise ließ er sagen, man solle nicht vor seiner Ankunft angreifen. Die Gascogner fügten sich mißvergnügt, da sie sahen, was man im Warten verlor. Als nämlich die englischen Anführer endlich gewahrten, daß sie sich im Rachen des Löwen befanden, stellten sie sich in bester Schlachtordnung auf. Sie bildeten mit ihren Karren in der Ebene einen langen und schmalen Wagenpark, in dem sie die Reiterei verschanzten und vor welchen sie die Bogenschützen hinter eingerammten Pfosten, die Pfeile gegen den Feind gerichtet, aufstellten. Der Konnetabel von Schottland, wie er das sieht, verliert die Geduld, führt seine hundert Reiter gegen die Pfosten, vor denen ihr Widerstand zusammenbricht. Die Engländer entdecken, daß sie es nur mit einer kleinen Schar zu tun haben, lassen ihre Reiterei ausrücken und gehen so scharf vor, daß sie die Franzosen überrennen und dreihundert von ihnen töten.

Da eben die heilige Fastenzeit bevorstand, enthielt der den Engländern vor Orléans aus Paris gesandte Lebensmitteltransport hauptsächlich saure Heringe, weshalb die frohlockenden Engländer diesen Tag den Heringstag nannten.

Der Graf von Clermont wurde, obwohl dem König vervettert, von den Bewohnern Orléans übel empfangen. Man hielt sein Benehmen für schmachvoll und unredlich, und einige Leute gaben ihm das zu verstehen. Am kommenden Morgen machte er sich mit seinen Auvergnaten und Bourbonen unter dem Beifall des Volkes, das Leute, die sich nicht schlugen, auch nicht ernähren wollte, wieder davon. Zur selben Zeit verließen der Admiral von Frankreich und La Hire mit zweitausend Mann die Stadt, und als man von ihrer Abfahrt erfuhr, gab es ein derartiges Geheul, daß sie, um die Bürger zu beruhigen, ihnen versprechen mußten, mit Leuten und Lebensmitteln ihnen zu Hilfe zu kommen, was die lautere Wahrheit war. Wenn die Ratten sich entfernen, bedeutet das bevorstehendes Sinken des Schiffes. Die Bürger glaubten sich verraten und verlassen, und da der König sie nicht zu beschützen wußte, beschlossen sie, um den Engländern zu entkommen, sich einem Mächtigeren, als er es war, anzuvertrauen. Sie sandten zu dem gnädigen Herrn Philipp, Herzog von Burgund, ihn um seine Huld zu bitten. Man ließ ihn fragen, ob es ihm um der Liebe willen zu seinem teuren Verwandten Karl von Orléans, der in England gefangen und außerstande war, seine Ländereien selber zu beschützen, nicht genehm sein mochte, die Engländer zu bestimmen, die Belagerung aufzugeben, bis die Wirren des Landes sich geklärt haben würden. Sie boten so ihre eigene Stadt dar, der Herzog von Burgund möge sie bis auf weiteres in seine Obhut nehmen, gemäß dessen heimlichen Wünschen, denn er hatte einige hundert burgundische Lanzen vor die Tore Orléans entsandt, den Engländern bei der Einnahme der Stadt zu helfen, und er hatte nicht vor, dies ohne Entgelt zu tun. Die Bewohner von Orléans, dem fernen und ungewissen Tag entgegenharrend, der ihnen solchermaßen Schutz bringen sollte, fuhren fort, sich selbst zu beschützen. Aber sie waren nicht grundlos ohne Sorge, denn wenn sie auch wachsam waren, daß der Feind nicht eindringe, fanden sie doch kein Mittel, ihn bald zu verjagen. Sie sahen, wie die Belagerung auf das schrecklichste fortgesetzt wurde. Von Zweifel und Befürchtungen erregt, in brennender Angst, schlaf- und ruhelos, begannen sie zu verzweifeln. Da, plötzlich, entsteht ein seltsames Gerücht, verbreitet sich, schwillt an. Man erfährt, daß kürzlich durch die Stadt Gien eine Jungfrau gezogen kam, mit der Kunde, daß sie sich nach Chinon zum lieben Dauphin begebe und vorgab, von Gott gesandt zu sein, die Belagerung von Orléans aufzuheben und den König in Reims zu krönen.

Die Nachricht, daß eine kleine Heilige von einfachem Stande Orléans göttliche Hilfe brächte, wirkte sehr lebhaft auf die Gemüter, die durch Furcht dem Glauben zugewandt und durch die fieberhafte Aufregung des Belagerungszustandes in Ekstase versetzt waren. Die ihnen angekündigte Jungfrau flößte ihnen brennende Neugier ein, die zu unterstützen der Herr Bastard als erfahrener Mann für klug hielt. Er sandte zwei Edelleute nach Chinon mit dem Auftrag, das junge Mädchen herbeizuholen. Der eine, Archambaud von Villars, war ein sehr alter Ritter, einstmals Vertrauter des Herzogs von Orléans, einer der sieben Franzosen, die 1402 gegen die sieben Engländer kämpften, ein getreuer Bewohner Orléans, der trotz seines hohen Alters das Türmchenfort hartnäckig verteidigte. Der andere Herr, Jamet du Tillay, ein bretonischer Junker, hatte eben bei Rouvray, wo er mit seinen Mannen den Rückzug gedeckt, Ehren eingeheimst. Sie zogen von dannen, und die ganze Stadt erwartete ängstlich ihre Rückkehr.

SECHSTES KAPITEL

Die Jungfrau in Chinon

Prophezeiungen

Johanna, die nicht schreiben konnte, diktierte in Sankt Katharina von Fierbois an den König einen Brief. In diesem bat sie ihn um Erlaubnis, in Chinon vor ihm erscheinen zu dürfen, und tat ihm kund, daß sie, um ihm zu Hilfe zu kommen, hundertfünfzig Meilen Landes zurückgelegt habe und viel gute Dinge für ihn wisse. Man erzählte sich auch, daß sie ihm ankündigte, daß, wenn er auch zwischen vielen anderen verborgen sein würde, sie ihn wohl zu erkennen wüßte; später aber, darüber befragt, konnte sie sich dessen nicht mehr entsinnen. Gegen Mittag, als der Brief gesiegelt war, brach sie mit ihrer Gefolgschaft nach Chinon zum König auf …

Karl VII. bedeutete Frankreich, das Bild und Symbol Frankreichs; im übrigen war er ein armer Mann. Als elftes jener unglücklichen Kinder geboren, die ein Kranker zwischen zwei Ausbrüchen von Tollwut mit einer zur Zuchtstute bestimmten Bayerin zeugte, war er im Unglück herangewachsen und hatte seine vier älteren Brüder überlebt, obwohl er selbst recht schlecht geraten war, mit krummen und schwachen Beinen; nach seinem Aussehen zu schließen ein richtiger Königssohn, worauf man im übrigen nicht schwören könnte. Von jenem Tage, wo er sich auf der Brücke von Montereau befunden hatte, wovon ein Gerechter meinte, daß es besser gewesen wäre, tot als dort gewesen zu sein, war ihm eine Blässe und ein Zittern verblieben, und er sah düsteren Auges alle Begebnisse sich zum Schlechten wenden. Die verarmten und erschöpften Engländer hatten ihm nach ihrem Sieg bei Verneuil und ihrer unvollendeten Eroberung der Provinz Maine vier Jahre Ruhe gelassen. Aber seine Freunde, seine Verteidiger, seine Retter waren fürchterlich gewesen. Er war fromm und bescheiden, begnügte sich mit seiner unschönen Frau und führte in seinen Loireschlössern ein unruhiges und trauriges Leben. Er war ängstlich, was höchst begreiflich erscheint; sobald er einem Edelmann ein wenig Freundschaft und Vertrauen schenkte, wurde er ihm getötet. Der Konnetabel von Richemond hatte ihm La Trémouille zugeführt, ein Faß, ein Schlauch, eine Art Gargantua, der das Land verschlang. Als La Trémouille Richemond verjagt hatte, behielt der König La Trémouille, Richemonds Wiederkehr erwartend, den er sehr fürchtete. 1428 wollte Richemond mit Gewalt seinen Platz neben dem König wieder einnehmen. Der Graf von Clermont schloß sich dem Konnetabel an. Die Schwiegermutter des Königs, Yolande von Aragonien, Königin ohne Königreich von Sizilien und Jerusalem, Herzogin von Anjou, gesellte sich zu der Partei der Unzufriedenen. Der Graf von Clermont bemächtigte sich des Kanzlers und ersten Ministers Frankreichs und brandschatzte ihn, worauf der König bezahlen mußte, um seinen Kanzler wiederzubekommen. Der Konnetabel führte in Poitou gegen die Leute des Königs Krieg, während die königlichen Söldner das Land, das noch unter dessen Herrschaft stand, verheerten und die Engländer an der Loire vorrückten. In dieser elenden Lage machte König Karl, dünn wie er war, karg an Geist und Körper, immer ängstlich und zurückweichend, eine recht schlechte Figur. Dennoch war er vielleicht ebenso viel wert als ein anderer und vielleicht gerade der König, den man zu dieser Stunde brauchte. Ein Philipp von Valois, ein Johann der Gute hätte sich das Vergnügen geleistet, Provinzen mit dem Schwerte zu verlieren. Der arme König Karl hatte weder die Mittel noch den Geschmack, gleich ihnen Waffentaten zu vollführen, und neigte mehr zu der Ansicht, daß man oft mehr durch Verträge gewinnt als mit Waffengewalt. Über sein Elend liefen lächerliche Geschichten. So erzählte man sich, daß ein Schuster, den er nicht gleich ausbezahlen konnte, ihm die Gamaschen, die er ihm eben angelegt hatte, wieder vom Fuße zog und ihn mit seinen alten Gamaschen zurückgelassen hatte. Karl besaß jedoch noch große und schöne Provinzen.

Am 8. Januar 1428 berief der König durch schriftlichen Erlaß die Generalstaaten, innerhalb von sechs Monaten sich in Tours zu versammeln. Am 18. Juli erschien niemand. Am 22. Juli neuerliche Einberufung für den 10. September. Die Versammlung fand erst im Oktober in Chinon statt, im Augenblick als Graf Salisbury über die Loire setzte. Die Generalstaaten bewilligten fünfhunderttausend Pfund. Aber man war gefaßt darauf, daß das gute Volk bald nicht mehr würde zahlen können. In dieser Zeit der Kriege und Plünderungen lag so mancher Landbesitz brach, so mancher Laden war gesperrt, und man sah nur mehr wenig Kaufleute auf ihrem Klepper von Stadt zu Stadt ziehen. Die Steuern gingen mangelhaft ein, und der König litt tatsächlich an Geldmangel. Um diesem großen Übel beizukommen, wandte er drei Mittel an, von denen das beste nichts wert war. Da er an alle Welt verschuldet war, an die Königin von Sizilien, an La Trémouille, an seinen Kanzler, seinen Fleischer, an das Kapitel von Bourges, das ihm die Fische seiner Teiche lieferte, an seine Köche, Küchenjungen, überwies er erstens seinen Gläubigern die Steuern, zweitens veräußerte er seinen Grundbesitz; seine Städte, seine Güter gehörten jedermann, nur nicht ihm; drittens machte er falsches Geld. Dies geschah keineswegs aus Arglist, sondern der Not gehorchend, und wie es der Brauch war.

Der Edle de La Trémouille besaß als einziger den Titel eines Ratskanzlers, aber er war auch der Hauptwucherer des Königreiches. Er hatte den König und eine große Anzahl großer und kleiner Edelleute zu Gläubigern. Auf diese Art war er ein mächtiger Mann. In diesen schwierigen Zeiten leistete er der Krone zweifellos selbstsüchtige, dennoch kostbare Dienste. Von Januar bis August des Jahres 1428 streckte er Summen vor, die sich auf ungefähr siebenundzwanzigtausend Pfund beliefen, für welche ihm Schlösser und Landgüter verpfändet wurden. Zum Glück bestand der Rat des Königs aus einer ziemlich großen Anzahl von äußerst sachkundigen Rechtsgelehrten und Kirchenmännern. Einen von ihnen muß man besonders gut kennenlernen. Sein Anteil an dieser Geschichte ist erheblich und würde noch größer sein, wenn man ihn ganz aufdecken würde. Es ist dies Regnault von Chartres. Als Sohn Hektors von Chartres, eines Forstmeisters in der Normandie, trat er in den geistlichen Stand, wurde Archidiakon von Beauvais, später Kämmerling des Papstes Johann XXIII. und 1414, im Alter von ungefähr 44 Jahren, auf den erzbischöflichen Stuhl von Reims erhoben. Im darauffolgenden Jahre fielen drei seiner Brüder im blutigen Kotmeer von Azincourt. Hektor von Chartres kam 1418 in Paris um, von den Metzgern erschlagen. Regnault selbst, der in die Gefängnisse der Bandenführer, der Càbochiens geworfen worden war, machte sich darauf gefaßt, umgebracht zu werden. Er leistete das Gelübde, falls er dieser Gefahr entginge, jeden Mittwoch nur Fastenspeisen zu essen und sein ganzes Leben lang jeden Freitag und Samstag zum Mittagessen nur Wasser zu sich zu nehmen. Eine tragische Anhänglichkeit und Treue, die Regnault erbgemäß den Armagnacs bewahrt hatte, empfahl ihn dem Dauphin Karl, der ihm wichtige Aufträge in verschiedenen Gegenden der Christenheit übertrug. Der Erzbischof von Reims entledigte sich ihrer mit unermüdlichem Eifer und seltener Geschicklichkeit. Im Jahre 1421 wurde er beim Heiligen Vater bittstellig, im Hinblick auf seine schwache Gesundheit und die Dienste beim Dauphin, der ihn zu häufigen Reisen und anstrengenden Aufträgen verpflichtete, ihn seines in den Gefängnissen der Metzger geleisteten Gelübdes zu entbinden. Im Jahre 1425 wurde der hochwürdige Herr Regnault an Stelle des Bischofs von Clermont zum Kanzler Frankreichs ernannt. Er verkaufte jedoch bald darauf seine Würde um eine Rente von zweitausendfünfhundert Pfund nach Tourscher Währung.

Der hochwürdige Herr Erzbischof von Reims war allerdings nicht so reich wie Herr de La Trémouille, aber schließlich tut man, was man kann. Ganz so wie Herr de La Trémouille lieh er dem König Geld. Wer borgte denn in dieser Zeit dem König nicht? Regnault von Chartres wurde aufs neue Kanzler. Er trat seine Stelle im Jahre 1428 an, zu einer Zeit, wo der hohe Rat bereits Soldaten und Kanonen nach Orléans gesandt hatte. Der Bischof von Reims, der sofort seine Tätigkeit begann, stürzte sich in die belagerte Stadt und scheute keine Mühe. Er war den Gütern dieser Welt sehr hold, und man konnte ihn für geizig halten. Aber man konnte weder an seiner Aufopferung für die königliche Sache noch an dem Hasse zweifeln, den er für die Anhänger des Leoparden und des roten Kreuzes hegte.

Johanna traf nach elftägiger Reise, am 6. März, in Chinon ein, an jenem vierten Sonntag der Fasten, wo die Burschen und Mädchen von Domremy scharenweise in die noch graue und entblößte Landschaft hinausziehen, Nüsse, harte Eier mit kleinen Brötchen, die ihre Mütter gebacken haben, zu verzehren. Die Kirche hatte diesem Tage den Namen Laetare, nach den Eingangsworten der Messe gegeben: Laetare Jerusalem; ›Freue dich Jerusalem; bildet eine Schar, ihr, die es liebt. Erquickt euch an der Freude, ihr, die ihr in Trauer verharret, damit ihr frohlockend eures reichen Trostes euch ersättigt.‹ Die Priester und Mönche, die vom Erscheinen der Jungfrau Kunde hatten, ließen, wenn sie in den Kirchen mit dem ganzen Volke sangen, den Gedanken an die durch Prophezeiungen angekündigte Jungfrau laut werden, die für das Heil aller aufgerufen worden war und an diesem Tage demütig ihren Einzug in der Stadt hielt.

Durch des heiligen Julius Fürsprache und wahrscheinlich mit Hilfe Colet von Viennes, dem Boten des Königs, fand Johanna in der Stadt, in einer Gastwirtschaft nahe dem Schlosse Unterkunft, die eine Frau mit gutem Rufe führte. Der Spieß drehte sich hier nicht; in diesem Zeitalter wurden in christlichen Landen die das Fasten und die Enthaltsamkeit betreffenden Vorschriften von niemandem überschritten. So hörte denn die fastende Johanna mit erleichterter Seele ihre Stimmen erklingen. Während der zwei Tage, die sie in der Herberge wohnte, verharrte sie kniend in Zurückgezogenheit. Die Ufer der Vienne und die weiten Wiesen, die noch vom schwärzlichen Gras des Winters bedeckt waren, die leicht umnebelten Hügel lockten sie nicht hinaus. Wenn sie aber auf ihrem Gang zur Kirche den Kopf nach Norden wandte, durch irgendwelche bergige Gassen, oder wenn sie im Hof der Herberge ihr Pferd pflegte, sah sie in Wurfweite auf dem ganz nahen Berge die Türme des schönsten Schlosses des Königreiches emporragen, die stolzen Mauern, hinter denen jener König atmete, zu dem sie, geleitet durch eine wunderbare Liebe, gekommen war.

Drei Schlösser waren es, die sich vor ihrem Blick in eine lange graue Masse von gezackten Mauern, Türmen und Türmchen, Schießscharten, Zinnen, Bollwerken und Warten vermengten; drei Schlösser, die voneinander durch Wassergräben, Wälle, Ausfalltore und Fallgatter getrennt waren. Westlich zu ihrer Linken verjüngten und verbargen sich hintereinander die acht Türme von Coudray, deren zuletzt gebaute über zweihundert Jahre zählten. Rechts erhob völlig sichtbar das Mittelschloß seine alten, mit Pechnasen versehenen Mauern. Dort war das Zimmer des heiligen Ludwig, das Gemach des Königs, die Räume dessen, den Johanna den lieben Dauphin nannte. Und dort war es auch, wo sich unmittelbar neben dem ganz mit Matten ausgelegten Zimmer der große Saal erstreckte, in dem sie empfangen werden sollte.

Währenddessen wurden dem Könige die von Colet von Vienne überbrachten Depeschen des Hauptmanns von Vaucouleurs überreicht, die ihn über die Handlungen und Aussprüche des jungen Mädchens unterrichteten. Es war dies eine der unzähligen Sachen, die im Rat geprüft, und eine, die, wie es schien, vom Könige selber, als seinem Amte zugehörig und ihn besonders betreffend, untersucht werden mußte, da es sich möglicherweise um ein Mädchen von ausnehmender Heiligkeit handelte und er die erste kirchliche Persönlichkeit seines Reiches war. Sein Großvater, ein so weiser Fürst, hätte sich wohl gehütet, die Ratschläge frommer Frauen, aus denen Gott sprach, zu mißachten. Gegen 1380 hatte er sich Guillemette de la Rochelle nach Paris kommen lassen, die es bei einem einsamen und betrachtungsvollen Leben, wie man sagte, so weit gebracht hatte, in ihren

Entzückungen sich mehr als zwei Fuß hoch von der Erde erheben zu können. König Karl V. ließ ihr in mehreren Kirchen schöne Oratorien errichten, wo sie für ihn beten konnte. Der Enkel durfte sich nicht anders verhalten, hatte er doch Hilfe noch nötiger.

Karl VI. hatte außer Marie de Maillé eine Frau namens Marie Robine, gewöhnlich la gasque d'Avignon genannt, noch freundlicher empfangen.

Johanna wurde von Geistlichen über das Hauptsächlichste befragt: warum sie gekommen sei; sie antwortete zuerst, daß sie nicht eher etwas sagen würde, als bis sie mit dem König sprechen werde. Als ihr die Kleriker begreiflich machten, daß sie im Namen des Königs sie aufforderten, sich zu erklären, gab sie kund, daß ihr zwei Sachen vom König des Himmels aufgetragen wären: die eine die Aufhebung der Belagerung Orléans, die andere, den König nach Reims zur Salbung und Krönung zu führen.

Die Geistlichen, die Johanna befragt hatten, waren über sie verschiedener Meinung. Die einen behaupteten, daß ihre Angelegenheit nichts als Humbug wäre und der König diesem Mädchen mißtrauen sollte. Die anderen glaubten im Gegenteil, da sie erklärte, von Gott gesandt zu sein und dem König etwas zu sagen habe, er sie zumindest anhören müsse. Zwei Kirchenmänner, die sich eben beim König befanden, hielten den Fall für schwierig und interessant genug, um dem hochwürdigen Herrn Jakob Gélu, jenem armagnacischen Prälaten, unterbreitet zu werden, der dem Hause Orléans und dem Dauphin lange im Rate und bei Gesandtschaften gedient hatte. Gélu, der sich den Sechzigern näherte, hatte sich vom Kronrat zurückgezogen und war nun Erzbischof von Embrun. Er galt für berühmt und hochgeehrt. Brieflich wurde ihm das Erscheinen des jungen Mädchens mitgeteilt, und man ließ ihn wissen, daß sie, von drei Professoren der Theologie eingehend befragt, sich als fromm, mäßig und ruhigen Gemütes erwiesen hätte, gewohnt, einmal in der Woche zu beichten und zu kommunizieren.

Karl war fromm und hörte kniend und demütig drei Messen im Tage; er sagte genau seine vorschriftsmäßigen Gebete her und fügte ihnen noch Totenlitaneien und andere Andachtsübungen hinzu; er beichtete täglich und kommunizierte an Festtagen. Aber er glaubte an Deutung durch die Gestirne und unterschied sich darin nicht von anderen Fürsten seiner Zeit; jeder von ihnen hatte in seinen Diensten einen Astrologen.

Diese Almanachverfertiger forschten nach dem Stand der Gestirne am Geburtstage, stellten danach Horoskope und lasen das Nahen von Kriegen und Aufständen in den Sternen. Zu dieser Zeit hatte eben der Dauphin Karl in Chinon einen alten, normannischen Astrologen namens Peter bei sich, wahrscheinlich Peter von Sankt Valerius, den Mönch. Diesem Meister Peter sagte man bald nach dem Erscheinen der Jungfrau mit Recht oder Unrecht nach, er habe in den Gestirnen erforscht, es sei der Hirtin von der Maas bestimmt, die Engländer zu verjagen.

Johanna wartete nicht lange in ihrer Herberge. Zwei Tage nach ihrer Ankunft erfüllte sich das, was sie so inständig erhofft hatte, sie wurde zum König geführt. Im vorigen Jahrhundert zeigte man noch einen Brunnen, auf den sie, wie die Überlieferung erzählt, ihren Fuß gesetzt haben soll, um vom Pferde zu steigen, ehe sie den steilen Abhang hinanklomm, der zum Schlosse führte. Sie hatte aber bereits den Graben überschritten, als der König noch nicht entschlossen war, sie zu empfangen. Mehrere seiner Vertrauten und nicht die Geringsten unter ihnen, rieten ihm, vor einer unbekannten Frau auf der Hut zu sein, die vielleicht böse Absichten nährte. Andere wieder machten ihm im Gegenteil begreiflich, daß diese Hirtin ihm durch Briefe angemeldet, von Robert von Baudricourt gesandt und durch feindliche Provinzen ihm zugeführt worden sei, auf wunderbare Art viele Flüsse durchquert habe, um zu ihm zu gelangen. Auf diese Vorstellungen hin willigte der König ein, sie zu empfangen.

Der große Saal strotzte vor Menschen, ihr Atem heizte ihn, allerdings nicht mehr und nicht weniger als bei allen Empfängen des Königs, und es herrschte ein den Höflingen vertrautes Gewimmel. Es war Abend; fünfzig Fackeln brannten unter den bemalten Balken der Decke. Etwa dreihundert Edelleute im vollen Waffengepränge drängten sich hier nach höfischer Sitte, stießen mit gespreizten Ellbogen vor sich her, und der Türhüter fuhr mit seinem Amtsstab über die Köpfe hin. Es waren reife Männer darunter, in gebauschten, gefütterten Gewändern, junge, unbebärtete Edelleute, mit eingezogenem Halse, dünnleibig und tailliert, die mageren Beine in enganschließenden Kniehosen, die spitzen Füße in Schnabelschuhen. Hier befanden sich auch die zwei Abgesandten Orléans', wahrscheinlich Herr de La Trémouille und der Erzbischof von Reims, Kanzler des Königs. König Karl, der über das Kommen der Jungfrau unterrichtet war, verschwand unter den Edelleuten, sei es, weil er noch einiges Mißtrauen hegte und noch zauderte, sei es, daß er mit irgendwelchen Personen sich unterhalten mußte oder aus einem anderen Grunde. Johanna wurde von dem Grafen von Vendôme hereingeleitet, Mit ihrem kurzen und starken Halse, ihrer vollen Büste, soweit diese unter der Jacke sichtbar wurde, wirkte sie recht robust in ihren Tuchhosen, die sie ganz nach Männerart trug. Das, was noch mehr als ihre Beinkleider in Erstaunen setzte, war die Art, wie sie die Haare trug. Unter ihrer Wollmütze erblickte man ihre schwarzen Haare, die rund um den Kopf, wie bei Edelknappen, geschnitten waren. Die Frauen aller Alters und Standesklassen zeigten sich sehr bemüht, ihre Haare unter Kopfputz, Haube, Schleier so zu verbergen, daß nicht das geringste sichtbar blieb. Für die damalige Zeit war diese freiwallende Mähne eine befremdende Sache.

Sie ging geradeaus auf den König zu, nahm ihre Mütze ab, machte eine bäuerliche Verbeugung und sagte: »Gott schenke Euch Leben und Gesundheit, lieber Dauphin!«

Es erregte später Erstaunen, daß sie ihn inmitten der prächtiger gekleideten Edelmänner erkannt hatte. Es ist möglich, daß er an jenem Tage recht schlecht gekleidet war. Man weiß, daß er an seine alten Wämser neue Ärmel einsetzen ließ. Keinesfalls stach er ins Auge. Dieser sechsundzwanzigjährige Prinz war ja nicht wenig häßlich mit seinen kleinen, trüben, gläsernen Augen, seiner großen Gurkennase, wacklig auf seinen verrenkten und gekrümmten Beinen, die zwischen zwei wulstigen Knien, die sich voneinander nicht trennen wollten, an gehöhlten Schenkeln hingen. Daß sie ihn erkannt habe, weil sie ihn etwa schon im Bildnis gesehen, ist nicht sehr wahrscheinlich. Die Porträts von Prinzen waren zu dieser Zeit noch selten, Johanna hatte niemals in einem dieser Bücher geblättert, worin etwa eine Miniatur König Karls, als einer der drei Weisen aus dem Morgenlande, dem Jesuskinde Geschenke darbietend, abgebildet war. Es erübrigt sich auch, nachzuforschen, ob die Leute aus Chinon ihr die übliche Kleidung des Königs und die Art seines Hutes, den er zu tragen pflegte, beschrieben hatten; er behielt nämlich wie alle Leute damals in den Zimmern, selbst bei Tische, den Hut auf dem Kopfe. Am glaubwürdigsten ist, daß Männer, die ihr wohlgesinnt waren, sie lenkten. Keinesfalls war der König so schwer zu finden, denn jene, die sie sahen, als sie ihn herausfand, waren nicht im mindesten verblüfft.

Als sie ihren ländlichen Gruß vorgebracht hatte, fragte sie der König, wie sie heiße und was sie wolle. Sie antwortete:

»Lieber Dauphin, mein Name ist Johanna, die Jungfrau, und ich bin von seiten des Himmelskönigs gesandt, daß Ihr sollt gesalbt und gekrönt werden zu Reims und sollt werden Statthalter des Königs der Himmel, der da ist der König von Frankreich.«

Sie bat, daß man sie handeln lasse, mit dem Versprechen, daß durch sie die Belagerung von Orléans aufgehoben werden würde. Der König nahm sie zur Seite und fragte sie ziemlich lange aus. Er war von Natur aus sanft, leutselig gegen die Armen und Niederen, aber nicht ohne Abwehr und Mißtrauen. Während dieser geheimen Unterredung soll sie ihm, ihn mit Du anredend, in engelhafter Vertrautheit folgende seltsame Eröffnung gemacht haben:»Ich sage dir von seiten meines Herrn, daß du der wahre Erbe Frankreichs und Königssohn bist; er hat mich zu dir gesandt, daß ich dich nach Reims führe, auf daß du dort, wenn du es wünschest, geweiht und gekrönt werdest.«

Man glaubte, daß diese Worte, die Gott selbst durch den Mund einer Unschuldigen sprach, eine heimliche und grausame Unruhe des Königs besänftigten, daß der Sohn der Frau Isabella durch den Gedanken verwirrt und niedergedrückt war, daß möglicherweise kein königliches Blut in seinen Adern fließe und daß er, wenn er nicht durch himmlische Erleuchtung von diesen Zweifeln, die ihm seine Geburt einflößte, befreit würde, bereit war, auf sein Königreich wie auf ein usurpiertes Gut zu verzichten. Man versichert, daß auf die Offenbarung, daß er der wahre Erbe Frankreichs sei, sein Antlitz vor Freude geleuchtet habe. Die Königin Isabella scheint allgemein von den armagnacischen Predigern als große Hure und als eine vor Unkeuschheit aufgeblähte Herodias betrachtet worden zu sein; so fragte man sich denn, woher plötzlich ihrem Sohne diese seltsame Neugier kam. Um seines Erbes teilhaftig zu werden, hatte er keine solchen Umstände gemacht, und im Notfalle hätten ihn alle Rechtsgelehrten seiner Partei beruhigt; aus Gründen, die aus Gesetz und Brauch sich herleiteten, hätten sie ihm bewiesen, daß er von Geburt aus der richtige Erbe und Nachfolger des verstorbenen Königs sei, da die Abstammung durch das, was manifestiert, bestimmt werde, nicht durch das, was verborgen war, und daß, wenn es sich anders verhielte, es nicht möglich sein würde, Nachfolgeschaften zu regeln, noch mit Sicherheit den rechtmäßigen Erben eines Königreiches oder irgendeines Striches Landes herauszufinden. Man muß indes bedenken, daß der König zu dieser Stunde sehr unglücklich war, und daß Unglück das Gewissen aufrüttelt und Zweifel aufkommen läßt, und daß er schließlich das gute Recht seiner Sache anzweifeln konnte, da Gott ihn verließ. Es scheint aber nicht sehr glaubhaft, daß, wenn ihn wirklich schmerzliche Zweifel quälten, er sich ihrer auf das Wort eines jungen Mädchens hin befreit fühlte, von dem er noch nicht wußte, ob es weise oder von Sinnen, oder ob es ihm nicht am Ende von seinen Feinden gesandt sei. Diese Leichtgläubigkeit verträgt sich kaum mit dem, was wir von seiner mißtrauischen Veranlagung wissen. Der erste Gedanke, auf den er demnach verfallen wäre, mußte wohl der sein, daß die Geistlichen das junge Mädchen eingedrillt hatten.

Kurze Zeit nachdem er sie verabschiedet, rief er den Edlen von Gaucourt und einige andere seiner Räte zu sich und wiederholte ihnen, was er eben gehört hatte. Doch verschwieg er, daß sie ihm ein Geheimnis offenbart hatte, das nur er allein kannte. Die Räte des Königs, die über das junge Mädchen noch ungenau unterrichtet waren, entschieden sich dahin, daß man sie in der Nähe halten müsse, damit man sie auf Sitte und Glauben hin erprobe. Der Edle von Gaucourt ließ sie von ihrer Wirtin aus in einen dieser Türme von Coudray übersiedeln, die sie seit drei Tagen über der Stadt ragen sah. Coudray, eine der drei Burgen, war vom Mittelschloß, in dem der König wohnte, nur durch einen Graben und Befestigungswerke getrennt. Gaucourt vertraute Johanna dem Schutze des Stadtleutnants von Chinon, Bellier, Majordomus des Königs, an. Zu ihrer Bedienung gab er ihr einen seiner Pagen, ein Kind von fünfzehn Jahren namens Immerguet, den man bald Minguet, bald Mugot nannte. Johanna behielt Minguet den ganzen Tag bei sich, nachts aber schlief sie mit Frauen. Die Frau Belliers, so behauptete man wenigstens, die sittsam und fromm war, wachte über sie. Der Page sah sie in Coudray oftmals auf den Knien, sie betete und weinte oft sehr. Persönlichkeiten von hohem Range kamen mehrere Tage hindurch, mit ihr Zwiesprache zu pflegen. Sie fanden sie immer in Knabenkleidern. Seitdem sie sich beim König befand, fragten sie einige Leute, ob sich in dem Lande, aus dem sie kam, nicht ein Wald namens Chesnu befinde. Man richtete diese Frage an sie, weil damals eine Weissagung über Merlin und eine Jungfrau im Umlauf war, eine Jungfrau betreffend, die aus dem Walde Chesnu kommen sollte. Dies machte auf die Leute lebhaften Eindruck, denn zu jener Zeit glaubte jeder an Prophezeiungen, und die von Merlin, dem Zauberer, wurden besonders beachtet. So war denn zur Fastenzeit des Jahres 1429 unter den Armagnacs folgende, aus einem Buch über Merlin entnommene Wahrsagung verbreitet:

›Aus der Stadt des Chesnuwaldes wird eine Jungfrau kommen, Heil zu wirken. Nachdem sie alle Festungen bezwungen hat, werden durch ihren Hauch alle Brunnen vertrocknen. In Jammern und Weinen wird sie ausbrechen und mit ihren schrecklichen Wehklagen die Insel erfüllen. Dort wird sie den zehnhörnigen Hirsch töten, der auf vier Enden goldene Kronen trägt, deren andere sechs Enden aber in Büffelhörner verwandelt, mit unheimlichen Tönen die bretonischen Inseln in Furcht versetzen werden. Aufstehen wird der Dänenwald und mit menschlicher Stimme sprechen. Nahe dich Cambria, nimm Cornwall auf in deinen Schoß.‹

In dieser dunklen Sprache kündigt Merlin in verworrener Weise die seltsamen Großtaten einer Jungfrau an, ehe diese durch Feindeshand zugrunde geht. In einem einzigen Punkt ist oder scheint er deutlich zu sein, dort, wo er sagt, daß diese Jungfrau aus dem Walde Chesnu kommen werde. Derjenige aber, der diese Prophezeiung bis an ihre Quelle verfolgt hätte, würde dem vierten Buche der Historia Britonum entnommen haben, daß es sich hier um die englische Stadt Winchester handelte, und daß in den in Frankreich verbreiteten Abschriften die Wahrsagung gefälscht und ihres natürlichen Sinnes beraubt worden war. Aber niemandem fiel es ein, den Text auf seine Wahrheit hin zu prüfen; Bücher waren selten und kritischer Geist war nicht vorhanden. Woher kamen aber diese Abschriften? War diese Weissagung nicht jene, die Johanna im Dorfe hörte, in der verkündet war, eine Jungfrau aus lothringischen Marken werde zum Heile des Königreiches erscheinen, so ist sie zumindest mit ihr nahe verwandt. Entschieden besteht hier Familienähnlichkeit, gleicher Geist und gleiche Absicht liegen zugrunde, so daß man zwischen den Geistlichen der Maas und jenen der Loire den Beweis einer Übereinkunft erkennen kann, dem Wunderwesen von Domremy Glanz zu verleihen.

Diese falschen Wahrsagungen geben ein Bild über die Mittel, die man anwandte, die junge Visionärin in Szene zu setzen. Unseres Erachtens ging man dabei allzu künstlich zu Werke. Diese Kleriker sahen nur das Ziel vor sich, das Frieden des Reiches und der Kirche bedeutete. Es galt, vereint das

Wunder des allgemeinen Heiles vorzubereiten. Scheuen wir uns nicht, diesem frommen Betrug, ohne den sich die Wunder der Jungfrau nicht begeben hätten, auf die Spur zu kommen. Es bedarf immer großer Geschicklichkeit und einiger List, um der Unschuld Glauben zu verschaffen.

Währenddessen verblieb an den Ufern der Durance, auf schroffem Fels, in der einsamen Kanzel des heiligen Marcellinus, Jakob Gélu dem König, dem er gedient hatte, treu ergeben und besorgt um die Interessen des Hauses Orléans und Frankreich. Er ließ den beiden Kirchenmännern Antwort zugehen, daß er nicht zweifle, daß Gott sich zugunsten des Verwaisten und Betrübten zu erkennen gäbe und das frevelhafte Unternehmen der Engländer bestrafen werde. Daß man aber desungeachtet nicht der in Einsamkeit genährten Rede einer Bäuerin leichthin Glauben schenken dürfe, daß das weibliche Geschlecht sündhaft schwach sei und sich leicht Täuschungen hingäbe, daß man sich in den Augen der Fremden nicht lächerlich machen dürfe.

»Die Franzosen«, so fügte er hinzu, »sind um der ihnen eigenen Leichtigkeit, sich foppen zu lassen, schon allzu bekannt.« Er riet sodann, daß es angebracht wäre, daß der König faste und büße, um vom Himmel erleuchtet und vom Irrtum bewahrt zu bleiben. Der ehemalige Rat des Dauphin zeigte sich besonders besorgt; er schrieb dem König Karl und der Königin Marie noch selber, um sie vor der Gefahr zu warnen. Dieses Mädchen besagte ihm nichts Gutes, er mißtraute ihr aus dreierlei Ursachen: erstens kam sie aus einem Lande, das von Feinden des Königs, Burgundern und Lothringern, bewohnt war, zweitens war sie eine leicht zu verführende Hirtin; drittens war sie eine Frau. Weise wie Aristoteles, empfahl der Erzbischof von Embrun dem König, mit dem Mädchen nicht allein Zwiesprache zu pflegen, daß man es nicht zu nahe herankommen lasse, es prüfe, keinesfalls jedoch abweise.

Gélus Briefe wurden mit kluger, beruhigender Antwort erwidert. Zwar hielt man vor Johanna geheim, was der König von ihr dachte, der sie keinerlei böser Absicht verdächtigte und sie gerne empfing. Sie sprach mit ihm in engelhaft-unschuldiger Vertraulichkeit, nannte ihn ›lieber Dauphin‹, wobei das ›lieber‹, wie sie ihn bezeichnete, als edel und königlich anziehend zu verstehen ist. Sie nannte ihn auch die ›Oriflamme‹, die ›königliche Fahne‹, der sie folgte. Diese hatte die Form eines zweischwänzigen Drachen, war aus feinem, leichtem und kostbarem Material verfertigt, das man Sandel nannte, und war mit grünseidenen Quasten versehen. Im Kampfe wurde sie vor dem König einhergetragen. Ihr wohnte die Fähigkeit inne, daß bei ihrem Nahen die Feinde die Kraft verloren und in Schrecken davonflüchteten.

Eines Tages, als die Jungfrau sich eben mit dem Dauphin im Gespräche befand, trat der Herzog von Alençon in den Saal. Er war noch in kindlichem Alter in Verneuil von den Engländern gefangengenommen und in einen Turm eingesperrt worden. Erst seit kurzem befreit, hatte er eben auf der Schnepfenjagd von der dem König durch Gott gesandten Jungfrau erfahren. Diese Nachricht interessierte ihn mehr als irgend jemanden, da er die Tochter des Herzog von Orléans zur Frau hatte. Sogleich war er nach Chinon geeilt, um zu sehen, was an der Sache Wahres sei. Damals zeigte sich der Herzog von Alençon noch im Glanze seiner Jugend. Zwar stand er niemals im Rufe besonderen Verstandes, war er doch, abgesehen davon, daß er heftig, neidisch und eitel war, so leichtgläubig, daß er überzeugt war, man könne der Frauen Gunst durch Türkenbund gewinnen, und in späteren Jahren hielt er sich sogar für verhext. Sobald Johanna ihn erblickte, fragte sie, wer dieser Edelmann wohl sei; und als der König sagte, dieses sei sein Vetter Alençon, grüßte sie den Herzog und sagte ihm: »Ihr seid hochwillkommen. Je mehr wir hier vom königlichen Blute Frankreichs versammeln, desto besser.« Worin sie sich stark irrte. Diese Worte der Jungfrau entlockten dem König ein bitteres Lächeln. Das Blut Frankreichs! Wußte er doch, wieviel es wert war!

Am folgenden Morgen besuchte Johanna die Messe des Königs. Als sie sich ihrem Dauphin genähert hatte, verbeugte sie sich tief vor ihm. Der König führte sie hierauf in ein Zimmer, aus dem er jedermann entfernen ließ, außer dem Edlen de La Trémouille und dem Herzog von Alençon. Johanna richtete mehrere Ersuchen an ihn. Insbesondere bat sie ihn, sein Reich dem König des Himmels zum Geschenke zu machen. »Danach«, fügte sie hinzu, »wird der König des Himmels das für Euch tun, was er für Eure Vorfahren tat und Euch in den Stand Eurer Väter versetzen.« Wenn sie so gescheite Reden führte und Besserungsvorschriften für ein neues Leben vorbrachte, so wiederholte sie das, was sie die Geistlichen zu sagen gelehrt hatten. Aber sie war von dieser Lehre nicht allzu tief durchdrungen, die für sie zu fein und schwierig war, so daß sie bald aus ihrem Gedächtnis schwand und einem weniger geistlichen als ritterlichen Feuer Platz machte.

Am nämlichen Tage begleitete sie den König auf seinem Spaziergang und schleuderte in der Wiese eine Lanze mit solcher Geschicklichkeit, daß der Herzog von Alençon so entzückt davon war, daß er ihr ein Pferd schenkte. Wenige Tage später führte sie der junge Edelmann in die Abtei von Sankt Florent-les-Saumur, wo damals seine Mutter und seine Frau wohnten. Man sagt, daß sie erfreut gewesen waren, Johanna zu sehen, daß sie aber nicht viel Vertrauen auf den guten Ausgang des Krieges hegten. Die junge Edelfrau von Alençon sagte ihr: »Hannchen, ich sorge mich sehr um meinen Mann. Er ist kaum aus dem Gefängnis gekommen und hat so viel für sein Lösegeld zu zahlen gehabt, daß ich ihn nur allzu gerne bitten möchte, zu Hause zu bleiben.«

Worauf Johanna antwortete:

»Gnädige Frau, seid ohne Furcht. Ich werde ihn Euch heil zurückbringen, so wohl oder noch wohler, als er sich just befindet.«

Sie nannte Alençon ›ihren schönen Herzog‹ und liebte ihn um des Herzogs von Orléans willen, dessen Tochter er zur Frau hatte, und auch, weil er an sie glaubte, als alle zweifelten und verneinten. Sie liebte ihn, weil die Engländer ihn zu Schaden gebracht hatten und seiner Kampfeslust wegen. Man erzählte sich, daß er, als die Engländer ihn in Verneuil gefangengenommen hatten und ihm Freiheit und Güter zurückerstatten wollten, wenn er sich zu ihnen schlagen mochte, ihr Angebot zurückgewiesen hätte. Alençon war jung wie sie. Sie hielt ihn für aufrichtig und großherzig wie sie selber es war. Vielleicht war er es damals auch. Zweifellos suchte er noch nicht nach Mitteln, den König zu verderben.

Man beschloß, daß Johanna nach Poitiers geführt und dort von den Gelehrten geprüft werde. In dieser Stadt befand sich nämlich das Parlament und viele theologische Gelehrte von weltlichem oder geistlichem Stande. Überdies wurden noch viele gestrenge und feierliche Doktoren und Kleriker dahin berufen. Johanna zog mit Geleite ab. Anfangs meinte sie, nach Orléans geführt zu werden und erinnerte hierin an jene einfältigen Pilger, die auf ihrer Wanderung jede Stadt, die sie vor sich erblicken, für Jerusalem halten. Auf halbem Wege fragte sie ihr Gefolge, wohin sie geleitet würde. Als sie erfuhr, daß es nach Poitiers ginge, sagte sie: »In Gottes Namen! Ich weiß, daß ich dort recht zu schaffen haben werde, aber der Herr wird mir helfen. So ziehen wir denn mit Gott!«

SIEBTES KAPITEL
Die Jungfrau in Poitiers

Poitiers war seit vierzehn Jahren die Hauptstadt des französischen Frankreichs. Dauphin Karl hatte das Parlament dahin verlegt oder zumindest einige, dem Parlament zu Paris entschlüpfte Mitglieder dort vereinigt. Die Räte, fast alle in der Nähe von Paris begütert, wußten nicht, wie sie sich kleiden und nähren sollten. Nur selten bekamen sie ihre Gehälter; Nebeneinkünfte blieben aus. Was die Doktoren und Professoren betraf, die sich dem Schicksal des Königs angeschlossen hatten, so half es nichts, daß sie Quellen des Wissens und Leuchten der Geistlichkeit waren; sie zogen keinerlei Gewinn aus ihrer Beredsamkeit und ihrem Wissen. So nährten sie denn in ihrer traurigen Muße den heißen Wunsch, ihre Lage gemeinsam mit der des Königs, wenn es Gott so gefallen sollte, wiederherzustellen. Indessen stöhnten und wehklagten sie, erschöpft von Hunger und Kälte. Wie Israel in Ägypten schmachteten sie nach dem Tage, wo Gott ihre Klagen erhören würde und zu ihnen spräche: ›Heute abend werdet ihr Fleisch zu euch nehmen und morgen werdet ihr euch an Brot sättigen, und werdet erkennen, daß ich Gott bin, euer Herr.‹ Unter diesen treuen und armen Dienern eines armen Königs wurde die Mehrzahl der Doktoren und Geistlichen gewählt, die beauftragt waren, die Jungfrau zu prüfen. Es waren das die Bischöfe von Poitiers und von Maguelonne, Meister Lombard, ehemals Theologieprofessor an der Universität Paris, Meister Machet, Beichtvater des Königs, Bruder Peter Turelure vom Dominikanerorden und ungefähr ein Dutzend anderer; eine reichliche Anzahl Doktoren, eine Hirtin auszufragen. Man bedenke aber, daß zu jener Zeit die Theologie unbeugsam und voll Feinheiten und Spitzfindigkeiten die ganze menschliche Erkenntnis für sich in Anspruch nahm. Sie verlangte von den weltlichen Organen, daß sie die

Ansichten, die sie verkündigte, in die Wirklichkeit umsetzten und deshalb, wenn ein armes, unwissendes Mädchen Gott, die heilige Jungfrau, die Engel oder die Heiligen zu sehen vorgab, geleiteten die Doktoren sie von Wunder zu Wunder bis zu einem wohlduftenden Tode und der Seligsprechung oder von Ketzerei zu Ketzerei in die geistlichen Gefängnisse und auf den Scheiterhaufen der Hexen. Und da diese heiligen Inquisitoren überzeugt waren, daß der Teufel leicht in die Seele der Frauen Eingang findet, hatte solch unglückliches Geschöpf mehr Aussicht, lebendig verbrannt zu werden, als im Geruche der Heiligkeit dahinzugehen. Es bedeutete eine besondere Ausnahme, daß Johanna vor den Doktoren von Poitiers nicht sonderlich in Gefahr war, ihres guten Glaubens wegen verdächtigt zu werden. Selbst Bruder Turelure trug diesmal nicht Verlangen, eine jener Ketzerinnen zu finden, nach denen er in Toulouse so eifrig suchte. Die berühmten Meister zogen, als sie sich ihr näherten, ihre theologischen Klauen ein. Sie gehörten zwar der Kirche an, waren aber Armagnacs und hauptsächlich Geschäftsleute, Unterhändler, alte Räte des Dauphins. Daß sie als Priester Lehre und Sitten kannten, daß sie die Gesetze innehatten, um in Glaubensdingen Urteile zu fällen, ist ohne Zweifel. Aber zu dieser Stunde handelte es sich nicht darum, das Übel der Ketzerei auszuheilen, sondern die Engländer zu verjagen. Johanna stand bei dem Herrn Herzog von Alençon und bei dem Herrn Bastard in Gunst, die Bewohner von Orléans erwarteten sie wie ihr Heil. Sie versprach, den König nach Reims zu führen, und es traf sich, daß der mächtigste und geschickteste Mann Frankreichs, der Kanzler des Reiches, Hochwürden Regnault von Chartres, Graf-Erzbischof von Reims war. Dies fiel stark ins Gewicht.

Johanna wurde in das Haus geführt, das Meister Johann Rabateau, der weltliche Generaladvokat, nicht weit vom Parlament im Herzen der Stadt bewohnte. Obwohl das Parlament über die Angelegenheit des jungen Mädchens nicht zu entscheiden hatte, ward Johanna dennoch dahin geführt. Sie wurde abermals einem Manne unterstellt, der gleicherweise dem Herzog von Orléans als dem König von Frankreich zugehörig war. Die Frau Meister Rabateaus genoß wie alle Frauen von Gerichtsherren guten Ruf. Johanna lag im Hause ›Zur Rose‹ täglich nach Tische lange auf den Knien. Nachts erhob sie sich, um zu beten, und sie verbrachte viele Stunden in der Kapelle des Hauses. Hierher kamen auch die Doktoren, um sie auszufragen. Als sie ihr gemeldet wurden, bemächtigte sich ihrer die größte Unruhe. Die heilige Frau Katharina bemühte sich, sie zu besänftigen; auch sie hatte mit den Doktoren disputiert und sie überführt.

Die feierlichen Gelehrten, Geistliche und berühmte Doktoren des Parlaments zu Poitiers fanden sich in kleinen Gruppen im Hause Johann Rabateaus ein, und der Reihe nach forschten sie Johanna aus. Bruder Johann Lombardus fragte:

»Warum seid Ihr gekommen? Der König will wissen, was Euch gedrängt hat, ihn aufzusuchen.«

Johanna antwortete auf eine Art und Weise, die all diesen Gelehrten bemerkenswert erschien: »Als ich die Tiere hütete, erschien mir eine Stimme. Die Stimme sagte mir: ›Gott hat großes Mitleid mit dem Volke Frankreichs. Johanna, du mußt nach Frankreich gehen!‹ Als ich diese Worte gehört hatte, begann ich zu weinen. Hierauf sagte mir die Stimme: ›Geh nach Vaucouleurs. Du wirst da einen Hauptmann finden, der dich heil und sicher nach Frankreich zum König führen wird.‹ Ich tat, was mir geheißen ward, und bin ohne jegliches Hindernis zum König gelangt.«

Hierauf ergriff Bruder Wilhelm Aimery das Wort:

»Nach Eurer Aussage hat die Stimme Euch kundgetan, daß Gott das französische Volk aus dem Elend, in dem es sich befindet, ziehen werde. Wenn aber Gott Frankreich befreien will, bedarf es keiner Krieger.«

»Im Namen Gottes!« erwiderte die Jungfrau. »Die Krieger werden kämpfen, und Gott wird Sieg schicken.«

Meister Wilhelm war damit zufrieden.

Ritter Robert Thibault kam mit einigen anderen. Johanna hatte ihn schon in Chinon gesehen. Es war dies ein noch junger und sehr schlichter Mann, der keine Zeichen verlangte, um glauben zu können. Als sie nahten, ging ihnen Johanna ein wenig entgegen und, indem sie dem Soldaten freundschaftlich auf die Schulter klopfte, sagte sie: »Hätt' ich doch mehr Leute solch guten Willens.«

Waffenleuten gegenüber fühlte sie sich wohl. Die Doktoren aber konnte sie nicht leiden, und es war ihr eine rechte Qual, sich ausforschen zu lassen. Obwohl diese Theologen ihr gegenüber mit der größten Schonung vorgingen, stellten ihre ewigen Fragen sie auf eine harte Probe; ihre Langsamkeit und Schwerfälligkeit brachten sie zur Verzweiflung. Sie zürnte ihnen, daß sie nicht sogleich, ohne Beweise, an sie glaubten und von ihr Zeichen verlangten, die sie nicht zu geben vermochte, da der gnädige und heilige Herr Michael und die heiligen Frauen Katharina und Margareta während der Prüfungen nicht erschienen. In der Einsamkeit, in der Kapelle, in verlassener Landschaft besuchten sie viele Gäste des Paradieses; Engel und Heilige, vom Himmel herabgestiegen, drängten sich um sie. Nahten aber die Doktoren, wurde die Jakobsleiter plötzlich zurückgezogen. Sie waren ja eben Theologen, und sie war eine Heilige. Die Beziehungen zwischen den Führern der streitenden Kirche und den frommen Frauen, die direkt mit der triumphierenden Kirche in Verbindung stehen, gestalten sich immer schwierig. Sie fühlte, daß die Offenbarungen, deren sie so reichlich teilhaftig ward, selbst bei den ihr am günstigst gesonnenen Fragestellern Zweifel, Verdacht und Mißtrauen erregten. Sie getraute sich nicht, ihnen allzuviel von den Geheimnissen ihrer Stimmen zu erzählen, und hinter ihrem Rücken vertraute sie ihrem schönen Herzog von Alençon an, daß sie viel mehr wußte und zu tun imstande war, als sie diesen Geistlichen gesagt hatte. Nicht jenen war sie gesandt worden, nicht um ihretwillen war sie gekommen. Ihnen gegenüber fühlte sie sich gehemmt, und ihr Gehaben flößte ihr jene üble Laune ein, die mehr als eine ihrer Antworten kennzeichnet. Es geschah zuweilen, daß sie trotzig an das Ende der Bank rückte und dort eigensinnig hocken blieb.

»Wir sind vom König gesandt«, sagte Meister Peter von Versailles, worauf sie ungnädig antwortete: »Ich glaube es schon, daß Ihr gesandt seid, mich noch auszufragen. Ich weiß nicht A und nicht B.«

Aber auf die Frage, warum sie käme, antwortete sie lebhaft:

»Ich bin vom König des Himmels gesandt, um die Belagerung von Orléans aufzuheben und den König nach Reims zur Krönung und Salbung zu führen. Meister Johann Erault, habt Ihr Feder und Tinte? Schreibt, was ich Euch sage!« Und sie diktierte einen kurzen Aufruf an die englischen Hauptleute: »Ihr Suffolk, Glasdale und La Poule, ich fordere euch von seiten des Himmelskönigs auf, euch aus Frankreich davonzumachen.«

Meister Johann Erault, der nach ihrem Diktat schrieb, war, wie die meisten unter ihnen, ihr günstig gestimmt. Außerdem war er erfahren. Er erinnerte sich jener Marie von Avignon, genannt la Gasque, die dem verstorbenen König Karl VI. gute und bemerkenswerte Offenbarungen gemacht hatte, und er gelangte zu der Meinung, daß Johanna die von Marie von Avignon angekündigte Jungfrau sei. Auch Meister Gérard Machet hatte irgendwo gelesen, daß eine Jungfrau dem König zu Hilfe kommen werde. Man ist genügend über die Absichten der Doktoren unterrichtet, wenn man den Beichtvater des Königs dabei überrascht, wie er selbst die Prophezeiungen verbreitet, die eigens verfertigt wurden, um der Jungfrau aus dem Eichwald zur Glaubhaftigkeit zu verhelfen.

Man befragte das Mädchen nach ihren Stimmen, die sie auch ihren Rat nannte, und nach den Heiligen, die sie sich wie ihre holzgeschnitzten und bemalten Ebenbilder vorstellte, die die Kirchen bevölkerten. Die Doktoren machten ihr Vorstellungen, daß sie jegliche Frauenkleidung abgeworfen und sich ihr Haar nach Jünglingsart rund um den Kopf hatte abschneiden lassen. Denn es steht geschrieben: »Eine Jungfrau soll nicht Männerkleider und ein Mann nicht Frauenkleider tragen; denn wer solches tut, ist Gott ein Mißfallen.« Das Konzil von Gangres unter der Regierung Valencius hatte jene Frauen, die Männerkleider trugen und sich das Haar abschnitten, mit dem Bannfluch der Kirche bestraft. Aber es war wesentlich zu bedenken, daß das, was Gott ein Mißfallen war, nicht die äußere, sondern die innere Beschaffenheit betraf, nicht das Gewand, sondern die böse Absicht, die es anlegen ließ. Die Brüder von Gangres hatten nur jene Frauen verurteilt, die unter dem Vorwand eines asketischen Lebens sich wie Männer betrugen und sich die Haare abschnitten. Seit damals gab die Kirche die Zustimmung, daß die Nonnen sich die Haare schnitten. Mehrere Heilige hatten unter dem Einfluß einer besonderen Eingebung des Heiligen Geistes ihr Geschlecht unter männlicher Bekleidung verborgen.

In Saint-Jean-des-Bois bewahrte man die Reliquien der heiligen Euphrosine von Alexandrien, die im Kloster des Abtes Theodosius achtunddreißig Jahre in Männerkleidern gelebt hatte. Aus diesen Gründen, aus diesen Beispielen folgernd, schlossen die Doktoren: Da Johanna dieses Gewand nicht, um das Schamgefühl ihrer Mitmenschen zu verletzen, sondern um das ihre zu bewahren, trägt, wollen wir nicht böse auslegen, was um des Guten willen getan ward, und verdammen nicht eine durch die Reinheit der Absicht gerechtfertigte Handlung.

Einige der Prüfenden fragten die Jungfrau, warum sie den König Karl ›Dauphin‹ nenne. Er trug diesen Titel gesetzmäßig seit dem 30. Oktober 1428, dem neunten Tage seit dem Tode seines Vaters. In der königlichen Kapelle zu Mehun-sur-Yèvre hatte er sein schwarzes Gewand gegen ein rotes vertauscht, indes die Herolde »Es lebe der König!« riefen. Sie antwortete: »Ich werde ihn nicht eher König nennen, bis er in Reims gekrönt und gesalbt sein wird. In diese Stadt gedenke ich ihn zu führen.« Wenn ihr die Geistlichen widersprachen, setzte sie ihre eigenen Erleuchtungen den Lehren der Kirche entgegen und sagte: »Im Buche unseres Herrn steht mehr als in den Euren.« Eine kecke und brenzlige Antwort, die gegenüber Theologen, die weniger für sie eingenommen gewesen wären, für sie gefährlich hätte werden können; denn vielleicht hätten jene eine Beleidigung gegen die Rechte der Kirche darin erblickt, die als Behüterin der Heiligen Schrift deren Auslegung eifersüchtig betrieb und nicht duldete, daß der Autorität der Schrift die Entschließungen der Konzile gegenübergestellt wurden. Welches waren die Bücher, die sie, ohne sie gelesen zu haben, jenen Unseres Herrn entgegengesetzt hielt, in denen sie mit geistigem Auge voll und ganz zu lesen schien? Es dürften wohl die heiligen Kirchensatzungen und Vorschriften damit gemeint sein. Diese Worte eines Kindes enthalten genug, um die ganze Kirche zu vernichten. Wenn die Doktoren von Poitiers weniger armagnacisch gewesen wären, hätten sie Johanna von da an verdächtigt und gefunden, daß sie nach dem Scheiterhaufen roch. Aber sie dienten den Häusern Orléans und Frankreichs getreu; ihre Kleider waren durchlöchert, ihre Kochtöpfe leer, sie hofften nur mehr auf Gott und fürchteten, wenn sie dieses Mädchen verwarfen, den Heiligen Geist zu beleidigen. Im übrigen hinderte sie nichts zu glauben, daß Johanna aus Unwissenheit und Einfalt, aber ohne jedweden Hintergedanken solche Rede führte. Wahrscheinlich gerieten sie deshalb nicht in Zorn. Es war nun an Bruder Seguin die Reihe, das junge Mädchen auszufragen. Er stammte aus dem Limousin, und man konnte seine Herkunft an seiner Sprache erkennen. Vielleicht hatte er jene plumpe und schwerfällige Art, die seine Landsleute ein wenig lächerlich machte. Auf die Frage, welche Sprache ihre Stimmen sprächen, antwortete Johanna: »Eine bessere als die Eure.«

Es gibt Augenblicke, wo die Heiligen die Geduld verlieren. Wenn Bruder Seguin davon nicht Kenntnis hatte, so wurde er es an diesem Tage kund. Dennoch fuhr er in seinen Fragen fort. »Glaubt Ihr an Gott?« »Ja, und besser als Ihr«, versetzte die Jungfrau. »Aber«, sagte er »Gott will nicht, daß man Euch glaube, wenn nicht irgendein Zeichen erscheint, das zeigt, daß man Euch glauben soll.« »In Gottes Namen«, antwortete sie, »ich bin nicht nach Poitiers gekommen, um Zeichen zu geben, aber führt mich nach Orléans, und ich werde Euch die Zeichen geben, weshalb ich gesandt hin. Man gebe mir so viele Leute, als für nötig befunden wird, und ich werde nach

Orléans ziehen.« Für die Jungfrau bedeutete das Zeichen des Sieges der Sieg selbst. Sie wiederholte unaufhörlich:

»Das Zeichen, das ich Euch geben werde, wird der Beistand für Orléans sein und die Aufhebung der Belagerung.«

Die Hartnäckigkeit, mit der sie an diesem Punkt festhielt, setzte die Mehrzahl der Fragesteller in Erstaunen. Sie waren der Meinung, daß ihnen die Jungfrau nicht Anlaß zu Lauheit und Zweifel geben sollte, sondern ein Beispiel des frommen Eifers und der Erbauung.

Nach einer sechswöchigen Prüfung erklärten sich die Doktoren für genügend unterrichtet.

ACHTES KAPITEL
Wertung der Jungfrauenschaft und Untersuchung Johannas

Es gab da einen Punkt, über den es noch notwendig war, sich zu vergewissern; man mußte in Erfahrung bringen, ob Johanna, wie sie es behauptete, Jungfrau sei. Anläßlich ihrer Ankunft in Chinon hatten sie die Matronen tatsächlich schon untersucht, als man noch gar nicht einmal wußte, ob sie Knabe oder Mädchen sei, und als man sogar noch fürchten konnte, daß sie etwa ein Wahngebilde nach dem Ebenbild einer Frau wäre, durch Teufelskunst hervorgebracht; was die Gelehrten nicht für ausgeschlossen hielten. Es war noch nicht lange her, daß jener Mönch gestorben war, der dem Glauben huldigte, daß sich manches Mal Ritter in Bären verwandeln könnten, und daß Geister hundert Meilen in einer Nacht zurücklegen, dann plötzlich die Gestalt eines dicken Weibes oder eines Strohbündels annehmen könnten. So hatte man denn sogleich das Notwendige veranlaßt. Aber eine genaue, vorsichtige und kluge Untersuchung war hier am Platze, denn die Angelegenheit war von höchster Wichtigkeit.

Gelehrte und Einfältige waren in dem Glauben einig, daß der Jungfrauenschaft eine seltene Kraft innewohne. Diese Vorstellungen reichten bis in ein entferntes und dunkles Altertum zurück; ihre Herkunft verlor sich in einer noch vorchristlichen Vergangenheit. Dieser Glaube war seit Menschengedenken Gesetz und rührte teils von den Galliern und Germanen, teils von den Römern und Griechen her. Weise Priesterinnen des Waldes hatten auf gallischer Erde einige Zeichen zauberischer Schönheit zurückgelassen, und man sah noch zuweilen auf der Druideninsel Sein, längs der nebligen Küsten des Ozeans den blassen Schatten der neun Schwestern schweben, die in vergangenen Tagen nach ihrem

Willen den Sturm weckten oder besänftigten. Infolge dieses, der Jugendzeit der Völker entsprossenen Glaubens, ist die Gabe des Hellsehens den Jungfrauen vorbehalten. Eine Kassandra, eine Velleda war ihrer teilhaft. Die Sibyllen galten als die Verkünderinnen des Erscheinens Jesu Christi; in den Kirchen betrachtete man sie als Hüterinnen der ersten Offenbarung unter den Heiden und verehrte sie als die erlauchten Schwestern der Propheten Israels. In den Totengesängen findet man eine von ihnen neben König David angeführt. Welch frommer Betrug ihren Prophetinnenruhm aufgerichtet haben mag, ist uns wohl hier ebenso unbekannt, als es einem Johann Gerson oder einem Gérard Machet unbekannt sein mag. Betrachten wir also wie jene Doktoren des 15. Jahrhunderts nach der Überlieferung der christlichen Kirche diese Jungfrauen, die den Nationen, von denen sie verehrt wurden, ohne von ihnen verstanden zu sein, die Wahrheit kündeten. Seit dem 13. Jahrhundert hatten die Sybillen aus dem Altertum in den Kathedralen ihren Platz zur Seite der Patriarchen und Propheten eingenommen. Aber seit dem 15. Jahrhundert sieht man ihre Bildnisse in Mengen an die Türen der Kirchen gemeißelt, in die Chorstühle geschnitzt, auf Mauern der Kapellen und das leuchtende Glas der Fenster gemalt. Jede hat ihr sichtbares Attribut. Die persische hält die Laterne und die lydische die das Dunkel des Heidentums durchleuchtende Fackel; Agrippa und Europa und die eritreische sind mit einem Schwert bewaffnet, die phrygische trägt ein Osterkreuz, die vom Hellespont einen blühenden Rosenstrauch, die andern zeigen anschauliche Zeichen des Geheimnisses, das sie verkündet haben: die cumäische Sybille eine Wiege, die delphische ein Rosenzepter, jene aus Samos eine Dornenkrone, die aus Chimeria Zweige und ein Kreuz. Die Geschichte der christlichen Religion, die lange Folge von Mysterien, in denen man die Menschheit durch eine Frau fallen und durch eine Jungfrau gerettet sieht, und all das sündige Fleisch, das in den Fluch Evas einbezogen ist, weist schließlich zum Triumph und zur verehrenden Erhebung der Jungfrauenschaft, die einen Zustand darstellt, der, um mit den Kirchenvätern zu sprechen, im Fleische begründet ist, ohne des Fleisches zu sein. Der heilige Gregor sagt, daß um der Jungfräulichkeit willen Gott sich nicht weigerte, unter den Menschen zu leben. Sie verleiht den Sterblichen Flügel, um gen Himmel ihren Flug zu nehmen. Die Keuschheit erhebt den Apostel Johannes sogar über den Fürsten der Apostel. Anläßlich der Grablegung Mariä reichte Petrus dem Johannes den Palmzweig und sagte: »Dem Unberührten gebührt es, die Palme der Jungfrau zu tragen.«

Die Jungfrau Maria, die Jungfrau im wahrsten Sinn, war im christlichen Westen seit dem 12. Jahrhundert Gegenstand warmer und zarter Verehrung. Die großen Kathedralen des französischen Nordens standen unter dem Schutznamen Unserer Frau und feierten am Himmelfahrtstag ihr Patronatsfest. Auf dem symbolischen Pfeiler des Haupteingangs erhob sich das Bild der Jungfrau mit ihrem göttlichen Kinde und der jungfräulichen Lilie. Zuweilen sah man Eva zu ihren Füßen abgebildet, auf daß man gleichzeitig den Fall und die Wiedererhebung sähe, die zweite Eva, die die erste versöhnte, die erhöhte Jungfrau und das gedemütigte Weib. Im Giebelfelde der Portale entrollten sich wunderbare Darstellungen, die kniende Jungfrau, neben ihr blüht eine Lilie in einer Vase; der Engel, eine Lilie in der Hand, sagt ihr Ave und verkehrt so den Namen Eva, mutans Evae nomen. Oder auch erhebt sie sich, auf der Mondsichel stehend, in die höchsten Höhen des Himmels: exaltata est super choros angelorum. An anderer Stelle erhält sie von Jesus Christus die kostbare Krone. Auch die Glasfenster zeigen in Juwelen von Licht die Darstellung von Mariens Jungfräulichkeit; den Stein, den Daniel erblickte, das Vlies des Gideon, den brennenden Dornbusch Moses und das blühende Reis Aarons. In Hymnen, Sequenzen und Litaneien, in unerschöpflicher Fülle der Bilder gefeiert, wird sie zur mystischen Rose, zum elfenbeinernen Turm, zum Himmelstor, zum Morgenstern. Sie war der Brunnen, das springende Wasser, Quell des Gartens, der verschlossene Weingarten, die leuchtende Gemme, die Blume der Tugend, die Palme der Sanftmut und die Myrthe der Mäßigkeit.

Die Vorstellung, daß in der Jungfräulichkeit Gnade und Kraft wohne, nahm in der verschönernden Legende die reichsten und reizendsten Formen an. Die Verfasser der Lebensbeschreibungen der Heiligen überhäuften die Bräute Jesu Christi mit süßesten Lobsprüchen, hauptsächlich jene, die das weiße Kleid der Jungfräulichkeit und die roten Rosen der Märtyrerschaft vereinigten. In der Passion der Jungfrau erfüllten sich die reichsten Gnadenwunder. Die Engel bringen Dorothea die himmlischen Rosen, die sie über ihre Henker streut. Die jungfräulichen Märtyrerinnen sind den Tieren lieb: die Löwen des Amphitheaters lecken die Füße der heiligen Thekla, die wilden Tiere des Zirkus vereinigen sich, um aus ihren Schweifen der heiligen Euphemia einen Thron zu knüpfen. In tiefer Grube bilden Molche um den Nacken der heiligen Christina ein gefälliges Halsband. Der heilige Gemahl, für den sie leiden, gestattet nicht, daß ihr Schamgefühl verletzt werde. Als der Henker der heiligen Agnes die Kleider vom Leibe reißt, verdichten sich die Haare der Heiligen und schaffen ihr ein wunderbares Kleid; bevor die heilige Barbara nackt durch die Straßen geführt werden soll, bringt ihr ein Engel eine weiße Tunika. Die Agnesen, Dorotheen, Katharinen und Margareten, diese Legionen sieghafter Unschuldswesen, stimmten die Seelen zu dem Wunderglauben, daß eine Jungfrau imstande sei, ihren Häschern zu trotzen. Hatte es nicht die heilige Genoveva bewirkt, daß Attila und seine barbarischen Krieger sich von Paris abwandten?

Der Glaube, daß eine bestimmte Kraft dem Zustande der Jungfräulichkeit anhafte, findet besonderen Ausdruck in der damals sehr verbreiteten Fabel vom Einhorn und der Jungfrau. Das Einhorn war halb Pferd, halb Ziege und von unbefleckter Weiße; es trug ein wunderbares Schwert auf seiner Stirn. Jäger und Treiber, die es in den Lichtungen vorbeistreifen sahen, hatten es niemals zu haschen vermocht, so flink war sein Lauf. Wenn aber eine Jungfrau, die im Walde saß, das Einhorn rief, so folgte das Tier, legte seinen Kopf in den Schoß des Kindes, ließ sich von solch schwachen Händen fangen und fesseln. Näherte sich ihm aber ein verdorbenes und nicht mehr jungfräuliches Mädchen, so tötete das Einhorn es sogleich.

Man sagte sogar, daß eine Jungfrau die Macht hätte, Skrofeln zu heilen, wenn sie fastend und bloßen Leibes magische Formeln hersagte; aber dies stand nicht in den Evangelien geschrieben.

Während die Mystiker und die Erleuchteten die Jungfrauschaft erhöhten, verdammte die Kirche, darauf erpicht, mit dem Körper die Seele zu regieren, alles, was der Gesetzmäßigkeit der Ehe, aus der sie ein Sakrament gemacht hatte, entgegengesetzt war. Sie hielt jene, die den Akt des Fleisches vollkommen mißbilligten, für höchst verabscheuungswürdig und gottlos. Es war lobenswert, wenn ein Mädchen ihre Jungfrauschaft bewahrte, aber es dürfte nicht aus bösartigen und verdammenswerten Gründen geschehen. Zweihundert Jahre vor der Regierung Karls VII. erlebte es ein junges Mädchen in Reims, daß man durch die Weigerung, mit einem Geistlichen in einem Weingarten fleischlichen Umgang zu pflegen, ernsthaft gegen die Kirche Gottes sündigen kann. Hier folgt die Geschichte jenes jungen Mädchens, wie sie vom Mönch Gervasius erzählt wird. Wilhelm mit den weißen Händen, Erzbischof von Reims, Onkel König Philipps von Frankreich, ritt eines Tages außerhalb der Stadt spazieren. Ein Mönch seines Gefolges namens Gervasius, feuriger Jugend voll, bemerkte ein schönes junges Mädchen, das allein durch einen Weingarten ging. Er machte ihr auf das höflichste einen Liebesantrag. Sie aber antwortete, ohne ihn auch nur anzusehen: »Verlöre ich meine Jungfrauenschaft und wäre einmal mein Leib verdorben, würde ich unrettbar ewiger Verdammnis geweiht sein.« Als er sie solchermaßen reden hörte, verdächtigte er das junge Mädchen, der gottlosen Sekte der Katharer anzugehören, die damals die Kirche auf das peinlichste suchte und bestrafte. In der Tat bestand einer der Irrtümer dieser Ketzer darin, jeglichen fleischlichen Umgang zu verdammen. Indes wandte Wilhelm mit den weißen Händen sein Pferd und kam, von seinen Geistlichen gefolgt, an den Weingarten heran, wo das junge Mädchen und der Mönch miteinander stritten. Als er den Grund ihres Wortwechsels erfahren hatte, befahl er, daß man das Mädchen ergreife. Und da es weder durch Überredung noch durch Versprechungen von seiner verwerflichen Verirrung abzubringen war, wurde es dem Henker überliefert. Es starb, ohne eine Träne zu vergießen und ohne einen Klagelaut.

Im Jahre 1416 wurde eine Frau namens Katharina Sauve, eine Einsiedlerin von Montpellier, von der Öffentlichkeit angegeben, vom Vikar der Inquisition ausgeforscht und der Ketzerei der Katharer überwiesen. Sie hielt unter anderem auch daran fest, daß der fleischliche Umgang selbst in der Ehe nicht ohne Sünde vor sich gehen könne. Aus diesem Grunde wurde sie dem weltlichen Gericht anheimgegeben und auf dem Scheiterhaufen verbrannt. Man glaubte damals allgemein, daß der Teufel sich der Jungfräulichkeit jener Mädchen, die sich ihm überantworteten, bemächtigte, und daß dies die erste Handlung war, durch welche er auf diese unglücklichen Wesen seine Macht ausübte. Diese Handlungsweise entsprach dem, was man von seiner unzüchtigen Veranlagung wußte. Er schöpfte daraus eine Lust, die seinem leidenden Zustand entsprechend war, und gewann dadurch den besonderen Vorteil, seine Opfer zu entwaffnen, denn die Jungfräulichkeit ist ein Panzer, an dem die Pfeile der Hölle wie Stroh zerbrechen. Solcherart war man fast gewiß, in einem gesunden und reinen Körper niemals eine Seele zu finden, die sich dem Dämon verschrieben hatte. Es gab demnach ein fast unfehlbares Mittel, zu beweisen, daß die Bäuerin von Vaucouleurs nicht der Magie und den Zauberkünsten hingegeben war, daß sie keinen Pakt mit dem Bösen geschlossen hatte. Dieses Mittel ergriff man.

Man fand sich bei Johanna ein, sie wurde untersucht, heimlich besichtigt und ausgiebig von den weisen Frauen, mulieribus doctis, erfahrenen Jungfrauen, peritis virginibus, Witwen und Ehefrauen examiniert. An erster Stelle dieser Matronen befand sich die Königin von Sizilien und Jerusalem, Herzogin von Anjou. Was hier seltsam erscheint, ist die

Sicherheit, mit der sich alle diese züchtigen Frauen an eine Untersuchung heranmachten, die König Salomon in seiner Weisheit für sehr schwierig hielt. Johanna von Domremy wurde ganz und gar als Jungfrau, ohne jedweden Anschein von Verderbnis noch Zeichen von Vergewaltigung erklärt.

Zur selben Zeit, als sie den Frauen der Doktoren und der Untersuchung der Matronen unterworfen war, stellten mehrere Geistliche, in Johannas Heimatland geschickt, Nachforschungen über ihre Geburt, ihr Leben und ihre Sitten an. Diese waren unter den Bettelmönchen ausgewählt worden, die sich unaufhörlich auf allen Wegen durch feindliches Land bewegen konnten, ohne das Mißtrauen der Engländer und Burgunder zu erregen. Sie wurden auch tatsächlich nicht belästigt und brachten von Domremy und Vaucouleurs sichere Auskünfte, die Demut, Frömmigkeit, Ehrlichkeit und Schlichtheit Johannas bewiesen. Sie brachten hauptsächlich fromme Geschichten mit, die aufzufinden sie nicht große Mühe gehabt hatten, denn es waren jene, mit denen man im allgemeinen die Kindheit der Heiligen ausschmückt. Diesen Mönchen ist entschieden ein großer Anteil an den Legenden zuzuschreiben, die sich von erster Stunde an bildeten und so rasch im Volke verbreiteten. Sie erzählten, daß wahrheitsgemäß, als Johanna sich in ihrem siebenten Jahre befand, die Wölfe sich ihrer Herde niemals näherten und die Vögel des Waldes, wenn sie sie rief, in ihrem Schoß ihr Brot aufzulesen kamen. Diese ›Blüten‹ scheinen so recht franziskanischen Ursprungs. Man trifft hier den Wolf von Gubbion und die Vögel, denen der heilige Franz predigte. Aber der Erfolg dieser kleinen Erzählungen war ungeheuer und verbreitete sich sehr rasch. Nach dieser Prüfung und diesen Nachforschungen kamen die Doktoren zu folgendem Schluß: Der König möge angesichts seiner eigenen Notlage und der seines Königreiches und angesichts der beständigen Gebete seines armen Volkes und angesichts aller jener, die Frieden und Gerechtigkeit lieben, die Jungfrau, die sich von Gott gesandt erklärt, ihm zu helfen, weder abweisen noch verwerfen, gleichviel, ob ihre Versprechungen einzig Menschenwerk seien. Zusammenfassend ging die Folgerung der Doktoren dahin, daß noch nichts Göttliches in den Versprechungen der Jungfrau in Erscheinung trete. Sie war aber als bescheiden, jungfräulich, fromm, ehrlich und schlicht und als ganz und gar gut erkannt worden und man wollte sie, um des Versprechens willen, vor Orléans ein Zeichen Gottes geben zu wollen, dorthin leiten, um nicht die Gnaden des Heiligen Geistes zu verwirken. Diese Beschlüsse wurden abgeschrieben und in großer Zahl den Städten des Reiches sowie den Fürsten der Kirche zugesandt. So ist bekannt, daß Kaiser Sigismund eine erhielt. Wenn solchermaßen die Doktoren von Poitiers vermittels sechswöchiger Beratung, der ein günstiger und feierlicher Beschluß folgte, die Jungfrau in ein ehrenvolles Licht setzen und das Wunder, das ihnen zugefallen war, auf diese Art verbreitert und verkünden und in einer Weise darstellen wollten, um die Franzosen dadurch aufzurichten, so gelang ihnen dies vollkommen. Diese weitschweifigen Verkündigungen und sorgfältigen Untersuchungen beruhigten die mißtrauischen Geister Frankreichs, die fürchteten, daß ein Mädchen in Männerkleidern eine Teufelin wäre; und die Phantasie rankte sich an der Hoffnung auf das Wunder empor und rührte die Herzen zugunsten des jungen Mädchens. Der Sieg, den sie im Streit mit den Doktoren davongetragen hatte, ließ sie als eine zweite heilige Katharina erscheinen.

Als die Untersuchungen beendet waren, fand sich in den ersten Tagen des April eine vorteilhafte Gelegenheit, die Jungfrau nach Orléans vorausrücken zu lassen. Man sandte sie zuerst nach Tours, damit sie sich dort ausstatten und bewaffnen lasse. Sechsundsechzig Jahre später erzählte ein fast hundertjähriger Bewohner Poitiers einem jungen Mitbürger, daß er die Jungfrau hätte in weißer Rüstung zu Pferde steigen sehen, um nach Orléans zu reiten. Er zeigte an der Ecke der Straße des heiligen Stephan den Stein, von welchem sie sich in den Sattel geschwungen habe. Johanna war in Poitiers nicht bewaffnet; der Stein aber hatte vom Volke den Namen ›Stein der Jungfrau‹ erhalten. Mit welch leichtem und fröhlichem

Schwung mag sich die Heilige von diesem Stein aufs Pferd geschwungen haben, das sie von den listigen Füchsen hinweg zu den Geschlagenen und Heimgesuchten führte, denen zu helfen sie vor Ungeduld brannte.

NEUNTES KAPITEL
Die Jungfrau in Tours

Die Stadt Tours gehörte damals der Königin von Sizilien, die sich in dem Maße bereicherte, als ihr Schwiegersohn zugrunde ging. Sie half ihm mit Geld aus, und er gab ihr dafür Land. Die Bürger und das Volk von Tours sehnten sich sehr nach Frieden. Indessen trachteten sie mit großer Mühe, den Plünderungen der Kriegsleute zu entgehen. Hatten sie sich ihrer Verteidiger entledigt, bestand ihre größte Sorge darin, sich vor den Engländern zu schützen.

Johanna empfing hier den Besuch eines Augustinermönches namens Johann Pasquerel, der aus der Stadt Puy-en-Velay kam, wo er Isabelle Romée und einigen von den Leuten begegnet war, die Johanna zum König gebracht hatten. In dieser Stadt, in dem Hochaltar von Anis, bewahrte man ein Bild der Gottesmutter, das vom heiligen Ludwig aus Ägypten gebracht worden war. Während der Osterwoche strömten aus allen Teilen Frankreichs und Europas Pilger herbei; Kaufleute aller Art begaben sich dahin, und es war dies eine der besuchtesten Pilgerstätten und einer der reichsten Jahrmärkte der Welt. Die Wege in der Umgebung der Stadt reichten nicht für die große Zahl der Reisenden, die Weingärten, Wiesen und Gärten bevölkerte. Im Jahre 1407, am Tage des großen Ablasses, starben dort zweihundert Personen den Erstickungstod.

Die Begegnungen Bruder Pasquerels in der Osterwoche zu Puy müssen daher nicht allzusehr wundernehmen. Es war nicht die erste Pilgerfahrt, auf der sich Romée befand, wie ja auch ihr Beiname besagt, den sie schon lange trug. Da man nicht weiß, welches die Gefährten waren, die der gute Bruder traf, steht es uns frei, anzunehmen, daß sich Bertram von Poulengy unter ihnen befunden habe. Diese Gefährten waren mit Pasquerel bekannt geworden und sagten ihm: »Ihr müßt uns zu Johanna begleiten; wir gehen nicht von Euch, bis Ihr uns nicht hingeführt habt.« So wanderten sie denn zusammen. Bruder Pasquerel kam mit ihnen nach Chinon, als Johanna nicht mehr dort war; dann ging er nach Tours, wo sein Kloster stand. In diesem hatte Pasquerel das Amt eines Professors inne. Er war Priester; allem Anschein nach sehr jung und unsteten Sinnes, wie damals viele Bettelmönche, für das Wunderbare eingenommen und außerordentlich leichtgläubig.

Die Gefährten sagten zu Johanna: »Johanna, wir haben Euch diesen guten Vater gebracht. Ihr werdet ihn sehr lieben, wenn Ihr seine Bekanntschaft gemacht habt.« Sie antwortete: »Ich freue mich sein von Herzen. Hab' schon von ihm reden hören, und von morgen ab will ich ihm beichten.« Am nächsten Morgen empfing der Priester ihre Beichte und hielt die Messe vor ihr ab. Er wurde ihr Feldprediger und verließ sie nicht wieder.

Im 15. Jahrhundert war Tours eine der gewerbetüchtigsten Städte des Königreiches. Die Einwohner zeichneten sich in allerlei Handwerken aus: sie webten Stoffe und Seide, Gold und Silber; sie erzeugten auch Kriegsrüstungen und ohne es den Waffenschmieden von Mailand, Nürnberg und Augsburg gleichzutun, waren sie doch sehr geschickt im Schmieden und Bearbeiten des Stahles. Hier maß ein Waffenschmied auf Befehl des Königs der Jungfrau eine Rüstung an. Die eiserne Bekleidung, die er lieferte, bestand nach Brauch der Zeit aus einem Gesichtshelm, einem vierteiligen Panzer mit Schulterblech und Bestandteilen für Arme, Ellbogen, Vorderarme, Hände, Schenkel, Knie, Beine und Füße. Der Handwerker dachte nicht daran, die weibliche Form kenntlich zu machen, aber die Rüstungen von damals, die an der Brust stark gewölbt, eng in der Taille und mit abstehenden Platten an den Hüften, hergestellt wurden, glichen in ihrer zarten Grazie und seltsamen Schlankheit Rüstungen von Frauen und schienen für eine Königin Penthesilea oder für die Römerin Camilla geschaffen. Die Rüstung der Jungfrau war ein weißer Panzer, und, wie man nach dem mäßigen Preis von hundert Toursschen Pfund, die sie kostete, schließen kann, recht bescheiden. Die beiden Harnische Johanns von Metz und seines Gefährten, die zur gleichen Zeit von englischen Waffenschmieden geliefert wurden, waren zusammen hundertfünfundzwanzig Tourssche Pfunde wert. Mag sein, daß einer der geschickten und bekannten Tuchhändler von Tours dem jungen Mädchen eine Jacke oder einen weiten Überrock, diese Art Kasack aus Gewebe von Seide, Gold oder Silber anfertigte, die von den Hauptleuten über den Panzer gezogen wurden. Vorne geöffnet, um reichlich Luft durchzulassen, mußte sie mit Stickereien ausgezackt sein, die wild um den Ritter umherwehten. Johanna liebte schöne Röcke und noch mehr schöne Pferde. Der König bot ihr an, sich ein Pferd aus seinen Ställen zu nehmen. Wenn der Ausspruch eines bestimmten lateinischen Dichters nicht trügt, wählte sie ein der Herkunft nach berühmtes, aber sehr altes Tier. Auch das Pferd mußte seine Bekleidung erhalten. Scheuklappen, um den Kopf zu schützen, und einen jener ausgebauchten Holzsättel mit Sattelknopf, in welche die Ritter vollständig eingeschlossen waren. Das Schwert, das edelste Stück der Rüstung, deutlichstes Abbild der dem Mut gepaarten Kraft, wollte Johanna nicht vom königlichen Waffenschmied beziehen, sondern es von der heiligen Katharina selbst empfangen.

Bei ihrem Eintreffen in Frankreich hatte sie bei Fierbois haltgemacht. Die Jungfrau aus Alexandrien besaß dort viele Schwerter außer jenem, das ihr, wie man sagte, Karl Martell gespendet hatte und das aufzufinden nicht allzu leicht gewesen war. Die Hauptleute und Söldner auf seiten Frankreichs, eingedenk, daß die heilige Katharina ihnen gnädig gesonnen war, riefen bei Todesgefahr lieber sie als eine andere an. So glich die Kapelle dieser Heiligen einem Waffensaal; die Mauern waren ganz mit Eisen gespickt, und da die Gaben seit mehr als fünfzig Jahren, schon seit der Zeit Karls V., zuflossen, ist es möglich, daß die Sakristane die alten Waffen weghingen, um den neuen Platz zu machen und eine günstige Gelegenheit abzuwarten, jene zu verkaufen. Die heilige Katharina konnte einem jungen Mädchen, das sie so sehr liebte, daß sie täglich und zu jeder Stunde aus dem Paradies zu ihr herabstieg, ein Schwert nicht verweigern. Man muß nämlich wissen, daß die heilige Katharina, begleitet von der heiligen Margareta, sowohl in Chinon als in Tours nicht aufgehört hatten, Johanna aufzusuchen. Die Stimmen bezeichneten ihr ein besonderes Schwert unter allen jenen, die sich in der Kapelle von Fierbois befanden. Johanna bat in einem Brief um die ihr offenbarte Waffe. Man würde sie, schrieb sie, nicht weit vor oder hinter dem Altar vergraben finden. Dies waren zumindest alle Auskünfte, die sie später geben konnte; auch war sie nicht mehr imstande, sich zu entsinnen, ob es vor oder hinter dem Altar gewesen sei. Könnte sie dem Vorsteher der Kapelle einige Zeichen geben, an denen sie das Schwert zu erkennen vermochte? Sie selbst sprach sich niemals über diesen Punkt aus und ihr Brief ist verlorengegangen. Gewiß ist aber, daß sie dies Schwert in einer Erscheinung und nicht anders gesehen zu haben glaubte. Ein Waffenschmied aus Tours wurde beauftragt, den Brief nach Fierbois zu bringen. Die Vorsteher der Kapelle übersandten ihr ein Schwert mit fünf Kreuzen oder fünf kleinen Schwertern auf der Scheide nach dem Griff gezeichnet. Man weiß nicht, in welcher Gegend der Kapelle sie es gefunden hatten. Ein Zeitgenosse sagt, daß es in einer Kiste mit altem Eisen gewesen wäre. Sollte es versteckt oder vergraben gewesen sein, so war dies nicht sehr lange her. Denn es hatte genügt, es ein wenig zu reiben, um den Rost zu entfernen. Die Priester bemühten sich, es der Jungfrau mit Anstand überreichen zu lassen. Sie schlossen es in ein Futteral aus rotem, lilienbestreutem Samt, ehe sie es dem Schwertfeger übergaben, der es zu holen gekommen war. Als Johanna es erhielt, erkannte sie es als jenes, das sie in göttlicher Offenbarung erblickt und welches ihr die Stimmen verheißen hatten. Und sie verkündete dies der kleinen Gesellschaft von Mönchen und Soldaten ihrer Umgebung. Dies schien höchst bewunderungswürdig und als ein Zeichen des Sieges. Die Priester der Stadt spendeten, um das Schwert der heiligen Katharina noch besser zu beschützen, eine zweite Scheide aus schwarzem Tuch. Johanna ließ sich eine dritte aus sehr starkem Leder anfertigen. Die Geschichte dieses Schwertes verbreitete sich weithin und schwoll noch durch seltsame Fabeln an. Man sagte, daß dies das Schwert des großen Karl Martell sei, welches lange unter der Erde geschlummert hatte. Andere hielten es für das Alexanders und der Recken vergangener Zeiten. Jedoch die Engländer und Burgunder, die bald von der Sache Kunde erhielten, waren der Meinung, daß diese Jungfrau die bösen Geister befragt hatte, um das, was in der Erde verborgen war, sehen zu können, und verdächtigten sie, daß sie selbst hinterlistigerweise das Schwert an der von ihr bezeichneten Stelle vergraben hatte, um Prinzen, Geistliche und Volk damit anzuführen. Sie fragten sich angsterfüllt, ob jene fünf Kreuze nicht diabolische Zeichen wären. Auf diese Art begannen sich die entgegengesetzten Vorstellungen zu bilden, in denen Johanna bald als Hexe, bald als Heilige erschien.

Der König hatte ihr keinerlei Befehlshaberschaft anvertraut. Gemäß des Rates der Doktoren hinderte er sie nicht, mit ihren Waffenleuten nach Orléans zu ziehen, ja, er ließ sie in allen Ehren dahin geleiten, damit sie dort das verheißene Zeichen bewirke. Er gab ihr Leute bei, damit sie geführt werde, nicht aber, daß sie diese anführe. Wie hätte die Jungfrau sie auch führen können, da sie den Weg nicht kannte! Dennoch ließ sie eine Fahne nach dem Gebote der heiligen Frauen Katharina und Margareta anfertigen, die ihr gesagt hatten: »Nimm eine Fahne im Namen des Himmelskönigs!« Diese war aus weißem Stoff, einer Art Barchent oder Steifleinwand und mit Seidenborten besetzt. Nachdem sie den Vorschlag ihrer Stimmen gehört hatte, ließ Johanna das Banner von einem Maler der Stadt mit der Darstellung dessen bemalen, was sie die ›Welt‹ nannte, nämlich Gott auf dem Throne sitzend, wie er mit seiner rechten Hand Segen erteilt und in seiner linken die Erdkugel hält. Zu seiner Rechten befand sich ein Engel und zu seiner Linken ebenfalls, beide in der Art, wie man sie in den Kirchen sah, dem Herrn Lilien darreichend. Die Namen ›Jesus Maria‹ standen darüber geschrieben und die übrige Fahne war mit goldenen Lilienblüten verziert. Sie ließ sich auch Wappen malen: in einer blauen Scheibe schwebt eine silberne Taube, die in ihrem Schnabel eine Schleife hält, auf welcher man lesen konnte: Vom König des Himmels.

Die Fahne gilt als Zeichen der Versammlung. Lange hatten sie Könige, Kaiser, Feldherren allein erheben dürfen. Der oberste Landesherr ließ sie vor sich hertragen, die Vasallen vereinigten sich unter den Bannern ihrer Herren. Aber 1429 waren Banner nur bei den Brüderschaften, Vereinen oder Pfarren christlicher Gemeinden im Gebrauch und wurden nur von friedlichen Scharen mitgeführt. Und selbst wenn Johanna, wie es möglich ist, ihre Fahne zum Zeichen obersten Befehls trug und im Glauben, sie vom König des Himmels erhalten zu haben, im Sinne hatte, sie über alle andern zu erheben, war denn da irgend jemand im ganzen Königreiche, ihr diesen Rang streitig zu machen? Was war aus all den ritterlichen Standarten geworden, die achtzig Jahre lang in den vielen Unglückszügen an erster Stelle getragen worden waren? Weil alle diese Banner nicht geachtet wurden, weil zu Rouvray vor nicht zu langer Zeit ein Prinz königlichen Blutes schmählich in seiner Flucht die Fahnen der Edelleute hinter sich hergezogen, erhob sich nun das Banner der Bauernmagd.

ZEHNTES KAPITEL

Die Belagerung von Orléans vom 8. März bis zum 28. April 1429

Seit der schrecklichen und lächerlichen Niederlage der Königsmannen am Heringstage hatten die Bürger alles Vertrauen zu ihren Verteidigern eingebüßt. Ihre erregten, mißtrauischen und leichtgläubigen Gemüter waren die Beute aller nur möglichen Wahngebilde der Angst und des Zornes. Plötzlich hielten sie sich grundlos für verraten. Eines Tages erfuhr man, daß in der Gegend der Stadt, in der das Armenhaus längs der Mauer sich hinzog, ein Loch gebohrt worden war. Das Volk glaubte sich verraten, aufgegeben, geriet in Verzweiflung, brach in Geheul aus und suchte den Geistlichen des Armenhauses, um ihn in Stücke zu reißen. Wenige Tage später verbreitete sich ein düsteres Gerücht, Verräter wollten die Stadt den Engländern überliefern. Alles lief zu den Waffen. Wachen wurden auf die Befestigungen gestellt. Tagelang nachher herrschten noch Mißtrauen und Schrecken.

Anfang März sahen die Belagerten Vasallen der Normandie nahen, die der Regent aufgerufen hatte, aber sie waren nur zu sechsundzwanzigtägigem Dienst verpflichtet. In der Zwischenzeit setzten die Engländer, so gut sie konnten, ihr Befestigungswerk fort. Sie begannen ein Bollwerk zu errichten, das den Fluß überragte. Aber dies alles war demgegenüber gering, was ihnen noch zu tun blieb und wozu es ihnen an Hilfe gebrach. Sie hatten kaum dreitausend Mann rings um die Stadt. Sie überraschten die Bauern, die zur Zeit der Arbeit in den Weingärten und auf den Feldern daherkamen, und wenn man sie ergriffen hatte, stellte man sie zur Arbeit an. Die Belagerung kostete die Engländer monatlich vierzigtausend Tourssche Pfunde. Es mangelte an Geld. Man mußte zu den übelsten Mitteln greifen. König Heinrich hatte eben angeordnet, daß alle normannischen Offiziere ihm ein Viertel ihrer Gagen zu leihen hätten. In ihren Bretter- und Erdverschlägen begannen die Soldaten, nachdem sie Kälte gelitten, nun auch den Hunger zu spüren.

Ein weiteres Ungemach schwächte sie. Der Hauptmann und die beiden Stadträte, die als Boten zum Herzog von Burgund zogen, waren nun zurückgekehrt. Der Herzog hatte ihr Gesuch gut aufgenommen und eingewilligt, die Stadt unter seinen Schutz zu nehmen. Aber der Regent, dem das Angebot gemacht worden war, zeigte sich nicht gleicher Meinung. Er antwortete, daß es recht mißlich wäre, ein Nest zu erklettern, aus dem andere die Eier geholt hätten. So wurde das Angebot abgewiesen. Immerhin waren die Abgesandten nicht erfolglos zurückgekehrt, denn es bedeutete nicht wenig, zwischen dem Herzog und dem Regenten einen neuen Zwist geschaffen zu haben. Die Gesandten kehrten mit einem burgundischen Herold zurück, der auch über die englischen Feldlager seine Trompete erklingen ließ und seitens seines Gebieters jedem Kämpfer, der Untertan des Herzogs war, befahl, die Belagerung aufzuheben. Sogleich zogen die Leute aus Burgund, der Picardie und der Champagne, einige hundert Krieger und Schützen, ab. Am folgenden Morgen glaubten die Bürger die Gelegenheit günstig und griffen das englische Feldlager Sankt-Lorenz an, töteten einen Teil der Wache und drangen in die Einfriedung, wo sie Silbergeräte und Kleider aus Marderfell und viele Waffen fanden. Sie waren so vertieft im Plündern, daß sie sich nicht schützten und durch die in großen Mengen herbeistürzenden Feinde überrascht wurden. Von den Engländern verfolgt flohen sie, und viele von ihnen wurden getötet. An diesem Tage war die Stadt erfüllt vom Wehklagen der Frauen, die Väter, Gatten, Brüder oder Verwandte beweinten. Vierzigtausend Mann waren hier eingeschlossen, auf einem Platz angehäuft, der nur für fünfzehntausend Raum hatte, ein ganzes Volk, das von Leid erschüttert, durch Familientrauer verdüstert, von Angst durchwühlt und von unaufhörlichen

Gefahren und fortwährendem Alarm wie von Sinnen war. Wenn auch die Kriege damals nicht so mörderisch waren, wie sie sich später gestalteten, erfuhren doch die Bewohner von Orléans bei ihren Ausfällen häufige und grausame Verluste.

Jeder Mensch in der Christenheit war darüber unterrichtet, daß die menschlichen Verbrechen Erdbeben, Kriege, Hungersnot und Pest über die Welt beschworen. Auch der schöne Herzog Karl war der Meinung wie jeder gute Christ, daß Frankreich mit so großen Leiden seiner Sünden wegen geschlagen worden war, die da waren: Eitelkeit, Faulheit, Neid, Hinwegsetzung über die Gerechtigkeit, Wollust, deren das Reich voll war.

Die Bewohner von Orléans glaubten fest daran, daß Gott ihnen diesen Krieg gesandt hatte, um die Sünden, die seine Geduld erschöpft hatten, zu bestrafen. So wie es die predigenden Mönche lehrten und Herzog Karl es in seiner Ballade verkündet hatte, gab es nur ein Mittel: gute Lebensführung, Buße, Messen lesen zu lassen, das sündige Leben aufzugeben und von Unserer Frau und den Heiligen Vergebung zu verlangen. Diese Mittel hatten die Bewohner von Orléans angewandt. Aber sie rechneten nicht darauf, daß ihre Gebete sogleich erhört würden.

Der edle Herr von Villars und der gnädige Herr Jamet du Tillay, die aus Chinon zurückgekehrt waren, berichteten, daß sie mit eigenen Augen die Jungfrau gesehen, und erzählten von den Wundern, die sich an ihr Kommen knüpften: wie sie so weiten Weges hergezogen war, angeschwollene Flüsse durchwatet, viele Städte und Dörfer der Engländer durchwandert und wie sie, vor den König geführt, in schöner Rede und Verbeugung zu ihm gesagt hatte: »Lieber Dauphin, Gott schickt mich, Euch zu helfen und Euch beizustehn; ich werde der Belagerung Orléans ein Ende setzen und Euch dann nach Reims zur Krönung führen, wie Gott es mir anbefohlen hat.« Sie rühmten ihre Frömmigkeit, ihr offenherziges Wesen, diese Schlichtheit, in der Gott sichtlich aus ihr sprach, und diese Gewandtheit, ein Pferd zu lenken und mit Waffen umzugehen, worüber jedermann in helles Erstaunen geriet.

Sie wäre sodann nach Poitiers geführt, von Doktoren und erprobten Meistern ausgefragt worden und hätte ihnen ebenso befriedigend geantwortet wie die heilige Katharina den Doktoren von Alexandrien. Der König setzte in Anbetracht ihrer Worte und der Festigkeit ihrer Versprechungen Vertrauen in sie, ließ sie bewaffnen, damit sie nach Orléans zöge, wo man ihrer bald ansichtig werden würde, auf weißem Pferde, an ihrer Seite das Schwert der heiligen Katharina, in der Hand die Fahne, die sie vom König des Himmels erhalten hatte. Die Berichte über Johanna erschienen den Kirchenmännern wunderbar, aber nicht unglaublich, da sie in der Heiligen Geschichte, die für sie Geschichte schlechtweg bedeutete, Beispiele dafür fanden; die Schriftkundigen sahen sich vermöge ihres Wissens eher geneigt, zu zweifeln und zu glauben, als zu verneinen. Die Einfältigen aber schöpften aus diesen Dingen aufrichtigste Bewunderung. Unter den Hauptleuten und selbst im Volke gab es einige, die behaupteten, daß dies der reinste Hohn wäre, aber sie liefen Gefahr, mißhandelt zu werden. Die Bewohner Orléans glaubten an die Jungfrau wie an den Heiland, sie erwarteten von ihr Hilfe und Befreiung, sie riefen sie in einer Art religiöser Begeisterung und mystischem Wahn an. Das Fieber der Belagerung war ein Fiebern nach der Jungfrau geworden.

Dennoch bewies die Art, mit der sie von den Leuten des Königs in Szene gesetzt wurde, daß man, dem Rate der Theologen folgend, nicht die Hilfsmittel vermissen mochte, die kluge Voraussicht empfahl. Sie sollte in die Stadt mit einem Transport von Lebensmitteln und Munition einziehen, der eben in Blois auf Befehl des Königs und durch die Bemühungen der Königin von Sizilien vorbereitet wurde. In allen treuen Provinzen strebte man, der mutigen Stadt beizustehen und sie zu befreien. Die Räte des Königs und insbesondere der hochwürdige Regnault von Chartres, Kanzler des Königreiches, stellten ein neues Heer auf. Die Königin von

Sizilien, Herzogin der Touraine und von Anjou, half dabei bereitwilligst. Wenn Orléans eingenommen würde, liefe sie Gefahr, die ihr sehr teuren Landgüter zu verlieren. So geizte sie denn weder mit Geld noch mit Menschen und Lebensmitteln.

Ende März begaben sich der Bastard und die Hauptleute der französischen Garnisonen von der Beauce und vom Gatinais in die Stadt, um das Heer von Blois zu verstärken, dessen Ankunft angekündigt war.

Was würde nun mit Orléans geschehen? Die schlecht angelegte Befestigung bereitete den Engländern die grausamsten Enttäuschungen. Ihre Hauptleute wurden überdies gewahr, daß sie die Stadt vermittels dieser Befestigungen, zwischen denen alles durchging, Soldaten, Lebensmittel und Waffen, nicht vernichten würden, ebensowenig mit einem Heer, das im Kot der Unterstände versank und das durch Krankheiten und Waffenflucht zu dreitausend, höchstens dreitausendzweihundert Mann herabgesunken war. Sie hatten fast alle ihre Pferde verloren. Weit entfernt, den Angriff fortsetzen zu können, waren sie nicht mehr imstande, sich in ihren unglückseligen Holztürmen zu verteidigen, die, wie im Jouvencel zu lesen war, den Belagerten von größerem Vorteil waren als den Belagerern. All ihr ungewisses und fernes Hoffen ruhte in der Hilfsarmee, die der Regent zu Paris mit großer Mühe bildete. Indessen wurde den Belagerten die Zeit lange. Die Kriegsleute, die Orléans verteidigten, waren zwar tapfer, aber nun mit allen ihren Einfällen zu Ende und ratlos, was zu beginnen wäre; die Bürger standen trefflich Wache, ungedeckt hielten sie nur mäßig stand. Sie ahnten nicht, in welch elendem Zustande sich die Belagerer befanden. Das Fieber der Angst und Unruhe, die Entbehrungen und die schlechte Luft schwächten sie. Es mangelte ihnen an Ruhe und kaltem Blut, um die außerordentlichen Vorteile ihrer Lage zu erkennen; die Stadt behielt ihre Verbindung nach außen und konnte sich verpflegen und unbeschränkt verstärken. Überdies stand die Ankunft eines Hilfsheeres, das einen guten Vorsprung vor jenem der Engländer hatte, nahe bevor und führte ihnen reichlich Vieh, Krieger und Munition herbei, um in wenigen Tagen die Festungen der Engländer hinwegzufegen.

Mit dieser Armee sandte der König die verheißene Jungfrau.

ELFTES KAPITEL

Die Jungfrau in Blois. Der Brief an die Engländer. Der Aufbruch nach Orléans

Mit ihrem Gefolge von Söldnern und Bettlern traf die Jungfrau gleichzeitig mit Hochwürden Regnault von Chartres und dem Edlen von Gaucourt, Statthalter von Orléans, ein. Die Stadt war in den Ländereien des Prinzen gelegen, dessen Befreiung ihr so sehr am Herzen lag; die Leute von Blois waren Herzog Karl, dem Gefangenen der Engländer, untertan. Kaufleute führten Ochsen, Kühe, Schafe, Lämmer und Schweine in Überfluß herbei, sowie auch Korn, Pulver und Waffen. Die Königin von Sizilien hatte sich nach Blois begeben. Der König, der sich zu jener Zeit selten an sie wandte, sandte ihr dennoch den Herzog von Alençon, damit dieser sich mit ihr über den Hilfszug ins Einvernehmen setze. Der Edle de Rais, ein Junker von vierundzwanzig Jahren, war gleichfalls eingetroffen; freigebig und prachtliebend, führte er ein treffliches Waffengefolge mit sich, wie auch die Orgeln seiner Kapelle, die kleinen Sängerknaben des Kirchenchores und der Singschulen. Marschall von Boussac und Hauptmann La Hire trafen von Orléans ein. Eine Armee von siebentausend Mann wurde in den Mauern der Stadt vereinigt. Um loszuziehen, bedurfte es nur mehr des für die Bezahlung der Lebensmittel und die Besoldung der Truppen nötigen Geldes. Hauptleute und Söldner dienten nicht auf Kredit, und was die Kaufleute betraf, so setzten sie den Verlust ihrer Ware und ihres Lebens nur gegen klingende Münze aufs Spiel. Wenn kein Bargeld da war, setzte sich kein Vieh und kein Karren in Bewegung.

Im Monat März hatte Johanna einem der Geistlichen in

Poitiers einen kurzen Aufruf an die Engländer diktiert; sie erweiterte ihn zu einem Brief, den sie einigen ihrer Gefolgsleute zeigte und den sie sodann durch einen Herold in das Lager von Sankt Lorenz sandte. Dieser Brief war an König Heinrich, an den Regenten und an die drei Hauptleute, die seit dem Tode Salisburys die Belagerung leiteten, Scales, Suffolk und Talbot, gerichtet. Der Inhalt lautete folgendermaßen:

† JHESUS MARIA

König von England und Ihr, Herzog von Bedford, die Ihr Euch nennet Verweser des Königreiches Frankreich, Ihr, Wilhelm de la Poule, Graf von Suffolk, Ihr, Johann Herr von Talbot und Ihr, Thomas von Scales, die Ihr Euch nennet Statthalter des Herzogs von Bedford, gebet dem Himmelskönig sein Recht und stattet zurück an die Jungfrau, die vom Himmelskönig hergesandt ist, die Schlüssel all der guten Städte, die Ihr in Frankreich eingenommen und überwältigt habt. Sie ist hergekommen, von Gott aus, um das königliche Geblüt wieder aufzurichten. Sie ist bereit zum Frieden, wenn Ihr wollt ihr Gerechtigkeit widerfahren lassen, von Frankreich abstehet und dafür bezahlet, daß Ihr es innehattet. Und Ihr alle, Bogenschützen, Kriegsleute, Edle und Gemeine, die Ihr vor der Stadt Orléans liegt, ziehet ab in Eure Heimat. Und tut Ihr nicht also, so werdet Ihr bald wieder von der Jungfrau hören, die Euch zu Eurem großen Schaden heimsuchen wird. König von England, tut Ihr nicht also, werde ich, Haupt des Krieges, an welchem Orte Frankreichs ich Eure Leute erreiche, sie davonjagen; es sei ihnen lieb oder leid. Und wollen sie nicht folgen, werde ich sie alle verderben. Ich bin hierhergesandt von Gott, dem König des Himmels, Euch Leib gegen Leib aus ganz Frankreich zu vertreiben. Und wenn sie gehorchen wollen, werde ich sie begnadigen. Und tragt nicht den Glauben, daß Gott, der König des Himmels, der Sohn der heiligen Maria, Euch das Königreich Frankreich belassen werde, denn König Karl, der wahre Erbe, soll es behalten, weil Gott, der König des Himmels, es also will und ihm durch die Jungfrau verkündet hat, und so wird er mit gutem Gefolge in Paris einziehen. Wollt Ihr die Kunde von Gott und der Jungfrau nicht glauben, so werden wir Euch, an welchem Orte wir Euch auffinden, mit Waffengewalt treffen und werden wir dort ein so großes Geschrei anheben, wie es in tausend Jahren in Frankreich nicht also gehört wurde, wenn Ihr nicht Gerechtigkeit widerfahren lasset. Und seid gewiß, daß der König des Himmels der Jungfrau mehr Kraft schicken wird, als Ihr von allen Euren Belagerungen gegen sie führen könnt, gegen sie und ihre guten Kriegsgenossen. Und wenn die guten Faustschläge fallen werden, wird man sehen, wem Gott mehr Recht schenkt. Euch, Herzog zu Bedford, bittet die Jungfrau und verlangt von Euch, daß Ihr Euch mitnichten wollet verderben lassen. Wenn Ihr der Jungfrau Recht widerfahren lasset, könnt Ihr Euch ihr zugesellen, wonach die Franzosen dann die schönste Waffenfahrt tun werden, die je für die Christenheit geschehen ist. Wollt Ihr Frieden machen, so weicht der Jungfrau in der Stadt Orléans, und tut Ihr nicht also, so seid Eures großen Schadens in kurzer Frist eingedenk. – Geschrieben am Dienstag in der heiligen Woche.

Dies ist der Inhalt dieses Briefes, der einen neuen Ton anschlägt und das Reich für Jesus Christus in Anspruch nimmt, den Heiligen Krieg ansagt. Es ist schwer zu erkennen, ob Johanna ihn aus eigener Eingebung oder auf den Rat der Geistlichen diktierte. Man wäre anfangs geneigt, einem Geistlichen den ursprünglichen Gedanken eines Aufrufes zuzuschreiben, der eine wörtliche Anwendung der Vorschriften enthält, die man in dem Deuteronomium, dem fünften Buch Mose, findet.

Es steht indes fest, daß die Jungfrau hier ebenso ihre eigenen Gefühle aussprach. Später wird man sie sagen hören: »Ich forderte den Frieden, und wenn man ihn mir weigerte, war ich bereit zu kämpfen.« Aber da sie, als sie den Brief diktierte, ihn nicht zu lesen vermochte, ist Grund vorhanden, danach zu forschen, ob nicht jene, die die Feder führten, Eigenes hinzufügten. Man kann eine geistliche Hand an zwei oder drei Stellen verspüren. Sie aber erklärte, daß sie nicht gesagt hätte: »Ich bin Haupt des Krieges«, und daß sie diktiert hatte: »Stattet zurück an Gott« und nicht: »Stattet zurück an die Jungfrau.« Vielleicht täuschte sie ihr Gedächtnis, das nicht immer gut war. Diese Wandermönche wollten sicherlich das Wohl Frankreichs. Aber bestimmt ersehnten sie noch herzhafter das Wohl der Christenheit, und wir werden sehen, daß, wenn diese Bettelmönche, Bruder Pasquerel und später Bruder Richard, sich der Jungfrau anschlossen, es in der Hoffnung geschah, sie zum Vorteil der Kirche zu verwenden. Also würde es nicht erstaunlich sein, daß sie zu Anbeginn bemüht waren, sie als Haupt des Krieges zu erklären und ihr eine den zeitlichen Befugnissen des Königs übergeordnete geistliche Macht übertrugen, was aus folgendem Satz hervorgeht: »Stattet zurück an die Jungfrau ... die Schlüssel der guten Städte.« Dieser Brief selbst weist auf eine der Hoffnungen, die sie unter anderem auf sie setzten. Sie rechneten darauf, daß sie, nachdem sie ihre Mission in Frankreich erfüllt haben würde, das Kreuz ergreifen und auf die Eroberung Jerusalems ausgehen würde, indem sie alle Armeen des christlichen Europas nach sich zöge.

Zu dieser Zeit eben predigte in Paris ein Schüler des Bernhard von Siena, ein eben von Syrien zurückgekehrter Franziskaner, Bruder Richard, der bald darauf der Jungfrau begegnen sollte, und kündigte das nahe Ende der Welt an, indem er die Frommen ermahnte, den Antichrist zu bekämpfen. Man erinnere sich, daß die Türken, die die christlichen Ritter in Nicopolis und Semendria besiegt hatten, Konstantinopel bedrohten und ganz Europa in Schrecken setzten. Päpste, Kaiser und Könige fühlten die Notwendigkeit, gegen sie mit großer Kraftanstrengung vorzugehen.

In England erzählte man sich, daß König Heinrich V. mit Katharina von Frankreich zwischen Saint-Denys und Saint-Georges einen halb englischen, halb französischen Knaben gezeugt hatte, der bis nach Ägypten ziehen würde, um den

Sultan am Bart zu ziehen. Dieser siegreiche Heinrich V. hörte an seinem Sterbebett die Mönche Bußpsalmen hersagen, und als sie zu folgendem Vers kamen: *Benigne fac Domine in bona voluntate tua, ut aedificentur muri Jerusalem,* murmelte er mit verlöschender Stimme: »Ich habe immer im Sinn gehabt, nach Syrien zu gehen und den Heiden die Heilige Stadt zu entreißen.« Dies waren seine letzten Worte. Weise Männer empfahlen die Vereinigung der christlichen Prinzen gegen den Halbmond. Die Engländer und Franzosen zu einem gemeinsamen Kreuzzug aufzurufen, würde bedeutet haben, daß nach einundneunzig Jahren der Gewalt und der Verbrechen das Zeitalter der profanen Kriege zu Ende war und die Christenheit sich so wie in den Tagen des Philipp von Valois und Eduard Plantagenet vereinigte, die dem Papst versprochen hatten, sich gegen die Heiden zusammenzutun.

Man kann sich leicht vorstellen, wie die Godons aber die fromme Aufforderung der Jungfrau, sich den Franzosen bei einem heiligen und kriegerischen Unternehmen anzuschließen, hingenommen hätten. Und die Franzosen ihrerseits dachten zur Zeit der Belagerung von Orléans aus begreiflichen Gründen nicht daran, mit den ›Geschwänzten‹ das Kreuz zu ergreifen.

Der Stil des Briefes fand bei den Kennern keinen besonderen Beifall. Der Bastard von Orléans hielt die Worte für recht gewöhnlich, und einige Jahre später äußerte ein französischer Rechtsgelehrter die Ansicht, daß er in schwerfälliger und schlechtgefügter Sprache abgefaßt sei. Wir können nicht den Anspruch erheben, besser darüber urteilen zu können als der Rechtsgelehrte und der schriftkundige Bastard; aber man findet keine Ausdrücke und Wendungen darin, denen man nicht auch bei den guten Schriftstellern jener Zeit begegnet. Es mag sein, daß die Worte nicht sehr gut aneinandergefügt sind, aber der Ton ist ein lebendiger. Im übrigen verrät hier nichts die Gegend der Maas; es findet sich keinerlei Spur der Mundart aus dem Lothringischen oder aus der Champagne. Es ist Mönchsfranzösisch.

Während Isabella aus Vouthon auf Pilgerfahrt nach Puy

gewandert war, hatten ihre zwei jüngsten Kinder, Johann und Peter, gleichfalls den Weg nach Frankreich eingeschlagen, ihrer Schwester zu folgen mit der Absicht, in ihrer und des Königs Nähe ihr Glück zu versuchen. Desgleichen begab sich Bruder Nikolaus aus Vouthon, der Vetter Johannas, Klosterbruder in der Abtei von Cheminon, zu der jungen Gläubigen. Um solchermaßen all diese Verwandten nach sich zu ziehen, ohne noch ein Zeichen ihrer Macht geliefert zu haben, mußte Johanna wohl am Ufer der Maas Bürgen gehabt haben, angesehene geistliche Persönlichkeiten und bekannte lothringische Edelleute, die für ihren Kredit in Frankreich gutstanden. Zweifellos fand sie diese Gewährsleute ihrer Mission unter jenen, die sie eingedrillt und durch ihre prophetische Gabe in Szene gesetzt hatten. Und vielleicht war Bruder Nikolaus aus Vouthon selber einer von ihnen.

Da sie in der Armee den Stand einer heiligen Jungfrau innehatte, war ihr ein Kaplan, Bruder Johann Pasquerel, beigegeben; außerdem zwei Pagen, Louis von Coutes und Raymond, ihre beiden Brüder Peter und Johann, zwei Herolde, zwei Ritter, Johann von Metz und Bertram von Poulengy. Johann von Metz streckte auf Kosten der Krone die Ausgaben vor. Auch hatte sie einige Knechte zu ihren Diensten. Ein Ritter namens Johann von Aulon, den der König ihr zum Intendanten gegeben hatte, schloß sich ihr in Blois an. Er war einer der ärmsten Ritter des Königreiches, besaß aber den Ruf der Ehrenhaftigkeit und Klugheit.

Johanna führte die Niederlagen der Franzosen auf den Umstand zurück, daß sie mit schlechten Frauen ritten und den heiligen Namen Gottes lästerten. Diese Meinung war ihr nicht allein eigen, sondern herrschte allgemein unter den Leuten von Anstand und Frömmigkeit, die hauptsächlich die Niederlage von Nicopolis dadurch verursacht sahen, daß die Christen am Wege dahin Grausamkeiten begangen, Dirnen mit sich geführt und liederlichem Spiele sich ergeben hatten. Der Dauphin hatte bei mehreren Anlässen das Fluchen und Schimpfen und Lästern des Namens Gottes, der Jungfrau Maria und der Heiligen unter Androhung einer Buße verboten, der in bestimmten Fällen auch körperliche Züchtigung folgen konnte. Die Erlässe beriefen sich darauf, daß Gotteslästerung Kriege, Pest und Hungersnot heraufbeschwörten und die Lästerer teilweise für die Leiden, die das Reich zu erdulden hatte, verantwortlich seien. So ging denn auch die Jungfrau unter den Kriegsleuten umher und ermahnte sie, die Frauen, die dem Heere folgten, davonzujagen und den Namen Gottes nicht eitel auszusprechen.

Johanna trug ihre Fahne zur Erlöserkirche und gab sie den Priestern zur Weihe. Die kleine Brüderschaft, die sich aus Priestern Tours' gebildet hatte, wurde in Blois durch Geistliche und Mönche bedeutend vergrößert, die massenhaft beim Nahen der Engländer aus den benachbarten Abteien geflohen waren und Hunger und Kälte litten. Unausgesetzt ließen sich Schwärme von Mönchen auf die Armeen nieder. Viele Kirchen und die meisten Abteien waren elend zerstört. Jene Abteien der Bettelmönche, die außerhalb der Stadt lagen, waren alle zugrunde gegangen, teils von den Engländern geplündert oder in Brand gesteckt, teils von den Bewohnern der Städte mit den ganzen Vororten wegen Belagerungsgefahr niedergerissen. Die obdachlosen Mönche fanden in den geizigen Städten keine Zuflucht. Sie mußten sich mit den Kriegsleuten auf den Feldern herumschlagen und dem Heere folgen, worunter die Ordensregel litt und die Frömmigkeit keineswegs zunahm. Diese hungrigen und landstreicherischen Kleriker führten unter den Kriegsknechten, Dirnen und Mitläufern kein sehr erbauliches Leben. Wahrscheinlich waren jene, die die Jungfrau begleiteten, nicht besser und nicht schlechter als die andern, und da sie ausgehungert waren, dachten sie vorerst nur ans Essen. Was das heilige Mädchen betraf, das solchermaßen diesem Schwarm von Vagabunden zugesellt war, so lagen den Soldaten alle anderen Gefühle näher als jenes des Erstaunens, so sehr waren sie gewohnt, Geistliche und Nonnen in ihrer Gesellschaft zu sehen. Allerdings verkündete diese hier Wunder. Einige glaubten ihr, andere machten sich lustig und äußerten ganz laut: »Da haben wir mal einen tapfern Anführer und Hauptmann, um das Königreich Frankreich zurückzuerobern.«

Die Jungfrau ließ ein Banner anfertigen, unter dem die Geistlichen sich sammeln und die Kriegsleute zum Gebet herbeirufen konnten. Dieses Banner war weiß und Jesus Christus am Kreuz war zwischen der Mutter Gottes und dem heiligen Johannes darauf sichtbar.

Der Herzog von Alençon kehrte zum König zurück, um ihm über die Notlage, in der man sich befand, Bericht zu erstatten. Der König sandte die nötigen Summen; man konnte endlich abziehen. Zwei Straßen, beide vom Feinde unbehindert, die eine auf dem rechten Ufer, die andere auf dem linken Ufer der Loire, führten nach Orléans. Wenn man sich am rechten Ufer hielt, gelangte man nach einer Strecke von fünf oder sechs Meilen in die Ebene von Beauce, welche von den Engländern besetzt war, und man lief Gefahr, auf das Heer zu stoßen, das den Engländern vor Orléans zu Hilfe kommen sollte. Eine solche Begegnung flößte seit dem Heringstage Furcht ein. Zog man aber am rechten Ufer entlang, so rückte man an der Sologne vor, die noch unter der Macht König Karls verblieben war. Entfernte man sich ein wenig vom Flusse, so konnte man außer Sicht der kleinen englischen Garnisonen verbleiben. Allerdings mußte man dann die Loire übersetzen; aber zwei Meilen weit, den Fluß aufwärts, ostwärts der belagerten Stadt, würde man ohne größere Zwischenfälle den Übergang wagen können. Nach reiflicher Überlegung wurde beschlossen, daß man sich an das rechte Ufer halten wollte. Am 27. April fand der Abmarsch statt. Die Priester mit vorangetragener Fahne eröffneten den Zug, indem sie das *Veni creator spiritus* sangen. Die Jungfrau ritt in weißer Rüstung, ihr Banner tragend, unter ihnen. Es folgten die Waffenleute und der Troß, der sechshundert Wagen mit Lebensmitteln und Waffen und vierhundert Stück Vieh mit sich führte. Der lange Zug der Lanzenträger, die Karren und die Herden überschritten die Brücke von Blois, schlängelten sich in die unendliche Ebene hin. Nachdem sie acht Meilen auf unterwaschenen Straßen zurückgelegt hatten, sangen die Priester zur Stunde der Vesper *Gabriel angelus*. Die Loire leuchtete im Glanze der untergehenden Sonne zwischen ihren tiefschwarzen Ginstersträuchern wie Kupfer auf, und der Heereszug machte halt. Man schlief in dieser Nacht im Felde. Johanna, die sich von ihrer Rüstung nicht trennen konnte, erwachte mit schmerzenden Gliedern. Sie hörte die Messe und nahm aus der Hand ihres Feldkaplans mit mehreren Kriegsleuten die Kommunion; dann brach das Heer gegen Orléans auf.

ZWÖLFTES KAPITEL

Die Jungfrau in Orléans

Am Abend des 28. April konnte Johanna von der Höhe von Olivet die Türme der Stadt erblicken, von welchen aus die Wächter ihr Kommen verkündeten. Da bemerkte die Jungfrau, daß sie sich an dem Ufer der Sologne befand und daß man sie über den Weg getäuscht hatte. Sie empfand darob Schmerz und Zorn. Man hatte sie irregeführt, dies war gewiß. War es aber mit Absicht geschehen? War das möglich? Warum sollten die Herren auf diese Art ein frommes Mädchen, das der König unter ihren Schutz gestellt hatte und schon fast allen von ihnen Ehrfurcht einflößte, betrogen haben? Wie konnte Bruder Pasquerel, ihr Kaplan, wie ihr Intendant, der ehrsame Ritter von Aulon, bei diesem groben Scherz ihre Hand im Spiele haben? All dies ist unverständlich und, bedenkt man es, am unverständlichsten, daß Johanna ausdrücklich verlangt hatte, daß man durch die Ebene der Beauce nach Orléans zöge. Johanna machte sich über Orléans keine klarere Vorstellung als über Babylon, und es ist wahrscheinlich, daß hier ein Mißverständnis vorliegt. Sie hatte weder von der Sologne noch von der Beauce gesprochen. Ihre Stimmen hatten ihr gesagt, daß die Engländer sich nicht vom Platze rühren würden, hatten ihr aber weder das Bild der Stadt gezeigt, noch Pläne oder Landkarten ausgehändigt; die Kriegsleute hatten damals keine im Gebrauch. Wahrscheinlich hatte Johanna den Hauptleuten und Priestern gesagt, was sie bald darauf dem Bastard wiederholen würde: »Ich will dorthin, wo Talbot und die Engländer sind.« Und die Soldaten und Priester hatten ihr höchst aufrichtig geantwortet: »Johanna, wir gehen dorthin, wo Talbot und die Engländer sind.« Jetzt aber, wo sie sich durch Wasser und Sand des Flusses von der Stadt getrennt sah, war sie verärgert und gekränkt. Was mochte sie daran mißlich finden? Jene, die sich ihr in diesem Augenblicke näherten, konnten es nicht herausfinden, und vielleicht wurden ihre Beweggründe deshalb mißverstanden, weil sie geistlicher und mystischer Natur waren. Sicherlich glaubte sie nicht, daß man einen militärischen Fehler begangen hatte, indem man die Truppen und Lebensmittel längs der Sologne herangeführt hatte. Sie kannte ja die Wege nicht. Dennoch mußte sie einen ernsten Grund zur Beschwerde haben, denn sie näherte sich dem edlen Bastard und wandte sich sehr lebhaft an ihn: »Seid Ihr der Bastard von Orléans?« – »Ja«, erwiderte er, »ich bin es und bin Eures Kommens froh.« – »Seid Ihr es, der den Rat gegeben, daß ich auf dieser Seite des Flusses kommen und nicht auf der Seite, wo Talbot und die Engländer stehen?« – »Ja, ich und noch Klügere haben dies beschlossen, weil wir dies für das beste und sicherste hielten.« Dagegen Johanna: »Im Namen Gottes! Der Rat des Herrn ist sicherer und klüger als der Eure. Ihr habt gedacht, mich zu täuschen, und habt Euch selbst getäuscht, denn ich bringe Euch die beste Hilfe, die je Ritter oder Stadt gewann, denn selbige Hilfe kommt von Gott selber und wahrlich nicht um meinetwillen, sondern auf die Fürbitte des heiligen Ludwig und des heiligen Karl des Großen, die Erbarmen hatten mit der Stadt Orléans und nicht dulden wollten, daß die Feinde des Herzogs von Orléans seinen Leib und seine Stadt zugleich hätten.« Man verstehe, daß sie erbost war, daß man sie nicht geradewegs vor Talbot und die Engländer geführt hatte. Worin bestand nun ihr Gedanke? Es ist nicht unmöglich, ihm auf den Grund zu kommen, wenn man erwägt, welche Richtung in diesem Augenblick das Denken einer Heiligen nehmen konnte, oder sich auch nur der Worte und Handlungen entsinnt, vermittels welcher Johanna ihre Mission ankündigte und vorbereitete. Hatte sie doch zu den Doktoren von Poitiers gesprochen: »Die Belagerung von Orléans wird aufgehoben und die Stadt von ihren Feinden befreit werden, nachdem ich von seiten des Himmelskönigs eine Mahnung an sie gerichtet haben werde.« Sie hatte nun von Gottes wegen Scales, Suffolk und Talbot aufgefordert, von der Belagerung abzulassen, sie hatte ihnen geschrieben, daß sie bereit war, Frieden zu schließen und ihnen zugerufen, nach England zurückzukehren. Nun verlangte sie Antwort von Talbot, Suffolk und Scales. Nachdem die Engländer ihren Herold nicht zurückgesandt hatten, nahte sie ihren Feldherren wie ein Herold Gottes. Sie kam mit der Forderung, Frieden zu schließen, und wenn man das nicht wollte, sei sie bereit zu kämpfen. Nur nach ihrer Weigerung würde sie des Sieges gewiß sein, nicht aus menschlichen Gründen, aber weil ihr Rat es ihr verheißen hatte. Vielleicht hoffte Johanna sogar, daß sie die Engländer überzeugen konnte, Frankreich zu verlassen, wenn sie sich mit der Fahne der heiligen Frau Katharina und der heiligen Frau Margareta und dem hochwürdigen, heiligen Erzengel Michael in der Hand zeigen würde, und daß Talbot, auf die Knie sinkend, gehorchen würde; allerdings nicht ihr, aber jenem, der sie gesandt hatte, so daß sie auf diese Art ihre Sendung vollbringen konnte, ohne einen Tropfen des ihr teuren französischen Blutes zu vergießen, und ohne daß die Engländer, die ihr leid taten, Leib und Seele verloren. Auf alle Fälle mußte man Gott gehorchen und Barmherzigkeit üben; daran hing der Sieg. Und nun entrissen ihr die Befehlshaber ihrer Partei durch falsche Vorsicht diesen frommen Sieg, den sie brachte – diesen heiligen Sieg. Sie hinderten sie, ihre Mission zu erfüllen, vielleicht das verheißene Zeichen zu geben, und rissen sie mit sich in weniger sichere, weniger edle Unternehmungen. Daher ihr Schmerz und ihr Zorn. Aber selbst nach der Enttäuschung dieses Anbeginns hielt sie sich nicht der Aufgabe enthoben, den Feinden Frieden anzubieten, Gott zum Wohlgefallen. Und da sie sich nicht sogleich dem Feldlager Talbots nähern konnte, wollte sie sich der Wache von Saint-Jean-le-Blanc zeigen. Aber es war niemand mehr hinter den Verschanzungen. Wenn sie hier Feinde vorgefunden hätte, würde sie ihnen den Frieden angeboten haben. Das Verhalten, das sie später in der Stadt zeigte, bietet dafür sicheren Beweis. Sie kam nicht, um den Bewohnern von Orléans Schlachtpläne und Kriegslist zu bringen; ihr Teil an dem Befreiungswerk war ein erhabenerer und reinerer. Sie brachte den schwachen, unglücklichen, selbstsüchtigen und leidenden Menschen die unbesiegbaren Kräfte der Liebe und des Glaubens, die Heilkraft der Opferbereitschaft. Der edle Herr Bastard, der die Mission Johannas als eine rein religiöse auffaßte und sehr erstaunt gewesen wäre, wenn man ihm zugemutet hätte, diese Bäuerin in Kriegsdingen um Rat zu fragen, gab sich den Anschein, die Vorwürfe, die sie an ihn richtete, nicht zu hören, und entfernte sich, die Ausführung der gefaßten Pläne zu überwachen. Alles war sorgfältig abgekartet und vorbereitet worden, als sich plötzlich ein Hindernis einstellte; die Lastschiffe, die die Belagerten nach Chécy senden sollten, um die Lebensmittel zu verstauen, waren noch nicht gelandet. Es waren dies Segelschiffe, und da der Wind gegen den Strom blies, konnten sie nicht abfahren. Man wußte nicht, ob sie bald dazu imstande sein würden, und die Zeit war kostbar. Johanna sagte allen, die sich beunruhigten, mit vollem Vertrauen: »Wartet ein wenig, denn, im Namen Gottes, es wird alles in die Stadt eingebracht werden.«

Und sie hatte recht. Der Wind drehte sich, man takelte die Segel auf, und die Schiffe fuhren flußaufwärts, von einer Brise, die sie von rückwärts antrieb, genügend vorwärts gestoßen, daß ein Schiff zwei oder drei andere ins Schlepptau nehmen konnte. Sie kamen ohne Unfall vor der Festung Saint-Loup an. Der Herr Bastard stieg mit Nikolaus von Giresme, dem Großprediger von Frankreich, in eines der Schiffe, und die Flotte landete im Hafen von Chécy.

Die Edelleute, die den Transport geführt hatten, beschlossen, daß sogleich ausgeladen werde, und daß das Heer nach Blois zurückkehren solle, um die noch dort verbliebenen Lebensmittel und Munition zu holen; man hatte nicht alles auf einmal befördert. Als Johanna erfuhr, daß die Soldaten, mit denen sie gekommen war, sich entfernten, wollte sie, so sehr sie auch danach verlangt hatte, nach Orléans gebracht zu werden, mit ihnen sogleich wieder abziehen. So gerät die Seele der Erleuchteten auf den leisesten Wink des Heiligen Geistes ins Schwanken. Denn diesmal, wie immer, folgte Johanna rein geistlichen Beweggründen. »Es wäre übel«, sagte sie, »meine Leute zu verlassen; sie haben alle gebeichtet, und mit ihnen fürchte ich nicht die gesamte Macht der Engländer.« In Wirklichkeit begingen natürlich diese Haudegen in aller Einfalt, ob sie nun mit ihr waren oder nicht, alle erdenklichen Sünden, aber das Unschuldskind bemerkte nichts davon, waren doch ihre den unsichtbaren Dingen zugekehrten Blicke den sichtbaren abgewandt. In ihrem Entschluß, nach Blois zurückzukehren, wurde sie von den Hauptleuten bestärkt, die sie, nun königlichen Befehl vorschützend, wieder mitnehmen wollten. Sie bestanden darauf, sie zu behalten, weil ihre Gegenwart Glück brächte. Der Bastard dagegen sah darin ernste Unannehmlichkeiten, ja sogar Gefahren. Zögerte man angesichts des Zustandes, in dem er die Bewohner von Orléans zurückgelassen hatte, diesen die Jungfrau zu zeigen, waren Drohungen, Geschrei, Aufruhr, Gewalt, Ausbrüche der Wut und der Verzweiflung, ja selbst Metzeleien zu befürchten. Er erbat im Interesse des Königs von den Hauptleuten die Zustimmung zu Johannas Einzug in Orléans und erreichte, daß sie ohne sie nach Blois zurückkehrten. Aber Johanna war nicht so willfährig; sie leistete starken Widerstand, und er mußte die Erfahrung machen, daß es nicht leicht ist, mit einer Heiligen umzugehen. Sie übersetzte schließlich mit ihren Brüdern, ihrem kleinen Gefolge, dem Bastard, dem Marschall von Boussac und dem Hauptmann La Hire die Loire und landete in Chécy, das damals ein großer Marktflecken war, wo sie von einem reichen Bürger in dessen Besitzung von Reuilly aufgenommen wurde und dort eine Nacht verbrachte.

Am Morgen des 29. fuhren die Lastschiffe über den Fluß, von Weiden und Buchen den Engländern der Befestigung von Saint-Loup verborgen, die im übrigen zur Stunde sehr beschäftigt waren, da die Stadtgarnison, um sie abzulenken, ein Scharmützel lieferte.

Die Besitzung von Reuilly wurde den ganzen Tag von einer Menge Bürger Orléans belagert, die es vor Ungeduld nicht mehr ausgehalten hatten und mit Gefahr ihres Lebens gekommen waren, die verheißene Jungfrau zu schauen. Sie verließ erst des Abends Chécy, da die Hauptleute, aus Furcht, daß es zu lebensgefährlichem Gedränge und Unruhen kommen könne, erst bei hereinbrechender Nacht ihren Einzug in die Stadt bewerkstelligen wollten. An jenem Freitag, den 29. April, traf sie nächtlings in voller Rüstung auf ihrem weißen Pferde in Orléans ein. Ein weißes Pferd galt als das der Waffenherolde und Erzengel. Der Bastard ließ sie zu seiner Rechten reiten, ihre Fahne trug man vor ihr her, dann folgten zwei Marschälle, ferner Peter und Johann von Arc, Johann von Metz und Bertram von Poulengy und alle die Ritter, Edlen, Hauptleute, Mannen und Bürger, die ihr nach Chécy entgegengelaufen waren. Bürger und Bürgerinnen Orléans drängten sich schon mit Fackeln zu ihrem Empfang, und sie waren so sehr von Freude erfüllt, als ob Gott selbst in ihre Stadt herabgestiegen wäre. Sie hatten schwere Drangsal erlitten, aber schon fühlten sie sich gestärkt und wie durch Gottes Kraft, die man dieser Jungfrau zuschrieb, bereits von der Belagerung befreit. Sie betrachteten sie in andächtiger Liebe. Männer, Frauen und Kinder überstürzten sich, erdrückten einander fast, sie und ihr Pferd wie etwa die Reliquien von Heiligen zu berühren. In diesem Gedränge steckte eine Fackel die Fahne in Brand. Wie die Jungfrau das sah, spornte sie ihr Pferd an und löschte mit einer Gewandtheit, die jedermann in Bewunderung versetzte, die Flammen; denn alles, was sie tat, entzückte. Die begeisterten Massen begleiteten sie zur Heiligen-Kreuz-Kirche, wo sie Gott Ehre erweisen wollte, ehe sie sich in das prächtige Haus Jakob Bouchers begab, wo ihre Unterkunft vorbereitet war. Jakob Boucher, seit mehreren Jahren Schatzmeister des Herzogs von Orléans, ein schwerreicher Mann, hatte die Tochter eines angesehenen Bürgers der Stadt geehelicht. Während der Belagerung in der Stadt verblieben, trug er zu den Ausgaben bei, spendete Getreide und Wein und streckte den Kaufschilling zum Ankauf des Pulvers und der Waffen vor. Ihm lag auch die Verteidigung des Tores Renard ob, das dem Angriff der Engländer am meisten ausgesetzt war und in dessen Nähe sich sein Haus befand. Die Anführer pflegten dort Rat zu halten. Vermutlich waren die Gemächer Bouchers reich mit Silbergeschirr und Gobelins geschmückt.

In einem der Säle soll sich eine Malerei befunden haben, drei Frauen darstellend, mit der Inschrift: Gerechtigkeit, Friede, Eintracht. Die Jungfrau wurde in diesem Haus mit ihren zwei Brüdern, den beiden Gefährten, die sie zum König gebracht hatten, und deren Knechten aufgenommen. Sie ließ sich entwaffnen und die Frau und Tochter Bouchers verbrachten die Nacht mit ihr. Johanna teilte das Bett des neunjährigen Kindes Charlotte, nach dem Herzog Karl benannt, dem ihr Vater diente. Damals war es Brauch, daß der Gast das Bett mit seinem Wirte teilte, der weibliche Gast das seiner Gastgeberin. So war es Sitte, und der Bürger wie auch der König kam ihr nach. Man lehrte die Kinder, wie sie sich mit ihrem Bettgenossen zu verhalten hätten, ihren Platz richtig innezuhalten, sich nicht zu rühren und mit geschlossenem Munde zu schlafen. Solcherart empfing der fürstliche Schatzmeister die Jungfrau in seinem Palaste und beherbergte sie auf Kosten der Stadt.

Tags darauf war die Miliz von Orléans schon frühen Morgens bereit. In der Stadt war alles um und umgekehrt, der lang zurückgehaltene Aufruhr brach aus, die Bürger, die seit Monaten die Ritterschaft haßten und ihr mißtrauten, schüttelten sie nun ab und brachen mit ihr. Es gab weder Stellvertreter des Königs noch Statthalter, weder Edle noch Anführer. Es gab nur eine Macht und Kraft, die Jungfrau; die Jungfrau war das Haupt der Gemeinde. Dieses Mägdlein, diese Hirtin, dies Nönnchen, das die Edlen hergeführt hatten, auf daß es ihnen Glück brächte, ward nun die Ursache des größten Schadens, der ihnen zustoßen konnte, sie stellte sie vollkommen in den Schatten. Vom Morgen des 30. an mußten sie den Ausbruch der bürgerlichen Revolution allenthalben bestätigt sehen. Die Bürgerwehr erwartete die Jungfrau, um sie an ihre Spitze zu stellen und sogleich gegen die Gondons zu ziehen. Die Hauptleute versuchten ihnen begreiflich zu machen, daß man das Heer von Blois abwarten müsse, die Bürger aber stellten sich taub und schrien laut nach der Jungfrau. Sie erschien nicht. Der Bastard, der eine gewandte Zunge besaß, hatte ihr geraten, sich nicht zu zeigen. Dies war der letzte Vorteil, den die Anführer von ihr hatten. Und auch diesmal hatte sie ihnen zwar dem Anschein nach nachgegeben, in Wirklichkeit aber wie immer nach ihrem eigenen Willen gehandelt. Die Bürger aber wollten sich, mit oder ohne Jungfrau, schlagen. Der Bastard konnte sie nicht hindern. Sie zogen, begleitet von den Gascognern des Hauptmanns La Hire, aus und griffen mutig die von den Engländern ›Paris‹ genannte Befestigung an. Sie überrannten die Vorposten und näherten sich so sehr dem Bollwerk, daß sie bereits aus der Stadt Strohbündel kommen ließen, um die Verschanzungen in Brand zu stecken. Aber die Engländer kamen mit dem Schlachtruf des, heiligen Georgs in guter Kampfordnung hervor und stießen nach scharfem und blutigem Gefecht den Angriff der Bürger und Söldner zurück.

Die Jungfrau wußte von all dem nichts. Sie war auf ihrem weißen Pferd als gottgesandte Botin bewaffnet und friedlich zugleich, genaht und hielt es weder für recht noch fromm, die Engländer zu, bekämpfen, ehe sie ihr Friedensangebot zurückgewiesen hätten. Auch an diesem Tage war ihr Wunsch einzig darauf gerichtet, sich frommen Gemütes Talbot zu nähern. Sie erkundigte sich nach ihrem Brief und erfuhr, daß die englischen Feldherren nichts erwidert hätten und ihren Herold zurückbehalten hatten. Folgendes hatte sich ereignet: Dieser Brief, dessen Sprache dem Bastard so simpel erschienen war, hatte auf die Engländer eine ungeheure Wirkung ausgeübt. Er erfüllte sie mit Wut und Schrecken. Sie hielten den Boten zurück, und obwohl es Brauch und Sitte war, die Überbringer solcher Botschaft zu achten, ließen sie ihn im Glauben, der Bote der Hexe müsse ein Ketzer sein, in Ketten werfen, und verurteilten ihn nach einer Art Prozeß als Spießgesellen der Betrügerin zum Feuertode. Ja, sie richteten schon die Pfähle auf, an die er gebunden werden sollte. Dennoch hielten sie es für klug, bevor sie das Urteil ausführten, die Universität von Paris zu befragen, wie der Bischof von Beauvais in ähnlicher Sache achtzehn Monate später gleichfalls um deren Rat einkommen sollte. Furcht machte sie böse. Die Unglücklichen, die man als Teufel behandelte, fürchteten die Teufel. Sie verdächtigten die feinnervigen Franzosen der Schwarzkunst und Zauberei und beschuldigten die Armagnacs, den Tod des großen Königs Heinrich V. durch magische Sprüche bewirkt zu haben. In der Angst, ihre Feinde könnten gegen sie bösen Zauber üben, trugen sie, um sich vor allem Übel zu schützen, Streifen von Pergament bei sich, die mit Beschwörungsformeln, Periapte genannt, bedeckt waren. Das wirksamste dieser Amulette war das erste Kapitel des Johannesevangeliums. Zu dieser Zeit lasen sie Bedrohliches in den Sternen, aus denen die Mathematiker ihren nahen Untergang deuteten. Ihr verstorbener König Heinrich hatte zur Zeit, als er in Oxford studierte, die astrologischen Regeln erlernt. Er verwahrte für seinen persönlichen Gebrauch in seinen Truhen zwei Sternmesser, den einen aus Silber, den anderen aus Gold. Als seine Gemahlin Katharina von Frankreich vor ihrer Niederkunft stand, stellte er selbst das Horoskop gleichzeitig für die Zukunft und auf die zu wählende Örtlichkeit der Geburt des Kindes, und da in England außerdem eine Weissagung im Umlauf war, daß Windsor verlieren werde, was Monmouth gewonnen hatte, verbot er der Königin, in Windsor ihre Niederkunft zu erwarten. Das Schicksal aber läßt sich nicht abwenden; das königliche Kind wurde in Windsor geboren. Sein Vater, als er in Frankreich diese Nachricht empfing, ward von düsteren Vorahnungen befallen. Und nun war die Zeit erfüllt, Windsor herrschte, man mußte sich gefaßt machen, alles zu verlieren. Merlin hatte vorausgesagt, daß eine reine Magd sie aus Frankreich vertreiben würde. Als die Jungfrau erschien, erblichen sie vor Schrecken; Anführer und Soldaten verloren allen Mut. Jene unter ihnen, die sich vor keinem Mann der Welt fürchteten, erblaßten vor diesem Mädchen, das sie für eine Hexe hielten. Sie als eine Heilige und Gottgesandte zu betrachten, war zuviel verlangt. Es hätte schon genügt, wenn sie sie als eine sehr gelehrte Magierin angesehen hätten. Jenen, denen sie zu helfen kam, erschien sie als Magd Gottes, jenen aber, die sie vernichten wollte, war sie ein schreckliches Ungeheuer in weiblicher Gestalt. In dieser doppelten Auslegung bestand ihre große Macht; engelgleich für die Franzosen, teuflisch für die Engländer, zeigte sie sich beiden unbesiegbar und übernatürlich.

Am Abend des 30. sandte sie ihren Herold Ambleville nach Saint-Laurent-des-Orgerils, um Guyenne zurückzufordern, der den Brief von Blois bestellt hatte und nicht zurückgekommen war. Ambleville hatte außerdem Auftrag, Sir John Talbot und den anderen Feldherren zu künden, daß die Jungfrau sie von Gottes wegen aufforderte, nach England abzuziehen. Die Godons sandten Ambleville mit böser Kunde zurück. »Die Engländer«, berichtete er der Jungfrau, »behalten meinen Gefährten, um ihn zu verbrennen.« Sie antwortete: »Im Namen Gottes, sie werden ihm kein Leid tun.« Sie war entrüstet und zweifellos sehr enttäuscht. Sie hatte es gewiß nicht vorausgesehen, daß Talbot und die Anführer der Belagerung einem Brief, der ihr von den heiligen Frauen Katharina und Margareta und dem heiligen Michael eingegeben worden war, solchen Empfang bereiten würden. Sie aber war von großer Barmherzigkeit beseelt und wollte nochmals den Engländern Frieden anbieten. Nachts verließ sie die Stadt und begab sich bis zum Bollwerk von Belle-Croix. Es war nicht selten, daß man sich so von einer Seite zur andern anrief. Von Belle-Croix aus konnte man in den ›Türmchen‹ gehört werden. Die Jungfrau stieg auf das Geländer und schrie zu den Engländern hinüber: »Im Namen Gottes, ergebt Euch und behaltet nur Euer Leben.« Aber die Leute von der Garnison des Hauptmanns Glasdale spien ihr niedrige Beschimpfungen und fürchterliche Drohungen ins Gesicht. »Kuhmagd, wenn wir dich zu fassen bekommen, werden wir dich braten lassen!« Sie antwortete ihnen, daß sie die Unwahrheit sprächen, aber sie meinten es ernst und aufrichtig, sie glaubten fest, daß dies Mädchen gegen sie Legionen von Teufeln bewaffne.

Sonntag, den 1. Mai, zog der Bastard dem Heer von Blois entgegen. Und da er es nicht wagte, sie selbst mitzunehmen, führte er zumindest einen der ihren, ihren Intendanten, den Ritter von Aulon, mit sich. Er ergriff die erste Gelegenheit, um seinen guten Willen gegenüber der Jungfrau zu zeigen, eingedenk, daß man von nun an nichts ohne sie und ihr Zutun unternehmen könne.

Die Begeisterung der Bürger flaute nicht ab. Auch an diesem Tage drängten sie sich im heißen Wunsche, die Heilige zu sehen, vor dem Palast des Jakob Boucher, so daß man fürchtete, die Türen würden eingedrückt. Der Ruf eines Volkes stieg zu ihr empor, und nun bewies sie sich gütig, weise und ihrer Mission würdig, wahrhaftig geschaffen für das Heil aller. Dies in Abwesenheit der Führer außer Rand und Band geratene Volk wartete nur auf ein Zeichen von ihr, um sich lärmend auf die Schanzen zu stürzen. Sie aber führte diese Menschenmenge nicht zu den englischen Befestigungen, sondern an die heiligen Orte der Stadt. Sie ritt, von mehreren Edlen begleitet, durch die Straßen; die Menge warf sich ihr entgegen und konnte ihres Anblicks nicht satt werden. Man staunte über die edle Art, mit der sie sich im Sattel hielt, und man hätte sie als einen wahrhaften heiligen Georg ausgerufen, wenn man diesen nicht verdächtigt hätte, sich auf die Seite der Engländer geschlagen zu haben.

An diesem Sonntage ging sie zum zweiten Male, den Feinden des Reiches den Frieden anzubieten; sie zweifelte noch immer nicht, von den Führern der Belagerung gehört zu werden. Aber am Fuße des Hügels stieß sie auf Godons, die den Durchgang bewachten. Mit heiliger Sanftmut und voll Frömmigkeit richtete sie die Aufforderung an sie, dem Heere des Herrn zu weichen. Diese Soldaten antworteten ihr wie jene der ›Türmchen‹ mit Schimpfworten. Einer von ihnen rief ihr zu: »Willst du, daß wir einer Frau weichen?« Aber sei es, daß sie der Meinung waren, daß sie durch Zauberei unverletzlich sei, sei es, daß sie es für schmählich hielten, jemanden, der eine Botschaft brächte, zu treffen, sie zielten diesmal ebensowenig wie die andern Male nach ihr. An jenem Tage überbrachte ihr der Edelknappe der Stadt Wein. Die Räte und Bürger wußten ihre Anführer – auch Edelleute, Könige und Königinnen, die sie in ihren Mauern beherbergten – nicht besser zu ehren. Der Wein war damals als edles und heilkräftiges Getränk geachtet. Johanna pflegte daran ein Gelübde zu knüpfen: »Und müßte ich von jetzt bis Ostern keinen Wein zu mir nehmen!« In Wirklichkeit aber trank sie niemals puren Wein und aß wenig.

In diesen Tagen der Erwartung ruhte die Jungfrau nicht einen Augenblick. Das Verworrene und Bedrohliche der Lage wurzelte darin, daß die Bürger sich verraten glaubten, obwohl der Rat des Königs und der Königin von Sizilien im Gegenteil die größten Anstrengungen machte, die Stadt zu befreien. Lange Leiden und drohendste Gefahr hatten jedoch die Gemüter erschüttert. Man befürchtete auch begreiflicherweise, daß jenen aus Blois ein Unglück zustoßen würde. Die Angst der Bürger ging auf die Gefährten der Jungfrau über, die sie, selber davon unberührt, strahlend und voll Erleuchtung beruhigte. Und tatsächlich wurde am folgenden Morgen das Heer von Blois in der Ebene der Beauce gesichtet. Hauptmann La Hire und mehrere in der Stadt verbliebene Führer zogen mit fünfhundert Kämpen dem Edlen von Rais, dem Marschall von Boussac und dem Bastard entgegen. Die Priester, unter ihnen Bruder Pasquerel, gingen, das Banner tragend und Psalmen singend, voran.

Als der Bastard an diesem Tage zu dem Schatzmeister kam, sprach er höflich und ritterlich mit der Jungfrau. Er erzählte ihr nur das, was er für richtig hielt, unter anderem, daß Falstaff bald zu den Engländern, die die Stadt belagerten, stoßen sollte, um sie zu verstärken und neu zu verproviantieren. Johanna zeigte darob große Freude und sagte lachend: »Bastard, Bastard, im Namen Gottes, ich befehle dir, daß, sobald dir das Nahen Falstaffs kund ist, du es mich wissen lassest; denn käm' er vorbei, ohne daß ich es erführe, verspreche ich dir, daß es dich deinen Kopf kosten wird.« Ohne sich über dies ein wenig grobe Geplapper zu erzürnen, antwortete er ihr, sie möge unbesorgt sein, er werde es sie sicherlich wissen lassen. Sir John Falstaff war schon am 26. April gemeldet worden. Man hatte im Rate beschlossen, daß die Anführer nachmittags die Schanze von Saint-Loup stürmen würden, ja, der Angriff hatte bereits begonnen. Darüber aber ließ der Bastard der Jungfrau gegenüber kein Wort verlauten. Sie schien ihm die einzige verläßliche Macht in der Stadt, doch war er der Meinung, daß im Kriege ihr nur geistliche Dinge obliegen sollten.

Nachdem er sich zurückgezogen hatte, legte sich Johanna, von ihrem morgendlichen Ritt ermüdet, mit ihrer Gastgeberin zum Schlafe nieder. Ritter Aulon, gleichfalls ermattet, lagerte sich im selben Raume hin. Kaum aber war er eingeschlafen, als die Jungfrau aus dem Bette sprang und ihn lärmend weckte: »Im Namen Gottes«, rief sie, außer sich, »mein Rat hat mir befohlen, daß ich mich wider die Engländer aufmache, aber ich weiß nicht, ob ich gegen die Schanze oder gegen Falstaff ziehen soll.« Sie hatte geträumt und im Traum ihrem Rate, wie sie die Erscheinung der Heiligen nannte, beigewohnt. Es war diesmal geschehen, was immer geschah: die Heiligen hatten ihr nur gesagt, was sie selber wußte und ihr nichts offenbart, was ihr zu wissen nottat. Sie hatten sie nicht darauf aufmerksam gemacht, daß in diesem Augenblick die Franzosen die Schanze Saint-Loup angriffen und großen Schaden erlitten. Die Gottseligen entfernten sich, ohne sie wissen zu lassen, was sich begab, und in Ungewißheit darüber, was zu geschehen hätte. Der gute Ritter Aulon konnte sie keineswegs von den Zweifeln befreien; er antwortete ihr nichts und wappnete sie so schnell als möglich, als sie großen Lärm und großes Geschrei von der Straße her vernahmen und von Vorüberlaufenden erfuhren, daß man sich in der Gegend von Saint-Loup schlüge. Die Jungfrau, Ritter Aulon und einige Bewaffnete stießen feldeinwärts. Seit einer Stunde scharmützelten die Leute des Edeljunkers von Rais vor der Schanze. Sie vollführten dasselbe Unternehmen, das am 29. April aus gleichem Grunde vor sich gegangen war, das heißt, sie beschäftigten die Engländer, während eben die mit Getreide beladenen Schlepper flußabwärts zogen. Trotz ihrer geringen Anzahl war es den Engländern möglich, sich in ihrer guten Schanze auf dem seitlichen Hügel mit Leichtigkeit zu verteidigen; die Königsmannen hatten nicht standgehalten. Da die Jungfrau sie nun über die Felder zerstreut sah, sammelte sie sie wieder und führte sie, die ihre Freunde waren, zurück; man war miteinander gewandert, hatte zusammen Hymnen und Psalmen gesungen. Die Männer wußten, daß Johanna ihnen Glück brächte, sie folgten ihr. Als sie an ihrer Spitze hinzog, kam ihr vor allem ein frommer Gedanke. Die Schanze war auf der Kirche und dem Kloster der Frauen von Saint-Loup errichtet. Unter Hörnerklang ließ sie künden, daß man nichts aus der Kirche entwenden solle, eingedenk, daß Salisbury wegen Kirchenplünderung ein böses Ende genommen hatte, und es lag ihr am Herzen, ihre Waffengenossen vor üblem Tode zu bewahren. Es war das erstemal, daß sie kämpfen sah. Sobald sie sich im Gefecht befand, wurde sie Anführer, weil sie am tüchtigsten war, nicht etwa, weil sie mehr verstand; denn das Gegenteil war der Fall. Während jeder an sich dachte, dachte sie allein an alle; wenn jeder sich schützte, bewahrte sie sich selber vor gar nichts und bot sich von Anfang an ohne Vorbehalt dar. Und dieses Kind, das wie jegliche menschliche Kreatur Schmerzen und Tod fürchtete, dessen Stimmen, seine Vorgefühle, verkündet hatten, daß es verwundet werden würde, eilte geradewegs vor und blieb unter dem Regen der Pfeile und Bleikugeln aufrecht am Rande des Grabens, ihr Banner in der Hand, die Kämpfer um sich sammelnd. Was nur ein Seitengefecht zur Ablenkung gewesen war, wurde durch sie ein richtiger Ausfall, ein Angriff. Als Sir John Talbot erfuhr, daß die Schanze Saint-Loup in Gefahr war, kam er aus dem Lager Saint-Laurent-des-Orgerils hervor. Die Beobachter der Stadt sichteten diese Bewegung und bliesen Alarm, der Marschall von Boussac ritt dem Anmarsch Talbots entgegen. Der englische Feldherr machte sich daran, freie Bahn zu erzwingen, als er dichten Rauch über der Schanze Saint-Loup aufsteigen sah. Er begriff, daß die Franzosen sie eingenommen und in Brand gesteckt hatten, und kehrte betrübt in sein Lager zurück.

Der Sturmangriff hatte drei Stunden gewährt. Nachdem die Schanze niedergebrannt war, kletterten die Engländer in den Kirchturm. Die Franzosen holten sie mit großer Mühe, aber ohne Gefahr, herunter. Sie machten etwa vierzig Gefangene und töteten die übrigen. Die Jungfrau war tief betrübt, als sie so viele Feinde sterben sah. Sie bedauerte diese armen Leute, die ohne Beichte dahingegangen waren. Einige Godons, gekleidet in geistliches Gewand, kamen auf sie zu. Sie gewahrte wohl, daß es Soldaten waren, die sich mit Chormützen und Stolen aus der Sakristei verkleidet hatten. Aber sie gab sich den Anschein, sie für das zu halten, wofür sie sich ausgaben, empfing sie und ließ sie in ihr Haus führen und gestattete nicht, daß ihnen ein Leid geschehe. Ehe sie den Ort verließ, beichtete sie ihrem Feldkaplan und beauftragte ihn, die Krieger zur Beichte aufzufordern: »Beichtet und dankt Gott für den Sieg. Tut Ihr es nicht, wird Euch die Jungfrau nimmermehr helfen und unter Euch bleiben.«

Die Königsmannen hatten den gewonnenen Vorteil weder durch gründliche Berechnung noch durch Anstrengung des Verstandes eingeheimst und ihn überdies nicht teuer bezahlt. Dennoch war er ungeheuer; er bedeutete, daß die Verbindung der Belagerer mit ihrer Hauptmacht in Jargeau abgeschnitten war und die Befreiung begonnen hatte; ja, noch mehr, der Beweis war erbracht, daß diese armen Teufel, die sie so sehr gefürchtet hatten, kümmerliche Menschen waren, die man wie Mäuse fangen und wie Wespen in ihrem Nest ausbrennen konnte. Dieses unerwartete Glück verdankte man der Jungfrau. Sie war es, die alles getan hatte, da ohne sie nichts getan worden wäre. In ihrer Unkenntnis hatte sie, klüger als die erfahrenen Söldner und Anführer, das leere Scharmützel in wirklichen Angriff verwandelt und durch Anfeuern des Mutes den Sieg herbeigeführt. Sie befahl, daß niemand die Stadt verlasse, der nicht zuerst gebeichtet hatte, und fügte hinzu, daß die Krieger darauf achten möchten, daß ihnen nicht leichtfertige Frauen folgten, da sie fürchtete, ihre Sünden könnten den Verlust der Schlacht heraufbeschwören. Wenn es not tat, überwachte die Jungfrau bezüglich der Dirnen und Gotteslästerer selber die Ausführung ihrer Vorschriften. Mehrmals hatte sie Frauen, die dem Heere nachliefen, davongejagt.

Tags darauf, am Himmelfahrtsfeste, hielten die Hauptleute

Rat, und man beschloß, am kommenden Tag die ›Türmchen‹ anzugreifen und ein Gefecht gegen das Lager Saint-Laurent vorzutäuschen, die Bürgerwehr und Dorfleute mit Schutzhauben, Strohbündeln und Leitern anrücken zu lassen, während der Adel die Loire überschreiten würde. Es gab auf diese Weise eine Schlacht der Bürger und eine Schlacht der Edelleute. Nachdem der Plan auf diese Art festgelegt war, äußerten einige Anführer die Meinung, daß es angemessen wäre, die Jungfrau zu rufen, um ihr das Beschlossene mitzuteilen, denn sie hatte sich tags zuvor so gut bewährt, daß man sie nicht mehr ausschalten könnte. Andere waren der Meinung, daß es nicht klug wäre, sie in das, was man gegen die ›Türmchen‹ beschloß, einzuweihen, da es wichtig war, das Unternehmen geheimzuhalten und man fürchten konnte, daß das heilige Mädchen zu den Freunden ihrer Gemeinde darüber sprechen würde. Man kam schließlich überein, ihr den Plan betreffend die Miliz von Orléans, deren Haupt sie tatsächlich war, mitzuteilen, um ihr zu verschweigen, was man den Bürgern nicht ohne Unzukömmlichkeiten verraten durfte. Sie aber erriet, daß man ihr nicht alles sagte. Der Bastard hielt es für ungünstiger, sie zu erzürnen, als ihr die Wahrheit zu sagen, und erteilte ihr Auskunft. Man wird jedoch sehen, daß die Beratung nicht geheimgehalten wurde und die Edelleute nicht ausführen konnten, was sie beschlossen hatten, oder zumindest nicht genau so vorgehen konnten, wie beraten worden war.

An diesem Himmelfahrtstage sandte die Jungfrau das letztemal den Engländern ihr Friedensangebot. Johanna ging nach Belle Croix, nahm einen Pfeil, hängte einen Brief daran und befahl einem Bogenschützen, ihn an die Engländer abzuschießen, indem sie rief: »Lest! Es sind Neuigkeiten!« Die Engländer empfingen den Pfeil, lösten den Brief ab, und als sie ihn gelesen hatten, begannen sie zu rufen: »Nachrichten von der armagnacschen Hure!« Als sie dies hörte, schossen ihr die Tränen in die Augen. Aber bald sah sie ihre Heiligen, die ihr Trost zusprachen.

Der Bastard forderte selbst den Herold der Jungfrau

zurück, indem er drohte, daß er die Herolde behalten würde, die die Engländer ihm behufs Austausches der Gefangenen gesandt hatten. Es verlautet sogar, daß er in Aussicht stellte, die Gefangenen zu töten. Ambleville aber kehrte nicht zurück.

DREIZEHNTES KAPITEL
Die Einnahme der ›Türmchen‹ und die Befreiung von Orléans

Am folgenden Tage stand Johanna mit ihrer andächtigen Gemeinde schon bei Tagesanbruch in Bereitschaft. Die Bürger waren durchaus entschlossen, die Loire zu übersetzen und selber die ›Türmchen‹ zu stürmen. Massenweise liefen sie an das Burgunder-Tor, das sie von Herrn von Gaucourt und seinen Leuten bewacht fanden. Der Adel fürchtete, daß die Bürger sein Unternehmen wittern und sich ihm anschließen würden, und hatte Maßnahmen getroffen, sie daran zu hindern. Er stieß aber auf den Willen der Bürger, die ihr Kleinod, die ›Türmchen‹, selber erobern wollten. Das Volk nahm seine Zuflucht zu jener, vor der sich Tore öffneten und Mauern fielen; sie sandten zu der Heiligen. Sanft und schrecklich zugleich kam sie heran, schritt geradeaus auf den Edlen von Gaucourt und drohte mit Gewalt. Die Bürger, durch sie ermutigt, warfen sich auf die Wache, deren Leben auf dem Spiele stand. Der alte Edelmann gewahrte, daß er ihrer nicht Herr werden konnte, schlug sich auf ihre Seite und zog als ihr Anführer mit ihnen aus der Stadt. Schiffe lagen bereit, man landete auf der Loire-Insel und gelangte über eine künstlich hergestellte Brücke ans jenseitige Ufer. Sie näherten sich der Augustiner-Schanze, die den ›Türmchen‹ vorgebaut war; aber die Engländer stürzten hervor und überschütteten sie mit solch heftigem Regen von Pfeilen und Steinen, daß die Franzosen weichen mußten. Aber die kriegsgewandteren Leute Gaucourts und einige Ritter hielten, obwohl sie nur wenige waren, stand, bis nachmittags La Hire und die Jungfrau mit ihnen geradeaus auf den Feind losritten. Die nun beruhigten Bürger folgten alle und drängten die Engländer zurück, bis sie ihrerseits wieder vor der Schanze zurückgeworfen wurden. Die Jungfrau sprengte zwischen Schanze und Böschung hin und her und rief die Ritterschaft herbei, deren Kriegsplan ja durch die Bürger umgeworfen worden war, so daß sie sich nun von neuem zurechtfinden mußte. Endlich sah man ihre Fähnchen flattern, und viertausend Mann wurden um das Augustiner-Bollwerk aufgestellt. Die Schleudermaschine des Meisters Montesclère warf mit einem Schuß die Verschanzung nieder, und die beiden Anführer erzwangen den Durchgang. »Dringt mutig ein!« rief die Jungfrau und pflanzte ihre Fahne auf die Mauer. Der Edle von Rais folgte ihr unmittelbar nach. Sie griffen die Schanze an und eroberten sie im Sturm und töteten alle Feinde, die sie nicht gefangennahmen. In den Verschanzungen fanden sie viele ihrer eigenen Leute. Sie steckten dann die Bastille in Brand, und man sagt, daß die Jungfrau dazu den Befehl gab, damit dem wütenden Plündern ein Ende gesetzt sei. Die Beute war groß. Aber noch fürchteten sie das Bollwerk der ›Türmchen‹, das sie unter dem dunklen Himmel in leuchtender Feuersbrunst ganz nahe erblickten. Die Jungfrau, die durch eine Fußangel verletzt worden und völlig erschöpft war, fastete an diesem Freitag gegen ihre sonstige Gewohnheit nicht. An diesem Abend wies sie einen Edelmann zurück, der angeblich mit einer Botschaft des Rates in ihre Gemächer kam, um sie zu warnen, daß man am folgenden Tage einen Ausfall mache. Johanna aber berief sich auf ihren himmlischen Rat und forderte Bruder Pasquerel auf, noch früher zur Stelle zu sein und ihr immer zur Seite zu bleiben, da sie Wichtigeres zu tun haben würde als je zuvor. »Morgen«, sagte sie, »wird Blut aus meinem Leib dringen.«

Der himmlische Rat der Jungfrau bekümmerte sich nicht um die Befürchtungen der Anführer, die Engländer könnten die von allen Waffenleuten verlassene Stadt angreifen. Die Heiligen Katharina und Margareta fürchteten nichts. Zweifeln heißt fürchten; sie zweifelten nicht. Wieder wandten sich die Bürger an die Jungfrau, da sie vom Aufschub des Angriffes hörten. Seit langem erbosten sie sich, daß die Ritter ihre Befreiung so sehr in die Länge zogen. Die Stadträte forderten nun von der Jungfrau, daß sie das Werk vollenden solle.

»Im Namen Gottes, ich werde es tun«, sagte sie, stieg zu Pferd und, eine altgewohnte Redensart gebrauchend, rief sie: »Wer mich liebt, folge mir nach!« Und als sie das Haus des Schatzmeisters verließ, sagte sie: »Heute abend werden wir über die Brücke einziehen.« Man hatte dies nämlich seit neunundneunzig Tagen nicht mehr vermocht, und daher fand man ihr Wort trefflich.

Die Bürger hatten sich zu rasch beunruhigt. Die Edelleute begaben sich schon frühmorgens zum Angriff, und die Jungfrau folgte ihnen. Das, was den Angriff erschwerte, war nicht die an sich geringe Anzahl der Engländer, die allerdings von Lord Moleyns und Poynings und von Hauptmann Glasdale, in Frankreich Glassidas genannt, geleitet war, sondern die große Masse der Belagerer, die den Franzosen alle Ehre machte, aber nicht gleichzeitig beschäftigt werden konnte. Wenn Talbot das gewußt oder geahnt hätte, würde er die Stadt eingenommen haben, während die Franzosen die ›Türmchen‹ angriffen. Zu Mittag entfernten sich alle, um Mahlzeit zu halten, dann ging man wieder ans Werk. Als die Jungfrau die erste Leiter herbeitrug, wurde sie an der Schulter, oberhalb der rechten Brust, von einem so straff gezogenen Pfeil getroffen, daß ihr ein großes Stück Holz ins Fleisch schnitt. Sie wußte, daß sie verwundet würde und hatte es ihrem König vorausgesagt mit der Bitte, daß er sie trotzdem verwende. Sie hatte es den Leuten von Orléans und abends zuvor ihrem Beichtvater gesagt, und gewiß tat sie seit fünf Tagen alles, daß sich diese Weissagung erfülle. Die Engländer waren, als sie sahen, daß der Pfeil getroffen hatte, äußerst beruhigt, denn sie glaubten, daß eine Hexe ihre ganze Macht verlöre, wenn man ihr Blut entzöge. Die Franzosen aber trauerten. Man trug sie ein wenig zur Seite, Bruder Pasquerel und der Page Mugot blieben bei ihr. Da sie Schmerz empfand, ängstigte sie sich und weinte. Soldaten umstanden sie, und einige wollten sie mit Zauber heilen. Bei Kriegsvolk war es ein übliches Mittel, um Wunden zu schließen, Vaterunser darüber zu murmeln. Man benutzte dazu auch mit magischen Buchstaben bedeckte Blättchen, was aber teuflische Macht beschwören hieß. Johanna wollte nicht durch Zauber geheilt werden. Man nahm ihr deshalb die Rüstung ab, legte Olivenöl mit Speck auf die Wunde, und, nachdem der Verband angelegt war, beichtete sie weinend und wimmernd dem Bruder Pasquerel. Bald sah sie ihre himmlischen Berater nahen und fühlte sich gestärkt. Sie ließ sich ihre Rüstung geben und kehrte zum Kampf zurück.

Die Sonne neigte sich, und schon seit dem Morgen mühten sich die Franzosen vergeblich gegen die Verschanzungen der Wälle. Der Bastard ließ, als er seine Leute ermattet sah, und da die Nacht nahte, wohl auch aus Furcht vor den Engländern des Lagers von Saint-Laurent, zum Rückzug blasen. Schon rief die Trompete, als die Jungfrau sich ihm nahte und ihn bat, ein wenig zu warten. Während man sich erfrischte, bestieg sie ihr Pferd, ließ ihre Fahne einem Mann ihrer Kompanie und ritt allein über die Hügel in die Weingärten, die dieses Jahr nicht wie sonst im April bearbeitet worden waren, und in denen die kleinen Maienblättchen zu sprießen begonnen hatten. Hier im Abendfrieden, zwischen den zu Bündeln geschichteten Weinstöcken und den niedrigen Reihen der Reben, die die erste Frühlingswärme der Erde tranken, kniete sie zum Gebete nieder und neigte ihr Ohr den himmlischen Stimmen. Fast immer verhinderte sie Lärm und Geschrei zu verstehen, was ihr Engel und Heilige kündeten. Sie hörte sie nur gut in der Einsamkeit, in dem Klingen der entfernten Glocken und in den leichten und rhythmischen Geräuschen, die des Abends aus den Feldern und Wiesen aufstiegen. Während ihrer Abwesenheit ersann Ritter von Aulon, der noch nicht geneigt war, auf den Gewinn dieses Tages zu verzichten, einen letzten Ausweg. Er war einer der geringsten Herren des Heeres; aber damals handelte in der Schlacht jeder nach seinem Kopf und seiner Beherztheit. Noch flatterte die Fahne der Jungfrau vor dem Wall. Der Mann, der sie getragen, hatte sie erschöpft einem andern, den man den Basken nannte, übergeben. Als Ritter von Aulon diese von den Priestern geweihte und glückverheißende Fahne betrachtete, meinte er, daß alles Kriegsvolk ihr nachfolgen werde, wenn man sie vorantrüge. Der Baske versprach, ihm bis zum Wall zu folgen. Die Jungfrau kam zurück und sagte zu den Waffenleuten:

»Die Engländer haben keine Kraft mehr. Tragt die Leitern herbei!« Das beruhte auf Wahrheit. Es blieb den Engländern so wenig Pulver, daß ihre Kugeln nicht weiter flogen als mit der Hand geworfene Steine. Als sie aber an den Rand des Grabens kam und ihre Fahne in der Hand eines Unbekannten erblickte, eilte sie herbei, sie an sich zu reißen, erwischte sie an dem Zipfel der Leinwand und schrie mit aller Kraft: »Ha, meine Fahne, meine Fahne!« Der Baske hielt fest in Unkenntnis, wer über ihm an dem Bannertuch zog. Die Edelleute und Anführer hielten das Schwingen der Fahne für ein Signal, sich zu sammeln. Da rief sie.

»Alles ist unser! Dringt ein!«

Alsbald warfen sich Bürger, Kämpen, Troßleute und Dorfbewohner Hals über Kopf in den Graben, kletterten in solcher Menge und so schnell auf die Verschanzungen, daß sie einem Schwarm kleiner Vögel glichen, der sich auf einer Hecke niederläßt. Die Franzosen erblickten im Innern der Einfriedigung, sich entfernend, aber noch voll Stolz, Lord Moleyns und Poynings, den Hauptmann von Glasdale, der die alte Fahne von Chandos in der Hand hielt, die, nachdem sie achtzig Jahre im Sieg geflattert hatte, nun vor dem Banner eines Kindes wich. Denn auf dem Wall stand die Jungfrau, und die Engländer fragten sich voll Schrecken, welcher Art diese Hexe sei, die mit ihrem Blut nicht ihre Macht verloren hatte. Indessen blickte Johanna sie voll Sanftmut und Trauer an und rief mit schmerzlichem Schluchzen:

»Glassidas, Glassidas, ergib dich dem König des Himmels. Du hast mich Dirne genannt. Mich jammert deine Seele und die der Deinigen.«

Zu gleicher Zeit regneten die Kugeln von den Mauern und Schanzen der Stadt über die ›Türmchen‹. Eine Notbrücke wurde über den von den Engländern zerstörten Steg geworfen, und Hochwürden Nikolaus von Giresme, der Mönchsritter, überschritt sie als erster. Die ihm folgten, steckten die Schanze in Brand. Die sechshundert ermatteten Engländer sahen sich nicht nur von rückwärts und von vorne belagert, sondern auch von unten in äußerst tückischer und schrecklicher Weise. Die Franzosen hatten ein großes Lastschiff mit Werg und Bündeln, Pferdeknochen, Harz, Schwefel und achtundneunzig Pfund Olivenöl beladen, es unter die Holzbrücke geführt, dort befestigt und angezündet. Im Augenblick des Rückzuges der Engländer ließ dieses Brandschiff die Brücke in Feuer aufgehen. Durch Rauch und Flammen setzten die sechshundert über die brennende Brücke, und als William Glasdale, Lord Moleyns und Poynings mit dreißig oder vierzig Hauptleuten als letzte die verlorene Befestigung verließen und die Brücke betraten, stürzten die verkohlten Bretter unter ihnen ein und begruben sie mitsamt der Fahne von Chandos in den Fluten der Loire. Johanna, von Mitleid bewegt, beweinte die Seele Glassidas und die der mit ihm ertrunkenen Engländer. An ihrer Seite betrauerten die Feldherren den Tod dieser Tapferen, bedenkend, daß deren Schicksal ihnen großen Schaden zugefügt hatte, da ihnen das Lösegeld nicht wenig eingetragen hätte. Vierhundert Mann wurden getötet, die andern gefangengenommen. Orléans aber hatte der Tag nur ungefähr hundert Leute gekostet. Als der letzte Schrei der Besiegten in der dunklen Nacht verklungen war, blickten die französischen Hauptleute am Ufer der von Flammen geröteten Loire, noch über ihren Sieg überrascht, zum Lager von Saint-Laurent hinüber und fürchteten, daß Sir Talbot hervorbrechen und jene rächen würde, denen er nicht beigestanden hatte. Aber jener Talbot, dessen Namen die französischen Mütter gebrauchten, um ihre Kinder zu erschrecken, rührte sich nicht. Das Heer bereitete sich vor, in die Stadt zurückzukehren.

Die Brücke wurde innerhalb von drei Stunden instandgesetzt, und so kehrte die Jungfrau, wie sie es vorausgesagt hatte, über die Brücke in die Stadt zurück.

Ihre Weissagungen bewahrheiteten sich, wenn die Erfüllung von ihrem Mut und guten Willen abhing. Anführer und

Mannen, Bürger und Gefangene, paarweise einhergeführt, folgten ihr. Die Glocken der Stadt läuteten, Geistlichkeit und Volk sangen das *Te Deum*. Johanna wurde in das Haus Jakob Bouchers geleitet, wo ein Chirurg nochmals ihre Wunde verband. Sie nahm einige Brotschnitten, in gewässerten Wein getaucht, zu sich, trank und aß aber sonst nichts.

Am folgenden Tage, einem Sonntag, vernahm man, daß die Engländer aus den Befestigungen hervorgekommen waren und sich in guter Schlachtordnung mit aufgerollten Fahnen vor den Stadtgräben aufstellten. Der Marschall von Boussac und viele der Hauptleute zogen frühmorgens vor die Tore und reihten sich vor ihnen auf. Auch die Jungfrau begab sich mit den Priestern ins Feld. Da sie ihrer verwundeten Schulter wegen die Rüstung nicht anlegen konnte, war sie nur mit einer Art Panzerhemd bekleidet. Die Soldaten fragten sie, ob es recht sei, am Sonntag zu fechten. Sie war der Meinung, daß man die Feinde nicht angreifen sollte und riet, die Messe zu hören.

»Greift nicht an; wenn sie euch aber angreifen, verteidigt euch stark und kühn.«

Einer jener geweihten Steine, die Mönche auf Wanderschaft mitzunehmen pflegten, wurde zu Füßen eines Kreuzes aufgestellt und nach dem *Deo gratias* sagte die Jungfrau: »Seht, ob sie uns das Gesicht oder den Rücken zeigen!« Man antwortete ihr, daß sie den Rücken zukehrten. Dreimal hatte sie ihnen gesagt, daß sie sich von Orléans bei Schonung ihres Lebens entfernen sollten. Nun wollte sie, daß man sie ohne weiteres ziehen lasse. Die Godons hatten nachts Rat gehalten und beschlossen, abzumarschieren. Nachdem sie eine Stunde lang Orléans die Stirne geboten hatten, um ihrem Rückzug bedrohlichen Anschein zu geben und ihm Achtung zu verschaffen, entfernten sie sich in geordnetem Marsche. La Hire folgte ihnen, um die Richtung, die sie einschlugen, zu erkunden; sie zogen sich nach Meung zurück.

Bürger, Dorf- und Stadtleute warfen sich massenweise in die verlassenen Befestigungen. Die Godons hatten ihre Kranken und Gefangenen darin zurückgelassen. Man fand Munition und selbst Lebensmittel. Man schaffte alles zur Stadt; die Bollwerke wurden niedergemacht, damit keinerlei Feind sich darin niederlassen könne. An dem Tage wurden sehr schöne und feierliche Prozessionen abgehalten und das Volk rief ›Noël‹. So wurde denn die Stadt Orléans an jenem Morgen des 8. Mai, zweihundertneun Tage nach ihrer Belagerung und neun Tage nach dem Kommen der Jungfrau, befreit.

VIERZEHNTES KAPITEL
Die Jungfrau in Tours und die Traktate des Jakob Gélu und Johann Gerson

Am Morgen des 8. Mai hatten sich die Engländer entfernt, und nachmittags verließen zahlreiche Hauptleute Orléans, um sich in ihre Städte und Festungen zu begeben. Die vom Edeljunker von Rais befehligten Truppen, die weder verpflegt noch bezahlt wurden, zerstreuten sich; die Jungfrau blieb gleichfalls nicht länger. Nach der Dankprozession nahm sie von jenen Abschied, denen sie in der Stunde der Prüfung und Heimsuchung genaht war, und die sie nun befreit und fröhlich verließ. Das Volk weinte vor Freude, huldigte ihr und bot ihr all seine Habe dar. Sie aber dankte voll Sanftmut.

Der König ließ in einem Rundschreiben an die ihm treuen Städte die Einnahme der Befestigungen verkünden und wies auf die Taten der Jungfrau hin, ›die immer bei der Ausführung all dieser Unternehmungen persönlich dabeigewesen sei‹.

Über Blois begab sich Johanna mit einigen Edelleuten nach Tours, wo der König erwartet wurde, dem sie mit dem Banner in der Hand entgegenritt. Als sie mit ihm zusammentraf, zog sie ihre Mütze und beugte ihr Haupt so tief sie konnte. Der König hob ihre Kappe in die Höhe, ließ sie aufrichten und umarmte sie. Es verlautet, daß er sehr erfreut war, sie zu sehen, doch weiß man wahrheitsgemäß nicht, was er über sie dachte. Im selbigen Monat Mai hatte er von Hochwürden Jakob Gélu eine Schrift über die Jungfrau erhalten, die er wahrscheinlich nicht selbst, sondern sein Beichtvater für ihn gelesen hatte. Jakob Gélu, seinerzeit Rat des Dauphins, augenblicklich Erzbischof von Embrun, hatte in dem Schreiben seiner Furcht Ausdruck gegeben, daß die Jungfrau dem König von seinen Feinden gesandt sein mochte, um ihn zu vergiften, oder daß sie etwa eine von Teufeln besessene Hexe sei. Da er nun die Schlußfolgerung der Doktoren von Poitiers kannte, und ihm die Befreiung Orléans und das Freudengeschrei des gesamten Volkes zu Ohren gedrungen war, hegte er keine Zweifel mehr über die Unschuld und Güte dieses jungen Mädchens und sandte dem König einen kurzen Traktat mit einem sehr weitläufigen, unterwürfigen und vorzüglichen Widmungsschreiben. Es wäre zu viel verlangt, ihm durch die Irrwege seines Gedankenlabyrinthes zu folgen. Aber da möglicherweise der König und sein Rat Meinung und Verhalten gegenüber der Jungfrau nach diesem theologischen Traktat richteten, ist es wissenswert zu erfahren, in welcher Weise sie hier belehrt und beraten waren. Jakob Gélu gibt der Meinung Ausdruck, daß Gott die Jungfrau berufen habe, um die Kleingläubigen zu überführen; daß Gott eine Jungfrau gewählt hatte, um Heere zu vernichten, nahm Gott gegenüber nicht wunder. Schuf er doch Insekten wie Flöhe und Fliegen, durch welche er den Hochmut der Menschen zunichte macht. Vermittels einer jungen, aus schlichtem und unbedeutendem Stamme hervorgegangenen Bäuerin, die niederer Arbeit unterworfen gewesen und unsagbar armselig war, wollte er die Hoffärtigen demütigen. Was Johanna betraf, ist sie selbst an sich unerforschlich; nichts sei im Intellekt, was nicht zuerst in der Empfindung vorhanden war, die Empfindung vermag nicht über das Sichtbare hinauszudringen. Wo aber der Geist nicht geradewegs sich Eingang verschaffen kann, findet er durch Umwege sein Ziel. Soweit es menschliche Unzulänglichkeit ermessen kann, ist die Jungfrau von Gott. Wenn auch den Waffen zugehörig, rät sie niemals zur Grausamkeit, ist barmherzig zu den Feinden, die sich ergeben, und bietet Frieden an. Schließlich meint der Erzbischof von Embrun, daß die Jungfrau ein Engel sei, der von Gott für das Wohl des Volkes gesandt wäre; nicht, daß sie die Natur der Engel besäße, aber sie leiste deren Dienste. Der Gelehrte rät in bezug auf das Verhalten in dieser wunderbaren Begebenheit, daß der König im

Kriege die Gesetze der menschlichen Vernunft beobachte; die Eingebung Gottes aber sollte nicht zurückgewiesen werden, weshalb man dem Willen der Jungfrau stattgeben möge, selbst wenn dieser dem Anscheine der Wirklichkeit zuwiderliefe.

Der große Doktor Gerson, ehemaliger Kämmerer der Universität, beschloß damals in Lyon im Kloster der Zölestiner sein arbeitsreiches und mühevolles Leben. Als er zu Paris anläßlich der auf Anstiften des Herzogs von Burgund erfolgten Ermordung des Herzogs von Orléans dessen Leichenrede gehalten, erregte er den Zorn des Volkes und war in Gefahr, erschlagen zu werden. Im Konzil von Konstanz, voll Ungeduld, den Ketzer dem Feuertod zu überliefern, hatte er in ›barmherziger Grausamkeit‹ die Verurteilung des Johann Hus ohne Rücksicht auf das vom Kaiser gewährte freie Geleit betrieben. Nun von Kummer und Trauer niedergeschlagen, lehrte er die Kleinen. Die Befreiung der herzoglichen Stadt mußte den alten Verteidiger der orléanesischen Partei beglücken.

Auf die Frage, was er von der Jungfrau dächte, sandte er eine lange Abhandlung, in der er besonders zwischen der Sache des Glaubens und der Sache der Frömmigkeit unterschied. In ersterer waren Zweifel verboten, im Falle der letzteren aber bestünde hierfür keine Verdammnis. Er schloß, daß Glaube oder Nichtglaube in der Sache der Jungfrau Angelegenheit der Frömmigkeit wäre. Am Ende seines Traktates zieht Gerson einen Punkt des kanonischen Rechtes kurz in Untersuchung, der schon von den Doktoren in Poitiers berührt worden war. Er behauptet, daß es der Jungfrau nicht verboten sei, Männerkleider zu tragen. Erstens sei das Verbot, daß Frauen Männerkleider und Männer Frauenkleider trügen, in dem neuen Gesetz nicht rechtskräftig. Zweitens bleibe, was die Sitte beträfe, das Gesetz zwar noch aufrecht, bezöge sich aber nur auf Unsittlichkeit des Anzuges. Drittens betreffe dieses Gesetz weder rechtlich noch moralisch die Jungfrau, welche vom Gott des Himmels als Fahnenträgerin erwählt sei, den Feind der Gerechtigkeit niederzuringen. Wo göttliche

Tugend walte, seien die Mittel dem Zweck unterworfen. Viertens ließen sich Beispiele aus der heiligen und aus der profanen Geschichte anführen, wie etwa die der Camilla oder der Amazonen. Gerson beendete diesen Traktat acht Tage nach der Befreiung von Orléans, kurze Zeit vor seinem Tode. Es ist dies das politische Testament des großen Universitätslehrers in der Verbannung. Der Sieg der Jungfrau beglückte seine letzten Lebenstage, aber zu seiner Freude gesellten sich die traurigen Ahnungen, die ihm seine alte Weisheit eingab: er fürchtete, daß die Hoffnungen, die sie erweckte, bald enttäuscht würden, und warnte jene, die sie nun im Triumphe bejubelten, sich in bösen Stunden nicht von ihr abzuwenden.

Der König behielt Johanna während der zehn Tage, die er in Tours verbrachte, bei sich, während der Rat überlegte, was nun zu unternehmen wäre. Man hatte kein Geld; Karl trieb davon genügend auf, um seine Kämmerlinge zu beschenken, konnte aber die Kosten des Krieges nicht tragen. Er war auf billige Weise siegreich gewesen. Die Befreiung Orléans kostete ihn alles in allem hundertundzehntausend Pfund. Die Bürger trugen das übrige bei und hatten dafür alles, selbst ihre kleinen Silberlöffel, darangegeben.

Es wäre nun zweifellos angebracht gewesen, diese schreckliche Armee Sir John Falstaffs zu vernichten. Aber man wußte nicht, wo sie sich befand; sie war zwischen Orléans und Paris verschwunden. Man dachte nicht daran, sie zu suchen; die Kriegskunst befaßte sich damals nicht mit so schwierigen Unternehmungen. Endlich beschloß man, die Burgen, die die Engländer an der Loire hielten, Jargeau, Meung und Beaugency wieder zu erobern; ein schwieriges Unternehmen, da niemand wußte, ob man es nicht mit dem Heere Falstaffs zu tun haben würde. Die Jungfrau aber ließ sich nicht leicht von den Beweggründen der Feldherren überzeugen. Sie horchte nur auf ihre Stimmen, die ihr außerordentlich einfache Dinge sagten. Sie dachte an nichts anderes als an die Erfüllung ihrer Mission. Die heilige Katharina und Margareta und der Erzengel Michael hatten sie nach Frankreich gesandt, um den Dauphin zu salben und jeder Verzug, jede Überlegung versetzte sie in Ärger und Verzweiflung. Während sie beim König aus- und einging, drängte sie ihn sanft und sagte mehrmals:

»Ich werde ein Jahr lang leben, kaum länger. Aber dieses eine Jahr muß gut ausgenutzt werden!« Und sie zählte die vier Aufgaben auf, die sie in dieser Zeit zu vollbringen hätte: nach der Befreiung von Orléans die Godons aus Frankreich zu verjagen, den König in Reims krönen und salben zu lassen und den Herzog von Orléans aus den Händen der Engländer zu befreien. Eines Tages, als sie nicht mehr an sich halten konnte, suchte sie den König auf, während er sich in einem jener durch geschnitzte Holzverkleidung verborgenen Räume befand, die man in den großen Sälen der Schlösser für vertrauliches Zusammensein benutzte. Sie stieß die Türe auf, drang sogleich ein und fand den König plaudernd mit seinem Beichtvater, dem Bastard und einem seiner vertrautesten Edlen, Christoph von Harcourt. Sie ließ sich nieder, und des Königs Knie umfassend – sie wußte, was die Sitte gebot – sagte sie: »Lieber Dauphin, versammelt Euch nicht mehr in so vielen und langen Ratssitzungen, sondern kommt sogleich nach Reims, die würdige Salbung zu empfangen.« Der König zeigte ein freundliches Gesicht, antwortete aber nichts. Der Edle von Harcourt fragte sie: »Ist es Euer Rat, der zu Euch von diesen Dingen spricht? Wollt Ihr nicht in Gegenwart des Königs über die Art berichten, mit der er zu Euch Rede führt?« Johanna errötete über dieses Verlangen, und sogleich ließ sie den König den Kummer merken, den sie darüber empfand, daß man ihr nicht glaubte. Sie offenbarte ihren inneren Trost: »Wenn ich darüber betrübt bin, daß man mir nicht in dem, was ich von Gottes wegen spreche, Glauben schenkt, ziehe ich mich zurück und klage es dem Herrn. Und bald nach meinem Gebete höre ich eine Stimme, die mir sagt: ›Magd Gottes, geh, ich werde dir beistehen.‹ Und wenn ich sie höre, empfinde ich große Freude. Ja, ich möchte immer in diesem Zustand verbleiben!«

Während Johanna die Worte der Stimme wiederholte, erhob sie die Augen zum Himmel, und die Anwesenden waren betroffen über den himmlischen Ausdruck, den das

Gesicht des jungen Mädchens angenommen hatte. Dennoch waren diese feuchten Augen, diese Miene der Verzückung, die der Bastard bestaunte, keine Ekstase, sondern die Nachahmung einer solchen, ein Spiel, gleichzeitig voll Künstlichkeit und Naivität, was sowohl die Sanftmut des Königs zeigt, der unfähig war, diesem Kinde den geringsten Kummer zu bereiten, als die Leichtigkeit, mit der die Edelleute des Hofes die seltensten Wunder glaubten oder zu glauben vorgaben. Dies aber läßt erkennen, daß man es von diesem Zeitpunkt an im Rate des Königs nicht verübelte, daß die kleine Heilige dem Plan der Salbung die Macht einer göttlichen Offenbarung unterlegte.

Die Jungfrau begleitete den König nach Loches und blieb bis zum 23. Mai bei ihm. Das Volk sah gläubig zu ihr auf. Wenn sie in den Straßen dieser Stadt sichtbar wurde, warfen sich die Einwohner ihrem Pferd entgegen, küßten Hände und Füße der Heiligen. Meister Peter von Versailles, einer ihrer Fragesteller von Poitiers, richtete, als er sie solche Verehrung empfangen sah, christliche Ermahnungen an sie: »Du tust nicht recht, derlei Dinge, die dir nicht zukommen, zu dulden. Nimm dich in acht! Du verleitest die Menschen zu Götzendienst!« Johanna dachte an den Hochmut, der sich in ihr Herz einnisten konnte, und entgegnete:

»Wahrlich, ich könnte mich davor nicht bewahren, wenn der Herr mich nicht bewahrte.«

Der Ruf ihrer Heiligkeit hatte sich über ganz Frankreich mit wunderbarer Schnelligkeit verbreitet. Viele fromme Personen trugen Medaillen aus Blei oder anderem Metall mit ihrem Ebenbild, wie es zur Ehrung von Heiligen gebräuchlich war. In den Kapellen brachte man gemalte oder geschnitzte Bilder von ihr an. Vor der Messe sprach der Priester das ›Gebet der Jungfrau für das Königreich Frankreich‹.

Zu jener Zeit wandte man sich in allen Schwierigkeiten des Lebens an die Heiligen um Rat. Je mehr man sie für unschuldig und einfältig hielt, desto eifriger befragte man sie, denn man war um so gewisser, daß Gott durch ihren Mund spräche, wenn sie selbst nichts zu sagen wüßten. Man war der

Meinung, daß die Jungfrau nicht viel Verstand besaß; deshalb hielt man sie für fähig, die schwersten Fragen mit unfehlbarer Weisheit zu lösen. Ohne die Kriegskunst zu verstehen, beherrschte sie sie besser als die Heeresführer, und man schloß daraus, daß alles, was sie in ihrer heiligen Einfalt vollbrachte, vortrefflich sein würde. So befragte sie ein Ratsherr in Toulouse in einer Geldangelegenheit um Auskunft. Von Loches aus sandte Johanna der Dame von Laval, die einen Gegenstand von ihr erbeten, den sie berührt hatte, einen kleinen goldenen Ring. Die Dame von Laval hatte vor vierundfünfzig Jahren Bertrand du Guesclin geehelicht, dessen Gedächtnis den Franzosen kostbar ist, und den man im Hause Orléans einen der zehn Heldenritter nannte. Die Dame Laval kam zwar nicht der Tiphaine Ragenel gleich, der Astrologin und Fee, der ersten Frau des Ritters Bertrand; sie war eine geizige und jähzornige Edelfrau. Sie war von den Engländern vertrieben und lebte mit ihrer Tochter Anna zusammen, die vor Jahr und Tag ihr Mißfallen erregt hatte, als sie, jung verwitwet, heimlich einen kleinen, besitzlosen Kadetten geheiratet hatte. Als dies ihre Mutter entdeckt hatte, schloß sie die Tochter in ein Verlies und empfing den Kadetten mit Pfeilschüssen, wonach die beiden Damen friedlich miteinander weiterhausten.

Umgeben von Mönchen und Soldaten führte Johanna ein gottgefälliges und klösterliches Leben. Obwohl sie den Gesetzen besonderer Frömmigkeit oblag, zeigte sie sich herrlich gekleidet wie ein Adliger, und betrachtete sich auch als von Gott in den Adelsstand versetzt. Sie trug die Kleider eines Junkers, das heißt kleinen Hut, kurzen Rock und anliegende Beinkleider, sehr vornehme Mäntel aus Gold- und Silberstoffen, aufs beste gefüttert, und geschnürte Schuhe. Auch die strengsten Persönlichkeiten der Partei des Dauphin hatten nichts gegen solches Auftreten einzuwenden. Sie lasen in der Heiligen Schrift, daß Esther und Judith, die von Gott Erleuchteten, sich mit Prunk überluden, allerdings ihrem Geschlechte gemäß und um Assuerus und Holofernes zum Heile Israels zu verführen. Sie waren der Meinung, daß Johanna sich mit männlichem Schmucke zierte, um den Kriegern als Engel zu erscheinen, der dem sehr christlichen König den Sieg brächte, und daß es ihr fernläge, weltlicher Eitelkeit zu frönen; daß sie einzig und allein wie Esther und Judith das Wohl des heiligen Volkes und den Ruhm Gottes ins Auge faßte. Aber die englischen und burgundischen Geistlichen legten dieser Aufmachung Schimpfliches zugrunde und hielten sie, was ihre Sitten und Kleider betraf, für ein leichtfertiges Frauenzimmer.

Wie der Edle von Harcourt befragte auch Johann von Aulon Johanna eines Tages nach ihrem Rat. Sie antwortete ihm, daß sie drei Ratgeber hätte, von denen einer immer bei ihr bliebe; ein anderer käme und ginge häufig, und mit dem dritten besprächen sich die beiden andern. Ritter Aulon, der neugieriger war als der König, drang in sie, ihm einmal diesen Rat zu zeigen. Sie antwortete ihm, daß er nicht würdig und tugendhaft genug sei, daß aber der König und mancher andere ihre Stimmen gehört hatten. Sie glaubte es. Aber in Wirklichkeit ließ sie ihre Stimmen niemanden hören, nicht einmal, was auch darüber gesagt worden ist, jenem Guy von Cailly, der ihr seit Chécy gefolgt war.

Sie weissagte, und wie es allen Hellsehern widerfährt, prophezeite sie nicht immer das, was eintreffen sollte. Das war selbst das Schicksal des Propheten Jonas. Sie sagte, bevor der Tag des heiligen Johannes des Täufers des Jahres 29 anbricht, darf kein Engländer, so stark und mutig er sei, sich in Frankreich in Feld oder Schlacht blicken lassen. Das Fest des heiligen Johann Baptist wird am 24. Juni gefeiert.

FÜNFZEHNTES KAPITEL

Die Einnahme von Jargeau.

Die Brücke von Meung.

Beaugency

Unter den Edelleuten des Königs befanden sich die zwei Söhne jener Dame von Laval. Einer von ihnen, André, hatte eben ein Mißgeschick gehabt, das er mit vielen Edelleuten seiner Zeit teilte, und das Bertrand du Guesclin selbst mehrmals an sich erfahren hatte. In seinem eigenen Schlosse zum Gefangenen gemacht, war er in Schulden geraten, um sein Lösegeld zu zahlen. Als er sich um Hilfe an den König wandte, gab dieser ihm nicht einen Taler, sondern versprach statt dessen, ihm die Jungfrau zu zeigen. So ließ er in Selles die Heilige zu sich rufen. Sie kam in weißer Rüstung, von Bettelmönchen und ihren Brüdern begleitet. Man brachte ihr das Pferd, einen großen schwarzen Renner, der sich bäumte und sie nicht aufsitzen lassen wollte, worauf sie ihn vor das Kreuz am Eingang der Kirche führen ließ und sich dort in den Sattel schwang, wonach der Renner sich nicht mehr bewegte, als wenn er gefesselt sei, was die Ritter nicht wenig in Erstaunen setzte.

Das Heer brach nach Jargeau auf. Der Befehl wurde dem jungen Herzog von Alençon übergeben, der nicht sehr begabt war. Aber er hielt sich trefflich im Sattel, und dies war damals die einzig unerläßliche Kunst für einen Heerführer. Wieder kamen die Bewohner Orléans für die Kosten des Unternehmens auf; und es war die Jungfrau, an die sie alles Nötige für die Belagerung sandten. Sie erkannten weder den Herzog von Alençon noch den Bruder ihres Herrn, den edlen Bastard, an. Außer den Bürgern Orléans war es der Edle von Rais, der am meisten zu den Kosten der Belagerung von Jargeau beitrug. Der unglückliche Edelmann verschwendete, ohne zu zahlen, und die reichen Bürger machten an ihm Wuchergewinne. Bald sollte er sich dem Teufel verschreiben, um seine Geschäfte in Ordnung zu bringen. Die Stadt Jargeau, die man mit großen Kräften wieder erobern wollte, hatte sich den Engländern im Vorjahre ohne irgendwelchen Widerstand ergeben. Sie war von Mauern und Türmen umgeben, nicht sehr stark, aber von den Engländern in Verteidigungszustand gesetzt. Die Jungfrau hatte sich zu dem Herzog von Alençon gesellt; der Bastard und viele andere Anführer folgten ihnen, und sie hatten große Eile, Jargeau zu erreichen, als man plötzlich vernahm, daß Sir John Falstaff aus Paris mit zweitausend Kämpfern heranzog. Das war jene Armee, die Johanna so sehr beunruhigt hatte, weil ihre Heiligen ihr verschwiegen hatten, wo sich Falstaff befände. Die Hauptleute berieten sich untereinander. Mehrere von ihnen hielten es für gut, auf die Belagerung zu verzichten und Falstaff entgegenzuziehen. Einige machten sich davon, ohne Weiteres abzuwarten. Johanna trieb die Krieger an, den Marsch auf Jargeau fortzusetzen. Sie sagte:

»Wenn ich nicht sicher wäre, daß der Herr dieses Werk anführt, würde ich lieber Schafe hüten als mich solch großer Gefahr aussetzen.«

Der Herzog von Alençon hörte eifriger auf sie als irgendein Anführer der orleanesischen Armee. So wurden denn jene, die davongegangen waren, zurückgerufen, und man marschierte gegen Jargeau. Aber die Engländer lagen vor dem Gemäuer der Vororte und behinderten sie am Weiterschreiten. Als die Jungfrau sie erblickte, ergriff sie ihr Banner und warf sich, ihre Leute anspornend, dem Feind entgegen. In dieser Nacht konnten die Leute des Königs in den Vororten von Jargeau lagern, wobei sie sich in großer Gefahr befunden hätten, wenn die Engländer hervorgekommen wären. Die Jungfrau sprach wahrer, als sie wußte; in ihrem Heer war alles Gottes Gnade anheimgegeben. Am nächsten Morgen schossen die Kanonen von Orléans auf die Stadt, die sehr zu Schaden kam, denn in drei Schüssen ließ die Hirtin den größten Turm der Einfriedung zu Falle bringen. Die Jungfrau, die die

Gewohnheit hatte, den Feind zu warnen, ehe sie kämpfte, näherte sich dem Graben und rief den Engländern zu:

»Tretet den Platz dem König des Himmels und dem König Karl ab und entfernet euch. Wenn nicht, werde ich euch vernichten.«

Die Engländer beachteten die Mahnung nicht. Dennoch waren sie sehr geneigt, in Verhandlungen einzutreten. Sie verlangten einen Aufschub von vierzehn Tagen, nach welchem sie sich zu entfernen bereit erklärten, wenn sie bis dahin nicht Hilfe erhielten. Solche bedingungsweisen Kapitulationen waren auf beiden Seiten gebräuchlich. Die Jungfrau, immer bereit, dem Feinde Barmherzigkeit zu zeigen, und immer bereit, zu kämpfen, sagte:

»Mögen sie sich in ihren kurzen Röckchen mit heiler Haut aus Jargeau entfernen! Wenn nicht, wird man sie angreifen.«

Der Herzog von Alençon wollte von Kapitulation nichts wissen, ließ die Leitern herbeitragen; die Herolde stießen ins Horn und riefen zum Angriff. Die Jungfrau entfaltete ihr Banner, sprang mit den Königsmannen und Dorfleuten unter Pfeilregen und hagelnden Steinkugeln in den Graben und blieb an der Seite des Herzogs von Alençon. Als sie ihn bei diesem Angriffe kleinmütig sah, erinnerte sie ihn an das Versprechen, welches sie seinerzeit seiner Frau gegeben hatte, ihn heil und gesund ihr wiederzubringen. Mitten im Kampfe bemerkte sie auf der Mauer eines dieser langen Schießgeräte, das in die Richtung, in der sie sich mit dem schönen Vetter des Königs befand, seine Steine spie. Sie wurde der Gefahr bewußt und rief dringlich:

»Weichet von hier, diese Maschine wird Euch töten!«

Der Herzog hatte sich nicht drei Klafter weit entfernt, als ein Edelmann namens du Lude auf dem von ihm verlassenen Platze von einem Stein der Wurfmaschine getötet ward. Der Herzog von Alençon bewunderte diese Voraussage. Gewiß war die Jungfrau gekommen, ihn und nicht den Edlen du Lude zu retten. Die Engel des Herrn nahen zum Heile des einen und zum Untergang des andern.

Der Graf von Suffolk ließ ausrufen, daß er mit dem Herzog

von Alençon zu sprechen wünsche. Aber man hörte nicht auf ihn, und der Angriff nahm seinen Fortgang. Vier Stunden schon strengte man sich an, als Johanna, ihre Fahne in der Hand, auf eine Leiter stieg und ein auf ihre Kopfbedeckung geschleuderter Stein sie mit ihrem Wappenschild niederwarf. Man glaubte sie erschlagen, aber sie erhob sich rasch und rief den Kriegern zu:

»Freunde, Freunde! Drauflos! Drauflos! Der Herr hat die Engländer verdammt. Zu dieser Stunde sind sie unser. Habt guten Mut!«

Die Mauer wurde erklettert und die Leute des Königs verbreiteten sich in der Stadt. Die Engländer flohen, die Franzosen verfolgten sie. Guillaume Regnault, Junker von Auvergne, erreichte den Grafen von Suffolk und nahm ihn gefangen. »Seid Ihr ein Edelmann?« fragte Suffolk. – »Ja.« – »Seid Ihr ein Ritter?« – »Nein.« Der Graf von Suffolk schlug ihn zum Ritter und ergab sich ihm.

So viele Mannen die Franzosen auch getötet und verwundet hatten, verloren sie selbst doch nicht mehr als zwanzig Leute. Ohne Aufschub kehrte die Jungfrau mit der Ritterschaft nach Orléans zurück. Die Bewohner beschenkten den Herzog von Alençon mit sechs, die Jungfrau mit vier Fässern Wein. Die Räte des Herzogs Karl, des Gefangenen der Engländer, gaben ihr einen goldenen Mantel und ein karmesinrotes flandrisches Gewand. Früher schon hatte man ihr grünes Tuch gegeben, damit sie ihr Kleid mit den ›Brennesseln‹ ziere, die sich im Wappen des Herzogs von Orléans befanden. Seine Farben waren Grün und Hellrot, und angeblich veränderte sich das Grün je nach dem Glück des Hauses. Man hatte das heitere Grün erlebt, dann das Braungrün und endlich das verbleichende Grün, das schwärzlich war und Trauer und Schmerz bedeutete. Der Jungfrau gab man das verbleichende Grün. Sie trug die Livree von Orléans wie die Offiziere des Herzogtums und die Bürgerwehr der Stadt, so daß man aus ihr einen wunderbaren Kriegsherold, eine Art bewappneten Engel machte. Den Überwurf aus verbleichendem Grün und das mit Brennesseln bestickte Kleid trug sie freudig, aus Liebe für den Herzog Karl, den sie zu befreien hoffte. Ihr Plan war, die Engländer aufzufordern, ihn herauszugeben, und wenn sie dem nicht stattgaben, über das Meer zu setzen und ihn mit einem Heer aus England selbst heimzuholen. Im Falle, als ihr dies unmöglich würde, hatte sie mit Zustimmung ihrer Heiligen ein anderes Mittel ersonnen: sie wollte ihren Himmelskönig bitten, sie so viele Gefangene machen zu lassen, daß sie deren genügend hätte, um sie gegen den Herzog Karl auszutauschen; frommer Traum eines Kindes, das einst beim Klang der Dorfglocken einzuschlummern pflegte.

Wenn sie von dem herzoglichen Gefangenen sprach, sagte sie zuweilen, daß ihre Stimmen ihr vielfache Offenbarungen über ihn gemacht hätten. In Wirklichkeit waren der Sohn Valentinens von Mailand und die Tochter Isabelle Romées durch einen breiteren und tieferen Abgrund voneinander getrennt als der Ozean, der sich zwischen ihnen weitete. Ihre Seelen lebten in zwei verschiedenen Welten, und allen Heiligen des Paradieses wäre es nicht gelungen, sie einander verständlich zu machen. Dessenungeachtet war dieser Herzog Karl ein guter Prinz – wohlwollend, barmherzig und sanftmütig. Wie kein anderer besaß er die Gabe zu gefallen. Er entzückte trotz seiner armseligen Miene und Schwächlichkeit durch seine Grazie. Seine Natur war seinem Schicksal so wenig angepaßt, daß man sagen kann, daß er sein Leben durchdauerte. Sein Vater nächtlings in Paris auf Befehl des Herzogs Johann umgebracht, seine Mutter vor Schmerz und Zorn im Kloster verstorben, hatte er sich die Anfangsbuchstaben von Seufzer und Sorge, die beiden ›S‹, als Sinnbild und Wahrzeichen seiner Trauer erwählt, was die Feinheit eines bis in die Verzweiflung einfallsreichen Geistes beweist. Um ihn würgten einander Armagnacs und Burgunder. – Dies waren die Erlebnisse seiner frühen Jugend. Dann war er in der Schlacht von Azincourt verwundet und gefangengenommen worden.

Er, der seit vierzehn Jahren von Schloß zu Schloß, von einem Ende der nebligen Insel zum andern hin- und hergeschleppt, hinter dicke Mauern gesperrt, streng bewacht und nur in langen Zwischenräumen zwei oder drei Franzosen empfing, mit denen er nicht ohne Zeugen sprechen durfte, fühlte sich nun vor den Jahren gealtert und im Unglück hingewelkt. »Frucht, noch grün herabgeschlagen, legte man mich aufs Stroh der Gefangenschaft zur Reife. Winterfrucht bin ich«, sagte er von sich. In seiner Verbannung litt er ohne Zuversicht, eingedenk dessen, daß König Heinrich V. sterbend seinem Bruder empfahl, ihn um keinen Preis herauszugeben. Zu anderen milde und sanftmütig, flüchtete er seinem eigenen Schicksal gegenüber in seine Gedankenwelt, die ebenso lachend und heiter war wie sein Leben düster und traurig. Vergraben in jene strengen Burgen von Windsor und Bollingbroke, in den Turm von London, umgeben von seinen Henkersknechten, lebte und atmete er in der märchenhaften Welt des ›Romans von der Rose‹, schrieb in tiefen Fensternischen, in die kein Sonnenstrahl drang, seine Balladen, die frisch und fein waren wie bemalte Bildchen in den Stundenbüchern. Was für ihn wirklich lebte, war die Allegorie. Er irrte im Walde der ›Langen Erwartung‹, er bestieg das Schiff der ›Guten Kunde‹, er war auf das ritterlichste Dichter und Sänger der ›Dame Schönheit‹. Las man seine Verse, mochte man ihn für den Gefangenen Amors halten. Wenn ihn in der Unkenntnis, in der man ihn über die Angelegenheiten seines Herzogtums ließ, irgend etwas noch beschäftigte, war es die Sorge, die Bücher König Karls V., die vom Herzog von Bedford gekauft und den Händlern Londons wieder verkauft worden waren, zu sammeln oder anzuordnen, daß man beim Nahen der Engländer aus Blois seine schönen Wandstickereien mit der Bücherei seines Vaters entfernen und nach La Rochelle brächte. Das, was er nach ›Schönheit‹ am meisten liebte, waren die reichen Wandbehänge und die mit zarten Miniaturen ausgeschmückten Handschriften. Sein Trauern galt der schönen Sonne Frankreichs, dem schönen Maienmond, den Reigen und den Damen. Von kühnen Taten und Ritterschaft war er geheilt. Als die Jungfrau kam, verbreitete sich das Gerücht, er habe von seinem Herzogtum Kunde erhalten; man glaubte sogar, ein treuer Diener habe ihm Botschaft der glücklichen Ereignisse des

Jahres 1429 überbracht, was aber mehr als unwahrscheinlich ist. Viel glaubhafter ist, daß die Engländer an ihn keinerlei Nachricht durchließen. Und vielleicht war er gar nicht so begierig auf Kriegsneuigkeiten. Er hoffte nichts vom Krieg und zählte nicht auf seine Befreiung durch Waffentaten seiner schönen Vettern in Frankreich. Seine Hoffnung gründete sich auf seinen Vetter von Burgund, von dem das Schicksal der Engländer in Frankreich abhing. Er hatte sich ergeben oder zumindest sollte er ein wenig später sich dareinfinden, die Oberherrschaft des Königs von England anzuerkennen, und man sollte hier weniger auf die Schwäche der Menschen folgern als auf die Gewalt der Schicksalsdinge. Und der Gefangene glaubte ja nie genug zu tun, um Frieden, den ›wahren Schatz der Freude‹ zu erlangen.

Seit der Einnahme von Jargeau war die Loire stromaufwärts freigelegt. Um die Stadt Orléans in Sicherheit zu bringen, mußte man jedoch den Fluß auch stromabwärts, wo die Engländer noch Meung und Beaugeney innehatten, säubern. Am 14. Juni schlug ein Heer den Weg ins Feld ein und befand sich am Abend selbst vor der Brücke von Meung, wo die Königsmannen noch vor der Nacht leicht den Durchgang erzwangen. Am folgenden Morgen begaben sie sich geradeaus nach Beaugency. Die alte kleine Stadt, am Abhang eines Hügels gelegen und von Weinbergen, Gärten und Getreidefeldern umgeben, senkte sich gegen das grüne Tal des Ru und wies einen viereckigen, stolzen Turm auf. Die Vororte waren nicht befestigt, aber als die Franzosen eindrangen, wurden sie aus den Häusern und alten Gemäuern mit Pfeilen und Steinen überschüttet. Auf beiden Seiten gab es Tote und Verwundete. Schließlich zogen sich die Engländer in die Burg und in die Befestigungen zurück. Der Herzog von Alençon stellte Wachen vor dem Schloß auf, als er zwei bretonische Edelleute herankommen sah, die ihm meldeten, daß der Konnetabel Unterkunft erbitte. Arthur von Bretagne, Herr von Richmond, Konnetabel von Frankreich, der den ganzen Winter über gegen die Leute des Herrn de la Trémouille gekämpft hatte, kam trotz des Verbotes des Königs, sich dessen Leuten anzuschließen. Der Herzog von Alençon wollte sich, des königlichen Gebotes erinnernd, zurückziehen und ließ ihm durch die beiden Edelleute antworten, daß er und die Jungfrau ihn bekämpfen würden, falls er Quartier bezöge; doch hielten ihn einige Hauptleute davon ab, dies auszuführen. Am folgenden Morgen verbreitete sich im Lager lebhafter Lärm. Die Herolde schrien zu den Waffen, und man erfuhr, daß die Engländer in großer Menge herankamen. Der junge Herzog wollte sich immer noch vor dem Konnetabel zurückziehen, doch diesmal stimmte ihn Johanna um. Er folgte ihrem Rat und ging, von ihr, dem Bastard und den Herren von Laval geleitet, dem Konnetabel entgegen. Bei ihrem Nahen stieg ein kleiner Mann, mit dicken Lippen, dunkelhäutig und verrunzelt, vom Pferd. Es war dies Arthur von Bretagne. Die Jungfrau empfing ihn, indem sie seine Knie umfaßte, wie sie es mit den Großen der Erde und des Himmels, mit denen sie Umgang hatte, zu tun pflegte. So taten alle Edlen, wenn sie Vornehmeren, als sie selber waren, begegneten. Der Konnetabel sprach mit ihr als guter Katholik: »Johanna, man hat mir gesagt, daß Ihr mich bekämpfen wollt. Ich weiß nicht, ob Ihr von Gott seid oder nicht. Seid Ihr von Gott, fürchte ich Euch nicht, denn ihm gehört mein bestes Streben. Seid Ihr vom Teufel, fürchte ich Euch noch weniger.« Er hatte gutes Recht, solcherart zu sprechen, da er bemüht war, dem Teufel niemals Macht über sich zu geben. Er zeigte sich Gott gefällig, indem er allen männlichen und weiblichen Hexen eifriger nachforschen ließ, als es Bischöfe und Inquisitoren der Ketzerei taten. So ließ er denn nicht wenige Menschen bei lebendigem Leibe verbrennen.

Die Neuhinzugekommenen mußten der Sitte gemäß Wachposten stehen. Der Konnetabel und seine Truppe lagen diese Nacht vor der Burg auf der Lauer. Vom folgenden Morgen an schleuderten die Wurfmaschinen und Kanonen unaufhörlich Steine auf die Belagerten, und es wurde schließlich Kapitulation angeboten und ausbedungen, daß die Engländer das Schloß übergäben und mit Pferd und Rüstung und ihrer Habe, die nicht eine Silbermark übersteigen durfte, sich davonmachen sollten. Die Garnison von Beaugency hatte sich allzusehr mit ihrer Übergabe beeilt. Kaum daß sie sich entfernt hatte, meldete man, daß sich die Engländer, etwa tausend Mann stark, näherten. Als Johanna dies vernahm, wandte sie sich an Arthur von der Bretagne und sagte zu ihm:

»Ah, schöner Konnetabel, Ihr seid nicht durch mein Hinzutun gekommen. Aber da Ihr gekommen seid, werdet ihr willkommen sein.«

Was die Franzosen vor sich hatten, war Sir John Talbot und Sir John Falstaff mit der ganzen englischen Armee.

SECHZEHNTES KAPITEL

Die Schlacht von Patay.

Urteile der italienischen und deutschen Gelehrten.

Die Armee von Gien

Sir John Falstaff war von Paris aus mit fünftausend Kämpfern unterwegs und brachte den Engländern von Jargeau reichlich Lebensmittel und Bewaffnete. John Talbot schloß sich ihm mit vierzig Lanzenträgern und zweihundert Bogenschützen an. Als die Leute des Königs erfuhren, daß dieses Heer nahe, machten sie sich bereit, ihm zu begegnen. Nach kurzem Ritt meldeten die Vorposten eine Meile von Patay entfernt die Banner und Fähnchen Englands, die über der Ebene flatterten. Die Franzosen erkletterten einen Hügel, um den Feind zu beobachten. La Hire sagte zur Jungfrau: »Die Engländer kommen in Schlachtordnung, bereit, zu kämpfen.« Und ihrer Gewohnheit gemäß antwortete sie: »Schlagt mutig zu! Sie werden die Flucht ergreifen.«

Der Herzog von Alençon war aber keineswegs bereit, in die Ebene herabzusteigen. Angesichts des Konnetabels, des Bastards und der Hauptleute befragte er das heilige Mädchen, das seine Antwort in ein Rätsel kleidete: »Habt alle gute Sporen!« In der Meinung, sie spräche von den Sporen des Grafen von Clermont bei dem verlorenen Angriff von Rouvray, fragte der Herzog:

»So sollen wir also den Rücken kehren?«

»Mitnichten«, antwortete sie. Ihre Stimmen rieten ihr zu unbedingtem Vertrauen. »Mitnichten. Zieht im Namen Gottes über sie her, denn sie werden ohne Aufenthalt fliehen und besiegt sein, ohne Krieg und Verlust Eurer Leute. Und darum braucht Ihr Sporen, ihnen zu folgen.«

Nach der Meinung der Meister und Doktoren war es klug,

auf die Jungfrau zu horchen, ohne die Wege menschlicher Klugheit zu verlassen. Zwei Herolden Englands, die als Abgesandte dreier Ritter gekommen waren, Einzelkämpfe anzubieten, wurde geantwortet, daß man ihnen am künftigen Morgen, wenn es Gott gefiele, des Näheren begegnen würde. Die Engländer, in der Meinung, daß sie nicht angegriffen würden, verließen ihren Platz, um in Meung zu nächtigen. Als die Franzosen sie dort suchten, hatten sie sich auf und davon gemacht, um sich zu verschanzen. Das Heer des Königs Karl, zwölftausend Mann stark, brach alsbald auf der Straße von Paris und der Ebene von Beauce zur Verfolgung auf. Hier, auf der unbegrenzten Ebene, wo die Erde dem Blick entgleitet und flieht, den Himmel über sich sehend, den wolkenlosen Himmel der Ebene, der von wunderbaren Reitereien in die Gebirge der Luft träumen läßt, rief die Jungfrau aus:

»Im Namen Gottes! Und wenn sie an den Wolken hingen, wir werden sie fassen!«

Und wie abends zuvor, weissagte sie:

»Der liebe König wird heute größeren Sieg erringen, als er seit langem hatte. Und mein Rat hat mir gesagt, daß sie alle unser sein werden.«

Sie verkündete, daß die Franzosen wenige oder gar keine Toten haben würde.

Die waffenkundigsten Männer, unter ihnen der Bastard und der Marschall von Boussac, bildeten auf ihren erlesenen Rennern die Vorhut. Unter Führung La Hires, der das Land kannte, setzte sich die Hauptmacht des Heeres in Bewegung, gefolgt von der von Laval und Rais befehligten Nachhut. Die Jungfrau, voll Mut, wollte voranreiten, wurde aber daran gehindert. Sie führte nicht das Waffenvolk, das Waffenvolk führte sie; man betrachtete sie nicht als das Haupt des Krieges, sondern als Glücksbringerin. Höchst betrübt mußte sie sich zur Nachhut bequemen. Alles eilte, damit der Feind nicht entweichen konnte. Nachdem sie fast fünf Meilen in ermattender Hitze geritten waren, sahen sie vor sich die kleine Stadt Patay. Der Zufall wollte es, daß zwei Ritter die Lanze nach einem Hirsch warfen, der aus einem Dickicht hervorsprang und in einen Hohlweg flüchtete. Aus diesem erhebt sich plötzlich Geschrei. Es waren die englischen Soldaten, die lärmend einander das zu ihnen versprengte Wild streitig machten. Auf diese Art von der Gegenwart des Feindes unterrichtet, hielten die französischen Kundschafter inne und einige von ihnen wurden abgeschickt, das Heer zu verständigen, daß sie die Engländer überrascht hätten und nun die Stunde der Arbeit angebrochen wäre. – Folgendes hatte sich auf seiten der Engländer ereignet; in guter Ordnung zogen sie sich nach Jeanville zurück, als sie der französischen Kundschafter ansichtig wurden und, ohne von diesen gesehen zu werden, ihren Feldherren, Sir John Talbot, der sich in der Nähe der Stadt Patay befand, verständigten. In dieser Gegend gab es lebende Hecken; Talbot verschanzte sich mit fünfhundert ausgezeichneten Bogenschützen dahinter, die Franzosen zu erwarten, die notgedrungen hier vorbeikommen mußten. Er hatte vor, den Weg zu verteidigen, bis die Nachhut die Hauptarmee erreicht haben würde, und gedachte, sich dann auf das Heer zu stürzen. Die Franzosen aber, durch ihre Kundschafter gewarnt, fegten wie eine Windhose über sie her, rannten sie nieder und fetzten sie auseinander. Es kam zu keinem Gefecht. Nachdem sie über die Leichen der Talbotschen Bogenschützen gesprengt waren, drangen die Franzosen in das englische Heer, das wie eine Schafherde den Kopf verlor, und töteten, was ihnen in den Weg kam. Sie machten zweitausend dieser Leute geringen Standes nieder. Die Godons pflegten sie aus ihrem Lande wegzuführen, um sie in Frankreich sterben zu lassen. Sir John Talbot und viele andere englische Edelleute wurden zu Gefangenen gemacht. Außer der Vorhut, die sich als erste geflüchtet hatte, war das englische Heer vollständig vernichtet. Es ist versichert worden, daß es auf seiten der Franzosen nur einen Toten gab. Als die Jungfrau eintraf, hatte das Töten noch nicht sein Ende gefunden. Sie sah, wie ein Franzose, der Gefangene einherführte, einen von ihnen so grob auf den Kopf schlug, daß der Mann wie tot hinfiel. Sie stieg vom Pferde und ließ den Engländer beichten, hielt ihm den Kopf und tröstete ihn, so gut sie konnte. Dies war der Anteil, den sie an der Schlacht von Patay hatte: den eines heiligen Mädchens.

Die Jungfrau folgte am nämlichen Tag dem König nach Saint-Benoit an der Loire. Er empfing sie mit gewohnter Milde und sagte ihr: »Du dauerst mich ob der Mühen, die du durchmachst.« Und er drang in sie, daß sie ruhe. Als sie ihn so sprechen hörte, weinte sie. Man sagt, daß sie in des Königs Leutseligkeit Unglaube und Gleichgültigkeit ihr gegenüber zu verspüren glaubte. Hüten wir uns aber, den Tränen der Ekstatikerinnen und Wunderfrauen eine der gewöhnlichen Menschenvernunft verständliche Ursache zuzuschreiben. Karl erschien ihr in unfehlbarem Glanze gleich dem heiligsten der Könige. Wie hätte sie einen Augenblick nur vermuten können, daß es ihm am Glauben fehle, da sie ihm doch ihre den gewöhnlichen Sterblichen verborgenen Engel gezeigt hatte. Allerdings hatte König Karl keine Eile, sein Königtum durch ritterliche Taten wiederherzustellen. Aber sein Rat hatte zu diesem Zeitpunkt keinerlei Absicht, sich der Jungfrau zu entledigen. Er bediente sich ihrer im Gegenteil sehr geschickt, um den Franzosen Mut zu geben, die Engländer zu erschrecken und aller Welt zu zeigen, daß Gott, der Erzengel Michael und die heilige Katharina Armagnacs waren. Anläßlich der Benachrichtigung des Sieges von Patay an die getreuen Städte ließ die königliche Kammer nicht ein Wort vom Konnetabel verlauten und nannte ebensowenig den Bastard, bezeichnete vielmehr die Jungfrau mit den zwei Prinzen königlichen Geblütes, Alençon und Vendôme, als Feldherrn der Schlacht. Und sicherlich war sie ebensoviel, wenn nicht mehr wert als ein Heerführer, da der Konnetabel die Absicht hatte, sich ihrer zu bemächtigen. Wahrscheinlich erfuhr sie nichts von der Falle, die er ihr durch einen seiner Ritter hatte stellen lassen.

Karls Prophetin erfüllte eine Zeitlang die ganze Christenheit mit ihrem Ruhme. Während sich im Zeitlichen die Völker untereinander zerfleischten, machte die Einheit des geistlichen Gehorsams aus Europa eine einzige Geistesrepublik, die nur eine Lehre und eine Sprache hatte und durch die Konzile regiert wurde. Der Atem der Kirche drang überall hin. In Italien, in Deutschland sprach man von nichts anderem als von der Sibylle von Frankreich, und die Kleriker wetteiferten in Abhandlungen über ihre Art und ihre Taten, die die christliche Gläubigkeit so sehr beschäftigten. Nichts war damals verächtlicher und verabscheuungswürdiger als eine eigene Idee. Originalität wohnte den Köpfen in keiner Weise inne. Die Geistlichen beschäftigten sich alle nach derselben Methode, nach denselben Beweisgründen, den gleichen heiligen und profanen Vorschriften sich unterordnend, mit der Jungfrau. Die Einstimmigkeit konnte nicht weitergehen, als es hier geschah. Sie hatten alle denselben Geist, nicht dasselbe Herz; der Geist argumentiert, aber das Herz entscheidet. Diese Scholastiker, trockener als ihre Pergamente, waren schließlich doch Menschen. Ihre Entschlüsse entstanden aus Gefühlen, Leidenschaften, geistlichen oder weltlichen Interessen. Während die armagnacischen Gelehrten bewiesen, daß im Falle der Jungfrau die Gründe zu glauben jene des Nichtglaubens überwogen, waren die deutschen und italienischen Meister, die Streitigkeiten des Dauphins ferne standen, in Zweifel verblieben und weder von Haß noch Liebe bewegt. Ein Doktor der Theologie namens Heinrich von Gorcum, Professor in Köln, befaßte sich schon seit Juni 1429 mit einer Denkschrift über die Jungfrau. In Deutschland waren die Meinungen darüber getrennt, ob dieses junge Mädchen von menschlicher Natur sei, oder ob sie etwa ein himmlisches Wesen in Frauengestalt wäre. Meister Heinrich von Gorcum verfaßte sein Traktat, um beide Auslegungen mit Folgerungen aus der Heiligen Schrift zu belegen, und enthielt sich des abschließenden Urteils.

In Italien herrschten über die Taten der Jungfrau die gleichen Zweifel und Ungewißheiten.

Johanna blieb fest in ihrem Entschluß, nach Reims zu ziehen, um den König dort salben zu lassen. Sie war nicht der Ansicht, daß es besser wäre, in der Champagne als in der Normandie Krieg zu führen. Darüber zu entscheiden, stellte sie sich nicht genügend klar die Gestalt des Königreiches vor, und man wird kaum der Meinung sein, daß ihre Engel und Heiligen sich besser in der Geographie auskannten als sie selbst. Sie hatte Eile, den König zur Krönung nach Reims zu führen, weil sie ihn nicht als König betrachtete, ehe er gesalbt worden war. Der Gedanke, ihn mit dem heiligen Öl zu salben, war ihr noch in ihrem Dorfe und lange bevor Orléans belagert worden war, gekommen. Diese Eingebung rührte aus ganz und gar geistlichen Quellen her und entsprach in keiner Weise der durch die Befreiung Orléans und den Sieg von Patay entstandenen Sachlage. Um richtig zu handeln, hätte man ohne Atempause am 18. Juni auf Paris marschieren müssen. Man war da nur dreißig Meilen von der großen Stadt entfernt, die zu diesem Zeitpunkt nicht einmal auf den Gedanken gekommen wäre, sich zu verteidigen. Der Regent, der sie schon eingenommen sah, hielt sich in der Festung von Vincennes eingeschlossen. Diese gute Gelegenheit hatte man versäumt. Manche waren dafür, daß man den Krieg in die Normandie trüge; dort konnte man Englands Baum an der Wurzel schlagen. Andere Edelleute forderten den Feldzug nach der Champagne, und was man darüber auch gesagt haben mag, die Apokalypse der Jungfrau hatte mit diesen Entschließungen nichts zu tun. Die Räte des Königs lenkten Johanna, weit entfernt, sich von ihr lenken zu lassen. Im übrigen finden wir, ohne noch weiter suchen zu müssen, jene Persönlichkeit, die mehr als jede andere der Meinung sein mußte, daß der König gesalbt werde, und die mehr als alle andern des Standes war, ihre Ansicht überwiegen zu lassen. Es ist dies jener, dem selber das Recht zukam, das heilige Salbgefäß in seinen geweihten Händen zu halten, nämlich Hochwürden Regnault von Chartres, Erzbischof von Reims, Kanzler des Königreiches. Dies war ein Mann von außergewöhnlicher Intelligenz, geschäftskundig, geschickter Diplomat, auf zeitliche Güter erpicht und weniger besorgt um eitle Ehren als um solide Vorteile. Geizig und skrupellos, hatte er mit seinen fünfzig Jahren nichts von seiner umfassenden Betriebsamkeit verloren, was er eben durch den Feuereifer, mit dem er sich für die Befreiung Orléans einsetzte, bewiesen hatte. Wie hätte er, solchermaßen begabt, im Staate nicht mächtigen Einfluß ausgeübt? Etwa seit zehn Jahren Erzbischof von Reims, war ihm noch jeglicher Pfennig seiner riesigen Einkünfte ausgeblieben. Trotzdem er reich war, jammerte er über sein Elend und richtete an den Papst steinerweichende Bittschriften. Wenn die Jungfrau von den Geistlichen von Poitiers günstig beurteilt worden war, hatte Hochwürden Regnault nicht wenig damit zu schaffen, und man stellt wohl keine gewagte Vermutung auf, wenn man den Marsch nach Reims dem Umstand zuschreibt, daß der Kanzler durch menschliche Weisheit guthieß, was die Jungfrau durch göttliche Eingebung vorschlug. Und was den Feldzug zur Salbung betraf, der sich voraussichtlich nicht ohne größere Schäden und peinliche Unzukömmlichkeiten abspielen würde, so bot er dennoch kostbare Vorteile und auf verborgene Weise gewisse Erleichterungen. Unglücklicherweise ließ er aber das ganze von den Engländern besetzte Frankreich beiseite und gab den Feinden Zeit, sich zu erholen und Hilfe von jenseits des Meeres zu erhalten. Man wird bald sehen, daß sie diese Zeit gut ausnützten.

In diesen Zeitläufen war das Königtum ebensosehr geistlicher wie weltlicher Natur, und eine Menge Menschen dachten wie Johanna, daß der König nur durch die heilige Salbung wahrhaft König wäre. Bei Karl von Valois könnte man übrigens behaupten, daß er durch einen Tropfen Öles mehr gekräftigt würde als durch tausend Lanzen. Das mußten die Räte des Königs nur allzu gut wissen. Konnte man aber die Feierlichkeit nicht an einem anderen Orte als Reims bewerkstelligen? Zwei Könige, von Hugo von Capet abstammend, Robert der Weise und Ludwig der Dicke, waren in Orléans gekrönt worden; aber diese Erinnerung verlor sich im Dunkel der Zeiten, während das Volk die Erinnerung an eine lange Reihe von allerchristlichsten Königen bewahrte, die in der Stadt gekrönt worden waren, in der die göttliche Taube Chlodwigs das heilige Salböl herbeigebracht hatte. Auch würde der Erzbischof und Herzog von Reims es niemals geduldet haben, daß der König die Salbung nicht durch seine

Hand und in seiner Kathedrale empfange. So hieß es denn, nach Reims ziehen und den Engländern vorzugreifen, die beschlossen hatten, gleichfalls ihr königliches Kind zur Salbung dahinzuführen. Es wäre aber kindisch zu behaupten, daß sich die Krönungsfeierlichkeit nicht um einige Wochen hätte hinausschieben lassen. Um die Stätte des gottseligen Remigius zu erreichen, mußte man mehr als hundert Meilen in aufrührerischem Lande zurücklegen, lief jedoch bis auf ein weiteres nicht Gefahr, feindlichem Waffenvolk zu begegnen. Die Champagne, ein schönes, bewaldetes Land, war sehr reich an Gütern. In den Scheunen staute sich das Getreide. Wiewohl die Bewohner König Heinrich als ihren Herrn anerkannten, fühlten sie sich zu den Engländern und Burgundern keineswegs hingezogen und regierten sich selbst. Es waren dies reiche Kaufleute, die nichts anderes wollten als Frieden, und sich dem Mächtigsten anheimgaben. Zu jener Zeit vermuteten sie, daß die Macht sich den Armagnacs zuneige.

Der Feldzug war bereits auf sehr geschickte Weise vorbereitet gewesen. Man hatte sich mit Troyes und mit Châlons verständigt. Räte von Reims brachten Nachricht, daß die Stadt beim Herannahen des Königs ihre Tore öffnen würde. Die Armee versammelte sich in Gien und schwoll täglich mehr an. Von der Loire bis zur Seine und von der Seine bis zur Somme war der Boden nun in der Umgebung der Schlösser und Festungen bebaut. Die Mehrzahl der Felder blieben Brachland; man hielt kaum mehr Jahrmärkte und Märkte ab, die Arbeiter waren überall beschäftigungslos. So wurde der Krieg, der alles Handwerk und alle Berufe zerstört hatte, der einzige Erwerb. Schließlich waren dreißigtausend Mann versammelt, wozu noch die Mönche, Knappen, Frauen und das Gefolge hinzugezählt werden müssen. Und alle diese Leute hatten großen Hunger. Der König begab sich nach Gien und ließ die Königin aus Bourges zu sich rufen. Wenn der König die Königin mitzunehmen gedachte, so machte er sich nicht auf allzu große Ermüdungen und Gefahren gefaßt. Im letzten Augenblick aber änderte man die Absicht, und der König machte sich ohne sie auf den Weg.

Freitag, den 24. Juni, begab sich die Jungfrau von Orléans nach Gien und diktierte am folgenden Tag einen Brief an die Einwohner von Tournay, um sie über die Niederlage der Engländer zu verständigen, sie zur Salbung des Königs nach Reims einzuladen und ihnen zu empfehlen, sich als getreue Franzosen zu verhalten. Ein ähnlicher Brief wurde von der geistlichen Kammer der Jungfrau allen königstreuen Städten gesandt, und die Kleriker hatten die Liste dieser Städte herzustellen. Die Jungfrau ließ auch dem Herzog von Burgund Briefe zusenden, daß er sich zur Salbung einfände, erhielt aber keine Antwort. Der Herzog konnte nicht so leicht den Verrat von Montereau verzeihen, hatte aber zu keiner Zeit seines Lebens der französischen Partei unversöhnlichen Haß entgegengebracht. Eine Verständigung war seit dem Jahre 1425 sehr gut denkbar, als sein Schwager, der Konnetabel von Frankreich, die Mörder des Herzogs Johann aus dem königlichen Rate vertrieben hatte. Was den Dauphin Karl betraf, wehrte er sich, an dem Verbrechen teilgenommen zu haben, und unter den Burgundern galt er als Idiot. Im Grunde seines Herzens liebte der Herzog Philipp die Engländer nicht und hatte ihnen nach dem Tode Heinrichs V. die Regentschaft verweigert. Dennoch dachte der prächtige Herzog an nichts anderes als an sein Flandern, blieb zwar noch der Verbündete Englands, gedachte sich aber seiner zu bedienen, statt ihm zu dienen und behielt sich vor, wenn er darin Vorteil fände, die Franzosen zu bekämpfen, ehe er sich mit ihnen versöhnen würde. Nach Flandern waren es die Damen und die schönen Malereien, wie jene der Brüder van Eyck, die er am meisten schätzte. Man kann sich denken, was für einen Eindruck dieser Brief der armagnacschen Jungfrau auf ihn machte.

SIEBZEHNTES KAPITEL

Das Abkommen von Auxere.

Bruder Richard.

Die Kapitulation von Troyes

Die Jungfrau, die in ihrer Ungeduld nicht auf den König gewartet hatte, ritt mit jenen, die als erste aufgebrochen waren. Der König machte sich am nächsten Morgen mit den Prinzen königlichen Geblütes, einer zahlreichen Ritterschaft, dem Hauptteil des Zuges und dem Edlen de La Trémouille, der das Unternehmen leitete, auf. Alles traf am 1. Juli vor Auxerre ein. Diese Stadt, vor die sie nun in der Sommersonne ritt, vollkommen bewaffnet wie ein schöner heiliger Moritz, inmitten einer prächtigen Reiterschar, hatte Johanna unter trübem und regnerischem Himmel gesehen; gekleidet wie ein Stalljunge, ritt sie auf einem schlechten Pferde in Begleitung einiger armer Leute zum Dauphin Karl.

Der König forderte durch seine Herolde die Einwohner von Auxerre auf, ihn wie ihren natürlichen und rechtmäßigen Herrn zu empfangen. Solches Verlangen, von drohenden Lanzen unterstützt, brachte diese guten Leute in Verlegenheit. Sie liefen gleiche Gefahr, wenn sie ablehnten oder zustimmten. Mit Gehorsam umzusatteln, war eine schwierige Angelegenheit. Es ging um ihr Gut und Leben. Sie erschienen vor König Karl und versprachen ihm den gleichen Gehorsam wie die Städte Troyes, Châlons und Reims. Dies hieß nicht gehorchen, bedeutete jedoch nicht Rebellion. Man verhandelte; zwischen Stadt und Feldlager gingen die Botschafter hin und her, bis man schließlich Waffenstillstand beschloß. Die Stadtverordneten sprachen zum König:

»Wir bitten und fordern Euch auf, weiterzuziehen und vom Kriege abzusehen.« Und um ihre Bitte gefälliger zu gestalten, gaben sie dem Edlen de la Trémouille zweitausend Taler, der sie, wie man sagte, ohne alle Scham einsteckte.

Die Jungfrau, deren Stimmen ihr beständig Sieg ankündigten, rief die Soldaten unablässig zu den Waffen. Ohne sich im mindesten zu erregen, schritt der König zum Abschluß des Waffenstillstandes und bemühte sich nicht darum, etwa durch Gewalt mehr zu erringen als das, was er durch Milde gewonnen hatte. Wie viele Beispiele jener unglücklichen Städte gab es doch, die entrissen und sogleich wieder verloren waren, bald von den Franzosen, bald von Engländern und Burgundern vernichtet, und deren Bürger in ihren Truhen die rote und die weiße Mütze aufbewahrten, um sie abwechselnd zu tragen.

Nachdem die Soldaten drei Tage vor den Mauern der Stadt gelagert hatten, übersetzten sie nun gesättigt die Yonne und kamen schließlich nach Troyes. Diese Stadt war gewerbetreibend, die Tuchmacherei schaffte ihr Reichtum. Zweifellos aber war diese Industrie im Niedergang, und das öffentliche Elend und die Unsicherheit der Straßen beschleunigten ihren Verfall. Um ihre großen Jahrmärkte zu erhalten, auf die sie ihr Tuch brachten, mußten die Bewohner von Troyes mit ihren Nachbarn, den Burgundern, in Frieden leben, und wenn die Engländer die Häfen der Seine ihren Ballen gesperrt hätten, wären sie Hungers gestorben. So waren denn die Häupter der Stadt englisch geworden, was nicht bedeutete, daß sie es immer bleiben mußten.

König Karl hätte sich nicht leichtsinnig, ohne Sicherheiten zu suchen, in die Champagne gewagt; er wußte, auf was er in der Stadt Troyes zählen konnte. Hatte er doch Vorschläge und Versprechen empfangen und geheime Verbindungen mit mehreren Bürgern der Stadt, und nicht den geringsten, unterhalten.

Die Jungfrau machte mit einem Teil der Armee vor dem befestigten Schloß Saint-Phal halt. Hier sah sie einen Franziskaner auf sich zukommen, der, in der Furcht, sie könnte der Teufel in Person sein, das Kreuz schlug, Weihwasser umhersprengte und ihr nicht zu nahen wagte, ehe er nicht Teufelsaustreibung an ihr geübt hatte. Dies war jener Bruder Richard, der eben aus Troyes kam. Es ist von Interesse, soweit die Kenntnisse darüber reichen, zu berichten, wer dieser Mönch war. Sein Geburtsort unbekannt, Schüler des Bruders Vinzenz Ferrier und Bernhards von Siena; wie sie predigte er das nahe Kommen des Antichrist und das Heil der Gläubigen in der Anbetung des heiligen Namen Jesu. Nach der Pilgerfahrt zum heiligen Grabe kam er nach Frankreich und predigte 1428 in Troyes. »Säet«, sagte er, »säet, gute Leute, säet reichlich Bohnen, denn jener, der nahen soll, wird in Bälde nahen.« Mit den zu säenden Bohnen meinte er die guten Werke, die zu vollbringen ratsam wären, ehe der Herr kam, auf Wolken schreitend und Gericht haltend über Lebende und Tote. 1429 begab sich Bruder Richard nach Paris. Er predigte täglich im Freien von 5 bis 10 oder 11 Uhr auf einem Gerüst, das anderthalb Klafter hoch war, um das sich fünf oder sechstausend Personen drängten, denen er das bevorstehende Nahen des Antichrist und das Ende der Welt verkündete. Das Jahr 1430 werde die größten Wunder bringen, die man jemals gesehen hätte. Und der gute Bruder schloß daraus, daß man Reue und Buße üben sollte und den eitlen Gütern entsagen. Er kam zur rechten Zeit, denn in jenen Tagen gab sich das Volk von Paris wie wahnsinnig dem Glücksspiel hin; selbst die Geistlichen pflegten es ohne Scham, und man wußte von einem Domherrn, der in seinem eigenen Hause Gelegenheit zum Würfelspiel unterhielt. Und trotz Kriegs- und Hungersnot überluden sich die Frauen von Paris mit Prunk; die Sorge um ihre Schönheit war ihnen wichtiger als das Heil ihrer Seele. Bruder Richard wetterte hauptsächlich gegen den Putz der Frauen und das Spielbrett der Männer. Eines Tages hatte er so eindringlich gesprochen, daß die Bürger, nach Hause zurückgekehrt, ihre Damebretter, Karten, Billards, Kugeln und Würfel auf die Straße warfen und sie vor ihren Türen lichterloh brennen ließen. Mehr als hundert solcher Feuer blieben mehrere Stunden lang auf den Straßen angezündet. Die Frauen folgten dem guten Beispiel; an jenem Tage und den folgenden verbrannten sie züchtig ihren Kopfschmuck, ihre Panzermieder, das gestrickte Leder oder Fischbein, mit denen sie vorne ihre Mützen steiften; die Fräulein entledigten sich ihrer Hornhüte und Schleppen, da sie sich nun schämten, gleich Teufelinnen sich herzurichten. Der fromme Bruder ließ ebenfalls die Alraunewurzeln, die damals viele Leute bei sich aufbewahrten, verbrennen. Diese Wurzeln haben manchmal das Aussehen eines sehr häßlichen Männleins. Man kleidete sie prächtig in feines Linnen und Seide und hegte sie im Glauben, sie seien glückbringend und verschafften Reichtum. Die Hexen betrieben lebhaften Handel mit ihnen, und jene Leute, die die Jungfrau auch für eine Hexe hielten, beschuldigten sie höchst irrtümlich, eine Alraune bei sich zu tragen. Bruder Richard haßte diese magischen Wurzeln um so heftiger, als er ihnen die Macht zuerkannte, Reichtum zu verschaffen – Quelle allen Übels auf Erden. Diesmal horchte man noch auf sein Wort, und viele Pariser warfen mit Abscheu ihre Alraunen von sich, die sie um teures Geld jenen Frauen abkauften, die allzuviel zu wissen glauben. Nachdem der fromme Bruder zehnmal in der Stadt und einmal im Dorfe Boulogne gepredigt hatte, nahm er Abschied von den Parisern und teilte ihnen mit, daß er nach Burgund zurückkehre. Da weinten alle, groß und klein, bitterlich, und er weinte mit ihnen und willigte ein, seine Reise aufzuschieben. Als er zum letzten Male zum Pariser Volk sprechen sollte, in Montmartre, an Ort und Stelle, wo der heilige Dionysius sein Martyrium erlitten hatte, waren seit dem Vorabend mehr als sechstausend Personen unterwegs, um sich einen guten Platz zu verschaffen, verbrachten die Nacht dort, die einen in verlassenen Hütten, die meisten in den Feldern unter den Sternen. Als der Morgen anbrach, sahen sie jedoch vergeblich nach Bruder Richard aus und erwarteten ihn umsonst. Enttäuscht und betrübt erfuhren sie endlich, daß dem frommen Bruder verboten war, zum Volke zu sprechen. In seinen Predigten hatte er nichts verlauten lassen, was den Engländern hätte mißfallen können. Vielleicht hatte er die Flucht ergriffen, als er hörte, daß die theologische Fakultät gegen ihn vorgehen wollte. Allerdings hegte er seltsame und gefährliche Ansichten über den Weltuntergang.

Bruder Richard begab sich eilig nach Auxerre, wanderte predigend durch Burgund und die Champagne. Falls er zu König Karl hielt, ließ er es immerhin nicht merken, und man hat ja gesehen, daß er geglaubt hatte, die Jungfrau sei eine Teufelin oder eine Besessene. Als diese sah, wie der fromme Bruder sich bekreuzigte und Weihwasser auf sie sprengte, verstand sie sogleich, daß er sie für ein schreckliches Wesen in Art einer Frau hielt, für ein Phantom, vom bösen Geist gebildet, oder mindestens für eine Hexe. Sie war jedoch nicht in dem Maße beleidigt, als sie es gegenüber dem Verdacht jenes Priesters gewesen war, der sie in der Beichte gehört. Daß man daran zweifelte, sie sei eine gute Christin, verzieh sie nicht. Bruder Richard aber hatte sie ja nicht gekannt, sie niemals gesehen, und außerdem gewöhnte sie sich schon an dergleichen. Ohne Zorn und ein wenig spöttisch sagte sie dem Bruder:

»Nähert Euch nur mutig, ich werde nicht davonfliegen.«

Gleichzeitig erkannte Bruder Richard vermittels des Weihwassers und des Kreuzeszeichens, daß dieses junge Mädchen weder Teufel war noch einen Teufel in sich hatte. Und da sie sich von Gott gesandt nannte, glaubte er ihr völlig und hielt sie für einen guten Engel des Herrn. Er vertraute ihr die Ursache seines Kommens an. Jene von Troyes zweifelten, daß sie ein Wesen Gottes wäre. Er hätte sich hierherbegeben, um darüber Aufklärung zu erhalten. Nun wußte er, daß sie von Gott sei, und er war darob nicht im mindesten erstaunt. Von diesem Augenblick an schloß er sich der Sache der Jungfrau und des Dauphins entschieden an.

Johanna diktierte einen Brief, durch den sie zu wissen tat, daß sie im Dienste des himmlischen Königs stünde und im Namen Gottes die Bürger und Einwohner der Stadt Troyes selber in sanften und dringlichen Worten aufforderte, König Karl von Frankreich Gehorsam zu leisten.

Die Jungfrau gab diesen Brief Bruder Richard, der es auf sich nahm, ihn den Bewohnern von Troyes zu bringen.

Die Armee näherte sich der Stadt. König Karl ließ sogleich durch seine Herolde dem Rat von Troyes die mit seinem Siegel verschlossenen Briefe überreichen, in denen er ihnen mitteilte, daß er es unternommen habe, nach Reims zu gehen, dort die Salbung zu empfangen, und daß es seine Absicht wäre, am morgigen Tage in Troyes einzuziehen. Der Rat verweigerte den Herolden König Karls, die Stadt zu betreten, empfing jedoch die Briefe, las sie und gab den Herolden die gefaßten Ratschläge kund. Da sie geschworen hätten, niemanden ohne den ausdrücklichen Befehl des Herzogs von Burgund einziehen zu lassen, konnten sie es nicht wagen, König Karl aufzunehmen. Und die Räte fügten zu ihrer Entschuldigung hinzu: »Wie immer es auch um unsern Willen stünde, müssen wir Einwohner auf die in der Stadt befindlichen Kriegsleute, die mächtiger sind als wir, Rücksicht nehmen.« Die Räte ließen den Brief des Königs und darunter ihre Antwort öffentlich anschlagen. Sie lasen im Rate auch den Brief der Jungfrau, doch hatte der Mönch die Bürger nicht zu freundlichem Empfange vorbereitet, denn sie lachten reichlichst. Sie warfen den Brief ins Feuer, ohne Antwort zu geben, und bezeichneten sie als Närrin und des Teufels. Des Morgens aber am selben Tage begann das Heer längs der Mauern vorbeizuziehen und rings um die Stadt Quartier zu nehmen. Von Südosten aus konnten sie diese inmitten der weiten Ebene bewundern. Acht Jahre vorher war hier das Verlöbnis Heinrichs V. von England mit Katharina von Frankreich gefeiert worden; hier hatten auch Königin Isabella und Herzog Johann durch König Karl VI., der seiner Sinne und seines Gedächtnisses beraubt war, den Verzicht des Königreiches der Lilien zugunsten des Königs von England unterzeichnen lassen. Isabella hatte dem Verlöbnis ihrer Tochter beigewohnt und hatte dann zu ihrer Zerstreuung ihre Singvögel kommen lassen, Distelfinken, Hänflinge, Buchfinken und Zeisige. Nun aber war bei dem Herannahen der Franzosen die Mehrzahl der Bewohner auf den Mauern; sie gebärdeten sich eher neugierig als feindlich und schienen auch nichts zu fürchten; sie bemühten sich besonders, den König zu sehen. Am selben

Tage meldeten die Räte von Troyes den Bewohnern von Reims die Ankunft der Armagnacs, sandten ihnen eine Abschrift des Briefes von Karl von Valois und ihre Antwort und auch jene, die sie auf den Brief der Jungfrau gegeben hatten, den sie folglich doch nicht gleich verbrannt hatten. Sie gaben ihnen ihren Entschluß kund, bis zum Tode standzuhalten, falls ihnen Hilfe zukäme. Desgleichen schrieben sie an die Bewohner von Châlons. Sie sagten sich, daß sie ihrem Herrn, dem Herzog von Burgund, ihren guten Willen bezeugten, wenn sie Hilfe verlangten, die sie nicht zu bekommen hofften, und sie lauerten auf den Augenblick, ihre Türen König Karl, der eine starke Armee hatte, öffnen zu müssen. Kurz, daß sie bis zum Tode standhalten wollten, wenn ihnen Hilfe gebracht würde, was Gott verhüten möge. Die Bürger schossen einige Steinkugeln auf die Franzosen ab, die Garnison scharmützelte ein wenig und kehrte in die Stadt zurück. Indes machte sich im Heere König Karls der Hunger sehr bemerkbar. Im Lager befanden sich sechs- bis siebentausend Männer, die seit acht Tagen kein Brot mehr gegessen hatten. Die Kriegsleute nährten sich beherzt, wie es eben ging, vom Raub des noch grünen Getreides und junger Bohnen, die sie reichlich fanden. Man erinnert sich, daß Bruder Richard den Leuten von Troyes gepredigt hatte: »Säet mächtig viel! Säet viele Bohnen! Jener, der kommen soll, wird bald nahen.« Das, was der fromme Bruder in geistlichem Sinne gemeint hatte, wurde nun wörtlich genommen. Bruder Richard galt als der Prophet der Armagnacs.

Am 8. Juli hielt der König mit den Feldherren und königlichen Prinzen Rat, ob man die Stadt, sei es durch Versprechungen oder Drohungen, zur Unterwerfung brächte oder vorbeiziehen sollte. Die Auseinandersetzung hatte sich schon lange hingezogen, als die Jungfrau erschien und wahrsagte: »Lieber Dauphin, befehlt Euren Leuten, die Stadt Troyes anzugreifen und verharrt nicht in zu langen Beratungen. Denn, im Namen Gottes, ehe drei Tage um sind, werde ich Euch in die Stadt einziehen lassen.«

Warum hatte man sie gegen sonstige Gewohnheit zum

Rate gerufen? Es handelte sich darum, einige Kanonenschüsse abzufeuern und Miene zu machen, die Mauern zu erstürmen. Wahrscheinlich war man der Meinung, daß die kleine Heilige, wenn sie sich an den Wällen zeigte, den Webern von Troyes frommen Schrecken einjagen würde. Man brauchte sie bloß gewähren zu lassen. Sie bestieg ihr Pferd, die Lanze in der Hand, sprengte zu den Gräben, von einer Schar von Reitern, Rittern und Feuerwerkern begleitet. Johanna, die fest glaubte, daß die Stadt durch sie eingenommen würde, feuerte die ganze Nacht die Leute an, Bündel zu bringen und die Artillerie aufzustellen. Sie schrie: »Zum Angriff!« und machte Miene, Reisigbündel in die Gräben zu werfen. Diese Drohung erfüllte den erwarteten Zweck. Die kleinen Leute sahen schon die Stadt eingenommen und erwarteten, daß die Franzosen, wie es Brauch war, plündern, alles niedermachen und vergewaltigen würden, und flüchteten in die Kirchen. Was die Geistlichen und die Stadtobersten betraf, konnte ihnen nichts willkommener sein. Karl von Valois hatte wissen lassen, daß man sich ihm in aller Sicherheit nähern konnte. Der Bischof und einige andere Edelleute begaben sich nun zum König; es lag ihnen am Herzen, die Leute der Stadt zu entschuldigen. Der König antwortete dem Bischof und setzte ihm die Gründe seiner Reise auseinander, bewies die Rechte, die er auf die Stadt Troyes besaß, und daß er ohne Einschränkung über das Vergangene Vergebung üben würde und nach dem Beispiel des heiligen Ludwig über die Einwohner von Troyes in Friede und Treue walten werde. Der Bischof meldete diese Zwiesprache den Räten der Stadt, die beschlossen, dem König Gehorsam zu leisten, worauf sie gleiches Verhalten denen von Reims empfahlen.

Bruder Richard suchte die Jungfrau auf. Sobald er sie erblickte, kniete er schon von weiter vor ihr nieder, und als sie ihn sah, senkte sie gleichfalls vor ihm das Knie, und sie machten einander eine tiefe Verbeugung. In die Stadt zurückgekehrt, feuerte der fromme Bruder das Volk an, sich dem König Karl zu unterwerfen. Die Städter setzten großes Vertrauen in diesen Mönch, der so trefflich sprach. Das, was er über die

Jungfrau sagte, schien ihnen bewunderungswürdig und ließ sie zugunsten eines Königs entscheiden, der so gut geleitet war. Einmütig riefen sie: »Es lebe der König Karl von Frankreich!« Sie zogen in großer Menge zum Landesamtmann und den Hauptleuten und drängten sie, die Stadt in Sicherheit zu bringen. Diese weigerten sich, die Engländer und Burgunder, denen sie dienten, zu verraten, willigten aber ein, sich zu entfernen. Mehr verlangte man ja von ihnen nicht. Die Stadt öffnete ihre Türen dem König Karl, und zeitig am Morgen des 10. Juli zog als erste die Jungfrau in Troyes mit den Leuten der Gemeinden, die sie so sehr liebten, ein. Bruder Richard begleitete sie. Sie stellte die Troßleute längs der Straßen, durch die der Zug kommen sollte, auf, damit der König von Frankreich die Stadt zwischen einer doppelten Reihe jenes Fußvolkes durchziehen sollte, das ihm gefolgt und so treu zu ihm gestanden hatte. Während Karl von Valois durch das eine Tor hereinkam, entfernte sich die burgundische Garnison durch das andere. Wie abgemacht, nahmen die Leute König Heinrichs und Herzog Philipps ihre Waffen und Güter mit sich; allerdings verstanden sie unter letzteren auch die Gefangenen der französischen Partei, die sie, um Lösegeld zu erzielen, erhalten hatten. Die Jungfrau wurde davon benachrichtigt, und ihr gutes Herz regte sich. Kniefällig baten die Gefangenen die Heilige um Schutz. »Im Namen Gottes«, rief sie, »sie werden nicht fortziehen!« Während dieser Auseinandersetzung hatte ein burgundischer Ritter im stillen seine Beobachtungen über die Jungfrau der Armagnacs angestellt, die er später äußerte: »Ich vergleiche sie nicht mit solch wackerer Frau wie etwa mit Frau D'Or, und die Burgunder machen sich ja nur über die Leute lustig, die Angst vor ihr haben.« Um die Feinheit dieses Scherzes zu verstehen, muß man wissen, daß Frau D'Or, die nicht größer war als ein Stiefel, bei dem Herzog Philipp das Amt einer Hofnärrin einnahm.

Die Jungfrau konnte sich mit den burgundischen Edelleuten nicht verständigen, auf deren Seite das Kriegsrecht war, während zu ihren Gunsten nur die Rechte des Herzens sprachen. Diese Auseinandersetzung schien dem Waffenvolk der beiden Parteien höchst ergötzlich. Als König Karl davon erfuhr, lächelte er, und, um beide Seiten zu befriedigen, erklärte er sich bereit, das Lösegeld für die Gefangenen zu bezahlen, das auf eine Mark pro Kopf festgesetzt wurde. Während die Burgunder das Geld einstrichen, ergingen sie sich in Lobsprüchen über den König von Frankreich und seine Großzügigkeit.

Am nämlichen Tage hielt König Karl seinen Einzug. Er hatte seine Festkleider angelegt und strahlte in Samt, Gold und Edelgestein; der Herzog von Alençon und die Jungfrau ritten ihm, sein Banner in der Hand, zur Seite. Er war von seiner ganzen Ritterschaft begleitet. Die Einwohner zündeten Freudenfeuer an, tanzten im Reigen, und die kleinen Kinder ließen den Freudenruf ›Noël‹ erschallen. Bruder Richard predigte. Die Jungfrau verrichtete in den Gotteshäusern ihre Andacht. In einer dieser Kirchen hielt sie ein Kind über das Taufbecken, wie man dies von Prinzessinnen und heiligen Frauen zu fordern pflegte.

Am folgenden Tage zog das bisher im Felde verbliebene Heer durch die Stadt. Die Ankunft von Waffenleuten bedeutete für die Bürger eine wie die schwarze Pest gefürchtete Geißel; König Karl trachtete, diese abzuschwächen. Auf seinen Befehl verkündeten die Herolde, daß jene der Tod durch den Strang ereilen würde, die es wagen sollten, in Häuser einzudringen und gegen den Willen der Städter nur das geringste zu nehmen.

ACHTZEHNTES KAPITEL
Die Kapitulation von Châlons und Reims. Die Salbung

Die königliche Armee hatte Troyes verlassen, drang weiter in der Champagne vor und übersetzte die Aube. Der König entsandte jenen von Châlons seinen Herold Montjoie, von ihnen Aufnahme und Gehorsam zu fordern. Die Städte der Champagne waren einander angegliedert wie ein Finger dem andern. Die Einwohner von Châlons, durch ihre Freunde von Troyes bereits verständigt, hatten sogar erfahren, daß der Prediger Bruder Richard ihnen einen Brief von Johanna, der Jungfrau, überbracht hatte, worauf jene von Châlons den Einwohnern von Reims schrieben: »Bruder Richard hatte uns sehr in Erstaunen gesetzt. Wir dachten, daß er ein großer Ehrenmann sei. Nun aber übt er Hexenkunst. – Wir teilen Euch mit, daß die Bewohner von Troyes gegen die Leute des Dauphins mächtig kämpfen, und haben die Absicht, mit unserer ganzen Kraft diesem Feind zu widerstehen.« Sie dachten nicht ein Wort von dem, was sie schrieben, und wußten, daß auch die von Reims dem keinen Glauben schenken würden. Aber es war nötig, dem Herzog von Burgund Treue zu bezeigen, ehe man einen andern Herrn empfing. Der Graf-Erzbischof von Châlons ging dem König entgegen und übergab ihm die Schlüssel der Stadt. Am 14. Juli zog Karl mit seinem Heere in die Stadt Châlons ein. Die Jungfrau fand dort vier oder fünf Bauern aus ihrem Dorfe, die sie besuchen kamen, unter anderen Johann Morel, einer ihrer Paten. Johanna gab ihm ein von ihr getragenes rotes Kleid. Zu einem anderen Landmann, dem sie im Dorfe, weil er Burgunder war, mißtraut hatte, sprach sie nun von den Erfolgen des Heeres und sagte ihm, daß sie nichts fürchte, es sei denn Verrat. Sie hatte schon düstere Vorahnungen; wahrscheinlich fühlte sie, daß nun die Arglosigkeit ihrer Seele und die Einfalt ihres Herzens zu sehr mit der Bosheit der Menschen und den verwirrenden Mächten der Dinge in Widerstreit geriet. Schon sprachen der heilige Michael und die heiligen Frauen Katharina und Margareta mit weniger Klarheit zu ihr als zuvor. Konnten sie doch nicht in die Staatskanzleien Frankreichs und Burgunds eindringen, die keineswegs Sache des Himmels waren.

Jene von Châlons, dem Beispiel ihrer Freunde von Troyes folgend, schrieben den Bewohnern von Reims, sie hätten den König von Frankreich aufgenommen und rieten ihnen, desgleichen zu tun. In diesem Brief hieß es, daß sie den König Karl milde, liebenswürdig, mitleidsvoll und barmherzig befunden hätten, und tatsächlich nahm dieser König die Städte der Champagne ohne alle Gewalt. Jene von Châlons fügten noch hinzu, daß er hohen Verstandes sei, von schöner Person und guter Haltung. Das war viel gesagt.

Die Bewohner von Reims verhielten sich vorsichtig. Während sie dem König von Frankreich bei seiner Ankunft Boten mit der Nachricht sandten, daß die Pforten der Stadt ihm geöffnet seien, gaben sie ihrem Herrn, Herzog Philipp, ebenso den englischen und burgundischen Feldherren Kundschaft über das Fortschreiten der königlichen Armee und forderten diese auf, den Feinden den Weg abzuschneiden. Aber es war ihnen nicht eilig, Hilfe zur Verteidigung ihrer Stadt zu erlangen, sie hofften, daß sie, falls sie keine Verstärkung erhielten, sich dem König Karl unterwerfen konnten, ohne sich von den Burgundern irgendwelchen Tadel zuzuziehen, und daß sie auf diese Art von keiner Seite etwas zu fürchten haben würden. Die Stadtverordneten von Reims, die nicht gerettet werden wollten, mußten hauptsächlich vor ihrem natürlichen Beschützer, dem Edlen von Chastillon, Großmeister von Frankreich und Stadthauptmann, auf der Hut sein. Und sie mußten in einer Weise Hilfe verlangen, daß sie nicht erhielten, worum sie baten, aus Furcht, daß es ihnen nicht etwa wie den Israeliten geschehe: *Et tribuit eis petitionem eorum.* Als der König noch vor Troyes lag, meldete sich ein Herold vor der Stadt Reims mit einem Königsbrief, der dem Rate übergeben wurde. Darin äußerte Karl dem Volk von Reims gegenüber dieselbe kluge Huld und Güte, die er jenen von Troyes bezeigt hatte, und versprach Vergebung und Vergessen. Der Rat wurde berufen, aber es fand sich, daß die Schöffen nicht in genügender Zahl anwesend waren, um einen Beschluß zu fassen, ein Umstand, der sie aus großer Verlegenheit zog, worauf sie die Bürger nach Stadtbezirken abstimmen ließen und von diesen folgende spitzfindige Erklärung erzielten: »Wir haben vor, mit dem Rate und den Honoratioren zu leben und zu sterben. Wir werden uns ihren Vorschriften gemäß verhalten ohne Murren und Widerrede.« Der Edle von Chastillon war eben mit seinen Vertretern Jean Cauchon und Bazoches abwesend. Die Bürger von Reims hielten es für nützlich, sie in den Brief König Karls Einsicht nehmen zu lassen. Sie baten Chastillon zu kommen, aber in einer Weise, daß er nicht kommen würde. Dies war der wichtigste Punkt, denn, rief man ihn nicht, beging man offenen Verrat, kam er jedoch, beschwor man eine Belagerung mit allen Beschwerlichkeiten und Gefahren herauf. Da sie das Recht hatten, ohne Garnison in ihrer Stadt zu verbleiben, willigten sie nur ein, fünfzig Landsknechte hereinzulassen, worauf, wie die Bürger erwartet hatten, Chastillon fand, daß dies für seine Sicherheit nicht ausreichend sei. Er kam mit seiner Kompanie bis vor die Stadt und ließ die Einwohner wissen, er sei zur Hilfe gekommen, und daß ganz gewiß in fünf oder sechs Wochen eine schöne und große englische Armee in Boulogne landen werde und ihnen helfen würde. Tatsächlich hoben die Engländer soviel Truppen als möglich aus und verschafften sich Waffen, wie und wo sie nur konnten. Man sagte, daß sie selbst die Priester bewaffneten. Der Regent benutzte die in Frankreich gelandeten Kreuzfahrer, die der Kardinal von Winchester gegen die Hussiten anführte, für seinen Krieg. Diese Nachrichten waren nicht danach angetan, dem Volke der Champagne besonders Vertrauen in die Stärke der Engländer zu geben, und während Chastillon ihnen innerhalb von vierzig Tagen eine große und schöne Armee jenseits des Meeres versprach, ritt König Karl bereits einige Meilen von ihrer Stadt entfernt mit dreißigtausend Mann. Chastillon gewahrte, daß er, wie er schon mißtrauischerweise angenommen hatte, betrogen sei. Die Einwohner von Reims weigerten sich, ihn zu empfangen. Es blieb ihm nichts übrig, als kehrtzumachen und zu den Engländern zu stoßen.

Am 12. Juli erhielten die Bürger von dem hochwürdigen Regnault von Chartres, Fürst-Erzbischof von Reims, einen Brief mit der Aufforderung, sich für die Ankunft des Königs bereit zu halten. König Karl hielt vier Meilen von der Krönungsstadt im Schlosse Sept-Saulx, das zweihundert Jahre zuvor von den kriegerischen Vorfahren Herrn Regnaults erbaut worden war, und dessen stolzer Hauptturm die Feste bewachte. Dort empfing er die Bürger von Reims, die in großer Menge gekommen waren, ihm vollen Gehorsam zu entbieten. Dann machte er sich mit der Jungfrau und seinem ganzen Heere auf und zog des Abends durch die südliche Pforte in die große Stadt der Champagne ein, die vor ihm ihre Brücken gesenkt und ihre Fallgatter gehoben hatte.

Die Überlieferung wollte es, daß die Salbung womöglich an einem Sonntag gefeiert würde. Die Einwohner von Reims arbeiteten des Nachts, damit alles kommenden Tages bereit sei. Ihre plötzliche Liebe zum König von Frankreich stachelte sie an, hauptsächlich aber die Furcht, daß er einige Tage mit seinem Heer in der Stadt verbliebe. Auch zeigten sie viel Eifer, fest entschlossen, alles so zu bereiten, daß sie so wenig Kosten als möglich hätten.

Der königliche Prunk, nach der Krönung des verstorbenen Herrschers in der Schatzkammer von Saint-Denis aufbewahrt, befand sich in den Händen der Engländer. Die Krone Karls des Großen, strahlend von Rubinen, Saphiren und Smaragden, von den vier Lilien umblüht, mit der die Könige von Frankreich bei ihrer Krönung geschmückt wurden, wollten die Engländer auf das Haupt ihres Königs Heinrich setzen. Sie bereiteten sich vor, das königliche Kind mit Karls des Großen berühmtem Schwert Joyeuse, das in seiner violettsamtenen Scheide schlummerte, zu umgürten. Auch das Zepter, mit einem Karl dem Großen in Gold und in königlicher Kleidung geziert, der Amtsstab, an dessen Ende sich eine Hand aus dem Horn eines Einhorns befand, die goldene Schnalle vom Mantel des heiligen Ludwig, die goldenen Sporen und das Pontifikal in seinem rotemaillierten Einband, die Zeremonien der Krönung enthaltend, waren von den Engländern in Beschlag genommen. Man mußte sich mit einer Krone aus dem Schatz der Kathedrale begnügen. Die anderen Insignien des Königtums, eines Chlodwigs, Karls des Großen und heiligen Ludwig würde man, wie es eben ging, darstellen, und es war gerade recht, wenn dieser durch einen Feldzug zustande gekommenen Krönung etwas von den Entbehrungen und Mühen, die er gekostet, anhaftete, und die Feierlichkeit irgendwie an die heldische Armut des Kriegsvolkes und der Dorfleute, die den Dauphin begleitet hatten, mahnte.

Die Könige wurden durch das Öl gesalbt, denn dieses bedeutete Ruhm, Glanz und Weisheit. Des Morgens erhielten die Edelleute von Rais, von Boussac und andere vom König den Auftrag, das heilige Salbgefäß zu holen. Dieses war eine Kristallphiole, vom Großprior von Saint-Remi im Grabe des Apostels, hinter dem Hochaltar der Abteikirche, aufbewahrt. In diesem Fläschchen befand sich das heilige Salböl, mit dem der selige Remigius König Chlodwig gesalbt hatte; es war in einem Reliquienkästchen in Form einer Taube eingelassen, weil die Taube von Paraclet gesehen worden war, wie sie das für die Krönung des ersten christlichen Königs bestimmte Öl herbeigebracht hatte. Im christlichen Volke zweifelte man nicht daran, daß das heilige Salböl wunderbare Kraft enthielte. So wußte man zum Beispiel, daß es sich durch den Verbrauch nicht verringerte, was von Augenzeugen während der Krönung des verstorbenen Königs Karl bestätigt worden war.

Um 9 Uhr morgens zog Karl von Valois mit zahlreichem Gefolge in die Kirche ein. Der Kriegsherr von Frankreich rief die zwölf Pairs des Königreiches vor den Hochaltar. Von den sechs weltlichen Pairs antwortete keiner. An ihrer Stelle meldeten sich der Herzog von Alençon, die Grafen von Clermont und von Vendôme, die Herren von Laval, de la Trémouille und von Maillé. Von den sechs geistlichen Pairs antworteten drei auf den Ruf des obersten Feldherren. In Abwesenheit Arthurs von Bretagne, des Konnetabels von Frankreich, hielt der Edle von Albret das Schwert. Vor dem Hochaltar stand Karl von Valois, in ein an Brust und Schultern geschlitztes Gewand gekleidet. Er schwor, der Kirche Frieden und Privilegien zu bewahren, das Volk vor zu großen Lasten und Steuern zu schützen und mit Gerechtigkeit und Barmherzigkeit zu regieren. Durch seinen Vetter Alençon wurde er ritterlich bewaffnet; worauf der Erzbischof ihn mit dem mystischen Öle salbte, durch das der Heilige Geist Priester, Könige und Propheten stärkt, und womit er, ein neuer Samuel, den neuen Saul weihte, indem er zu wissen tat, daß alle Macht von Gott ist, und die Könige nach dem Beispiele Davids Statthalter, Verkünder und Zeugen des Herrn seien. Diese Salbung, durch die Israels Könige geweiht worden waren, machte die seit Karl dem Großen und Chlodwig allerchristlichsten Könige Frankreichs glanzvoll und stark. Während des Mysteriums blieb die Jungfrau an der Seite des Königs. Einen Augenblick entfaltete sie ihre weiße Fahne, vor der das alte Banner von Chandos gewichen war, dann hielten an ihrer Stelle ihr Page, Louis de Coutes, der sie niemals verließ, und Bruder Richard, der Prediger, der ihr von Châlons nach Reims gefolgt war, die Standarte. In einem ihrer Träume hatte sie dem König eine strahlende Krone gegeben, und nun harrte sie, daß diese durch himmlische Boten in die Kirche gebracht würde. Die erwartete Krone von wunderbarer Kostbarkeit und Pracht kam jedoch nicht.

Der Erzbischof aber hob vom Altar die keineswegs wertvolle, vom Kapitel gestellte Krone mit beiden Händen empor, um sie auf das Haupt des Königs zu setzen. Die zwölf Pairs in der Runde erhoben gleichfalls die Arme, sie zu stützen. Die Trompeten erschallten, und das Volk schrie ›Noël‹. Solcherart wurde Karl von Frankreich aus dem königlichen Stamme des edlen Königs Priamus vom großen Troja gesalbt. Das Mysterium war um 2 Uhr nachmittags beendet, und man berichtet, daß hierauf die Jungfrau niederkniete und, des Königs Knie umfangend, mit Tränen zu ihm sprach:

»Lieber König, nun ist Gottes Wunsch erfüllt, der hieß, die Belagerung Orléans aufzuheben und Euch in die Stadt Reims zu Eurer heiligen Salbung zu führen, auf daß gezeigt sei, daß Ihr der wahre König und jener seid, dem Frankreich gehören soll.«

Der König machte die üblichen Geschenke, bot unter anderem dem Kapitel einen grünseidenen Teppich und stellte eine silberne Vase auf den Altar, die der Erzbischof trotz des Einspruches der Domherren ergriff, was ihm jedoch nichts nützte, da er sie wieder zurückgeben mußte. Nach der Zeremonie durchzog Karl mit der Krone und dem himmelblauen, mit goldenen Lilien bestickten Mantel geschmückt auf seinem Pferd die Straßen der Stadt Reims. Das freudige Volk schrie ›Noël‹, wie es beim Einzug des Herzogs von Burgund geschrien hatte.

An diesem Tage wurde der Edle von Rais zum Marschall von Frankreich und de la Trémouille zum Grafen ernannt, gleichfalls der ältere Sohn der Frau von Laval. La Hire erhielt die Grafschaft Longueville, überdies all das, was er in der Normandie einnehmen würde. Karl wurde im bischöflichen Palast in dem alten Saale von Tau bewirtet. Die königliche Tafel setzte sich, wie gebräuchlich, in die Straße hinaus fort, und das Festmahl verbreitete sich über die ganze Stadt. Es war ein Tag des Schmarotzens und allgemeinen Schabernacks. In den Straßen, unter den Toren, an den Schranken schlemmte man, fiel über die Küchen her; Ochsen wurden dutzendweise, Schafe hundertfach, Hühner und Hasen zu Tausenden verschlungen. Man übernahm sich mit Gewürzen, und da man nicht wenig Durst hatte, stürzte man aus vollen Kannen den Burgunderwein und hauptsächlich den duftenden Wein von Beaune hinab. Die uralten bronzenen und hohlen Hirsche des erzbischöflichen Hofes waren, wie bei jeder Krönung, auf den Domplatz geschleppt worden, mit Wein gefüllt, und das Volk kam, wie an einem Brunnen aus ihnen zu trinken. Endlich schliefen Bürger und Volk, ob reich oder arm, vollgestopft, trunken von Wein, heiser geschrien durch den Ruf ›Noël‹, über den Fässern und Lebensmitteln ein, deren Überreste dann am nächsten Morgen die katzenjämmerlichen Schöffen den Leuten des Königs keifend streitig machten.

Jakob von Arc war gekommen, die Krönung zu schauen, zu der seine Tochter so viel beigetragen hatte. Er wohnte im ›Gestreiften Esel‹ am Domplatz, in einem Gasthof, der von Alix, Witwe des Raulin Morieau, geführt wurde. Der Vetter, der Johanna zu Herrn Robert nach Vaucouleurs begleitet hatte, jener Durand Lassois, war gleichfalls zum Krönungsfeste gekommen. Er sprach mit dem König und erzählte ihm alles, was er von seiner Base wußte. Johanna traf in Reims noch andere Landsleute. Jakob von Arc war einer der Oberen seines Dorfes und vielleicht der Geschäftskundigste. Er hatte sich nicht nur nach Reims begeben, um seine Tochter in Männerkleidung durch die Straßen reiten zu sehen, er kam auch, um vom König für sein vom Kriegsvolk beraubtes Dorf Steuerfreiheit zu erbitten; dieses Gesuch, von der Jungfrau dem König übergeben, wurde bewilligt. Es wurde Befehl erteilt, daß die Bewohner von Greux und Domremy ledig aller Steuern, Aushilfen, Subsidien und Zuschüsse seien. Die Stadträte bezahlten aus öffentlichen Geldern die Kosten Jakob von Arcs und schenkten ihm bei seiner Rückkehr ein Pferd. Während der fünf oder sechs Tage, die die Jungfrau in Reims verblieb, zeigte sie sich dem Volke. Die Frommen und Einfältigen liefen ihr zu, die Frauen ergriffen ihre Hand und berührten mit ihren Ringen den ihren. Sie trug ein von ihrer Mutter gespendetes Ringlein aus Messing oder Gelbblech, wie man das Gold der Armen nannte. Dieser Ring hatte keinen Stein und trug auf seinem Krönchen die Namen Jesus Maria mit drei Kreuzen. Oftmals hielt sie den Blick andächtig darauf gerichtet, weil sie ihn eines Tages von der heiligen Katharina hatte berühren lassen. Die Jungfrau glaubte, daß dem Ringe besondere Kraft innewohne, benützte ihn jedoch nicht, um Heilungen zu bewirken. Man forderte von ihr jene kleinen Leistungen, die man gewohnt war, von heiligen Leuten und zuweilen von Hexen zu verlangen.

Vor der Feier der Salbung hatten die Edlen und Ritter, wie

es gebräuchlich war, Handschuhe erhalten. Einer von ihnen verlor die seinen. Er oder andere forderten Johanna auf, diese wiederzufinden. Sie erklärte sich nicht ausdrücklich dazu bereit; dennoch wurde die Sache auf verschiedenste Weise ausgelegt.

Die Jungfrau hatte von Gien aus dem Herzog von Burgund geschrieben, um ihn zur Krönung einzuladen. Da sie keine Antwort erhalten hatte, diktierte sie an ihn am folgenden Tage der Krönung selbst einen zweiten Brief:

† JHESUS MARIA.

Hoher und gefürchteter Fürst, Herzog von Burgund, Euch entbietet Johanna die Jungfrau durch den König des Himmels, meinen rechtmäßigen obersten Herrn, daß der König von Frankreich und Ihr einen guten und festen Frieden schließt auf lange. Verzeihet einer dem anderen vom Grunde Eures Herzens, wie es guten Christen geziemet; und wenn Euer Sinn nach Krieg steht, nun so ziehet denn gegen die Sarazenen.

Fürst von Burgund, ich gebiete Euch, ich fordere, ich bitte, ich flehe, so demütig als ich nur immer etwas von Euch zu erflehen vermag, daß Ihr nicht fürder wider Frankreich, das heilige Königsland, im Streite seid, gebietet Euren Leuten auf der Stelle und unverzüglich aus den Städten und Burgen des genannten heiligen Reiches heimzukehren. Was den edlen König von Frankreich betrifft, ist er zum Frieden mit Euch bereit, seiner Ehre unbeschadet, so daß es einzig und allein an Euch liegt; und ich tue Euch, durch den König des Himmels, meinen rechtmäßigen obersten Herrn, zu Eurem Besten und um Eurer Ehre und Eures Lebens willen zu wissen, daß Ihr gegen die getreuen Franzosen keine Schlacht gewinnen werdet, und daß alle, die da Krieg führen wider das benannte heilige Königreich Frankreich, wider den König Jhesus, den König des Himmels und der ganzen Welt, meinen rechtmäßigen und obersten Herrn vernichtet werden. Darum gebiete ich und flehe Euch mit gefalteten Händen an, daß Ihr keine Schlacht wider uns schlaget und keinen Krieg wider uns führet, Ihr, Eure Mannen und Untertanen. Und seid dessen versichert, wie groß auch die Zahl Eurer Krieger sei; die Ihr wider uns führet, sie werden nichts ausrichten, und es wird ein großer Jammer sein um die große Schlacht und das Blut, das von denen vergossen wird, die wider uns ziehen. Drei Wochen sind es, seit ich Euch ein Schreiben sandte und gute Botschaft durch meinen Herold, auf daß Ihr bei des Königs heiliger Salbung anwesend wäret, die heute, Sonntag, den siebzehnten Tag des Monats Julius, in der Stadt zu Reims vor sich geht, hab' aber keine Antwort darauf erhalten, und auch keine Nachricht von dem genannten Herold vernommen.

Ich empfehle Euch Gott, möge er über Euch wachen, wenn es ihm gefällt, und bitte Gott, er wolle uns guten Frieden schenken. Geschrieben in dem besagten Orte Reims, am siebzehnten Tage des Julius.

Die Jungfrau liebte zwar die Burgunder nicht, fühlte aber auf ihre Art sehr wohl, wie wünschenswert der Friede mit dem Herzog von Burgund wäre. Mit gefalteten Händen bat sie ihn, nicht mehr den Franzosen Krieg zu machen. »Wenn Ihr Krieg führen wollt,« sagte sie ihm, »kämpft gegen die Sarazenen.« Sie hatte schon den Engländern empfohlen, sich mit den Franzosen zu einem Kreuzzuge zusammenzutun. Die Vernichtung der Ungläubigen war damals der Traum der sanftmütigen und friedfertigen Seelen, und viele fromme Leute zählten darauf, daß der reiche und mächtige Sohn des Besiegten von Nicopolis den Türken ihren damaligen Sieg heimzahlen würde. In ihrem Brief kündete die Jungfrau von seiten des Himmelskönigs dem Herzog von Burgund an, daß er die Schlacht verlieren würde, wenn er gegen den König kämpfe. Ihre Stimmen hatten ihr den Sieg Frankreichs über Burgund vorausgesagt, ihr jedoch nicht offenbart, daß im nämlichen Augenblick, wo sie ihren Brief diktierte, die

Gesandten Herzog Philipps sich in Reims befanden. Herzog Philipp, in der Meinung, daß er gegen König Karl, nun Herr der Champagne, Rücksicht zu üben hätte, sandte diesem nach Reims Grüße und Friedensangebote. Die Burgunder wurden vom Kanzler und Rat wärmstens empfangen, und man hoffte den Frieden vor ihrer Rückkehr beschlossen zu sehen. Nachricht ging an die Königinnen Jolante und Marie ab. Dies jedoch hieß den prächtigen Fuchs von Dijon übel kennen. Die Franzosen waren noch nicht stark genug, die Engländer ziemlich schwach. Es wurde beschlossen, im Monat August dem Herzog von Burgund nach Arras Botschafter zu senden. Nach vier Unterhandlungstagen wurde ein vierzehntägiger Waffenstillstand unterzeichnet und die Gesandtschaft verließ Reims. Im selben Augenblick erneuerte der Herzog in Paris feierlich seine Anklage gegen Karl von Valois, den Mörder seines Vaters, und verpflichtete sich, den Engländern eine Hilfsarmee zuzuführen.

Der König von Frankreich ließ in Reims den Neffen des Erzbischofs als Stadthauptmann zurück und begab sich nach Sankt Marcoul, wo die Könige am Morgen ihrer Salbung Skrofeln zu berühren pflegten. Der heilige Marcoul heilte die Skrofulose. Die Könige von Frankreich teilten mit ihm diese Gabe, da sie ihnen durch das von der Taube gebrachte Öl innewohnte. Zur Zeit der Salbung hielt man diese Kraft für um so wirksamer. Die Skrofulose nannte man deshalb das Übel des heiligen Marcoul oder königliche Krankheit.

Karl verrichtete seine Andacht und Gebete, leistete für den heiligen Marcoul Spenden und berührte Skrofeln.

Die Städte Laon, Vailly und Soisson unterwarfen sich ihm. Nach Aussage eines armagnacischen Propheten erkannten die Schlüssel der kriegerischen Tore die Hände, die sie einst geschmiedet hatten.

NEUNZEHNTES KAPITEL
Erste Gerüchte und Legenden

Es ist immer eine schwierige Sache, in Erfahrung zu bringen, wie sich im Kriege die Dinge abgespielt haben; zu jener Zeit aber war es unmöglich, sich eine nur einigermaßen vernünftige Vorstellung des Geschehens zu machen. Es gab zweifellos in Orléans einige genügend erfahrene Personen, die klug genug waren zu erkennen, welch große Hilfe das durch die Stadtverordneten zusammengebrachte reichliche und erfinderische Kriegswerkzeug bedeutet hatte. Aber die Bewohner bestaunten hauptsächlich in der Befreiung das Wunder, das sie vor allem ihren heiligen Schutzpatronen Aignan und Euverte und nach diesen Johanna, der Jungfrau Gottes, zuschrieben; für Taten, die sich vor ihren Augen ereignet hatten, fanden sie keine einfachere und natürlichere Erklärung. So wurde ein kurzer Bericht über die Befreiung abgefaßt, in dem es hieß, daß das Bollwerk von Saint-Loup wie durch Wunder mit Waffengewalt eingenommen ›in Anwesenheit und mit Hilfe Johannas der Jungfrau, gesandt von Gott‹ und die Belagerung aufgehoben worden war ›durch das augenscheinlichste Wunder, das seit der Passionsgeschichte sich ereignet hat‹. Wenn die Augenzeugen, die Handelnden selber sich nicht genau Rechenschaft über die Ereignisse ablegten, wie mochte man sich dann aus der Entfernung hierüber Vorstellungen machen? Die Nachrichten der französischen Siege verbreiteten sich mit erstaunlicher Geschwindigkeit. Die Kürze der authentischen Erzählungen wurde durch den geschwätzigen Eifer der redseligen Kleriker und die Phantasie des Volkes ausgiebig ergänzt. Der Feldzug der Loire und die Krönungsfahrt waren anfangs nur durch Fabeln bekannt, und das Volk konnte sie nur als übernatürliche Ereignisse erfassen. In den durch die königliche Staatskanzlei den Städten des Reiches und den Prinzen der Christenheit gesandten

Briefen war der Name der Jungfrau mit allen Waffentaten verbunden. Johanna selber ließ durch ihre geistliche Kammer Kunde über alle großen Dinge ergehen, die sie mit Sicherheit vollbracht zu haben glaubte. Man dachte, daß alles durch sie geschehen war und der König in allem ihren Rat eingeholt habe, während in Wirklichkeit die königlichen Räte und die Heerführer sie kaum jemals nach ihrer Meinung fragten, wenig auf sie horchten und sie nur zu ihnen gelegener Stunde sehen ließen. Ihre Person, die nur bei tatsächlichen Unternehmen, die später unerhört schienen, anwesend war, wurde Gegenstand eines umfassenden Zyklus von erstaunlichen Fabeln und verschwand in einem Wald von heroischen Geschichten. Es gab damals zerknirschte Seelen, die alle Leiden des Reiches den Sünden des Volkes zuschrieben. Johanna hat zumindest in ihren Anfängen zu diesen Personen gehört. Indem sie sich manchmal als mystische Reformatorin bezeigte, behauptete sie, daß Jesus König des heiligen Franzosenreiches sei, König Karl sein Stellvertreter sei und das Reich nur in seiner ›Obhut‹ hätte. Sie äußerte Aussprüche, die zu dem Glauben Anlaß gaben, ihre Mission entspränge völlig der Liebe, der Barmherzigkeit und der Friedensliebe, wie etwa:

»Ich ward gesandt zum Troste der Armen und Darbenden.«

Die, wie es scheint, in Frankreich und in der Christenheit überhaupt recht zahlreichen Reformatoren glaubten zu wissen, daß die Jungfrau den Engländern und Franzosen eine mönchische Verfassung zu geben beabsichtige: »Engländer und Franzosen würden ein oder zwei Jahre ein graues Gewand mit darauf genähten kleinem Kreuze tragen; am Freitag werden sie nur Wasser und Brot zu sich nehmen, mit ihren Frauen in friedlichem Einvernehmen leben und mit keiner andern schlafen; sie geloben Gott, keinerlei Krieg zu machen, es sei denn zur Verteidigung ihres väterlichen Erbes.«

Da während des Krönungsfeldzuges von dem Übereinkommen zwischen den Königsleuten und den Einwohnern von Auxerre nichts bekannt war, verbreitete man, daß die Stadt erstürmt worden sei und vierhundertfünfzig Bürger hingemetzelt worden waren, desgleichen fünfzehnhundert Waffenleute sowie Ritter und Knappen von Burgund und Savoyen. Man erfand ganze Ritterromane, zum Beispiel folgenden. Zweitausend Engländer umzingelten das Lager des Königs. Da ließ die Jungfrau den Hauptmann La Hire rufen und sagte ihm: »Du hast zu deiner Zeit sehr mutige Taten vollbracht, aber heute hat dich Gott vorbestimmt, eine noch hervorragendere zu liefern, als du jemals geleistet hast. Nimm deine Kriegsleute, geh zu jenem Wald; du wirst dort zweitausend bewaffnete Engländer finden, sie gefangennehmen und töten.« La Hire tat, wie ihm geheißen. Solcherart lauten die Märchen, die man zur Freude einfältiger und gewalttätiger Menschen erfand, denen die Vorstellung einer halsabschneiderischen Jungfrau, die Felsen zu spalten imstande war, gefiel.

Gerüchte waren verbreitet, daß der Herzog von Burgund besiegt und gefangen war, der Regent tot und die Armagnacs in Paris eingezogen. Die Kapitulation von Troyes war gleichfalls in Wunder gehüllt. All das, was die plötzlich befreiten Bewohner von Orléans in ihrer Einfalt glaubten, was das Bettelvolk der Armagnacs und die Mönche des Dauphins herumerzählt hatten, wurde gierig gesammelt, ausgeschmückt und übertrieben. Drei Monate nach ihrer Ankunft in Chinon besaß Johanna bereits ihre lebendig blühende und recht verwirrte Legende, die sich auswärts, in Italien, in Flandern, in Deutschland verbreitete. Im Sommer des Jahres 1429 war diese Legende schon völlig gefunden. Die verstreuten Teile dessen, was das Evangelium der Kindheit genannt werden kann, bestanden bereits. Mit sieben Jahren führte Johanna die Herde zur Weide; niemals näherten sich die Wölfe ihren Lämmern. Vögel des Waldes kamen auf ihren Ruf, Brot aus ihrem Schoß zu essen. In ihr war die Macht, Böse zu bannen; unter dem Dache, unter dem sie ruhte, hatte niemand Betrug und Böswilligkeit der Menschen zu fürchten. Die Wunder, die Johannas Geburt begleiten, nehmen, wenn etwa ein lateinischer Dichter sie feiert, eine Art romantischer Majestät und etwas von den Wundern der Antike an. Und es ist ein seltsames Schauspiel, 1429 einen Humanisten die ausonischen Musen an die Wiege der Tochter Zabillet Rommées herbeirufen zu sehen. Man ging noch weiter; von der ersten Stunde an wollte man, daß die Wunder, die die Geburt Jesu verkündet hatten, sich anläßlich Johannas Erscheinen auf dieser Welt wiederholten. Man erfand, daß sie in der Dreikönigsnacht geboren sei; die Hirten des Dorfes, von unsagbarer Freude, deren Ursache sie nicht kannten, bewegt, liefen ins Dunkel, um das unbekannte Wunder zu entdecken. Die Hähne, Herolde dieser neuen Glückseligkeit, ließen zu ungewohnter Stunde unerhörtes Krähen hören und schienen flügelschlagend zwei Stunden lang wahrzusagen. So ward dem Kinde in seiner Wiege die Anbetung der Hirten beschert.

Vieles hatte man von ihrer Ankunft in Frankreich zu erzählen. Man glaubte zu wissen, daß sie im Schlosse Chinon den König, den sie nie vorher gesehen, erkannt hatte, obwohl er sich in schmucklosen Gewändern unter der Menge der Edelleute verbarg. Man sagte, sie hätte dem König ein Zeichen gegeben und ihm ein Geheimnis offenbart, von ihm allein gekannt, das ihn mit himmlischer Freude erfüllte. Und über diese Zusammenkunft von Chinon, über die Augenzeugen kaum etwas zu sagen hatten, waren Leute, die dort nicht anwesend waren, unerschöpflich im Erzählen. Am 7. Mai um 4 Uhr nachmittags setzte sich eine weiße Taube auf das Banner der Jungfrau, und am nämlichen Tage sah man während des Angriffs zwei weiße Vögel auf ihre Schultern flattern. Heilige pflegen ja oft von Tauben Besuch zu erhalten.

Eine kleine Geschichte, die damals im Umlauf war, ist interessant im Hinblick auf die Vorstellung, die man sich über die Beziehungen des Königs zu der Jungfrau machte und als Beispiel für die Einstellungen eines Tatsachenberichtes, wenn er von Mund zu Mund geht. Als in irgendeiner Stadt die Jungfrau erfuhr, daß die Engländer nahe waren, ins Feldlager stürzte und ihr sogleich das Kriegsvolk der Stadt folgen wollte, ließ der König, der eben zu Mahle saß, um zu verhindern, daß alles der Jungfrau nacheilte, die Tore der Stadt schließen. In diesem völlig veränderten Bericht erkennt man Erinnerungen der Geschehnisse vom 6. Mai in Orléans, als der Edle von Gaucourt die burgundische Pforte hatte schließen lassen.

Erblickt man Johanna in diesem Chaos von Erzählungen, die verworrener sind als die Wolken eines Gewitterhimmels, so erscheint sie als ein unerhörtes Wunder. Sie wahrsagte, und mehrere ihrer Prophezeiungen hatten sich bereits erfüllt. Sie hatte die Befreiung von Orléans vorausgesagt, und Orléans war befreit. Sie hatte angekündigt, daß sie verwundet würde, und es hatte sie oberhalb der rechten Brust ein Pfeil getroffen. Sie hatte vorhergesagt, daß sie den König nach Reims führen werde, und der König war in dieser Stadt gekrönt worden. Sie hatte noch andere, Frankreich betreffende Wahrsagungen gemacht; zum Beispiel, den Herzog von Orléans zu befreien, in Paris einzuziehen, alle Engländer aus dem heiligen Reiche zu verjagen, und man erwartete die Erfüllung. Sie weissagte jeden Tag, besonders in bezug auf einige Männer, die ihr Ehrfurcht verweigert hatten und eines üblen Todes starben. So hatte in Chinon ein Kriegsmann gesagt: »Ist dies nicht die Jungfrau? Zum Henker! Hielte ich sie eine Nacht, sie bliebe nicht Jungfrau.« Worauf Johanna prophezeite und sagte: »Ha! Im Namen Gottes, du lästerst ihn und bist dem Tod so nahe!« Kaum nach einer Stunde fiel dieser ins Wasser und ertrank. Dieses Wunder wurde sogleich in lateinische Verse gesetzt. Der Feldherr Glasdale nannte Johanna Dirne und verleugnete seinen Schöpfer. Johanna wahrsagte ihm, daß er ohne Blut zu verlieren sterben werde, und Glasdale ertrank in der Loire.

Nachdem die königliche Armee Gien verlassen hatte, verkündigte die Jungfrau, wie man sagt, daß eine große Schlacht bei Reims geliefert werden würde. Wenn sich Voraussagungen, wie diese hier nicht erfüllten, vergaß man sie; außerdem gab man damals zu, daß die wahren Propheten manchmal auch falsch prophezeien konnten. Die Voraussagen der Jungfrau verbreiteten sich wie in einem Augenblick in der ganzen Christenheit. Ein Geistlicher in Speyer schrieb über sie eine

Abhandlung unter dem Titel: Sibylla Francica. Dieser Mönch glaubte, daß die Jungfrau ihr Hellsehen durch die Astrologie übte. Er hatte von einem französischen Geist gehört, daß Johanna sich in der Betrachtung des nächtlichen Himmels gefiele. Er bemerkt, daß sie nur über das Reich der Franzosen weissagte, und gibt als eine von ihr stammende Prophezeiung wieder: Nach zwanzigjährigem Regieren wird der Dauphin zu seinen Vätern heimgehen. Nach ihm wird sein ältester Sohn mit größerem Ruhm, Ehren und königlicher Macht als irgendein König von Frankreich seit Karl dem Großen regieren.

Die Jungfrau hatte die Gabe, gewisse Dinge zu sehen, die sich fern von ihr abspielten. So wußte sie in Vaucouleurs am nämlichen Tage der Heringsschlacht, daß dem Dauphin ein großes Ungemach zugestoßen sei.

Eines Tages, als sie neben dem König zu Tische saß, begann sie plötzlich heimlich zu lächeln. Der König merkte es und fragte sie: »Vielliebe, warum lachst du so herzlich?« Sie antwortete, daß sie es ihm nach dem Mahle berichten werde. Und als man die Wasserbecken brachte, sagte sie: »Herr, an diesem Tage sind fünfhundert Engländer im Meer ertrunken, die auf Euer Land herüberkommen wollten, Euch Schaden zuzufügen. Deshalb habe ich gelacht. In drei Tagen wird Euch sichere Kunde werden, daß dieses Wahrheit ist.« Und so geschah es auch. Ein andermal, als sie sich mehrere Meilen weit vom Schlosse, in dem sich der König aufhielt, befand, erfuhr sie durch Offenbarung während ihres Abendgebetes vor dem Einschlafen, daß Feinde des Königs ihn bei seinem Mahle vergiften wollten. Sogleich rief sie ihre Brüder, sandte sie dem König, um ihn zu warnen, keinerlei Nahrung vor ihrem Eintreffen zu sich zu nehmen. Als sie vor ihm erschien, saß er mit elf Personen zu Tisch. »Herr, laßt die Gerichte abtragen!« Sie gab sie den Hunden, die sie verzehrten und sogleich starben. Sodann bezeichnete sie einen Ritter und zwei andere Tischgäste neben dem König. »Dieser hier«, sagte sie, »wollte Euch vergiften.« Der Ritter gestand zur Stunde, daß sie wahr gesprochen, und es geschah ihm nach Verdienst. Sie hatte erkannt, daß ein Priester im Konkubinat lebe, und als sie im Feldlager ein Mädchen in Männerkleidern traf, wußte sie hellseherisch, daß diese schwanger war und bereits ein Kind geboren, das sie hatte zugrunde gehen lassen. Man schrieb der Jungfrau auch die Macht zu, versteckte Dinge zu entdecken. Sie selbst hatte sich während ihres Aufenthaltes in Tours dessen fähig erklärt, indem sie durch Offenbarung von dem unter der Erde in der Kapelle der heiligen Katharina von Fierbois verborgenen Schwert erfahren hatte. So soll Johanna vor der Salbung von einer kostbaren Krone gewußt haben, die anderen Blicken verborgen war. Wir entnehmen ohne Schwierigkeit, aus welchen Elementen sich dieser Bericht bilden konnte. Die Krone Karls des Großen, mit der sich anläßlich der Salbung die Könige schmückten, befand sich in Saint-Denis in den Händen der Engländer. Johanna rühmte sich, dem Dauphin in Chinon eine kostbare, von Engeln herbeigebrachte Krone gegeben zu haben.

Man sprach auch von Handschuhen, die in Reims verlorengegangen waren, und von einer Tasse, die Johanna wiedergefunden hätte.

Bald erblickte man sie als kriegerische und friedenbringende Jungfrau, als Begine, Hellseherin, Magierin, Engel des Herrn, als Ungeheuer; ein jeder im Volke sah sie auf seine Art, träumte sie nach eigenem Bilde. Die Frommen liehen ihr unwiderstehliche Sanftmut und die göttlichen Schätze der Barmherzigkeit, die Einfältigen machten sie einfältig wie sie selber waren; wilde und grobschlächtige Männer stellten sie sich als burleske und schreckliche Riesin vor. Wird man nun jemals einige Züge ihres wirklichen Antlitzes erblicken? Schon ist sie von der ersten Stunde an und vielleicht für immer eingeschlossen in dem blühenden Busch der Legenden.

ZWEITER BAND

ERSTES KAPITEL

Das königliche Heer zwischen Soissons und Compiègne

Dichtung und Prophezeiung

Am 22. Juli empfing König Karl die Schlüssel der Stadt Soissons. Diese Stadt gehörte zum Herzogtum von Valois, das den Häusern Orléans und Bar gemeinsam zu eigen war. Von diesen beiden Fürsten war der eine Gefangene der Engländer, der andere durch seinen Schwager, König Karl, der französischen Partei und durch seinen Schwiegervater der burgundischen Seite zugehörig. Dies war reichlich dazu angetan, Verwirrung in die Treuegefühle der Einwohner zu bringen, die, von den Kriegsknechten unterdrückt, abwechselnd die rote und die weiße Mütze aufsetzten und Gefahr liefen, bald von der einen, bald von der anderen Partei in den Fluß geworfen zu werden. Die Burgunder setzten die Häuser in Brand, beraubten die Kirchen, verurteilten die wichtigsten Bürger; dann wieder waren es die Armagnacs, die alles plünderten, Nonnen, ehrbare Frauen und fromme Jungfrauen vergewaltigten, wie auch die Sarazenen nicht ärger hätten handeln können. Man sah die Damen der Stadt, die Säcke nähten, um darin die Burgunder in der Aisne zu ersäufen.

König Karl hielt am Morgen des 23. seinen Einzug. Das Heer lagerte in der Ebene. Es scheint, daß die königlichen Feldherren damals die Absicht hatten, auf Compiègne zu marschieren. Der König war entschlossen, während dieses ganzen Feldzuges seine Städte durch Geschicklichkeit und Überredungskunst, nicht aber durch Gewalt zurückzugewinnen. Das Heer begab sich von Soissons nach Château-Thierry, wo der König abends seinen Einzug hielt. Mehrere andere Orte unterwarfen sich. Die Armee aber litt großen Hunger und fand in diesen zerstörten Ländereien, in diesen geplünderten Städten nichts zu essen, weshalb man Vorbereitungen traf, den Rückzug anzutreten und Poitou zu erreichen. Die Engländer aber, die nun eine Armee gesammelt hatten, durchkreuzten diesen Plan, und die Franzosen waren genötigt, sich auf einem jener flachen und ebenen Gelände einzurichten, die für Schlachten, wie sie zu jener Zeit geliefert wurden, geeignet waren. Aber die Gegner kamen nicht, sie anzugreifen.

Währenddessen erhielten die Einwohner von Reims Nachricht, daß König Karl mit seiner Armee über die Seine zurückgehen wollte. Sie sahen sich verlassen und fürchteten, daß die Engländer und Burgunder ihnen die Krönung des Königs schwer heimzahlen würden. Tatsächlich waren sie in großer Gefahr. Sie richteten an den König die flehentliche Bitte, die ihm unterwürfige Stadt nicht zu verlassen. Johanna sandte sodann jenen von Reims einen aus dem Feldlager auf dem Wege nach Paris datierten Brief und versprach darin, ihren teuren und guten Freunden beizustehen. Sie schien keine Ahnung zu haben, daß der Rückzug zur Loire beschlossen war, woraus ersichtlich ist, daß der Magistrat von Reims ihr nicht geschrieben hatte und sie dem königlichen Rate ferngehalten war. Allerdings wußte sie, daß der König einen vierzehntägigen Waffenstillstand mit dem Burgunderfürsten geschlossen hatte, und warnte davor. Dieser Waffenstillstand gefiel ihr nicht, und sie war noch nicht sicher, ob sie ihn einhalten würde. Auch würde sie das königliche Heer gesammelt und bereit halten, in vierzehn Tagen loszuziehen. Sie schloß den Brief mit dem Rate, die Einwohner von Reims möchten auf ihrer Hut sein und ihr Nachricht geben, wenn sie sie benötigen sollten. Ohne Zweifel hat der Geistliche, der ihr die Feder hielt, getreulich geschrieben, was ihm diktiert wurde und der Jungfrau eigene Sprache, den vertrauten Dialekt, beibehalten; Johanna sprach ja lothringisch. Sie war damals zur höchsten Stufe heldenhafter Heiligkeit gelangt. In diesen Briefen schrieb sie sich eine übernatürliche Macht zu, der sich der König, seine Räte und Feldherren zu unterwerfen hätten. Sie gab sich das Recht, allein Verträge anzuerkennen und aufzukündigen; sie verfügte völlig über die Armee, und da sie im Namen des Himmelskönigs befahl, waren ihre Befehle unwiderruflich. Bei ihr trat ein, was notwendigerweise jedem Menschen widerfahren muß, der sich mit einer göttlichen Mission beauftragt glaubt. Sie gab sich nämlich das Recht, über zeitliche und weltliche Macht, über die bestehenden Mächte zu bestimmen; verhängnisvollerweise war sie aber gegen diese Mächte. Ein gefährlicher Traum, der Zusammenstöße erzeugen mußte, an denen so oft die Erleuchteten zerschellen. Diese junge Bäuerin glaubte, als lebendiges Erdenkind und dabei täglich mit den Engeln und Heiligen im Zwiegespräch, im Glanze also der triumphierenden Kirche, daß ihr alle Kraft, alle Klugheit, Weisheit, alles Beratensein innewohne. Das soll nicht heißen, daß es ihr an Verstand mangelte. Sie war sich im Gegenteil bewußt, daß der Burgunderherzog den König mit Botschaften hinhielt und man von einem Prinzen genarrt wurde, der viel List unter viel Pracht verbarg. Nicht etwa, daß Herzog Philipp kein Freund des Friedens gewesen wäre: er ersehnte ihn sogar, wollte sich aber nicht gänzlich mit den Engländern überwerfen. Ohne viel über diese burgundischen und französischen Staatsangelegenheiten zu wissen, urteilte Johanna richtig über die Lage des Franzosenkönigs dem König von England gegenüber, zwischen denen kein Ausgleich stattfinden konnte – sie stritten ja um den Besitz des Königtums. Und gleichfalls übersah sie die Lage Frankreichs dem Herzog von Burgund gegenüber seines großen Vasallen, mit dem ein Einvernehmen nicht nur möglich und wünschenswert, sondern notwendig war; Johanna hatte da sicherlich schlichte, jedoch sehr richtige Vorstellungen. Ohne Umschweife erklärte sie sich darüber: »Es gibt einen Frieden mit den Burgundern und einen Frieden mit England. Was den Burgunderfürsten betrifft, habe ich ihn durch Briefe und Botschaften ersucht, daß zwischen ihm und dem König Frieden würde. Was die Engländer betrifft, so bedeutete der Frieden, den wir brauchen, daß sie in ihr Land, nach England, zurückkehren.«

Die Jungfrau hatte allen Grund, diesem Waffenstillstand, nach welchem der Herzog sich verpflichtete, Paris dem König zurückzugeben, und der ihr so sehr mißfiel, nicht zu trauen. König Karl, vor dem der Regent sich versteckt hatte, nahm mit Eifer seinen Plan, nach Poitou zürückzukehren, wieder auf. Aber die Brücke über den Fluß, den das königliche Heer überqueren mußte, war des Nachts von den Engländern besetzt worden, und das französische Heer war genötigt, zurückzugehen. In diesem Heere, das sich nicht geschlagen hatte und beinahe Hungers starb, befand sich eine Partei Feuriger, die, wie Johanna es bezeichnete, von königlichem Blute geleitet war. Es war dies der Herzog von Alençon, der Herzog von Bourbon, der Graf von Vendôme und auch der Herzog von Bar, der gerade vom Apfelbuttenkrieg heimkehrte. Dieser junge Sohn Jolantes hatte, ehe er geistliche Spiele reimte und Bilder malte, viel Krieg geführt. Als Herzog von Bar und Erbe Lothringens verpflichtet, sich den Engländern und Burgundern zu verbinden, mußte er als Schwager König Karls sich über dessen Siege freuen, sonst hätte er niemals auf seiten der Königin, seiner Schwester, sein können, was ihm leid getan hätte. Johanna kannte ihn. Sie hatte seinerzeit in Nancy vom Herzog von Lothringen erbeten, daß er sie nach Frankreich begleite. Man sagte, daß er zu jenen gehöre, die ihr willig bis nach Paris gefolgt waren. Unter diesen Edlen waren auch die beiden Söhne der Frau von Laval. Dies also war die Armee der Jungfrau; sehr junge Leute, fast Kinder, die ihr Banner zu dem eines Mädchens gesellten, das jünger und besser, aber auch unschuldiger war als sie. Man erzählt sich, daß diese kleinen Prinzen sehr zufrieden und erfreut waren, als sie erfuhren, daß der Rückzug abgeschnitten sei. Unglücklicherweise gab es in diesem Kriegsabschnitt keine sonderlich geschickten Männer; auch war die günstige Stunde verflossen; man hatte dem Regenten Zeit gelassen, um seine Kräfte zu sammeln und der unmittelbarsten Gefahr zu trotzen.

Während dieses Marsches ritt die Jungfrau einmal in Gesellschaft des Karl von Valois zwischen dem Erzbischof von Reims und dem Bastard. Als sie die Menge dem König mit dem Zurufe ›Noël‹ entgegenlaufen sah, sagte sie: »Welch gutes Volk! Nirgends habe ich Leute so erfreut über das Kommen des lieben Königs gesehen.« Diese Bauern von Valois und von Frankreich, die beim Nahen des Königs Karl ›Noël‹ riefen, schrien dasselbe beim Durchzug des Regenten oder des Herzogs von Burgund. Es scheint, daß sie weniger fröhlich waren, als es Johanna vorkam, und hätte die kleine Heilige an den Türen ihrer ausgeraubten Häuser gehorcht, würde sie etwa folgendes gehört haben. »Was werden wir nun tun? Geben wir alles dem Teufel anheim? Was kümmert es uns, was noch aus uns wird, denn durch schlechte Regierung und Verrat müssen wir unsere Frauen und Kinder verleugnen und als wilde Tiere in den Wald flüchten. Es ist nicht ein oder zwei Jahre her, sondern schon vierzehn oder fünfzehn Jahre, daß dieser schmerzvolle Reigen begann, und die meisten der Edelleute Frankreichs sind durch das Schwert, durch Gift, durch Verrat, ohne Beichte, kurz, eines bösen, unnatürlichen Todes gestorben. Besser wäre es für uns, den Sarazenen wie den Christen zu dienen. Es taugt gleichviel, ob man so böse wie möglich handelt oder so gut wie möglich. Handeln wir also so böse, wie wir nur können. Was erwartet uns anderes, als gefangen oder getötet zu werden?«

Man bebaute damals den Boden nur in der Umgebung der Städte oder nahe der befestigten Orte und Schlösser in Landstrichen, die ein Wächter von der Höhe eines Turmes überschauen konnte. Beim Nahen von Kriegsvolk läutete er die Glocke oder stieß ins Horn, um die Winzer und Bauern zu warnen. In vielen Orten war das Alarmläuten so gebräuchlich, daß Rinder, Schafe und Schweine, sobald sie es vernahmen, von selber in ihre Zufluchtsstätten liefen. Hauptsächlich in den leicht zugänglichen Ebenen hatten die Armagnacs und die Engländer alles zerstört.

»Noël! Noël!«

Überall im Herzogtum verließen die Bauern das flache Land und verbargen sich in den Wäldern, Felsen und Steinbrüchen. Die Armagnacs und Burgunder hatten den armen Leuten alles, selbst ihre Kleidungsstücke und Kochtöpfe, entrissen.

»Noël! Noël!«

In der Gegend von Crépy kannte jeder den Baum von Vauru. An einem der Tore der Stadt Meaux stand eine große Ulme, an der der Bastard von Vauru, ein gascognischer Edelmann von der Partei des Dauphins, die Bauern, die er gefangengenommen hatte und die nicht ihr Lösegeld zahlen konnten, hängen ließ. Wenn er keinen Henker zur Hand hatte, knüpfte er sie selber auf. Mit ihm lebte einer seiner Verwandten, Denis von Vauru, den man seinen Vetter nannte, nicht etwa, weil er es wirklich war, sondern um auszudrücken, daß einer dem andern nichts nachgab. Im Jahre 1420 begegnete Denis auf einem Ausritt ein junger, ackernder Bauer. Er nahm ihn gefangen, band ihn an den Schweif seines Pferdes und jagte ihn so bis nach Meaux, wo er ihn durch Drohungen und Qualen zu dem Versprechen zwang, dreimal mehr zu zahlen als er besaß. Halb tot aus der Folter gezogen, ließ der Leibeigene seiner kürzlich geehelichten Frau sagen, sie möge die von dem Herrn geforderte Summe herbeischaffen. Sie war schwanger und ihrer schweren Stunde nahe. Da sie ihren Mann sehr liebte, kam sie dennoch in der Zuversicht, den Herrn von Vauru zu besänftigen. Es gelang ihr nicht, und Ritter Denis bedeutete ihr, daß, wenn sie nicht zum bestimmten Tage das Lösegeld brächte, er den Mann an der Ulme aufknüpfen würde. Die arme Frau entfernte sich weinend und befahl Gott zärtlichst ihren Mann. Und ihr Mann weinte um ihres Kummers willen. Vermittels größter Bemühungen brachte sie das verlangte Lösegeld zusammen, konnte es jedoch erst schaffen, als der bezeichnete Tag schon abgelaufen war. Als sie vor dem Ritter erschien, war ihr Mann bereits unverzüglich und erbarmungslos an dem Baum von Vauru aufgehängt worden. Schluchzend verlangte sie nach ihm und fiel erschöpft vom langen Wege und nahe ihrer Niederkunft hin. Als sie wieder zur Besinnung kam, verlangte sie neuerlich nach ihrem Mann; man antwortete ihr, daß sie ihn erst sehen würde, wenn das Lösegeld erlegt worden sei. Während sie sich bei dem Ritter befand, sah sie, wie man mehrere Handwerker, die sich nicht hatten freikaufen können, zur Ulme führte. Bei ihrem Anblick erfaßte sie Angst um ihren

Gatten. Dennoch bezahlte sie mit liebebangendem Herzen das Lösegeld. Sobald die Leute des Herrn ihre Taler eingezählt hatten, hießen sie die Frau gehen, indem sie ihr mitteilten, ihr Mann sei wie die andern Hörigen gestorben. Bei diesen grausamen Worten brach sie, von Schmerz und Verzweiflung bewegt, in Schimpfworte und Verwünschungen aus. Und da sie nicht schweigen wollte, ließ sie der Bastard von Vauru mit Stöcken schlagen und zur Ulme führen. Nackt bis zum Nabel wurde sie an den Baum geknüpft, wo bereits vierzig oder fünfzig Männer, die einen höher, die andern niedriger, hingen und die, wenn der Wind sie in Bewegung setzte, an ihrem Kopf baumelten. Bei Einbruch der Nacht stieß sie solche Schreie aus, daß man sie bis in die Stadt hörte. Wer sich aber an ihre Befreiung gewagt hätte, wäre des Todes gewesen. Der Schrecken, die Müdigkeit, all ihre Anstrengungen beschleunigten ihre Niederkunft. Durch ihr Heulen herbeigelockt kamen die Wölfe, ihr die Frucht, die aus ihrem Leibe trat, zu entreißen und fetzten den noch lebendigen Körper der unglücklichen Kreatur in Stücke.

Im Jahre 1422 aber, als die Burgunder die Stadt Meaux eingenommen hatten, wurde der Bastard von Vauru und sein Vetter gleichfalls an dem Baume, an dem sie so nichtswürdig eine so große Zahl Unschuldiger zugrunde gehen lassen hatten, gehängt.

Immerhin ist es möglich, daß beim Anblick des Königs aus dem Stamme des heiligen Ludwig und Karls des Weisen die Leute ein wenig Vertrauen und Hoffnung faßten; stand ja dieses ruhmreiche Haus von Frankreich im hohen Rufe der Gerechtigkeit und Barmherzigkeit. So betrachtete denn die Jungfrau zur Seite des Erzbischofs von Reims vertraulichst die Bauern, die ›Noël‹ schrien, und nach ihrem Ausspruch, sie hätte nirgends Leute so erfreut über das Kommen des lieben Königs gesehen, seufzte sie: »Möge es Gott gefallen, daß mir das Glück zufiele, zu Ende meiner Tage in dieser Erde bestattet zu sein!« Vielleicht war der Herr Erzbischof neugierig zu wissen, ob ihre Stimmen ihr etwas über ihr nahes Ende offenbart hätten. Sie sagte ja oft, daß sie nicht lange leben werde.

Zweifellos kannte er eine zu jener Stunde sehr verbreitete Prophezeiung, die ankündigte, daß die Jungfrau auf geweihter Erde sterben würde, nachdem sie mit König Karl das Grab unseres Herrn erobert hatte. Manche schrieben diese Voraussage der Jungfrau selber zu. Und man versteht, daß Herr Regnault gern wissen wollte, was man von diesen Dingen zu halten hätte. So fragte er denn Johanna: »An welchem Orte hoffet Ihr zu sterben?« Worauf sie antwortete: »Wo es Gott gefallen wird, denn ich bin weder des Ortes noch der Zeit gewiß und weiß nicht mehr als Ihr.« Man konnte nicht demütiger antworten. Der Herr Bastard, Zeuge dieses Gespräches, glaubte sich viele Jahre später zu erinnern, daß Johanna sogleich hinzufügte: »Aber ich wollte sehr, daß es Gott gefiele, daß ich mich jetzt zurückzöge, meine Waffen ließe und meinem Vater und meiner Mutter zu dienen ginge, mit meinen Brüdern und meinen Schwestern die Lämmer zu hüten.« Wenn sie wirklich solcherart sprach, so geschah es gewiß, weil sie dunkle Vorahnungen hatte. Seit einiger Zeit schon glaubte sie sich verraten. Vielleicht verdächtigte sie den Erzbischof von Reims des Übelwollens gegen sie. Daß er sie nun abzustoßen beabsichtigte, nachdem er sie so nützlich verwendet hatte, ist kaum anzunehmen. Er hatte im Gegenteil im Sinn, sich ihrer noch zu bedienen; doch schätzte er sie nicht sehr, und sie fühlte das. Er fragte sie nicht um ihre Meinung, verständigte sie nie darüber, was im Rate beschlossen worden war. Auch litt sie grausam darunter, daß er so wenig Aufhebens aus ihren Offenbarungen machte. War dieser Wunsch, dieser Seufzer, den sie vor ihm hören ließ, nicht ein zarter und verschleierter Vorwurf? Gewiß sehnte sie sich nach ihrer fernen Mutter. Aber sie täuschte sich merkwürdig über sich selbst, wenn sie glaubte, daß sie fortan das geruhsame Leben eines Dorfmädchens würde ertragen können. In Domremy, in ihrer Kindheit, ging sie nur wenig mit den Schafen ins Feld; lieber beschäftigte sie sich in der Wirtschaft. Und nun, nachdem sie mit König und Edelleuten geritten war, hätte sie, in ihre Heimat zurückgekehrt, um die Herden zu hüten, dort nicht sechs Monate standgehalten. Von nun ab wäre es ihr unmöglich gewesen, anders als unter dieser Reiterschar zu leben, wohin sie von Gott berufen zu sein glaubte.

Während dieses Marsches erhielt König Karl vom Regenten eine Herausforderung, sich an einen noch näher zu bezeichnenden Ort zu begeben. Diesen Brief aber voll Schimpf und Hochmut hatte der Regent nicht in Wunsch und Hoffnung auf Frieden geschrieben, sondern um gegen alle Vernunft König Karl allein des Elends und der Leiden, die der Krieg dem armen Volke auferlegte, verantwortlich zu machen. Gleich zu Beginn sich an den in der Kathedrale zu Reims gekrönten König wendend, sprach er ihn in folgender verächtlicher Weise an: »Ihr, die Ihr Euch Dauphin von Vienne zu nennen pflegtet und Euch nun ohne Grund König heißt.« Er erklärte, daß er Frieden wünsche, und fügte sogleich hinzu. »Nicht einen hinterhältigen, schändlichen, falschen, vergewaltigenden und meineidigen Frieden wie jenen von Montereau.« Dies hieß aber den Frieden übel vorbereiten, wenn man Karl von Valois so unbarmherzig den Tag von Montereau vorwarf, wohin er als ein Kind geschleppt worden war und wovon er in seinem Körper ein Zittern und Angst beim Überschreiten einer Brücke zurückbehalten hatte. Augenblicklich legte es der Herzog von Bedford König Karl als das schwerste Unrecht aus, daß er sich von der Jungfrau und Bruder Richard begleiten ließ. »Ihr laßt das unwissende Volk verführen und täuschen«, sagte er zu ihm, »und bedient Euch abergläubischer und verworfener Leute, einer unordentlichen und verrufenen Frau in Männerkleidung mit liederlichem Betragen und eines abtrünnigen und Verführung übenden Bettelbruders, die beide laut der Heiligen Schrift Gott verabscheuungswürdig sind.« An der schönsten Stelle seines Briefes, als er Karl von Valois vor ihm zu erscheinen heißt, erwartet er spöttelnd, ihn von der verrufenen Frau und dem abtrünnigen Mönch begleitet zu sehen. Solcherart schrieb der Regent von England, der dennoch ein feiner, gemäßigter Kopf war, von höflicher Art und schließlich ein guter Katholik, der an alle Teufeleien und Zaubereien glaubte. Gewiß war er aufrichtig, wenn er sich empört zeigte, das Heer

Karls von Valois von einem ketzerischen Mönch und einer Hexe angeführt zu sehen, und er hielt es für ratsam, diese Schande öffentlich anzukreiden. Dennoch war der edle Herr von Bedford mit der Verbreitung dieser Ideen nicht so klug, wie er meinte. Wir wissen, daß Johanna gutherzig war und keine Opfer scheute. Indem sie den Leuten ihrer Partei die Vorstellung gab, glückbringend zu sein, bestärkte sie deren Mut; dennoch wußten die Räte des Königs Karl, was sie von ihr zu halten hatten, und fragten sie nicht um Rat; sie selbst fühlte überdies, daß ihr Leben nicht von langer Dauer sein würde. Wer also machte aus ihr einen großen Feldherrn, eine übernatürliche Macht? Ihre Feinde. Aus diesem Brief ersieht man, wie die Engländer ein unschuldiges Kind in eine übernatürliche, schreckliche Kreatur verwandelten, in eine Art Gespenst, das der Hölle entfahren, vor dem die Tapferen erblassen. Der Regent bricht in Klagen über Teufel und Hexen aus und wundert sich, wenn dann sein Kriegsvolk vor der Jungfrau erzittert und aus Furcht, ihr zu begegnen, fahnenflüchtig wird.

Die englische Armee war nach Paris zurückverlegt. Nun ging sie neuerdings den Franzosen entgegen. König Karl hielt zwischen Crépy und Paris sein Feldlager, und die Jungfrau konnte von den Höhen von Dommartin den Hügel von Montmartre mit seinen Windmühlen sehen und die leichten Nebel der Seine über dieser großen Stadt Paris, die ihr ihre Stimmen, auf die sie zu sehr gehorcht hatte, verheißen hatten. Man erfuhr sodann, daß der Regent sich in großer Kriegsgefolgschaft, die von Suffolk und Talbot befehligt war, näherte. Er führte mit sich die Kreuzfahrer des Kardinals von Winchester, Onkel des verstorbenen Königs, drei- bis viertausend vom Gelde des Papstes gegen die Hussiten von Böhmen befehligte Männer, die der Kardinal nun für gut befand, gegen den in Wahrheit allerchristlichsten König von Frankreich anzuführen, den allerchristlichsten König, dessen Heer jedoch von einem Apostaten und einer Hexe angeführt wurde. Im Lager der Engländer befand sich, wie man berichtet, ein Hauptmann mit fünfzehnhundert weißgekleideten Kriegern, die eine weiße Fahne aufpflanzten, auf die ein Rocken mit daran hängender Spindel gestickt war und in deren freiem Felde in feinen, goldenen, gestickten Lettern folgende Inschrift zu lesen war: »*Ores, vienne la Belle!*« Damit wollten die Krieger zu verstehen geben, daß, wenn sie der Jungfrau der Armagnacs begegnen sollten, sie ihr nicht wenig abzuwickeln geben würden.

Die französische Armee war in mehrere Korps geteilt, Vorhut, Landsknechte, die eigentliche Armee, die Nachhut und drei Flügel. Auch hatte man eine Abteilung unter dem Befehle La Hires, des Bastards und de la Trémouilles gebildet zu dem Zweck, zu scharmützeln und im Notfalle die anderen Korps zu unterstützen. Die Jungfrau erhielt in dieser Kompanie ihren Platz. In Patay hatte sie trotz ihrer Bitten in der Nachhut verbleiben müssen. Diesmal ritt sie mit den Kühnsten und Geschicktesten. Man ließ ihr Gerechtigkeit widerfahren, gab ihr den Platz, den sie durch ihre Gewandtheit zu Pferde und ihren Kampfesmut verdiente. Dennoch zögerte sie, ihren Gefährten zu folgen; sie handelte, wie ein chronikverfassender, burgundischer Ritter sie schildert: »Sie war immer anderer Meinung, einmal wollte sie kämpfen, ein anderes Mal nicht.« Ihre Zweifel sind uns recht verständlich. Die kleine Heilige konnte sich nicht entschließen, an einem Marientag zu reiten, noch zur Stunde des Krieges die Hände in den Schoß zu legen. Ihre Stimmen bestärkten sie in ihrer Unsicherheit. Sie hießen sie nur das tun, wovon sie selbst wußte. Schließlich folgte sie dennoch den Kriegsleuten, von denen, wie es schien, keiner ihre Bedenken teilte.

Bei Einbruch der Nacht hörte das Scharmützel auf, und die zwei Heere schliefen einen Schuß weit voneinander. Dann zog Karl nach Crépy und überließ es den Engländern, der Stadt Evreux zu Hilfe zu kommen, deren Übergabe zu einem späteren Termin vereinbart war. Mit dieser Stadt gewann sich der Regent die ganze Normandie.

Dies war der Preis, den die Franzosen für die Krönungsprozession, diesen militärischen, bürgerlichen und religiösen Vormarsch auf Reims, bezahlten. Wenn sie nach dem Sieg von

Patay sogleich auf Rouen losgezogen wären, hätten sie die Normandie zurückgewonnen und die Engländer ins Meer geworfen. Wenn man von Patay aus nach Paris vorgestoßen wäre, hätte man dort ohne Widerstand Einzug gehalten. Dennoch wäre es übereilt, diesen feierlichen Spaziergang der Lilien in der Champagne zu verurteilen. Vielleicht sicherte die Wanderung nach Reims der französischen Partei, den um ihrer Grausamkeit, ihrer Verrätereien willen verschrienen Armagnacs, diesem kleinen, verrufenen König von Bourges größere und kostbarere Vorteile als den Sieg über die Grafschaft von Maine oder das Herzogtum der Normandie. Karl hatte sich zu seinem Vorteil als guter und friedfertiger Herr, als weiser und milder Prinz, Freund der Bürger und wahrer König der Städte gezeigt. Und schließlich erschien er nach diesem Feldzuge, den ehrlichen und erfolgreichen Verhandlungen, durch die hohen Feierlichkeiten der Salbung mit einem Male als der legitime und hochheilige König von Frankreich.

Eine hervorragende Dame, aus edlem Bolognesergeschlecht, Witwe eines Edelmannes der Picardie, von feiner Denkungsart und in den Freien Künsten bewandert, die schon eine Anzahl von erzählenden Gedichten, Ringelliedern und Balladen verfaßt hatte, Verse und Prosa vornehm meisterte, trug als Freundin Frankreichs und hervorragende Vertreterin ihres Geschlechts nichts mehr am Herzen als das Wohlergehen der Franzosen und die Ehre der Frauen. Diese Christine von Pisan, in ihrer Abtei von Poissy, wo sie an Seite ihrer Tochter, die dort Nonne war, ihr Alter verlebte, vollendete dort im Jahre 1429 ein Gedicht in einundsechzig Strophen zum Lobe der Jungfrau, das in gezierter Sprache und hartem Rhythmus die Gedanken der frömmsten, gelehrtesten und schönen Seelen über den dem Dauphin von Gott gesandten Kriegsengel ausdrückte. Die Gefühle Frau Christinens über die Jungfrau stimmen auch mit denen der Gelehrten der französischen Partei überein; das Gedicht erinnert an vielen Stellen an das Traktat des Erzbischofs von Embrun. Darin ist gesagt, daß das fromme Leben, das Johanna führte, beweise, daß sie in der Gnade Gottes stehen müsse. Christine von Pisan teilte in der Abseitigkeit ihres Klosters die den frommen Seelen gemeinsame Hoffnung, daß die Jungfrau die Ungläubigen und Ketzer, das heißt, die Türken und Hussiten, vernichten werde. Es scheint, daß die gute Dame in solcher Art ihr Gedicht beendet hatte, als sie von der Krönung des Königs erfuhr. Sie fügte hierauf dreizehn Strophen an, um das Mysterium von Reims zu feiern und die Einnahme von Paris vorauszusagen.

In dem Maße aber, als die Jungfrau bekannt wurde, entdeckte man Prophezeiungen, die ihr Erscheinen angekündigt hatten. So fand man heraus, daß die Salbung von Reims von Engélide, Tochter eines alten Ungarkönigs, vorausgesagt worden war. Diese, einer unbekannten, fremdländischen Königstochter zugeschriebene Weissagung erscheint uns wie das Werk eines Geistlichen der Franzosen oder Armagnacs. Ohne Zweifel wurde diese Prophezeiung im Augenblicke der Krönung verfaßt. Mit Hellsicht sind darin die damals vollzogenen Tatsachen erwähnt und in dunklen Wendungen die Ereignisse, die man noch erwartete, angekündigt. Wenn diese angebliche Engélide in ihrer Weissagung davon spricht, daß die ›Befreierin‹ an ihrem kurzen Halse, an der Sanftmut ihrer Stimme und an einem kleinen scharlachroten Muttermal zu erkennen sein würde, so scheint es sehr wahrscheinlich, daß sorgfältig verzeichnet wurde, was man an Johanna selber bemerken konnte. Diese vorgespiegelte ungarische Königstochter wird zweifellos das Muttermal hinter dem Ohr der Jungfrau nicht selber erfunden haben.

ZWEITES KAPITEL

Erster Aufenthalt der Jungfrau in Compiègne.
Die drei Päpste.
Saint-Denis.
Die Waffenstillstände

Nach Abzug der englischen Armee in die Normandie sandte Karl mehrere seiner Feldherren und deren Krieger nach Senlis, das sich ihm ergab. Gleichfalls war die Unterwerfung Compiègnes gesichert. So nahm der König eine der getreuen Städte nach der anderen wieder an sich. In Beauvais wurden jene, die König Karl nicht anerkennen wollten, mit der Erlaubnis aus der Stadt entfernt, ihre Güter mitzunehmen. Der Bischof und Vidam von Beauvais, Hochwürden Peter Cauchon, Oberhofprediger von Frankreich für den König Heinrich, Geschäftsträger wichtiger geistlicher Angelegenheiten, sah höchst ungern seine Stadt den Franzosen zufallen; es geschah dies zu seinem Schaden, doch konnte er es nicht verhindern. Er wußte wohl, daß er einen Teil dieses Ungeschicks der Jungfrau verdankte, die den Ruf hatte, in allem mittätig zu sein. Als guter Theologe verdächtigte er sie zweifellos, vom Teufel geleitet zu sein, und wünschte ihr das erdenklich Schlechteste. Mit dem König in Compiègne eingezogen, wohnte Johanna beim königlichen Stadtverordneten und schlief bei dessen Frau, Marie Le Boucher, einer Verwandten von Jacques Boucher, des Schatzmeisters von Orléans. Sie brannte darauf, nach Paris zu marschieren, das sie gewiß war einzunehmen, da ihre Stimmen es ihr versprochen hatten. Man erzählt sich, daß sie nach zwei oder drei Tagen, als sie nicht mehr an sich halten konnte, zu Alençon sagte: »Mein schöner Herzog, laßt Eure Leute und die der andern Feldherren rüsten, ich will Paris von näher sehen, als ich es bisher geschaut habe.«

Die Dinge können sich wohl so nicht abgespielt haben. Die Jungfrau gab dem Waffenvolk keine Befehle. Es verhielt sich vielmehr so, daß der Herzog von Alençon sich mit einer guten Kompanie vom König verabschiedete und Johanna ihn begleiten sollte. Sie war eben im Begriffe zu Pferde zu steigen, als ein Bote des Grafen von Armagnac ihr einen Brief überreichte, den sie sich vorlesen ließ:

»Meine sehr liebe Dame! Ich empfehle mich Euch höflichst und bitte Euch um Gottes willen um Rat in Betracht der Teilung, die gegenwärtig sich in der heiligen, allumfassenden Kirche, was die Päpste betrifft, gebildet hat ... Der erste Papst, der sich Papst Martin nennt, wurde in Konstanz mit Einwilligung aller christlichen Nationen gewählt; jener, der sich Clemens nennt, wurde in Paniscola, nach dem Tode des Papstes Benno XIII. durch drei seiner Kardinäle erwählt; der dritte namens Papst Benno XIV. wurde in Paniscola heimlich durch den Kardinal von Sankt Stephan erwählt. Wollet unsern Herrn Jesus Christ anflehen, daß er uns in seiner unendlichen Barmherzigkeit durch Euch aufkläre, welcher von den drei besagten der wahre Papst sei und welchem fortan zu gehorchen ihm gefällig sei ...«

Dies war ein großer Vasall der Krone, der Johanna also schrieb und sie seine sehr liebe Dame nannte. Sie hatte diesen Edelmann niemals gesehen und wahrscheinlich nie von ihm sprechen hören. Sohn des ermordeten Konnetabel von Frankreich, war dieser Johann IV. der grausamste Mann des Königreiches und nach dem Grafen von Foix der mächtigste Herr der Gascogne. Während sein Name unter jenen der Königstreuen verblieb und man den Namen Armagnacs gebrauchte, um jene zu bezeichnen, die den Engländern und Burgundern gegnerisch, war Johann IV. selbst weder Franzose noch Engländer, sondern nur Gascogner. Eben war ein Mord, den er vor kurzem begangen, in lebhafter Erinnerung. So war der gehorsame Sohn der heiligen Kirche beschaffen, der so viel Eifer zeigte, seinen wahren geistlichen Vater ausfindig zu machen. Es ist nicht genau ersichtlich, warum er Johanna bat, ihm den wirklichen Papst zu bezeichnen. Wahrscheinlich folgte er dem Brauch jener Zeit, in allen Dingen die heiligen Jungfrauen, die Gott mit Offenbarungen begünstigte, um Rat zu fragen.

Solcherart erschien die Jungfrau; ihr Ruf als Prophetin hatte sich in wenigen Tagen verbreitet. Sie entdeckte verborgene Gegenstände und sagte die Zukunft voraus.

Johann IV., entschlossen, Papst Martin V. anzuerkennen, suchte für diese Unterwerfung einen ehrenvollen Vorwand. Nach all dem, was der Graf von Armagnac schrieb, konnte Johanna doch nicht zweifeln, wer der wahre Papst sei. Diese List aber schlug fehl, Johanna verstand von alldem nichts. Der Brief, den sie, eben ihr Pferd besteigend, sich vorlesen ließ, scheint ihr nicht klar gewesen zu sein; die Namen Benno, Clemens und Martin waren ihr unbekannt. Die Heiligen Katharina und Margareta hatten ihr anläßlich der häufigen Zwiesprachen über den Papst keinerlei Offenbarung gemacht. Für gewöhnlich war Johanna so vorsichtig, nur über Dinge des Krieges zu weissagen, was ein deutscher Geistlicher als eine bemerkenswerte und seltsame Sache bezeichnete. Diesmal aber, um ihren Ruf als Prophetin zu stützen, vielleicht auch, weil der Name Armagnac für sie eine Empfehlung bedeutete, willigte sie ein, Johann IV. zu antworten. Sie ließ ihn wissen, daß sie zu dieser Stunde nicht den wahren Papst bestimmen könne, aber sie würde ihm später sagen, an welchen von den dreien man zu glauben hätte, je nachdem, was sie selber vermittels Gottes Rat ausfindig machen würde.

Am 23. August verabschiedeten sich die Jungfrau und der Herzog von Alençon vom König und entfernten sich mit reichlichem Waffengefolge aus Compiègne. Wie gewöhnlich ritt Johanna unter ihren Geistlichen. Bruder Richard, der den Weltuntergang voraussagte, hatte sich dem Zuge angeschlossen. Anscheinend hatte er die anderen überflügelt, selbst Bruder Pasquerel, den Kaplan. An den Mauern von Senlis war er es denn auch, der Johanna die Beichte abnahm.

Der Bischof von Senlis, Johann Fouquerel, war bisher auf

Seite der Engländer gewesen. Als ein Mann der Vorsicht eilte er beim Herannahen des königlichen Heeres nach Paris, eine große Summe Geldes dort zu verstecken; sein Gut lag ihm sehr am Herzen. Einer der Kriegsleute nahm ihm seine Mähre, um sie der Jungfrau zu geben. Sie ließ ihm zweihundert Salusstücke in Gold in einer Anweisung auf den Steuereinnehmer von Senlis und den Getreideverweser der Stadt schicken. Der Bischof erhielt darüber nicht in dieser Weise Bescheid und forderte sein Tier zurück. Als die Jungfrau von seinem Unwillen erfuhr, ließ sie ihm schreiben, daß er, wenn er wolle, seine Mähre zurückhaben könne; sie fände sie nicht ausdauernd genug für den Kriegsgebrauch. Man sandte das Pferd Herrn de la Trémouille mit dem Ersuchen, es dem Bischof zurückzustellen, der es aber niemals erhielt. Es mag sein, daß die Anweisung auf die städtische Schatzkammer nichts wert war, und es ist wahrscheinlich, daß der hochwürdige Vater Johann Fouquerel weder Tier noch Geld erhielt. Johanna aber war daran nicht schuldig. Dennoch sollten ihr aber bald der Bischof von Beauvais und die Geistlichen der Universität beweisen, welchen Frevel es bedeute, an eine kirchliche Mähre Hand zu legen.

Saint-Denis erhob sich im Norden von Paris, etwa zwei Meilen vor den Mauern der großen Stadt. Der Platz war zwar befestigt, dennoch zog das Heer Alençons ohne Widerstand ein. Dieser Ort war durch seine uralte, sehr reiche und hochberühmte Abtei bekannt. Als die Jungfrau sich in Saint-Denis aufhielt, waren die drei Portale, die ausgezackten Befestigungsmauern, der Turm der Abteikirche schon dreihundert Jahre alt. Hier hatten die Könige von Frankreich ihre Grabstätte; hier nahmen sie die Oriflamme, ihr Banner. Der verstorbene König Karl hatte es hier vor vierzehn Jahren ergriffen, und seither war es von niemandem erhoben worden. Man berichtete über viele Wunder in bezug auf das königliche Banner, von denen die Jungfrau wohl etwas gehört haben mußte. Denn sie hatte, wie man erzählt, als sie nach Frankreich kam, dem Dauphin den Beinamen ›Oriflamme‹ als Pfand und Versprechen seines Sieges gegeben. In Saint-Denis bewahrte man auch das Herz des Konnetabel Bertrand du Guesclin. Die Mönche von Saint-Denis behüteten ferner kostbare Reliquien, besonders ein Stück des wahren Kreuzes, Windeln des Jesuskindes, Scherben eines Kruges, in dem das Wasser sich bei der Hochzeit von Kana in Wein verwandelt hatte, das Kinn der heiligen Magdalena, eine Tasse aus Tamarindenholz, deren sich der heilige Ludwig zum Schutze vor der Rattenkrankheit bediente. Man zeigte hier auch einen Schädel des heiligen Dionysius. Es beruht allerdings auf Wahrheit, daß man ihn gleichzeitig in der Kathedrale von Paris vorwies. So sagte denn auch der Kanzler Johann Gerson in der wenige Tage vor seinem Tode über die Jungfrau verfaßten Abhandlung, daß es mit ihr stünde wie mit dem Schädel des heiligen Dionysius, der Gegenstand der Erbauung und nicht Gegenstand des Glaubens sei und gleicherweise in dem einen wie in dem andern Orte verehrt werden müsse, damit die Erbauung nicht Ärgernis errege.

In dieser reichen, vom Krieg beraubten Abtei führten die Mönche, aller Zucht ledig, ein elendes und ungeordnetes Dasein. Nacheinander kamen Armagnacs und Burgunder, alle Dörfer und Felder der Umgebung zu plündern, und ließen nichts übrig, was irgendwie wegzutragen war. Bei der Nachricht, daß die Armagnacs sich Troyes näherten, hatten die Bauern ihr noch unreifes Getreide gemäht und nach Paris gebracht. Als das Waffenvolk des Herzogs von Alençon in Saint-Denis einzog, fand es die Stadt verlassen. Die wichtigsten Bürger hatten sich nach Paris geflüchtet. Es blieben nur einige arme Familien in der Stadt. Die Jungfrau hielt hier wieder zwei Neugeborene über das Taufbecken. Als ihre Feinde von diesen Taufen erfuhren, beschuldigten sie sie, angezündete Kerzen über den Kopf der Neugeborenen gehalten zu haben, um ihre Zukunft im geschmolzenen Wachs zu lesen. Es war offenbar nicht das erste Mal, daß sie derlei veranstaltete. Erschien sie in einer Stadt, reichten ihr angeblich die kleinen Kinder kniend Kerzen, die sie als eine milde Opferung annahm. Dann ließ sie auf die Köpfe der Unschuldigen drei glühende Wachstropfen fallen und verkündete, daß sie kraft solcher Handlung nicht mehr schlecht sein konnten. Die burgundischen Geistlichen aber sahen in diesem Tun Götzendienst, Zauberei und Ketzerei. In Saint-Denis verteilte sie auch Banner an das Kriegsvolk, und die englischen Geistlichen verdächtigten sie stark, daß sie diese Banner mit Zauber belege.

Die Jungfrau und der Herzog von Alençon verloren keine Zeit. Schon seit der Ankunft in Saint-Denis ging man an die Tore von Paris, um zu scharmützeln. Aus Furcht vor dem siebenten Gebot verbot die Jungfrau den Leuten ihrer Kompanie, auch nur den geringsten Diebstahl zu begehen; reichte man ihr Lebensmittel, die durch Plünderung verschafft worden waren, wollte sie niemals daran rühren. Tatsächlich lebte sie wie die andern nur vom Raub, was sie aber nicht wußte. Eines Tages geriet sie über einen Schotten, der ihr sagte, sie hätte eben von einem gestohlenen Kalbe gegessen, in Zorn und wollte ihn schlagen; die Heiligen lassen sich zuweilen zu solchen Ausbrüchen hinreißen.

Man hat berichtet, daß Johanna die Mauern von Paris betrachtete und die geeignetste Stelle zum Angriff suchte. In Wirklichkeit richtete sie sich in diesem Punkt wie in allen andern nach ihren Stimmen. Was Mut und guten Willen betraf, übertraf sie aber in hohem Maße alle Krieger. Von Saint-Denis sandte sie dem König Botschaft auf Botschaft, um ihn zu drängen, Paris einzunehmen. Der König aber und sein Rat verhandelten in Compiègne mit den Gesandten des Herzogs von Burgund. Der Waffenstillstand, von dem wir nur aus dem Brief der Jungfrau an die Bewohner von Reims wissen, war verstrichen. Danach hatte sich der Herzog von Burgund verpflichtet, die Stadt dem König von Frankreich am fünfzehnten Tage zurückzustellen. Herzog Philipp ertrug es nicht, Karl von Valois, der im Augenblicke des Mordes an seinem Vater auf der Brücke von Montereau zugegen war, von Angesicht zu Angesicht zu schauen, haßte aber die Engländer und wünschte sie zum Teufel oder auf ihre Insel. Er hatte zu viel Wein zu ernten und zu viel Wolle zu weben, um nicht den Frieden zu wünschen. Am 28. August wurde ein Waffenstillstand geschlossen, der bis Weihnachten laufen sollte. Welchen Vorteil fand König Karl darin, die Rechte seines Vetters von Burgund auf Paris anzuerkennen? Wir verstehen dies nicht ganz. Tatsächlich aber war dieser Waffenstillstand weder besser noch schlechter als andere. Er gab allerdings Paris nicht dem König, hinderte diesen aber nicht, es einzunehmen. Wann haben es jemals Waffenstillstände den Armagnacs und Burgundern unmöglich gemacht, sich zu schlagen, wenn sie Lust dazu hatten?

DRITTES KAPITEL

Der Angriff auf Paris

Zur Zeit, als König Johann Gefangener der Engländer war, fürchteten die Pariser, die den Feind im Herzen des Reiches sahen, die Belagerung ihrer Stadt, setzten sie eilig in Verteidigungszustand und umgaben sie mit Gräben. Die Pariser schätzten die Engländer nicht und ertrugen sie nur schwer. Als nach dem Begräbnis des verstorbenen Königs Karl VI. der Herzog von Bedford sich das Schwert des Franzosenkönigs hatte bringen lassen, murrte das Volk. Aber man muß erdulden, was man nicht verhindern kann. Schätzten sie nicht die Engländer, so bewunderten sie Herzog Philipp, den wohlgestaltetsten und reichsten Prinzen der Christenheit. Was den kleinen König von Bourges mit seiner traurigen Figur betraf, arm wie er war, des Verrates von Montereau höchst verdächtig, so besaß er nichts, womit er hätte gefallen können; man verachtete ihn, und seine Parteianhänger flößten Furcht und Schauder ein. Seit zehn Jahren streifte er um die Stadt, trieb Lösegelder ein und plünderte. Zweifellos machten es die Engländer und Burgunder nicht anders. Aber sie zogen nur vorbei; die Armagnacs trieben sich aber unausgesetzt in den Feldern umher, stahlen alles, was sie fanden, steckten Scheunen und Kirchen in Brand, töteten Frauen und Kinder, vergewaltigten Jungfrauen und Nonnen und hingen die Leute an ihren Daumen auf.

Dennoch hätte man in der Stadt eine große Anzahl Anhänger des Dauphins zu finden vermocht. Im geheimen gab es im Parlament und sogar im Kapitel von Notre-Dame Leute, die mit den Armagnacs im Einverständnis waren. Diese schrecklichen Armagnacs hätten nur am Morgen nach ihrem Sieg bei Patay geradeaus auf die Stadt marschieren müssen, um sie einzunehmen. Nachdem aber der erste Schrecken vorüber war, wurde die große Stadt, wenn auch nicht englisch, so doch zumindest burgundisch. Der Regent trat sie zur rechten Zeit an den Herzog Philipp ab, gewiß nicht ohne zu bereuen, ihm seinerzeit Orléans verweigert zu haben.

Der prunkvolle Herzog kam, die alte Freundschaft, die ihm die Pariser zollten, aufzuwärmen und den Haß wieder anzufachen, den sie dem enterbten Sohn Isabellas entgegenbrachten. Er verlas im Palais einen Bericht über den Tod seines Vaters und brach dabei in Klagen über den Verrat der Armagnacs und den verletzten Frieden aus. Aber mehr noch als die Liebe zu dem schönen Herzog bestärkte die Grausamkeit der Königsmannen die Bürger in ihrem Widerstand. Sie konnten kein gesundes Urteil über die Absichten des Franzosenkönigs haben und wußten nur zu gut, daß die Armagnacs nichts verhindern würde, wenn einmal die Stadt eingenommen wäre, ein Blutbad in ihr anzurichten, zu sengen und zu brennen. Ein anderer Umstand erhöhte noch ihre Abscheu und ihren Schrecken; als sie hörten, daß Bruder Richard, dessen Predigten sie einstmals so andächtig gelauscht hatten, mit den Leuten des Dauphins einherritt, rissen sie die von dem Bruder erhaltenen Zinnmedaillen mit dem heiligen Namen Jesu aus Haß gegen ihn von ihren Hüten herunter und griffen sogleich wieder zu Würfeln, Kugeln, Damebrettern und zu all jenen Spielen, auf die sie ob seiner Ermahnungen verzichtet hatten. Gleiche Abscheu flößte ihnen die Jungfrau ein. Man hieß sie Dirne.

Während der Krönung des Dauphins kam ein Heer aus England, vom Regenten bestimmt, die Normandie zu besetzen. Er führte es selbst nach Rouen und überließ die Verteidigung von Paris Louis von Luxemburg, Bischof von Thérouannes, Kanzler von Frankreich für die Engländer, und zweitausend Waffenleuten sowie der Pariser Miliz. Seit Ende Juli war die Stadt Überraschungen gegenüber geschützt. Zur Zeit des Sankt-Laurentius-Festes wurde das Verbot bekanntgegeben, das Tor Sankt Martin, das mit vier Türmchen und zwei Zugbrücken versehen war, zu verlassen. Und als am 28. August das königliche Heer Saint-Denis besetzte, durfte niemand mehr in die Ebene im Norden der Stadt, in Weingärten oder Gemüsepflanzungen, um zu ernten. Es trat sogleich eine Teuerung ein. In den ersten Septembertagen ließen die Bezirksvorsteher die Gräben herrichten und die Kanonen in den Mauern, Toren und Türmen anbringen. Die Steinmetze verfertigten Tausende von Kugeln.

Der Magistrat erhielt vom Herzog von Alençon Briefe, die also begannen: ›Euch, Präfekt von Paris, Präfekte der Kaufleute und Schöffen.‹ Er nannte sie bei ihren Namen und grüßte sie in schönen Wendungen. Dieses Schreiben hielt man für ein Werk der Arglist, dem Volke die Schöffen verdächtig zu machen und die Bewohner einen gegen den andern aufzubringen. Es wurde deshalb dem edlen Herrn bedeutet, sein Papier nicht mehr zwecks solcher List zu vergeuden.

Das Kapitel von Notre-Dame ließ für das allgemeine Wohl Messen lesen. Drei Domherren wurden bestimmt, für den Schutz des Klosters Vorsorge zu treffen. Die Kirchenväter bereiteten sich vor, die Reliquien und den Schatz vor den Feinden in Schutz zu bringen. Sie verkauften um den Preis von zweihundert Goldstücken den Leib des heiligen Dionysius, behielten aber den Fuß, der aus Silber war, den Schädel und die Krone. Am 7. September scharmützelten die Heere von Alençon und von der Jungfrau um die Mauern. Sie zogen sich des Abends zurück, und die Bürger schliefen ruhig ein, denn am folgenden Tage feierte das christliche Volk Mariä Geburt. An diesem Tage las man in der Messe die Worte des Propheten Jesejas: ›Es wird ein Reis aus Jesses Stamm entspringen.‹

Die Bewohner von Paris dachten, daß die Armagnacs an solch großem Feste nicht einen Finger rühren und das dritte Gebot achten würden. An diesem 8. September aber setzten sich des Morgens die Jungfrau, die Herzöge von Alençon und Bourbon und mehrere Marschälle in Bewegung und erreichten zur Stunde der hohen Messe die Hügel der Mühle, zu deren Füßen gewöhnlich der Schweinemarkt abgehalten wurde. Dort befand sich ein Galgen. Sechsundfünfzig Jahre vorher wurde eine Frau, die in den Augen des Volkes ein erbauliches Leben geführt hatte, aber durch die heiligen

Inquisitoren als Ketzerin und Närrin erkannt wurde, auf diesem Marktplatz lebendig verbrannt. Die Armagnacs schleppten reichlich Artillerie mit sich, Kanonen, Feldschlangen, Wurfgeschosse, und zogen im Handkarren Reisigbündel, um die Gräben zu füllen, Hürden und siebenhundert Leitern herbei, reichliches Belagerungswerkzeug, wobei allerdings, wie man später sehen wird, das Nützlichste vergessen wurde. Solcherart kamen sie nicht etwa, um zu scharmützeln oder irgendwelche Großtaten auszuführen, sie kamen, um bei hellichtem Tage die größte, berühmteste und bevölkerteste Stadt des Reiches mit Sturmleitern zu ersteigen. Karl von Valois wollte Paris wieder einnehmen. Es bleibt dahingestellt, ob er dabei einzig auf sein Kriegsvolk und seine Leitern zählte.

Es scheint, daß die Jungfrau nicht über die gefaßten Entschlüsse unterrichtet wurde; sie war jedoch ebenso sicher, an diesem Tage in Paris einzudringen, als nach ihrem Tode in das Paradies. Seit drei Monaten lagen ihr ihre Stimmen mit dem Angriff auf Paris in den Ohren. Was dennoch angesichts ihrer Frömmigkeit zu Erstaunen Anlaß geben könnte, war ihre Einwilligung, am Tage Mariä Geburt im Gegensatz zu ihrer Handlungsweise am Himmelfahrtstage Waffen anzulegen und zu kämpfen. Sie tat nach dem Geheiß ihrer Stimmen, und ihre Entschließungen richteten sich nach dem geringsten Geräusch in ihren Ohren. Nichts ist unbeständiger und widerspruchsvoller als die Eingebungen dieser Erleuchteten, die ein Spielball ihrer Träume sind. Sicher ist, daß Johanna diesmal wie immer recht zu handeln und keineswegs zu sündigen dachte.

In Reih und Glied auf dem Mühlenhügel vor Paris, vor dessen grauer Umgürtung postiert, hatten die Franzosen zunächst den ersten engen und trockenen Graben von etwa sechzehn bis siebzehn Fuß Tiefe vor sich, den eine schräg abfallende Böschung von dem zweiten, fast hundert Fuß breiten Graben trennte, der sehr tief und voll Wasser war, das die Mauern netzte. Die Pariser erwarteten nicht, an diesem heiligen Tage angegriffen zu werden. Dennoch waren Leute auf den Wällen, und man sah auf den Mauern Flaggen flattern und hauptsächlich ein großes, weißes Banner mit einem hochroten Sankt-Andreas-Kreuz. Die Franzosen nahmen ein wenig hinter dem Mühlenhügel Aufstellung, vor Blei- und Steinkugeln geschützt, die nun von den Wällen herabzuregnen begannen. Hier pflanzten sie ihre Wurfgeschosse, Feldschlangen und Kanonen auf. Die Jungfrau ritt zu Häupten der Truppe. An dem Tor von Saint-Denis und Saint-Honoré stieg sie in den ersten Graben hinab, der nicht schwer zu durchqueren war. Aber auf der Böschung war sie dann den dicht von der Mauer herabschwirrenden Pfeilen ausgesetzt. Wie vor den ›Türmchen‹ von Orléans ließ Johanna ihr Banner von einem tapferen Soldaten halten. Auf der Böschung rief sie den Parisern zu: »Übergebt die Stadt dem König!« Die Burgunder hörten, daß sie gleichfalls sagte: »Ergebt Euch uns um Jesu willen sogleich, denn tut Ihr es nicht, ehe die Nacht anbricht, werden wir mit Gewalt eindringen, ob Ihr es wollt oder nicht, und alles wird ohne Erbarmen getötet werden.« Sie blieb auf der Böschung stehen und tastete mit ihrer Lanze in den großen Graben hinab, den sie nicht so tief und wasserreich erwartet hatte. Wie soll man aber über diese Krieger urteilen, die wie Johanna da auf dem Abhang standen und höchst verblüfft waren, in der Nähe der hochangeschwollenen Seine so viel Wasser vorzufinden! Was hätte La Hire von ihnen gedacht? So viel Unfähigkeit und Nachlässigkeit schien geradezu unglaublich, und man vermutete, daß diese Leute die Tiefe des Grabens wohl kannten, es aber der Jungfrau, in dem Wunsche, daß ihr ein Übel zustöße, verschwiegen hatten. Diesmal wollten sie wirklich diesem Kinde schaden, schädigten sich aber selber, betrogen sich in dem Glauben, sie zu betrügen; denn sie waren nun festgebannt, ohne nach vor- oder rückwärts zu können. Dennoch verschwanden die von vielen Pfeilen beschossenen Verteidiger nach und nach von den Wällen. Gegen 4 Uhr aber eilten die Bürger in Mengen herbei, und die Kanonen des Saint-Denis-Tores donnerten. Man tauschte von oben und unten Pfeile und Schmähungen. Die Stunden gingen hin, die Sonne sank. Die Jungfrau tastete unaufhörlich mit ihrer Lanze den Graben ab und schrie den Parisern zu, sich zu ergeben. »Seht die Hure, die Dirne«, rief ein Burgunder, und mit einem Streiche seiner Armbrust riß er ihr die Rüstung am Bein entzwei und verletzte sie am Schenkel. Ein anderer Burgunder schoß auf den Mann, der das Banner der Jungfrau trug, und durchbohrte ihm den Fuß. Der Verwundete hob sein Visier, um zu sehen, von wo der Schuß käme; sogleich traf ihn ein Pfeil zwischen beiden Augen. Die Jungfrau und den Herzog von Alençon dauerte dieser Krieger nicht wenig. Johanna, die verwundet war, trieb um so heftiger an, daß alles sich den Mauern nähere; die Einnahme sei gewiß. Aber man brachte sie hinter die Wehr des kleinen Grabens vor den Pfeilen in Schutz. Hier drängte sie die Leute, Reisig in das Wasser zu werfen, um eine Brücke zu bilden. Gegen 10 oder 11 Uhr abends forderte de la Trémouille die Kämpfer auf, sich zurückzuziehen. Die Jungfrau wollte den Platz nicht verlassen. Wahrscheinlich hörte sie ihre Heiligen und sah um sich die himmlischen Heerscharen. Herzog von Alençon aber ließ sie wegholen; der alte Herr von Gaucourt schleppte sie mit Hilfe eines picardischen Hauptmannes Guichard Bournel hinweg, der ihr damit an diesem Tage keinen Gefallen bereitete und ihr sechs Monate später durch seinen Verrat einen noch größeren Schaden zufügen sollte. Wäre sie nicht verwundet gewesen, so hätte sie mehr Widerstand geleistet. So gab sie widerwillig nach. Sie setzten sie zu Pferde, und so konnte sie der Armee folgen. Das Gerücht verbreitete sich, es sei ihr ein, ja sogar beide Schenkel getroffen worden; ihre Verwundung aber war eine leichte. Die Franzosen erreichten den Ort, den sie des Morgens verlassen hatten. Sie führten ihre Verwundeten auf einigen der Karren mit sich, die ihnen zum Transport der Reisigbündel und Leitern gedient hatten, ließen aber viel Belagerungsmaterial zurück, das sie zum Teil verbrannten. Man erzählte sich mit Schaudern, daß sie ihre Toten wie die heidnischen Römer in die Flammen geworfen hätten. Dennoch aber wagten es die Pariser nicht, sie zu verfolgen.

Im ganzen hatten die Franzosen, wenn man nur die militärische Aktion ins Auge faßt, die Dinge schlecht geführt und nicht allzu energisch betrieben. Es war aber nicht das kriegerische Unternehmen, auf das man am meisten Gewicht legte. König Karl war entschlossen, seine getreuen Städte mit Hilfe der Einwohner zu erobern und verhielt sich Paris gegenüber, wie er sich gegen die anderen Städte verhalten hatte. Während der Krönungsfahrt hatte er Verständigung mit den Bischöfen und Bürgern der Städte und Orte in der Champagne angeknüpft; ebenso besaß er Verbindungen mit Paris, Hierfür eigens besoldete Leute lauerten seit einiger Zeit auf die Gelegenheit, in der Stadt Unruhe zu verbreiten und im geeigneten Moment des Schreckens und der Verwirrung den Feind eindringen zu lassen. Einige Geistliche, des König Karls Spione in Paris, begaben sich nach Saint-Denis und meldeten ihm das Fehlschlagen des Angriffes. Man berichtete, daß de la Trémouille den Rückzug anordnete aus Furcht vor einem Blutbad, da man den Franzosen zutraute, wenn sie einmal eingedrungen wären, alles zu töten und niederzubrennen.

Am nächsten Morgen, als die Jungfrau sich trotz ihrer Verwundung bei Tagesanbruch erhob, forderte sie Alençon auf, zum Abmarsch blasen zu lassen, da sie durchaus an die Mauern von Paris zurückkehren wollte und schwor, nicht abzuziehen, ehe sie die Stadt erobert hätte. Indes sandten die französischen Hauptleute nach Paris einen Herold mit der Bitte um sicheres Geleit, um ihre Toten, die sie in großer Anzahl zurückgelassen hatten, bergen zu können.

Alençon aber zeigte sich mit einiger Kavallerie in der Nähe der Stadt, wo einige Tage zuvor über die Seine eine Brücke geworfen worden war. Immer der Gefahr gewärtig, begleitete Johanna diese Wagehälse. Aber vorsichtshalber hatte der König während der Nacht die Brücke abbrechen lassen, und die kleine Schar mußte abziehen. Nicht etwa, daß der König verzichtete, Paris einzunehmen; er dachte mehr denn je, seine große Stadt wiederzugewinnen, jedoch ohne Angriff, mit Einverständnis eines Teils der Bürger.

In Saint-Denis erlebte die Jungfrau ein Ungeschick, das anscheinend auf ihre Gefährten Eindruck machte und vielleicht das Vertrauen in ihr Kriegsglück schmälerte. Wie es

Brauch war, folgten Dirnen in großen Mengen dem Heere; jeder hatte die seine. Johanna konnte sie nicht leiden, weil durch sie Schwierigkeiten entstanden, und hauptsächlich, weil ihr vor dem sündigen Zustand graute, in dem sie lebten. Man verbreitete Geschichten wie etwa folgende, die bis in die deutschen Lande drang. Im Lager befand sich ein Mann, der sein Liebchen mit sich hatte, das, um nicht erkannt zu werden, bewaffnet mitritt, worauf die Jungfrau zu den Edelmännern und Feldherren sagte: »Unter unseren Leuten ist eine Frau.« Diese antworteten, sie wüßten darüber nichts, worauf die Jungfrau das Heer versammelte, sich der Frau näherte und sagte: »Hier ist sie«, und zu der Dirne gewandt: »Du bist aus Gien und guter Hoffnung. Und wäre dem nicht so, würde ich dich dem Tod überliefern. Ein Kind hast du schon sterben lassen, und du wirst nun mit diesem hier nicht ebenso handeln.« Nach den Worten der Jungfrau ergriffen die Knechte die Dirne, führten sie nach Hause und bewachten sie bis zu ihrer Niederkunft. Und sie gestand, daß die Jungfrau wahr gesprochen hatte. Diese entdeckte noch zwei andere Frauen im Lager, und da diese Dirnen nicht zum Heere gehörten und wußten, daß Johanna schon einige davongejagt hatte, flohen sie zu Pferde. Aber die Jungfrau setzte ihnen nach und schrie: »Ihr schlechten Dirnen! Ich verbiete euch, mir zu folgen.« Und sie zog ihr Schwert und schlug eines der Mädchen derart auf den Kopf, daß es starb. Diese Geschichte war nicht ganz erlogen. Johanna haßte die Dirnen und jedesmal, wenn sie einer begegnete, machte sie Jagd auf sie. Tatsächlich hatte sie neuerdings eines dieser Frauenzimmer verfolgt und sich diesmal nicht mit Vorhalt und Drohungen begnügt. Sie zerbrach ihren Degen an ihr. War es das Schwert der heiligen Katharina? Man nimmt es an, und wahrscheinlich mit Recht. In jener Zeit spukte es in den Geistern von all dem, was in den Romanen über berühmte Schwerter, wie Joyeuse und Durondale, stand. Es schien, daß Johanna mit ihrer Waffe auch ihre Kraft einbüßte. Man berichtete, indem man ein wenig die Umstände änderte, der König habe, als er von dem Ereignis des zerbrochenen Schwertes erfuhr, mißfällig zur Jungfrau gesagt: »Ihr hättet einen Stock zum Dreinschlagen nehmen sollen, ohne Eure von Gott erhaltene Waffe aufs Spiel zu setzen.« Man berichtete auch, daß das Schwert, zum Waffenschmied gebracht, damit die Stücke zusammengesetzt würden, nicht mehr zu schweißen war, und man schloß daraus, daß Johanna eine Fee sei.

Bevor der König aufbrach, ließ er den Grafen von Clermont als Befehlshaber zurück. Dann entfernte er sich aus Saint-Denis, und die Jungfrau folgte ihm, obwohl sie von ihren Stimmen hierfür Erlaubnis erhielt, nur widerwillig. Sie legte vor dem Bilde Unserer Lieben Frau und vor dem kostbaren Leib des heiligen Dionysius ihren Harnisch nieder, dem Gebrauch jener Krieger folgend, die, wenn sie verwundet worden waren und daran nicht starben, der Mutter Gottes oder den Heiligen als Dankgeschenk ihre Waffen darbrachten. So sah man denn auch zu jenen Kriegszeiten Kapellen, die, wie etwa diese von Unserer Frau von Fierbois, Arsenalen glichen.

VIERTES KAPITEL

Die Einnahme von Saint-Pierre-Le-Moustier. Die geistlichen Töchter Bruder Richards. Die Belagerung von La Charité

Als Johanna erfuhr, daß die Königin ihrem Gemahl entgegenkäme, ritt sie voraus, sie zu begrüßen. Sodann wurde sie nach Bourges geführt und wohnte bei Herrn Régnier von Bouligny, dem Leiter des Finanzwesens. Dessen Frau, Margarete La Touroulde, die die Königin begleitet hatte, begeisterte sich für Johanna wie für ein gottgesandtes Wesen. Margarete führte nicht den Titel Dame, sondern Fräulein. Drei Wochen lang wohnte und lebte Johanna im Hause des Finanzverwesers. Fast jede Nacht schlief Fräulein La Touroulde mit ihr zusammen, so wie es die Sitte verlangte. Man trug des Nachts keine Wäsche, schlief nackt in sehr großen Betten. Es scheint, daß Johanna nicht gerne mit alten Frauen schlief. Ohne schon besonders bei Jahren zu sein, hatte Margarete immerhin das Alter einer Matrone und besaß auch deren Erfahrungen, ja, sie gab sogar vor, wie wir sogleich sehen werden, mehr zu wissen, als Matronen wissen können. Mehrmals führte sie Johanna in das Bad und in die Schwitzkammer. Die Prinzen gaben für diese Artigkeitsbeweise das Beispiel. Wenn ein König oder eine Königin im Hause irgend eines Untergebenen oder Offiziers zu Nacht aß, bereitete man ihnen schöne, reichgeschmückte Bäder, in die man sie vor dem Speisen geleitete. Fräulein Margarete besaß offenbar zu Hause nicht das hierzu Nötige und führte Johanna auswärts zum Dampfbade. Die Jungfrau befolgte aufs genaueste die Vorschriften der Kirche, war aber mit den Regeln des gesellschaftlichen Lebens nicht vertraut. Wohl durfte sie baden wie die keusche Susanne, und hatte dies auch gewiß, nachdem sie so lange im

Stroh genächtigt hatte, sehr nötig. Sonderbar aber ist, daß Fräulein Margarete La Touroulde aus dem Umstande, daß sie Johanna im Bade gesehen hatte, schloß, daß sie allem Anscheine nach noch Jungfrau sei. Im Hause des Herrn von Bouligny führte Johanna wie überall, wo sie wohnte, das Leben einer Begine ohne allzu große Strenge. Sie beichtete oft und forderte mehrmals ihre Wirtin auf, sie zur Morgenmette zu begleiten. Häufig plauderten die beiden zusammen, und die Frau des Finanzverwesers fand sie recht schlicht und einfältig. Erstaunt gewahrte sie, daß dieses junge Mädchen so gut wie nichts wußte. Fräulein Margarete sagte ihr eines Tages: »Wenn Ihr Euch vor den Kämpfen nicht fürchtet, so geschieht dies wohl, weil Ihr wißt, daß Ihr nicht getötet werdet«, worauf Johanna antwortete: »Ich bin dessen nit sicherer als das andere Kriegsvolk.«

Oft kamen Frauen in das Haus Boulignys, brachten Rosenkränze und kleine fromme Gegenstände, um sie von der Jungfrau berühren zu lassen. Diese aber sagte lachend zu ihrer Gastgeberin: »Berührt sie selbst, sie werden durch Eure Berührung ebenso gut sein wie durch die meine«, woraus Margarete wohl schließen mochte, daß Johanna, so einfältig sie auch war, zuweilen in ihrer Rede gesunden Verstand und gute Art bewies. Diese Dame, die Johanna in jeder Weise für unschuldig hielt, fand sie dagegen der Waffenkunst äußerst kundig. Sie fand, daß sie zu Pferde säße und die Lanze handhabe, wie es der beste Ritter nicht anders gekonnt hätte.

Es scheint, daß sich im Haus ihrer Gastgeberin Würfel und Becher befanden, sonst hätte Johanna kaum Gelegenheit gehabt, jene Abscheu vor dem Spiel zu zeigen, die ihre Wirtin bei ihr feststellte. Was das betrifft, dachte die Jungfrau wie ihr Gefährte Bruder Richard.

Johanna verteilte ihr Geld als Almosen, sagte sie doch: »Ich bin zum Trost der Armen und Darbenden gesandt.« Solche Worte verbreiteten in der Menge den Glauben, daß diese Gottesmagd nicht nur für den Ruhm der Lilien berufen worden ward, und daß sie die Leiden, an denen das Reich litt, wie Mord, Plünderung und schweren Frevel an Gott, zu heilen käme. Die mystischen Seelen erhofften von ihr die Reform der Kirche und die Herrschaft Jesu Christi auf Erden. Sie wurde wie eine Heilige angerufen, und in den dem Dauphin getreuen Provinzen sah man ihre Bilder gemalt oder geschnitzt zur Verehrung der Frommen aufgestellt, so daß sie schon lebend die Auszeichnungen der Seligsprechung erfuhr.

Indessen begannen die Engländer und Burgunder im Norden der Seine von neuem den Kampf. Die Engländer warfen sich auf Saint-Denis und fanden dort in der Abteikirche die Rüstung der Jungfrau und entfernten sie auf Befehl des Bischofs von Thérouannes, was von der französischen Geistlichkeit schon deshalb als ein Frevel angesehen wurde, weil die Mönche der Abtei dafür nicht entschädigt wurden. Der König befand sich zu dieser Zeit in Mehun-Sur-Yèvre, ganz nahe der Stadt Bourges, in einem der schönsten Schlösser der Welt, das sich auf einem Felsen über der Stadt erhob. Der verstorbene Herzog Johann von Berry, ein großer Liebhaber schöner Gebäude, hatte es mit jener Sorgfalt und Neigung, die er allen Dingen der Kunst widmete, erbauen lassen. Mehun war der Lieblingsaufenthalt König Karls.

Der Herzog von Alençon, der auf Kriegsvolk wartete, um in die Normandie einzudringen, ließ den König bitten, ihm die Jungfrau mitzugeben. »Viele«, sagte der Herzog, »werden sich ihr anschließen, die sich nicht von zu Hause wegrührten, wenn sie nicht mitkäme.« So schien man ihr die Niederlage vor Paris nicht sonderlich anzukreiden. De la Trémouille widersetzte sich, daß sie Alençon mitgegeben würde; er mißtraute dem Herzog, und anscheinend nicht ohne alle Ursache.

Der königliche Rat beschloß, daß man sich zuerst gegen Saint-Pierre-Le-Moustier wende. Diese kleine Stadt wurde als englische und burgundische Garnison benutzt; man plünderte und verheerte von hier aus die Dörfer und Felder des Johann von Berry und des Herzogs von Bourbon. In Bourges versammelte sich die mit diesem Zuge betraute Armee, und zwar unter der Anführung d'Albrets, während der Glauben verbreitet war, Johanna hätte den Oberbefehl. Das gemeine Volk und die Bürger der Stadt, besonders die Einwohner von

Orléans, kannten nur sie. Nach einigen Tagen der Belagerung schritten die Königsleute zum Angriff. Sie wurden jedoch zurückgeschlagen. Junker Johann von Aulon, der Begleiter der Jungfrau, der einige Zeit zuvor an der Ferse verwundet worden war und nur mit Krücken ging, hatte sich wie die anderen zurückgezogen. Als er sich umwandte, sah er Johanna fast allein am Rande des Grabens stehen. Aus Furcht, daß ihr etwas zustoßen könnte, sprang er aufs Pferd und rief ihr zu: »Was tut Ihr hier allein? Geht zurück wie die andern!« Johanna nahm ihre Pickelhaube ab und antwortete ihm: »Ich bin nicht allein. In meiner Gesellschaft sind fünfzigtausend meiner Leute und ich werde mich nicht entfernen, ehe ich nicht die Stadt eingenommen habe.« Herr Johann von Aulon sperrte die Augen auf und sah in der Nähe der Jungfrau nicht mehr als vier oder fünf Mann. Neuerlich forderte er sie auf, sich zurückzuziehen. Statt aller Antwort verlangte sie, daß man Bündel und Hürden brächte, um die Gräben zu füllen, und rief sogleich mit lauter Stimme. »Alles herbei mit Reisig und Hürden, eine Brücke bauet!« Das Waffenvolk lief herzu, die Brücke wurde sogleich geschlagen und die Stadt ohne große Schwierigkeit erstürmt. So zumindest erzählt der gute Junker von Aulon. Es fehlt nicht viel, daß er glaubte, die fünfzigtausend Geister der Jungfrau hätten Saint-Pierre-Le-Moustier eingenommen.

Zu jener Zeit befanden sich bei dem kleinen Heere der Loire einige heilige Frauen, die so wie Johanna ein eigenartiges Leben führten und mit der triumphierenden Kirche Umgang pflegten. Es war dies gleichsam ein fliegendes Kloster frommer Frauen, das den Kriegern folgte. Eine von diesen nannte sich Katharina de La Rochelle, zwei andere waren aus der Bretagne. Sie hatten alle wunderbare Visionen. Die Pierronne sah Gott in langem, weißem Gewand mit hochrotem Kragen; Katharina de La Rochelle erblickte eine weiße Dame, in goldenes Tuch gekleidet, und im Augenblick der Weihe wurden ihr weiß Gott welche Wunder der allerhöchsten Geheimnisse offenbart.

Bruder Johann Pasquerel verblieb als Kaplan bei Johanna;

er hoffte sein Beichtkind gegen die Hussiten zu führen, denen dieser gute Bruder besonders feind war. Aber der Franziskaner, Bruder Richard, der sich seit Troyes den Bettelmönchen angeschlossen, hatte ihn völlig beiseite gedrängt. Dieser lenkte die kleine Schar der Erleuchteten nach seinem Willen und gedachte, sie vor dem nahen Weltuntergang zu Ehren des heiligen Kreuzes zu befehligen. Indessen bemühte er sich, zwischen ihnen gutes Einvernehmen herzustellen, was ihn, trotzdem er ein so außerordentlich guter Sprecher war, scheinbar viel Mühe kostete. Unaufhörlich gab es in der Bruderschaft Streit und Verdächtigungen. Johanna, die mit Katharina an mehreren Orten zusammentraf, witterte in ihr eine Rivalin und setzte sich sogleich zur Wehr. Sie hatte darin vielleicht nicht Unrecht. Man möchte sich irgendwann der Bretoninnen und dieser Katharina bedienen, wie man sich ihrer bedient hatte. Eine Erleuchtete war damals zu allem gut, zur Erbauung des Volkes, zur Verbesserung der Kirche, für die Zucht des Waffenvolks, zur Regelung des Geldumlaufes, im Krieg und im Frieden. Sobald eine auftauchte, trachtete jeder, sie für sich zu gewinnen. Es scheint, daß, nachdem man die Jungfrau ins Werk gesetzt hatte, um Orléans zu befreien, die Räte des Königs nun gedachten, diese Dame Katharina für den Frieden mit Burgund zu verwenden. Man fand es angemessener, für diese Aufgabe eine weniger ritterliche Heilige als Johanna zu gebrauchen. Katharina war verheiratet und Familienmutter. Es darf nicht erstaunen, daß sie dennoch mit Erscheinungen begnadet war; wenn die Gabe des Weissagens hauptsächlich den Jungfrauen vorbehalten ist, so sieht man dennoch, beispielsweise wie bei Judith, daß der Herr kluge und starke Frauen für das Wohl seines Volkes zu berufen pflegte. Wie ihr Name anzeigt, kam sie von La Rochelle und ihre Herkunft flößte den Armagnacs Vertrauen ein. Die Bewohner von La Rochelle waren alle mehr oder weniger Seeräuber, und die englischen Schiffe bedeuteten ihnen eine viel zu einträgliche Jagdbeute, als daß sie die Partei des Dauphins aufgegeben hätten.

In der Armee fand eine Heilige hauptsächlich als Bittstellerin Verwendung. Johanna verlangte jeden Augenblick durch Briefe von den getreuen Städten Geld oder Kriegsmaterial. Katharina de La Rochelle scheint besonders Offenbarungen in Geldangelegenheiten gehabt zu haben und sich die Mission einer Schatzmeisterin beigelegt zu haben, wie Johanna die ihrer kriegerischen Berufung. Sie verkündete, daß sie zum Herzog von Burgund gehen würde, um den Frieden abzuschließen. Als sie Johanna begegnete, sagte sie ihr: »Eine weiße Dame ist mir erschienen und hat mir gesagt: Geh durch die getreuen Städte, und der König gebe dir Herolde und Trompeten, um ausrufen zu lassen: Wer Gold oder Silber oder Schätze verborgen hat, bringe sie alsogleich!« Und Katharina fügte hinzu: »Jene, die Schätze verborgen haben und dem Rufe nicht folgen, werde ich sogleich erkennen und ihren Schatz ausfindig machen. Und dies wird zur Besoldung Eurer Waffenleute dienen.« Aber die Jungfrau antwortete verächtlich: »Kehrt zurück zu Eurem Mann, sorgt für Eure Wirtschaft und Eure Kinder!« Die Streitigkeiten der Heiligen pflegten recht scharf zu sein. Johanna bestritt, daß es sich bei ihrer Rivalin um anderes als um Wahn und Betrug handelte. Dennoch hielt sie es nicht für unmöglich, daß man den Besuch einer weißen Dame erhalte, sie, zu der sich täglich Heilige, Engel und Erzengel in so großer Menge begaben, wie man sie niemals in Büchern oder auf den Mauern der Abteien gemalt sieht. Um darüber Klarheit zu haben, fand sie ein gutes Mittel. Ein Gelehrter mag geistige Untersuchungen über beabsichtigte Entstehung von Erscheinungen anstellen, eine Schafhirtin aber wird sicherere Wege einschlagen; sie wird sich auf ihre Augen verlassen. Johanna fragte Katharina, ob diese weiße Dame allnächtlich käme und als diese bejahte, sagte sie: »Ich werde mit dir schlafen.« Als der Abend kam, legte sie sich in Katharinas Bett, wachte bis Mitternacht, sah nichts, und da sie jung und sehr schlafbedürftig war, entschlummerte sie. Des Morgens, als sie erwachte, fragte sie: »Ist sie gekommen?« – »Freilich ist sie gekommen,« antwortete Katharina. »Ihr schlieft, und ich wollte Euch nicht wecken.« – »Wird sie morgen nicht kommen?« – Katharina versprach, daß sie sicherlich erscheinen werde. Diesmal behielt Johanna, da sie tagsüber, um besser wachen zu können, geschlafen hatte, in Katharinas Bett die Augen weit geöffnet. Oftmals fragte sie: »Wird sie nicht kommen?« Und Katharina antwortete: »Ja, sogleich.« Aber Johanna sah nichts. Sie hielt den Beweis als erbracht. Dennoch trippelte ihr die weiße, in Gold gekleidete Dame im Kopf herum. Als die heilige Katharina und die heilige Margareta sie besuchten, was nicht lange auf sich warten ließ, sprach sie ihnen von dieser weißen Dame und was sie über sie zu denken hätte. Die Antwort war so, wie Johanna sie erwartete: »Was diese Katharina betrifft«, sagten sie, »ist da nichts als Wahn und Trug.« Und Johanna mochte wohl ausgerufen haben: »Das habe ich mir auch gedacht.« Der Kampf zwischen den beiden Hellseherinnen war kurz, aber erbittert. Johanna widersprach täglich dem, was Katharina sagte. Als diese den Herzog von Burgund aufsuchen wollte, um Frieden zu machen, erwiderte Johanna: »Mir scheint, daß man nur durch Lanzengewalt Frieden machen wird.«

In einer Angelegenheit scheint aber die weiße Dame eine geschicktere Weissagerin gewesen zu sein als die Beraterinnen der Jungfrau, und zwar, was die Belagerung von La Charité betraf. Als Johanna diese Stadt befreien wollte, riet ihr Katharina davon ab. »Es ist zu kalt«, sagte sie. »Ich werde nicht hingehen.« Die Gründe, die Katharina angab, waren keine ausschlaggebenden. Dennoch hätte Johanna wahrlich besser getan, sich nicht zur Belagerung von La Charité anzuschicken. La Charité, das dem Herzog von Burgund vom Dauphin genommen worden war, wurde von Perrinet Gressart, einem erfolgreichen Anführer, der es vom Maurergehilfen zum Brotmeister des Herzogs von Burgund und zum Herrn von Laigny gebracht hatte, neuerdings erobert. Das Heer, das gegen diesen burgundischen Hauptmann marschierte, bestand aus wichtigen Leuten. Seine Anführer waren Ludwig von Bourbon, der Graf von Montpensier und d'Albret, die Gefährten Johannas im Krönungsheere. Aber offenbar fehlte es an Kriegsmaterial und Geld.

Am 9. November befand sich die Jungfrau in Moulins, in bourbonischem Lande. Was tat sie dort? Man weiß es nicht. In dieser Stadt befand sich damals eine sehr fromme Äbtissin, Collette Boilet, die mit wunderbarem Eifer an der Wiederherstellung des Ordens der Töchter der heiligen Clara arbeitete. Sie hatte soeben in dieser Stadt ein Clarissenkloster gegründet. Man vermutet, daß die Jungfrau ihr dort begegnen wollte, doch müßte man zuvor untersuchen, ob die beiden Heiligen füreinander Neigung hatten. Zwar wirkten sie beide Wunder und zuweilen ziemlich gleichartige, aber das bedeutet nicht, daß eine Begegnung ihnen willkommen sein mußte. Die eine wurde die Pucelle, die andere die kleine Ancelle genannt. Aber unter diesen beiden gleich demutsvollen Namen lebten sie in sehr andersartiger Kleidung und Gesittung, die eine in Lumpen wie eine Bettlerin angetan, die andere zwischen Edelleuten hoch zu Pferd, in goldenem Mantel. Aus dieser Stadt Moulins diktierte Johanna einen Brief, in welchem sie die Bewohner von Riom auf die Einnahme von Saint-Pierre-le-Moustier aufmerksam machte und diese um Kriegsmaterial anging. Trotz Versprechens erhielt sie jedoch von dieser Stadt nicht das geringste, wogegen die Bewohner von Orléans, die Interesse daran hatten, diesen Platz an der Loire unschädlich zu machen, sich auch diesmal noch großzügig und voll Eifer zeigten. Man kann sie als die wahren Retter des Vaterlandes bezeichnen.

Als sich d'Albret und die Jungfrau an den Mauern von La Charité in großer Bedrängnis befanden, wandten sie sich an die Stadt Bourges. Die Einwohner beschlossen, eine bestimmte Summe zu senden. Um sich diese zu beschaffen, wandten sie ein damals gebräuchliches Mittel an. Sie ließen die Weinernte des Jahres zum Kaufe ausrufen. Aber das Geld, das sie auf diese Weise erhielten, erreichte nicht seine Bestimmung. Obwohl sich vor La Charité eine glänzende Reiterei befand, gelangten die Belagerer infolge der eben herrschenden grausamen Kälte nicht an das Ziel. Nach einem Monat lockte sie Perrinet Gressart, der so manchen Schlich kannte, in einen Hinterhalt. Sie hoben die Belagerung auf und ließen die schönen, vom Sparpfennig der Bürger erstandenen Kanonen zurück. Dies war nicht besonders rühmlich, denn die Stadt hatte keinen Beistand zu erwarten und mußte über kurz oder lang kapitulieren.

Zu Weihnachten befand sich das fliegende Kloster in Jargot, und Bruder Richard erteilte der Jungfrau dreimal und jener Pierronne zweimal die Kommunion; da man hierin, wenn nicht eine Überschreitung der kirchlichen Gesetzesformen, so doch zumindest, einen verdammenswerten Mißbrauch des Sakramentes zu sehen vermochte, dräute bald ein schreckliches theologisches Gewitter, bereit, über die geistlichen Töchter des Bruders Richard herabzustürzen.

Zur selben Zeit beantwortete ein Gelehrter der Rechtsfakultät ausführlich die Denkschrift des Kanzlers Gerson über die Jungfrau. »Es genügt nicht«, sagte er, »daß uns jemand einfach erklärt, daß er von Gott gesandt sei, jeder Ketzer behauptet dies; aber es ist wichtig, daß er diesen unsichtbaren Auftrag durch wunderbare Tat oder besondere Bezeugung der Heiligen Schrift bekunde.« Der Pariser Schriftgelehrte leugnet, daß die Jungfrau diesen Beweis erbracht habe und hält sie, nach ihrem Verhalten zu schließen, weit eher für eine Teufelsgesandte. Er nimmt unter Androhung des Kirchenbannes Anstoß an dem Tragen von Männerkleidern und verwirft die über diesen Punkt von Gerson geäußerten Entschuldigungen. Er macht ihr den Vorwurf, zwischen den Prinzen der Christenheit heftigeren Krieg hervorgerufen zu haben als vordem herrschte. Er hält sie für götzendienerisch, da sie Zauber übe und falsche Prophezeiung verbreite, und beschuldigt sie, Männer zum Menschenmorde an den beiden größten Festen der heiligen Mutter Gottes verleitet zu haben. Er schließt damit, daß diese Jungfrau vor den Bischof und den Inquisitor zu laden sei. So fühlte einmütig die Universität von Paris angesichts jener, in der die französische Geistlichkeit einen Engel des Herrn erkannt hatte. Ohne Zweifel waren diese Doktoren und Magister von Paris entschlossen, wenn sie sich eines Tages dieses Mädchens bemächtigten, es nicht entkommen und in Rom aburteilen zu lassen, wo es Aussicht hatte, mit einer Buße davonzukommen, ja sogar unter die Söldner des heiligen Vaters aufgenommen zu werden. In englischen und burgundischen Landen wurde Johanna als Ketzerin betrachtet, und zwar nicht nur von den Geistlichen, sondern von der Mehrzahl der Leute aller Stände. Und jene wenigen in diesen Gegenden, die sie für gut hielten, mußten dies sorglich verschweigen. Während Bruder Richard und seine geistlichen Töchter sich solchermaßen bedroht sahen, ein schlechtes Ende zu nehmen, wenn sie in die Hände der Engländer und Burgunder fielen, entstanden in der Brüderschaft Mißstimmungen. Johanna erklärte in bezug auf Katharina ihrem geistlichen Vater offenen Kampf. Bruder Richard wollte, daß man die heilige Dame de La Rochelle verwenden sollte. Johanna aber, aus Furcht, daß dies verwirklicht würde, schrieb dem König, was er mit dieser Frau veranlassen sollte, nämlich, sie ganz gewiß ihrem Manne und ihren Kindern zurückzuschicken. Bruder Richard zeigte der Jungfrau gründlichst sein Mißfallen. Er war bei Hof gut angeschrieben und versuchte, offenbar mit Zustimmung des königlichen Rates, diese Katharina ins Werk zu setzen. Da die Jungfrau erfolgreich gewesen war, dachte man, daß eine andere Hellseherin es ebenfalls sein würde. Dies bedeutet nicht, daß man auf die Dienste Johannas verzichtete. Selbst nach den mißlichen Tagen von Paris und von La Charité schrieben ihr viele Leute noch wie einstmals übernatürliche Kräfte zu, und man hat Anlaß zu vermuten, daß mehrere Personen am Hofe sich ihrer noch zu bedienen gedachten. Und selbst wenn man sie hätte abtun wollen, war sie den Lilien zu nahe verbunden, als daß man sie in ihrer Ehre hätte kränken können, ohne zugleich an die Ehre der Lilien zu rühren. Am 29. Dezember 1429 ehrte sie der König zu Mehun-sur-Yèvre durch den Adelsbrief, gesiegelt mit dem großen grünen Wachssiegel, an doppelten Schnüren mit roten und grünen Seidenfransen. Die Adelsverleihung betraf Johanna, ihre Eltern und Brüder, selbst falls diese nicht Freie sein sollten, und gleichfalls ihre ganze männliche und weibliche Nachkommenschaft, eine seltsame Klausel, die die eigentümlichen, durch eine Frau geleisteten Dienste berücksichtigte. In diesen Briefen ist sie Johanna d'Ay genannt, wahrscheinlich, weil der Name ihres Vaters in der königlichen Kammer so gehört und eingetragen wurde, da er wohl von lothringischen Zungen auf diese Art lang gedehnt und schwerfällig ausgesprochen wurde. Aber ob nun der Name Ay oder Arc war, man gebrauchte ihn kaum, sondern nannte sie allgemein Johanna, die Jungfrau.

FÜNFTES KAPITEL

Die Briefe an die Einwohner von Reims. Der Brief an die Hussiten. Der Aufbruch nach Sully

Zu einer nicht näher bestimmbaren Zeit kaufte Johanna in Orléans ein Haus, oder vielmehr genauer gesagt, sie ging einen Kaufvertrag ein. Zu welchem Preis setzte sich die Jungfrau in den Besitz? Wahrscheinlich um die Summe von sechs Talern in feinem Golde, die jährlich am Tage des heiligen Johannes und zu Weihnachten neunundfünfzig Jahre lang zu bezahlen waren. Nichts hindert zu glauben, daß die Jungfrau sich selber mit diesem Vertrage beschäftigt hatte. So heilig sie auch war, wußte sie sehr wohl, was Besitz bedeutete. In dieser Hinsicht war sie wohl von ihrem Vater beeinflußt, dem geschäftskundigsten Manne seines Dorfes, und sie selber wußte so gut zu wirtschaften, daß sie ihre abgetragenen Sachen aufbewahrte und sie sogar im Lager zu finden wußte, um ihre Freunde damit zu beschenken. Sie schätzte ihr Hab und Gut, Waffen und Pferde, auf zwölftausend Taler und machte sich, wie es schien, eine ziemlich richtige Vorstellung vom Wert der Dinge. Zu welchem Zweck aber eignete sie sich dieses Haus an? Um es zu bewohnen? Dachte sie, nach dem Krieg nach Orléans zurückzukehren, ein eigenes Haus zu besitzen und gemächlich hier zu altern? War es nicht eher, um ihre Verwandten hier einzurichten, irgendeinen Onkel Vouthon oder ihre Brüder, von denen der eine, sehr bedürftig, sich eben von den Bewohnern von Orléans ein Wams hatte spenden lassen?

Am 3. März folgte sie dem König nach Sully. Sie erhielt dort einen Brief von den Bewohnern von Reims, die ihr ihre nicht unbegründeten Befürchtungen anvertrauten, und denen die Jungfrau kurz und lebhaft Antwort zusandte. Dieser Brief war zweifellos getreulich nach ihrem Diktat geschrieben. Sie hat in der Eile Worte und ganze Sätze vergessen und bediente sich ritterlicher Ausdrücke. Schließlich machte sie ihre Freunde von Reims darauf aufmerksam, daß sie nur aus Furcht, daß der Brief unterwegs abgefangen werden könnte, ihnen nicht alles anvertraute. Sie war vorsichtig. Manchmal setzte sie unter ihre Briefe ein Kreuz, um jenen ihrer Partei zu bedeuten, nicht zu glauben, was sie ihnen geschrieben habe mit der Absicht, daß, falls die Botschaft unterschlagen würde, ihre Feinde getäuscht würden. Aus Sully wurde auch ein Brief für die Hussiten von Böhmen an Kaiser Sigismund durch Bruder Pasquerel abgesandt. Zu jener Zeit bedeuteten die Hussiten Abscheu und Schrecken der Christenheit.

Sie forderten die freie Predigt über das Wort Gottes, die Kommunion unter beiderlei Gestalt, die Rückkehr der Kirche zu jenem gottesfürchtigen Leben, das weder die zeitliche Gewalt der Päpste noch den Reichtum der Priester zuließ. Sie wollten, daß die Sünde durch bürgerliche Gerichtsbarkeit gestraft werde, was eine außerordentlich fromme Gesinnung der menschlichen Gesellschaft zur Voraussetzung hatte. Auch waren sie ja Heilige, außerdem aber Ketzer, so sehr man es nur sein kann. Papst Martin hielt die Vernichtung dieser Bösen für heilsam, und dies war die Meinung aller guten Katholiken. Wie aber dieser Ketzerei in Waffen beikommen, die alle Macht des Heiligen Reiches und des Heiligen Stuhles vernichtete? Die Hussiten überrannten, erdrückten diese alte, abgebrauchte Ritterschaft der Christenheit, die deutsche Ritterschaft, die französische, die man nunmehr wie altes Eisen wegzuräumen hatte. Und so handelten auch die Städte des französischen Königreiches, indem sie eine Bäuerin über ihre Edelleute setzten. In Tachov im Jahre 1427 waren die vom Heiligen Vater gesegneten Kreuzfahrer beim leisesten Geräusch der herannahenden Kriegswagen Prokops geflohen. Papst Martin wußte nicht mehr, wo er die Verteidiger der einigen und heiligen Kirche finden sollte. Johanna sprach seit ihrem Aufenthalt in Frankreich vom Kreuzzug als von einer löblichen und guten Sache. Vor dem Unternehmen in Orléans forderte sie die Engländer auf, sich mit den Franzosen zu vereinigen und gemeinsam die Feinde der Kirche zu bekämpfen. Diese Gedanken aber setzten ihr niemand anderer als die Bettelmönche, die sie beherrschten, in den Kopf. Kaum war der Salbungszug begonnen, so veröffentlichte man schon in Deutschland die Wahrsagung einer römischen Hellseherin, daß das Königreich Böhmen durch die Prophetin von Frankreich wieder aufgerichtet würde. So wie man die Jungfrau dem Kreuzzuge gegen die Türken geneigt machte, so wandte sie sich nun dem Kreuzzug gegen die Hussiten zu. Ob Türken oder Böhmen, war für sie eins; sie kannte sowohl die einen als die anderen nur durch die von Teufeleien erfüllten Berichte der sie umgebenden Bettelmönche. In dem Brief Johannas an die Hussiten findet man trotz Verschönerungen des Bruders Pasquerel jene ein wenig grobe Ursprünglichkeit, jenen kindlichen Glauben, der die echten Briefe Johannas kennzeichnet. Die Unschuld der Jungfrau dringt durch das Mönchslatein, und die Epistel an die Böhmen erinnert an das Bündel, das mit frommem Eifer zu dem Scheiterhaufen Johann Hus' von jener gläubigen Frau herbeigeschleppt wurde, die Hus selber ob ihrer heiligen Einfalt zu loben aufforderte.

Man kann nicht umhin, zwischen Johanna und diesen Menschen, auf die sie Beschimpfung und Drohung schleuderte, viel gemeinsame Züge zu entdecken; der Glaube, die Reinheit, eine kindliche Unwissenheit, jene ernsten Kindereien der Frömmigkeit, der Gedanke an geistliche Pflichten, die Fügsamkeit in Gottes Willen. Ciska hatte in seinem Lager jene Reinheit der Sitten hergestellt, die die Jungfrau sich unter den Armagnacs zu verbreiten bemühte. Welch tief begründete Ähnlichkeit bestand doch zwischen dieser Bäuerin, die unter ihren Bettelmönchen das Schwert trug, und jenen bäuerlichen Soldaten Prokops! Sowohl hier wie dort findet man den Geist des Glaubens an Stelle des Politischen,

Furcht vor der Sünde statt Gehorsam vor bürgerlichen Gesetzen, das Geistliche ins Zeitliche eingesetzt.

Es ist ergreifend, dieses traurige Schauspiel mit anzusehen; die Frommgläubige, die gegen frommen Brüder gerichtet, die Unschuldige gegen die Unschuldigen, die Einfältige gegen die Einfältigen, die Ketzerin gegen die Ketzer. Und man empfindet es schmerzlich, wenn man bedenkt, daß, während sie den frommen Schülern Hus' mit Ausrottung droht, der durch Verrat als Ketzer dem Feuertode überliefert worden war, sie selbst nahe daran ist, an ihre Feinde verkauft und als Hexe zum Scheiterhaufen verurteilt zu werden.

Johanna war jedoch nicht entschlossen, sogleich von den Engländern abzulassen, um über die Böhmen herzufallen. Fünf Tage nach diesem Aufruf an die Hussiten schrieb sie ihren Freunden von Reims und ließ in verschleierter Weise Sully wissen, daß man sie bald wiedersehen sollte. Sie machte sich allerlei Hoffnungen. Als Prophetin, die sie war, ähnelte sie allen Prophetinnen. Sie sah nicht, was sich um sie begab. Trotz ihrer Mißgeschicke hielt sie sich immer für glücklich, zweifelte an sich nicht weniger, als sie an Gott zweifelte, und hatte es eilig, ihre Mission zu erfüllen. »Ihr werdet bald von mir hören«, sagte sie zu den Einwohnern von Reims. Einige Tage nachher verließ sie Sully, um sich in Frankreich zu schlagen.

Man meinte, daß sie einen Spaziergang, einen Ausflug vorschützte, und als sie fortzog, ohne sich vom König zu verabschieden, daß dies eine Art unschuldiger List und großartiger Flucht gewesen sei. Die Dinge haben sich jedoch auf ganz andere Weise zugetragen. Die Jungfrau hob eine Abteilung von ungefähr hundert Reitern aus, an deren Spitze sie mit ihren Brüdern, ihrem Marschall, dem Junker Johann von Aulon, abzog. Sie befand sich in den Händen Johanns von Aulon, der sich seinerseits in den Händen de la Trémouilles befand, dem er Geld schuldete. Niemals wäre der fromme Junker der Jungfrau gegen den Willen des Königs gefolgt.

Die fliegende Brüderschaft war eben durch ein Schisma auseinandergerissen worden. Bruder Richard, damals in großer Gunst bei der Königin Marie, blieb mit Katharina de La Rochelle an der Loire zurück, während Johanna die Pierronne und die andere jüngere Bretonin mit sich nahm. Es ist wahrscheinlich, daß der Kanzler des Reiches sie von de la Trémouille angefordert hatte, um sie am künftigen Feldzug gegen die seinen Regierungsbezirk Beauvais und seine Stadt Reims bedrohenden Burgunder zu verwenden. Er war ihr kaum freundschaftlich geneigt, aber er hatte sich ihrer schon bedient und gedachte das wieder zu tun. Vielleicht wollte man sie neuerlich gegen Paris benützen. Der König hatte nicht darauf verzichtet, durch Mittel, wie er sie gerne anwandte, seine große Stadt wiederzugewinnen.

Der Prior der Karmeliter von Melun leitete die Verschwörung zu Gunsten des Königs. Johanna begab sich mit ihrer Kompanie nach Melun, und man kann sich nur schwer der Meinung entziehen, daß keinerlei Verbindung zwischen der Verschwörung der Karmeliter und dem Unternehmen der Jungfrau bestanden hat. Warum sollten auch die Räte König Karl VII. auf Johannas Hilfe verzichtet haben? Es ist nicht richtig, daß sie nun den Franzosen weniger engelhaft und den Engländern weniger teuflisch erschien. Ihre Niederlagen, teils unbekannt oder durch Siegesgerüchte wieder aufgehoben, hatten den Gedanken an eine ihr innewohnende, unbesiegbare Macht nicht zerstört. Im Augenblick, wo dem armen Mädchen vor La Charité mitsamt dem französischen Adel durch einen ehemaligen Maurergehilfen so übel mitgespielt worden war, verbreitete man im Burgunderland, daß sie fünf Meilen von Paris eine Burg im Sturm genommen hätte.

Sie blieb die Wunderwirkerin; die Bürger, das Waffenvolk ihrer Partei glaubten noch an sie, und was die Godons betraf, so fürchteten sie sie vom Regenten bis zum letzten Mann der Armee ebenso wie zu den Tagen von Orléans und von Patay. Zu jener Zeit weigerten sich viele Soldaten und

Hauptleute, nach Frankreich zu kommen; und viele sträubten sich heftig, durch die Zaubereien der Jungfrau in Furcht und Schrecken versetzt.

SECHSTES KAPITEL

Die Jungfrau an den Gräben von Melun. Der Austauschgefangene. Das Kind von Lagny

In ihrer Eigenschaft als Anführerin der Söldner befand sich die Jungfrau in der Osterwoche vor den Mauern Meluns. Sie kam zur rechten Zeit, um zu kämpfen; der Waffenstillstand war eben abgelaufen. Doch welch Mißgeschick widerfuhr ihr an den Toren dieser Stadt! War ihr von einer Schar Burgunder arg mitgespielt worden? Man weiß nichts darüber. Doch als sie sich an den Gräben befand, hörte sie die heilige Katharina und die heilige Margareta, die zu ihr sprachen: »Noch vor Sankt Johann wirst du in Gefangenschaft geraten.« Und sie flehte zu ihnen: »Wenn ich gefangen werde, möchte ich doch sterben und keine lange Prüfung erdulden!« Und die Stimmen wiederholten ihr, daß sie ergriffen werden würde, und daß es so sein müsse. Und sie fügten sanft hinzu: »Verwundere dich nicht und nimm alles hin, Gott wird dir helfen.« Der Tag des heiligen Johannes, der 24. Juni, sollte in weniger als siebzig Tagen herannahen. Von da ab fragte Johanna ihre Heiligen oft und oft, zu welcher Stunde sie gefangen würde, aber sie antworteten ihr darauf nicht und, in diesem Zweifel verblieben, beschloß sie, nicht mehr ihrem eigenen Kopf zu folgen, sondern dem Willen ihrer Hauptleute. Wahrscheinlich waren eben zu jener Zeit zu Corbeil die beiden frommen Frauen der Bretagne, Pierronne und ihre junge geistliche Schwester, von den Engländern gefangengenommen worden.

Die Franzosen begegneten den Burgundern unweit von Lagny, ohne sie jedoch überraschen zu können. Die Königsmannen waren kaum zahlreicher als ihre Feinde, und der Kampf sollte sich sehr erbittert gestalten. Die Burgunder fürchteten die Jungfrau, die sie für eine Hexe hielten, die über Teufelscharen verfügte; dennoch fochten sie mit großem Mut. Zweimal wurden die Franzosen zurückgeworfen, kamen jedoch immer wieder hoch, und schließlich wurden alle Burgunder getötet oder gefangengenommen. Die Sieger kehrten beutebeladen nach Lagny zurück und führten die Gefangenen mit sich, unter welchen sich Ritter Franquet von Arras befand. Als Edelmann und Rittergutsbesitzer mußte er sich gefaßt machen, daß, wie es Brauch war, Lösegeld auf ihn gesetzt wurde. Er wurde dem Soldaten, der ihn gefangengenommen, vom Amtmann von Senlis und von der Jungfrau abgefordert und fiel schließlich dieser zu. War sie mit Geld seiner habhaft geworden? Dies scheint am wahrscheinlichsten, da die Soldaten ihre adligen Gefangenen, aus denen sie Geld ziehen konnten, nicht als Liebesgabe herzugeben pflegten. Später über diese Angelegenheit befragt, antwortete Johanna aber, daß sie weder Falschmünzerin noch Schatzmeisterin von Frankreich sei, um Geld vergeben zu können. Man kann daher annehmen, daß irgend jemand für sie bezahlte. Wie dem auch sei, man händigte ihr den Hauptmann Franquet von Arras aus, und sie war bemüht, ihn gegen einen Gefangenen der Engländer einzutauschen. Johanna wußte jedoch nicht, was aus jenem Gefangenen, den sie befreien wollte, geworden war. Als sie erfuhr, daß er zum Tode verurteilt worden war, war sie sehr bestürzt, aber nicht weniger eingedenk, daß auf Hauptmann Franquet Lösegeld ausgesetzt war. Der Amtmann von Senlis, der aus unbekannten Gründen Franquet vernichten wollte, machte sich den Groll zunutze, den der üble Tod jenes französischen Gefangenen der Jungfrau eingeflößt hatte, um von ihr die Auslieferung des Hauptmannes zu erreichen. Er schilderte ihr die Mordtaten dieses Mannes, daß er viele Diebereien begangen hätte, ein Verräter sei und seine Verurteilung daher angemessen wäre. Johanna willigte ein, daß er, falls er es verdient hätte, sterben solle, da er ja seine Verbrechen gestanden hatte. Es wurde ihm der Kopf entzweigespalten. Bei der Nachricht der unwürdigen Behandlung Franquets brachen die Burgunder in Schmerz und Entrüstung aus. Sei es, daß das Lagerleben Johanna verhärtet hatte, sei es, daß sie, wie alle Ekstatikerinnen, plötzlichen Sinnesänderungen unterworfen war, man bemerkte bei ihr in Lagny nicht mehr dieselbe Sanftmut wie vor Patay. Diese Jungfrau, die früher in den Schlachten als Waffe nur ihr Banner führte, bediente sich jetzt eines in Lagny selbst gefundenen Burgunderschwertes, bereit, fest dreinzuschlagen. Der gute Bruder Pasquerel, der sie für einen Engel Gottes hielt, konnte hierauf allerdings antworten, daß der Erzengel Sankt Michael, Träger des Banners der himmlischen Heerscharen, gleichfalls das flammende Schwert erhoben hatte. Johanna blieb dennoch eine Heilige.

Während sie sich in Lagny befand, berichtete man ihr, daß ein neugeborenes Kind gestorben war, ehe es die Taufe erhalten hatte. Zur Zeit der Empfängnis war der Teufel in den Leib der Mutter gefahren und hatte sich der Seele des Kindes bemächtigt, das mangels Weihwassers als Feind seines Schöpfers verstorben und nun ewiger Verdammnis geweiht war. Man bedenke, daß ein wenig Wasser den Tod gebannt hätte! Ein solches Unglück betrübte nicht nur die Eltern des armen Geschöpfes, sondern auch die Nachbarn und alle guten Christen der Stadt Lagny. Das Körperchen wurde in die Kirche des heiligen Peter getragen und vor dem Bild der Gottesmutter, das seit der Pest des Jahres 1128 besondere Verehrung genoß, niedergelegt. Die jungen Mädchen des Dorfes knieten vor dem Bilde der Heiligen Jungfrau um den kleinen Körper und flehten zu ihr um Fürsprache, daß sie bei ihrem Gottessohn Erlösung erwirke. Die hochheilige Mutter Gottes hatte in ähnlichen Fällen ihre mächtige Vermittlung nicht verweigert. Zu jener Zeit waren die Wiedererweckungen der ohne Taufe verstorbenen Kinder häufig. Zweifellos kannte Johanna schon aus Domremy diese Art Wunder. Das in der Kirche von Lagny versammelte Volk hoffte auf eine solche Gnade. Die jungen Mädchen scharten sich um den leblosen Körper des Kindes, und man bat die Jungfrau, sich ihren Gebeten anzuschließen. Sie begab sich in die Kirche, kniete zwischen den jungen Mädchen und betete. Das Kind war schwarz. »Schwarz wie mein

Rock«, sagte Johanna. Als die Jungfrau und die jungen Mädchen ihre Gebete beendet hatten, gähnte das Kind dreimal und die Farben des Lebens kehrten zurück. Nachdem es die Taufe erhalten, starb es sogleich, und man bettete es in heilige Erde. In der Stadt erzählte man sich, daß diese Wiedererweckung das Werk der Jungfrau gewesen sei. Wenn man den Berichten traut, so hatte das Kind seit drei Tagen kein Lebenszeichen gegeben. Aber die Gevatterinnen von Lagny hatten wahrscheinlich die Stunden, während welcher es bewegungslos geblieben war, in die Länge gezogen wie jene guten Frauen, die aus einem Ei, das einer ihrer Männer gelegt haben soll, vor Einbruch der Nacht Hunderte gemacht hatten.

SIEBTES KAPITEL

Soissons und Compiègne. Gefangennahme der Jungfrau

Nach Abzug von Lagny zeigte sich die Jungfrau mit ihrer Kompanie und den Mannen der französischen Edelleute, denen sie sich angeschlossen hatte – im ganzen tausend Reiter – vor den Toren von Senlis und forderte Einlaß. Die Einwohner von Senlis ließen der Jungfrau sagen, daß man ihr angesichts des Mangels an Futter, Lebensmitteln und Wein in der Stadt anböte, nur mit dreißig oder vierzig der angesehensten Reiter einzuziehen. Von Senlis soll Johanna zu einer nahe gelegenen, der heiligen Margareta geweihten Kirche gepilgert sein.

Der Herzog von Burgund hatte durch den Rat des Königs Karl Pont-Saint-Maxence statt Compiègne, das um keinen Preis an die Burgunder ausgeliefert werden wollte, erhalten. Dieser aber behielt Maxence und beschloß, Compiègne dennoch einzunehmen. Bei Abschluß des Waffenstillstandes zog er mit einer stattlichen Reiterschar und einer mächtigen Armee von viertausend Burgundern, Leuten aus der Picardie und aus den Niederlanden und fünfzehnhundert Engländern unter der Führung Johanns von Luxemburg zu Felde. Er ließ die beste Artillerie herbeischaffen. Philipp, reicher als ein König und der großartigste Herr der Christenheit, der vollendeteste und kundigste Ritter, traf alle Vorbereitungen zu einer besonderen Belagerung.

Die Stadt, eine der größten und bestbefestigten Frankreichs, besaß eine Garnison von etwa fünfhundert Mann, befehligt von Wilhelm von Flavy. Dieser, aus edlem Stamme und güterlos, befand sich stets im Streite mit benachbarten Edelleuten, unterdrückte das arme Volk und war böser und grausamer als irgendein armagnacischer Edelmann. Die Einwohner aber wollten niemand anderen zum Stadthauptmann als ihn, den sie gegen und für Karl ins Werk setzten. Dem Auftrag des Königs, die Stadt zu übergeben, hatte er sich glatt widersetzt. Und als der Herzog ihm für Compiègne eine reiche Erbin und eine große Summe versprach, antwortete er, daß die Stadt nicht ihm, sondern dem König gehöre. Am 13. Mai zog die Jungfrau in Compiègne ein und wohnte in der Sternenstraße. Die Stadtanwälte beschenkten sie mit vier Fässern Wein und dachten, ihr damit große Ehre anzutun, da sie dem Erzbischof von Reims, der sich eben mit anderen Königsleuten in der Stadt aufhielt, nicht mehr boten. Letztere beschlossen, Artillerie und Munition nach dem Schloß von Choisy zu senden, und die Jungfrau fand dabei wie ehedem Verwendung. Die Armee wandte sich gegen Soissons, und wie vor Senlis nahm der Stadthauptmann den Erzbischof von Reims, den Grafen von Vendôme und die Jungfrau mit einem kleinen Gefolge auf, während das Heer die Nacht im freien Felde verbrachte. Am nächsten Morgen versuchte man, da man den Zugang über die Brücke nicht erhielt, den Fluß zu durchwaten, was jedoch durch den Hochstand der im Frühling angeschwollenen Gewässer mißlang. Das Heer mußte kehrtmachen, worauf der Stadthauptmann von Soissons dem Herzog von Burgund die Stadt verkaufte, der sie Johann von Luxemburg anvertraute. Bei der Nachricht, daß dieser Stadthauptmann so ehrlos gehandelt hatte, tat Johanna den Ausspruch, daß sie ihn, wenn sie seiner habhaft würde, vierteilen lassen wollte, was nicht etwa im Zorn ihrer eigenen Erfindung entsprang. Der Brauch wollte es, daß der Henker für gewisse Verbrechen den Verurteilten in vier Teile stückelte; man nannte dies Vierteilen, Johanna hatte wohl gemeint, daß dem Verrat dieses Mannes diese Strafe gebühre. Dies Wort empörte das Ohr der Burgunder, und einige glaubten sogar vernommen zu haben, daß Johanna in ihrer Entrüstung Gott fluchte. Sie hatten schlecht gehört; Johanna verleugnete niemals Gott noch die Heiligen; weit entfernt, im Zorn zu fluchen, rief sie nur etwa »Um Gottes willen!« oder »Sankt Johann!« oder »Heilige Jungfrau!«

Vor Soissons trennte sich Johanna von den Feldherren. Sie schlug mit ihrer Truppe den Weg nach Compiègne ein, entfernte sich aber bald wieder aus der Stadt, um früh am Morgen die Engländer des Edlen von Montgomery anzugreifen; die Sache ließ sich recht scharf an. Da aber die Burgunder zu Hilfe kamen, mußten die Franzosen fliehen. Sie hatten dem Feind dreißig Mann getötet und ebenso viele verloren, so daß an eine Rettung von Choisy nicht mehr zu denken war. Johanna aber, die sich niemals Ruhe gönnte, wandte sich mit ihrer Truppe durch den Wald von Cuise, fand jedoch keine Burgunder mehr auf dem rechten Ufer der Oise, da sich alle am andern Ufer gesammelt hatten. Dort erstreckte sich ein großes Wiesenland, an dessen Ende das Ufer der Picardie ansteigt. Über diese oft überschwemmten Wiesen hatte man von der Brücke aus eine Chaussee nach dem Dorfe von Margny angelegt, das gerade gegenüber hügelaufwärts lag. Ein kleiner burgundischer Posten hielt dieses Dorf besetzt. Der beste Kriegsherr der burgundischen Partei, Johann von Luxemburg, befand sich am Fuße des Berges Ganelon in Clairoix, während die fünfhundert Engländer Montgomerys die Oise bewachten und Herzog Philipp etwa eine Meile weit lagerte. Diese Verteilung entsprach den Plänen der erfahrensten Feldherren. Vor befestigtem Platze vermied man, eine große Anzahl Kriegsvolk in derselben Aufstellung zu vereinigen.

Am 23. Mai gegen 5 Uhr abends verließ Johanna auf einem sehr schönen Apfelschimmel die Brücke und ritt an der Chaussee entlang, die das Wiesenland durchquerte, ihre Fahne in der Hand, begleitet von ihrer lombardischen Schar, dem Hauptmann Baretta und jenen drei- oder vierhundert Mannen, Reitern und Fußvolk, welche nachts in Compiègne eingezogen waren. Sie hatte das burgundische, in Lagny gefundene Schwert umgürtet und trug über ihrer Rüstung einen Mantel aus rotgoldenem Tuch. Solches Gewand hätte sich besser für eine Parade als für einen Ausfall geeignet, aber in der Kindlichkeit ihrer ländlichen und frommen Seele liebte sie alles Feierliche und Ritterliche. Das Unternehmen war zwischen Baretta und den anderen Hauptleuten unter Herrn von Flavy beschlossen worden, der den Brückenkopf bewaffnen und eine große Anzahl kleiner Schiffe für den Notfall an der Oise bereitstellen ließ, um für die Rückkehr der Franzosen vorzusorgen. Johanna wurde nicht befragt. Sie hatte nicht die mindeste Ahnung, was man unternehmen würde; erfüllt von allen möglichen Träumen meinte sie, zu irgendwelcher großen und hohen Tat auszuziehen. Angeblich hatte sie den Städtern versprochen, die Burgunder zu schlagen und Herzog Philipp als Gefangenen einzubringen. Dies jedoch stand gar nicht in Frage. Hauptmann Baretta und die übrigen Anführer planten nur, den der Stadt zunächst und am erreichbarst gelegenen kleinen Posten der Burgunder in Margny zu überfallen und zu plündern. Die Franzosen hatten sich um 5 Uhr nachmittags auf den Weg gemacht. Die Tage waren eben am längsten, und sie rechneten nicht mit der Dunkelheit, um den Posten zu bezwingen. Zu jener Zeit setzten sich die Kriegsleute nicht gerne der Nacht aus, die sie für verräterisch hielten, geeignet dem Guten sowie dem Bösen zu dienen, wofür ein damals gebräuchliches Sprichwort zeugt: Die Nacht kennt keine Schande. Margny erklimmend, überraschten die Angreifer die waffenlos verstreuten Burgunder und hieben nach Herzenslust ein. Die Jungfrau warf alles nieder, was ihr in den Weg kam. In diesem Augenblick aber ritten Johann von Luxemburg und einige andere Edelleute ohne Rüstung den Hügel von Margny hinauf. Als sie in das Scharmützel gerieten, sandten sie sogleich nach Clairoix um ihre Waffen und ihre Truppen. Indessen hielten sie im Felde stand. Den edlen Herrn von Luxemburg auf diese Weise zu überraschen, war ein besonderer Glücksfall. Statt daß die Franzosen, nachdem sie den Platz bezwungen und geplündert hatten und sich klugerweise in aller Eile mit ihrer Beute in die Stadt zurückgezogen hätten, hielten sie sich in Margny auf. Die Ursache ist leicht zu erraten; es war jene, die so oft die Plünderer in Geplünderte verwandelte. Sowohl jene des roten als jene des weißen Kreuzes, welche Gefahr ihnen immer auch drohte, verließen niemals einen Ort, solange noch etwas wegzutragen war. Die Gefahr, der sich die Söldner von Compiègne durch ihre Habgier aussetzten, mochte die Jungfrau durch ihren Wagemut und ihre Tollkühnheit noch reichlich gesteigert haben. Sie willigte niemals ein, vom Kampfplatz abzuziehen, sie mußte denn verwundet oder auf allerlei Art getroffen sein, daß es gelang, sie loszureißen. So erschienen denn mittlerweile zu Hilfe Margnys die Truppen von Clairoix und Herzog Philipp in Person. Die Franzosen zogen sich nur langsam zurück; vielleicht erschwerte die Beute ihren Marsch. Plötzlich aber rückten die Engländer auf dem Wiesenlande vor, um ihnen den Rückzug abzuschneiden; mit dem Schrei: »Rette sich, wer kann!« flohen die Franzosen wie Wahnsinnige und erreichten in aufgelöstem Zustande den Damm der Oise. Die einen warfen sich in die Boote, die anderen drängten sich an die Wälle der Brücke und zogen sich so das zu, was sie befürchtet hatten. Die Kanonen der Befestigungen konnten nicht mehr schießen, ohne die Franzosen zu treffen. Der Hauptmann von Compiègne sah die Gefahr und gab Befehl, die Tore der Stadt zu schließen. Die Brücke wurde hinaufgezogen, das Fallgatter gesenkt. Johanna, die in dieser mißlichen Lage noch an jenem heldenhaften Siegeswahn festhielt, stellte sich, nur von einigen der ihr zugeteilten Personen und ihren Verwandten umgeben, den Burgundern und glaubte immer noch, alles vor sich niederschlagen zu können. Man schrie ihr zu: »Seht Euch vor, die Stadt zu erreichen, oder wir sind verloren!« Den Blick von Engel und Erzengelscharen geblendet, antwortete sie: »Schweigt! Es hängt nur von euch ab, daß alle geschlagen werden. Trachtet nur, sie zu treffen!« Und sie sagte, was sie immer zu sagen pflegte: »Vorwärts, sie sind unser!« Ihre Leute ergriffen den Zügel ihres Pferdes und rissen sie mit Gewalt stadtwärts. Doch es war zu spät. Man konnte nicht mehr durch die der Brücke vorgelegten Wälle; die Engländer hatten das Ende der Chaussee besetzt. Die Jungfrau wurde mit ihrer kleinen getreuen Schar von picardischen Soldaten, die um sich schlagend jene entfernten, die sie schützen wollten, in einen Winkel zwischen Bollwerk und Damm gedrängt und erfaßt. Ein Schütze zog sie an ihrem goldenen Mantel zur Seite und riß sie zur Erde herab. Alle umringten sie und schrien aus einem Munde: »Ergebt Euch!« Um ihre Treue zu bezeugen, antwortete sie: »Ich habe einem andern als euch Treue gelobt und werde meinen Schwur halten.« Einer von denen, die sie aufforderten, sich zu ergeben, erklärte, daß er Edelmann sei, und diesem ergab sie sich schließlich. Es war dies ein zu den Landsknechten des Bastards von Vendôme gehöriger Schütze namens Lyonnel. Er hatte sein Glück gemacht und gebärdete sich fröhlicher, als wenn er einen König gefangengenommen hätte. Mit der Jungfrau zugleich wurden ihr Bruder Peter von Arc, Johann von Aulon und dessen Bruder gefangengenommen. Die Burgunder hatten nur zwanzig Verwundete und keinerlei Tote. Die Jungfrau war nicht allzu sehr verteidigt worden. Entwaffnet wurde sie nach Margny gebracht. Auf die Nachricht hin, daß die Hexe der Armagnacs gefangen war, erfüllten Freudenschreie das Lager der Burgunder. Herzog Philipp wollte sie sehen. Als er sich ihr näherte, bewunderten einige seiner Ritter und Geistlichen seinen Mut und seinen festen Glauben, da er vor diesem aus der Hölle entsprungenen Nachtgespenst keinerlei Furcht empfand. In diesem Punkt war die Ritterschaft ebenso mutig wie er selber, denn zahlreiche Edelleute liefen herbei, um die gleiche Neugierde zu befriedigen. Johanna blieb unter der Aufsicht Johanns von Luxemburg, dem sie fortan gehörte. Der Schütze, der sie gefangengenommen, hatte sie seinem Hauptmann, dem Bastard von Vendôme, und dieser sie wiederum seinem Herrn, Johann von Luxemburg, abgetreten.

Der Stamm der Luxemburger war vom Westen bis zum christlichen Osten, nach Böhmen und Ungarn, verbreitet, und sechs Königinnen, eine Kaiserin, vier Könige und vier Kaiser entstammten ihm. Johann von Luxemburg, aus einer Zweiglinie dieses berühmten Hauses und selber ein jüngerer, schlechtbestellter Sohn, hatte im Dienste des Herzogs von Burgund seine Ritterschaft in hartem Dienen errungen. Als er die Jungfrau einlöste, war er neununddreißig Jahre alt, von Wunden bedeckt und einäugig.

Am nämlichen Abend ließ der Herzog von Burgund aus seinem Feldlager den ihm gehorsamen Städten die Gefangennahme der Jungfrau verkünden. Gleichfalls benachrichtigte er den Herzog der Bretagne, den Herzog von Savoyen und seine Stadt Gent.

Die Überlebenden jener aber, die die Jungfrau nach Compiègne geführt hatten, gaben die Belagerung auf und zogen sich in ihre Garnisonen zurück.

ACHTES KAPITEL

Die Jungfrau in Beaulieu. Der Hirte von Gévaudan

Die Nachricht, daß Johanna in den Händen der Burgunder sei, erreichte Paris am 25. Mai. Am folgenden Tage richtete die Universität an Herzog Philipp das Ersuchen, die Gefangene dem Generalvikar des Großinquisitors von Frankreich auszuliefern. Gleichzeitig forderte dieser von dem mächtigen Herzog die Herausgabe dieses mehrfach der Ketzerei verdächtigten Mädchens. Der Generalvikar des Großinquisitors von Frankreich, Bruder Martin Billoray, Magister der Theologie, gehörte dem Dominikanerorden an. Zur Zeit Innozenz' III., als die Inquisition die Katharer und Albingenser ausrottete, waren die Söhne des heiligen Dominik auf den Bildern der Klöster und Kapellen als Hunde des Herrn in Gestalt großer weißer, schwarzgefleckter Windspiele abgebildet, die die Wölfe der Ketzerei an der Gurgel packten. Die Dominikaner waren im 15. Jahrhundert noch die Hunde des Herrn geblieben. Sie jagten immer noch die Ketzer, waren jedoch dem Bischof zugeteilt. Der Großinquisitor oder sein Vikar hatten nicht die Befugnis, selbst vorzugehen und eigenmächtig eine gerichtliche Verhandlung durchzuführen. Die Bischöfe behaupteten ihnen gegenüber das Recht, über die gegen die Kirche begangenen Verbrechen zu urteilen. Die Prozesse in Glaubensangelegenheiten wurden von zwei Richtern geführt, dem Kirchensprengelbischof, der der Bischof selbst oder sein Vertreter sein konnte, und dem Inquisitor oder seinem Vikar, und man beachtete dabei die Regeln der Inquisition. In Sachen der Jungfrau war es nicht nur der Bischof, der die hochheilige Inquisition in Bewegung setzte, es war die Tochter der Könige, die Mutter der Lehre, die schöne klare Sonne Frankreichs und der Christenheit, die Universität von

Paris. Sie maßte sich das Vorrecht an, in den Angelegenheiten der Ketzerei oder der in Stadt und Umgebung verbreiteten Meinungsverschiedenheiten Recht zu sprechen, und ihre Urteile, von allen Orten angesprochen, waren auf der ganzen Welt, soweit das Kreuz aufgepflanzt war, maßgebend. Seit einem Jahre forderten zahlreiche, selbst in den Augen ihrer Gegner höchst gelehrte Doktoren und Magister die Herausgabe der Jungfrau an die Inquisition als eine dem Wohle der Kirche nützliche und den Interessen des Glaubens angemessene Tat, da sie dieses Mädchen auf das lebhafteste verdächtigten, nicht von Gott zu sein, sondern durch Teufelskünste getäuscht und mißbraucht. Alles, was ihnen an frommer Wissenschaft und Überlegungskunst zu eigen war, bekräftigte diesen argen Verdacht. Sie waren tatsächlich und auch freien Willens Burgunder und Engländer, beobachteten getreulich den Vertrag von Troyes, den sie in Ergebenheit für den ihnen geneigten Regenten beschworen hatten, und verabscheuten die Armagnacs, die ihre Stadt, die schönste der Welt, zugrunde richteten; den Dauphin Karl hielten sie seiner Rechte auf das Reich der Lilien für verlustig. Sie waren daher auch geneigt, die Jungfrau der Armagnacs, die Begleiterin des Dauphins, zu bezichtigen, von mehreren höchst schrecklichen Dämonen geleitet zu sein. Sie waren eben Menschen und man glaubt gern das, woran zu glauben man Interesse hat; sie waren Priester und sahen überall und hauptsächlich in einer Frau den Teufel. Ohne noch Taten und Worte dieser Jungfrau einer gründlichen Prüfung unterzogen zu haben, entdeckten sie an ihr genug, um sofort eine Untersuchung zu fordern. Sie nannte sich gottgesandt und Gottesmagd und zeigte sich als geschwätzig, eitel, listig und prunkliebend in ihrer Kleidung; sie hatte den Engländern gedroht, daß sie alle, falls sie nicht Frankreich verließen, niedergemacht würden. Sie befehligte Armeen, war infolgedessen des Menschenmordes schuldig, war tollkühn und aufrührerisch, denn jene sind Aufrührer, die zu der uns gegnerischen Partei halten. Als sie in Gesellschaft Bruder Richards, des Ketzers und Verführers, erschienen war, hatte sie die Pariser erbarmungslos mit Vernichtung bedroht und die Todsünde begangen, die Stadt am Tage von Mariä Geburt anzugreifen. Eilig und wichtig war es nun, zu untersuchen, ob sie der gute oder der böse Geist lenkte.

Der Herzog von Burgund, so sehr er auch den Interessen der Kirche verbunden war, folgte der dringlichen Aufforderung der Universität nicht, und Johann von Luxemburg ließ die Jungfrau, nachdem er sie drei oder vier Tage in seinem Quartier vor Compiègne beherbergt hatte, nach dem Schlosse von Beaulieu im Vermaudois, einige Meilen vom Lager entfernt, bringen. Er war wie sein Herr ein gehorsamer Sohn der heiligen Mutter, der Kirche; aber seine Klugheit bestimmte ihn, die Engländer und Franzosen herankommen zu lassen, um ihre Angebote abzuwarten.

Johanna wurde in Beaulieu mit Ritterlichkeit behandelt. Sie behielt ihren Rang; in ihrem Gefängnis diente ihr Junker, Johann von Aulon. Eines Tages wollte sie zwischen zwei Balken schlüpfen und entfliehn. Ihre Absicht war, die Wächter im Turme einzusperren und dann ins Weite zu gelangen, aber der Pförtner sah sie und fing sie ein. Sie schloß daraus, daß es Gott für diesmal nicht gefallen hätte, daß sie fliehe. Sie war indes zu hochgemut, um zu verzweifeln. Ihre Stimmen, wie sie für wunderbare Begegnungen und ritterliche Abenteuer eingenommen, flüsterten ihr ein, daß sie den König von England sehen müsse. So wurde sie in ihrem Unglück durch ihre Träume ermutigt und getröstet.

An den Ufern der Loire wurde man in große Trauer versetzt, als die Einwohner der dem König Karl getreuen Städte von dem Ungemach erfuhren, das der Jungfrau zugestoßen war. Unvermindert an sie blieb der Glaube eines Volkes, das sie wie eine Heilige verehrte, ja, das so weit ging, sie für die größte aller Heiligen nach der Jungfrau Maria zu halten, ihr in den Kapellen der Heiligen Bilder errichtete, Messen und Sammlungen in den Kirchen für sie veranstalten ließ und Bleimedaillen, auf denen sie dargestellt war, trug, als hätte die Kirche sie bereits heiliggesprochen. Diese treue Gefolgschaft empörte die Doktoren und Magister der Universität, und sie legten sie der armen Jungfrau zur Last. »Johanna«, sagten sie, »hat das katholische Volk so sehr verführt, daß viele sie in ihrer Gegenwart und in ihrer Abwesenheit immer noch wie eine Heilige verehren.« Das stimmte für viele Personen und viele Gegenden. Die Räte der Stadt Tours ordneten öffentliche Gebete an, um von Gott die Befreiung der Jungfrau zu erbitten. Eine allgemeine Prozession wurde abgehalten, an der die Domherren der Kathedrale, die weltliche und reguläre Priesterschaft barfuß teilnahmen. In den Städten des Dauphins sprach man während der Messe Gebete für die Jungfrau.

Als Hochwürden Jakob Gélu, Erzbischof von Embrun, der seinerzeit die Jungfrau schlechter Absichten bezichtigt und sie dann als vortrefflich erkannt hatte, erfuhr, daß sie in die Hände der Feinde des Reiches gefallen sei, sandte er an König Karl einen Eilbrief über das Verhalten, das angesichts dieser unglücklichen Lage zu beobachten wäre. Indem er sich an den Prinzen wandte, dessen Kindheit er geleitet, erinnert er ihn an das, was die Jungfrau mit himmlischer Hilfe so mutig für ihn vollbracht hatte. »Ich empfehle Euch«, sagte er, »daß Ihr zur Wiedergewinnung dieses Mädchens und zum Kaufe ihres Lebens weder Mittel noch Geld, noch was immer für einen Preis, sparet, wenn Ihr nicht den unauslöschlichen Vorwurf einer sehr tadelnswerten Undankbarkeit auf Euch nehmen wollet.« Er riet unter anderem, überall für die Befreiung dieser Jungfrau Gebete anzuordnen, auf daß es Gott gefalle, zu vergeben, falls dieses Unglück durch irgendeinen Verstoß des Königs oder des Volkes stattgefunden hätte. So sprach nicht ohne Barmherzigkeit und Nachdruck dieser alte Bischof, der mehr Eremit als Bischof war, der sich aber doch noch erinnerte, in schlechten Zeiten Rat des Dauphins gewesen zu sein, und der König und Reich zärtlich liebte.

Man hat den Edlen de la Trémouille und den Erzbischof von Reims verdächtigt, sich der Jungfrau entledigen zu wollen und sie in ihr Verderben gestürzt zu haben; man glaubte, die teuflischen Schliche erkannt zu haben, die sie anwandten, als man sie vor Paris, La Charité und Compiègne kämpfen ließ. In Wahrheit aber hatten sie es nicht nötig, sich einzumischen. Vor Paris war es einem großen Zufall zuzuschreiben, daß sie den Graben passieren konnte, da weder sie noch ihre Begleiter seine Tiefe kannte. Überdies war es weder Schuld des Königs noch seines Rates, daß die Karmeliter, auf die man gezählt, die Tore nicht öffneten. Die Belagerung von La Charité wurde nicht von der Jungfrau, aber von d'Albret und von mehreren tüchtigen Hauptleuten geführt. Anläßlich des Ausfalles von Compiègne war es unausbleiblich, wenn man sich in Margny aufhielt, von den Engländern und Burgundern abgeschnitten zu werden. Man verlor in der Lust des Plünderns die Besinnung, und es geschah, was geschehen mußte. Und warum hätten der Kanzler und der Erzbischof sich der Jungfrau entledigen sollen? Sie behinderte sie nicht. Im Gegenteil, sie war ihnen nützlich, sie bedienten sich ihrer. Mit ihrer Weissagung, den König in Reims salben zu lassen, hatte sie Herrn Regnault reichlich gedient. Freilich wußte er ihr wenig Dank, denn er war ein selbstsüchtiger und harter Mann. Wollte er ihr aber schaden? Brauchte er sie nicht? Gedachte er sie nicht gegen die Burgunder zu verwenden? Man hat allen Anlaß, dies zu glauben, denn als sie sie unglücklicherweise verloren, bemühte sich der Kanzler, sie durch eine Person zu ersetzen, die wie sie von Erscheinungen begnadet war und gleichfalls sich für gottgesandt hielt, und mangels einer Jungfrau versuchten es die beiden Waffengefährten mit einem Jüngling. Hierzu entschlossen sie sich wenige Tage nach der Gefangennahme Johannas und unter folgenden Umständen.

Kurze Zeit zuvor hatte ein junger Hirte aus dem Gévaudan, namens Wilhelm, der seine Herden zu Füßen des Berges Lozère weidete und vor Wölfen und Luchsen bewahrte, Offenbarungen, die Frankreich betrafen. Dieser Hirte war rein wie Johannes, der Lieblingsschüler des Herrn. In einer der Bergeshöhlen von Mende, wo der heilige Apostel Privat gebetet und gefastet hatte, traf sein Ohr eine Himmelsstimme, und er erfuhr, daß er durch Gott zum König von Frankreich gesandt sei. Er ging nach Mende wie Johanna nach Vaucouleurs gegangen war, um sich zum König geleiten zu lassen. Fromme Leute, die seine Heiligkeit rührte und überzeugt, daß ihm höhere Kraft innewohne, sorgten für seine Ausstattung und Wegzehrung. Zum König sprach er in gleicher Weise wie die Jungfrau, und dieser empfing ihn mit Wohlwollen. Der Hirte von Gévaudan aber äußerte nicht nur Verheißungen, er zeigte auch wunderbare Zeichen auf seinem Leib. Wie der heilige Franz hatte er Stigmata erhalten und war an den Füßen, Händen und Hüften mit blutigen Wunden behaftet. Wenn es aber wunderbare, von Jesus Christus selbst verliehene Stigmata gab, kamen auch solche vor, die Teufelswerk waren, und zwischen diesen und jenen zu unterscheiden, war äußerst wichtig. Man erlangte sie vermöge Wissenschaft und frommen Willens. Es scheint, daß die Stigmata dieses Wilhelm nicht teuflischer Natur waren, denn man beschloß, ihn so wie Johanna, Katharina de La Rochelle und die zwei Bretoninnen, die geistlichen Töchter Bruder Richards, zu verwenden.

Als die Jungfrau in die Hände der Burgunder gefallen war, hielt sich de la Trémouille beim König an der Loire auf, wo man seit der unglücklichen Belagerung von La Charité nicht mehr Krieg führte. Er sandte den kleinen Hirten dem Erzbischof von Reims, der eben mit den Burgundern in Kampf lag. Zu diesem Zeitpunkte verblieb Bruder Richard nach all dem Wetteifern und all der Eifersucht, die das königliche Feldkloster in Erregung gesetzt hatte, nur eines seiner Beichtkinder, Katharina de La Rochelle, die verborgene Schätze entdeckte. Der kleine Hirte aber zeigte sich ebensowenig für die Jungfrau wie für Katharina eingenommen. »Gott«, sagte er, »hat es gelitten, daß Johanna gefangengenommen wurde, weil sie sich stolz gebärdete und der reichen Gewänder wegen, mit denen sie sich bekleidete, und weil sie nicht nach Gottes Befehl gehandelt hatte, sondern nach ihrem eigenen Willen.« Waren ihm diese Reden durch die Feinde der Jungfrau eingeflößt worden? Es mag sein. Es ist aber auch möglich, daß er sie durch Eingebung gefunden hat. Die Heiligen beiderlei Geschlechts hegen nicht immer zärtliche Gefühle für einander. Herr Regnault von Chartres gedachte indes, sich an das neue Wunder zu halten, das ihm das verlorene ersetzte. Er sandte den Einwohnern von Reims einen Brief, in dem er ihnen die Gefangennahme der Jungfrau in Compiègne meldete. »Dieses Übel,« fügte er hinzu, »erreichte sie durch eigene Schuld. Sie wollte keinen Rat annehmen, sondern tat immer nach ihrem Gefallen. An ihrer Stelle hat Gott einen jungen Hirten geschickt, der nicht mehr und nicht weniger sagt, als Johanna getan hat. Die Sendung ist an ihn ergangen, unweigerlich die Engländer und Burgunder zu vernichten.« Und der Erzbischof vergaß nicht, die Worte wiederzugeben, mit denen der Erleuchtete von Gévaudan Johanna als stolz, prunksüchtig und rebellisch geschildert hat. Hochwürden Herrn Regnault hätte niemals eingewilligt, sich einer Ketzerin oder eines Zauberers zu bedienen. Er glaubte an Wilhelm, wie er an Johanna geglaubt hatte, hielt sie beide für gottgesandt in dem Sinne, daß alles, was nicht vom Teufel stammt, von Gott herrührt. Ob er nun recht hatte oder nicht, die Ereignisse mußten den Beweis erbringen. Aber er hätte den Hirten loben können, ohne die ihrem Martyrium so nahe Heilige zu verleugnen. Offenbar hielt er es für notwendig, das Glück des Reiches von dem Johannas zu trennen, und besaß den Mut, danach zu handeln.

NEUNTES KAPITEL

Die Jungfrau in Beaurevoir. Katharina de la Rochelle in Paris. Die Marter der Pierronne

Die Jungfrau war im Bistum von Beauvais gefangengenommen worden. Damals war gräflicher Bischof von Beauvais Peter Cauchon, gebürtig aus Reims, ein großer und ernsthafter Gelehrter der Universität von Paris, die ihn im Jahre 1403 zum Rektor ernannt hatte. Hochwürden Peter Cauchon war keineswegs ein gemäßigter Mann. Während der Aufstände der Bandenführer unter Caboche hatte er sich heftig ins Mittel gelegt. Der Herzog von Burgund entsandte ihn zum Konzil von Konstanz. Gleicherweise stand er bei den Engländern in Gunst und war Rat des Königs Heinrich IV., Hofprediger von Frankreich und Kanzler der Königin von England. Für gewöhnlich wohnte er in Rouen. Die Bewohner von Beauvais hatten ihn, als sie sich König Karl ergaben, seiner erzbischöflichen Einnahmen beraubt. Und da die Engländer des Glaubens waren, daß das Heer des Königs von Frankreich durch Bruder Richard und die Jungfrau befehligt war, empfand Peter Cauchon, der enteignete Bischof von Beauvais, gegen Johanna persönlichen Groll. Um seiner Ehre willen hätte er aber bedenken sollen, wenn er Johanna in Glaubensdingen verfolgte, daß er sich den Anschein gab, dem Haß eines Herrn und den zeitlichen Interessen der Mächtigen dieser Erde zu dienen. Daran dachte er aber nicht; im Gegenteil reizte diese Angelegenheit, die sowohl zeitlicher als geistlicher Natur war, zweideutig wie sein eigener Stand, seinen Appetit. Er stürzte sich in diese Sache mit der Unbesonnenheit der Heftigen. Welch feiner Braten für den Prälaten und Rat König Heinrichs, ein Mädchen zu verzehren, das ketzerisch und zugleich auf seiten der Armagnacs war! Nachdem er sich mit den Doktoren und Magistern der Universität von Paris ins Einvernehmen gesetzt hatte, erschien er am 14. Juli im Lager von Compiègne und forderte die Jungfrau als seiner Gerichtsbarkeit zuständig. Zur Bekräftigung seines Verlangens wies er die Briefe der Alma Mater vor, die an den Herzog von Burgund und an Johann von Luxemburg gerichtet waren. Der hochwürdige Herr war gleichzeitig Überbringer dieser Briefe und beauftragt, Geldangebote zu stellen. Und es ist doch recht seltsam, daß Peter Cauchon selber kommt, dem edlen Herrn von Luxemburg seine Gefangene abzukaufen im Augenblick, wo er durch das Organ der Universität bei ihm vorstellig wird, daß er Johanna nicht, ohne Schuld auf sich zu laden, verkaufen könne. Nach Meinung dieser Kirchenmänner setzte sich Johann schrecklichen Strafen sowohl in diesem Leben als auch nach dem Tode aus, wenn er gemäß den Rechten und Sitten des Krieges eine durch Lösegeld erhaltene Gefangene auslieferte, er würde hingegen Lob und Segen ernten, wenn er sie verräterischerweise jenen verkaufte, die ihren Tod beabsichtigten. Kam der Herr Bischof, diese Frau zumindest für die Kirche mit dem Geld der Kirche zu kaufen? Mitnichten. Mit dem Gelde der Engländer! So sollte denn Johanna nicht der Kirche, sondern den Engländern ausgeliefert werden, und es war ein Priester, der mit Berufung auf Gott und die Kirche kraft seiner geistlichen Gerichtsbarkeit über das Geschäft verhandelte! Er bot zehntausend Goldfranken, eine Summe, um deren Preis, wie er sagt, der König nach französischem Gebrauch das Recht habe, sich jeden Gefangenen, und sei er königlichen Blutes, herausgeben zu lassen.

Es kann darüber kein Zweifel herrschen, daß Peter Cauchon, der große und hochgelehrte Kleriker, Johanna der Hexerei bezichtigte. Er handelte als Bischof, wenn er sie richten wollte, wußte aber, daß sie den Engländern feind und seine eigene Gegnerin war; auch hierüber kann kein Zweifel bestehen. Indem er sie verurteilen wollte, handelte er also als Rat König Heinrichs. Kaufte er aber um zehntausend Goldfranken die Hexe oder die Feindin Englands? Und wenn es nur eine Hexe und Götzendienerin war, die die heilige Inquisition, die die Universität, die der Bischof mit Geldeswert um der Herrlichkeit Gottes willen einforderte, wozu dann soviele Bemühungen und so viel Kostenaufwand? Wäre es nicht besser gewesen, in dieser Sache gemeinsam mit den Geistlichen König Karls vorzugehen? Die Armagnacs waren keine Ungläubigen, keine Ketzer, sie waren weder Türken noch Hussiten, sondern Katholiken. Sie erkannten den Papst von Rom als wahres Oberhaupt der Christenheit an. Der Dauphin Karl und seine Geistlichkeit waren nicht exkommuniziert. Der Papst sprach weder über diese, die den Vertrag von Troyes nichtig erklärten, noch über jene, die ihn beschworen hatten, den Bannfluch. Es handelte sich hierbei nicht um eine Glaubensmaterie. In den König Karl getreuen Landen verfolgte die heilige Inquisition sorgfältigst das Übel der Ketzerei, und der weltliche Arm sorgte dafür, daß das Urteil der Kirche nicht eitles Traumgebilde blieb. Ebenso wie die Franzosen und Burgunder verbrannten die Armagnacs die Hexen. Eben fand ein Konzil zwecks Kirchenreform statt, und Abgesandte der Königreiche waren nach Basel einberufen worden. Die Universität ernannte die geistlichen Bevollmächtigten, die dort den Geistlichen König Karls, gallischer Herkunft wie sie, begegnen sollten. Warum ließ man nicht dort durch die versammelten Kirchenväter über die Prophetin der Armagnacs Recht sprechen? Es war wohl nötig, daß die Dinge eine andere Wendung im Interesse Heinrichs von Lancaster und für den Ruhm des alten Englands nahmen. Die Räte des Regenten hatten Johanna bereits der Hexerei bezichtigt, als sie sie im Namen des Himmelskönigs aufforderte, Frankreich zu verlassen. Während der Belagerung von Orléans wollten die Engländer ihre Herolde verbrennen und äußerten, daß sie die Jungfrau dem Feuertode überliefern wollten, falls sie ihrer habhaft würden. Das war sicherlich ihre feste Absicht, was allerdings nicht sagen will, daß man sie sogleich nach ihrer Ergreifung den Klerikern überliefern wollte. In ihrem Reiche verbrannten sie soviel Zauberer und Hexen als nur möglich, hatten aber niemals geduldet, daß die heilige Inquisition sich dort niederlasse; diese Art Rechtsprechung war ihnen ziemlich fremd. Als der große Rat Englands erfuhr, daß sich Johanna in den Händen des edlen Herrn von Luxemburg befände, war der Wunsch einstimmig, sie um jeden Preis zu kaufen. Mehrere Lords schlugen vor, sie, sobald man ihrer habhaft war, in einen Sack zu nähen und in den Fluß zu werfen. Aber einer von ihnen, man sagte, daß es der Graf von Warwick gewesen sei, machte ihnen begreiflich, daß es notwendig wäre, Johanna durch ein geistliches Gericht der Ketzerei und Zauberei zu überführen und feierlich zu entehren, damit ihr König zugleich mit ihr entehrt sei. Welche Schande für Karl von Valois, der sich König von Frankreich nannte, wenn die Universität zu Paris, die französischen Prälaten, Bischöfe, Abbés und Domherren, kurz die ganze Kirche jene als Hexe erklärten, die mit ihm zu Rate gesessen und seine Heere angeführt hatte, daß eine Besessene ihn zu seiner verruchten, gotteslästerlichen und lächerlichen Salbung geführt hätte. Der Prozeß der Jungfrau würde der Karls VII. sein, die Verurteilung der Jungfrau seine Verurteilung. Der Gedanke schien gut, und man hielt sich an ihn. Der Bischof von Beauvais beeilte sich, ihn auszuführen, brennenden Eifers, unter der Maske einer unglücklichen Ketzerin den Nachkommen des Chlodwig, des heiligen Karl des Großen und des heiligen Ludwig zu verurteilen.

Anfang August ließ Herr von Luxemburg die Jungfrau von Beaulieu, das ihm nicht sicher genug schien, nach Beaurevoir, in der Nähe von Cambrai, schaffen. Dort lebten die Damen Johanna von Luxemburg und Johanna von Bethune. Johanna von Luxemburg war die Tante des edlen Herrn Johann, den sie zärtlich liebte. Sie hatte unter den Mächtigen dieser Erde wie eine Heilige gelebt, ohne eine Verbindung einzugehen. Sie war seinerzeit Ehrendame der Königin Isabella gewesen und Patin König Karls VII. Man nannte sie das Fräulein von Luxemburg, und sie zählte nun siebenundsechzig Jahre, war krank und ihrem Ende nahe. Johanna von Bethune, Witwe des Fürsten Robert von Bar, der in der Schlacht von Azincourt gefallen war, hatte 1418 den edlen Herrn Johann geehelicht. Sie galt als barmherzig. Diese beiden Damen behandelten Johanna mit Milde. Sie boten ihr Frauenkleider oder Tuch, um solche anzufertigen. Johanna weigerte sich mit dem Hinweis, daß sie von Gott nicht Erlaubnis dazu hätte, und daß es noch nicht an der Zeit wäre; aber sie gestand später, daß sie die Männerkleider lieber auf Ersuchen dieser beiden Damen abgelegt hätte als auf das irgendeiner anderen Dame Frankreichs, mit Ausnahme ihrer Königin.

Ein burgundischer Edelmann mit Namen Aimond de Macy besuchte sie oftmals und plauderte gern mit ihr. Sie sprach nur Gutes mit ihm und bewies sich als ehrsam in Taten und Gebärden. Doch fand sie Herr Aimond, der kaum dreißig Jahre zählte, sehr anziehend. Wenn man verschiedenen Aussagen von Leuten ihrer Partei Glauben schenkt, so flößte Johanna, obwohl sie schön war, den Männern keinerlei Begierde ein. Aber diese merkwürdige Gabe war nur bei den Armagnacs wirksam; sie erstreckte sich nicht auf die Burgunder, und Herr Aimond war nicht dadurch beeinflußt, denn er versuchte eines Tages, ihren Busen zu berühren. Sie hinderte ihn daran und stieß ihn mit aller Kraft zurück. Herr Aimond schloß daraus, wie es mehr als einer an seiner Stelle getan hätte, daß dieses junge Mädchen seltene Tugend besaß. Er könnte dafür einstehen.

In den Hauptturm des Schlosses eingesperrt, beherrschte Johannas Geist einzig die Vorstellung, ihre Freunde in Compiègne wiederzusehen; sie dachte an nichts anderes als an eine Flucht. Irgendwie hatte sie aus Frankreich schlechte Nachrichten erhalten. Sie glaubte zu wissen, daß alle Menschen in Compiègne von sieben Jahren aufwärts getötet würden. Dies Schicksal flößte ihr unendliches Leid ein, und sie zog es vor, zu sterben, als nach dem Tod so vieler guter Menschen noch am Leben zu bleiben. Deshalb war sie auf das äußerste versucht, von der Höhe des Turmes herabzuspringen. Und da sie sehr wohl alles wußte, was man ihr dagegen einwenden konnte, vernahm sie das Abmahnen ihrer Stimmen. Die heilige Katharina wiederholte fast täglich: »Springt nicht, Gott wird Euch so wie jenen von Compiègne helfen.« Und Johanna antwortete: »Da Gott jenen von Compiègne helfen wird, möchte ich dabeisein.« Und die heilige Katharina erzählte ihr eine wundersame Geschichte von der Hirtin und dem König: »Nehmt alles willig hin. Ihr werdet nicht befreit werden, ehe Ihr nicht den König von England gesehen habt.« Worauf Johanna erwiderte: »Wahrhaftig, ich möchte ihn nicht sehen, ich möchte lieber sterben, als in die Hände der Engländer geraten.« Eines Tages erfuhr sie, daß die Engländer sie zu holen kämen. Diese Nachricht gründete sich vielleicht auf das Eintreffen des Bischofs von Beauvais, der nach Beaurevoir kam, den Preis für ihr Leben zu bieten. Als Johanna das vernahm, geriet sie außer sich, horchte nicht mehr auf ihre Stimmen, die ihr verboten, den tödlichen Sprung zu wagen. Der Turm war wenigstens siebzig Fuß hoch; sie empfahl sich Gott und sprang. Auf die Erde hinschlagend hörte sie Leute schreien: »Sie ist tot!« Die Wachen liefen herbei, und da sie sie noch am Leben fanden, wußten sie in ihrem Schrecken nichts anderes zu fragen als: »Ihr seid herabgesprungen?« Sie fühlte sich völlig zerbrochen, aber die heilige Katharina sprach zu ihr: »Haltet Euch gut, Ihr werdet genesen.« Und sie gab ihr gleichzeitig gute Kunde von ihren Freunden. »Ihr werdet gesunden, und die von Compiègne werden Hilfe finden.« Und sie fügte hinzu, daß diese Hilfe noch vor Sankt Martin im Winter käme. Und nun glaubte Johanna, daß ihre Heiligen ihr beigestanden und sie vor dem Tode bewahrt hätten. Sie wußte wohl, daß sie übel getan, einen solchen Sprung gegen den Willen ihrer Stimmen zu wagen. Die heilige Katharina sagte ihr: »Du mußt es beichten und Gott um Verzeihung bitten, daß du gesprungen bist.« Johanna tat dies, und nach der Beichte tat ihr die heilige Katharina kund, daß Gott ihr vergeben habe. Sie blieb drei oder vier Tage ohne Speise und Trank, dann nahm sie wieder Nahrung zu sich und war genesen. Über den Sprung von Beaurevoir gibt es noch einen andern Bericht. Man erzählte sich, daß sie versucht habe, aus einem Fenster zu entfliehen, an ein Tuch gehängt oder an irgend etwas anderes, das schließlich abriß; aber man muß der Jungfrau glauben; sie sagte, daß sie gesprungen sei. Hätte sie sich wirklich an einem Strick gehalten, wäre sie sich keiner Sünde bewußt gewesen und hätte nicht gebeichtet. Dieser Sprung wurde bekannt, und das Gerücht verbreitete sich weithin, daß sie geflohen sei und ihre Gefährten erreicht hätte.

Indessen hatte der fromme Prediger, jener Bruder Richard, von dem sich Johanna mit gegenseitigem Mißfallen getrennt, nachdem er zur Osterzeit vor den Bewohnern von Orléans die Bußpredigt gehalten hatte, von diesen zum Beweise ihrer Zufriedenheit einen in Kupfer gegossenen Jesus erhalten, und der Buchhändler Johann Moreau band ihm auf Kosten der Stadt ein Stundenbuch. Er führte die Königin Marie nach Jargeau zurück und wurde von ihr ausgezeichnet. Die bittere Erfahrung ward Johanna erspart, daß, während sie im Gefängnis schmachtete, ihre Freunde von Orléans, ihr vielliebér Dauphin, ihre Königin Marie jenen Geistlichen so herzlich aufnahmen, der sich von ihr abgewandt hatte und ihr eine Dame Katharina vorzog, die sie geringschätzte. Seinerzeit hatte Johanna ihrem König geschrieben und ihn, sobald sie ihn sah, beschworen, sich dieser Katharina nicht zu bedienen. Jetzt erinnerte sich der König daran nicht mehr und willigte ein, daß es dem Schützling des frommen Bruders Richard ermöglicht werde, seine Mission zu erfüllen, von den getreuen Städten Geld zu erhalten und beim Herzog von Burgund um Frieden zu verhandeln. Aber diese fromme Dame besaß vielleicht nicht alle nötige Klugheit, um Männerwerk zu verrichten und dem König zu dienen. Sie machte ihren Freunden sogleich Unannehmlichkeiten. In Form von Parabeln äußerte sie belastende Enthüllungen. Sie erschien schließlich in Paris vor dem geistlichen Richter. Es scheint aber, daß sich die Kirchenmänner weniger um sie als um die Jungfrau, deren Prozeß eben eingeleitet wurde, gekümmert haben. In Sachen Johannas sagte Katharina folgendes: »Johanna hat zwei Räte, die sie Räte des Brunnens nennt.« In diese Worte kleidete sie eine verworrene Erinnerung aus der Zwiesprache mit Johanna, vermengte aber das, was die Jungfrau ihr über den Johannisbeerbrunnen in Domremy und über ihre himmlischen Gäste gesagt hatte. Das Wort ›Rat‹ war jenes, daß Johanna am häufigsten, wenn sie von ihren Stimmen sprach, anwandte. Wenn Johanna Katharina übelwollte, so war auch Katharina keineswegs für Johanna eingenommen. Sie behauptete nicht, daß Johannas Sache nichtig sei, aber sie gab deutlich zu verstehen, daß dieses arme Mädchen, zur Stunde Gefangene der Burgunder, böse Geister beschwor. »Johanna«, sagte sie zu dem geistlichen Richter, »wird mit Hilfe des Teufels aus ihrem Gefängnis entspringen, wenn man sie nicht gut bewacht.« Ob sie nun Hilfe vom Teufel empfing oder nicht, war eine Angelegenheit, die die Doktoren der Kirche untereinander zu entscheiden hatten. Aber es war gewiß, daß sie an nichts anderes dachte, als ihren Feinden zu entwischen und jeden Augenblick auf allerlei Mittel der Flucht sann. Katharina de La Rochelle kannte sie gut und wünschte ihr alles Schlechte. Diese Dame aber wurde freigelassen. Gewiß hätten die kirchlichen Richter sie nicht mit solcher Nachsicht behandelt, wenn sie über die Jungfrau ein vorteilhaftes Zeugnis abgelegt hätte. Sie kehrte zu König Karl zurück.

Die beiden frommen Frauen, die Johanna bei ihrem Abzug von Sully gefolgt und in Corbeil gefangengenommen worden waren, Pierronne und ihre Gefährtin, waren seit dem Frühjahr in kirchlichem Gewahrsam zu Paris. Sie erklärten öffentlich, von Gott zu Hilfe der Jungfrau Johanna gesandt zu sein; Bruder Richard wäre ihr geistlicher Vater gewesen, und sie hätten sich in der Gesellschaft der Jungfrau aufgehalten, weshalb sie lebhaft verdächtigt wurden, Gott und den Glauben beleidigt zu haben. Der Großinquisitor von Frankreich, Bruder Johann Graveron, Prior der Jakobiner zu Paris, leitete ihren Prozeß in den dort gebräuchlichen Formen. Er ging in Übereinstimmung mit dem Diözesanbischof vor, und der geistliche Richter führte die Verhandlung. Die Pierronne hielt daran fest, daß Johanna gut war und ihr Tun gut und von Gott sei. Sie gestand, daß in der Weihnachtsnacht des nämlichen Jahres Bruder Richard ihr zweimal und Johanna dreimal den Leib Christi gereicht hätten. Doch wurden die beiden Bretoninnen mit noch schwererer Schuld belastet. Sie standen unter der Anklage von Behexung und Zauberei. Die Pierronne schwor, daß Gott ihr oft in menschlicher Gestalt erscheine und wie ein Freund zum Freunde mit ihr spräche und er, als sie ihn das letztemal gesehen, mit hochrotem Mantel und langem weißen Gewande bekleidet gewesen sei. Die ansehnlichen Gelehrten, die über sie richteten, stellten ihr vor, daß solches Reden über derartige Erscheinungen Gotteslästerung wären. Und die Frauen wurden als vom bösen Geist besessen erkannt, der sie in Wort und Taten irreführe. Am 3. September 1430 wurden sie auf den Vorplatz von Notre-Dame gebracht, daß dort die Ermahnungspredigt an sie erginge. Wie es Brauch war, hatte man Gerüste aufgerichtet und den Sonntag gewählt, damit das Volk an diesem erbauenden Schauspiel teilhabe. Eine von ihnen, die jüngere, bekannte, als sie die ermahnenden Worte hörte und den Scheiterhaufen vorbereiten sah, Reue. Sie gab zu, vom Engel des Satans verführt worden zu sein, und erkannte ihren Irrtum. Die Pierronne aber wollte nichts zurücknehmen. Sie blieb hartnäckig bei dem Glauben, daß sie Gott oftmals so gekleidet sah, wie sie es berichtet hatte. Die Kirche konnte für sie nichts mehr tun. Dem weltlichen Arm überliefert, wurde sie sogleich auf den Scheiterhaufen, der ihr bestimmt war, geführt und lebend von der Hand des Henkers verbrannt.

So ließ der Großinquisitor von Frankreich und der Bischof von Paris eines jener Mädchen, die Bruder Richard gefolgt waren, eine der Heiligen des Dauphins Karl, eines grausamen Todes sterben. Die hervorragendste dieser geistlichen Töchter und die werktätigste von ihnen befand sich in ihren Händen. Der Tod der Pierronne sagte das Schicksal voraus, das der Jungfrau vorbehalten war.

ZEHNTES KAPITEL

Beaurevoir. Arras. Rouen. Das Gefängnis

Im Monat September begaben sich zwei Bewohner von Tournai nach Beaurevoir. Der Amtsbezirk von Tournai, dem König von Frankreich, der ihm Zollfreiheit und Vorrechte bewilligt hatte, treu ergeben, sandte Karl Botschaft auf Botschaft, veranstaltete für ihn schöne Prozessionen und war bereit, ihm alles zu bewilligen, solange er weder Land noch Leute von ihm forderte. Die Räte von Tournai hielten sich in dem Schlosse auf, in dem, in Händen ihrer grausamen Feinde, die Jungfrau eingesperrt war. Wir wissen nicht, was sie dem Herrn von Luxemburg zu sagen kamen, noch, ob sie von ihm empfangen wurden. Wahrscheinlich weigerte er sich nicht, sie anzuhören, falls er der Meinung war, daß sie ihm geheime Angebote König Karls für den Kauf der Jungfrau überbrachten, die an seinen Schlachten teilgehabt hatte. Wir wissen auch nicht, ob sie die Gefangene sehen konnten, doch ist es wahrscheinlich, weil es damals meist nicht schwer war, Gefangene zu besuchen, und Vorüberziehenden alle Möglichkeit gegeben war, eines der sieben Werke der Barmherzigkeit zu erfüllen. Es ist jedoch gewiß, daß sie, als sie Beaurevoir verließen, einen ihnen von Johanna anvertrauten Brief mitnahmen, beauftragt, ihn dem Magistrat ihrer Stadt zu übergeben. Durch diesen Brief bat sie die Einwohner von Tournai, im Hinblick auf die Gunst des Königs, ihres Herrn, und der guten Dienste, die sie ihm erwiesen, ihr zwanzig bis dreißig Goldtaler für ihre dringenden Bedürfnisse senden zu wollen. Auf diese Weise erbettelten damals die Gefangenen ihre Nahrung.

Das Fräulein von Luxemburg, das eben sein Testament gemacht und nur mehr einige Tage zu leben hatte, bat, wie man erzählt, ihren edlen Neffen, die Jungfrau nicht den Engländern auszuliefern. Was vermochte aber die gute Dame gegen den König von England mit dem Golde der Normandie und gegen die heilige Kirche mit ihren Zornesblitzen? Denn wenn der edle Herr Johann dieses der Hexerei, des Götzendienstes, der Teufelsbeschwörung und anderer Verbrechen gegen den Glauben verdächtigte Mädchen nicht ausgeliefert hätte, so wäre er exkommuniziert worden. Die ehrwürdige Universität von Paris war darauf bedacht, ihn zu warnen, daß Ablehnung ihn erheblichen gesetzmäßigen Strafen aussetzte. Der edle Herr von Luxemburg war jedoch beunruhigt. Er fürchtete, daß in dem Orte Beaurevoir eine Gefangene, die zehntausend Pfund Goldes wert war, nicht genügend vor einem französischen, englischen oder burgundischen Handstreich oder vor irgendwelchen Leuten sicher war, die, ohne Bezug auf Burgund, England oder Frankreich, den Einfall haben mochten, sie zu rauben, um sie nach damaliger Sitte auf Lösegeld in einer Grube zu verstecken. Ende September ließ er seinen Herrn, den Herzog von Burgund, der schöne Städte und stark befestigte Plätze besaß, ersuchen, er möge die Gefangene unter seinen Schutz nehmen. Philipp willigte ein, und auf seinen Befehl wurde Johanna nach Arras geführt, dessen Mauern sehr hoch waren, und wo es zwei Burgen gab, von denen die eine, Court-le-Comte, sich inmitten der Stadt erhob. Es ist wahrscheinlich, daß sie in dieser eingeschlossen wurde. Es war zu jener Zeit nicht üblich, die Gefangenen verborgen zu halten. Johanna empfing in Arras Besuche, unter anderen den eines Schotten, der sie ihr Bildnis sehen ließ, auf dem sie bewaffnet, ein Knie auf die Erde gesenkt, ihrem König einen Brief darreicht. Dieser Brief mochte von Herrn von Baudricourt oder irgendeinem anderen, sei es einem Geistlichen oder Hauptmann sein, der nach der Vorstellung des Malers das junge Mädchen dem Dauphin zugesandt hatte, oder ein Brief, der dem König die Befreiung Orléans oder den Sieg von Patay kündete. Dieses Bildnis war das einzige, das Johanna ähnlich fand; sie selber ließ keines von sich anfertigen, doch hing das Volk der französischen Städte während der so kurzen Zeit ihrer Macht ihre Bilder in die Kapellen, trug Medaillen, die sie darstellten, und folgte damit den Gebräuchen, die man zu Ehren der schon durch die Kirche kanonisierten Heiligen übte. Mehrere Edelleute, unter anderen ein Rat und Kämmerer des Herzogs von Burgund, boten ihr zu ihrem Nutzen und um Schande und Ärgernis zu vermeiden, Frauenkleider an; aber um nichts in der Welt hätte Johanna das Gewand abgelegt, mit dem sie sich, durch eine Offenbarung veranlaßt, bekleidet hatte. Im Gefängnis von Arras empfing sie auch einen Geistlichen aus Tournai, vom Magistrat seiner Stadt beauftragt, ihr die verlangte Summe von zweiundzwanzig Goldtalern zu übermitteln. Dieser fromme Mann führte seine Bestellung bei der Jungfrau getreulich aus und bekam, wie es scheint, kein Entgelt, weil er offenbar den Preis dieses barmherzigen Werkes im Himmel einzuheben gedachte.

Weder die Gefangennahme der Jungfrau noch der Rückzug der Waffenleute, die sie mitgebracht hatte, vermochte die Verteidigung von Compiègne zu erschüttern. Wilhelm von Flavy und seine beiden Brüder Karl und Ludwig, der Hauptmann Baretta mit seinen Italienern und die fünfhundert Leute der Garnison bewiesen sich als energisch, gewandt und unüberwindlich. Eines Tages wurde Ludwig von Flavy durch eine burgundische Kugel getötet. Wilhelm, sein Bruder, ließ an jenem Tage die Minstrels wie gewöhnlich aufspielen, um das Kriegsvolk in Stimmung zu erhalten. Die Burgunder konnten Compiègne nicht umzingeln, weil seine Peripherie zu groß war. Es fehlte ihnen an Geld; ihre Kriegsleute, die nichts zu essen bekamen, desertierten mit jenem guten Gewissen, das damals unter derartigen Umständen die Söldner des roten wie des weißen Kreuzes zeigten. Herzog Philipp war, um das Mißgeschick noch zu erhöhen, genötigt, einen Teil der Belagerungstruppen gegen die aufständischen

Bewohner Lüttichs zu senden. Als sich am 24. Oktober eine französische Hilfsarmee Compiègne näherte und die Engländer und Burgunder ihr entgegengezogen waren, fielen ihnen die Garnison, die Einwohner, die Frauen in den Rücken und zerstreuten sie. Das Heer zog in die Stadt ein, und es war ein schauerlich schönes Schauspiel, die Bastillen brennen zu sehen. Der Herzog von Burgund verlor seine ganze Artillerie. Johann von Luxemburg, der von Beaurevoir kam, wo er den Bischof von Beauvais empfangen hatte, kam gerade recht nach Compiègne, um seinen Teil an dem Ungemach zu empfangen. Da man damals für alle noch so erklärlichen Ereignisse übernatürliche Ursachen suchte, schrieb man die Befreiung der Stadt einem Gelübde des Grafen von Vendôme zu, der in der Kathedrale von Senlis eine jährliche Messe stiftete, falls die Stadt gerettet würde.

Der Lordschatzkanzler der Normandie zog Hilfsgelder ein, von denen zehntausend Pfund für den Kauf der Jungfrau zur Seite gelegt werden sollten. Der Graf-Bischof von Beauvais, dem diese Angelegenheit sehr am Herzen lag, drängte den Herrn von Luxemburg zum Abschluß, mengte Drohungen mit Schmeicheleien und wollte ihn mit dem normannischen Gold verlocken. Er schien zu fürchten – und diese Furcht wurde von Doktoren und Räten geteilt –, daß König Karl gleichfalls Angebote machen werde, ja, daß er die zehntausend Goldfranken des Königs Heinrich noch überbiete und schließlich die Armagnacs vermittels Geschenken den Sieg davontrügen und ihre Glücksbringerin zurückeroberten. Das Gerücht war im Umlauf, König Karl hätte auf die Kunde, die Engländer würden Johanna um Geld erhalten, den Herzog von Burgund ersuchen lassen, um keinen Preis zu einem solchen Geschäft seine Einwilligung zu geben, und daß andernfalls die Burgunder in die Hände Frankreichs für die Jungfrau zu bezahlen hätten. Offenbar ein falsches Gerücht. Immerhin waren die Befürchtungen des Herrn Bischof und der Pariser Gelehrten nicht ganz haltlos, denn an der Loire verfolgte man sehr lebhaft die Verhandlungen und suchte eine Gelegenheit, um einzuschreiten. Auch war ein glücklicher Handstreich der Franzosen nicht unmöglich. Hauptmann La Hire trieb sich in der Normandie herum, und andere Waffenführer streiften zwischen Seine, Marne und Somme.

Gegen Mitte November aber schloß der Herr von Luxemburg endlich den Kauf ab. Die Engländer nahmen Johanna in Empfang. Man beschloß, sie längs der Küste des Ozeans und der nördlichen Normandie nach Rouen zu bringen, wo man weniger der Begegnung von Raufbolden der verschiedenen Parteien ausgesetzt war. Von Arras wurde sie nach dem Schlosse von Grugy geführt, wo sie angeblich Mönche von Saint-Riquier in ihrem Gefängnis besuchten, dann nach Crotoy, dessen Burg von allen Seiten vom Meer bespült ist. Dort war der Herzog von Alençon, den sie ihren schönen Herzog nannte, nach der Schlacht von Verneuil eingesperrt gewesen. Eben war ein Kanzler der Kathedrale von Amiens dort Gefangener der Engländer. Er nahm ihr die Beichte ab und reichte ihr die Kommunion. Und in dieser düsteren und grauen Bucht der Somme, wo der Himmel sich tief herabsenkt, vom Flug der Meeresvögel durchzogen, sah Johanna wieder den Gast früher Tage nahen, den heiligen Erzengel Michael, und sie ward getröstet. Man berichtete auch, daß die Fräulein und Bürger von Abbeville sie in der Burg besuchen kamen. Sie taten dies vielleicht aus christlicher Barmherzigkeit; aber diejenigen, die Gutes von ihr dachten, verschwiegen es aus Furcht, vom Scheiterhaufen wie sie bedroht zu sein.

Die Doktoren und Magister der Universität verfolgten sie mit kaum glaublicher Heftigkeit. Diese Kleriker, des Glaubens und Eifers voll, die Ehre Gottes, wie sie es deuteten, zu rächen, waren immer bereit, Hexen zu verbrennen; sie fürchteten den Teufel, aber ohne es sich vielleicht einzugestehen, jagte er ihnen, wenn er Armagnac war, zwanzigmal mehr Schrecken ein. Von Crotoy entfernte man Johanna bei hoher Flut und führte sie zu Schiffe nach Saint-Valery, dann anscheinend nach Dieppe und schließlich nach Rouen. Sie wurde in das alte Schloß gebracht, das unter Philipp August am Abhang des Hügels von Bouvreuil erbaut war. König Heinrich VI., zu seiner Krönung in Frankreich gelandet, wohnte hier seit Ende August. Es war dies ein trauriges und frommes Kind, das Graf von Warwick, der Gouverneur des Schlosses, mit Härte behandelte. Das gewaltige Schloß hatte sieben Türme, den Hauptturm mit inbegriffen. Johanna wurde in einen feldwärts gerichteten Turm eingeschlossen, und zwar in den Mittelraum, der sich zwischen dem unteren Gewölbe und dem oberen Zimmer befand. Man erreichte ihn durch acht Stufen, und sie hatte ein ganzes Stockwerk des Turmes inne, der dreiundvierzig Fuß, die Mauern mit eingerechnet, im Durchschnitt hatte. Schräg stieg die Steintreppe empor. Da ein Teil der Öffnungen verstopft worden war, brach nur wenig Licht herein. Die Engländer hatten bei einem Schlosser von Rouen namens Castille einen Eisenkäfig bestellt, in dem man angeblich nur stehen konnte. Johanna wurde nach Aussagen der kirchlichen Schreiber bei ihrer Ankunft am Hals, an den Füßen und an den Händen darin angekettet und bis zur Eröffnung des Prozesses darin gelassen. Niemand aber sah Johanna im Gefängnis eingeschlossen. Diese Behandlung, sollte sie ihr wirklich zuteil geworden sein, war nicht eigens für sie erfunden. La Hire hatte im selben Jahre nahe von Rouen einen Ritter in einem Eisenkäfig vorgefunden, aus dem dieser mit der Begründung nicht heraus wollte, sein Wort verpfändet zu haben. Johanna war im Gegenteil auf der Hut, irgend etwas zu versprechen; sie hatte vielmehr in Aussicht gestellt, zu entwischen, sowie es ihr möglich sei. Die Engländer, die sie der Zauberei verdächtigten, waren höchst mißtrauisch. Da sie von kirchlichen Richtern verfolgt wurde, hätte sie in ein geistliches Gefängnis gebracht werden sollen; aber die Godons vertrauten sie niemandem an. Einige von ihnen sagten, daß sie ihnen teuer wäre, da sie so teuer bezahlt worden sei.

Sie legten ihr Eisenfesseln an die Füße und um die Hüften eine mit einem Schloß an einem fünf bis sechs Fuß starken Balken befestigte Kette. Des Nachts war diese durch den Bettfuß gezogen und an dem großen Deckenbalken verankert. Auf diese Weise blieb auch Johann Hus, der im Jahre 1415 dem Bischof von Konstanz überliefert und in die Festung

Gottlieben gebracht worden war, Tag und Nacht angekettet, bis man ihn zum Scheiterhaufen führte. Fünf englische Kriegsknechte, eine Art von Schergen, bewachten die Gefangene. Sie waren nicht gerade die Blüte der Ritterschaft, machten sich über sie lustig, und sie hielt ihnen dies vor. In der Nacht befanden sich zwei von ihnen hinter der Türe und drei bei ihr, die sie dadurch beunruhigten, daß sie ihr bald sagten, daß sie sterben werde, bald, daß sie befreit würde. Und ohne deren Erlaubnis konnte niemand mit Johanna sprechen. Im übrigen ging man in diesem Gefängnis wie in einer Mühle aus und ein. Leute jeden Standes kamen, wann immer sie wollten, Johanna zu sehen. So auch Meister Peter Manuel, Advokat des Königs von England. Die Leute mit gesundem Menschenverstand waren immer erstaunt, daß Hexen und Wahrsagerinnen wie gewöhnliche Christinnen in die Falle gingen. Offenbar war der Advokat des Königs ein Mann gesunden Verstandes, denn er tat an Johanna Fragen, die seine Verblüffung erkennen ließen: »Wußtet Ihr, daß man Euch gefangennehmen würde?« – »Ich dachte es mir wohl«, antwortete sie. Und Meister Peter: »Wenn Ihr das dachtet, warum habt Ihr Euch nicht an dem Tag, an dem Ihr gefangen wurdet, davor gehütet?« Sie antwortete: »Ich wußte weder Tag noch Stunde und wann es mir geschehen würde.« Ein junger Gehilfe des Maurermeisters des Schlosses konnte auch in den Turm Einlaß finden. Er sah Johanna an einer langen, an dem Balken befestigten Kette mit gefesselten Füßen. Viel später gab er vor, sie gewarnt zu haben, mit Vorsicht zu sprechen, denn es ginge um ihr Leben. Tatsächlich redete sie reichlich viel mit ihren Wächtern, und alles, was sie sagte, wurde den Richtern zurückerzählt.

Johann von Luxemburg kam nach Rouen und fand sich mit seinem Bruder, dem Bischof von Thérouannes, im Turm der Jungfrau ein, außerdem mit ihm noch der Konnetabel Sir Humfry, Graf von Stafford, der Graf von Warwick, Schloßhauptmann von Rouen, und der junge Herr von Macy, der Johanna für sehr keusch hielt, seitdem sie ihn verhindert hatte, ihren Busen zu berühren. Und Johann von Luxemburg richtete folgende Rede an die Gefangene: »Johanna, ich bin gekommen, Euch zurückzukaufen, wenn Ihr versprechen wollt, Euch niemals mehr gegen uns zu bewaffnen.« Diese Worte sind durch das, was wir von den Verhandlungen zum Kaufe der Jungfrau wissen, nicht genügend erklärt. Sie könnten glauben machen, daß zu jenem Zeitpunkt der Kauf noch nicht völlig abgeschlossen war, oder daß zumindest der Käufer glaubte, ihn nach seinem Willen rückgängig machen zu können. Am bemerkenswertesten aber an dem Ausspruch Johanns von Luxemburg ist die Bedingung, die er an den Wiederkauf der Jungfrau knüpfte. Er verlangte von ihr, fortan nicht mehr gegen England und Burgund zu kämpfen Es scheint, wenn man diese Klausel betrachtet, als hätte er nun beabsichtigt, sie dem König von Frankreich oder an irgendeine für diesen handelnde Person zu verkaufen. Seine Worte scheinen aber die Engländer nicht beunruhigt zu haben, und Johanna schenkte ihnen keinerlei Glauben. »Im Namen Gottes«, antwortete sie, »Ihr spottet meiner, denn ich weiß wohl, daß Ihr weder Macht noch Willen dazu besitzt.« Man behauptet, daß, als er auf seinen Worten beharrte, sie erwidert habe, daß die Engländer sie töten werden in der Meinung, nach ihrem Tod das Königreich Frankreich zu gewinnen. Dies aber scheint unwahrscheinlich, da sie ja nicht glaubte, daß die Engländer sie töten würden. Während der Dauer des Prozesses erwartete sie, auf ihre Stimmen vertrauend, befreit zu werden. Vielleicht hatte sie zu Johann von Luxemburg gesagt: »Ich weiß wohl, daß die Engländer mich töten wollen.« Dann wiederholte sie mit großem Mut das, was sie schon tausendmal gesagt hatte: »Wenn es aber hunderttausend Godons mehr gäbe als jetzt vorhanden sind, werden sie das Königreich nicht haben.« Als Sir Humfry diese Worte hörte, wollte er losfahren, der Graf von Warwick aber hielt ihn am Arm zurück. Man würde es nicht glauben, daß der Konnetabel von England sein Schwert gegen eine gefesselte Frau erhoben hätte, wenn man nicht wüßte, daß zur selben Zeit Sir Humfry jemanden, den er über Johanna Gutes sagen hörte, durchbohren wollte.

Damit der Bischof und Stiftsamtmann von Beauvais in Rouen Recht sprechen konnte, mußte ihm territoriale Befugnis erteilt werden. Der erzbischöfliche Sitz in Rouen war frei. Der Bischof von Beauvais erbat diese Befugnis vom Kapitel, mit dem er Streit gehabt hatte. Den Domherren von Rouen gebrach es nicht an Entschlossenheit und Unabhängigkeit; unter ihnen waren mehr ehrliche als unehrenhafte Männer und solche, die höchst gelehrt waren und unter diesen sogar einige gute Seelen. Gegen die Engländer aber nährten sie keinerlei schlechte Absichten. Der Regent Bedford war Domherr von Rouen wie Karl VII. Domherr von Puy. Für die Jungfrau der Armagnacs waren sie nicht günstig beeinflußt worden. Sie bewilligten die Bitte des Bischofs von Beauvais und erteilten ihm territoriale Befugnis. Am 3. Januar 1431 ordnete König Heinrich durch königliches Schreiben an, die Jungfrau dem Bischof von Beauvais zu überantworten, und behielt sich vor, im Falle, daß das geistliche Gericht keinen Teil mehr an ihr haben sollte, sie an sich zu nehmen. Dennoch wurde sie nicht in ein kirchliches Gefängnis gebracht, etwa in die Tiefe einer dieser Verliese nahe dem Tor der Bibliothek, wo im Dunkel dieser wunderbaren Kathedrale jene Unglücklichen, die in Glaubensdingen gefehlt hatten, vor sich hin faulten. Sie hätte dort die Leiden und Schrecken ihres kriegerischen Turmes stärker und grausamer gefunden. Durch den Umstand, daß der große Rat sie nicht dem geistlichen Gericht anvertraute, fügte er der Angeklagten weniger Unrecht zu, als er hierdurch ihre Richter beschämte.

Auf diese Weise in die Möglichkeit gesetzt zu handeln, ging der Bischof von Beauvais mit dem Eifer des alten Cabochiens vor, aber nicht ohne weltliche Kunst und kirchliche Wissenschaft. Als Staatsanwalt, das heißt als Bevollmächtigter, die Anklage zu unterstützen, wählte er Johann von Estivet, Domherr von Bayeux und Beauvais. Freund des Bischofs und zugleich mit ihm durch die Franzosen davongejagt, war Estivet des persönlichen Grolles gegen die Jungfrau verdächtig. Der Bischof setzte ferner Johann de la Fontaine, Professor der Kunst und des Kirchenrechtes, als Ratskommissarius im Prozesse ein. Er wählte einen der Schreiber des Kirchengerichtes von Rouen, den Priester Wilhelm Manchon, um die Dienste des ersten Schreibers zu versehen. Als er ihm zu verstehen gab, was er von ihm erwarte, sagte der Bischof zu Hochwürden Manchon: »Ihr müßt dem König gute Dienste leisten. Wir haben die Absicht, einen schönen Prozeß gegen diese Johanna zu führen.« Was die Bemerkung, dem König zu dienen, betrifft, verstand dies der Bischof nicht etwa so, daß der Gerechtigkeit Abbruch geschehe. Er besaß priesterlichen Stolz und war nicht der Mann, eigene Schmach öffentlich bloßzustellen. Und die Redewendung, man wolle einen schönen Prozeß, bedeutete, daß man die Formen auf das Genaueste wahre und achthabe, daß sich nichts Unsauberes in eine Sache einschliche, die die Doktoren und Geistlichen des Königreiches Frankreich und der ganzen Christenheit interessierte. Hochwürden Wilhelm Manchon mußte in Kenntnis der Ausdrücke in der Praxis wohl wissen, woran er war. Ein schöner Prozeß war in der Rechtssprache ein regelfester Prozeß. Man sagte zum Beispiel: N... und N... haben durch schönen, rechtsfähigen Prozeß den und jenen schuldig befunden. Vom Bischof beauftragt, ernannte Manchon einen zweiten Schreiber, genannt Boisguillaume, der gleichfalls kirchlicher Notar war. Johann Massieu, Dechant der Christenheit von Rouen, wurde dem Gericht als Gerichtsvollzieher beigeordnet. In diesen damals so häufigen Prozessen amtierten eigentlich nur zwei Richter, der bischöfliche und der Inquisitor. Aber es war üblich, daß der Bischof als Räte und Stellvertreter in diesem oder jenem Rechte erfahrene Personen berief. Zahl und Eigenschaft dieser Räte pflegte sehr verschieden zu sein. Aber es ist einleuchtend, daß der hartnäckige Verbrecher einer sehr anrüchigen Ketzerei genauer und auf feierlichere Weise ausgeforscht werden mußte als eine flügellahme Seele, die sich irgendeinem kleinen Teufel verschrieben hatte, der höchstens ein wenig Hagelwetter über Kohlköpfe heraufbeschwören könnte. Aber die Jungfrau der Armagnacs mußte überdies noch feierlicher, mit noch größerer Beteiligung von Gelehrten und Bischöfen, gerichtet werden. So berief denn auch der Bischof von Beauvais als Räte und Stellvertreter die Domherren von Rouen in so großer Zahl als nur möglich. Er wollte dem Tribunal, das Johanna zu verurteilen hatte, die Autorität einer Synode geben, und tatsächlich war es ein Provinzkonzil, vor das sie berufen wurde, denn zugleich mit diesem Mädchen wird ja Karl von Valois, der sich König von Frankreich und legitimer Nachfolger Karls VI. nannte, gerichtet. Deshalb versammeln sich so viele Abbés, berechtigt, den Bischofsstab und die Mitra zu tragen, so viele hochansehnliche Doktoren und Räte.

Dennoch aber umgab sich der Bischof von Beauvais nicht mit allen Leuchten, die ihm zur Verfügung gestanden hätten. Er zog die zwei Bischöfe von Coutances und von Lisieux heran, wandte sich aber nicht an den Dechanten der Bischöfe der Normandie, den Bischof von Avranches, Herrn Johann Saint-Avit, der in dem Ruf stand, König Karl gut gesinnt zu sein. Auch wurden die Doktoren und Räte Englands, die in Rouen ihren Sitz hatten und kürzlich in einem anderen Prozeß zugezogen worden waren, zu dem Johannas nicht berufen. Die Gelehrten der Universität von Paris, die Geistlichkeit der Normandie, das Kapitel von Rouen hielt sich genau an den Vertrag von Troyes, und sie waren schließlich ebenso gegen die Jungfrau des Dauphins Karl eingenommen wie die englischen Geistlichen, aber weniger verdächtig. Und dies war entschieden vorzuziehen.

In einer Vorbesprechung wurde beschlossen, daß über die Taten, deren diese Frau öffentlich bezichtigt wurde, Erkundigungen eingezogen würden. Der Bischof erklärte, daß auf seinen Befehl schon solche erstattet worden wären und er noch andere einziehen lasse, über die man in Gegenwart des Rates berichten würde. Tatsächlich hatte sich ein gewisser Nikolaus Bailly nach Domremy begeben und mit einigen Bettelmönchen dort Nachforschungen über Leben und Ruf der Jungfrau angestellt. Zwölf oder fünfzehn Zeugen wurden dort befragt, und wir wissen von Bailly selber, daß er nichts Belastendes über Johanna erfahren konnte. Wenn die Aussage eines Bürgers von Rouen nicht trügt, soll Herr Nikolaus, als er dem

Bischof das Resultat seiner Nachforschungen überbrachte, als schlechter Mensch und Verräter behandelt worden sein und nicht die Bezahlung seiner Kosten und seiner Mühen erhalten haben. Dies ist möglich, aber verwunderlich. Daß man aber weder in Vaucouleurs noch in Domremy und in den benachbarten Dörfern nichts, was Johanna belasten konnte, gefunden haben soll, beruht keineswegs auf Wahrheit. Man fand im Gegenteil eine große Anzahl von Beschuldigungen gegen die Bewohner im allgemeinen, die Zaubermittel anwandten, und auch gegen Johanna, die die Feen beschwor, auf ihrer Brust eine Alraune getragen haben soll und ihrem Vater und ihrer Mutter ungehorsam war. Reichliche Erkundigungen wurden nicht nur in Lothringen und in Paris, sondern auch in den König Karl getreuen Ländern eingezogen, genügend, um zehn Ketzerinnen und zwanzig Hexen zu verbrennen. Man erfuhr von Teufeleien, die besonders in den Augen der Geistlichen schrecklich waren, wie etwa vom Auffinden verlorener und wiedergefundener Tassen und Handschuhe, von der Enthüllung jener Priester-Konkubine, dem Schwert der heiligen Katharina und dem vom Tod erweckten Kinde. Man brachte einen dreisten Brief über den Papst und andere Beweise von Hexerei, Magie, Ketzerei und Glaubensirrtum zur Stelle. Diese Auskünfte wurden nicht dem Prozeß eingefügt. Es war ständiger Brauch der heiligen Inquisition, die Zeugenaussagen, und die Namen der Zeugen geheimzuhalten. So konnte der Bischof von Beauvais die Aussagenden in den dem Dauphin untergebenen Provinzen schonen, obwohl mangels ihrer Namen die Auskünfte selbst sie kenntlich machen konnten. Aber die reichste Quelle der Untersuchung bildeten die Reden, die Johanna in ihrem Gefängnis führte, denn sie sprach viel und ohne Vorsicht. Ein Maler, dessen Namen man nicht kennt, kam in ihren Turm und fragte sie sehr laut vor den Wachen, welche Waffen sie getragen, so, als ob er sie etwa mit ihrem Schild hätte abbilden wollen. Zu jener Zeit machte man keine Bildnisse nach dem Leben, es sei denn von Personen sehr hohen Ranges und dann meistens in der Gebärde des Gebetes, kniend und mit gefalteten Händen. Und wenn man in Flandern und in Burgund Bildnisse sah, die keinerlei Zeichen von Andacht wiesen, so war dies nur eine kleine Anzahl. Wenn man von einem Porträt sprach, dachte man natürlich an eine zu Gott, der heiligen Jungfrau oder irgendwelchen Heiligen betende Person. Die Absicht, von der Jungfrau ein Bildnis zu machen, würde wohl von den kirchlichen Richtern Johanna sehr übel ausgelegt worden sein, um so mehr, als sie fürchten konnten, daß etwa der Maler diese exkommunizierte Frau als eine durch die Kirche kanonisierte Heilige, wie es die Armagnacs taten, abbilde. Bei diesem Gedanken ist man zu glauben versucht, daß dieser Mann ein falscher Maler, aber ein richtiger Spion gewesen ist. Und dieser Verdacht ist dadurch bestätigt, daß es Johanna im Prozeß als eitel und prachtliebend vorgeworfen wurde, daß sie sich in Waffen malen lassen wollte. Mehrere Geistliche wollten sie in ihrem Gefängnis glauben machen, daß sie Kriegsleute von seiten Karls von Valois wären. Der Staatsanwalt selber, Meister Johann von Estivet, kleidete sich, um sie zu täuschen, in das Gewand eines armen Gefangenen, und besonders war ein Domherr von Rouen, Meister Nikolaus Loiseleur, erfinderisch in listigen Schlichen, Ketzerisches bei Johanna zu entdecken. Im Einvernehmen mit dem Bischof von Beauvais und dem Grafen von Warwick betrat er Johannas Gefängnis, in kurzem Gewande in der Mode der Bürger. Die benachrichtigten Wachen zogen sich zurück, und Meister Nikolaus, mit der Gefangenen allein geblieben, gestand, daß er wie sie aus Lothringen stamme, seines Standes Schuster sei, zu den Franzosen halte, von den Engländern gefangen worden wäre. Er überbrachte ihr Nachrichten von König Karl, die er selbst erfand. Johanna besaß nichts Teureres als ihren König. Der falsche Schuster stellte nun, da er sie auf diese Weise für sich eingenommen hatte, Fragen über ihre Engel und Heiligen. Sie antwortete ihm vertrauensvoll wie einem Landsmann und Freund. Er gab ihr Ratschläge und empfahl ihr, nicht all diesen Kirchenleuten zu glauben und nicht zu tun, was sie von ihr verlangten, »denn«, sagte er ihr, »wenn du ihnen Glauben schenkst, wirst du vernichtet werden«. Meister Nikolaus

Loiseleur soll, wie man versichert, sehr oft den lothringischen Schuster gespielt haben, worauf er dann immer den Schreibern alles diktierte, was Johanna ihm gesagt hatte, und es war dies eine kostbare Bereicherung der Ausforschungen, die während des Kreuzverhöres als Grundlage diente. Es scheint sogar, daß man während dieser Besuche die Schreiber in einem benachbarten Zimmer in der Nähe eines Sprachrohres postierte. Wenn man den Gerüchten in der Stadt Glauben schenkt, so spielte Meister Nikolaus auch die heilige Katharina und erreichte durch dieses Mittel, daß Johanna alles sagte, was er wollte.

Die Leuchte der Hochschule, Meister Thomas von Courcelles, den Loiseleur von seinen Verwandlungen unterrichtete, riet ihm, diese einzustellen. Die Schreiber behaupteten später, Abscheu empfunden zu haben, die durch List abgelauschten Reden heimlich aufzuzeichnen. Das goldene Alter der Inquisition mußte wohl vorbei sein, daß ein so strenger Gelehrter wie Meister Thomas über eine der namhaftesten Handhaben dieser Rechtspflege so lau dachte. Die Art des inquisitorischen Vorgehens mußte schon gründlich zerrüttet gewesen sein, daß zwei kirchliche Notare daran dachten, eine der ältesten Vorschriften und gebräuchlichsten Funktionen einer Rechtsprechung, die Innozenz III. eingesetzt hatte, auszuschalten. Wenn Meister Nikolaus Loiseleur unter der Maske des Schusters und der heiligen Katharina das Heil und nicht das Verderben der Sünderin suchte, und wenn er sie entgegen dem öffentlichen Gerücht nicht etwa zu Widersätzlichkeiten anstachelte, sondern zum Gehorsam lenkte, und sie schließlich nur ihres zeitlichen und geistlichen Wohles wegen täuschte, so ging er gemäß der eingeführten Regeln vor. Was den Bischof von Beauvais anbelangt, der diese Prozeduren anbefohlen und erlaubt hatte, fand er seine Rechtfertigung in den Worten des Apostels Paulus an die Korinther: Ich habe nichts Böses getan, sondern List gebraucht, Euch zu überraschen. *Ego vos non gravavi; sed cum essem astutus, dolo vos cepi.* Aber als sie den Syndikus Johann von Estivet mit dem Bischofsmantel bekleidet sah, erkannte ihn Johanna nicht.

Meister Nikolaus begab sich oft im langen Gewand zu ihr. In diesem flößte er ihr großes Vertrauen ein, sie beichtete ihm demütig und hatte keinen andern Beichtvater. Sie sah ihn bald als Schuster, bald als Mönch, ohne zu bemerken, daß es dieselbe Person war. Sie war eben in mancher Hinsicht von unglaublicher Einfalt. Diese Theologen mußten bald erkennen, daß es nicht schwer war, sie zu täuschen.

Unter den in göttlicher und menschlicher Wissenschaft gelehrten Männern war es eine bekannte Tatsache, daß der Feind des Menschen mit einer reinen Magd keinen Pakt schloß, ohne sie vorerst der Jungfernschaft beraubt zu haben. Schon in Poitiers hatten die französischen Meister das bedacht und als die Königin Jolante ihnen versichert hatte, daß Johanna Jungfrau sei, befürchteten sie bei ihr nicht mehr teuflische Abkunft. Der Bischof von Beauvais erhoffte und erwartete von einer solchen Untersuchung das Entgegengesetzte. Die Herzogin von Bedford selber vollzog sie im Gefängnis, von Lady Anna Bavon und einer anderen Matrone unterstützt. Man hat erzählt, daß während dieser Zeit der Regent, in einem Nachbarraum verborgen, durch ein Loch des Fußbodens zusah. Dies ist nicht verbürgt, aber nicht unmöglich, war er doch noch vierzehn Tage nach Johannas Ankunft in Rouen. Ob dies nun erfunden oder wahr ist, diese Neugierde wurde ihm sehr zum Vorwurf gemacht. Sollten viele andere sie an seiner Stelle empfunden haben, so bleibt es diesen überlassen, selber ihr Urteil zu fällen. Aber man vergesse nicht, daß Bedford Johanna für eine Hexe hielt, und es zu jener Zeit nicht gebräuchlich war, auf Hexen den Respekt, den man Damen schuldete, auszudehnen. Man bedenke auch, daß dieser Punkt das alte England mächtig interessierte, und daß der Regent dieses von ganzem Herzen und von ganzer Kraft liebte.

Auf die sachverständige Untersuchung der Herzogin von Bedford hin wurde Johanna wie nach jener der Königin von Sizilien jungfräulich befunden. Die Matronen nannten mehrere Zeichen der Jungfräulichkeit; aber für uns ist das sicherste Zeichen das Wort Johannas, die, als man sie fragte, warum man sie die Pucelle, die Jungfrau nenne, und ob sie es wirklich sei, antwortete: »Ich kann wohl sagen, daß ich es bin.« Die Richter hängten dieses günstige Ergebnis nicht an die große Glocke. Dachten sie mit dem weisen König Salomon, daß in dieser Hinsicht alle Untersuchungen eitel seien? Verwarfen sie die Folgerungen der Matronen zu Gunsten des Sprichwortes: *Virginitatis probatio non minus difficilis quam custodia?* Nein, sie glaubten wohl, daß sie Jungfrau sei, und da sie fortfuhren, sie als Hexe zu verfolgen, dachten sie wahrscheinlich, daß sie als eine Ausnahme sich Teufeln ergeben hätte, die sie so belassen hatten, wie sie sie gefunden. Die Sitten der Dämonen waren voll Widersprüche, die auch die gelehrtesten Doktoren aus der Fassung brachten; täglich entdeckte man ja solche.

Samstag, den 13. Januar, versammelten sich der Abbé von Fécamp, die Doktoren und Meister Johann de la Fontaine, Nikolaus Loiseleur und andere im Hause des Bischofs, wo die in Lothringen und anderswo gesammelten Erkundigungen über die Jungfrau verlesen und von ihnen als brauchbare Grundlage des Verhöres erachtet wurden. Ein Beschluß ward gefaßt, daß der Bischof die vorbereitende Untersuchung über die Taten und Worte der Jungfrau anordne. Dienstag, den 13. Februar, beschworen der Syndikus Johann von Estivet, Johann de la Fontaine, der Kommissarius, Boisguillaume und Manchon, die Schreiber und Johann Massieu, der Gerichtsvollzieher, getreulich ihren Dienst auszuüben. Sogleich ging Johann de la Fontaine mit seinen Schreibern an die vorbereitende Untersuchung. Montag, den 19. Februar, 8 Uhr morgens kamen die Doktoren und Kleriker, elf an der Zahl, überein, daß genügend Material vorhanden war, die Frau, genannt die Jungfrau, in Sachen des Glaubens vorzuladen. Da aber stellte sich eine neue Schwierigkeit ein; es war in solchem Falle nötig, daß die Angeklagte zu gleicher Zeit vor dem bischöflichen Richter und vor dem Inquisitor erscheine. Zur Gültigkeit des Prozesses waren beide Richter gleicherweise notwendig. Aber der Großinquisitor für das französische Reich befand sich eben in Saint-Lô, wo er einen Bürger namens Johann Le Couvreur verfolgte, und der Vize-Inquisitor stellte sich taub und stumm und ließ den Bischof mit seinem Prozeß in Verlegenheit. Es war dies Bruder Johann Lemaistre, Prior der Dominikaner in Rouen, ein Mönch voll Vorsicht und Skrupeln. Erst nach Mahnung des Gerichtsvollziehers begab er sich zum Bischof. War es aber nicht eher Sache des Inquisitors von Beauvais, zur Seite des Bischofs von Beauvais zu Rate zu sitzen? Endlich aber willigte er ein, beizusitzen, um zu verhindern, daß der ganze Vorgang hinfällig würde, was nach dem Gefühl aller der Fall gewesen wäre, wenn die Sache ohne die Teilnahme der hochheiligen Inquisition geführt worden wäre. Alle Schwierigkeiten waren nun behoben. Die Jungfrau wurde für den 21. Februar vorgeladen.

An diesem Tage versammelten sich in der Kapelle des Schlosses um 8 Uhr morgens der Bischof von Beauvais, Peter Cauchon, der Vikar der Inquisition und einundvierzig Räte und Stellvertreter, von denen fünfzehn Doktoren der Theologie, fünf Doktoren beider Rechte, sechs, die Studenten der Theologie waren, elf des kirchlichen Rechtes und vier Lizenziaten des bürgerlichen Rechtes. Der Bischof nahm als einziger den Richterstuhl ein, zu seiner Seite die Räte und Stellvertreter im Ornat der Domherren oder der Kutte der Bettelmönche, brachten die evangelische Milde oder den priesterlichen Ernst zum Ausdruck. Es gab da Flammenblicke und gesenkte Augen. Bruder Johann Lemaistre, der Vize-Inquisitor, befand sich still unter ihnen in der schwarzweißen Tracht des Gehorsams und der Armut. Bevor der Gerichtsvollzieher die Angeklagte hereinführte, berichtete er dem Bischof, daß Johanna, von der Vorladung in Kenntnis gesetzt, geantwortet hätte, daß sie willig sei zu erscheinen, aber fordere, daß den Geistlichen der englischen Partei solche der französischen in gleicher Anzahl beigeordnet würden. Sie bat auch, daß man ihr gestatte, die Messe zu hören. Der Bischof verwarf diese beiden Ersuchen, und Johanna wurde in Männerkleidung, Fesseln an den Füßen, hereingeführt. Man veranlaßte sie, am Tisch der Schreiber Platz zu nehmen.

Was sogleich zwischen diesen Theologen und diesem jungen Mädchen hervorbrach, war gegenseitiger Haß und

Abscheu. Dem Brauche ihres Geschlechtes zuwider, den selbst die Dirnen nicht zu überschreiten wagten, zeigte sie ihre Haare, braune, über das Ohr geschnittene Haare. Mancher von diesen jungen Geistlichen und Rechtsgelehrten, die da hinter ihren Vorstehern saßen, hatte vielleicht zum erstenmal Frauenhaare gesehen. Johanna trug Gamaschen wie ein Junge. Sie fanden ihren Anzug unkeusch und verabscheuungswürdig. Er beunruhigte sie und forderte ihre Verachtung heraus. Wenn der Bischof von Beauvais sie gezwungen hätte, in Kleid und Haube zu erscheinen, wäre sie wahrscheinlich von ihnen mit weniger Zorn betrachtet worden. Diese Männerkleidung vergegenwärtigte ihnen die von der Jungfrau mit Hilfe der Dämonen in dem Lager des Dauphins Karl vollbrachten Taten. Dadurch, daß sie mit einer Handbewegung durch Magie den englischen Soldaten alle Kraft genommen, hatte sie den Geistlichen, diesen Kirchenvätern, die nun über sie richteten, äußerst geschadet. Die einen dachten an die besonderen Einkünfte, um die sie Johanna gebracht hatte, andere Doktoren und Professoren der Universität erinnerten sich, daß sie Paris in Blut und Flammen hatte aufgehen lassen wollen, andere Abbés und Domherren verübelten ihr vielleicht noch mehr, daß sie sie bis in die Normandie hatte erzittern lassen. Konnten sie daher das einer so großen Anzahl von Kirchenleuten angetane Übel verzeihen, wenn sie wußten, daß sie es mit Hilfe der Zauberei, Wahrsagekunst und Beschwörung der Teufel begangen hatte? Da sie sehr weise waren, sahen sie Magier und Hexen, wo andere sie nicht vermutet hätten. Sie waren der Meinung, daß Zweifel an der Macht der Dämonen über die Menschen und Dinge nicht nur Ketzerei und Glaubenslosigkeit, sondern überdies noch Verführung zum Umsturz aller bestehenden natürlichen und politischen Gesellschaft bedeutete. Diese hier in der Kapelle des Schlosses befindlichen Doktoren hatten jeder zehn, zwanzig, fünfzig Hexen brennen lassen, und alle hatten ihre Schuld gestanden. War es nicht Wahnsinn, daraufhin zu zweifeln, daß es Hexen gäbe? Man konnte sich allerdings verwundern, daß Wesen, fähig Hagel zu beschwören und Zauber über

Menschen und Tiere zu üben, sich ohne Widerstand fangen, verurteilen, foltern und verbrennen ließen. Aber dies war eine ständige Tatsache; alle geistlichen Richter konnten dies beobachten, und diese sehr gelehrten Männer erklärten es so, daß die Hexen und Zauberer ihre Macht verlören, sobald sie in die Hände der Kirche gelangten. Die arme Jungfrau hatte wie alle anderen ihre Macht verloren. Sie fürchteten sie nicht mehr.

Johanna haßte sie zumindest so sehr, wie sie gehaßt wurde. Diese Abneigung, die unwissende Heilige, schöne, erleuchtete Seelen, freie, launische und feurige Geister natürlicherweise gegen die von ihrem Wissen und ihren scholastischen Lehren aufgeblähten Doktoren empfinden, hatte sie schon gegenüber den Geistlichen und Professoren von Poitiers empfunden, obwohl diese von der französischen Partei waren, ihr nicht übel wollten und sie nur wenig gequält hatten. Daraus kann man die Abscheu ermessen, die ihr die Gelehrten von Rouen einflößten. Sie wußte, daß sie sie sterben lassen wollten. Aber sie fürchtete sie nicht. Sie erwartete vertrauensvoll, daß die Engel und Heiligen ihr Versprechen einlösten und sie zu befreien kämen. Die Jungfrau wußte weder, wann noch wie das Heil nahen würde, aber sie zweifelte nicht, daß es käme. Daran zu zweifeln würde Zweifel am heiligen Michael, an der heiligen Katharina und an Gott bedeutet haben und den Glauben, daß ihre Stimmen böse wären. Diese hatten ihr empfohlen, nichts zu fürchten, und sie fürchtete nichts. Tollkühne Einfalt! Woher kam ihr das Vertrauen zu ihren Stimmen, wenn nicht aus ihrem Herzen? Der Bischof forderte sie auf, nach der vorgeschriebenen Formel, die beiden Hände auf den heiligen Evangelien, zu schwören, daß sie über alles Befragte die Wahrheit sagen würde. Sie konnte es nicht. Ihre Stimmen verboten ihr, irgend jemandem etwas von den Offenbarungen, mit denen sie so reichlich begnadet war, zu verraten. Sie antwortete: »Ich weiß nicht, worüber Ihr mich befragen wollt. Ihr könnt mich nach Dingen fragen, die ich Euch nicht sagen werde.« Und als der Bischof darauf bestand, daß sie schwöre, die volle Wahrheit zu sagen, antwortete sie: »Von meinem Vater und meiner Mutter und über das, was ich nach meinem Kommen in Frankreich getan habe, will ich gerne sprechen; aber von den Offenbarungen Gottes habe ich niemandem außer Karl, meinem König, Aufschluß gegeben. Und ich werde nichts davon offenbaren, und sollte man mir den Kopf abschneiden.« Und sei es, daß sie Zeit gewinnen wollte, sei es, daß sie darauf rechnete, über diesen Punkt neue Weisung ihres Rates zu erhalten, sie fügte hinzu, daß sie vor Ablauf einer Woche wissen würde, ob sie diese Dinge enthüllen dürfe. Schließlich schwor sie, gemäß der Form kniend, die beiden Hände auf dem Evangelium. Dann antwortete sie, über ihren Namen und ihre Heimat befragt, ihre Eltern, ihre Taufe, die Paten und Patinnen. Sie sagte, daß sie ungefähr, wie es ihr schien, neunzehn Jahre alt sei. Auf die Frage, was sie gelernt hätte: »Von meiner Mutter habe ich das Pater noster, Gegrüßt seist du Maria und das Credo gelernt.« Aber als man sie aufforderte, das Vaterunser zu sprechen, weigerte sie sich und wollte es nur in der Beichte hersagen. Sie tat dies, damit der Bischof sie im Beichtstuhl höre.

Die Sitzung war sehr bewegt, alle sprachen zugleich. Johanna mit ihrer sanften Stimme hatte die Doktoren in Aufruhr gebracht. Der Bischof verbot ihr, das Gefängnis zu verlassen, da sie sonst der Ketzerei überführt sein würde. Sie nahm dieses Verbot nicht an. »Wenn ich entfliehen würde, könnte mir niemand vorwerfen, meinen Glauben verletzt zu haben, denn ich habe es niemandem versprochen.« Sie beklagte sich dann, gefesselt zu sein. Der Bischof erklärte ihr, daß es geschähe, weil sie versucht hatte, zu entfliehen. Dies gab sie zu. »Es ist wahr, ich wollte davon, und ich will es noch, wie es jedem Gefangenen erlaubt ist.« Ein Geständnis von großer Kühnheit, falls sie jene Worte des Richters verstanden hatte, daß Flucht ihr die den Ketzern bestimmte Strafe eintrüge. Aus kirchlichem Gefängnis zu entfliehen, war ein Verbrechen gegen die Kirche, Verbrechen und Wahn, denn das kirchliche Gefängnis ist Aufenthalt der Buße. Und ebenso verbrecherisch als unsinnig ist der Sünder, der sich der heiligen Buße entzieht. Er ähnelt dem Kranken, der nicht geheilt werden will. Aber Johanna war nicht tatsächlich in kirchlichem

Gefängnis. Sie befand sich als Kriegsgefangene in den Händen der Engländer im Schloß von Rouen. Konnte man sagen, daß sie, wenn sie die Flucht ergriff, der Exkommunikation ausgesetzt sei? Es bestand da eine Schwierigkeit. Sogleich behob sie der Bischof durch eine schöne, juristische Vorspiegelung. Er ließ Johannas Wächter auf die heiligen Evangelien schwören, dieses Mädchen gefesselt und in Gewahrsam zu halten. Auf diese Weise war die Jungfrau Gefangene der hochheiligen Kirche und konnte ihre Ketten nicht brechen, ohne in Ketzerei zu verfallen.

Die zweite Verhandlung wurde für den nächsten Tag, den 22. Februar, anberaumt.

ELFTES KAPITEL

Das Verhör

Als man nach der Sitzung das Protokoll redigierte, entspann sich zwischen den kirchlichen Notaren und zwei oder drei königlichen Schreibern, die gleichfalls die Antworten der Angeklagten verzeichnet hatten, Streit. Wie man sich denken kann, stimmten die beiden Fassungen in mehreren Punkten nicht. Man beschloß, Johanna neuerdings über die strittigen Punkte auszufragen. Die kirchlichen Richter beklagten sich auch darüber, Johannas Worte durch die Unterbrechungen der Anwesenden nicht hören zu können.

In einem Inquisitionsprozeß gab es weder für die Verhöre noch für die anderen Verhandlungsvorgänge einen bestimmten Ort. Der Richter verhörte entweder im Kapitelsaal, im Gefängnis selbst oder in einer Folterkammer. Um den Lärm der ersten Sitzung zu vermeiden, und weil kein Grund mehr bestand, so feierlich vorzugehen wie bei der Eröffnung, vereinigten sich Richter und Räte in dem kleinen Raum neben dem großen Saal des Schlosses. Es waren diesmal zweiundvierzig Beisitzer zusammengekommen, und unter diesen großen Klerikern auch Bruder Johann Lemaistre, der Vizeinquisitor, der schlichte Dominikanerbruder, nicht mehr wie zur Zeit des heiligen Dominik Bluthund des Herrn, aber infolge der in der gallischen Kirche stattgefundenen Unternehmungen bezüglich der bischöflichen Macht nun Hund des Bischofs, ein armer Mönch, der weder zu handeln noch sich seines Urteils zu enthalten wagte, stumm, ängstlich, der letzte und geringste unter allen, gleichzeitig von einem Tag zum andern seiner Ernennung zum obersten Richter ohne Einspruch gewärtig.

Johanna wurde durch den Gerichtsvollzieher Johann Massieu hereingeführt. Sie versuchte wieder, den Schwur zu vermeiden, alles zu sagen, aber sie mußte dennoch auf das Evangelium den Eid leisten. Diesmal war es Meister Beaupère, der sie ausfragte. Er war Doktor der Theologie, Domherr von Rouen, durch König Heinrich ernannt; die Universität von Paris betrachtete ihn als eine ihrer größten Leuchten. Er fragte sie, in welchem Alter sie Vater und Mutter verlassen hatte, und obwohl sie abends zuvor geantwortet, daß sie damals etwa neunzehn Jahre gewesen sei, wußte sie es nun nicht zu sagen. Über ihre Beschäftigungen in ihrer Kindheit befragt, antwortete sie, ihr sei die Sorge des Haushaltes zugefallen, und selten nur sei sie mit den Tieren auf die Weide gegangen. »Beim Spinnen und Nähen«, sagte sie, »fürchte ich keine Frau in Rouen.« So trug sie bis in diese häuslichen Dinge ihren Hang zu Ritterlichkeit und Wetteifer und forderte auf Spindel und Nadel alle Frauen einer Stadt heraus, von denen sie nicht eine kannte. Über ihre Beichte und Kommunion befragt, antwortete sie, daß sie ihrem Geistlichen, oder wenn dieser verhindert war, einem anderen die Beichte ablegte, wollte aber nicht sagen, ob sie an anderen Festen als zu Ostern kommuniziert hatte. Meister Beaupère ging ohne Reihenfolge vor und sprang schroff von einer Sache zur andern, um sie so zu ertappen. Plötzlich sprach er ihr von ihren Stimmen. Sie antwortete folgendes: »Als ich dreizehn Jahre war, kam eine Stimme von Gott, um mir beizustehen, daß ich mich gut verhalte. Und das erstemal hatte ich große Furcht. Und die Stimme kam ungefähr zur Mittagszeit im Sommer, im Garten meines Vaters ...« Rechts neben der Kirche vernahm sie die Stimme – selten ohne Licht. Und dieses Licht kam von der Seite, von der sie die Stimme vernahm, Ein erfahrenerer und milderer Gelehrter, als es Meister Johann war, hätte, als er diesen Umstand erfuhr, ihn zweifellos günstig auslegen müssen, da man in Ezechiel liest, daß sich die Engel rechts von der Wohnung hielten, und wir aus dem letzten Kapitel des heiligen Markus wissen, daß die Frauen den Engel zur Rechten sitzend erblickten. Aber der Fragesteller richtete seine Gedanken auf nichts Derartiges und glaubte, Johanna in Verlegenheit zu bringen, indem er forschte, wie sie denn das Licht habe sehen können, da es sich ja an der Seite befand. Johanna antwortete nichts, und wie in Gedanken verloren sprach sie: »Wäre ich in einem Wald, hörte ich wohl die Stimmen, die zu mir kämen ... Es scheint mir eine würdige Stimme zu sein. Ich glaube, daß diese Stimme mir durch Gott gesandt war. Als ich sie dreimal hörte, erkannte ich, daß es die Stimme eines Engels war.« – »Welche Ratschläge gab Euch diese Stimme für das Heil Eurer Seele?« – »Sie unterwies mich, mich gut zu führen, die Kirche zu besuchen, und sie sagte mir, daß ich nach Frankreich gehen soll.« Und Johanna erzählte, wie sie auf Befehl der Stimme nach Vaucouleurs zu Herrn Robert von Baudricourt gezogen war, den sie, ohne ihn je früher gesehen zu haben, erkannt hätte, und wie dann der Herzog von Lothringen sie zu sich gerufen, daß sie ihn heile, und wie sie nach Frankreich sich begeben habe. Hierauf wurde sie veranlaßt, über den Herzog, von Orléans auszusagen, daß sie sehr wohl wisse, daß Gott ihn liebe und sie über ihn mehr Offenbarungen empfangen als über irgendeinen lebenden Menschen, ihren König ausgenommen; daß sie ihre Frauenkleider gegen männliches Gewand habe vertauschen müssen und ihr Rat sie gut gelenkt hätte. Man las ihr den Brief an die Engländer vor. Sie erkannte, daß sie ihn in denselben Ausdrücken mit Ausnahme von drei Stellen diktiert hätte. Sie habe nicht gesagt: Leib gegen Leib, noch Haupt des Krieges und nicht: Gebt der Jungfrau wieder, sondern: »Gebt dem König wieder.«

Zu Beginn ihrer Berufung glaubte sie, daß der Herr, der wahre König Frankreichs, ihr aufgetragen hatte, die Stellvertretung des Reiches Karl von Valois zu übergeben. Eine zu große Anzahl einander fremder Personen haben jene Worte, in denen sie diese Ideen zum Ausdruck brachte, wiedererzählt, als daß man zweifeln könnte, daß sie sie ausgesprochen. Sie hat wirklich an den Dauphin die Worte gerichtet: »Macht Euer Reich dem König des Himmels zum Geschenk.« Aber man mußte in Rouen bemerken, daß ihr keinerlei Spur dieser mystischen Ideen verblieben war, ja, daß sie sogar unfähig schien, sie jemals gehabt zu haben. In all den Antworten, die sie ihren Fragestellern gab, erschien sie jedem nur ein wenig abstraktem Denken und auch den einfachsten Überlegungen fremd, so daß man sich schwerlich vorstellen kann, daß sie das weltliche Königreich Jesu Christi in dem Lande der Lilien hätte begreifen können. Nichts in ihrer Sprechweise noch in ihrem Gedankengang zeigt sie solchen Überlegungen gewachsen, und man kommt schließlich zu der Annahme, daß diese politische Theologie ihr in einem zarten und gelehrigen Alter von Geistlichen eingegeben worden, jedoch nicht tief in ihren Geist eingedrungen war; sie hatte ihren Sinn nicht recht erfaßt, und selbst die Ausdrücke waren ihr langsam entschwunden in einem rauhen Leben unter Soldaten, deren schlichte Seele besser mit der ihren übereinstimmte als jene blumenreichere ihrer so tiefsinnigen Anstifter. Diese Kleriker nährten den Wunsch, die Leiden der Kirche und des Königreiches zu heilen.

Man fragte sie über ihre Ankunft in Chinon: »Ich begab mich ohne Hindernis zu meinem König.« Die Schreiber verwunderten sich über ihr Gedächtnis, daß sie sich genau dessen besann, was sie acht Tage zuvor gesagt hatte. Dennoch waren ihre Erinnerungen zuweilen seltsam ungewiß. Hinsichtlich dieser Audienz im Schlosse zu Chinon erzählte sie ihren Richtern, sie habe den König so wie den Ritter Baudricourt durch Offenbarung erkannt. Man fragte sie: »Als die Stimme Euch Euren König zeigte, saht Ihr da irgendein Licht?« Diese Frage bezog sich auf die seltsamen Umstände, die die Richter außerordentlich interessierten; denn sie vermuteten, daß die Jungfrau sich betrügerischer Gotteslästerung oder vielleicht der Hexerei mit Einverständnis des Königs von Frankreich schuldig gemacht hatte. Tatsächlich war in Erfahrung gebracht worden, daß Johanna sich rühmte, dem König ein Zeichen in Form einer kostbaren Krone gegeben zu haben. Doch hatte sich die Sache folgendermaßen zugetragen. Die heilige Katharina erhielt, wie man sich aus ihrer Geschichte erinnert, aus der Hand eines Engels eines Tages eine strahlende Krone und setzte sie auf das Haupt der römischen Kaiserin. Diese Krone bedeutete die ewige Seligkeit. Johanna, erfüllt von dieser Geschichte, erzählte, daß ihr ähnliches geschehen sei. Es kann immerhin sein, daß sie über das Materielle dieser Vision Zweifel hegte und ihr nur einen geistigen Sinn beilegte.

»Saht Ihr irgendeinen Engel über dem König?« wurde sie gefragt. Sie verweigerte die Antwort. Noch wurde diesmal die Krone nicht erwähnt.

Meister Beaupère wollte nun von Johanna erfahren, ob sie die Stimme oft höre. »Es ist kein Tag, wo ich sie nit hör, und hab' ihrer nit wenig not.« Sie sprach niemals von ihren Stimmen, ohne hinzuzufügen, daß sie ihr Zuflucht, Trost, Erleichterung und Wonne bedeuteten. Zwar stimmten die Theologen darin überein, daß der gute Geist die Seele, erfüllt von Freude, Frieden und Trost, zurückläßt. Dies aber war nicht genügend Ursache, die Geistlichen der englischen Partei zu überzeugen, daß Stimmen, die den Engländern feindlich waren, von Gott kämen. Und die Jungfrau fügte noch hinzu: »Hab' nit anderes von ihnen erbeten als das Heil meiner Seel'.«

Das Verhör endete mit einem der hauptsächlichsten Belastungspunkte, dem Angriff auf Paris an einem Feiertag. Vielleicht wurde bei diesem Anlaß an Johanna die Frage gestellt, ob sie jemals sich an einem Ort befunden habe, wo Engländer getötet wurden. »Im Namen Gottes, natürlich war ich es«, erwiderte Johanna lebhaft. »Ihr gebt das gut! Warum haben sie Frankreich nit verlassen und sind in ihr Land zurückgekehrt!«

Ein englischer Edelmann, der sich im Saal befand, sagte bei diesen Worten zu seinem Nachbarn: »Wahrlich, das ist eine treffliche Frau. Schade, daß sie nicht Engländerin ist!«

Die dritte öffentliche Sitzung wurde auf den nächsten Tag, den 24. Februar, festgesetzt. Man befand sich in der Fastenzeit. Johanna befolgte strengstens die Vorschrift der Nüchternheit. Am Morgen des 23. kamen die Stimmen selber, sie zu wecken. Sie erhob sich in ihrem Bett und saß mit gefalteten Händen da, ihnen Ehre zu erweisen. Dann holte sie sich bei ihnen Rat, was sie den Richtern antworten sollte, und bat sie, darüber Gott zu befragen. Die Stimmen äußerten zuerst Worte, die sie nicht verstand. Dies geschah ihr zuweilen und hauptsächlich zu schwieriger Stunde. Dann sagten sie ihr: »Antworte dreist, Gott wird dir helfen.« An diesem Tage hörte sie die Heiligen ein zweites Mal zur Stunde der Vesper und ein drittes Mal, als die Glocken das Ave Maria zu Abend läuteten. In der Nacht von Freitag auf Samstag kamen sie wieder und offenbarten ihr viele Geheimnisse für das Wohl des Königs. Und sie erfuhr darob großen Trost. Wahrscheinlich erneuerten sie ihr die Versicherung, daß sie aus den Händen ihrer Feinde befreit werden würde, ihre Richter sich dagegen in großer Gefahr befänden. Sie ließ sich völlig von ihren Stimmen lenken. Wenn sie in Verlegenheit war, was sie ihren Richtern antworten sollte, betete sie zu Gott und sprach demütig zu ihm: »Du guter Gott! Um deiner heiligen Leiden willen bitte ich dich, so du mich liebest, mir zu offenbaren, was ich diesen Kirchenmännern antworten soll. Weiß wohl den Befehl, als ich dies Kleid nahm, doch ist mir nit kund, wie ich es soll wieder ablegen. Das mög Euch gefallen mir kundzutun.«

Und sogleich erschienen die Stimmen.

Bei der dritten Verhandlung waren zweiundsechzig Beisitzer, darunter zwanzig neue, anwesend. Johanna bewies noch mehr Abneigung als bisher, bei den heiligen Evangelien zu schwören, alles zu beantworten, was man sie befragen werde. Der Bischof machte sie milde darauf aufmerksam, daß Ablehnung sie verdächtig machen würde, und forderte sie auf zu schwören, wenn sie nicht sogleich über alle Anklagepunkte schuldig erkannt werden wollte. Dennoch konnte der Bischof nicht erreichen, daß die Jungfrau ohne Vorbehalt den Eid ablegte. Sie schwor, die Wahrheit über alles im Prozesse zu sagen mit der Einschränkung, über das zu schweigen, was sich nicht auf ihn bezöge. Sie sprach freiwillig von den Stimmen, die sie abends zuvor und des Morgens gehört hatte, und verschwieg nicht, daß sie ihr Eröffnungen über den König gemacht hätten. Und sie begann sich der Geheimnisse, die sie zum Wohle des Königs erfahren, zu rühmen. »Ich wollt, er erführ sie sogleich«, sagte sie, »und sollt' ich nit Wein trinken bis Ostern.« Bis Ostern nicht Wein zu trinken, wandte sie an, ohne den Sinn besonders zu beachten, als eine gebräuchliche Redensart aus dem Lande jenes guten Weines in der Farbe trockener Rosen, jenes bleichroten, von dem zwei Fingerhut voll mit einem Stückchen Brot das Mahl der Frauen von Domremy ausmachte. Ach, welch würziges Gebräu wird sie nun während der fünf Wochen vor Ostern zu trinken bekommen! Meister Johann Beaupère fragte sie, ob sie zugleich mit den Stimmen etwas sähe. Sie antwortete: »Ich werd' Euch nit alles sagen, hab' nit Gebot. Die Stimm' ist gut und wert. Das zu beantworten hab' ich nit not.« Und sie bat, daß man ihr die Punkte schriftlich gebe, die sie nicht sogleich beantwortete. Welchen Gebrauch dachte sie davon zu machen? Sie konnte nicht lesen, hatte keinen Advokaten. Wollte sie dies Schriftstück irgendeinem falschen Freund, der sie täuschte wie Loiseleur, zeigen? Oder gedachte sie, es ihren Heiligen zu unterbreiten? Meister Beaupère fragte, ob die Stimmen ein Antlitz und Augen hätten. Sie weigerte sich, dies zu sagen und wandte ein den Kindern gebräuchliches Sprichwort an, etwa: ›Mitgegangen, mitgefangen‹, wenn sie die Wahrheit spräche. Meister Beaupère fragte: »Wißt Ihr, ob Ihr in der Gnade Gottes seid?« Diese Frage war besonders arglistig; sie stellte Johanna zwischen Schuldbekenntnis und die verdammenswerte Vermessenheit. Der Beisitzer Hochwürden Johann Lefèvre vom Orden der Bernhardsbrüder gab zu bedenken, daß sie nicht verpflichtet sei, darauf zu antworten. Im Saale erhob sich darob ein Murmeln. Aber Johanna: »Wenn ich es nicht bin, mög mich Gott drein versetzen. Und bin ich's, mög er mir's bewahren! Ich wär' die kummervollste Seel' auf der Welt, wenn ich nit in Gottes Gnaden stünd'.« Die Beisitzer waren über diese gute Antwort erstaunt. Dennoch wurden sie ihr nicht wohlgesinnter. Sie erkannten, daß sie hinsichtlich des Königs gut spräche, bei allem übrigen aber zu viel Spitzfindigkeit, und zwar jene den Frauen eigene, anwandte. Hochwürden Johann Beaupère befragte sodann Johanna über ihre Kindheit im Dorfe und versuchte, sie als grausam, vom zartesten Alter an dem Menschenmord zugeneigt, zu zeigen, jenem götzendienerischen Tun hingegeben, für welches die

Bewohner von Domremy bekanntlich verrufen waren. Er berührte sodann einen Punkt von besonderer Wichtigkeit, um zu der dunklen Herkunft von Johannas Mission vorzudringen. »Hat man Euch nicht als die Abgesandte des Eichenwaldes angesehen?« Wäre er in diesem Sinne weiter vorgegangen, hätte er vielleicht wichtige Eröffnungen erhalten. Johanna war in Frankreich sicherlich durch falsche Prophezeiungen günstig eingeführt worden; aber diese Geistlichen waren nicht der Aufgabe gewachsen, sich in all diesen Pseudo-Beda- und Pseudo-Merlin-Legenden zurechtzufinden. Johanna antwortete: »Als ich den König aufsuchte, fragte mich jemand, ob es in meinem Land einen Wald Chesnu gäbe, weil Wahrsagungen umgingen, die erzählten, daß aus der Gegend dieses Waldes ein junges, wunderbringendes Mädchen kommen sollte. Ich schenkt' dem keinen Glauben.«

Wenn sie nun auch der Prophezeiung von Merlin über die Jungfrau des Eichenwaldes keinen Glauben lieh, wandte sie einer Wahrsagung, daß eine freiheitbringende Jungfrau aus den lothringischen Marken kommen werde, große Aufmerksamkeit zu, da sie diese dem Ehepaar Leroyer und ihrem Onkel Lassois mit solchem Nachdruck erzählt hatte, daß diese darüber in Erstaunen verharrten. Außerdem ähneln diese beiden Wahrsagungen einander wie zwei Schwestern.

Meister Johann Beaupère sprang von Merlin, dem Zauberer, zu der Frage über: »Johanna, wollt Ihr ein Frauenkleid haben?« Sie antwortete: »Gebt mir eines, ich werd' es anlegen und weggehen. Anders nicht. Ich werd' mich mit diesem begnügen, da es Gott gefällt, daß ich es trage.« Auf diese Antwort hin, die zwei Irrtümer enthielt, die Ketzerei in sich schlossen, beendete der Bischof die Verhandlung.

Der nächste Tag war der erste Sonntag der Fastenzeit. An diesem oder an einem anderen Tage sandte Peter Cauchon Johanna eine Alse, die, nachdem sie von diesem Fisch gegessen, von Fieber und Erbrechen befallen wurde. Zwei Doktoren der Medizin der Pariser Universität, Beisitzer des Prozesses, wurden durch den Grafen von Warwick berufen, der zu ihnen sagte: »Johanna ist, wie man mir berichtet, leidend. Ich habe Euch gerufen, daß Ihr sie heilet; der König will um nichts in der Welt, daß sie eines natürlichen Todes stürbe; denn sie ist ihm teuer, da er sie so teuer gekauft hat. Er erwartet, daß sie durch Gerechtigkeit ende und verbrannt werde. Tut denn das Nötige, untersuchet sie mit Sorgfalt und trachtet, daß sie sich erhole.« Durch Johann von Estivet zu Johanna geleitet, befragten sie die Ärzte, woran sie leide. Sie antwortete, daß sie von dem Karpfen gegessen hatte, den ihr der Bischof gesandt, und sie meinte, daß davon ihr Übel herrühre. Verdächtigte sie den Bischof, daß er sie vergiften wollte? So schien es Johann von Estivet aufzufassen, denn er geriet in großen Zorn: »Dirne! Hure!« rief er. »Du bist es, die Heringe und andere dir übel bekommende Dinge gegessen hat!« – »Ich hab es nicht getan«, erwiderte die Jungfrau. Sie beschimpften sich gegenseitig, und Johanna wurde noch kränker. Die Doktoren befühlten sie und fanden, daß sie fiebere, und schlugen einen Aderlaß vor. Sie verständigten den Grafen von Warwick, der darob sehr beunruhigt war. »Ein Aderlaß? Seid auf der Hut, sie ist listig und könnte sich töten.« Dennoch machte man den Aderlaß, und Johanna wurde gesund.

Am 26. Februar gab es kein Verhör. Bei der nächsten Verhandlung fragte Johann Beaupère, wie sie sich befunden hätte, was sie nicht sonderlich rührte. Sie antwortete trocken: »Ihr seht es ja, mir ist es so gut als möglich ergangen.« Diese Verhandlung fand in Gegenwart von vierundfünfzig Beisitzern statt. Johanna beklagte sich mit gutem Recht, daß französische Geistliche nicht zugegen waren.

Man fragte sie, ob sie die beiden Heiligen voneinander unterscheide, was sie bejahte. Durch den Gruß, den sie ihr boten, erkannte sie, welches die heilige Katharina und welches die heilige Margareta war, und sie fügte hinzu, daß sie sie daran erkenne, weil sie ihre Namen nennen. Sie verweigerte auf die Frage, welche Kleider sie trügen, die Antwort. Auf die Frage, wer ihr als erster erschienen, erwiderte die Jungfrau, es sei der heilige Michael gewesen, sie hätte ihn mit eigenen Augen gesehen, wie sie nun Johann Beaupère sehe, und daß sie, als Sankt Michael und die Engel sich entfernt hatten, weinte und gewünscht hätte, daß die Heiligen sie mit sich trügen. »Und wie war das Antlitz des heiligen Michael?« Darauf zu antworten, war ihr nicht gestattet. Sie wurde befragt, ob ihr Gott geboten hätte, nach Frankreich zu gehen, und ob er es gewesen sei, der ihr das Männerkleid vorgeschrieben. Wenn sie schwieg, machte sie sich der Ketzerei verdächtig, und wie sie auch geantwortet haben mochte, belastete sie sich schwer; sei es, daß sie das Menschenmorden oder eine Schandtat eingestanden hätte, oder daß sie die Urheberschaft daran Gott zugeschrieben, was Gotteslästerung bedeutete. Über ihr Kommen nach Frankreich sagte sie: »Man hätte mich mit vier Pferden ziehen müssen, ehe ich ohne Auftrag Gottes nach Frankreich gegangen wäre.« Und über das Gewand: »Das Gewand ist nichts, weniger als nichts. Ich hab die Männerkleidung nicht auf den Rat von Menschen angelegt und habe mich weder mit diesem Gewand bekleidet noch mit einem anderen ohne Gebot des Herrn und der Engel.« Wieder wurde sie nach dem Licht, während sie die Stimmen hörte, befragt, worauf sie spöttisch wie in Poitiers sagte: »Alles Licht gelangt nit zu Euch, mein guter Herr.«

Es war der Prozeß des Königs von Frankreich, den diese Doktoren von Paris und von Rouen mit vielen Klauseln und vieler Arglist führten.

Meister Johann Beaupère brachte nun folgende Frage vor: »Wieso glaubte Euer König Euren Worten?« – »Weil er gute Zeichen erhalten hatte und seiner Geistlichen wegen.« – »Welche Offenbarungen hatte Euer König?« – »Dies werdet Ihr aus mir nit herausbekommen, und sollt es ein Jahr währen.« Johanna mußte sodann lange über das Schwert der heiligen Katharina Auskunft geben. Die Geistlichen bezichtigten sie, dieses Schwert durch Wahrsagerei und Dämonenbeschwörung gefunden und es mit Zauber belegt zu haben. Alles, was sie darüber sagte, verminderte nicht ihren Verdacht. Was das Burgunderschwert betraf, gab sie zu, es in Compiègne gebraucht zu haben, um damit dreinschlagen zu können; einige Augenblicke später aber behauptete sie, ihre Fahne getragen zu haben, um dadurch zu vermeiden, jemanden zu töten, und fügte hinzu: »Auch hab' ich niemanden getötet.«

Die Doktoren fanden, daß sie ungleich antwortete. Zweifellos antwortete sie ungleich. Aber wenn sie so wie Johanna zu jeder Stunde des Tages und der Nacht einen himmlischen Regen von Heiligen über ihren Köpfen gefühlt hätten, wenn alle ihre Gedanken, alle ihre guten oder bösen Instinkte, alle ihre kaum geformten Wünsche ohne ihr Wissen sich in Befehle Gottes verwandelt hätten, die ihnen Stimmen der Erzengel und der Seligen verkündet hätten, wären die Antworten der Herren ebenso ungleich gewesen, und zweifellos hätten sie in ihren Worten und Handlungen weniger Sanftmut, gepaart mit weniger Mut, bewiesen, und inmitten so vieler traumhafter Vorstellungen nicht so viel Vernunft bewahrt. Die Verhöre waren lang; sie dauerten drei bis vier Stunden. Ehe Beaupère dieses schloß, wollte er wissen, ob Johanna in Orléans verwundet worden war. Dies betraf einen bemerkenswerten Punkt. Man nahm allgemein an, daß Hexen mit ihrem Blut ihre Macht verlören. Schließlich quälte man sie mit der Kapitulation von Jargeau und hob dann die Sitzung auf.

Meister Johann Lohier, ein geachteter Geistlicher der Normandie, war nach Rouen gekommen, und der Bischof gab Befehl, daß man ihn über den Prozeß in Kenntnis setzte. Er ließ ihn sodann in sein Haus bitten und lud ihn ein, seine Meinung über den Prozeß abzugeben. Lohiers Aussage war derart, daß der Bischof zu verschiedenen Doktoren und Geistlichen lief und ganz betroffen zu ihnen sprach: »Lohier will uns eine schöne Vorentscheidung in unserem Prozeß heraufbeschwören. Er will alles zunichte machen und erklären, daß der Prozeß nichts taugt. Man sieht wohl, nach welcher Pfeife er tanzt. Beim heiligen Johann! Wir werden nichts unternehmen, sondern unsern Prozeß fortführen wie wir ihn begonnen haben.« Am nächsten Morgen traf Johann Lohier in der Kirche von Notre-Dame Wilhelm Manchon, der ihn fragte, ob er den Prozeß durchgesehen habe. »Ich habe ihn gesehen,« antwortete Lohier. »Dieser Prozeß ist nichts wert. Es ist aus mehreren Gründen unmöglich, ihn aufrechtzuerhalten. Erstens entbehrt er der Formen eines bischöflichen Prozesses.« Er verstand darunter, daß man nicht gegen Johanna vorgehen könne, ohne daß über die Indizienbeweise der Schuld Erkundigungen vorangegangen wären. Sei es, daß er die Auskünfte, die der Bischof erhalten hatte, nicht kannte oder sie für ungenügend erachtete. »Zweitens«, fuhr Johann Lohier fort, »wird der Prozeß im Schlosse hinter verriegelten Türen verhandelt, wo Richter und Beisitzer nicht in Sicherheit waren und nicht die vollständige Freiheit hatten, einfach und aufrichtig das zu sagen, was sie wollten. Drittens berührt der Prozeß mehrere Personen, die nicht herberufen wurden, und man zieht offensichtlich die Ehre des Königs von Frankreich, dessen Partei Johanna angehörte, in Mitleidenschaft, ohne ihn oder irgendeinen Vertreter vorzuladen. Viertens wurden weder Textabfassung noch Paragraphen ausgegeben, und die Frau, die eine einfältige Magd ist, wird ohne Rat gelassen, so und so vielen Geistlichen und großen Gelehrten in einer so ernsten Materie, besonders jener, die die Offenbarungen betrifft, zu antworten. Aus all diesen Gründen scheint mir der Prozeß ungültig.« Er fügte hinzu: »Ihr seht, wie vorgegangen wird. Ihr werdet, falls es Euch gelingt, sie durch ihre Worte fangen. Ihr werdet Vorteil ziehen aus den Aussprüchen, in denen sie sagt: ›Ich weiß gewiß‹, wenn sie von ihren Erscheinungen spricht. Wenn sie aber sagte: ›Es scheint mir‹, statt ›Ich weiß gewiß‹, so gäbe es meiner Ansicht nach keinen Menschen, der sie verurteilen könnte. Ich bemerke wohl, daß sie mehr aus Haß als aus irgendeinem andern Gefühl heraus handeln. Sie haben die Absicht, sie sterben zu lassen. Ich werde mich auch nicht mehr länger hier aufhalten. Ich will nicht mehr dabeisein. Was ich sage, mißfällt nur.« Am nämlichen Tage verließ Johann Lohier Rouen.

Die Sache mit Nikolaus von Houppeville erinnert an jene Lohiers. Hochwürden Nikolaus erklärte gegenüber einigen Kirchenvätern, daß, wenn Johanna durch Männer der ihr gegnerischen Partei gerichtet würde, dies nicht die rechte Art sei. Er machte darauf aufmerksam, daß Johanna bereits von den Geistlichen von Poitiers, vom Erzbischof von Reims, den

Metropolitanen des Bischofs von Beauvais geprüft worden war. Von diesen Verdächtigungen unterrichtet, geriet der Bischof von Beauvais in großen Zorn und ließ Hochwürden Nikolaus zu sich kommen. Dieser antwortete, daß er dem Bischof von Rouen unterstände und der Bischof von Beauvais nicht sein Richter wäre. Houppeville soll aber doch, wohl aus juristisch begründeterer Ursache als die, den Bischof beleidigt zu haben, in das Gefängnis des Königs gesperrt worden sein. Wahrscheinlicher ist, daß der angesehene Geistliche nicht Beisitzer des Prozesses sein wollte und deshalb Rouen verließ. Einige andere Kirchenväter erkannten später, daß ihre geäußerte Meinung durch große Furcht und Gefahr beeinflußt worden war. »Wir wohnten dem Prozesse bei«, sagten sie, »hatten aber im Sinne, zu fliehen.« Aber tatsächlich wurde niemandem Gewalt angetan, der seine Anwesenheit bei dem Prozeß verweigerte. Wurden sie bedroht? Aus welchem Grunde? War es damals schwierig, eine Hexe zu richten? Johanna aber war keine Hexe; doch war zu bedenken, daß, wenn man sie verurteilte, man den Engländern, den Herren, diente. Man glaubte nicht, daß die Franzosen so nahe daran waren, die Normandie wieder zu erobern.

Bei der Verhandlung am 1. März ließ sich der Richter zuerst folgendermaßen vernehmen: »Was sagt Ihr über unsern Herrn, den Papst? Und wer, glaubt Ihr, sei der wahre Papst?« Geschickt antwortete sie durch eine andere Frage: »Gibt es denn zwei?«

Nein, es gab nicht zwei. Das Schisma war durch die Abdankung Clemens VIII. beendet. Der große Riß in der Kirche war seit dreizehn Jahren wieder geschlossen, und alle christlichen Nationen, selbst die französische, waren einverstanden, ihre Päpste aus Avignon nicht mehr wiederzusehen. Aber was weder die Angeklagte noch die Richter wußten, war, daß es weder zwei Päpste gab, noch einen, es gab gar keinen; der kirchliche Stuhl war seit dem Tode Martins V. erledigt, und erst drei Tage später, am 3. März, sollte die Wahl Eugens IV. stattfinden. Aber nicht ohne Ursache war an Johanna diese Frage gestellt worden. Der Brief des Grafen von

Armagnac und ihre Antwort befanden sich in den Händen des Richters. Als man ihr den ihr zugeschriebenen Brief vorlas, erwiderte sie, daß er nur zum Teil von ihr stamme. Da sie diktierte und das Geschriebene dann nicht lesen konnte, war es leicht möglich, daß die Worte nicht getreulich aufgezeichnet wurden; sie konnte aber in ihren gehäuften, gehemmten und sich widersprechenden Antworten nicht aufklären, worin ihr Diktat vom geschriebenen Text abwich. Die Richter aber folgerten daraus äußerst Belastendes; sie sahen den Beweis einer höchst schuldigen Vermessenheit. Welche Großsprecherei war es in ihren Augen, daß diese Frau vorgab, von Gott selbst zu wissen, worüber zu belehren Mission der Kirche war. Johanna sah diesmal wohl, wo man sie in dieser Sache fangen wollte, so daß sie zweimal ihren Glauben an den Papst von Rom bekannte. Sie hätte bitter gelächelt, wenn sie gewußt hätte, daß diese gelehrten Doktoren und Leuchten der Universität Paris, die ihr tödlich verübelten, nicht richtig an den Papst zu glauben, selber an ihn in einer höchst zweifelhaften und unaufrichtigen Weise glaubten. In diesem Augenblick hatten mehrere unter ihnen, wie Thomas von Courcelles, Johann Beaupère und Nikolaus Loiseleur, der die Stimme der heiligen Katharina nachahmte, Eile, das unschuldige Mädchen ins Jenseits zu befördern. Sie wollten ihre Maultiere besteigen und nach Basel traben, wo sie in der Synagoge des Satans Feuer und Flammen gegen den heiligen apostolischen Stuhl schleudern und teuflischerweise bestimmen würden, daß der Papst dem Konzil unterworfen sei, und wollten ihm die Abgaben der Priester, die ihm teurer waren als sein Augapfel, entziehen, und schließlich sollte er seines Besitzes entrechtet werden. Diesmal hätte Johanna mit mehr Recht als seinerzeit in Poitiers jenen Priestern, die so gierig waren, an ihr die Ehre der Kirche zu rächen, den Schrei einer ländlichen Seele entgegenschleudern können: »Ich bin katholischer als Ihr!«

In ihrem Gefängnis wahrsagte Johanna vor ihren Wächtern. Davon benachrichtigt, wollten die Richter die Prophezeiungen selber aus Johannas Mund hören. Sie aber sagte ihnen:. »Ehe sieben Jahre um sind, werden die Engländer einen, größeren Verlust erleiden, als es vor Orléans geschehen. Sie werden alles in Frankreich verlieren, mehr, als irgend jemand in Frankreich je einbüßte. Und das wird durch großen Sieg, den Gott den Franzosen senden wird, geschehen.« – »Woher wißt Ihr das?« – »Ich weiß es durch Offenbarung und würd' sehr betrübt sein, wenn es sich anders wenden sollt. Ich weiß es durch Offenbarung ebenso gut, als ich Euch hier vor mir weiß.« – »Aber das Jahr?« – »Das werdet Ihr zur Stund nit erfahren, aber ich wollte, daß es vor Sankt Johann geschäh'.« – »Habt Ihr nicht gesagt, daß es vor Sankt Martin im Winter sein würde?« – »Ich habe gesagt, daß man vor Sankt Martin allerlei erleben wird und möglich, daß die Engländer niedergeworfen würden.« Worauf man Johanna fragte, ob der heilige Gabriel den Erzengel Michael begleite, wenn er vor ihr erscheine. Johanna antwortete: »Ich erinnere mich des nit.« Wie konnten nach solch schlichter Antwort die Richter noch die Stirne haben, sie über ihre Visionen weiter auszuforschen? Waren sie nicht genügend unterrichtet? Doch sie verdoppelten die kleinlichen und hinterlistigen Fragen: »Wie sprachen die Heiligen? Welche Art von Stimme hatten sie?« Diese letzte Frage berührte einen sehr ernsten theologischen Punkt. Die Dämonen, in deren Kehle es knirscht wie von Karrenrädern oder den Schrauben einer Presse, können die zarten Laute der Heiligen nicht nachahmen. Johanna antwortete, daß die Stimme schön, sanft und freundlich sei und daß sie französisch spreche, worauf man sie hinterlistig fragte, warum die heilige Margareta nicht englisch rede. Sie antwortete: »Wie wird sie englisch sprechen, da sie nit auf Seite der Engländer ist?« Dann wurde sie über ihren Ring befragt. Eine kitzlige Angelegenheit! Zu jener Zeit gab es nämlich viele mit Zauber belegte Ringe und Amulette. Die Zauberer verfertigten unter dem Einfluß der Planeten die Ringe und verliehen ihnen mit Hilfe von Steinen und Wunderkräutern bestimmte Eigenschaften und magische Wirkung. Ach, sie hatte nur zwei armselige Ringlein; einen aus Messing, mit den Namen Jesus und Maria, von ihren Eltern, den anderen von ihrem Bruder. Der

Bischof behielt einen, die Burgunder hatten ihr den anderen abgezogen.

Man versuchte, sie wegen eines Paktes, den sie unter dem Feenbaum mit dem Teufel geschlossen haben soll, zu überlisten. Sie ging nicht in die Falle, wahrsagte aber ihre Befreiung und das Verderben ihrer Feinde. Man fragte sie, was sie mit ihrer Alraune gemacht hatte. Sie hatte niemals eine besessen. Sodann wollte der Richter seine Neugier über den heiligen Michael befriedigen: »War er nackt?« Sie antwortete: »Glaubt Ihr, daß der Herr nicht genug hat, um ihn zu kleiden?« – »Hatte er Haare?« – »Warum sollten sie ihm abgeschnitten worden sein?« Dann kam man auf das Mirakel des ›Zeichens‹ zurück, das man seit der ersten Sitzung hatte ruhen lassen, auf das Mysterium von Chinon, jene wunderbare Krone, die Johanna so wie die heilige Katharina von Alexandrien aus Engelshand empfangen zu haben glaubte. Aber sie hatte ihren Heiligen versprochen, darüber nicht zu sprechen.

Johanna litt sehr, der Sakramente beraubt zu sein. Als eines Tages Johann Massieu sie vor ihre Richter führte, fragte sie ihn, ob sich am Wege eine Kirche oder Kapelle befände, in der der Leib Jesu Christi aufbewahrt sei. Massieu war kein harter und erbarmungsloser Mensch. Er antwortete seiner Gefangenen, daß sich am Wege eine Kapelle befände, worauf sie ihn sehr inständig bat, sie an dieser vorbeizuführen, damit sie dem Herrn ihr Gebet verrichten und ihm ihre Ehrfurcht bezeugen könne. Massieu willigte ein und ließ Johanna vor dem Heiligtum niederknien, doch war der Bischof, als er es erfuhr, ungehalten und gab dem Gerichtsvollzieher den Auftrag, solche Gebete in Zukunft nicht zu gestatten. Der Ankläger Johann von Estivet beschimpfte seinerseits Massieu deshalb sehr heftig. Dieser aber ließ sich durch die Drohung nicht einschüchtern, so daß Estivet sich vor die Türe der Kapelle stellte, wenn Johanna vorüberkam, um das arme Mädchen daran zu hindern, seine Gebete zu verrichten.

Zu Beginn des nächsten Verhöres fragte man Johanna, ob sie an ihren Heiligen etwas anderes gesehen hätte als das Gesicht und bestand auf Antwort. »Bevor ich alles sage, was ich weiß«, erwiderte sie, »möchte ich lieber, daß Ihr mir den Hals abschneiden lasset.« Wieder kam man auf die Männerkleidung zurück. Dann wollte man wissen, ob sie die Fahnen ihrer Kriegsgenossen bezaubert hätte. Sie wollten in Erfahrung bringen, auf welche Weise sie das Kriegsvolk mit sich riß. Dieses Geheimnis offenbarte sie: »Ich sagte ihnen: Dringet kühn auf die Feinde ein! Und ich tat desgleichen.« In diesem wirrsten und langwierigsten Verhör unter allen anderen wurde an die Angeklagte folgende merkwürdige Frage gerichtet: »Als Ihr vor Jargeau lagt, was war es, was Ihr hinter Eurem Helm trugt? Befand sich da nicht etwas Rundes?« Bei der Belagerung von Jargeau hatte sie einen riesigen Stein auf den Kopf bekommen und war nicht verletzt worden, was man in ihrer Partei als ein Wunder angesehen hatte. Die Richter von Rouen glaubten, daß sie einen goldenen Schein wie die Heiligen trug und dieser sie beschützt hätte. Ebenso sonderbar war es, daß man sie über ein Bild befragte, das sich im Haus ihres Gastgebers in Orléans befand, auf dem drei Frauen mit der Inschrift ›Gerechtigkeit, Friede und Einigkeit‹ gemalt waren. Johanna wußte nichts davon. Sie war nicht wie der Herzog von Bar und der Herzog von Orléans Liebhaber von Malereien und Wandstickereien. Ihre Richter waren es auch nicht, zumindest nicht zu dieser Stunde, und wenn sie sich nun über dieses Bild beunruhigten, so war es nicht der Malerei, sondern der Lehre wegen. Wahrscheinlich waren diese drei Frauen, die sich im Hause des reichen Jakob Boucher befanden, nackt. Die Maler behandelten zu jener Zeit auf kleinen Wandbildern Badeszenen und Allegorien und malten die Frauen nackt, mit großen Stirnen, runden Köpfen, goldenen Haaren, kleinem, dürftigem Körper mit großem Leib, und deren Nacktheit war unter durchsichtigen Schleiern auf das genaueste wiedergegeben. In Flandern und Italien wurden viele derartige Malereien verfertigt. Die gelehrten Herren, die diese Werke schändlich und häßlich fanden, wollten offenbar Johanna überführen, ein solches bei dem Schatzmeister des Herzogs von Orléans betrachtet zu haben. Man errät den Verdacht dieser Doktoren bei der Frage, ob der heilige Michael Johanna nackt erschienen wäre, wie sie sich an ihre Heiligen klammerte und von welchem ihrer Körperteile sie ihre Ringe berühren ließ. Auch hätten sie gerne von ihr gehört, daß sie sich wie eine Heilige verehren ließ. Johanna enttäuschte sie aber durch folgende Antwort: »Die armen Leute kamen gerne zu mir, weil ich ihnen nichts Übles tat, ihnen aber, so gut ich konnte, beistand.« Sodann berührte das Verhör die verschiedensten Dinge, Bruder Richard, die Kinder, die Johanna über das Taufbecken gehalten, die frommen Frauen von Reims, die ihre Ringe durch den Johannas berühren ließen, die Schmetterlinge, die sie in einer Fahne gefangen hatte. Die Theologen wußten nämlich ganz bestimmt, daß die Zauberer Schmetterlinge dem Teufel weihten. Im Krieg bedeutete ein Schmetterling am Hut, daß man alles wagen könne, einen Freibrief besäße. Auch der wiedergefundene Handschuh bildete Verdacht, durch Zauberei gefunden worden zu sein. Dann kam dieser neugierige Richter auf mehrere schwerwiegende Punkte des Prozesses zurück, die in Männerkleidung empfangene Kommunion, die Mähre des Bischofs von Senlis, die Johanna genommen hatte, was eine Art Lästerung bedeutete, das schwarze Kind, das sie in Lagny belebt haben sollte, und Katharina de La Rochelle, die eben in Paris gegen sie ausgesagt, die Belagerung von La Charité, der Sprung in Beaurevoir, und schließlich gotteslästerliche Worte in Soissons gegen den Hauptmann Bournel.

Der Bischof erklärte das Verhör für geschlossen. Falls es nützlich erscheinen sollte, Johanna noch reichlicher zu befragen, würden einige Doktoren und Geistliche zu diesem Zwecke bestimmt werden. Deshalb begaben sich am 10. März mehrere Herren in das Gefängnis. Diesmal beschäftigte man sich mit dem Ausfall von Compiègne. Die Priester gaben sich viel Mühe, um Johanna zu zeigen, daß ihre Stimmen böse wären oder daß sie sie schlecht gehört hätte, da sie durch sie in ihr Verderben geraten sei. Jakob Gélu und Johann Gerson hatten diesen Zwiespalt vorausgesehen und durch schöne theologische Argumente beantwortet. Man fragte sie sodann über die Malerei auf ihrem Banner, und sie antwortete, daß ihre Heiligen sie ihr angeordnet hatten. Die Richter hätten sie gerne des Hochmuts und der Eitelkeit überführt. Der Punkt, bei dem sie aber am meisten in sie drangen, war das ›Zeichen‹, von dem schon zweimal in dem öffentlichen Verhör die Rede war. Über diesen Gegenstand war die Neugier der Doktoren unerschöpflich. Das Zeichen war die Widerlegung der Salbung, die auf diese Art nicht durch göttliche Salbung, sondern durch Zauberei vor sich gegangen war, und Beweis, daß die Krönung des Königs von Frankreich durch eine Hexe bewirkt worden war.

ZWÖLFTES KAPITEL
Die Fortsetzung des Prozesses

Am 12. März erhielt Bruder Lemaistre von Bruder Johann Graveron, Inquisitor von Frankreich, das Mandat, gegen eine gewisse Johanna, gewöhnlich die Jungfrau genannt, bis zum letzten Urteilsspruch vorzugehen. Am nämlichen Tage wurde Johanna ein zweites Mal im Gefängnis in Anwesenheit des Bischofs verhört. Man kam zuerst auf das ›Zeichen‹ zu sprechen. »War der Engel, der das Zeichen brachte, jener, der Euch zuerst erschienen war?« – »Es war immer ein und derselbe.« – »Hat der Engel Euch nicht Eurem Schicksal überlassen?« – »Ich glaube es, da es Gott gefällig war, daß ich gefangengenommen wurde.« Dann stellte Johann de la Fontaine eine spöttische und ebenso witzige Frage, als es in einem Kirchenprozeß möglich ist: »Ist Euch nicht auch der heilige Dionysius erschienen?« Der heilige Dionysius, Schutzpatron der allerchristlichsten Könige, Dionysius, Zuflucht von Frankreich, hatte es geschehen lassen, daß die Engländer seine Abtei und jene reiche Kirche, wo die Königinnen ihre Krone empfingen und die Könige ihre Gräber besaßen, plünderten. Er hatte sich zu den Engländern und Burgundern geschlagen, und es war unwahrscheinlich, daß er mit der Jungfrau der Armagnacs Zwiesprache halten würde. Auf die Frage, ob sie mit Gott selbst gesprochen, als sie das Gelübde tat, jungfräulich zu bleiben, antwortete sie: »Es genügte wohl, es den Gesandten Gottes zu versprechen, der heiligen Katharina und Margareta.« Hier wollten sie ihr offenbar eine Falle legen, denn das Gelübde wird Gott allein abgelegt. Aus der Untersuchung war jenes angebliche Heiratsversprechen Johannas an einen jungen Bauern bekannt geworden, aber Johanna blieb dabei, daß sie es nicht gegeben habe, und sie fügte hinzu: »Das erstemal, als ich meine Stimme hörte, gelobte ich, meine, Jungfräulichkeit zu bewahren, solange es Gott gefallen würde.«

Damals war ihr allerdings der heilige Michael und nicht die Heiligen erschienen. Auf den unsicheren Traum eines Kindes bauten diese Doktoren auf das emsigste schwerwiegende Schuld auf.

Der Geistliche, der sie verhörte, stellte ihr nun eine besonders ernste Frage: »Habt Ihr von all diesen Erscheinungen, die Ihr gehabt zu haben behauptet, nicht Eurem Pfarrer oder einem anderen Geistlichen gesprochen?« – »Nein, ich sprach nur zu Robert von Beaudricourt davon und zu meinem König.«

Jener Hintersasse aus der Champagne, ein Mann reifen Alters und ruhiger Sinnesart, der zur Zeit König Johanns wie Johanna in den Feldern eine Stimme vernahm mit dem Auftrag, zum König zu geben, überbrachte diese Nachricht sogleich seinem Pfarrer. Dieser Lehnsmann hatte allem Anschein nach klüger gehandelt als die Tochter der Romée, die, indem sie ihre Erscheinungen dem Pfarrer verschwieg, die Herrschaft der streitbaren Kirche verkannte. Man kann sich allerdings zu ihrer Verteidigung mit dem Apostel Paulus darauf berufen, daß da, wo der Geist Gottes ist, Freiheit besteht. Wenn man vom Heiligen Geist geführt wird, untersteht man nicht mehr dem Gesetz. War sie nun Ketzerin oder Heilige? Hierin wurzelte der ganze Prozeß.

Dann folgte die seltsame Frage: »Habt Ihr vom heiligen Michael und von den Stimmen Briefe empfangen?« Sie erwiderte: »Ich habe nicht die Erlaubnis, es Euch zu sagen, und heute in acht Tagen werde ich Euch gerne das antworten, was ich weiß.« Dies war eine Redewendung, die sie gebrauchte, wenn sie über etwas schweigen wollte, das sie nicht verneinen mochte. Die Frage war, wie es scheint, peinlich. Was hatte es mit diesen Briefen des heiligen Michael und der Heiligen, deren Bestehen sie nicht leugnete, die die Richter jedoch nicht vorwiesen, für eine Bewandtnis? Waren es die Leute ihrer Partei, die sie Johanna sandten, damit sie nach ihren Absichten handle in dem Glauben, Gott zu gehorchen?

Sie wurde gefragt, wie die Stimme sie nannte. Sie antwortete, daß sie häufig Johanna die Jungfrau, Magd Gottes, zu ihr sagte. Man forschte sodann nach dem Traum ihres Vaters, über den die Richter durch die Umfrage unterrichtet waren, und der Gedanke stimmt traurig, daß, während man ihr ein Verbrechen daraus machte, gegen das vierte Gebot gesündigt zu haben, weder ihr Vater noch ihre Mutter noch irgendeiner ihrer Verwandten forderten, als Zeugen gerufen zu werden. Dabei gab es ja Geistliche in ihrer Familie; aber ein Prozeß in Glaubensdingen flößte eine unbesiegliche Furcht ein.

Über den Herzog von Orléans wurde sie verhört, um aus ihren Antworten festzulegen, daß die Stimmen sie getäuscht, als sie ihr die Befreiung des Gefangenen versprachen. Dies gelang leicht, aber sie stellte dagegen die Behauptung auf, daß ihr nur die Zeit gefehlt hätte.

Am 13. März begaben sich der Vizeinquisitor und der Bischof neuerdings ins Gefängnis und drängten wieder in sie wegen des Zeichens des Königs. Ab man sie nochmals fragte, ob ihr der Engel Briefe geschrieben, erwiderte sie verneinend. Doch handelte es sich diesmal um den Engel der Krone und nicht um den heiligen Michael. Und obwohl sie gesagt hatte, daß es immer derselbe war, schien sie doch gewisse Unterschiede zu machen. So werden wir leider niemals erfahren, ob sie Briefe vom Erzengel Michael oder von den heiligen Damen Katharina und Margareta erhalten hat.

Wieder kam man auf verlorene und durch Zauber wiedergefundene Dinge zurück und forschte sie über einen Priester aus, der ein Liebchen gehabt hatte. Abermals war Zauberei im Spiele, da man ihr zuschrieb, durch geheime Wissenschaft über die Konkubine des Priesters unterrichtet gewesen zu sein. Man unterschob ihr mehrere derartige Dinge, zum Beispiel, daß sie beim Anblick einer Dirne gewußt hätte, daß diese ihr Kind getötet habe.

Es folgten am 14. März zwei Verhöre. Das eine drehte sich um den Sprung von Beaurevoir, und daß sie Gott verleugnet hätte, was nicht auf Wahrheit beruhte.

Der Bischof unterbrach: »Ihr habt gesagt, daß wir, der Bischof, uns in großer Gefahr befänden, indem wir Euch richteten. Was war dies und welche Gefahr droht uns mehr als anderen?« – »Ich habe dem hochwürdigen Herrn von Beauvais gesagt: ›Ihr behauptet, mein Richter zu sein. Ich weiß nit, ob Ihr es seid. Aber hütet Euch, schlecht zu richten! Denn Ihr würdet Euch in arge Gefahr begeben, und ich warne Euch, damit ich, wenn unser Herr Euch straft, meine Pflicht getan habe, Euch dies zu sagen.‹« – »Was ist das für eine Gefahr?« – »Die heilige Katharina hat mir gesagt, daß ich Hilfe haben werde. Ich weiß nit, ob das bedeutete, daß ich aus dem Gefängnis befreit werde, oder ob, während ich gerichtet werde, eine Verwirrung eintreten wird. Am häufigsten sagen mir meine Stimmen, daß ich durch einen großen Sieg befreit sein werde, und dann sagen sie mir: ›Nimm alles hin, gräme dich nicht mehr über dein Martyrium. Du wirst schließlich in das Reich des Paradieses gelangen.‹ Dies sagen mir meine Stimmen schlicht und bestimmt, ich meine damit unfehlbar. Und ich sage mein ›Martyrium‹ um der Schmerzen und Widerwärtigkeit willen, die ich im Gefängnis erleide. Und weiß nicht, ob ich noch mehr erleiden werde, aber ich gebe es Gott, unserem Herrn, anheim« Es scheint, daß die Stimmen der Jungfrau solcherart Befreiung im wirklichen als auch im geistlichen Sinne zugleich, einander widersprechend, verhießen. In dieser Antwort, die zugleich von Hoffnung und Furcht gekennzeichnet ist, dazu angetan, die verhärtesten Menschen mit Mitleid zu erfüllen, sahen diese Priester nur das Mittel, sie hinterlistig zu fangen. Indem sie vorgaben, daß sie aus ihren Erscheinungen ein ketzerisches Vertrauen zu ihrem ewigen Heil schöpfte, stellte man ihr in einer neuen Form die Frage, auf die sie sich schon demütig geantwortet hatte; ob die Stimmen ihr gesagt hätten, daß sie schließlich in das Paradies käme, ob sie sicher sei, gerettet zu sein und nicht zur Hölle verdammt, worauf sie in der großen Zuversicht, die ihr ihre Stimmen einflößten, erwiderte: »Ich glaube bestimmt das, was mir meine Stimmen gesagt haben, daß ich gerettet werde, ebenso sicher, als ob ich es schon wäre.«

Dies hieß im Glauben irren. Es war nicht Gepflogenheit, ihre Antworten zu erwägen, und der Richter machte darauf aufmerksam, daß diese hier schwer ins Gewicht falle. So bewies man ihr denn am Nachmittag desselben Tages als eine Folge ihres Irrtums, daß sie nicht der Beichte bedürfe, wenn sie von ihren Stimmen die Gewißheit ihres ewigen Heiles besäße.

In diesem Verhör wurde Johanna über die Angelegenheit mit Franquet von Arras ausgeforscht. Der Amtmann von Senlis hatte schlecht gehandelt, indem er von der Jungfrau deren Gefangenen Franquet verlangte, um ihn zum Tode zu verurteilen, und die Richter belasteten nun Johanna mit dieser Schuld. Es wurden hierauf alle tätlichen Vergehen aufgezählt; erstens, Paris an einem Festtag angegriffen zu haben, zweitens, das Pferd des Bischofs von Senlis geraubt zu haben, drittens, in Beaurevoir aus dem Fenster gesprungen zu sein, viertens, Männerkleidung zu tragen, fünftens, daß sie dem Tod eines Kriegsgefangenen beigestimmt hätte. In all diesen Punkten bekannte sich Johanna nicht tödlichen Verbrechens schuldig; allerdings gab sie zu, was den Sprung in Beaurevoir betraf, schlecht gehandelt zu haben, aber sie hatte Gott darum um Vergebung gebeten.

Es war nun genügend erörtert, daß die Gefangene gegen den Glauben geirrt hatte. Das Inquisitionstribunal in seiner großen Barmherzigkeit wollte das Heil des Sünders, weshalb vom nächsten Morgen, dem 15. März, an der Bischof von Beauvais Johanna ermahnte, sich der Kirche zu unterwerfen, und sich bemühte, ihr verständlich zu machen, daß sie der streitbaren Kirche zu gehorchen hätte, denn unter dieser und der triumphierenden Kirche sei nicht dasselbe zu verstehen. Johanna hörte ihm ohne Vertrauen zu.

Man fragte sie, ob sie es vorzöge, Frauenkleider zu nehmen und die Messe zu hören oder in Männerkleidern zu verbleiben und nicht die Messe zu hören. »Versichert mir, daß ich die Messe hören werde, wenn ich in Frauenkleidern bin, und dann will ich Euch antworten.« – »Ich verspreche Euch, daß Ihr die Messe hören werdet, wenn Ihr Frauenkleider angelegt habt.« – »Und wenn ich Euch sage, laßt mir ein Kleid machen, bis zur Erde herab, ohne Schleppe, und gebt es mir, um zur

Messe zu gehen, und wenn ich zurückgekehrt, wieder das Gewand anlege, das ich habe ...« – »Nehmt Frauenkleider ohne Einwände und für immer!« – »Übergebt mir ein Kleid wie einem Bürgermädchen, mit langem Überrock, und ich werde es und sogar eine Weiberhaube anlegen, um zur Messe zu gehen. Doch bitte ich so inständig als ich nur kann, daß man mir dieses Gewand lasse, das ich trage, und Ihr mich zur Messe gehen laßt, ohne daß ich ein anderes anlegen muß.«

Ihr Widerstand, die Männerkleidung abzulegen, ist nicht allein daraus zu erklären, daß dieser Anzug sie besser als irgendein anderer vor den Dreistigkeiten der Soldaten schützte, was im übrigen Ansichtssache ist. Sie wollte nicht Frauenkleider nehmen, weil ihre Stimmen es ihr nicht erlaubt hatten, und man errät, warum: sie war Feldherr. Welche Demütigung für ein Kriegsoberhaupt, Röcke zu tragen wie eine Bürgerin! Und welcher Zeitpunkt war es, da man sie in Röcke stecken wollte! Just der, an dem die Franzosen von einem Moment zum anderen durch eine wunderbare Waffentat sie befreien sollten. Mußten sie ihre Jungfrau nicht in Männerkleidern, bereit, sich zu bewaffnen und mit ihnen zu kämpfen, vorfinden?

Der vernehmende Richter verhörte sie sodann darüber, ob sie sich der Kirche unterstellen wollte. Und dann kam die Frage, die nach Ansicht der Doktoren die schwierigste war, die man stellen konnte: »Wenn der Teufel sich in Engelsgestalt verwandelte, wie würdet Ihr erkennen, ob es ein guter oder ein böser Engel ist?« Sie antwortete mit einer Schlichtheit, die anmaßend erschien: »Ich werde es wohl erkennen, ob es der heilige Michael oder ein ihm Nachgebildetes ist.«

Am nächsten Tage, Samstag, den 17. März, wurde Johanna neuerdings abends und nachmittags vernommen. Bisher hatte sie große Abneigung gezeigt, Gestalt und Kleidung des Engels und der Heiligen zu beschreiben. Hochwürden Johann de la Fontaine versuchte jedoch, einige Klarheit über diesen Punkt zu erhalten, und sie sagte, daß ihr der heilige Michael wie ein richtiger Friedensrichter erscheine. Doch hieß es sie schlecht kennen, wenn man ihr glaubte, daß sie den Erzengel als Friedensrichter und nicht so erblickte, wie er in den Kirchen abgebildet war, im Gewand eines Recken wie Arthur und Karl der Große, in vollständigem Waffenschmuck.

Der Richter stellte nun die Frage, deren Antwort für Johanna auf Tod und Leben ging. »Wollt Ihr all Eure Worte und Taten, ob gut oder böse, dem Ratschluß unserer Mutter, der heiligen Kirche, anheimgeben?« – »Was die Kirche angeht, liebe ich sie und möchte sie mit all meiner Kraft für unseren christlichen Glauben bekräftigen und nit mir soll man wehren, zur Kirche zu gehen und die Messe zu hören. Und was die guten Werke betrifft, die ich getan und mein Auftreten, muß ich mich an Gott im Himmel halten, der mich zu Karl, Sohn des Karl, König von Frankreich gesandt hat. Und Ihr werdet sehen, daß die Franzosen bald ein großes Unternehmen gewinnen werden, das ihnen Gott senden wird, und in welchem fast das ganze Königreich Frankreich erschüttert sein wird. Ich sage es, damit man, wenn es eingetreten ist, gedenke, was ich gesagt habe.«

Und wieder kam Johann de la Fontaine auf den Punkt zurück, von welchem Johannas Schicksal abhing: »Gebt Ihr Euch dem Ratschluß der Kirche anheim?« – »Ich gebe mich unserem Herrn anheim, der mich gesandt hat, und unserer Mutter Gottes und allen Heiligen des Paradieses, und ich glaube, daß unser Herr und die Kirche eins sind und man keine Erschwernis daraus mache. Warum macht Ihr Schwierigkeiten, ist dies nicht alles eins?« Man muß es Hochwürden Johann de la Fontaine anerkennen, daß er mit Klarheit antwortete: »Es gibt die triumphierende Kirche, wo Gott und die Heiligen, die Engel und die geretteten Seelen sind; die streitbare Kirche ist unser Heiliger Vater, der Papst, Stellvertreter Gottes auf Erden, die Kardinäle, die Prälaten der Kirche und die Geistlichkeit und alle guten Christen und Katholiken. Und besagte Kirche kann vereint nicht irren und ist vom Heiligen Geist regiert. Wollt Ihr Euch der streitbaren Kirche anheimgeben?«

»Ich bin von Gottes wegen zum König von Frankreich gekommen, durch die Jungfrau Maria und durch alle gesegneten Heiligen des Paradieses und durch die siegreiche Kirche da oben und ihr Gebot. Und dieser Kirche unterwerfe ich all meine guten Taten und alles, was ich getan und tun werde. Und auf die Frage, ob ich mich der streitbaren Kirche unterwerfe, werde ich nun nichts anderes antworten.«

Man bot ihr wieder ein weibliches Gewand: »Ich werde es nicht anlegen, solange es nicht dem Herrn gefällt. Und falls man mich hinführt, gerichtet zu worden, und ich genötigt bin, die Kleider abzulegen, bitte ich die Herren der Kirche um die Gnade, ein Frauenhemd und eine Kopfbedeckung zu erhalten. Ich möchte lieber sterben als abzuschwören, was Gott mich zu tun hieß. Ich glaube fest, daß unser Herr es nit geschehen lassen wird, daß ich so tief zu Fall komme, daß ich nit bald von Gott und durch Wunder gerettet werde.« Dann wurden ihr noch einige Fragen gestellt: »Glaubt Ihr heute nicht, daß die Feen schlechte Geister seien?« – »Darüber weiß ich nichts.« – »Wißt Ihr nicht, ob die heilige Katharina und Margareta die Engländer hassen?« – »Sie lieben, was unser Herr liebt, und hassen, was Gott haßt.« – »Haßt Gott die Engländer ?« – »Ob Liebe oder Haß, den Gott für die Engländer heget, oder was er über ihre Seelen verfügen wird, darüber weiß ich nichts. Aber ich weiß, daß sie aus Frankreich gedrängt werden mit Ausnahme derer, die hier sterben werden, und daß Gott Sieg für die Franzosen und gegen die Engländer senden wird.« – »War Gott für die Engländer, als es ihnen in Frankreich wohl erging?« – »Ich weiß nit, ob Gott die Franzosen haßte, aber ich glaube, daß er gestatten wollt', daß sie geschlagen würden um ihrer Sünden willen, falls sie sündig waren.«

Und somit wurde die Sitzung aufgehoben. An diesem Nachmittag fand im Gefängnis das letzte Verhör statt, deren Johanna fünfzehn innerhalb fünfundzwanzig Tagen über sich hatte ergehen lassen. Sie antwortete mit demselben Mut. Noch mehr als sonst waren die Punkte durcheinandergemengt. Zuerst bemühte sich der Fragesteller vergebens, den Zauber und die Hexerei ausfindig zu machen, wodurch die mit Engelsgestalten bemalte Fahne glück- und siegbringend geworden sei. Hierauf wollte er wissen, warum die Geistlichen auf die Briefe Johannas die heiligen Namen Jesu und Mariä gesetzt hätten. Dann die arglistige Frage: »Glaubt Ihr, daß Eure Stimmen zu Euch kämen, wenn Ihr verheiratet wäret?« Da sie leidenschaftlich keusch war und man, wie aus verschiedenen ihrer Reden erkenntlich ist, ihre Jungfräulichkeit für glückbringend hielt, war man begierig zu wissen, ob sie die Ehe nicht mit Verächtlichkeit behandeln, den Umgang zwischen Ehegatten verdammen und damit schwer gegen den Glauben irren würde und so der Ketzerei der Katharer verfallen wäre. Sie antwortete: »Ich weiß es nit und überlasse dies unserm Herrn.« Es folgte hierauf noch folgende, für sie, die ihren König von ganzem Herzen liebte, gefährliche Frage: »Glaubt Ihr, daß Euer König gut daran tat, den Herrn von Burgund töten zu lassen?« – »Dies wäre ein großer Schaden für das Königreich Frankreich.« Und nun stellte man folgende ernste Frage an sie: »Fühlt Ihr Euch verpflichtet, dem Papst, Statthalter Gottes, über alles, worüber man Euch, den Glauben betreffend und hinsichtlich Eures Gewandes, verhören wird, die volle Wahrheit zu sagen?« – »Ich bitte darum, daß ich ihm vorgeführt werde und dann werde ich vor ihm alles beantworten, was ich beantworten soll.« Durch dieses Wort berief sie sich auf den Papst, und diese Berufung war richtig. »In zweifelhaften Dingen, den Glauben betreffend«, hatte der heilige Thomas gesagt, »muß man sich immer an den Papst oder an das Generalkonzil wenden.« Wenn Johanna ihren Appell nicht in rechtmäßige Form kleidete, vermochte sie dies wohl nicht, unkundig der Formen, ohne Advokat und ohne Beratung. Sie berief sich so gut sie es eben verstand auf den allen Glaubenstreuen gemeinsamen Vater, wie es die Gerechtigkeit und der Gebrauch erlaubte. Die Doktoren und Geistlichen aber schwiegen. So schloß sich denn der einzige Weg des Heiles, der der Angeklagten verblieb; sie war wohl verloren. Aber was wundernimmt ist nicht, daß die Richter der englischen Partei die Berufung Johannas nicht annahmen, sondern daß die Doktoren und Gelehrten auf französischer Seite, die Geistlichen der dem König Karl gehorsamen Länder, nicht alle die Berufung unterzeichnet und einstimmig verlangt hatten, daß der Fall dieser Jungfrau, der in Poitiers für gut befunden worden war, nun vor den Papst und das Konzil gebracht werde. Statt auf Johannas Gesuch zu antworten, lenkte das Verhör wieder auf die zauberwirkenden Ringe und auf die Teufelserscheinungen, und schließlich kam man auf die Fahne zu sprechen, was bei Johanna eine jener in ein Sprichwort gekleideten Antworten auslöste, wie sie sie liebte: »Warum wurde Eure Fahne und nicht jene der anderen Hauptleute zur Salbung einhergetragen?« – »Sie war im Sturm gewesen, Grund genug, daß sie zu Ehren kam.«

Nach Beendigung der Sitzungen und Verhöre wurde der vorbereitende Prozeß als abgeschlossen erklärt und der sogenannte bischöfliche Prozeß am Dienstag nach Palmsonntag, den 27. März, eröffnet.

Bevor der Bischof die Verlesung des Schuldaktes anordnete, bot er Johanna einen Advokaten an. Wenn er bisher damit gezögert hatte, geschah es zweifellos, weil sie seiner Ansicht nach keinen benötigte. Es ist bekannt, daß der Advokat des Ketzers gezwungen war, seine Verteidigungsmöglichkeiten äußerst einzuschränken, wenn er nicht selbst der Schuld der Ketzerei verfallen sollte. Es war ihm nur gestattet, im Laufe des vorbereitenden Prozesses die Namen der Belastungszeugen zu suchen und sie dem Beschuldigten zu nennen. Wenn aber der Ketzer gestand, war es überflüssig, ihm einen Advokaten beizugeben. Und Peter Cauchon hatte ja im Sinn, die Anklage nicht auf die Aussprüche der Zeugen, sondern auf das Eingeständnis der Angeklagten aufzubauen. »Johanna«, sagte er ihr, »alle hier anwesenden Personen sind Kirchenväter von vollendetem Wissen, die gegen Euch mit aller Frömmigkeit und Milde vorgehen wollen und werden und weder Rache noch körperliche Strafe, sondern Eure Belehrung und Euren Wandel in den Wegen des Heils und der Wahrheit suchen. Da Ihr sowohl in der Schrift als in den schwierigen Dingen, um die es sich handelt, weder gelehrt noch genügend unterrichtet seid, um Euch selber über das, was Ihr tun und antworten sollt, beraten zu können, stellen wir es Euch frei, als Ratgeber einen oder mehrere Beisitzer nach Eurem Willen auszuwählen. Wenn Ihr ihn nicht wählen wollt, wird er Euch von uns beigegeben werden, auf daß Ihr Rat darüber, was Ihr sagen, und tun sollt, empfanget.« In einer derartigen Rechtspflege bedeutete dies ein freundliches Angebot. Die Wahl des Advokaten kam nicht dem Verwarnten zu, sondern war dem Richter überlassen, der einen ehrbaren und wohlwollenden Mann zu bezeichnen hatte. Ja, es war dem kirchlichen Richter sogar erlaubt, bis zum Schlusse dem Angeklagten jede Beratung zu verweigern. Es ist bemerkenswert, daß der hochwürdige Herr von Beauvais Johanna zwar im Hinblick auf ihre Unkenntnis in den göttlichen und menschlichen Dingen einen Rechtsbeistand anbot, nicht aber in Betracht ihres jugendlichen Alters. Bei anderen Gerichten war ein Prozeß gegen eine nicht beratene minderjährige Person unter fünfundzwanzig Jahren rechtsungültig. Aber die Rechtspflege der Inquisition war nicht dieselbe wie die der anderen kirchlichen Gerichtshöfe, die nach dem römischen Recht vorgingen. Johanna nahm das Angebot nicht an: »Als erstes«, antwortete sie, »danke ich Euch und der ganzen Gesellschaft für das, was Ihr mir für mein Wohl und unseren Glauben anempfehlet. Was den Rat anbelangt, danke ich Euch auch, hab' aber nit im Sinn, vom Rat unseres Herrn zu weichen.«

Alsogleich begann Thomas von Courcelles in französischer Sprache die Anklageschrift zu verlesen, so wie der Ankläger sie in siebzig Artikeln verfaßt hatte, und die nach einer bestimmten Reihenfolge die bereits Johanna vorgehaltenen Taten enthielt, die man aus freien Stücken als von ihr eingestanden und gültig bewiesen erachtete. Siebzig schreckliche Kapitalverbrechen gegen den Glauben und unsere heilige Mutter, die Kirche! Über jeden der Artikel befragt, wiederholte Johanna mit heldenhafter Offenheit ihre früheren Aussagen. Diese lange Verlesung wurde Mittwoch nach Palmsonntag, den 28. März, fortgesetzt und vollendet. Wie es ihre Gewohnheit war, erbat sie, um auf einige Punkte zu erwidern, Aufschub. Nachdem dieser am Vorabend von Ostern erloschen war, begab sich Cauchon in das Gefängnis und forderte die noch ausständigen Antworten ein. Diese bezogen sich hauptsächlich auf die Beschuldigung, in der alle anderen enthalten waren, auf die Ketzerei, die jedwede Ketzerei in sich schloß, nämlich die Weigerung, sich der streitbaren Kirche zu unterwerfen. Alles in allem hatte sich Johanna zu dem Entschluß erklärt, sich dem Herrn vor allen Menschen der Welt zu untergeben, was Übergehung der päpstlichen Herrschaft und des Konzils bedeutete. Die Doktoren und Geistlichen der Universität von Paris waren der Meinung, daß ein Auszug des umfassenden Schriftstückes des Anklägers zu verfertigen, die Quintessenz daraus zu ziehen und die siebzig Hauptanklagepunkte auf eine kleine Anzahl von Artikeln zu vermindern sei. Auf diese Art wurden die Schuldbeweise, die die Richter zu Unrecht aus den Antworten der Verhöre folgerten, zu zwölf Artikeln zusammengefaßt, die jedoch Johanna nicht mitgeteilt wurden. Am 12. April gaben zwanzig der Beisitzer, in der Kapelle des Bischofs vereinigt, nachdem sie die Artikel geprüft, hatten, ein für die Beschuldigte ungünstiges Gutachten ab. Ihrer Ansicht nach waren die Erscheinungen und Offenbarungen, deren sie sich rühmte, nicht von Gott. Es waren dies entweder menschliche Erfindungen oder Einwirkungen eines bösen Geistes; um an sie glauben zu können, lieferte Johanna nicht genügend Zeichen. Die Doktoren und Geistlichen erkannten in der Sache dieser Frau Lügen, Unwahrscheinlichkeiten, allzu große Leichtgläubigkeit, abergläubische Wahrsagerei, empörende und irreligiöse Handlungen, tollkühne und vermessene Behauptungen voll Großsprecherei, Lästerung gegen Gott und die Heiligen, Pietätlosigkeit gegen Vater und Mutter, Vergehen gegen die Vorschriften der Nächstenliebe, Götzendienerei oder zumindest lügenhafte Vorspiegelungen, abtrünnige Gedanken, die der Einigkeit, Herrschaft und Macht der Kirche verderblich, böse Praktiken und insbesondere ketzerischen Aberglauben. Wenn Johanna nicht durch ihre himmlischen Stimmen, die Stimmen ihres Herzens, gestützt und getröstet worden wäre, hätte sie nicht bis an das Ende dieses entsetzlichen Prozesses aushalten können, wo sie zugleich von Kirchenfürsten und rohen Kriegsknechten gepeinigt, Qualen an Körper und Seele ausstand, die gemeinhin die Leidensfähigkeit der menschlichen Natur übersteigen. Sie ertrug sie, ohne daß ihre Festigkeit, ihr Glaube, ihre himmlische Zuversicht, ja, man könnte fast sagen, ihre Heiterkeit beeinträchtigt wurde. Schließlich aber mit ihrer Kraft – nicht mit ihrem Mut – zu Ende, brach sie zusammen, einer Krankheit verfallen, die man für tödlich hielt. Sie schien verloren oder, ach, vielmehr gerettet.

Am 18. April begaben sich der hochwürdige Herr von Beauvais und der Vizeinquisitor zu Johanna, um sie mildherzig zu ermahnen. Noch lag sie krank. Der Bischof machte ihr Vorstellungen, daß sie, von den hochweisen Persönlichkeiten befragt, in schwierigen Dingen mancherlei gesagt habe, das als dem Glauben feindlich bezeichnet worden war. Eingedenk, daß sie eine schriftunkundige Frau wäre, bot er ihr an, sie mit gelehrten und ehrbaren Männern zu versehen, die sie unterweisen würden. Er bat die anwesenden Doktoren, ihr heilsamen Rat zu erteilen und forderte sie auf, wenn sie selbst andere Personen wüßte, ihm diese zu bezeichnen, und versprach ihr, sie sicherlich kommen zu lassen. »Die Kirche«, bemerkte er, »verschließt ihren Busen jenen nicht, die wieder zu ihr zurückkehren.« Johanna antwortete, daß sie für das, was er um ihres Heiles willen sagte, danke und fügte hinzu: »Es scheint mir, daß ich wegen der Krankheit, die ich habe, in Todesgefahr bin. Wenn dem so ist, wolle Gott mit mir nach seinem Wunsch verfahren. Ich bitte Euch, mir Beichte zu bewilligen und den Leib unseres Erlösers, und daß ich in heiliger Erde begraben werde.« Der Bischof von Beauvais wollte ihr begreiflich machen, daß, wenn sie die Sakramente empfangen wolle, sie sich der Kirche unterwerfen müsse.

»Wenn mein Leib im Gefängnis stirbt,« antwortete sie, »verlasse ich mich auf Euch, daß Ihr ihn in heilige Erde legt; willfahrt Ihr mir nit, bau' ich auf Gott, unsern Herrn.« Sie beharrte hierauf lebhaft auf der Wahrheit ihrer Erscheinungen seitens Gott, des heiligen Michaels, der heiligen Katharina und der heiligen Margareta, und als man sie noch einmal fragte, ob sie sich selbst und ihre Handlungen der Kirche unterwerfe, antwortete sie: »Was immer mir zustoßen mag, werde ich weder anders handeln oder sprechen als ich es schon im Prozeß getan habe.« Die Doktoren und Geistlichen ermahnten sie einer nach dem andern, sich der Kirche unterzuordnen, und führten zahlreiche Stellen aus der Heiligen Schrift an. Sie versprachen ihr den Leib des Herrn, wenn sie gehorchen wollte, sie aber hielt an ihrem Vorsatz fest. »Über diese Unterwerfung«, sagte sie, »werde ich nichts anderes antworten, als ich bereits getan habe. Ich liebe Gott, ich diene ihm, bin eine gute Christin und möchte der heiligen Kirche mit all meiner Kraft helfen und beistehen.«

In großen Nöten nahm man zu Prozessionen Zuflucht. So wurde sie denn gefragt, ob sie nicht wünsche, daß eine schöne, ansehnliche Prozession veranstaltet werde, um sie in gute Verfassung zu bringen, falls sie ihrer entbehre. Sie antwortete: »Ich möchte sehr gerne, daß die Kirche und die Katholiken für mich beten.« Unter den beratenden Gelehrten empfahlen mehrere, daß sie neuerdings belehrt und mildherzig verwarnt würde. Dies geschah wieder am 2. Mai, und man machte sie aufmerksam, daß, falls die Kirche sie aufgäbe, ihre Seele in großer Gefahr wäre, dem ewigen Fegefeuer anheimzufallen, abgesehen von der Erduldung des leiblichen Feuertodes durch den Urteilsspruch anderer Richter. Johanna antwortete wie zuvor.

Am nächsten Tage, dem 3. Mai, dem Tage der Kreuzeserhöhung, erschien ihr der Erzengel Gabriel. Sie war nicht ganz sicher, ob sie ihn schon gesehen hatte, aber diesmal konnte sie nicht zweifeln; ihre Stimmen sagten ihr, daß er es wirklich sei, und sie schöpfte daraus neuen Trost. Am selbigen Tage fragte sie ihre Stimmen, ob sie sich der Kirche unterwerfen sollte, wozu all diese Geistlichen sie drängten. Die Stimmen antworteten ihr: »Wenn du willst, daß der Herr dir hilft, verlasse dich auf ihn in allem, was du tust.« Johanna wollte von ihnen erfahren, ob sie verbrannt werden würde. Die Stimmen hießen sie, sich auf Gott zu verlassen, der ihr helfen werde. Dieser geheimnisvolle Beistand festigte aufs neue das Herz Johannas.

Die Hartnäckigkeit, die sie bewies, war bei den Ketzern und Besessenen nicht ohne Beispiel. Ja, die kirchlichen Richter waren an diese Verhärtung teufelsbesessener Frauen gewöhnt. Um sie zu nötigen, die Wahrheit zu sagen, wenn Ermahnungen und Warnungen versagten, griff man zur Tortur. Und auch dieses Mittel war nicht immer erfolgreich. Viele dieser schlechten Frauenzimmer ertrugen die grausamsten Qualen mit einer Festigkeit, die die gewöhnlichen Kräfte der menschlichen Natur überstieg. Auch hielten die Gelehrten diese Standhaftigkeit nicht für natürlich. Sie schrieben sie teuflischem Werke zu. Man nannte sie Gabe des Schweigens. Am 9. Mai wurde Johanna zum großen Turm des Schlosses geführt und in die Folterkammer eingelassen. Hier verlas ihr Hochwürden von Beauvais in Gegenwart des Vizeinquisitors und neun Doktoren und Geistlicher die Artikel, auf die sie bisher die Antwort verweigert hatte, und bedrohte sie, falls sie nicht die ganze Wahrheit eingestehe, mit der Folter. Die Werkzeuge waren vorbereitet. Die beiden Folterknechte, der verheiratete Kleriker Leparmentier und sein Genosse standen an ihrer Seite, des bischöflichen Befehls gewärtig. Johanna, die sechs Tage vorher von ihren Stimmen großen Trost empfangen hatte, antwortete mit Bestimmtheit: »Wahrlich, wenn Ihr mir die Glieder aus dem Leib reißen wollet und meine Seele aus dem Körper, werde ich Euch nichts anderes sagen, und wenn ich etwas anderes spräche, werde ich nachher erklären, daß Ihr es mich durch Gewalt habt sagen lassen.« Der Bischof von Beauvais entschied, von der Folter abzusehen, befürchtend, daß sie dieser verhärteten Seele nicht nützlich sein würde. Einer der Beisitzer riet, Johanna nicht der Folter zu unterziehen, um zu vermeiden, daß ein so gut gemachter Prozeß wie dieser angegriffen werden könne. Andere hielten die Tortur für angemessen. Die Mehrzahl aber war der Meinung, daß bisher keine Ursache zu dieser Prüfung bestände. Einige wollten, daß man sie neuerlich milde ermahne. Hochwürden Wilhelm Erard, Doktor der Theologie, berief sich darauf, daß schon genügend Material erbracht sei, um zu richten. So waren unter denen, die Johanna die Folter ersparten, jene, die am wenigsten barmherzig für sie empfanden. Im Geiste der kirchlichen Gerichtshöfe bedeutete es in manchen Fällen Verweigerung einer Gnade, wenn man die Folter nicht anwandte.

Am 21. April verließen drei der Geistlichen Rouen und auf die Gefahr, unterwegs vom Kriegsvolk angefallen zu werden, überbrachten sie ihren Pariser Kollegen die zwölf Artikel. In allgemeiner Versammlung vereinigt, beauftragte die Universität am 28. April die heilige theologische Fakultät und die verehrliche Fakultät der Rechte mit der Untersuchung der zwölf Artikel. Am 14. Mai wurden die Beschlüsse der beiden Fakultäten allen übrigen feierlich vereinigten Fakultäten unterbreitet, die sie ratifizierten, sich zu eigen machten und König Heinrich mit der Bitte übersandten, daß Seine Hoheit rasch Gerechtigkeit übe, auf daß das durch diese Frau so sehr empörte Volk zu guter Lehre und heiligem Glauben zurückgeführt werde. Es ist bemerkenswert, daß in einer Sache, die Angelegenheit des Papstes war, durch den Vizeinquisitor, den König und den Bischof vertreten, die älteste Tochter der Könige direkt mit dem König von Frankreich, dem Hüter ihrer Privilegien, in Verbindung trat.

Die Doktoren der theologischen Fakultät waren sehr weise; sie kannten die drei bösen Geister, die die irregeführte Johanna für den heiligen Michael, die heilige Katharina und die heilige Margareta hielt. Diese waren Belial, Satan und Behemot. Belial, von den Sidoniern angebetet, pflegte sich in der Gestalt eines wunderschönen Engels zu zeigen; es war der Dämon der Unbotmäßigkeit. Satan ist der Herr der Höllen, und Behemot ein schwerfälliges und blödes Wesen, das Heu frißt wie ein Ochse. Die ehrwürdige Fakultät der Rechte entschied, daß diese abtrünnige Frau, die im Glauben irrte, lügnerische Wahrsagerei betrieb und den Glauben verleugnete, mildtätig ermahnt und von dazu berechtigten Richtern gebührlich verwarnt werde, und, wenn sie dennoch sich weigerte, den Irrtum zu bekennen, man sie dem weltlichen Arm überlassen müsse, daß sie die gerechte Strafe empfinge.

Aber hatten denn die französischen Geistlichen nichts in

dieser Sache zu sagen? Hatten sie keinerlei Beschließung dem Papst oder dem Konzil zu unterbreiten? Warum stellten sie nicht ihre Meinung jener der Pariser Fakultät entgegen? Warum verharrten sie in Stillschweigen? Weshalb sandten diese Räte, die dem König empfohlen hatten, das junge Mädchen ins Werk zu setzen, um ein Geschenk des Heiligen Geistes nicht zu verschmähen, nicht das von Johanna verlangte Protokoll von Poitiers nach Rouen? Alle diese von Paris verjagten Universitätsgelehrten, alle jene Advokaten und Räte im verbannten Parlament, alle die Magistratsleute, die keinen Rock anzuziehen, keine Schuhe für ihre Kinder gehabt hatten, ehe die Jungfrau ihrer üblen Lage zu Hilfe gekommen war, und die es ihr verdankten, wenn sie nun täglich an Hoffnung und Kraft erstarkten, wie ließen sie es zu, daß diese große Dienerin ihres Königs als Ketzerin und leichtfertiges Frauenzimmer behandelt wurde? Jener Bruder Pasquerel, jener Bruder Richard, alle diese Geistlichen, die sie seinerzeit nach Frankreich begleitet hatten und sie bei den Kreuzzügen gegen die Böhmen, die Türken zu begleiten dachten, warum verlangten sie nicht einen Freibrief, um beim Prozeß gehört zu werden? Warum sandten sie nicht zumindest ihre Zeugenschaft? Dieser Erzbischof von Embrun, der seinerzeit dem König so edle Ratschläge gegeben hatte, warum ließ er nicht an die Richter von Rouen seine Gedenkschrift zu Gunsten der Jungfrau ergehen? Der Erzbischof von Reims, Kanzler des Königs, der wohl gesagt hatte, daß sie eitel sei, aber nicht ketzerisch, warum unterließ er, seinen Interessen und seiner Ehre zuwider, Zeugnis zu Gunsten jener abzugeben, die ihm seine erzbischöfliche Stadt wiedererobert hatte? Warum erließ er nicht, wie es sein Recht, seine Pflicht als Metropolit war, Urteil und Amtsentsetzung seines Suffraganbischofs, der beschuldigt war, pflichtwidrig in der Ausübung des Rechtes gehandelt zu haben? Diese großen Geistlichen, Räte König Karls im Konzil zu Basel, warum unternahmen sie es nicht, die Sache der Jungfrau vor die Synode zu bringen? Wie kam es schließlich, daß Priester, Geistliche des Königreiches, nicht mit einstimmigem Schrei die Berufung an den Heiligen Vater verlangten?

Alle verharrten starr vor Staunen, ohne sich zu äußern, ohne zu handeln. War es nicht, weil sie fürchteten, daß diese berühmte Universität, die man aus allen christlichen Ländern in Glaubensdingen zu befragen kam, die Sonne der Kirche, mit zu grellem Licht die Sache der Jungfrau beleuchtet hatte, und daß diese Frau, die man in Frankreich für eine Heilige gehalten, nicht doch vom bösen Geist beseelt war? Wenn sie dies glaubten, diesen Verdacht hegten, würde diese theologische Auffassung, diese Zweifel in einer schwierigen Materie einer so kitzligen Sache, ihr Schweigen erklärt haben. Man könnte begreifen, daß sie aus Scham und Schmerz schwiegen. Wenn sie aber glaubten, was sie seinerzeit geglaubt, überzeugt waren, die Jungfrau sei von Gott gekommen, um den König zu seiner glorreichen Salbung zu führen, was soll man dann von diesen Priestern denken, von jenen Geistlichen von Frankreich, die die Magd Gottes am Vorabend ihrer Passion verleugneten?

DREIZEHNTES KAPITEL

Die Abschwörung.

Der erste Urteilsspruch

Die Gelehrten und Geistlichen, fünfzig an der Zahl, die sich am 19. Mai in der bischöflichen Kapelle von Rouen versammelten, schlossen sich einstimmig den Beratschlagungen der Pariser Universität an, und der Bischof von Beauvais entschied, daß eine neuerliche erbarmungsvolle Ermahnung an Johanna gerichtet werde. Infolgedessen begaben sich am 23. der Bischof, der Inquisitor und der Ankläger in ein Gemach des Schlosses, das dem Johannas benachbart war. Die Angeklagte wurde hereingeführt und Meister Peter Maurice, Doktor der Theologie, verlas ihr die zwölf nach den Beschlüssen der Universität ausgelegten und gekürzten Artikel, das Ganze in der Art einer an sie gerichteten Rede.

Erster Artikel

Als erstes, Johanna, hast du gesagt, daß du ungefähr im Alter von dreizehn Jahren Offenbarungen und Erscheinungen von Engeln und von den Heiligen Katharina und Margareta hattest, daß du sie oft mit deinen leiblichen Augen gesehen und sie zu dir gesprochen haben, und daß sie häufig zu dir sprechen und dir viel Dinge gesagt haben, die du in deinem Prozeß offen berichtet hast.

Über diesen Punkt sagen die Geistlichen und Gelehrten der Universität zu Paris und andere, in Betracht der Art der Offenbarungen und Erscheinungen, ihres Zweckes und des Inhalts der offenbarten Dinge und in Betracht deiner Person und hinsichtlich allem, was hier zu überlegen war, daß dies lügenhafte, verführerische und gefährliche Einbildungen sind, oder daß Erscheinungen und Offenbarungen dieser Art

Aberglaube bedeuten, oder von bösen und teuflischen Geistern herrühren.

Zweiter Artikel

Item hast du gesagt, daß dein König ein Zeichen erhielt, durch welches er erkannte, daß du von Gott gesandt seiest, nämlich, daß der heilige Michael, von einer Schar von Engeln begleitet, von denen einige Flügel trugen, andere Kronen, und mit ihnen die Heiligen Katharina und Margareta zu dir kamen in die Stadt Chinon, und daß alle diese mit dir über die Treppe des Schlosses in das Gemach deines Königs eintraten, vor dem sich ein Engel verbeugte, der eine Krone trug. Und einmal sagtest du, daß diese Krone, die du ein Zeichen nennst, dem Erzbischof von Reims übergeben wurde, der sie deinem König reichte, in Gegenwart einer Schar von Prinzen und Edelleuten, die du aufgezählt hast.

Und was dies betrifft, erklären besagte Gelehrte, daß dies unwahrscheinlich sei, eine anmaßende, verführerische und verderbliche Lüge, eine erfundene Sache und der Würde der Engel abträglich.

Dritter Artikel

Item hast du gesagt, daß du die Engel durch guten Rat, Trost und Lehre, die sie dir gaben, kanntest, und weil sie sich dir nannten und dich grüßten. Du glaubst auch ebenso fest, als du an die Religion Christi glaubst, daß es der heilige Michael war, der dir erschien, und daß ihre Taten und Worte gut seien.

Was dieses anbelangt, erklären die Geistlichen, daß dies nicht genügende Zeichen seien, um besagte Heilige und Engel zu erkennen, und daß du leichtgläubig gewesen und dreiste Behauptungen aufgestellt hast, und daß du außerdem, was den Vergleich deines festen Glaubens betrifft, usw., im Glauben irrst.

Vierter Artikel

Item hast du gesagt, daß du von gewissen kommenden Dingen überzeugt bist, daß du von verborgenen Dingen wußtest, daß du gleicherweise Menschen erkannt hast, die du nie zuvor gesehen, und dies durch die Stimme der Heiligen Katharina und Margareta.

Und hierauf sagen die Gelehrten, daß diese Aussprüche Aberglaube, Wahrsagerei, anmaßende Behauptungen und Großsprecherei wären.

Fünfter Artikel

Item hast du gesagt, daß du auf Gebot und Wunsch Gottes Männerkleider getragen hast und trägst, und weil du Befehl von Gott hättest, dieses Gewand zu tragen, eine kurze Tunika, Männerrock, Hosen und Gamaschen, mit vielerlei Riemen verschlossen, angelegt hast; ja, du tragest sogar die Haare rund unter den Ohren abgeschnitten, ohne auf dir etwas zu dulden, was dein Geschlecht bezeugt und unterscheiden ließe, mit Ausnahme dessen, was dir die Natur gegeben, und oft hast du in diesem Gewand das heilige Abendmahl empfangen.

Und obwohl du mehrmals ermahnt wurdest, es abzulegen, wolltest du nichts dergleichen tun, indem du sagtest, daß du lieber stürbest, als dieses Kleid von dir zu geben, es sei denn durch Befehl Gottes, und daß, wenn du noch in dieser Kleidung mit jenen deiner Partei vereinigt sein könntest, es für Frankreich ein sehr gut Ding wäre. Du sagtest auch, daß du um nichts geloben wolltest, diese Kleidung und diese Waffen abzulegen, und behauptest, in all dem recht zu handeln, auf das Gebot Gottes hin.

Über diesen Punkt erklären die Gelehrten und Geistlichen, daß da, gegen Gott lästerst und ihn in seinen Sakramenten beleidigst, das göttliche Gesetz überschreitest, die Heilige Schrift und die Kirchenregeln, daß du übel denkst und in Glaubensdingen irrst, daß du voll eitler Großsprecherei bist und verdächtig der Götzendienerei und der Vergötterung deiner selbst und deiner Kleidung, indem du die Gebräuche der Heiden nachahmst.

Sechster Artikel

Item hast du gesagt, daß du oft in deinen Briefen die Namen Jesus, Maria und das Zeichen des Kreuzes gesetzt hast, um jene, denen du schriebst, aufmerksam zu machen, nicht das auszuführen, was du in deinen Briefen geraten hattest. In anderen Briefen hast du dich gerühmt, all die töten zu lassen, die dir nicht Folge leisteten, und daß man an den Hieben sehen werde, wer von Gottes wegen besseres Recht besäße. Und du hast oft gesagt, nichts ohne Offenbarung und Befehl Gottes getan zu haben.

Darauf erwidern die geistlichen und gelehrten Herren, daß du eine Verräterin bist, schlecht, grausam, gierig nach Blutvergießen, verführerisch, die Tyrannei herausfordernd und Gott in seinen Geboten und Offenbarungen lästernd.

Siebenter Artikel

Item sagtest du, daß du auf Offenbarungen hin, die du mit siebzehn Jahren hattest, das Haus deiner Eltern gegen deren Willen verließest, worüber sie fast den Verstand verloren. Und du gingst zu Robert von Baudricourt, der dir auf deine Bitte hin Männerkleidung und ein Schwert gab und einige Leute, dich zum Könige zu führen. Und als du zu ihm gelangtest, hast du ihm gesagt, du kämest, seine Feinde zu verjagen, und hast ihm versprochen, ihn in ein großes Königreich zu versetzen, und daß er über seine Feinde siegen würde und daß Gott dich deshalb sende. Du sagtest auch, daß du auf diese Weise gut gehandelt hast, indem du Gott durch dessen Offenbarung gehorsam warst.

Was das betrifft, erklären die gelehrten Herren, daß du gegen deine Eltern gesündigt hast, Gottes Gebot überschreitend, Vater und Mutter zu ehren, daß du eine schändliche

Götzendienerin bist und im Glauben irrend ein anmaßendes und dreistes Versprechen getan.

Achter Artikel

Item hast du gesagt, daß du freiwillig vom Turm von Beaurevoir herabgesprungen bist, indem du lieber sterben wolltest, als in die Hände der Engländer ausgeliefert zu werden und nach der Vernichtung von Compiègne noch zu leben. Und obwohl dir die Heiligen Katharina und Margareta verboten zu springen, konntest du dich nicht zurückhalten, und obwohl du wußtest, daß es große Sünde sei, die Heiligen zu beleidigen, hast du dennoch durch deine Stimmen erfahren, daß Gott es dir vergeben, nachdem du darüber gebeichtet hattest.

Über diesen Punkt erklären die Geistlichen und gelehrten Herren, daß du aus Kleinmütigkeit, die fast zur Verzweiflung wurde, handeltest und wahrscheinlich Selbstmord beabsichtigtest. Damit hast du eine tollkühne und anmaßende Behauptung getan, indem du vorgabest, daß deine Sünde dir vergeben sei, und du denkst übel, indem du dich aufwirfst, selbst zu entscheiden.

Neunter Artikel

Item behauptest du, daß die Heiligen Katharina und Margareta dir verhießen, dich ins Paradies zu führen, wenn du deine Jungfräulichkeit bewahrtest, die du ihnen geweiht und versprochen hast. Und dessen bist du ebenso gewiß, als wenn du bereits in der Gnade der Seligen dich befändest. Du glaubst, keine Todsünde begangen zu haben, und du meinst, daß, wenn du dich im Zustand der Sündhaftigkeit befändest, die Heiligen dich nicht täglich besuchen würden, wie sie es tun.

Hinsichtlich dessen erwidern die Geistlichen, daß dies Anmaßung, kühne Behauptung und verderbliche Lüge sei und Widerspruch zu dem, was du zuvor gesagt hast, schließlich, daß du, was den christlichen Glauben betrifft, übel denkst.

Zehnter Artikel

Item erklärtest du, daß du wohl wissest, daß Gott gewisse lebende Personen mehr als dich liebe, und daß du dies durch Offenbarungen der Heiligen Katharina und Margareta wissest, auch, daß diese Heiligen französisch und nicht englisch sprächen, da sie nicht der englischen Partei angehören. Und als du wußtest, daß die Stimmen für deinen König seien, mochtest du die Burgunder nicht mehr leiden.

In Betracht dessen sind die gelehrten Räte der Meinung, daß dies dreiste und anmaßende Behauptung und abergläubische Wahrsagerei ist, Lästerung gegen die Heiligen Katharina und Margareta und Überschreitung der Vorschriften der Nächstenliebe.

Elfter Artikel

Item hast du gesagt, daß du jenen, die du den heiligen Michael und die Heiligen Katharina und Margareta nennst, Verbeugungen machtest, indem du das Knie senktest, deine Mütze abnahmst, die Erde küßtest, auf der sie gingen, ihnen deine Jungfräulichkeit weihtest; daß du diese Heiligen geküßt und umarmt und angerufen hast und daß du an ihre Lehren geglaubt, sobald sie dir erschienen sind, ohne deinen Pfarrer oder irgendeinen anderen Kirchenvater um Rat zu fragen, und dennoch ebenso fest glaubtest, daß diese Stimmen von Gott kommen, als du an die christliche Religion glaubst und an die Leiden unseres Herrn Jesus Christus. Unter anderem hast du gesagt, daß, wenn dir irgendein böser Geist in der Gestalt des heiligen Michael erschiene, du ihn zu erkennen und zu unterscheiden wüßtest. Du hast außerdem gesagt, daß du aus eigenem Antrieb geschworen habest, das Zeichen, das du deinem König gegeben, nicht zu verraten, und schließlich hast du hinzugefügt, es sei denn auf Befehl Gottes. Hinsichtlich dessen erwidern die gelehrten Richter, daß, wenn man annähme, daß du diese Offenbarungen und Erscheinungen hattest, deren du dich rühmst, du durch die Art deiner Rede Götzendienerin, Beschwörerin von Dämonen, irrgläubig, dreist in deinen Behauptungen seiest, und daß du ein unrechtmäßiges Gelübde abgelegt hast.

Zwölfter Artikel

Item behauptest du, wenn die Kirche wolle, daß du im Gegensatz zu den Befehlen handeln solltest, die du von Gott erhalten zu haben vorgibst, du dies um nichts auf der Welt tätest; daß du wissest, daß alles, was in deinem Prozeß enthalten ist, durch Gottes Befehl käme, und daß es dir unmöglich sei, anders vorzugehen. Was deine Handlungen betrifft, willst du dich nicht dem Richterspruch der Kirche fügen, die auf Erden nicht des Menschen, sondern allein Gottes ist. Und du hast unter anderem gesagt, daß du diese Antwort nicht aus eigenem Ermessen, sondern durch Gottes Befehl aussprächest, obwohl dieser Glaubensartikel *Unam sanctam ecclesiam catholicam* dir oftmals erklärt wurde, und daß alle Christen ihre Worte und Taten der streitbaren Kirche zu unterwerfen haben, hauptsächlich, wenn es sich um Offenbarungen und dergleichen Dinge handelt.

Was das betrifft, sagen die geistlichen Herren, daß du zwieträchtig und übel denkst über die Einheit und Vorherrschaft der Kirche, abtrünnig bist und von hartnäckiger Irrgläubigkeit in den Dingen der Religion.

Nachdem Meister Peter Maurice mit der Verlesung zu Ende war, ermahnte er Johanna auf Aufforderung des Bischofs. Er war Rektor der Pariser Universität gewesen. Man schätzte ihn als Redner, und er war es, der am 5. Juni 1430 im Namen des Kapitels König Heinrich VI. anläßlich seines Einzuges in Rouen die Anrede hielt. Es scheint, daß er sich durch einige Kenntnisse und Neigung für die antike Literatur auszeichnete und kostbare Manuskripte besaß, unter denen sich die Komödien des Terenz und die Aeneis des Vergil befanden. Dieser angesehene Gelehrte wählte Ausdrücke von berechneter Einfachheit, um Johanna aufzufordern, die Folgen ihrer Behauptungen und Handlungen zu überlegen, und ermahnte sie herzlichst, sich der Kirche zu unterwerfen. Nach dem Absinth bot er ihr den Honig. Er sprach zu ihr sanft und vertraulich. Mit besonderer Gewandtheit ging er auf den Geschmack und die Gefühle ein, die das Herz dieses jungen Mädchens erfüllten. Da er sie so voll Ritterlichkeit und Ergebenheit für Karl, den sie salben lassen hatte, sah, versuchte er durch Vergleiche aus dem Leben der Soldaten und Edelleute ihr verständlich zu machen, daß sie lieber der streitbaren Kirche glauben sollte als ihren Stimmen und Erscheinungen. Und um ihr fühlbar zu machen, welches Vergehen es sei, der Kirche ungehorsam zu sein, erinnerte er sie an die Zeit, wo sie Krieg führte, und wählte als Beispiel einen Ritter, der seinem König ungehorsam wäre. Meister Peter Maurice bemühte sich auf diese Art, sich Johanna verständlich zu machen. Es gelang ihm nicht. Alle Vernunftgründe und alle Beredsamkeit der Welt wäre am Herzen dieses Kindes zuschanden geworden. Nachdem Maurice gesprochen hatte, antwortete Johanna auf die Frage, ob sie sich nicht verpflichtet fühle, ihre Worte und Taten der Kirche unterzuordnen: »Art und Weis, zu der ich mich beim Prozeß gehalten hab', will ich beibehalten, was das anbelangt ... Wenn ich am Richtplatz wär' und sähe die Scheiter anzünden und den Henker bereit, das Feuer zu legen, und wär' selber im Feuer, würd' ich nichts andres sagen und daran bis zum Tod festhalten, was ich im Prozeß gesagt hab'.«

Auf diese Worte hin erklärte der Bischof die Unterredung für beendet und verlegte die Verkündigung des Urteilspruches auf den folgenden Tag.

An diesem Donnerstag nach Pfingsten, den 24. Mai, wurde Johanna frühmorgens in ihrem Gefängnis von Johann Beaupère besucht, der ihr mitteilte, daß sie bald auf das Schaugerüst geführt würde, wo an sie die ermahnende Predigt gerichtet werde. »Wenn Ihr eine gute Christin seid«, sagte er, »werdet Ihr bekennen, daß Ihr Euch in all Euren Worten und Taten der heiligen Kirche unterwerfet und insbesondere den kirchlichen Richtern.« Hochwürden Johann Beaupère glaubte zu hören, daß sie antwortete: »So will ich tun.« Wenn ihre Antwort so gelautet, hatte wohl eine Nacht voll Angst sie gebrochen, und ihr Körper zitterte bei dem Gedanken, verbrannt zu werden. Als man sich zu gehen anschickte und sie neben eine Türe zu stehen kam, näherte sich ihr Nikolaus Loiseleur und gab ihr die gleichen Ratschläge. Und um Johanna noch dringlicher zu bewegen, sie zu befolgen, machte er ihr eine falsche Versprechung: »Johanna, glaubt mir,« sagte er, »es hängt nur von Euch ab, gerettet zu werden. Nehmt das Kleid Eures Geschlechts und tut, was man beschließen wird; andernfalls seid Ihr in Todesgefahr. Wenn Ihr tut, was ich Euch sage, werdet Ihr alles Gute und keinerlei Übel erfahren. Ihr werdet in die Hände der Kirche gelangen.«

Man führte sie im Karren, unter Bewachung, in das Stadtviertel Bourg-l'Abbé genannt, das zu Füßen des Schlosses gelegen war, und hielt nach drei- oder vierhundert Räderumdrehungen im Friedhof Saint-Ouen. Hier sollte Johanna, wie so viele Unglückliche vor ihr, verwarnt werden. Man hielt dieses exemplarische Schauspiel gerne an Plätzen ab, wo das Volk in Mengen beiwohnen konnte. Eine Pfarrkirche erhob sich seit hundert Jahren am Rande dieser großen Schädelstätte, die im Süden vom hohen Schiff der Abtei abgeschlossen war. Zwei Gerüste waren aufgerichtet, das eine groß, das andere klein, und zwar gegen das Schiff der Kirche, östlich des Portals, das man ›Portal der kleinen Menschlein‹ nannte wegen der Menge kleiner Figuren, die dort eingemeißelt waren. Auf dem großen Gerüst nahmen die beiden Richter, der Bischof und der Vikar der Inquisition, der hochwürdige Kardinal von Winchester, die Bischöfe von Thérouannes, Fécamp, Norwich, des Mont-Saint-Michel und andere Herren Platz unter ihnen noch viele gewichtige Persönlichkeiten der englischen Partei. Das andere Gerüst war eine Art Kanzel, auf die der Geistliche stieg, der Johanna nach den Gebräuchen der heiligen Inquisition verwarnen sollte. Es war dies Meister Wilhelm Erard, Doktor der Theologie und Domherr von Langres und von Beauvais. Zu dieser Stunde hatte er es sehr eilig, nach Flandern, wo er erwartet wurde, zu gelangen, und er gestand seinem jungen Diener, daß diese Predigt ihm sehr ungelegen käme. »Diese Sache ist mir recht unangenehm«, sagte er.

Sie mußte ihm aber aus einem bestimmten Grund angenehm sein, gab sie ihm doch Gelegenheit, den König von Frankreich, Karl VII., anzugreifen und auf diese Art seine Treue für die Engländer zu erweisen; er war ihnen sehr ergeben.

Ihm zur Seite ließ man Johanna in Männerkleidung vor dem Volke erscheinen. Meister Wilhelm Erard begann seine Predigt folgendermaßen:

»Ich nehme zum Ausgang dies Wort Gottes im Johannesevangelium, Kap. XV.: Gleich wie die Rebe kann keine Frucht bringen von sich selber, sie bleibe denn am Weinstock ...« Dann warf er Johanna vor, gegen die königliche Majestät gesündigt zu haben, gegen Gott und den katholischen Glauben, wessen sie sich von nun ab zu enthalten habe, wenn sie nicht verbrannt werden wolle. Er wandte sich auf das heftigste gegen die Eitelkeit dieser Frau. Er sagte, daß es in Frankreich niemals ein solches Ungeheuer gegeben hätte wie jenes, das sich durch Johanna kundgegeben, daß sie Hexe, Ketzerin und Abtrünnige sei und der König, der sie schützte, denselben Vorwurf auf sich lade, da er seinen Thron durch eine solche Ketzerin wiederherstellen wollte. Inmitten seiner Predigt begann er mit lauter Stimme auszurufen: »Oh, edles Königshaus von Frankreich, das das hochchristliche Haus gewesen! Karl, der sich dein König nennt und dein Gebieter und den ketzerischen und irrgläubigen Worten einer nichtswürdigen, übelberüchtigten Frau, aller Schande voll, anhing, und nicht er allein, sondern mit ihm die Geistlichkeit, die unter seiner Herrschaft und Botmäßigkeit steht, die nach der Aussage dieser Frau sie examiniert und nicht abgewiesen hat! Oh, welches Leid!«

Meister Wilhelm wiederholte zwei oder dreimal diese Worte über den König Karl; dann, sich zu Johanna wendend, mit erhobenem Finger: »Du bist's, Johanna, zu der ich spreche, und ich sage dir, daß dein König ein Abtrünniger und Irrgläubiger ist.« Diese Worte verletzten Johanna in ihrer Liebe für die Lilien von Frankreich und ihren König Karl aufs grausamste. Großer Aufruhr regte sich in ihr und sie hörte ihre Stimmen zu ihr sprechen: »Antworte kühn diesem Prediger!« Sie folgte ihnen gerne und antwortete Meister Wilhelm.

»Bei meinem Glauben, Hochwürden«, sagte sie, »bei aller Ehrfurcht wage ich es, Euch zu sagen und bei Gefahr meines Lebens zuzurufen, daß er der edelste Christ aller Christen ist, der Glauben und Kirche auf das beste liebt und daß dem nit so ist, wie Ihr sagt.«

Meister Wilhelm gab dem Gerichtsvollzieher Johann Massieu Befehl, sie zum Schweigen zu bringen. Sodann schloß er seine Predigt mit folgenden Worten:

»Johanna, hier befinden sich die Richter, die Euch mehrere Male aufgefordert und ersucht haben, daß Ihr alle Eure Taten und Worte der heiligen Kirche unterwerfet. Und in diesen Worten und Taten waren mehrere Dinge, an denen, wie es den Geistlichen schien, festzuhalten nicht gut war.«

»Ich werde Euch antworten«, sagte Johanna, und sie erinnerte, daß sie hinsichtlich der Unterwerfung an die Kirche verlangt habe, daß alle Taten, die sie begangen, und alle Worte, die sie gesagt, in Rom dem heiligen Papst unterbreitet würden, auf den sie sich nach Gott berufe. Und sie fügte hinzu: »Mein Sagen und Tun habe ich durch Gott.« Sie erklärte, daß sie darunter nicht verstünde, daß man den Prozeß dem Papst schicke, damit er über diesen richte. »Ich weiß nicht, was Ihr in den Prozeß setzen werdet. Ich will zum Papst geführt werden, daß er mich ausfrage.«

Man drängte sie, ihren König zu belasten. Das aber war verlorene Mühe. »Ich gebe an meinem Tun und Sprechen niemandem Schuld, weder meinem König noch andern. Und wenn ich gefehlt, fällt es mir und keinem andern zu.«

»Wollt Ihr widerrufen?«

»Ich berufe mich auf Gott und unsern Heiligen Vater, den Papst.«

»Aber dies genügt nicht. Man kann den Heiligen Vater nicht von so weit herholen. Die Bischöfe sind in ihrer Diözese Richter. So tut es not, daß Ihr Euch unserer heiligen Mutter, der Kirche, anheimgebt und als wahr anerkennt, was die Geistlichen und darin erfahrene Leute sagen und betreffs Eurer Worte und Taten beschlossen haben.«

Johanna wurde bis zur dritten Mahnung verwarnt, zu widerrufen. Mit Zuversicht erwartete sie die von ihren Stimmen verheißene Befreiung und war sicher, daß plötzlich französisches Kriegsvolk erscheinen werde und sie in einem großen Getümmel von Kriegsleuten und Engeln entführt würde. Deshalb hing sie so sehr daran, in ihrem Männerkleid zu bleiben.

Zwei Urteile waren vorbereitet worden, das eine für den Fall, daß die Schuldige ihren Irrtum bekenne, das andere, falls sie daran festhalten sollte. Das erste enthob Johanna der Ausstoßung aus der Kirche; durch das letztere erklärte das Tribunal, daß es nichts mehr für sie vermöge und sie dem weltlichen Arm überliefere. Der Bischof hatte sie beide bei sich. Er nahm das zweite Schriftstück und begann zu lesen.

Während dieser Verlesung drängten die Geistlichen in sie, zu widerrufen, solange es noch Zeit wäre. Meister Nikolaus Loiseleur beredete sie, zu tun, was er ihr empfehle, Weiberkleidung zu nehmen. Wilhelm Erard sagte ihr: »Tut, was man Euch rät, und Ihr werdet vom Gefängnis befreit sein.« Die Stimmen drangen inständig zu ihr empor: »Johanna, wir haben so großes Mitleid mit Euch, Ihr müßt das widerrufen, was Ihr gesagt habt, oder wir müssen Euch der weltlichen Gerichtsbarkeit überlassen. Johanna, tut, was man Euch rät. Wollt Ihr Euch dem Tode überantworten?« Das Urteil war weitschweifig. Der Herr Bischof las es langsam.

»Wir Richter, die wir vor unseren Augen unsern Herrn Jesus Christus haben und die Ehre der orthodoxen Kirche, auf daß unser Urteil von Gottes Antlitz ausgehe ...«

Die Zeit floß hin. Der Herr Bischof hatte schon den größten

Teil seines Urteiles verlesen. Der Henker stand da, völlig bereit, die Angeklagte in ihrem Karren hinwegzuführen.

Da schrie Johanna auf. Mit gerungenen Händen rief sie, sie wolle der Kirche gehorchen.

Der Richter unterbrach die Verlesung des Urteils.

In diesem Augenblick ging ein Murren durch die Menge, die hauptsächlich aus englischen Soldaten und Offizieren des Königs Heinrich bestand. Unkundig der Gebräuche der Inquisition, die in ihrem Lande nicht zugelassen war, begriffen diese Godons nicht, was sich hier abspielte, es sei denn, daß die Hexe am Leben bleibe. Und da sie ihren Tod für England notwendig erachteten, entrüsteten sie sich über die seltsame Handlungsweise des Bischofs und der Räte. So verfuhr man auf ihrer Insel mit Hexen nicht. Man verbrannte sie sogleich ohne Barmherzigkeit. Das unwillige Murmeln schwoll an. Einige Steine wurden auf die geistlichen Richter geschleudert. Meister Peter Maurice, der großen Eifer zeigte, Johanna in ihren guten Worten zu befestigen, wurde bedroht, und es fehlte nicht viel, daß die ›Geschwänzten‹ ihm übel mitgespielt hätten. Auch Meister Johann Beaupère und die Abgesandten der Pariser Universität erhielten ihren Teil an den Beschimpfungen. Man beschuldigte sie, die Irrtümer Johannas zu begünstigen. Wer ermaß die Ungerechtigkeit dieser Vorwürfe besser als sie!

Einige dieser hohen Persönlichkeiten auf der Estrade neben den Richtern beklagten sich bei dem Bischof, daß er seinen Urteilsspruch nicht vollende und Johanna zur Buße zulasse.

Im allgemeinen Tumult entfaltete Meister Erard ein doppeltes Blatt Papier und las Johanna die Widerrufungsschrift vor, die man, als man die Meinung der Professoren einzog, abgefaßt hatte. Sie war nicht länger als ein Vaterunser. »Ich, Johanna, die Jungfrau …« Sie gestände, Gotteslästerung begangen, das Volk verführt zu haben, und sie verspräche, Waffen und Männerkleidung abzulegen und die Haare nicht mehr rund abgeschnitten zu tragen. Als Hochwürden Erard das Schriftstück verlesen hatte, erklärte Johanna, daß sie nicht verstünde und darüber beraten sein müsse. Sie glaubte noch getreulich an ihre Stimmen, obwohl sie ihr in dieser grausamen Not nicht beigestanden hatten und ihr nicht die Schande ersparten, sie verleugnen zu müssen. Und wenn sie sagte, sie verstünde nicht, geschah dies nun nicht mehr, um Zeit zu gewinnen, und weil sie Furcht vor dem Tod empfand, sondern weil sie sich nicht entschließen konnte zu lügen.

Ohne einen Augenblick zu verlieren, sagte Meister Wilhelm zu Johann Massieu: »Berate sie über diesen Widerruf!« und übergab ihm das Schriftstück. Massieu entschuldigte sich zuerst, dann warnte er Johanna vor der Gefahr, in die sie ihre Weigerung brächte. Erard fragte dann Massieu: »Was sprecht ihr zu Johanna?« Massieu antwortete: »Ich erklärte ihr den Text des Schriftstückes und forderte sie auf, zu unterschreiben, sie aber entgegnet, daß sie es nicht könne.« In diesem Augenblick sagte Johanna, die man immer noch gedrängt hatte, mit erhobener Stimme: »Ich will, daß die Kirche über diese Artikel berät. Ich halte mich an die einige Kirche, ob ich widerrufen soll oder nicht. Dies Schriftstück soll von der Kirche und von den Geistlichen, denen ich übergeben werden soll, gelesen werden. Wenn ihre Meinung ist, daß ich unterzeichnen und tun soll, was mir empfohlen wird, werde ich es willig tun.« Wilhelm Erard erwiderte lebhaft: »Tut es sogleich. Wenn nicht, werdet Ihr noch heute verbrannt werden.« Und er verbot Massieu, noch länger mit ihr zu verhandeln.

Hierauf sagte Johanna, daß sie lieber unterzeichnen wollte, als verbrannt zu werden. Sogleich verlas ihr Johann Massieu ein zweites Mal das Schriftstück. Sie wiederholte die Worte so, wie der Gerichtsvollzieher sie aussprach. Sei es, daß über ihr von heftigen Erregungen verzerrtes Gesicht eine Art Spott ging, sei es, daß ihr Verstand, der zu aller Zeit seltsamen Störungen unterworfen war, durch das Grauen und die Qualen eines Kirchenprozesses verdunkelt worden war, und daß sie wahrhaftig nach so viel Schmerzen die unheimliche Wollust des Wahnsinns empfand, sei es, daß sie gegen alle Vernunft und Überlegung der Gelehrten von Rouen spottete, wie sie es sehr wohl imstande war, da sie sich ja über jene von Poitiers lustig gemacht hatte, es schien tatsächlich, als scherze sie; in der versammelten Menge bemerkte man, daß sie die Worte der Widerrufung lachend sprach. Unter diesen Bürgern, Priestern, Handwerkern und Kriegsvolk, die ihren Tod wollten, erregte ihre scheinbare oder wirkliche Heiterkeit Zorn. Eine Menge Leute sagten: »Das ist reiner Betrug. Johanna hat sich nur lustig gemacht.« Meister Calot, Sekretär des Königs von England, war besonders aufgeregt. Man sah ihn in großer Heftigkeit bald bei den Richtern, bald bei der Angeklagten auftauchen. Ein picardischer Edelmann, jener, der sich im Schloß von Beaurevoir mit der Gefangenen einige Zärtlichkeiten erlaubt hatte, glaubte zu bemerken, daß dieser Engländer Johanna mit Gewalt ein Papier unterzeichnen lassen wollte. Er irrte sich. In Volksmengen gibt es immer Leute, die Dinge verkehrt sehen; der Bischof hätte dergleichen niemals geduldet. Er war dem Regenten ergeben, aber von den Formen wäre er nicht abgestanden. Dennoch erblaßten die angesehenen Geistlichen und berühmten Doktoren unter einem Hagel von Steinen, einem Sturm von Beschimpfungen und Schwertgerassel; der Prior von Longueville lauerte auf den Augenblick, sich bei dem Kardinal von Winchester entschuldigen zu können. Der Kaplan des Kardinals machte dem Bischof auf der Estrade lebhafte Vorstellungen. »Es ist ein wahrer Hohn, daß Ihr einen derartigen Widerruf annehmt.« – »Ihr lügt,« erwiderte Meister Peter, der Glaubensrichter, »es ist meine Pflicht, nach dem Heil dieser Frau und nicht nach ihrem Tod zu trachten.« Der Kardinal hieß seinen Kaplan schweigen. Man erzählt, daß der Graf von Warwick sich den Richtern näherte, sich bei ihnen über ihre Handlungen beklagte: »Dem König wird schlecht gedient, da Johanna entkommt.« Und man versichert, daß einer von ihnen geantwortet hätte: »Sorgt Euch nicht, Herr, wir werden sie wieder einfangen.« Es ist wenig glaubhaft, daß sich auch nur ein einziger gefunden hat, dies auszusprechen. Ohne Zweifel aber dachten es von dieser Stunde an mehrere von ihnen.

Welche Verachtung mußte der Bischof von Beauvais für all diese stumpfen Köpfe empfinden, die unfähig waren zu erfassen, welchen Dienst er dem alten England leistete, indem er dieses Mädchen nötigte zu erkennen, daß alles, was sie zu Ehren ihres Königs mit Bestimmtheit erklärt hatte, nichts als Lüge und Wahn sei.

Massieu reichte ihr eine Feder hin, und Johanna machte unter das Schriftstück ein Kreuz.

Der hochwürdige Herr von Beauvais las inmitten des Murrens und Fluchens der Engländer das erbarmungsvollste Urteil. Durch dieses ward Johanna der Exkommunikation enthoben und mit unserer heiligen Mutter, der Kirche, versöhnt. Weiterhin lautete das Urteil: »Weil du dreist gegen Gott und die heilige Kirche gesündigt hast, verbannen wir Richter dich, auf daß du heilsame Buße tust, vermöge unserer Gnade und unseres maßvollen Vorgehens schließlich und endgültig zu lebenslänglichem Gefängnis mit dem Brot des Schmerzes und dem Trunk der Bitternis, auf daß du dort deine Fehler beweinest und keine mehr begehest, die zu beweinen wären.« Diese Strafe, wie alle mit Ausnahme der Todesstrafe und der Verstümmelung, gehörte zu den Befugnissen der Kirche, und sie verordnete sie so häufig, daß in den ersten Zeiten der heiligen Inquisition die Patres des Konzils von Narbonne erklärten, daß Steine und Mörtel mitsamt dem Gelde für die Gefängnisse ausgehen würden. Dies war allerdings Strafe, aber eine, die durch ihre Art und ihren Sinn sich nach denen der weltlichen Gerichtsbarkeit unterschied; sie bedeutete Buße. Nach der barmherzigen kirchlichen Rechtsprechung war das Gefängnis ein wünschenswerter Aufenthalt, wo der Verurteilte, indem er das Brot der Kümmernis und das Wasser der Betrübnis trank, lebenslänglicher Buße oblag. Unsinnig der, der sich weigerte, es zu betreten oder ihm zu entfliehen und so die heilsame Medizin verwarf. Waren der Bischof und der Inquisitor in der Lage, ihr Urteil ausführen zu lassen? Das Gefängnis, zu dem sie Johanna verurteilt hatten, das Bußgefängnis, die heilsame Abschließung, war das kirchliche, die Verliese des bischöflichen Gerichts. Konnten sie sie dahin bringen? Johanna wandte sich zu ihnen und sagte: »Wohlan, ihr Kirchenleute, führt mich in Euer Gefängnis, daß ich nicht mehr in den Händen der Engländer sei!«

Mehrere dieser Geistlichen hatten es ihr versprochen. Sie hatten sie getäuscht. Wußten sie doch, daß dies nicht möglich war. Die Leute des Königs von England hatten es sich ausbedungen, Johanna nach dem Prozeß wieder an sich zu nehmen.

Der Bischof gab folgenden Auftrag: »Führt sie dahin, von wo ihr sie gebracht habt!«

Er, der Richter der Kirche, beging das Verbrechen, seine versöhnte Tochter Weltlichen zu überliefern, bei denen sie ihre Sünden nicht beweinen konnte, und die sie im Hasse gegen ihren Leib, in Verachtung ihrer Seele in Versuchung führen und trachten würden, daß sie wieder ihrer Schuld verfalle.

Als Johanna im Karren über die Felder in den Turm zurückgeführt wurde, lästerten die Kriegsknechte sie und spotteten ihrer, und ihre Oberen ließen es geschehen.

Der Vizeinquisitor und mehrere Doktoren und Geistliche begaben sich hierauf ins Gefängnis und ermahnten Johanna milde. Sie versprach, Frauenkleider anzulegen und ließ sich scheren.

Die Frau Herzogin von Bedford, die wußte, daß Johanna Jungfrau sei, wachte darüber, daß sie rücksichtsvoll behandelt werde. Wie seinerzeit die Damen von Luxemburg bemühte sie sich, ihr weibliche Gewänder aufzunötigen. Sie hatte ihr durch einen Schneider namens Simon ein Kleid anfertigen lassen, das Johanna sich bisher anzuziehen geweigert hatte. Jeannotin Simon brachte der Gefangenen das Frauengewand, die es diesmal nicht zurückwies. Als er ihr es überwarf, berührte er leicht ihren Busen. Sie ärgerte sich und gab ihm eine Ohrfeige. Schließlich willigte sie aber ein, das von der Herzogin geschenkte Kleid zu tragen.

VIERZEHNTES KAPITEL

Der Rückfall.

Zweiter Urteilsspruch.

Tod der Jungfrau

Am folgenden Sonntag, dem Dreifaltigkeitstag, lief ein Gerücht bis in die kleinen Gäßchen, in denen im Schatten der Kathedrale die Räte ihre spitzen Häuser hatten: Johanna hat wieder Männerkleider angezogen. Alsbald begaben sich Räte und Beisitzer in den feldwärts gelegenen Turm. Ungefähr hundert Waffenmänner, die sich dort befanden, empfingen sie mit Drohungen und Beschimpfungen. Diese Trunkenbolde begriffen noch nicht, daß die Richter den Straffall zu Ehren des alten England und zur Schmach der Franzosen geführt hatten, indem sie die Jungfrau der Armagnacs, die doch so eigensinnig in ihren Behauptungen war, dazu gebracht hatten, ihren Trug einzugestehen, und nun in aller Welt bekannt war, daß Karl von Valois von einer Irrgläubigen zur Salbung geführt worden war. Doch nein! Diese Rohlinge würden sich nicht zufriedengeben, bis sie nicht ein armes gefangenes Mädchen, das ihnen Angst eingejagt hatte, brennen sehen würden. Sie behandelten die Doktoren und Geistlichen als hinterhältige Verbrecher und Berater der Armagnacs.

Der Archidiakon Marguerie, Rat des Königs, erkundigte sich über den Vorfall. »Es genügt nicht, Johanna in Männerkleidern zu sehen«, sagte er, »man muß außerdem die Beweggründe kennen, die sie dazu gebracht haben.«

Meister André Marguerie war ein gewandter Redner, eine der Leuchten des Konzils von Konstanz, aber als ein Kriegsknecht gegen ihn das Beil hob und schrie. »Verräter, Armagnac!« fragte er nichts mehr und ging krank zu Bett.

Diese unbeugsamen Geistlichen, die dem König trotzten

und dem Papst Lehren erteilten, fürchteten sich vor Schlägen. An diesem Tage hielt man aus Angst vor Geschrei und angesichts des heiligen Tages nicht mehr Gericht. Am folgenden Morgen, Montag den 28., begaben sich der Bischof und der Vizeinquisitor, von mehreren Räten begleitet, ins Schloß. Es wurde um Wilhelm Manchon, den Schreiber, geschickt. Dessen Feigheit aber war so groß, daß er nur unter Geleite eines Bewaffneten des Grafen von Warwick zu kommen wagte. Sie fanden Johanna im Männergewand, eine Haube bedeckte ihren rasierten Kopf. Ihr Antlitz war tränenüberströmt und von einem entsetzlichen Schmerz entstellt.

Man fragte sie, wann und weshalb sie dies Gewand wieder angelegt habe.

Sie antwortete. »Ich habe vor kurzem wieder das Männergewand angelegt und die Frauenkleider abgetan.«

»Warum habt Ihr es getan, und wer hat es Euch anziehen lassen?«

»Ich habe es aus eigenem Willen, ohne irgendwelchen Zwang getan. Ich habe das Gewand der Männer lieber als das der Frauen.«

»Ihr habt versprochen und geschworen, nicht wieder Männerkleider zu tragen.«

»Es hat nie jemand gehört, daß ich ein Gelübde getan, sie nicht zu tragen.«

»Aus welchem Grund habt Ihr sie wieder angelegt?«

»Weil es mir zulässiger ist, unter Männern Männerkleider zu tragen als die der Frauen ... Ich habe sie wieder genommen, weil man mir nicht hielt, was man mir versprochen hatte, daß ich in die Messe gehen könne, den Leib des Herrn empfangen, und daß man mir die Fesseln nehme.«

»Habt Ihr nicht in Eurem Widerruf geschworen, daß Ihr diese Kleider nicht wieder anlegen werdet?«

»Ich will lieber sterben als gefesselt sein. Läßt man mich aber zur Messe gehen und mir die Fesseln abnehmen und mich in ein freundlicheres Gefängnis führen und eine Frau um mich sein, werde ich tun, was mich die Kirche zu tun heißt.«

»Habt Ihr seit Donnerstag nicht Eure Stimmen gehört?«

»Ja.«

»Was haben sie Euch gesagt?«

»Sie haben mir gesagt, daß Gott durch die Heiligen Katharina und Margareta mir sein großes Leid über den Verrat hat kundgetan, dem ich zugestimmt habe, indem ich Widerruf getan habe, um mein Leben zu retten, und ich mich verdammte, um mein Leben zu retten. Vor dem Donnerstag haben mir meine Stimmen gesagt, was ich tun soll und was ich an diesem Tage tat. Meine Stimmen sagten mir am Gerüst, daß ich diesem Prediger keck antworte. Er hat mehrere Dinge gesagt, die ich nicht getan habe. Wenn ich sagte, daß Gott mich nicht geschickt hat, würde ich der Verdammnis verfallen. Wahr ist, daß mich Gott gesandt hat. Seitdem haben mir meine Stimmen verkündet, daß ich eine große Schlechtigkeit begangen, daß ich bekannt habe, nicht gut gehandelt zu haben. Aus Furcht vor dem Feuer habe ich gesagt, was ich gesagt habe.«

So sprach Johanna schmerzensvoll. Wie steht es nun mit jenen Berichten im Stil der Sakristeien und Klöster, diesen Geschichten von Vergewaltigungen, die später von einem Sekretär und zwei Geistlichen erzählt wurden? Und wird uns Herr Massieu wirklich überzeugen, daß Johanna, weil sie nicht ihre Röcke fand, die man ihr weggenommen hatte, ihre Hosen anzog, um sich zu einer bestimmten Örtlichkeit zu begeben, da sie sich vor ihren Wächtern nicht nackend zeigen wollte? Die Wahrheit liegt anderswo, und Johanna gesteht sie schlicht und mutig. Sie bereute ihre Widerrufung wie die größte Sünde, die sie während ihres Lebens begangen, sie verzieh sich nicht, gelogen zu haben aus Furcht zu sterben. Ihre Stimmen hatten ihr das große Leid über ihren Verrat gekündet. Konnten sie anders sprechen, da sie doch die Stimmen ihres Herzens waren? Und Johanna hatte ihnen immer gehorcht, wenn sie ihr das Opfer und das Angebot ihrer selbst empfahlen. Sie hatte Männerkleider genommen, um wieder ihrem himmlischen Rat folgsam zu sein, ihr Leben nicht durch die Verleugnung der Engel und der Heiligen erkaufen wollte, und schließlich, weil sie mit ihrem ganzen Sein die Abschwörung widerrief.

Den Engländern fällt es allerdings zur Last, daß sie ihr die Männerkleider gelassen hatten. Es wäre menschlicher gewesen, sie ihr zu nehmen, da sie sie nicht anlegen konnte, ohne sich dem Tod auszuliefern. Man hatte sie ihr in einen Sack gepackt. Und ihre Wächter können immerhin verdächtigt werden, sie dadurch versucht zu haben, daß sie ihr diese Lumpen vor Augen ließen, an die sich für sie so viele glückliche Gedanken knüpften. Das wenige, was sie auf dieser Erde besaß, hatte man ihr genommen, sogar jenen armseligen Messingring; man ließ ihr nur dies Gewand, das ihr Tod war. Auch dies fällt noch den kirchlichen Richtern zur Last, daß sie Johanna weder zu Gefängnis hätten verurteilen sollen, wenn sie wußten, daß es ihnen unmöglich wäre, sie in kirchliche Haft zu bringen, noch ihr eine Buße verordneten, von der sie wußten, daß sie nicht imstande sein würden, ihr diese aufzuerlegen. Den Bischof und den Vizeinquisitor trifft die Schuld, daß sie, nachdem sie für das Wohl dieser sündigen Seele das Brot der Kümmernis und das Wasser der Bitternis verschrieben hatten, ihr weder dies Brot noch dies Wasser reichten, sondern sie entehrt in die Hände ihrer grausamen Feinde lieferten.

Obwohl Bischof und Inquisitor nur mehr gemäß dem Gesetze vorzugehen hatten, dauerte das Verhör noch einige Augenblicke.

»Glaubt Ihr, daß die Stimmen die heilige Margareta und die heilige Katharina sind?«

»Ja, sie sind von ihnen und von Gott.«

»Sagt uns die Wahrheit über die Krone!«

»Ich habe Euch über alles, so gut ich es nur wußte, die Wahrheit gesagt.«

»Ihr habt aber widerrufen, daß es die Stimmen der Heiligen gewesen seien.«

»Alles, was ich getan, geschah aus Furcht vor dem Feuer. Ich möchte lieber sterben als länger im Gefängnis bleiben. Ich tat nie etwas gegen Gott und den Glauben, was immer man mich auch abschwören ließ. Was in der Widerrufungsschrift geschrieben war, verstand ich nicht. So könnte ich auch nicht widerrufen, was in ihr war, es sei denn, es hätte Gott gefallen. Wenn die Richter es wollen, werde ich wieder Frauenkleider anziehen. Was das Übrige anlangt, werde ich nichts tun.«

Als der Bischof das Gefängnis verließ, begegnete er dem Grafen von Warwick in größerer Gesellschaft und rief ihm halb englisch, halb französisch zu: »Farewell! Laßt es Euch schmecken!« Und man sagt, daß er lachend hinzugefügt hätte: »Es ist soweit. Sie ist eingefangen.« Ohne Zweifel war dies sein Werk, aber es ist nicht sicher, daß er gelacht hat.

Am nächsten Morgen, Dienstag den 29., versammelte er den Gerichtshof in der bischöflichen Kapelle. Die zweiundvierzig anwesenden Beisitzer wurden über das, was sich am Abend zuvor zugetragen hatte, unterrichtet und aufgefordert, ihre Ansicht abzugeben, über die kein Zweifel herrschen konnte. Jeder Ketzer, der sein reuiges Bekenntnis zurücknahm, wurde als Meineidiger betrachtet, nicht nur als unbußfertig, sondern auch als rückfällig in seiner Schuld. Und die Rückfälligen wurden der weltlichen Gerichtsbarkeit überliefert.

Einer der Domherren äußerte als erster die Meinung:

»Johanna ist und muß für ketzerisch angesehen werden. Man muß sie der weltlichen Gerichtsbarkeit überlassen.« Der Abbé von Fécamp drückte sich in folgenden Worten aus: »Johanna ist rückfällig. Dennoch wäre es gut, die bereits verlesene Schrift ihr noch einmal vorzulesen und auszulegen, daß man zu gleicher Zeit ihr das Wort Gottes in Erinnerung brächte ... Dann können wir Richter sie als Ketzerin erklären und dem weltlichen Gericht überliefern, indem wir dieses ersuchen, mit Milde zu verfahren.«

Diese Bitte, mit Milde zu verfahren, war die übliche Klausel. Wenn der Präfekt von Rouen sich an sie gehalten hätte, wäre er sogleich, ohne Nachsicht der zeitlichen Strafe, exkommuniziert worden. Aber einige Räte wiesen nach, daß kein Anlaß zu dem Ansuchen um Milde vorläge, und schalteten auf diese Weise selbst jeden Schatten, jeden Schein des Erbarmens aus. Mehrere Geistliche, Wilhelm Erard, Marguerie, Loiseleur, Peter Maurice und Bruder Martin Ladvenu schlossen sich der Ansicht des Abbé von Fécamp an. Meister Thomas von Courcelles fügte hinzu, daß diese Frau noch einmal mildherzig hinsichtlich ihres Seelenheils verwarnt werde. Auch Bruder Isambart war dieser Meinung. Der Bischof entschied, nachdem er diese Ansicht angehört hatte, daß Johanna als rückfällig zu behandeln sei und berief sie infolgedessen am nächsten Tage, dem 30. Mai, auf den Platz des Altmarktes.

An diesem Morgen begaben sich die beiden jungen Dominikanerbrüder, Bruder Martin Ladvenu und Bruder Isambart, auf Befehl des Bischofs zu Johanna. Bruder Martin verkündete ihr, daß sie am nämlichen Tage sterben müsse.

Angesichts dieses grausamen Todes und durch das Verstummen ihrer Stimmen begriff sie endlich, daß sie nicht gerettet werden würde. Und aufs bitterste ihrem Traum entrissen, fühlte sie, daß Himmel und Erde sie zugleich aufgaben, und verfiel in tiefste Verzweiflung.

»Ach!« rief sie. »Wird man mich so entsetzlich und grausam behandeln, daß mein Körper, der heil und ganz und niemals in Verderbnis kam, heute verbrannt und in Asche verwandelt wird? Ah! Ah! Ich möchte siebenmal lieber enthauptet werden als so verbrannt. Ach, wenn ich in kirchlichem Gefängnis gewesen wäre, dem ich mich ergeben habe, und von geistlichen Leuten und nicht von meinen Feinden und Gegner bewacht, wäre mir nicht so elendes Unglück zugestoßen! Oh, ich klage Gott, dem großen Richter, die große Schuld und Ungerechtigkeit, die man an mir begeht.«

Während sie so jammerte, traten die Doktoren und Geistlichen in das Gefängnis ein. Sie kamen auf Anordnung des Bischofs. Am Abend zuvor hatten neununddreißig von zweiundvierzig Räten Johanna als rückfällig erklärt und hinzugefügt, daß es gut wäre, ihr den Wortlaut ihres Widerrufs in Erinnerung zu bringen. Um diesen Geistlichen zu willfahren, mußte Johanna noch ein letztes Verhör bestehen. Meister Peter Maurice, der Terenz und Vergil las, empfand mit dieser armen Jungfrau Mitleid. Abends zuvor hatte er sie für rückfällig erklärt, weil ihn sein theologisches Wissen dazu nötigte, nun aber sorgte er sich um das Heil dieser gefährdeten Seele, die nur gerettet werden konnte, wenn Johanna ihre Stimmen als falsch erkannte.

»Sind sie wahrhaftig?« fragte er sie, worauf sie antwortete: »Ob gut oder böse, sie sind mir erschienen.« Sie hätte sie hauptsächlich zur Stunde der Mette und der Vesper gehört, wenn die Glocken läuteten. Meister Peter Maurice, der nicht die pyrrhonensische Philosophie wie ein Sekretär des Papstes ausüben konnte, war dennoch geneigt, die Phänomene der Natur vernünftig auszulegen, wie seine Beobachtung zeigte, daß man nämlich oft beim Läuten der Glocken Worte vernähme. Ohne Genaueres über die Gestalt ihrer Erscheinungen zu sagen, erklärte Johanna, daß sie ihr in großer Anzahl und ganz klein erschienen. Aber sie glaubte nicht mehr an sie, da sie sah, wie sie sie getäuscht hatten. Meister Peter fragte sie über den Engel, der die Krone gebracht hatte. Sie antwortete, daß es nur eine Krone gegeben hätte, jene, die sie dem König versprochen, und daß der Engel sie selber war. In diesem Augenblick traten der Bischof und der Vizeinquisitor, von Thomas von Courcelles begleitet, ins Gefängnis ein. Beim Anblick des Richters, der es so weit mit ihr gebracht hatte, schrie sie auf:

»Bischof, ich sterbe durch dich!«

Statt aller Antwort richtete er fromme Vorwürfe an sie: »Ach, Johanna, nimm alles in Geduld hin! Du stirbst, weil du nicht gehalten, was du uns versprochen hast, und in deinen ersten Irrglauben verfallen bist. Und Johanna, du hast uns immer gesagt, daß deine Stimmen dir deine Befreiung verheißen, und siehst nun, wie sie dich getäuscht haben. Sag uns jetzt die Wahrheit.«

Sie antwortete: »Ja, ich sehe wohl, daß sie mich getäuscht haben.«

Der Bischof und der Vizeinquisitor zogen sich zurück. Sie waren mit einem armen, zwanzigjährigen Mädchen zu Ende gekommen.

»Wenn die Ketzer nach ihrer Verurteilung Reue zeigen und

die Zeichen der Reue offenkundig sind, kann man ihnen die Sakramente der Buße und des Abendmahles, falls sie diese in Demut erbitten, nicht verweigern. Aber kein Widerruf, keine Beteuerung, daß ihr Glaube mit dem der Kirche übereinstimme, kann die Rückfälligen noch erretten.« Man bewilligte ihnen die Beichte, die Absolution und die Kommunion, man glaubte angesichts des Sakraments an die Aufrichtigkeit der Reue und der Bekehrung. Zu gleicher Zeit erklärte man ihnen, daß man ihnen rechtsmäßig nicht glaube und sie deshalb zu sterben hätten. Bruder Martin Ladvenu nahm Johanna die Beichte ab. Dann sandte er den Gerichtsvollzieher, Herrn Massieu, zum Herrn Bischof von Beauvais, um ihn wissen zu lassen, daß sie den Leib Christi verlange. Der Bischof berief aus diesem Grund einige Doktoren, und auf ihren Beschluß hin antwortete, er dem Gerichtsvollstrecker: »Sagt Bruder Martin, er möge ihr die Kommunion und alles bewilligen, was sie verlangen wird.« Meister Massieu kehrte ins Gefängnis zurück, um Bruder Martin zu benachrichtigen. Dieser nahm Johanna ein zweites Mal die Beichte ab und reichte ihr das Sakrament der Buße. Ein Geistlicher brachte die Hostie, aber in unehrwürdiger Weise, den Hostienteller in ein Linnen gehüllt, mit dem man den Kelch bedeckt, ohne Licht, ohne Geleite, ohne Meßkleid, ohne Stola. Bruder Martin war es nicht zufrieden und sandte um Stola und Kerzen. Dann nahm er die heilige Hostie und wies sie Johanna: »Glaubt Ihr, daß dies der Leib Jesu Christi ist?« – »Ja, und er ist es, der allein mich erlösen kann.« Und sie bat, daß ihr die letzte Ölung gereicht werde.

Der Offiziant fragte sie: »Glaubt Ihr noch an Eure Stimmen?« – »Ich glaube nur an Gott und will nicht mehr den Stimmen Glauben schenken, die mich so getäuscht haben.« Und sie erhielt sehr demütig den Leib des Herrn und vergoß reichlich Tränen. Sodann richtete sie an Gott, die Jungfrau Maria und an die Heiligen fromme Gebete und zeigte sich voll Reue, so daß die anwesenden Personen zu Tränen gerührt wurden. Zerknirscht und leidvoll sagte sie zu Peter Maurice: »Hochwürden Peter, wo werde ich diesen Abend sein?« – »Seid Ihr nicht voll Hoffnung in den Herrn?« fragte der Domherr. »Ja, wenn Gott hilft, werde ich im Paradies sein.« Nikolaus Loiseleur ermahnte sie, gründlich die Irrtümer zu bekennen, die sie im Volke verbreitet habe. »Ihr müßt öffentlich erklären, daß Ihr mißbraucht worden seid und das Volk mißbraucht habt.« Da Johanna aber fürchtete, sich dessen nicht genau zu erinnern, wenn sie auf dem öffentlichen Richtplatz stünde, bat sie Bruder Martin, es ihr sodann in Erinnerung zu bringen, wie auch die andern Dinge, die ihr Heil beträfen. Loiseleur entfernte sich mit Zeichen außerordentlichen Schmerzes, lief wie ein Wahnsinniger durch die Straßen und ließ sich von den Godons beschimpfen.

Es war ungefähr 9 Uhr morgens, als Johanna mit Bruder Martin und Massieu aus dem Gefängnis geholt wurde, wo sie seit achtundsiebzig Tagen in Ketten gelegen hatte. Sie wurde in den Karren gebracht und unter Bewachung von achtzig Kriegsknechten durch die engen Straßen zum Richtplatz des Altmarktes in der Nähe des Flusses gebracht. Dieser Platz war im Westen von einer Holzhalle, der Halle der Fleischer, und im Osten vom Friedhof umgrenzt, der die Erlöserkirche umgab. Man hatte dort drei Gerüste errichtet, das eine gegen den nördlichen Giebel der Halle, und als man dieses aufstellte, hatte man mehrere Dachziegel zerbrochen. Auf dieses Gerüst sollte Johanna postiert werden und die Verwarnungspredigt anhören. Ein anderes, geräumigeres Gerüst erhob sich auf dem Friedhof. Dort würden die Richter mit den Prälaten Platz nehmen. Eine Bulle verbot zwar, Todesurteile in Kirchen oder Kirchhöfen zu verkünden, aber die Richter umgingen diese Vorschrift, falls sie dem weltlichen Arm empfahlen, sein Urteil zu mildern. Das dritte Gerüst, diesem gegenüber, in der Mitte des Platzes, wo gewöhnlich die Vollstreckungen stattfanden, war aus Mörtel und mit Holz bedeckt: der Scheiterhaufen. Auf dem Pfahl, der ihn überragte, hatte man eine Tafel mit folgenden Worten angebracht: ›Johanna, die sich die Jungfrau nennen läßt, Lügnerin, Verderberin, Betrügerin des Volks, Wahrsagerin, abergläubisch und gotteslästerisch, anmaßend, irrgläubig in der Lehre Jesu Christi, Prahlerin,

Götzendienerin, grausames, leichtfertiges Geschöpf, Teufelsbeschwörerin, Abtrünnige, Irrgläubige und Ketzerin.‹ Der Platz war durch hundertsechzig englische Kriegsknechte bewacht. Eine Menge Neugieriger drängte sich hinter den Soldaten, die Fenster waren über und über mit Zuschauern erfüllt, die Dächer von ihnen bedeckt.

Johanna wurde auf das an dem Giebel der Halle befindliche Gerüst hinaufgezogen. Sie trug ein langes Kleid, ihr Kopf war mit einer Art Kapuze bedeckt. Nikolaus Midy, Doktor der Theologie, stieg auf dasselbe Gerüst und begann die Verwarnungspredigt. Zum Texte hatte er das Wort des Apostels im ersten Brief an die Korinther gewählt: ›Wenn ein Glied leidet, leiden alle Glieder.‹ Johanna horchte geduldig der Predigt. Dann verkündete der Bischof von Beauvais in seinem Namen und in dem des Vizeinquisitors das Urteil. Er erklärte Johanna als ketzerisch und rückfällig.

»Wir erklären, daß du, Johanna, als faules Glied, indem wir verhindern wollen, daß sich die Ansteckung den andern Gliedern mitteile, aus der Einheit der Kirche ausgestoßen, aus ihrem Leib gerissen und der weltlichen Macht überantwortet werdest; und wir verwerfen dich, wir reißen dich aus, wir verlassen dich, indem wir bitten, daß selbige weltliche Macht, was den Tod und die Verstümmelung der Glieder betrifft, ihr Urteil mildere.«

Durch diese Formel enthoben sich die kirchlichen Richter von vornherein der Mitschuld an dem gewaltsamen Tode einer Kreatur. *Ecclesia abhorret a sanguine.* Aber jeder wußte, was diese Bitte wert war, und wenn das Unmögliche geschehen wäre und der Magistrat gewillfahrt hätte, wäre er derselben Strafe verfallen wie der Ketzer. Und selbst wenn zu diesem Zeitpunkt Rouen dem König Karl gehört hätte, wäre es auch König Karl nicht möglich gewesen, die Jungfrau vom Scheiterhaufen zu erretten.

Nachdem das Urteil gesprochen worden war, stieß Johanna herzerweichende Seufzer aus. Weinend kniete sie nieder, empfahl ihre Seele Gott, der Mutter Gottes, den Heiligen des Paradieses, von denen sie einige mit Namen nannte.

Sie bedankte sich demütig bei allen möglichen Leuten, gleichviel, welchem Berufe oder Stand sie angehörten, der eigenen oder der anderen Partei, und bat, daß sie ihr doch das Böse, das sie ihnen angetan, vergeben sollten, sie flehte ihre Richter um Verzeihung am, die Engländer und den König Heinrich und die englischen Prinzen des Königreiches. Sie wandte sich an alle anwesenden Priester und bat sie, daß jeder von ihnen eine Messe zum Heile ihrer Seele lesen möge. Sie äußerte so eine halbe Stunde lang unter Weinen und Jammern Gefühle der Demut und Reue, die die Geistlichen ihr eingeflößt hatten. Dennoch aber dachte sie noch daran, die Ehre ihres werten Dauphins, den sie so sehr geliebt hatte, zu verteidigen. Man hörte, wie sie sprach: »Ich bin niemals durch meinen König beeinflußt worden, das zu tun, was ich getan, sei es Gutes oder Böses.«

Viele weinten. Einige Engländer lachten. Die Hauptleute verstanden nichts von diesen erbauenden Feierlichkeiten der kirchlichen Gerichtsbarkeit. Mehrere wurden ungeduldig, und als sie sahen, daß Massieu auf dem Gerüste Johanna ermahnte, ein gutes Ende zu machen, riefen sie ihm zu: »Na, du Priester, willst du uns zum Essen hierbehalten?«

Wenn in Rouen ein Ketzer dem weltlichen Arm anheimgegeben wurde, pflegte man ihn dem Rat der Stadt, den man das Landgericht nannte, zuzuführen, um ihm dort das Urteil bekanntzugeben. Johanna gegenüber beobachtete man nicht diesen Gebrauch. Der Amtmann, der anwesend war, machte mit der Hand ein Zeichen und sagte: »Führt sie hinweg! Führt sie hinweg!« Sogleich zogen sie zwei Wächter des Königs vom Gerüst herab und brachten sie in den Karren, der sie erwartete. Man bedeckte ihren rasierten Kopf mit einer großen Mitra aus Papier, auf welchen folgende Worte geschrieben waren ›Ketzerin, Irrgläubige, Götzendienerin‹, und man übergab sie dem Scharfrichter. Ein Zeuge hörte sie sagen: »Ach Rouen, ich fürchte sehr, daß du um meinen Tod wirst leiden müssen.«

So hielt sie sich noch für die Gesandte des Himmels, den Engel des französischen Reiches, und es ist immerhin möglich, daß der ihr grausam entrissene Wahn im letzten Augenblick wiedergekehrt war, sie in seine wohltätigen Schleier zu hüllen. Es scheint dennoch, daß all ihre Kraft gebrochen war, und daß in ihr nichts übrigblieb, als eine entsetzliche Angst zu sterben und die Frömmigkeit eines Kindes.

Die Kirchenväter hatten kaum Zeit, vom Gerüst herabzusteigen, um vor einem Schauspiel zu fliehen, bei dem sie nicht hätten Zeugen sein können, ohne der Ungehörigkeit zu verfallen. Sie weinten alle, der Bischof von Thérouannes, der Kanzler Englands, hatte die Augen voll Tränen, der Kardinal von Winchester, der, wie man sagte, nur in eine Kirche ging, um von Gott den Tod eines Feindes zu erflehen, hatte mit diesem so reuigen und verzweifelten Mädchen Mitleid; Hochwürden Peter Maurice, jener Domherr, der die Aeneis las, hielt mit seinen Tränen nicht zurück. Alle Priester, die sie dem Henker überliefert hatten, waren erbaut, sie eines so heiligen Todes sterben zu sehen; so empfand auch wohl der Geistliche Johann Alespée, als er seufzend sprach: »Ich wollte, meine Seele wäre dort, wo sich, wie ich glaube, die Seele dieser Frau befindet.« In folgender Strophe der Totengesänge spielte er auf diese unglückliche Kreatur und auf sich selbst an:

Qui Mariam absolvisti,
Mihi quoque spem dedisti.

Die zwei jungen Dominikanerbrüder und der Gerichtsvollzieher Massieu begleiteten Johanna zum Scheiterhaufen. Sie verlangte ein Kreuz. Ein Engländer machte ihr eines aus zwei Stückchen Holz und reichte es ihr. Sie empfing es demütig, küßte es und legte es auf ihre Brust zwischen ihren Körper und ihr Gewand. Dann flehte sie Bruder Isambart an, in die benachbarte Kirche zu gehen, um ein Kreuz zu holen und ihr zu bringen, es vor sie zu halten, auf daß das Kreuz, an dem der Herr hing, ihren Blicken gegenwärtig sei, solange sie lebte. Massieu ließ es vom Pfarrer der Erlöserkirche fordern, der es herbeibrachte. Johanna küßte dieses Kreuz heiß und lange, und weinend drückten es ihre Hände, solange sie frei waren. Während man sie an den Pfahl band, rief sie hauptsächlich nach dem heiligen Michael, und zumindest war da keiner mehr, der sie darüber verhörte, ob dieser es auch wirklich war, den sie im Garten ihres Vaters geschaut. Sie betete auch zur heiligen Katharina.

Als sie sah, wie man den Scheiterhaufen in Brand setzte, schrie sie mit lauter Stimme: »Jesus!« Sie wiederholte diesen Namen wohl sechsmal, und man hörte auch, daß sie Weihwasser verlangte.

Für gewöhnlich erstickte der Henker den Verurteilten, um seine Leiden zu verkürzen, in einem dichten Rauch, bevor die Flammen emporstiegen; aber dem Scharfrichter von Rouen jagte der Gedanke an die von der Jungfrau begangenen Wunder großen Schrecken, ein, auch konnte er nur schwer bis zu ihr gelangen, weil der Amtmann das Mörtelgerüst zu hoch hatte aufbauen lassen. Obwohl er nicht wenig verhärtet war, äußerte er die Meinung, daß Johanna einen zu grausamen Tod erleide. Johanna sprach noch einmal den Namen Jesus aus, neigte den Kopf und gab den Geist auf. Als sie gestorben war, befahl der Amtmann dem Henker, die Flammen zu löschen, damit man sähe, daß die Prophetin der Armagnacs nicht mit Hilfe des Teufels oder auf andere Weise entkommen sei. Dann, als dieser arme, geschwärzte Körper dem Volke zur Schau gereicht worden war, goß der Henker, um die Asche zu vermindern, Öl, Schwefel und Kohle auf den Scheiterhaufen.

Bei dieser Art von Todesvollstreckungen war die Verbrennung des Fleisches selten eine vollkommene. In der erloschenen Asche fanden sich meist Herz und Eingeweide unversehrt. Aus Furcht, daß man Johannas Überreste zu sammeln käme, um mit ihnen Hexerei zu treiben oder irgendwelchen Unfug, ließ der Amtmann sie in die Seine werfen.

FÜNFZEHNTES KAPITEL

Nach dem Tode der Jungfrau. Das Ende des Hirten. Die Dame von Armoises

Nach Vollstreckung des Urteils ging der Henker ächzend und stöhnend und wahrscheinlich betrunken ins Kloster der Dominikaner, um, wie es Brauch war, zu betteln. Dieser rohe Kerl beklagte sich, es mit Johannas Hinrichtung schwer gehabt zu haben. Nach einem später erfundenen Gerede soll er den Mönchen gesagt haben, daß er sich vor Verdammnis fürchtete, weil er eine Heilige verbrannt habe. Wenn er im Haus des Vizeinquisitors tatsächlich so gesprochen hätte, wäre er sogleich in ein tiefes Verlies geworfen und als Irrgläubiger verurteilt worden, in großer Gefahr, so wie jene behandelt zu werden, die er eine Heilige nannte. Und warum sollte er geglaubt haben, daß diese durch den frommen Pater Lemaistre und den Herrn Bischof von Beauvais verurteilte Frau nicht wirklich ein verdammenswertes Wesen gewesen sei? In Wahrheit machte er sich bei den Mönchen ein Verdienst daraus, eine Hexe getötet und sich dabei geplagt zu haben, und kam, seinen Teil Wein zu holen. Ein Geistlicher, und zwar gerade ein Dominikanerbruder, Bruder Peter Bosquier, vergaß sich bis zu der Äußerung, daß man übel getan hätte, Johanna zu verurteilen. Obwohl er nur vor wenigen Leuten so gesprochen hatte, wurden seine Worte dem Generalinquisitor hinterbracht. In Anklage versetzt, erklärte Bruder Bosquier, er habe nach dem Trunke so gesprochen, und bat kniefällig um Vergebung, worauf er in Anbetracht seines Standes und seiner Person bei Wasser und Brot vom August an bis Ostern im Dominikanerkloster eingesperrt wurde.

Die Richter und Räte, die im Prozeß der Jungfrau amtiert

hatten, erhielten vom großen Rat Garantieschreiben. Geschah das für den Fall, daß sie von der französischen Gerichtsbarkeit beanstandet würden? In diesem Fall hätten ihnen aber diese Ausweise mehr geschadet als genützt. Das Großkanzleramt von England übersandte diese in Latein abgefaßten Briefe dem Kaiser, den Königen und den Prinzen der Christenheit; in französischer Sprache den Prälaten, Herzögen, Edelleuten und allen Städten Frankreichs, um mitzuteilen, daß König Heinrich und seine Leute großes Erbarmen mit der Jungfrau gehabt hätten, und wenn sie sie zum Tode verurteilten, dies aus Glaubenseifer und Sorge um das ganze christliche Volk geschehen war.

Im selben Sinne schrieb die Universität zu Paris an den Heiligen Vater, den Kaiser und das Kardinalskollegium.

Am 4. Juli hielt der Prior der Jakobiner eine Predigt, in welcher er an alle Taten Johannas, der Jungfrau, erinnerte und erzählte, wie sie um ihrer Irrtümer und Verschuldungen wegen den weltlichen Richtern ausgeliefert und lebendig verbrannt worden sei. Und er fügte hinzu: »Es waren ihrer vier, von denen drei gefangengenommen wurden, nämlich jene Jungfrau Pierronne und ihre Gefährtin, und da ist noch eine bei den Armagnacs, namens Katharina de La Rochelle … Bruder Richard, der Franziskaner, dem eine so große Menschenmenge Gefolgschaft leistete, als er in Paris und anderswo den Einfältigen predigte, lenkte diese Frauen; er war ihr frommer Vater.«

Nachdem die Pierronne in Paris verbrannt worden war, ihre Gefährtin zum Brot der Kümmernis und zum Wasser der Bitternis im Kirchengefängnis verurteilt, Johanna in Rouen verbrannt, war das königliche Feldkloster fast ganz aufgelöst. Es blieb nur mehr die heilige Dame La Rochelle, die den geistlichen Richtern zu Paris entschlüpft war. Bruder Richard war es vom Glaubensinquisitor untersagt worden zu predigen. Er konnte weder mehr das Nahen des Antichrist voraussagen, noch die Seelen auf die Prüfungen vorbereiten, die dem Weltuntergang vorangehen würden. Wahrscheinlich hatte die Verurteilung der Pierronne und sogar der Inquisitionsprozeß der

Jungfrau bei den Geistlichen von Poitiers eine Sinnesänderung gegen Bruder Richard hervorgerufen. Dieser fromme Bruder, der es sich in den Kopf setzte, den Untergang der Welt zu predigen, wurde lebhaft der Schwarzkunst verdächtigt. Da er wußte, welches Schicksal man ihm bereiten würde, floh er, und seither erfuhr man nichts mehr von ihm.

Dennoch gaben es die Räte Karls nicht auf, in ihren Armeen fromme Personen zu verwenden. Zur Zeit, als Bruder Richard und seine frommen Frauen verschwanden, setzten sie einen jungen Hirten ins Werk, den der Erzbischof von Reims als den wunderbaren Nachfolger Johannas angekündigt hatte. Unter folgenden Umständen wurde dem Hirten Gelegenheit gegeben, seine Kräfte wirken zu lassen.

Der Krieg fand seine Fortsetzung. Zwanzig Tage nach dem Tode Johannas kamen die Engländer, um mit starkem Einsatz die Stadt Louviers wieder einzunehmen. Der Erzbischof von Reims stand mit dem Marschall Boussac bei Beauvais und Senlis auf Seite der Franzosen und verteidigte mit den Armagnacs zugleich seine eigenen, ihm sehr teuren Güter und Einkünfte. Da er sie durch eine Jungfrau wiedererhalten hatte, hoffte er, sie durch einen Jüngling bewahren zu können. Und so versuchte er es mit dem kleinen Hirten aus den Bergen von Lozère, diesem Wilhelm, der wie der heilige Franz von Assisi und die heilige Katharina von Siena Stigmata empfangen hatte. Während des Kampfes bei Mantes gegen die zweitausend Krieger von Warwick, Salisbury, Suffolk, Talbot und andere ritt der Hirte, den die Franzosen als einen Gottgesandten betrachteten, an ihrer Spitze und zeigte die wunderbaren Wunden seiner Hände, seiner Füße und seiner linken Hüfte. Aber schließlich blieben der französische Hauptmann Poton und der Hirte Wilhelm in den Händen der Engländer, die nun ruhmvoll nach Rouen zurückkehrten. Poton war sicher, wie es üblich war, gebrandschatzt zu werden. Der kleine Hirte konnte dergleichen nicht erwarten. Er war der Ketzerei und Zauberei verdächtig, hatte das christliche Volk verführt und sich vergöttern lassen. Die Zeichen von der Passion Christi halfen ihm dabei nicht, im Gegenteil, das, was die

Franzosen für göttliche Wunden hielten, schienen den Engländern teuflische Zeichen. Wilhelm war wie die Jungfrau in dem Bistum Beauvais gefangengenommen worden. Peter Cauchon, der Johanna eingefordert hatte, tat dies gleichfalls mit Wilhelm, und das, was Johanna verweigert worden war, wurde dem Hirten zuteil, nämlich das geistliche Gefängnis. Schien es doch weniger kostbar und schwierig, ihn hinter Schloß und Riegel zu halten. Aber die Engländer hatten eben die Erfahrung gemacht, was es mit einem Inquisitionsprozeß für ein Bewandtnis habe. Sie wußten, daß dergleichen langatmig und mit feierlichem Ernste vor sich ging. Sie sahen keinerlei Vorteil, diesen Hirten der Ketzerei zu überführen. Wenn die Franzosen in ihn wie in Johanna die Hoffnung auf Kriegsglück gesetzt hatten, war diese Hoffnung kurz gewesen. Diesmal stand den Engländern Sinn danach, den Armagnacs Schande und Schmach zu bereiten, indem sie bewiesen, daß ihr Jüngling vom Teufel käme. So wurde denn der kleine Hirte von Rouen nach Paris gebracht.

Als Wilhelm bereits seit vier Monaten gefangen war, hielt der neunjährige König Heinrich VI. seinen Einzug in Paris, wo er in der Kirche von Notre-Dame mit den Kronen Frankreichs und Englands gekrönt werden sollte. Dieser Einzug wurde Sonntag, den 16. Dezember, mit großem Pomp und freudiger Teilnahme des Volkes gefeiert. In der Straße Ponceau-Saint-Denis, die der Zug passierte, hatte man einen Brunnen mit drei Sirenen erbaut, aus deren Mitte sich ein großer Lilienstengel erhob, aus dessen Blumen und Knospen Wein und Milch sprudelte. Die Menge drängte sich, um dort zu trinken. Um das Brunnenbecken unterhielten Leute, die als Wilde verkleidet waren, das Volk durch Kampfspiele und allerlei Kurzweil. Von dem Tor Saint-Denis an bis zum Palast Saint-Paul in Marais ritt das königliche Kind unter einem blauen, mit goldenen Lilien verzierten Himmel, den zuerst vier Schöffen in hochroten Mänteln und Kapuzen trugen und dann Mitglieder der Innungen der Handwerker. Vor ihm ritten fünfundzwanzig Herolde und fünfundzwanzig Trompeter, schöne Männer und schöne Damen in herrlichen Rüstungen mit großen Wappenschildern, die neun Ritter und Heldenweiber vorstellend, und eine Menge Reiter und Knappen. In diesem glänzenden Festzug erschien der kleine Hirte Wilhelm, der nun nicht mehr seine Arme ausstreckte, um auf seinen Händen die Wunden der Passion zu zeigen, denn er war mit festen Stricken gebunden. Nach der Feierlichkeit wurde er in sein Gefängnis zurückgebracht, aus dem man ihn später hervorzog, um ihn in einen Sack zu nähen und in die Seine zu werfen. Die Franzosen gaben zu, daß Wilhelm keine Mission von Gott erhalten hatte und überhaupt schwachen Verstandes war.

Im Jahre 1433 ließ der Konnetabel mit Hilfe der Königin von Sizilien den Edlen de la Trémouille entfernen, um ihn umbringen zu lassen. Unter den Prinzen war es Brauch, König Karl Räte beizugeben, um sie später zu töten. Trémouille hatte einen so großen Bauch, daß das Schwert im Fett stecken blieb, ohne ihn gefährlich zu verletzen. Aber mit seinem Kredit war es zu Ende, und Karl duldete den Konnetabel um sich, wie er Trémouille um sich geduldet hatte. Letzterer hinterließ den Ruf eines habsüchtigen Mannes, der sich um das Wohl des Königreiches nicht bekümmert hatte. Aber vielleicht war es seine größte Schuld, zu einer Zeit von Krieg und Plünderungen, als Freunde und Feinde das Reich verheerten, regiert zu haben. Man beschuldigte ihn, daß er die Jungfrau, auf die er eifersüchtig gewesen war, hatte verderben wollen. Dieser Gedanke stammt aus dem Hause Alençon, in dem man den Kanzler nicht liebte. Das Gegenteil war der Fall. Und wenn Johanna später seine Pläne durchkreuzte, beweist nichts, daß er vorgehabt hatte, sie durch die Engländer zu vernichten. Sie vernichtete sich selbst und verbrannte an ihrem eigenen Feuer. Der Konnetabel von Richmond kam im richtigen Augenblick, als nämlich der Herzog von Burgund mit dem König von Frankreich Frieden schloß.

Die Engländer, die, wie man sagte, durch das Loch im Schädel des Herzogs Johann, das ihm auf der Brücke von Montereau geschlagen worden, in das Reich eingedrungen waren, konnten sich in Frankreich nur durch Herzog Philipp erhalten. Sie waren nur eine Handvoll, und als sich die Hilfe des Riesen abgewandt hatte, genügte ein Hauch, sie fortzublasen. Als der Regent das Horoskop Heinrichs VI, ›Exeter wird verlieren, was Monmouth gewonnen hat‹, verwirklicht sah, starb er aus Zorn und Schmerz. Am 13. April 1436 zog der Graf von Richmond in Paris ein. Die Nährmutter der burgundischen Geistlichen und der Doktoren von der Partei der Cabochiens, die Universität, hatte sich selbst für den Frieden eingesetzt.

Es begab sich, daß einen Monat, nachdem Paris sich unter den Gehorsam König Karls gestellt hatte, ein Mädchen von ungefähr fünfündzwanzig Jahren, die bisher Claudine genannt worden war, in Lothringen auftauchte und mehrere Edelleute der Stadt Metz wissen ließ, daß sie Johanna die Jungfrau sei. Zu jener Zeit waren der Vater und der ältere Bruder Johannas bereits gestorben. Isabelle Romée lebte, und ihre beiden jüngeren Söhne waren im Dienste des Königs von Frankreich, der sie geadelt und mit dem Prädikat Du Lys beschenkt hatte. Johann, der ältere, Klein Johann genannt, war zum Amtmann von Vermandois, dann zum Hauptmann von Chartres ernannt worden. Ungefähr im Jahre 1436 war er Präfekt und Hauptmann von Vaucouleurs. Der jüngere, Peter oder Peterchen genannt, war mit Johanna vor Compiègne in die Hände der Burgunder gefallen und verließ nun endlich das Gefängnis des Bastards von Vergy. Sie dachten wohl beide, daß ihre Schwester in Rouen verbrannt worden war; als sie aber erfuhren, daß sie lebte und sie zu sehen wünschte, verabredeten sie sich mit ihr in einem Orte in der Nähe der Stadt Metz. Dort angelangt, sahen sie sie und erkannten sie sogleich als ihre Schwester, und sie erkannte in ihnen ihre Brüder.

Sie war von Edelleuten aus Metz begleitet, unter welchen sich ein besonders vornehmer Mann, Herr Nicole Lowe, ehemals Kammerherr Karls VI., befand. Diese Edelleute hielten sie auf mehrere Merkmale hin für die Jungfrau Johanna, die den König nach Reims begleitet hatte. Eine auf Johanna bezügliche Prophezeiung besagte, daß sie unter dem Ohr einen kleinen roten Fleck habe. Diese Weissagung fand aber nach dem Erscheinen der Jungfrau statt, so daß man wohl an dieses Zeichen bei Johanna glauben kann. Sollten nun die Edelleute aus Metz sie an diesem Muttermal wiedererkannt haben?

Wir wissen nicht, auf welche Weise sie dem Tod entronnen zu sein vorgab, aber es scheint, daß sie ihre Errettung ihrer Heiligkeit zuschrieb. Vielleicht verkündete sie, daß ein Engel sie aus den Flammen gezogen habe? Las man doch in den Büchern, daß die Löwen des Zirkus die nackten Füße der Jungfrau leckten, und daß siedendes Öl die Körper der heiligen Märtyrer wie Balsam erfrischte. Nichts war sicherer als dies. Aber dergleichen Berichte aus alter Zeit wären vielleicht zur Stunde nicht sehr glaubhaft gewesen. Wahrscheinlich aber schmückte dieses junge Mädchen sein Abenteuer nicht auf diese Weise aus, sondern erzählte, daß man an seiner Stelle eine andere Frau verbrannt habe. Nach den Berichten, die sie später ablegte, kam sie aus Rom, wo sie kriegerisch gewaffnet im Dienste des Papstes wacker gekämpft hatte. Auch hatte Johanna, so glaubte man wenigstens, prophezeit, daß sie in einer Schlacht gegen die Ungläubigen sterben werde, und daß eine römische Frau ihre Kräfte erben würde. Wie dem auch sei, sie glaubten an das, was diese Frau ihnen sagte. Vielleicht empfanden diese Edelleute, wie viele des Reiches, für König Karl größere Freundschaft als für den Herzog von Burgund. Und ritterlich, wie sie waren, ehrten sie das Ritterliche in jeder Person und bewunderten die Jungfrau um ihres großen Mutes willen. Deshalb empfingen sie sie aufs beste. Nicole Lowe gab ihr ein Paar Gamaschen und einen Hengst, der dreißig Franken wert war, was einen königlichen Preis darstellte. Der Stadthauptmann bot der Schwester der beiden Brüder Du Lys ein Schwert. Sie sprang mit jener Gewandtheit aufs Pferd, die vor sieben Jahren den alten Herzog von Lothringen bei Johanna entzückt haben soll. Auch sprach sie gerne wie eine Prophetin in Bildern und Parabeln, ohne etwas über ihre Absichten zu offenbaren. Wie Johanna erklärte sie, daß sie vor dem Johannistag keine Macht haben würde. Da sich aber diese Prophezeiung bei Johanna nicht verwirklicht hatte, müßte darüber eine echte Johanna vor allem andern geschwiegen haben. Allerdings war der Johannistag für Verträge, Jahrmärkte und andere Anlässe ein gebräuchliches Datum. Sogleich nach ihrer Ankunft führten die Brüder Du Lys jene, die sie für ihre Schwester hielten, nach Vaucouleurs, wo die Tochter Isabelle Romées Robert von Baudricourt aufgesucht hatte, und wo 1436 noch viele Personen verschiedenen Standes lebten, die sie im Februar des Jahres 1429 gesehen hatten, wie zum Beispiel das Ehepaar Leroyer und Herr Aubert d'Ourches. Dieses Mädchen verbrachte einige Wochen in der Gegend, und vor ihrem Abzug empfing sie den Besuch mehrerer Bewohner von Metz, die sie als die Jungfrau von Frankreich erkannten und ihr Kleinodien schenkten. Man erinnert sich, daß anläßlich der Salbung in Reims mehrere Ritter von Metz Johanna gesehen hatten.

Sodann begab sie sich auf Pilgerschaft und später nach Arlon zu Elisabeth von Gorlitz, der Herzogin von Luxemburg, einer angeheirateten Tante des Herzogs von Burgund. Diese damals zum zweitenmal verwitwete Frau erregte durch ihre Habgier den Zorn und Haß ihres Volkes. Johanna aber wurde von dieser Prinzessin aufs beste empfangen. Das darf nicht wundernehmen; fromme und wundertätige Personen waren von Prinzen und Edlen gesucht, die durch sie Geheimnisse aufdecken wollten oder durch ihre Hilfe das zu erhalten hofften, was sie eben wünschten, und es war begreiflich, daß die Herzogin von Luxemburg glaubte, daß dieses Mädchen die Jungfrau Johanna selber war, da ihre beiden Brüder Du Lys, die Edelleute aus Metz und die Bewohner von Vaucouleurs sie dafür hielten. Für die Mehrzahl der Menschen war das Leben und der Tod Johannas von Mysterien und Wundern umhüllt. Viele hatten sogleich daran gezweifelt, daß sie durch die Hand des Henkers gefallen war. Einige ließen seltsame Auslegungen darüber hören und glaubten, daß eine andere, ihr ähnliche Frau verbrannt worden wäre, andere wieder wußten nicht, was aus ihr geworden war. Als dann plötzlich in Deutschland und in ganz Frankreich das Gerücht ging, daß die Jungfrau lebe und man sie in der Nähe von Metz gesehen habe, wurde diese Neuigkeit auf verschiedene Weise aufgenommen; die einen glaubten sie, die anderen nicht. Man kann sich die Erregung vorstellen, die diese Nachricht hervorrief, wenn man sich die beiden Bürger von Arles vergegenwärtigt, die so heftig darüber stritten, ob die Jungfrau noch am Leben sei, daß sie darüber eine Wette eingingen, die vor dem Notar Austragung fand.

Indessen hatte sich der ältere Bruder Johannas, Johann Du Lys, genannt Klein Johann, nach Orléans begeben, um dort zu verkünden, daß seine Schwester lebe. Zum Dank für diese gute Nachricht erhielt er für sich und seine Diener zehn Pinten Wein, zwölf Hühner, zwei Gänse und zwei Hasen. Zwischen der Stadt des Herzogs Karl und der Herzogin gingen Kuriere hin und her, unter anderen ein gewisser Coeur-de-Lis, den der Magistrat von Orléans mit einer Nachricht, deren Inhalt wir nicht kennen, zu Johanna gesandt hatte, und Johanna übergab diesem einen Brief, der wahrscheinlich eine Audienz anstrebte. Er trug ihn sogleich nach Loches, wo König Karl eben im Begriffe war, seine Tochter Jolante mit dem Prinzen Amadeus von Savoyen zu verheiraten.

Johann Du Lys benahm sieh tatsächlich so, als wenn er seine Wunderschwester wiedergefunden hätte. Er begab sich zum König und verkündete ihm die seltsame Neuigkeit. Der König mußte wohl etwas davon geglaubt haben, da er befahl, Johann Du Lys eine Entschädigung von hundert Franken auszuhändigen, die dieser beim königlichen Schatzmeister einforderte, der davon zwanzig Franken abstrich. Die Truhen des Siegreichen waren zu jener Zeit noch nicht reich gefüllt. Nach Orléans zurückgekehrt, teilte Johann den Stadtverordneten mit, daß ihm nur mehr acht Franken blieben, was für die Wanderung nach Lothringen mit den vier Personen seines Gefolges nicht genüge, worauf ihm der Magistrat zwölf Franken überreichen ließ.

Bisher war jedes Jahr der Geburtstag der verstorbenen Jungfrau gefeiert worden. Im Jahre 1435 lasen acht Mönche der vier Bettelorden jeder eine Messe für die Seelenruhe Johannas. In jenem Jahre 1436 ließ der Magistrat vier neunpfündige Kerzen abbrennen, an denen der Wappenschild der Jungfrau hing mit dem silbernen Schwert, unter der Krone von Frankreich. Aber auf die Nachricht hin, daß Johanna lebe, stellten sie die Trauerfeierlichkeiten für sie ein. Währenddessen hielt sich jene Johanna bei der Herzogin von Luxemburg auf, traf dort den jungen Grafen Ulrich von Württemberg, der sich nicht mehr von ihr trennen wollte. Er ließ ihr eine schöne Rüstung machen und nahm sie nach Köln mit. Sie nannte sich immer noch die gottgesandte Jungfrau von Frankreich. Graf Ulrich schrieb ihr übernatürliche Kräfte zu und bat sie, diese für ihn und die Seinen zu nützen. Er war sehr streitbar und in das Schisma, das damals das Erzbistum von Trier trennte, besonders verwickelt. Udalrich und Raban von Helmstadt, Bischof von Speyer, stritten sich um den erzbischöflichen Thron. Ulrich von Württemberg, einer der wärmsten Anhänger Udalrichs, befragte in dieser Fehde die gottgesandte Jungfrau. Dergleichen Fragen waren ja auch der ersten Johanna vorgelegt worden. Aber die zweite Johanna beantwortete sie mit größerer Bestimmtheit; sie erklärte, den richtigen Bischof zu kennen und maß sich an, ihn auf den Thron zu setzen. Jedoch die Einmengung der Jungfrau in diesen geistlichen Zwist zog unglücklicherweise die Aufmerksamkeit des Generalinquisitors von Köln, Heinrich Kalt-Eysen, auf sie, der in Erfahrung brachte, daß sie schmähliche Kleider trug, sich dem Tanz mit Männern ergab, mehr trank und aß, als erlaubt war, und Magie betrieb. So hatte er erfahren, daß dieses Mädchen ein Tischtuch zerrissen hatte, und es dann in seinen früheren Zustand zurückversetzte, und ebenso mit einem an der Wand zerschlagenen Glas verfahren war. Kalt-Eysen verdächtigte sie der Ketzerei, worauf der Generalinquisitor von Köln nach ihr fahndete. Aber der junge Graf von Württemberg verbarg seine Jungfrau bei sich und ließ sie dann heimlich aus der Stadt entwischen, wodurch sie dem Schicksal jener entging, die sie bis an ihr Ende nachzuahmen wagte. Nach Arlon zur Herzogin von Luxemburg, ihrer Beschützerin, geflüchtet, begegnete sie dort Robert von Armoises, Herrn von Tichemont, den sie wahrscheinlich schon von früher her kannte. Vermutlich war er der Sohn des Statthalters des Herzogtums Bar. Trotz hoher Herkunft stand es schlecht mit seinem Vermögen. Die wiedergefundene Jungfrau vermählte sich, scheinbar auf Wunsch der Herzogin von Luxemburg, mit ihm. Nach Meinung des heiligen Inquisitors von Köln war diese Heirat nur geschlossen worden, um diese Frau vor dem bischöflichen Zorn zu schützen. Gleich nach ihrer Verehelichung begab sie sich mit ihrem Mann in dessen Haus nach Metz und wurde seither Johanna Du Lys, Jungfrau von Frankreich, Dame von Tichemont, genannt.

In Metz in ihrem Heim, vor der Kirche der heiligen Segolene, schenkte die Dame von Armoises zwei Kindern das Leben. Irgendwo im Languedoc gab es einen ehrbaren Ritter, der, falls er von diesen Geburten gehört hätte, zweifeln mochte, daß die Jungfrau und die Dame von Armoises ein und dieselbe Person wären. Das war Johann von Aulon, der ehemalige Haushofmeister Johannas, denn dieser hielt Johanna nicht für geschaffen, Kinder zu haben, was ihm sehr erfahrene Frauen anvertraut hatten. Nach Berichten des Bruders Johann Nider, Doktor der Theologie zu Vienne, soll diese Verbindung nicht gut geendet haben. Ein Priester, eigentlich war es ein Priester auf eigene Faust, verführte diese Zauberin durch Liebesschwüre und ging mit ihr davon. Aber Bruder Johann Nider fügt dem hinzu, daß der Priester die Dame von Armoises heimlich nach Metz entführte und dort mit ihr im Konkubinat lebte; es ist aber bewiesen, daß sie in dieser Stadt ihren Wohnsitz hatte, woraus hervorgeht, daß dieser Herr über Dinge sprach, von denen er nichts wußte. Tatsache ist dagegen, daß sie kaum zwei Jahre in dem friedlichen Schalten der Kirche der heiligen Segolene verblieb. Trotz ihres Ehestandes wollte sie nicht auf das Prophezeien und das ritterliche Leben verzichten. Im Sommer des Jahres 1439 begab sich die Dame von Armoises nach Orléans. Der Magistrat bot ihr als Zeichen der Ehrung und Freude Fleisch und Wein. Am 1. August veranstaltete er für sie ein Festessen und gab ihr zweihundert Pfund Parisis für die guten Taten, die sie der Stadt während der Belagerung erwiesen hatte. Dies war der Wortlaut, mit dem diese Ausgaben sich in den Verrechnungen der Stadt vorfanden. Wenn die Bewohner Orléans sie als die wirkliche Jungfrau Johanna erkannten, geschah dies weniger auf den Augenschein hin als auf die Beglaubigung der Brüder Du Lys. Genaugenommen hatte sie die Bevölkerung wenig gesehen. In der Maiwoche hatte sie sich damals nur bewaffnet zu Pferde gezeigt und war dann im Juni 1429 und im Januar 1430 nur durch die Stadt gekommen. Allerdings hatten sie ihr Wein geboten und die Stadträte hatten mit ihr zur Tafel gesessen. Aber seither waren neun Jahre verflossen, und neun Jahre gehen an dem Antlitz einer Frau nicht vorüber, ohne Veränderungen zurückzulassen. Sie hatten sie als Mädchen in sehr jungen Jahren zum letztenmal gesehen und fanden sie als Mutter von zwei Kindern wieder. Sie hielten es für richtig, sich auf ihre nahen Verwandten zu verlassen. Dennoch beginnt man ein wenig zu staunen, wenn man an die bei dem Bankett gehaltenen Reden denkt und an all diese Ungereimtheiten und Schnitzer, die der Dame dabei entfahren sein dürften. Wenn diese Bürger nicht ihren Irrtum erkannten, so waren sie wohl schlichte, gutwillige Leute. Und wer sagt es, daß sie der Wahrheit nicht doch auf die Spur kamen? Der Glaube, daß Johanna noch lebte, war zumindest nicht allgemein in der Stadt. Die Feierlichkeiten anläßlich ihres Todestages, die im Jahre 37 und 38 unterblieben waren, wurden jedoch im Jahre 39, etwa drei Monate vor jenem Gastmahle, wiederaufgenommen. Auf diese Weise hielten die dankbaren Bewohner von Orléans zugleich Seelenmessen für sie ab und Festmahle, bei denen sie mit ihr tranken. Die Dame von Armoises blieb kaum fünfzehn Tage in ihrer Gesellschaft. Sie verließ die Stadt plötzlich und übereilig.

Die Dame von Armoises begab sich sodann nach Tours, wo sie sich als die wirkliche Johanna vorstellte. Sie übergab dem Amtmann einen Brief für den König, der eben kurze

Zeit nach Johanna in Orléans angekommen war. Dieser Amtmann war kein anderer als Wilhelm Bellier, der vor zehn Jahren als Stadtleutnant von Chinon Johanna in seinem Haus unter der Obhut seiner frommen Frau aufgenommen hatte. Auch er richtete gleichzeitig an den König einen Brief in Angelegenheiten der Dame Johanna von Armoises, dessen Inhalt man aber nicht kennt. Kurze Zeit nachher begab sich diese Dame nach Poitou, wo sie Dienste bei Gille de Rais, Marschall von Frankreich, annahm, der in seiner frühen Jugend die Jungfrau nach Orléans geführt, wie sie den Salbungszug mitgemacht, gegen die Mauern von Paris gekämpft hatte und während Johannas Gefangenschaft Louviers besetzt und einen kühnen Vorstoß gegen Rouen gemacht hatte. Jetzt entvölkerte er seine ausgedehnten Ländereien von Kindern, und indem er Zauberei und Orgien vermengte, brachte er den Dämonen Blut und Gliedmaßen unzähliger Opfer dar. Seine blutigen Ungeheuerlichkeiten verbreiteten Schrecken um seine Schlösser Tiffauges und Machecoul, und schon streckte sich der Arm der Geistlichkeit nach ihm aus. Die Dame von Armoises übte zwar nach Aussage des Inquisitors von Köln Zauberei, aber der Marschall von Rais benutzte sie nicht als Dämonenbeschwörerin; er vertraute ihr die Aufsicht über sein Kriegsvolk an, ungefähr das Amt, das Johanna in Lagny und Compiègne innehatte. Doch behielt sie nicht lange diese Beschäftigung. Im Frühling 1440 näherte sie sich Paris.

Seit mehr als zweieinhalb Jahren stand die Stadt unter dem Gehorsam König Karls, der dort seinen Einzug gehalten hatte, ohne ihr den Wohlstand wiedergegeben zu haben. Überall sah man verlassene, in Ruinen zerfallende Häuser; in die Vorstädte kamen die Wölfe und verschlangen die kleinen Kinder. Als ehemalige Burgunder hatten nicht alle Einwohner vergessen, daß die Jungfrau in Gesellschaft des Bruders Richard und der Armagnacs ihre Stadt am Tage Mariä Geburt angegriffen hatte. Bei dem Gerücht, daß Johanna nicht tot sei, von den Bewohnern von Orléans erkannt worden wäre und sich der Stadt näherte, geriet das niedere Volk von Paris in Erregung, und man mußte Unruhen befürchten. Im Jahre 1440, unter Karl von Valois, war die Universität von Paris vom selben Geiste beseelt wie 1431 unter Heinrich von Lancaster. Sie achtete, sie ehrte den König von Frankreich, den Beschützer ihrer Privilegien und den Verteidiger der gallischen Kirche. Die hochangesehenen Gelehrten empfanden keinerlei Reue, die der Ketzerei und Verführung schuldige Jungfrau eingefordert zu haben, und daß sie bestraft worden war. Ketzerisch ist, wer in seinem Irrtum verharrt. Verführer ist, wer Mächte zu stürzen sucht und dem dies nicht gelingt. Gott wollte, daß Karl von Valois 1440 Herr von Paris war, hatte es aber 1429 nicht gewollt; so hatte denn die Jungfrau gegen Gottes Willen gekämpft. Die Universität hätte im Jahre 1440 mit demselben Eifer die Verurteilung einer englischen Jungfrau betrieben.

Der Magistrat von Poitiers, der nach langem und schmerzvollem Exil in seine alte Pariser Heimat zurückkehrte, saß im Parlament mit den bekehrten Burgundern. Diese getreuen Diener des Dauphins, die in schlechten Tagen die Jungfrau ins Werk gesetzt hatten, hätten sich 1440 nicht bemüht, an der Echtheit ihrer Mission und an der Reinheit ihres Glaubens öffentlich festzuhalten. Daß sie von den Engländern verbrannt worden, war leichthin gesagt; aber der Prozeß, der vom Bischof und Vizeinquisitor mit Beteiligung der Universität geführt worden war, konnte kein englischer Prozeß genannt werden; es war dies zugleich ein sehr gallischer und sehr katholischer Prozeß. So ist denn der Name der Jungfrau der Christenheit gegenüber mit Schimpf befleckt. Und es gab keinerlei Berufung. Der Papst allein vermochte diese geistliche Amtshandlung widerrufen, aber er würde es aus Furcht, den König des katholischen England zu verstimmen, nicht tun, und weil er nicht, ohne die menschlichen und göttlichen Rechte zu schädigen, zugeben konnte, daß ein Glaubensinquisitor in seinem Richtspruch gefehlt habe. Die französischen Priester fügten sich und schwiegen. In den geistlichen Versammlungen wagte man den Namen Johannas nicht auszusprechen.

Zum Glück teilten hinsichtlich der Dame von Armoises weder die Doktoren und Geistlichen der Universität noch die ehemaligen Mitglieder des Parlaments zu Poitiers die Illusionen des Volkes. Sie zweifelten nicht daran, daß die Jungfrau in Rouen verbrannt worden war. In der Befürchtung, daß diese Frau, die sich als die Befreierin Orléans ausgab, geräuschvollen Einzug in die Stadt halten könnte, sandte ihr das Parlament und die Universität bewaffnete Leute entgegen, die sie festnahmen und ins Palais brachten. Sie wurde verhört, man richtete sie und verurteilte sie zu öffentlicher Schaustellung. Auf der Höhe der Stufen, die zum sogenannten Cour-de-Mai hinaufführten, befand sich ein Marmortisch, auf welchem man die Missetäter zur Schau stellte. Die Dame von Armoises und Tichemont wurde dort dem Volk, das sie angeführt hatte, gezeigt. Wie es Brauch war, ward eine Ermahnungspredigt an sie gerichtet und man zwang sie, öffentlich zu bekennen.

Sie erklärte, daß sie nicht Jungfrau wäre, sondern an einen Ritter verheiratet und zwei Söhne hätte. Sie erzählte, daß, als eines Tages in Gegenwart ihrer Mutter eine Frau sie beschimpfte, sie sich auf diese gestürzt habe, um sie zu schlagen, jedoch von ihrer Mutter zurückgehalten, dieser den Schlag versetzte. Das war ein Fall, für den nur der Papst Vergebung erteilen konnte; denn wer die Hand gegen seinen Vater oder seine Mutter oder einen Priester oder Geistlichen erhob, mußte zum Heiligen Vater um Verzeihung pilgern, dem es allein zukam, den Sünder zu verdammen oder ihm zu vergeben. Und so hatte auch sie getan. »Ich war in Rom«, sagte sie, »in Männerkleidung, und machte als Soldat den Krieg des Heiligen Vaters Eugen mit und wurde dabei zweimal des Menschenmordes schuldig.«

Zu welcher Zeit mag sie diese Pilgerfahrt nach Rom unternommen haben? Offenbar war es vor dem Exil des Papstes Eugen in Florenz, als sich die Condottieri des Herzogs von Mailand bis an die Tore Roms näherten.

Man erfährt nichts darüber, daß die Universität oder die geistlichen Richter und der Großinquisitor diese der Hexerei und des Menschenmordes verdächtige Frau, die ungeziemende Kleider trug, eingefordert hätten. Wahrscheinlich wurde sie nicht als Ketzerin verfolgt, weil sie sich nicht hartnäckig zeigte, und die Hartnäckigkeit allein die Ketzerei bedingt. Von jener Zeit an machte sie nicht mehr von sich reden. Man nimmt ohne genügende Beweise an, daß sie schließlich nach Metz zum Ritter von Armoises, ihrem Mann, zurückkehrte und friedlich und geehrt bis ins vorgeschrittene Alter in dem Hause lebte, wo ihr Wappen über der Türe gemeißelt war, oder vielmehr jenes von Johanna, das Schwert, die Krone und die Lilien.

Dieser Betrug war vier Jahre lang gelungen. Das darf nicht sonderlich erstaunen. Zu aller Zeit hat sich das Volk ungern mit dem Gedanken an das unwiderrufliche Ende jener vertraut gemacht, deren Dasein seine Phantasie in Staunen und Bewunderung versetzt hatte. Es gibt nicht zu, daß berühmte Personen plötzlich und durch ein Mißgeschick sterben wie der gewöhnliche Mensch. Es widersetzt sich den gewaltsamen Lösungen der schönen menschlichen Abenteuer. Betrüger wie die Dame von Armoises finden immer Leute, die ihnen glauben, und diese erschien ja in einer Zeit, die Täuschungen besonders günstig war. Die Menschen waren durch langes Elend verdummt, überall verhinderte der Krieg den Verkehr, man wußte selbst nicht, was sich in einiger Entfernung abspielte, in den Köpfen und Dingen herrschte Unruhe, Unverstand und Verwirrung. Auch hatte sich diese falsche Johanna nur dank der Unterstützung der Brüder Du Lys so lange behaupten können. Waren diese selbst Gefoppte oder ihre Spießgesellen? So wenig Verstand man ihnen auch nachsagte, ist es doch kaum möglich anzunehmen, daß sie sich durch eine Abenteuerin täuschen ließen. Ähnelte sie etwa sehr der Tochter der Romée, so konnte sie dennoch zwei Menschen, die mit Johanna aufgezogen worden waren, mit ihr nach Frankreich gekommen und mit ihr sehr vertraut waren, nicht lange täuschen. Wurden sie aber nicht getäuscht, wie soll man dann ihr Verhalten deuten?

Durch den Tod ihrer Schwester hatten sie viel verloren. Als sie der Dame von Armoises begegneten, war Peter Du Lys eben aus burgundischem Gefängnis entlassen. Da die Mitgift seiner Frau für das Lösegeld verwendet worden war, befand er sich völlig im Elend. Mit Johann, Amtmann von Vermandois, dann Hauptmann von Chartres und schließlich Amtmann von Vaucouleurs, stand es, was sein Vermögen betrifft, nicht besser. Das würde manches erklären. Dennoch zögert man anzunehmen, daß sie allein und aus eigenem Antrieb, ohne fremde Hilfe, ein so schwieriges, gewagtes und gefährliches Spiel getrieben hätten. Aus dem wenigen, was man von ihnen weiß, muß man sie beide für allzu schlicht, einfältig und zahm halten, um ihnen die Ausführung einer derartigen Intrige zuzumuten. Man ist geneigt zu glauben, daß sie durch Größere und Mächtigere, als sie es waren, geleitet wurden. Wer weiß? Vielleicht durch geschäftige Diener des Königs von Frankreich. Karl VII. litt grausam in seiner Ehre durch die Verurteilung und Verbrennung Johannas. Ist es nicht möglich, daß in der Umgebung des Königs und seines Rates sich allzu beflissene Mittler gefunden hatten, die sich diese seltsame Erscheinung ausdachten, um glauben zu machen, daß Johanna nicht des Hexentodes gestorben, sondern daß sie kraft ihrer Unschuld und Heiligkeit den Flammen entkommen sei? Auf diese Weise wäre der Betrug mit dieser falschen Johanna zu einer Zeit ausgedacht worden, wo es unmöglich schien, jemals vom Papst die Revision des Prozesses von 1431 zu erreichen, ein Versuch einer erschlichenen und betrügerischen Rehabilitation, ein mißglückter und bald aufgegebener Versuch! Diese Annahme würde erklären, warum die Brüder Du Lys, die sich in eine schlechte Sache verwickelt hatten, da sie das Volk irregeführt, den König getäuscht und auf diese Weise Majestätsverbrechen begangen hatten, weder bestraft worden waren noch in Ungnade verfielen. Johann blieb während vieler Jahre Präfekt von Vaucouleurs und erhielt bei Übergabe seiner Amtsmannschaft eine Entschädigungssumme. Peter, der wie auch die Romée, seine Mutter, in Orléans wohnte, bekam im Jahre 1443 von Herzog Karl, der seit drei Jahren wieder nach Frankreich zurückgekehrt war, die Rinderinsel auf der Loire mit ein wenig Futterland, was nicht hinderte, daß er arm blieb und sich vom Herzog und den Bewohnern Orléans unterstützen ließ.

SECHZEHNTES KAPITEL

Die Richter von Rouen im Konzil zu Basel und die pragmatische Sanktion. Der Rehabilitierungsprozeß. Die Jungfrau von Sarmaize. Die Jungfrau von Mans

Von Jahr zu Jahr entrollte das Konzil von Basel seine Sitzungen wie den Schweif eines apokalyptischen Drachen. Durch die Art, wie es die Kirche in ihren Mitgliedern und ihrem Oberhaupt reformierte, war es der Schrecken des höchsten Pontifex und des heiligen Kollegiums. Aeneas Sylvius rief schmerzlich aus: »Wahrlich, es ist nicht die Kirche Gottes, welche in Basel versammelt ist, sondern die Synagoge des Satans!« Ein Ausspruch, der im Mund eines römischen Kardinals allerdings nicht zu stark ist, da er sich auf eine Versammlung bezieht, die für die Freiheit der bischöflichen Wahlen gestimmt hatte, für die Aufhebung der Annaten, Rechte des Palliums, Taxen der kirchlichen Kämmerer, und die den Heiligen Vater zu evangelischer Armut zurückzuleiten gedachte. Unter den eifrigsten Reformatoren der Kirche taten sich die Geistlichen und Doktoren der Universität von Paris, die im Prozeß Johannas gerichtet hatten, und besonders Nikolaus Loiseleur und Thomas von Courcelles hervor. Karl VII. berief eine Versammlung der Geistlichkeit des Königreiches, zu dem Zwecke, die Satzungen von Basel zu prüfen. Diese Versammlung fand in der heiligen Kapelle von Bourges statt, und Thomas von Courcelles, vom Konzil beauftragt, besprach sich dort mit dem Bischof von Castres. Dieser Bischof von Castres, ein geschmeidiger Humanist und eifriger Rat der Krone, war kein anderer als Gérard Machet, der Beichtvater des Königs, der im Jahre 1429 mit den Räten von Poitiers den Prophezeiungen der Jungfrau ein günstiges Zeugnis abgelegt hatte. Und Courcelles hatte in Rouen dafür gestimmt, daß die Jungfrau gefoltert und dem weltlichen Arm überliefert werde. In dieser Versammlung von Bourges aber einigten sich die beiden Kirchenväter über die zu behandelnden Fragen. Weder der eine noch der andere schien sich zu diesem Zeitpunkt der armen Jungfrau zu erinnern. Aus den Akten dieser Besprechungen aber entsprang das feierliche Edikt der pragmatischen Sanktion. Die Satzungen von Basel wurden zur Verfassung der Kirche von Frankreich.

Gleicherweise bestätigte auch der Kaiser die Reformen von Basel. Dies machte die Kirchenväter so kühn, daß sie den Papst Eugen vor ihr Tribunal riefen und auf die Weigerung, zu erscheinen, ihn als ungehorsam, eigensinnig, rebellisch, Übertreter der Satzungen und Störer der kirchlichen Einigkeit und noch vieler anderer Fehler bezichtigten. So äußerte sich gegenüber dem Heiligen Vater auch Johann Beaupère, Thomas von Courcelles und Nikolaus Loiseleur, die Johanna so heftig vorgeworfen hatten, sich nicht dem Papst unterwerfen zu wollen. Nikolaus, der im Prozeß bald den lothringischen Gefangenen, bald die heilige Katharina gemimt hatte, und der, als Johanna zum Scheiterhaufen geführt wurde, wie ein Wahnsinniger hinter ihr herlief, gab sich auch in der Synode eine gewisse Wichtigkeit.

Thomas von Courcelles, einer jener, die den Papst als ungehorsam, hartnäckig, aufrührerisch und all das Übrige bezeichnet hatten, wurde zum Kommissar für die Wahlen eines neuen Papstes ernannt. Karl VII., obwohl er dem Papst Eugen gehorsam blieb, hielt an der pragmatischen Sanktion fest. Courcelles war seit jener Zeit eine der Säulen der französischen Kirche.

Währenddessen erklärte sich die englische Regierung für den Papst und gegen das Konzil. Peter Cauchon, Gesandter König Heinrichs VI. in der Synode, war Bischof von Lisieux geworden und schuldete anläßlich dieser Versetzung der päpstlichen Kammer vierhundert Goldgulden. Trotzdem er langen Aufschub für diese Zahlung erhalten hatte, wurde er schließlich exkommuniziert. Diese Sache mußte ihm großes Ärgernis bereitet haben, doch geschah derlei häufig und war ohne besondere Folgen.

Das französische Reich, seit 1444 seiner Feinde ledig, förderte wieder den Ackerbau, beschäftigte alle Handwerke, trieb Handel und bereicherte sich. Die Regierung Karls eroberte tatsächlich in den Pausen zwischen den Kriegen und während der Waffenstillstände die Normandie, und zwar durch Handel und Warenaustausch, den es mit ihr trieb. Karl VII. eroberte seine Stadt Rouen in derselben gewaltlosen Art wieder, wie er zwanzig Jahre zuvor Troyes und Reims durch Einverständnis mit den Einwohnern und mittels Amnestie und Zugeständnissen erobert hatte. Desgleichen wurde die Provinz Maine und das sehr englische Aquitanien ohne Blutvergießen, ohne Erstürmung der Wälle und Befestigungen wieder eingenommen. Nun reich und siegreich geworden, wollte Karl den Makel, den seine königliche Ehre durch das Urteil von 1431 erhalten hatte, auslöschen. Da ihm daran lag, der ganzen Welt zu beweisen, daß er nicht durch eine Hexe zu seiner Salbung geführt worden war, bemühte er sich, den Prozeß nichtig erklären zu lassen. Der Papst allein konnte die Revision anordnen. Der König hoffte ihn dafür zu gewinnen, obwohl er wußte, daß dies nicht leicht sein werde. Im Monat März 1450 ließ er vorbereitende Erkundigungen einziehen, und die Angelegenheit stockte bis zur Ankunft des Kardinals Estouteville, des Legaten des Heiligen Stuhles, in Frankreich. Papst Nikolaus hatte ihn zu König Karl gesandt, um mit ihm über den Frieden mit England und den Kreuzzug gegen die Türken zu verhandeln. Kardinal Estouteville stammte aus einer normannischen Familie und konnte daher leichter als ein anderer das Haltbare und das Unhaltbare im Prozeß Johannas unterscheiden. Um sich König Karls Gunst zu sichern, leitete er als Legat eine neue Untersuchung in Rouen mit Beistand Johann Bréhals, vom Orden der Dominikaner, Glaubensinquisitor von Frankreich, ein. Aber die Einmengung des Legaten wurde durch den Papst nicht gutgeheißen. Es blieb die Revision drei Jahre in Schwebe. Nikolaus V. billigte nicht, daß Zweifel in die Unfehlbarkeit des heiligen Tribunals der Inquisition gesetzt würden. Man hatte in Rom noch wichtigere Gründe, nicht an den Prozeß von 1431 zu rühren. Die Franzosen verlangten die Revision, die Engländer widersetzten sich ihr, und der Papst wollte letztere nicht erzürnen, die damals ebenso katholisch, ja selbst katholischer als die Franzosen waren. Um den Papst aus der Verlegenheit zu ziehen und ihn günstig zu stimmen, fand die Regierung Karls VII. einen Ausweg. Der König wurde in der Sache nicht mehr genannt. Er trat hinter der Familie der Jungfrau zurück. Die Mutter Johannas, Isabelle Romée von Vouthon, die sich nach Orléans zurückgezogen hatte, und ihre beiden Söhne Peter und Johann Du Lys verlangten die Revision. Durch diesen Kunstgriff war die Sache nicht mehr politischer Natur und betraf nur mehr Privatpersonen. Währenddessen starb Nikolaus V. Sein Nachfolger, Callixtus III. von Borgia, ein Greis von achtundsiebzig Jahren, gab 1455 die Erlaubnis, den Fall zu untersuchen. Zuallererst wurde beschlossen, nicht alle zuzuziehen, die an dem Prozeß teilgenommen hatten, ›denn sie waren getäuscht worden‹. Man legte besonders fest, daß die Tochter der Könige, die Mutter der Lehre, die Universität zu Paris, durch die gefälschte Bearbeitung der zwölf Artikel irregeführt worden war. Man einigte sich, alles dem Bischof von Beauvais und dem Ankläger Johann von Estivet, die beide verstorben waren, aufzuladen. Diese Vorsicht war nützlich; denn wenn man nicht Rücksicht genommen hätte, würde man einige, beim König sehr mächtige und der Kirche von Frankreich sehr teure Gelehrte in äußerste Verlegenheit gebracht haben.

Am 7. November 1455 erschienen Isabelle Romée und ihre beiden Söhne, gefolgt von einem langen Zug ehrbarer geistlicher Herren, Räte und frommer Frauen in der Kirche von Notre-Dame zu Paris, um von den Prälaten, den Kommissaren des Papstes, Gerechtigkeit zu fordern. Die Ankläger und Beschuldiger der verstorbenen Johanna wurden für den

12. Dezember nach Rouen berufen. Doch es erschien niemand. Die Erben des verstorbenen Cauchon wiesen jede Gemeinschaft der Handlungen ihres verstorbenen Verwandten ab und deckten sich, was die Verantwortlichkeit vor dem weltlichen Gericht betraf, durch die vom König anläßlich der Wiedereroberung der Normandie erteilten Amnestie. So wurde, wie es zu erwarten war, ohne Einspruch und Auseinandersetzungen vorgegangen. In Domremy, Orléans, Paris und Rouen wurden Untersuchungen eröffnet. Die Jugendfreunde der kleinen Johanna, die Gevatterinnen, der Onkel Lassois, das Ehepaar Leroyer und etwa zwanzig Bauern von Domremy erschienen. Man verhörte Herrn Bertrand von Poulengy, damals schon dreiundsechzigjährig, Stallmeister des Königs von Frankreich, und Johann von Novelompont, genannt Johann von Metz, seither geadelt und in Vaucouleurs ansässig. Man vernahm Edelleute und Geistliche aus Lothringen und der Champagne; man verhörte Bürger von Orléans und besonders jenen Tuchhändler, der Johanna das feine Brüsselertuch für ein Kleid geliefert hatte und zehn Jahre später an jenem Bankett teilgenommen, das die Stadtverordneten der den Flammen entronnenen Jungfrau gegeben hatten. Er sprach gut, aber er geriet vor den Engländern in Angstschweiß, denn er sah deren viel mehr, als anwesend waren. Bezüglich der Untersuchung in Poitiers wurde unter anderen ein Mann einvernommen, der gerade fünfzehn Jahre alt gewesen war, als Johanna dort vernommen worden war. Man befragte die Überlebenden von der Belagerung von Orléans und von Patay, den Bastard Johann, der seither Graf von Dunois und Longueville geworden war und wie ein Schriftgelehrter aussagte, den alten Edelmann von Gaucourt, nun fünfundachtzig Jahre alt, der sich bemühte, sich zu entsinnen und schließlich wie der Graf von Dunois Zeugnis ablegte, den Herzog von Alençon, eben im Begriffe, sich den Engländern zu verbünden und der sich schon anschickte, den König zu überlisten, sich deshalb aber nicht weniger geschwätzig und großartig zeigte; den Haushofmeister Johannas, Johann von Aulon, der Ritter und Rat des Königs und Seneschall von

Beaucaire geworden war, und den kleinen Pagen Louis de Coutes, damals zweiundvierzigjährig. Und man vernahm auch Bruder Pasquerel, der in seinem Alter noch leichtgläubig und beweglichen Geistes war. Auch das Edelfräulein Margarete La Touroulde, das sich nach Paris zurückgezogen hatte, berichtete fein und launig ihre Erinnerungen.

Indes hütete man sich, den Erzbischof von Rouen, Ehrwürden Raoul Roussel, über den Prozeß zu verhören, obwohl er zur Seite des Bischofs von Beauvais zu Gericht gesessen hatte. Was Bruder Johann Lemaistre, den Vizeinquisitor, betraf, so stellte man sich so, als ob er gestorben wäre. Mehrere Beisitzer wurden dennoch herangezogen und einige Geistliche, die sich teils salbungsvoll, teils verdrossen zeigten, und schließlich der berühmte Thomas von Courcelles, der, obwohl der eifrigste und beflissenste Mitarbeiter des Bischofs von Beauvais, sich nun vor den Kommissaren der Revision an nichts entsinnen konnte. Man fand an jenen, die die Verurteilung zustande gebracht hatten, die besten Stützen der Rehabilitation. All diese Schreiber des Bischofs von Beauvais, diese kirchlichen Tintenkleckser, die zu Johannas Tode beigetragen hatten, leisteten geradezu Wunder, als es sich darum handelte, das Uhrwerk auseinanderzulegen. Mit demselben Eifer, mit dem sie den Prozeß aufgebaut hatten, waren sie nun daran, ihn zu zerstören, und fanden darin so viel Verstöße, als man nur wollte. Und mit welch lamentablem Ton bekannten diese frömmelnden Rechtssüchtler, diese gelehrten Quäler, die grausame Ungerechtigkeit, die sie selber in gute und gültige Form gekleidet hatten! So sah man den Gerichtsvollzieher Johann Massieu, diesen in wilder Ehe lebenden Priester, der durch seine Unmäßigkeit von sich reden machte, letzten Endes aber ein guter Mensch war, wenn auch ein wenig hinterhältig, nun tausend lächerliche Fabeln erfinden, um Cauchon anzuschwärzen, als ob dieser alte Bischof nicht schon schwarz genug gewesen wäre. Die Kommissare der Revision riefen die Dominikanerbrüder von Rouen aus dem Kloster herbei, ein paar klägliche Mönche, den Bruder Martin Ladvenu und Isambart de la Pierre, die herzzerbrechend weinten, als sie das fromme Ende dieser armen Jungfrau berichteten, die sie als Ketzerin und später als Rückfällige erklärt und lebendig verbrannt hatten. Selbst der Fragerichter erschien, um sich mit Rührung über das Andenken eines so heiligen Mädchens zu äußern. Riesige Stöße von Schriften, Darstellungen von gelehrten, beglaubigten Doktoren sowohl französischer als auswärtiger Theologen und Juristen wurden dem Prozeß beigegeben. Sie hatten hauptsächlich zum Gegenstand, durch scholastische Beweise darzulegen, daß sich Johanna in Worten und Taten dem Urteil der Kirche und dem Papst unterworfen hatte. Die Doktoren bewiesen, daß die Richter von 1431 sehr spitzfindig und Johanna sehr einfältig gewesen war. Dies war offenbar das beste Mittel glauben zu machen, daß sie sich der Kirche anheimgegeben hatte; aber tatsächlich stellten sie sie allzu einfältig dar. Auf ihre Aussage hin wäre sie ganz und gar unwissend gewesen, nichts begreifend und in der Meinung verfangen, daß die geistlichen Räte, die sie ausfragten, allein die streitbare Kirche vorstellten, kurz, beinahe als Idiotin. Dies war schon im Jahre 1429 die Auffassung der Doktoren der französischen Partei gewesen. Es gab noch einen andern Grund, sie für blödsinnig und krankhaft dumm auszugeben. Gottes Macht, der durch sie den König von Frankreich und sein Erbe wiederhergestellt hatte, wurde dadurch besser ersichtlich. Die Kommissare erhielten von der Mehrzahl der Zeugen Erklärungen in diesem Sinn; sie war einfältig, sie war sehr einfältig, sie war ganz und gar einfältig, wiederholten sie einer nach dem andern. Und alle fügten in ähnlichen Worten hinzu, ja, sie war einfältig, ausgenommen in Kriegsdingen, in denen sie sehr erfahren war, worauf die Hauptleute versicherten, ja, sie wäre äußerst kundig gewesen, Kanonen aufzustellen, obwohl sie vom Gegenteil überzeugt waren. Aber es mußte wohl so sein, daß sie im Kriegshandwerk sich auszeichnete, da Gott selbst sie gegen die Engländer lenkte; diese Kriegskunst in einem unfähigen Mädchen war ja eben das Wunder.

In seiner Überprüfung zählte der Großinquisitor von Frankreich, Bruder Johann Bréhal, die Gründe auf, die zu dem Glauben Anlaß gaben, daß Johanna gottgesandt sei. Ein ihm besonders einleuchtender Beweis war ihm ihre Ankündigung in den Weissagungen Merlins, des Zauberers. Aus einer der Antworten Johannas schließend, sie hätte zum erstenmal mit dreizehn Jahren ihre Erscheinungen gehabt, hielt Johann Bréhal den Fall für um so glaubwürdiger, als die Zahl dreizehn aus drei und zehn zusammengesetzt, die heilige Dreifaltigkeit bezeichnet und die in zehn enthaltene vollkommene Beobachtung der Zehn Gebote auf wunderbare Weise für göttliche Erscheinungen geeignet macht. Am 16. Juni 1456 wurde das Urteil von 1431 als ungerecht, unbillig und von falscher Begründung ausgehend für null und nichtig erklärt. Dies bedeutete, daß der Botin der Salbung zu Reims die Ehre wiedergegeben und ihr Andenken mit der Kirche versöhnt sei. Aber der Erfindungsgeist, der so viele fromme Legenden und heroische Fabeln über das Erscheinen dieses Kindes zu Tag gefördert hatte, war fortan versiegt. Der Rehabilitationsprozeß fügte der volkstümlichen Legende nur wenig mehr hinzu; er gab Gelegenheit, dem Tode Johannas die anläßlich eines Märtyrertodes gebräuchlichen Gemeinplätze anzudichten, wie etwa die dem Scheiterhaufen entflogene Taube, die Erscheinung des Namen Jesu in Flammenschrift, das in der Asche unversehrt gebliebene Herz. Ganz besonders vermerkte man das verhängnisvolle Ende der schlechten Richter. Es beruht zwar auf Tatsache, daß Johann von Estivet, der Ankläger, in einem Taubenhaus tot aufgefunden worden war, Nikolaus Midy von Lepra befallen wurde, Peter Cauchon seinen Geist aushauchte, während man ihm den Bart scherte, aber unter jenen, die Johanna geholfen oder sie begleitet hatten, ging auch mehr als einer auf üble Weise zugrunde. Robert von Baudricourt, der die Jungfrau zum König gesandt hatte, starb exkommuniziert im Gefängnis, weil er die Ländereien des Kapitels von Toul verheert hatte. Der Marschall von Rais wurde von Gerichts wegen erdrosselt, der Herzog von Alençon wegen Hochverrats zum Tode verurteilt und nur begnadigt, um aufs neue gerichtet zu werden und im Gefängnis zu sterben. Zwei Jahre, nachdem Karl VII. die Voruntersuchung über den Prozeß von 1431 anbefohlen hatte, gab sich neuerdings eine Frau, dem Beispiel der Dame von Armoises folgend, als die Jungfrau Johanna aus. Zu jener Zeit lebten in der kleinen Stadt Sarmaize zwischen Marne und Maas zwei Vettern der Jungfrau, Poiresson und Périnet, beide Söhne des verstorbenen Johann von Vouthon, Bruder Isabelle Romées, der Dachdecker gewesen war. Als eines Tages im Jahre 1452 der Pfarrer von Unserer Frau zu Sarmaize, Simon Fauchard, sich in der Stadthalle befand, näherte sich ihm eine als Knabe gekleidete Frau und fragte ihn, ob er mit ihr Ball spielen wolle. Er willigte ein und als sie ihr Spiel gemacht hatten, sagte die Frau: »Scheut Euch nicht, kühn zu behaupten, daß Ihr gegen die Jungfrau Ball gespielt habt«, worauf Simon Fauchard sich sehr freute. Daraufhin begab sich diese Frau in das Haus Périnets, des Zimmermanns, und sagte: »Ich bin Johanna die Jungfrau und komme, meinem Vetter Heinrich einen Besuch abzustatten.«

Périnet, Poiresson und Heinrich von Vouthon empfingen sie freundlich und behielten sie bei sich, wo sie nach Herzenslust aß und trank. Nachdem sie genug getrunken und gegessen hatte, entfernte sie sich.

Woher kam sie? Man weiß es nicht. Wohin ging sie? Kurze Zeit nachher glaubte man, sie in einer Abenteuerin wiederzuerkennen, die mit kurzen Haaren und einer Mütze bedeckt, mit Mantelkragen und Gamaschen Anjou durchwanderte und sich Johanna die Jungfrau nannte. Zu einer Zeit, als die Doktoren und die dazu berufenen Geistlichen im ganzen Königreich für die Revision des Prozesses von Rouen Zeugenschaft über Leben und Tod Johannas sammelten, fand diese falsche Johanna bei vielen Leuten Glauben. Aber nachdem sie mit einer Dame in eine unangenehme Sache geraten war, wurde sie in Saumur eingesperrt, wo sie drei Monate blieb, und sodann aus den Staaten des guten Königs René verbannt. Sie heiratete einen gewissen Johann Douillet, und es wurde ihr später wieder unter der Bedingung, dort anständig zu leben und nicht mehr Männerkleider zu tragen, erlaubt, nach Saumur zurückzukehren.

Ungefähr zur selben Zeit kam nach Laval im Bistum Mans ein Mädchen zwischen achtzehn und zweiundzwanzig Jahren, aus der Nachbarschaft gebürtig. Ihr Vater nannte sich Johann Feron und sie war gemeinhin Johanna la Feronne genannt.

Sie empfing Offenbarungen vom Himmel und sprach unausgesetzt die heiligen Namen Jesus und Maria aus; dennoch quälten sie die Dämonen auf das grausamste. Die Dame von Laval, Mutter der Edelleute André und Guy, die damals schon sehr alt war, bestaunte die Frömmigkeit und die Leiden dieses heiligen Mädchens und sandte sie nach Mans zum Bischof. Der Bischof von Mans, obwohl durch das Alter geschwächt, war von den Leuchten und Kommissären des Rehabilitationsprozesses um Rat gefragt worden und hatte ein Memorandum über die Jungfrau verfaßt. Was ihn veranlaßte, diese Bäuerin tatsächlich für gottgesandt zu betrachten, war, daß sie niederen Standes und arm war und fast idiotisch in allem erschien, was nicht ihre Mission betraf. Der Bischof schloß, daß der Herr der Jungfrau Hilfskraft verlieh um der Tugend ihres Königs willen, eine unter den Theologen der französischen Partei verbreitete Anschauung. Der Bischof von Mans nahm Johanna la Feronne die Beichte ab, erneuerte die Taufe dieses jungen Mädchens, befestigte sie im Glauben und gab ihr den Namen Maria als Anerkennung der reichlichen Gnaden, die die heilige Mutter Gottes ihrer Dienerin beschert hatte.

Diese Jungfrau war den ärgsten Überfällen von seiten der bösen Geister ausgesetzt. Sehr oft hatte sie der ehrwürdige Herr von Mans von Wunden bedeckt gesehen, blutend sich der Umkrallung des Feindes erwehrend, und er hatte ihr mehrmals den Teufel ausgetrieben. Wunderbare Erbauung genoß er durch dieses heilige Mädchen, das ihm herrliche Geheimnisse anvertraute, überschäumte von frommen Offenbarungen und schönen christlichen Redensarten. So schrieb er denn auch zum Lob der Feronne sowohl an die Prinzen als an die Brüderschaften des Reiches mehrere Briefe.

Die Königin von Frankreich, damals hoch in den Jahren

und seit langem von ihrem Gemahl vernachlässigt, hatte von der Jungfrau von Mans sprechen gehört und schrieb an den Bischof, er möge sie ihr vorstellen. Wie wir es im Lauf dieser Geschichte mehrmals gesehen haben, waren Personen, die an der Spitze einer Volkes stehen, immer geneigt, ein frommes Wesen, das ein andachtsvolles Leben führte und prophezeite, kennenzulernen und es dem Urteil der Kirche zu übergeben, um zu erfahren, ob der Wert, der ihm innezuwohnen schien, ein wirklicher oder ein vorgespiegelter war. So kamen denn einige Offiziere des Königs, die Feronne in Mans aufzusuchen.

Da sie Offenbarungen in bezug auf das Königreich Frankreich gehabt hatte, sprach sie zu diesen: »Empfehlt mich demütiglich dem König und sagt ihm, er möge die Gnade Gottes wohl erkennen und die Lage seines Volkes erleichtern.«

Im Monat Dezember des Jahres 1460 wurde sie zum königlichen Rat beordert, der sich damals in Tours aufhielt, während der kranke König im Schlosse von Montils sein eiterndes Bein umherschleppte. Die Jungfrau von Mans wurde geprüft wie die Jungfrau Johanna, aber sie wurde nicht gut befunden. Dazu fehlte es ihr an allem und jedem. Vor den kirchlichen Gerichtshof berufen, wurde sie des Betrugs überführt; es stellte sich heraus, daß sie nicht Jungfrau sei, mit einem Geistlichen in wilder Ehe lebte, daß die Vertrauten des Bischofs von Mans ihr eindrillten, was sie zu sagen hätte, und daß dies der Ursprung ihrer Offenbarungen war, welche sie unter dem Siegel der heiligen Beichte dem ehrwürdigen Vater von Mans anvertraute. Als Scheinheilige, Götzendienerin, Teufelsbeschwörerin, Zauberin, als unzüchtig, schamlos, als Magierin und großer Lügenspiegel gebrandmarkt, wurde sie verurteilt, mit einer Mitra bedeckt, vor dem Volke der Stadt von Mans, Tours und Laval öffentlich verwarnt zu werden. Sie wurde am 2. Mai 1461 in Tours mit einer Papiermütze bekleidet, unter einer Tafel, auf der ihr Fall in lateinischen und französischen Versen beschrieben war, ausgestellt und verwarnt, sodann ins Gefängnis gesetzt, um dort ihre Sünden sieben

Jahre lang bei dem Brot der Kümmernis und dem Wasser der Betrübnis zu beweinen und zu beklagen, wonach sie Zuhälterin eines öffentlichen Hauses wurde.

Karl VII., von Geschwüren am Fuße und am Mund zerfressen, hielt sich, vielleicht nicht ganz ohne Grund, für vergiftet, verweigerte alle Nahrung und starb im neunundfünfzigsten Jahre, Mittwoch den 22. Juli 1461 in seinem Schloß Mehun-sur-Yèvre.

Donnerstag, den 6. August, wurde sein Leib in die Kirche Saint-Denis überführt und in einer mit Samt ausgeschlagenen Kapelle aufgestellt; das Schiff war mit schwarzem Satin bedeckt, die Wölbung in blauem, mit Lilien verziertem Leinen. Während der Feierlichkeit, die am nächsten Tag stattfand, hielt der angesehenste Professor der Universität zu Paris, der liebenswürdigste und bescheidenste Gelehrte unter allen, nach Aussage der Prinzen der römischen Christenheit, der mächtigste Verteidiger der Freiheiten der gallischen Kirche, jener Geistliche, der den Kardinalshut ausgeschlagen, nun an der Schwelle des Alters und hochberühmt, und nur den Titel eines Dechanten der Domherren von Notre-Dame zu Paris trug, Meister Thomas Courcelles, die Leichenrede für Karl VII. So feierte denn der Mitrichter von Rouen, der eifriger als alle andern die grausame Verurteilung der Jungfrau betrieben hatte, das Andenken des siegreichen Königs, den die nämliche Jungfrau zu seiner ehrenvollen Salbung geleitet hatte.

ENDE

DIE GÖTTER DÜRSTEN

ERSTES KAPITEL

Evarist Gamelin, Maler und Schüler Davids, Bürger des Stadtbezirks Pont-Neuf, ging frühmorgens zur einstigen Barnabitenkirche, in der seit drei Jahren – seit dem 21. Mai 1791 – die Generalversammlung dieses Bezirks tagte. Die Kirche ragte auf einem engen, düsteren Platz, nahe dem Gitter des Justizpalastes. Die verwitterte, von Menschenhand verstümmelte Fassade bestand aus zwei antiken Pfeilergeschossen, die mit halb zerstörten Gesimsen und mit Pechpfannen geschmückt waren. Die Wahrzeichen des Glaubens waren roh abgemeißelt, und über dem Portal stand in schwarzen Buchstaben der Wahlspruch der Republik: ›Freiheit, Gleichheit, Brüderlichkeit, oder Tod.‹ Evarist Gamelin trat ein. Unter den Wölbungen des Kirchenschiffs, die einst vom Chorgesang der Bruderschaft St. Pauli widerhallten, saßen jetzt die Patrioten in roter Mütze, um die Stadtverwaltung zu wählen und über die Geschäfte des Bezirks zu beraten. Die Heiligenfiguren waren aus ihren Nischen entfernt und durch Büsten von Brutus, Jean Jacques Rousseau und Le Peltier ersetzt worden. Auf dem seines Schmuckes beraubten Altar stand eine Tafel mit der Verkündung der Menschenrechte.

Zweimal wöchentlich, von fünf Uhr nachmittags bis elf Uhr nachts, fanden hier die öffentlichen Versammlungen statt. Die Kanzel, an der die Nationalfahne prangte, diente als Rednertribüne. Gegenüber, auf der linken Altarseite, war ein Brettergerüst aufgeschlagen; es war für die Frauen und Kinder bestimmt, die diesen Versammlungen in großer Zahl beiwohnten. An einem Schreibtisch zu Füßen der Kanzel saß an jenem Morgen in roter Mütze und Karmagnole der Bürger Dupont der Ältere, Tischler von der Place de Thionville und Mitglied des Überwachungsausschusses. Auf dem Schreibtisch stand eine Flasche mit Gläsern und Schreibzeug; daneben lag ein Schriftstück, der Text einer Petition, zwanzig unwürdige Mitglieder des Konvents zu ächten.

Evarist Gamelin griff zur Feder und unterschrieb.

»Ich wußte es wohl«, sprach der Tischler und Beamte, »du würdest deine Unterschrift leisten, Bürger Gamelin. Du bist lauter. Aber die Leute vom Bezirk sind lau und ohne Bürgertugend. Ich gab dem Überwachungsausschuß den Rat, jedem, der die Petition nicht unterschreibt, die Bescheinigung des Bürgerrechts zu verweigern.«

»Ich bin bereit«, erwiderte Gamelin, »die Ächtung der föderalistischen Verräter mit meinem Blute zu unterschreiben. Sie wollten Marats Tod: nieder mit ihnen!«

»Die Lauheit«, fuhr Dupont der Ältere fort, »ist unser Verderben. In einem Bezirk von neunhundert stimmberechtigten Bürgern kommen keine fünfzig zur Versammlung. Gestern waren wir achtundzwanzig.«

»Wohlan!« rief Gamelin. »So muß man sie bei Strafe zum Herkommen zwingen.«

»Oh! Oh!« stieß der Tischler stirnrunzelnd hervor. »Wenn sie alle kommen, sind die Patrioten in der Minderzahl ... Bürger Gamelin, trinkst du ein Glas Wein auf das Wohl der braven Sansculotten...?«

An der Kirchenwand auf der Kanzelseite las man die Worte: ›Zivilausschuß‹, ›Überwachungsausschuß‹, ›Wohltätigkeitsausschuß‹. Ein schwarzer Handweiser daneben zeigte nach dem Kreuzgang. Wenige Schritte weiter, über der Tür der früheren Sakristei, stand die Inschrift: ›Militärausschuß‹. Gamelin trat ein und fand den Sekretär des Ausschusses schreibend an einem großen Tische, der mit Büchern, Papieren, Eisenbarren, Patronen und Salpeterproben bepackt war.

»Gruß, Bürger Trubert, wie geht's?«

»Mir? ... Ausgezeichnet!«

Das war die stehende Antwort des Sekretärs vom Militärausschuß, Fortuné Trubert, auf alle Fragen nach seinem Befinden, weniger um die Wahrheit zu sagen, als um jede Unterhaltung über den Gegenstand abzuschneiden. Obwohl erst achtundzwanzig Jahre alt, hatte er eine welke Haut, spärliches Haar, rote Flecken auf den Backen und einen krummen

Rücken. Er war Optiker am Quai des Orfèvres gewesen. Sein Geschäft war sehr alt; er hatte es aber im Jahre 91 an einen alten Gesellen verkauft, um sich ganz seinen Amtsgeschäften zu widmen. Seine reizende Mutter, die mit zwanzig Jahren gestorben war und deren zarte Anmut einigen alten Leuten im Stadtviertel noch in rührender Erinnerung stand, hatte ihm ihre schönen leidenschaftlichen Augen, ihre Blässe und ihre Schüchternheit vererbt. Vom Vater, Optiker und Hoflieferanten, der mit dreißig Jahren der gleichen Krankheit erlegen war, hatte er klaren Geist und Fleiß überkommen.

»Und du, Bürger«, fragte er im Weiterschreiben, »wie geht's dir?«

»Gut. Was Neues?«

»Nichts, nichts. Du siehst ja, hier herrscht größte Ruhe.«

»Und die Kriegslage?«

»Stets die gleiche.«

Die Kriegslage war verzweifelt. Das schönste Heer der Republik in Mainz eingeschlossen, Valenciennes belagert, Fontenay von den Leuten der Vendée genommen, Lyon in Aufruhr, die Cevennen in heller Empörung, die spanische Grenze offen, zwei Drittel aller Departements in Feindeshand oder im Aufstand, von den österreichischen Kanonen bedroht, ohne Geld und Brot.

Fortuné Trubert schrieb ruhig weiter. Auf Befehl der Stadtverwaltung sollten die Bezirke zwölftausend Mann für die Vendée ausheben. Er war damit beschäftigt, die Anordnungen für die Aushebung und Bewaffnung des Kontingents vom Pont-Neuf aufzusetzen. Alle Gewehre sollten auf Anforderung ausgeliefert, die Nationalgarde des Bezirks mit Jagdflinten und Piken ausgerüstet werden.

»Ich bringe dir«, sagte Gamelin, »die Liste der Glocken, die zum Gießhaus im Luxembourg sollen, um zu Kanonen eingeschmolzen zu werden.«

Obwohl Evarist Gamelin keinen Heller besaß, war er als aktives Mitglied der Sektion eingeschrieben. Das Gesetz verlieh dieses Vorrecht zwar nur solchen Bürgern, die Geld genug besaßen, um einen Beitrag im Werte von drei Arbeitstagen zu leisten; zudem war eine Frist von zehn Tagen bis zur Wählbarkeit und Wahlberechtigung vorgeschrieben. Doch der Bezirk Pont-Neuf, der für Gleichheit schwärmte und eifersüchtig über seine Selbständigkeit wachte, sah jeden Bürger für wahlberechtigt und wählbar an, der seine Uniform als Nationalgardist selbst bezahlt hatte. Dies war der Fall bei Gamelin, der aktives Mitglied seines Bezirkes und Mitglied des Militärausschusses war.

Fortuné Trubert legte seine Feder hin und sagte:

»Bürger Evarist, geh doch zum Konvent und bitte um Instruktionen, damit wir die Kellerwände abkratzen, die Erde und die Bausteine auslaugen und Salpeter gewinnen können. Mit Kanonen allein ist nichts getan, wir brauchen auch Schießpulver.«

Ein kleiner Buckliger, die Feder hinterm Ohr, trat mit Schriftstücken in die vormalige Sakristei. Es war der Bürger Beauvisage vom Überwachungsausschuß.

»Bürger«, sagte er, »der optische Telegraph bringt uns schlimme Kunde; Custine hat Landau geräumt.«

»Custine ist ein Verräter«, rief Gamelin aus.

»Er wird guillotiniert werden«, sagte Beauvisage.

»Der Konvent«, erklärte Trubert mit seiner etwas atemlosen Stimme, doch in gewohnter Ruhe, »hat den öffentlichen Wohlfahrtsausschuß nicht mir nichts, dir nichts eingerichtet. Custines Verhalten wird von ihm untersucht werden. Anstelle dieses Unfähigen wird ein zum Sieg entschlossener General hingeschickt werden, und ça ira!«

Er blätterte in den Papieren und blickte mit seinen müden Augen darüber hin.

»Sollen unsere Soldaten ohne Zagen und Wanken ihre Pflicht tun, so müssen sie wissen, daß für ihre Angehörigen daheim gesorgt wird. Bist du auch der Meinung, Bürger Gamelin, so wirst du und werde ich bei der nächsten Versammlung beantragen, daß der Wohltätigkeitsausschuß sich mit dem Militärausschuß zur Unterstützung armer Familien zusammentut, die einen Verwandten im Heere haben.«

Und lächelnd summte er vor sich hin:

»Ça ira, ça ira...!«

Der schlichte Schreiber eines Bezirksausschusses, der Tag für Tag zwölf bis vierzehn Stunden an seinem rohen Holztisch arbeitete, um das bedrohte Vaterland zu retten, hatte keinen Blick für das Mißverhältnis zwischen seiner Riesenaufgabe und der Unzulänglichkeit seiner Mittel. Dazu fühlte er sich in seinem Streben zu einig mit allen Patrioten, und sein Ich verschmolz zu sehr mit der ganzen Nation, mit dem Sturm und Drang eines großen Volkes. Er war einer jener geduldigen Schwärmer, die nach jeder Niederlage auf den unmöglichen und doch gewissen Sieg bauten. Denn siegen mußten sie. Diese Habenichtse, die das Königtum vernichtet, Leute wie Trubert, ein kleiner Optiker, oder Gamelin, ein Winkelmaler, erwarteten von ihren Feinden keine Gnade. Sie hatten nur die Wahl zwischen Sieg und Tod. Daher ihre Begeisterung und heitere Ruhe.

ZWEITES KAPITEL

Evarist Gamelin verließ die Barnabitenkirche und machte sich auf den Weg nach der Place de Dauphine, die zu Ehren des unbezwinglichen Diedenhofen den Namen Place de Thionville erhalten hatte. Im volkreichsten Viertel von Paris gelegen, hatte dieser Platz seit hundert Jahren sein schmuckes Aussehen verloren. Die Paläste an seinen drei Seiten, die unter Heinrich IV. gleichmäßig in rotem Ziegelbau mit Querlagen von weißem Sandstein erbaut waren, als Wohnsitze prunkvoller hoher Beamter, hatten ihre vornehmen Ziegeldächer gegen zwei, drei elende Stockwerke aus Bruchstein eingetauscht, oder sie waren ganz abgerissen worden, und an ihre Stelle waren würdelose Mietshäuser mit dürftigem Kalkverputz getreten. Ihre Straßenfronten waren unregelmäßig, armselig, schmutzig, von zahlreichen ungleichen, schmalen Fenstern durchbrochen, die Blumentöpfe, Vogelkäfige und trocknende Wäsche zierten. Hier hauste eine Schar von Handwerkern, Goldschmieden, Uhrmachern, Optikern, Buchdruckern, Näherinnen, Schneiderinnen und Wäscherinnen, sowie etliche alte Juristen, die der Sturm der Revolution nicht mit der alten Justiz fortgefegt hatte.

Es war an einem Frühlingsmorgen. Milde Sonnenstrahlen, berauschend wie süßer Wein, leuchteten an den Häusermauern und fielen heiter in die Dachstuben. Die Schiebefenster standen offen, und in ihrem Rahmen erblickte man die unfrisierten Köpfe der Hausfrauen. Der Gerichtsschreiber des Revolutionsgerichts hatte sein Haus verlassen und ging in seinen Dienst; unterwegs klopfte er den unter den Bäumen spielenden Kindern auf die Wangen. Am Pont-Neuf wurde der Verrat des schändlichen Dumouriez ausgerufen.

Evarist Gamelin wohnte am andern Seineufer in einem Hause aus der Zeit Heinrichs IV., das noch ganz schmuck ausgeschaut hätte, wäre nicht unter dem vorletzten Tyrannen ein dürftiges Stockwerk mit Kalkverputz und ein niedriger, mit

Ziegeln bedeckter Dachstuhl darauf gesetzt worden. Um diesen Wohnsitz eines alten Parlamentsrats den Bedürfnissen des Volkes anzupassen, das hier zur Miete wohnte, waren Zwischenwände und Hängeböden eingezogen worden. So hauste der Bürger Remacle, Schneider und Portier, in einem sehr engen und niedrigen Zwischenstock. Durch die Glastür sah man ihn mit untergeschlagenen Beinen auf seinem Werktisch hocken und tiefgebückt an einer Nationalgarden-Uniform nähen, während seine Frau, deren Herd keinen anderen Abzug hatte als das Stiegenhaus, die Hausmieter mit dem Dunst ihrer Fleischtöpfe und gebackenen Fische einräucherte. Auf der Türschwelle saß ihr Töchterchen Josephine, das bildschöne Gesicht mit Sirup beschmiert, und spielte mit Mouton, dem Hund des Tischlers.

Die Bürgerin Remacle, eine Frau von überquellendem Herzen, Busen und Hüften, gewährte, wie es hieß, ihre Gunst dem Bürger Dupont dem Älteren, Mitglied des Überwachungsausschusses. Wenigstens hatte ihr Mann sie stark im Verdacht, und das Haus schallte vom Stimmenschall ihres ehelichen Zwistes und ihrer Versöhnungen wider. In den oberen Stockwerken wohnten der Bürger Chaperon, ein Goldschmied, der seinen Laden am Quai de l'Horloge hatte, ferner ein Militärarzt, ein Richter, ein Goldschläger und mehrere Gerichtsbeamte.

Evarist Gamelin stieg die altmodische Treppe bis zum vierten Stock hinauf, wo sich sein Atelier und ein Zimmer für seine Mutter befanden. Dort endeten die mit Steinfliesen belegten Treppenstufen, die auf die schweren steinernen Stufen der unteren Stockwerke folgten. Eine Leiter, die an der Wand lehnte, führte auf einen Boden, von dem soeben ein dicker, alter Mann mit schönem, blühendem Antlitz herabstieg. Er trug ein riesiges Paket mit Mühe unterm Arm und summte dabei vor sich hin: »Ich hab' meinen Diener verloren.«

Er hörte mit seinem Singsang auf, sagte Gamelin höflich guten Tag, und dieser begrüßte ihn vertraulich und half ihm beim Herabbefördern seines Paketes, wofür der Alte sich sehr bedankte.

»Da drinnen«, sagte er, seine Last wieder aufnehmend, »sind Hampelmänner; ich will sie eben zu einem Spielwarenhändler in der Rue de la Loi bringen. Es ist eine ganze Schar, lauter Geschöpfe meiner Hand. Sie haben von mir einen gebrechlichen Körper bekommen, aber ohne Freuden und Leiden. Das Denken hab' ich ihnen auch erlassen, denn ich bin ein guter Gott.«

Der so sprach, war der Bürger Maurice Brotteaux, ein alter Steuerpächter und früherer Adliger; sein Vater hatte es zu Geld gebracht und sich durch einen Adelsbrief aus dem Pöbel emporgeschwungen. In der guten alten Zeit hieß Maurice Brotteaux Monsieur Des Iletes und gab in seinem Haus in der Rue de la Chaise elegante Soupers, welche die schöne Frau von Rochemaure, die Gattin eines Staatsanwaltes, mit dem Glanz ihrer Augen verschönte. Sie war eine exemplarische Frau, deren ehrenwerte Treue nichts zu wünschen übrigließ, solange die Revolution dem Herrn Maurice Brotteaux Des Ilettes nicht um Ämter, Renten, Haus, Güter und Namen gebracht hatte. Durch die Revolution verlor er alles. Seitdem verdiente er sich sein Brot mit Porträtmalen in den Hofeinfahrten der Häuser; er buk Krapfen und Spritzkuchen am Quai de la Mégisserie, verfaßte Reden für die Volksvertreter und gab den Bürgermädchen Tanzstunden. Gegenwärtig trieb er sein Gewerbe auf seinem Boden, zu dem man auf einer Leiter hinaufkroch und in dem man nicht aufrecht stehen konnte. Dort fabrizierte er mit Hilfe eines Leimtopfes, eines Bindfadenknäuels, eines Aquarellfarbenkastens und einiger Papierfetzen Hampelmänner, die er an die Spielwaren-Großhändler verkaufte. Diese setzten sie an die Straßenhändler ab, die sie auf einer Stange in den Champs-Elysées herumtrugen, als Ziel des kindlichen Verlangens. Inmitten der furchtbaren öffentlichen Zustände und trotz seines eigenen großen Mißgeschicks bewahrte Maurice Brotteaux die Heiterkeit der Seele und suchte Trost in seinem Lukrez, den er in der weit offenen Tasche seines Überrockes beständig umhertrug.

Evarist Gamelin öffnete die Tür seiner Wohnung, die sofort

aufging. Bei seiner großen Armut brauchte er sie nicht zu verschließen, und wenn seine Mutter aus Gewohnheit den Riegel vorschob, so pflegte er zu sagen: »Wozu? Man stiehlt keine Spinnweben, und die meinen erst recht nicht.« In seinem Atelier standen in dichtem Durcheinander seine ersten Versuche in der Malerei, zum Teil mit der Bildseite gegen die Wand gelehnt und mit dichter Staubschicht bedeckt. Sie stammten noch aus der Zeit, wo er mit glattem und schüchternem Pinsel entflogene Vögel und leere Köcher, kecke Liebesspiele und holde Glücksträume, hochgeschürzte Gänsemädchen und blumengeschmückte Schäferinnen gemalt hatte.

Aber dieses Genre paßte nicht zu seinem Temperament. Diese Szenen bezeugten durch ihre kalte Darstellung die unversehrbare Keuschheit seines Herzens. Die Kenner hatten sich darin nicht getäuscht, und Gamelin hatte nie für einen galanten Meister gegolten.

Jetzt, wo er kaum dreißig Jahre alt war, schien ihm diese Kunst unendlich weit zurückzuliegen. In ihr sah er nur noch die Verderbnis des Königtums und eine Ausgeburt der höfischen Sittenlosigkeit. Ja, er schuldigte sich selbst an, daß er so verächtliches Zeug gemalt und sein Genie durch Knechtsdienste erniedrigt hatte. Jetzt, wo er Bürger eines freien Volkes war, zeichnete er mit kraftvollem Strich die Gestalten der Freiheit, der Menschenrechte, der französischen Konstitution, der republikanischen Tugend volkstümliche Herkulesse, welche die Hydra der Tyrannei niederschlugen, und in alle diese Gestalten legte er die ganze Glut seines Patriotismus. Nur leider verdiente er sich sein Brot damit auch nicht. Die Zeiten waren schlimm für die Künstler. Gewiß trug der Konvent nicht die Schuld daran. Der sandte seine Heere nach allen Richtungen gegen die Könige und bot dem gegen ihn verschworenen Europa stolz, fühllos und entschlossen die Stirn. Treulos und grausam gegen die Seinen, zerfleischte er sich mit eigner Hand, erhob die Schreckensherrschaft zum Tagesbrauch, zog die Verschwörer unbarmherzig vor ein Gericht, das alsbald seine eigenen Mitglieder verschlingen sollte, und war doch zu gleicher Zeit gefaßt, nachdenklich, ein Freund der Kunst und des Schönen. Er reformierte den Kalender, gründete Fachschulen, schrieb Wettbewerbe für Malerei und Skulptur aus, ermunterte die Künstler durch Stiftung von Preisen, schuf Jahresausstellungen, eröffnete das Museum und beging nach dem Vorbild Athens und Roms großartige Feste und Trauerfeiern.

Aber die französische Kunst, die vormals in England, Deutschland, Rußland und Polen so verbreitet war, hatte jeden Absatz im Ausland verloren. Die Liebhaber der Malerei, die Kunstfreunde, vornehme Herren und Finanzleute, waren ruiniert, ausgewandert oder hielten sich versteckt. Die Leute, die durch die Revolution zu Gelde gekommen waren, Bauern, die die Nationalgüter aufgekauft hatten, Börsenspekulanten, Armeelieferanten, Spielpächter im Palais Royal, wagten ihren Wohlstand noch nicht zu zeigen und hatten zudem gar keinen Sinn für Bilder. Um ein Gemälde loszuwerden, mußte man schon den Ruf Régnaults oder das Geschick des jungen Gérard besitzen. Greuze, Fragonard, Houin nagten am Hungertuche. Prudhon schlug sich mit Frau und Kindern kümmerlich durch, indem er Zeichnungen machte, die Copia in Punktiermanier stach. Die patriotischen Maler, wie Hennequin, Wikar, Topino-Lebrun darbten.

Gamelin selbst konnte die Unkosten eines Gemäldes nicht aufbringen. Er konnte sich weder Farben kaufen noch Modelle bezahlen, und so ließ er denn sein großes Gemälde ›Der Tyrann, von den Furien bis in den Orkus verfolgt‹ in skizzenhaftem Zustand. Es bedeckte das halbe Atelier mit unvollendeten, furchtbaren, überlebensgroßen Gestalten und mit einem Knäuel von grünen Schlangen, die ihre spitzen gekrümmten Zungen hervorstießen. Links im Vordergrund erblickte man einen hageren und wilden Charon in seiner Barke, eine wuchtige Gestalt von schöner Zeichnung, nur zu schulmäßig. Viel genialer und natürlicher war ein anderes, kleineres, ebenfalls unvollendetes Gemälde, das im hellsten Teile des Ateliers hing. Es stellte den Orestes dar, wie ihn Elektra auf seinem Schmerzenslager emporrichtet. Mit rührender Gebärde strich das junge Mädchen die wirren Haare zurück, die ihres Bruders Blick trübten. Der Kopf des Orestes war von tragischer Schönheit; die Ähnlichkeit mit den Zügen des Malers war auffällig.

Gamelin stand oft traurig vor diesem Bilde. Manchmal zitterten seine Hände vor Malbegier; er erhob sie zu dem schon ziemlich ausgeführten Antlitz der Elektra und ließ sie ohnmächtig wieder sinken. Seine Brust schwoll vor Begeisterung und seine Seele dürstete nach großen Dingen. Und doch verzettelte er sich in bestellten Arbeiten, die er mäßig ausführte, weil er den Durchschnittsgeschmack befriedigen mußte, und auch, weil es ihm nicht gelang, solchen Kleinigkeiten den Stempel des Genius aufzudrücken. Er zeichnete allegorische Bildchen, die sein Kollege Demahis recht geschickt in Schwarz oder Bunt stach und die ein Kupferstichhändler im Faubourg Antoine, der Bürger Blaise, ihm billig abnahm. Aber die Stiche verkauften sich, wie Blaise sagte, immer schlechter, so daß er ihm seit einiger Zeit gar nichts mehr abnehmen wollte.

Doch die Not hatte Gamelin erfinderisch gemacht, und heute hatte er einen neuen, und wie er glaubte, glücklichen Einfall, mit dem der Kunsthändler, der Stecher und er selbst viel Geld verdienen mußten. Er plante ein patriotisches Kartenspiel, bei dem die Könige, Damen und Buben der alten Zeit durch Genien und durch Göttinnen der Freiheit und Gleichheit ersetzt waren. Die Figuren waren sämtlich skizziert, mehrere bereits ausgeführt, und es drängte ihn, die schon stichfertigen zu Demahis zu bringen. Die nach seiner Meinung am besten gelungene stellte einen Freiwilligen im Dreispitz, mit blauem Rock und roten Aufschlägen, gelbem Beinkleid und schwarzen Gamaschen dar. Er saß auf einer Trommel, hatte die Füße auf eine Kugelpyramide gestellt und hielt sein Gewehr zwischen den Beinen. Das war der ›Herzbürger‹, der den Herzbuben ersetzen sollte.

Seit einem halben Jahre zeichnete Gamelin Freiwillige, und stets mit Liebe. In den Tagen der Begeisterung hatte er mehrere verkauft. Andere hingen an den Wänden des Ateliers. Fünf bis sechs, in Wasserfarben, Gouache oder Rotstift ausgeführt, lagen auf Tisch und Stühlen umher. Im Juli 92, als auf allen Plätzen von Paris Tribünen für die Aushebung aufgeschlagen waren, als aus allen, mit Girlanden geschmückten Wirtshäusern der Ruf schallte: ›Vive la Nation! Frei leben oder sterben!‹, konnte Gamelin nicht über den Pont-Neuf oder am Rathause vorbeigehen, ohne daß sein Herz dem bewimpelten Zelte entgegenschlug, worin Beamte mit der Amtsschärpe beim Klang der Marseillaise die Freiwilligen einschrieben. Wäre er aber mit ins Feld gezogen, so hätte er seine Mutter brotlos zurückgelassen.

Evarist hörte schwer atmen, und gleich darauf trat seine Mutter, die Witwe Gamelin, ins Atelier. Sie war feuerrot, schwitzte und keuchte, und die Nationalkokarde, die nachlässig an ihrem Hute befestigt war, fiel beinahe zu Boden. Sie setzte ihren Marktkorb auf einen Stuhl, richtete sich auf, um Atem zu schöpfen, und klagte über die Teuerung der Lebensmittel.

Ihr Gatte war Messerschmied in der Rue de Grenelle in dem Laden ›Zur Stadt Châtellerault‹ gewesen. Jetzt, wo er tot war, lebte die Bürgerin Gamelin als arme Hausfrau bei ihrem Sohne, dem Maler. Er war ihr ältestes Kind. Ihre Tochter Julie, früher Modistin in der Rue St.-Honoré, war jetzt Gott weiß was geworden. Es war besser, nicht zu sagen, daß sie mit einem Emigranten, einem Aristokraten, verschwunden war.

»Lieber Gott!« seufzte die Bürgerin, ihrem Sohn einen Leib klitschigen, mißfarbigen Brotes zeigend. »Das Brot ist gar nicht mehr zu bezahlen, und dabei ist das Mehl nicht mal rein. Auf dem Markt kriegt man weder Gemüse noch Eier oder Käse. Wir werden so lange Kastanien essen, bis wir selbst welche sind.«

Ein langes Schweigen folgte. Dann fuhr sie fort: »Ich sah auf der Straße Frauen, die nicht mal für ihre kleinen Kinder was zu essen hatten. Ist das ein Elend! Und das wird so weitergehen, bis die Dinge wieder in Ordnung kommen.«

»Mutter«, sagte Gamelin stirnrunzelnd, »die Teuerung, unter der wir leiden, kommt von den Kornwucherern und

Spekulanten, die das Volk aushungern und im Bund mit den äußeren Feinden stehen, um die Republik bei den Bürgern verhaßt zu machen und die Freiheit zu vernichten. Ja, dahin führen die Komplotte der Anhänger Brissots, die Verrätereien eines Pétion und Roland! Wohl uns, wenn die Föderalisten nicht bewaffnet auf Paris rücken und die Bürger abschlachten, die noch nicht verhungert sind! Da ist keine Zeit zu verlieren. Man muß einen Kornpreis festsetzen und jeden guillotinieren, der mit der Volksnahrung wuchert, Aufruhr sät oder es mit den Fremden hält. Der Konvent hat eben ein besonderes Gericht eingesetzt, um die Verschwörer zu richten. Es besteht aus Patrioten, hätten seine Mitglieder nur Energie genug, um das Vaterland gegen alle seine Feinde zu schirmen! Hoffen wir auf Robespierre: er ist tugendhaft. Hoffen wir vor allem auf Marat. Der liebt das Volk, der erkennt unseren wahren Vorteil und dient ihm. Stets war er der erste, wenn es galt, Verräter zu entlarven und Komplotte zu vereiteln. Er ist unbestechlich und furchtlos. Er allein kann die Republik aus der Gefahr retten.«

Die Bürgerin Gamelin schüttelte den Kopf, und die lässig angesteckte Kokarde entfiel ihrem Hute.

»Geh doch, Evarist! Dein Marat ist auch nur ein Mensch und nicht mehr wert als andere. Du bist jung, du machst dir Illusionen. Was du heute von Marat sagst, sagtest du früher von Mirabeau, Lafayette, Pétion und Brissot.«

»Niemals!« rief Gamelin in ehrlicher Vergeßlichkeit.

Die Bürgerin machte ein Ende des rohen Holztisches von den Büchern, Papieren, Pinseln und Zeitschriften frei und setzte die Suppenterrine aus Steingut, zwei Teller, zwei Stahlgabeln, den mißfarbenen Brotlaib und eine Flasche mit Tresterwein auf.

Mutter und Sohn verzehrten stillschweigend die Fleischbrühe und beendeten ihr frugales Mahl mit einem Stückchen Speck. Die Mutter legte ihr Suppenfleisch auf ihr Brot, führte die Stücke auf der Spitze ihres Taschenmessers feierlich an den zahnlosen Mund und kaute die teuren Speisen mit Respekt.

Den Löwenanteil ließ sie ihrem Sohne, der zerstreut und versonnen blieb.

»Iß, Evarist«, mahnte sie von Zeit zu Zeit. »Iß doch!«

Und dieses Wort nahm in ihrem Munde die Weihe eines religiösen Gebots an.

Dann fing sie wieder an, über die teuren Zeiten zu klagen. Gamelin empfahl aufs neue die Festsetzung des Kornpreises als einzigen Ausweg.

»Es ist kein Geld mehr im Lande«, wandte sie ein. »Die Emigranten haben alles mitgenommen. Das Vertrauen ist hin. Man möchte an allem verzweifeln.«

»Still doch, Mutter, still doch!« fuhr Gamelin auf. »Was liegt an unsern augenblicklichen Opfern und Leiden! Die Revolution wird die Menschheit auf Jahrhunderte beglücken!«

Die gute Frau tauchte ihr Brot in den Wein. Ihr Geist heiterte sich auf. Lächelnd dachte sie an ihre Jugendzeit zurück, als sie am Königsgeburtstag auf dem Rasen getanzt hatte. Sie dachte auch an den Tag, da Joseph Gamelin, zünftiger Messerschmied, um sie angehalten hatte. Und sie begann Stück für Stück zu erzählen, wie die Dinge sich zugetragen. Ihre Mutter sagte zu ihr: »Zieh dich an! Wir gehen zum Richtplatz in den Goldschmiedeladen von Herrn Bienassis, um zuzusehen, wie Damien gevierteilt wird.« Nur mit großer Mühe brachen sie sich Bahn durch die Menge der Schaulustigen. Im Laden des Herrn Bienassis trafen sie Joseph Gamelin in seinem schönen rosa Staatskleid, und sie begriff sofort, woher er kam. Solange sie am Fenster stand und zusah, wie der Königsmörder mit glühenden Zangen gezwickt, wie flüssiges Blei in seine Wunden gegossen, wie er von vier Pferden zerrissen und ins Feuer geworfen ward, stand Joseph Gamelin immerzu hinter ihr und machte ihr Komplimente über ihren Teint, ihren Haarputz und ihre Figur.

Sie trank die Neige ihres Weins aus und versenkte sich weiter in ihre Vergangenheit.

»Du kamst eher zur Welt, Evarist, als ich dachte, und zwar, weil ich während der Schwangerschaft einen großen Schreck bekam. Ich wurde auf dem Pont-Neuf fast umgerissen von der Menge der Schaulustigen, die zur Hinrichtung des Herrn von Lally liefen. Du warst bei der Geburt so klein, daß der Arzt glaubte, du würdest nicht am Leben bleiben. Aber ich wußte, Gott würde mir Gnade erweisen und dich mir erhalten. Ich zog dich auf, so gut ich's vermochte; ich sparte weder Mühe noch Kosten. Es ist recht und billig, zu sagen, Evarist, daß du mir dafür dankbar warest, und es mir von klein auf nach besten Kräften vergaltest. Du hattest ein sanftes, liebevolles Gemüt. Auch deine Schwester hatte kein schlechtes Herz, aber selbstsüchtig war sie und heftig. Du hattest mehr Mitleid als sie mit dem Unglück. Wenn die Gassenbuben der Stadtgegend die Vogelnester in den Bäumen ausnahmen, dann wolltest du ihnen die jungen Vögelchen entreißen und sie ihrer Mutter wiedergeben, und oft ließest du dich nur durch Fußtritte und grimmige Hiebe davon abbringen. Als du sieben Jahr alt warst, prügeltest du dich nicht etwa mit ungezogenen Bengeln herum, sondern du gingst artig auf der Straße und sagtest deinen Katechismus her, und alle Armen, denen du begegnetest, brachtest du ins Haus, um ihnen zu helfen. Ich mußte dich schließlich schlagen, um es dir abzugewöhnen. Du konntest keinen Menschen leiden sehen, ohne zu weinen. Als du erwachsen warst, wurdest du bildhübsch; und was mich sehr wunderte, du schienest es gar nicht zu merken. Darin warst du sehr verschieden von den meisten hübschen Jungen, die gefallsüchtig und auf ihr Gesicht eitel sind.«

Die alte Mutter sprach wahr. Evarist hatte mit zwanzig Jahren ein ernstes, reizendes Antlitz gehabt, eine strenge, und dennoch weibliche Schönheit, wie das Gesicht der Minerva. Jetzt verrieten seine finsteren Augen und blassen Wangen eine traurige und heftige Seele. Aber seine Blicke nahmen, wenn er sie auf die Mutter richtete, bisweilen die Sanftmut der ersten Jugend an.

»Du hättest es«, fuhr die Mutter fort, »bei deinem hübschen Gesicht leicht gehabt, den Mädchen nachzulaufen; aber du bliebst lieber bei mir im Laden, und nicht selten mußte ich dir sagen, du solltest nicht immer an meinen Röcken hängen, sondern dich mit deinen Spielgefährten ein bißchen tummeln. Bis auf mein Totenbett, Evarist, werde ich dir bezeugen, daß du ein guter Sohn bist. Seit deines Vaters Tod hast du stets wacker für mich gesorgt, und obwohl dein Beruf dich kaum selbst nährt, ließest du mich nie Mangel leiden. Und wenn wir heute alle beide arm und elend sind, so kannst du nichts dafür; die Schuld liegt an der Revolution.«

Er machte eine tadelnde Gebärde, doch sie zuckte die Achseln und fuhr fort:

»Ich bin keine Aristokratin. Ich habe die vornehmen Leute im Glanz ihrer Macht gesehen und kann wohl sagen, sie mißbrauchten ihre Vorrechte. Ich sah, wie dein Vater von den Lakaien des Herzogs von Canaleille Stockhiebe bekam, weil er ihrem Herrn nicht schnell genug Platz machte. Diese Österreicherin, Marie Antoinette, liebte ich nicht; sie war zu hochmütig und verschwenderisch. Den König hielt ich für zu gut, und erst durch seinen Prozeß und seine Hinrichtung bin ich anderer Meinung geworden. Kurz, ich wünsche die alte Zeit nicht zurück, obwohl ich damals manche angenehme Stunde verlebt habe. Aber komme mir nicht mit der Redensart, daß die Revolution die Gleichheit einführen wird. Die Menschen werden nie gleich sein; das ist ganz unmöglich, auch wenn man im Lande alles von oben nach unten kehrt. Es wird immer Große und Kleine, Dicke und Magere geben.«

Während sie so sprach, deckte sie den Tisch ab. Der Maler hörte nicht mehr hin. Er entwarf im Geiste die Gestalt eines Sansculotten in roter Mütze und Karmagnole, der in seinem Kartenspiel den Pikbuben ersetzen sollte.

Es pochte an die Tür, und ein Bauernmädchen trat ein. Es war breiter als hoch, rothaarig und krummbeinig. Eine Sackgeschwulst verdeckte ihr linkes Auge, und das rechte war blaßblau, beinah weiß. Die Lippen waren wulstig und die Zähne standen vor.

Sie fragte Gamelin, ob er der Maler wäre und ob er ihr ein Bild ihres Bräutigams, Jules Ferrand, machen könne, der Freiwilliger beim Ardennenheer sei.

Gamelin antwortete, daß er dieses Bild nach der Heimkehr des braven Kriegers gern anfertigen wolle. Da bat das Mädchen mit zudringlicher Freundlichkeit, er möchte es doch gleich machen.

Der Maler mußte unwillkürlich lächeln und sagte, daß er ohne Vorbild nicht malen könne.

Die Ärmste war sprachlos; diese Schwierigkeit hatte sie nicht vorausgesehen. Unbeweglich und stumm, den Kopf schief haltend und die Hände über dem Leibe verschränkend, stand sie da, als wollte sie vor Kummer versinken. Gamelin war von soviel Einfalt gerührt und zugleich belustigt. Um die arme Soldatenbraut aufzuheitern, drückte er ihr einen der Freiwilligen in die Hand, die er in Wasserfarben gemalt hatte, und fragte sie, ob ihr Liebster aus den Ardennen so aussehe.

Ihr trüber Blick senkte sich auf das Blatt herab, wurde nach und nach lebhafter und leuchtete plötzlich auf, während ihr breites Gesicht sich zu einem strahlenden Lächeln verzog.

»Ja, genau so sieht er aus«, sagte sie schließlich. »Das ist Jules Ferrand, wie er leibt und lebt; das ist ihm wie aus dem Gesicht geschnitten.«

Noch ehe der Maler daran gedacht hatte, ihr das Blatt aus der Hand zu nehmen, bog sie es sorgfältig mit ihren groben roten Fingern, faltete es ganz klein zusammen, schob es in ihren Busen zwischen Mieder und Hemd und überreichte dem Künstler ein Assignat von fünf Franken. Dann wünschte sie guten Abend und humpelte leichtfüßig hinaus.

DRITTES KAPITEL

Am selben Nachmittag ging Evarist zu dem Kupferstichhändler, dem Bürger Jean Blaise, der auch Tuschkästen, Papierwaren und allerlei Spiele verkaufte. Sein Laden in der Rue St.-Honoré, gegenüber dem Oratorium, trug das Firmenschild ›Amor als Maler‹. Es lag im Erdgeschoß eines Hauses, das etwa sechzig Jahre alt war. Die Türwölbung trug als Schlußstein eine gehörnte Satyrfratze. Im Bogen unter der Wölbung prangte ein Ölbild, das den ›Sizilianer oder Amor als Maler‹ nach einem Gemälde von Boucher darstellte. Jean Blaises Vater hatte es im Jahre 1770 anbringen lassen, und seitdem war es durch Sonne und Regen verblichen. Rechts und links von der Tür öffnete sich je ein gleichfalls gewölbtes Fenster mit einem Nymphenkopf als Schlußstein. Hinter riesigen Spiegelscheiben prangten Modekupfer und die letzten Novitäten in bunten Stichen. Heute waren galante Szenen von Soilly, etwas nüchterne Arbeiten, ausgestellt: ›Die Schule der ehelichen Liebe‹ und ›Sanfter Widerstand‹, die bei den Jakobinern Anstoß erregten und die die Puritaner bei der Kunstgesellschaft denunziert hatten. Ferner eine ›Promenade‹ von Debucourt mit einem Stutzer in gelbem Beinkleid, der sich auf drei Stühlen rekelte, Pferdebilder von dem jungen Karl Vernet, Luftballons, ›das Bad der Virginia‹ und Figuren nach der Antike.

In dem Schwarme der Bürger, der an dem Laden vorbeikam, waren es gerade die Zerlumptesten, die am längsten vor den beiden schönen Schaufenstern verweilten. Sie waren zerstreuungslustig, begierig auf Bilder und wollten ihren Anteil an den Gütern der Welt wenigstens mit den Augen besitzen. Offenen Mundes standen sie davor, während die Aristokraten nur einen Blick hinwarfen, die Stirn runzelten und vorübergingen.

Sobald Evarist den Laden von ferne erblickte, schaute er zu einem Fenster im ersten Stock auf, und zwar zu dem linker

Hand, hinter dessen gebauchtem eisernen Balkon ein Topf roter Nelken stand. Es war das Fenster von Elodies Zimmer, der Tochter des Kupferstichhändlers, denn Jean Blaise wohnte mit seinem einzigen Kind im ersten Stockwerk des Hauses. Einen Augenblick blieb Evarist vor dem ›Amor als Maler‹ stehen, wie um Atem zu holen, dann drückte er auf die Türklinke.

Im Laden fand er die Bürgerin Elodie. Sie hatte Stiche verkauft, zwei Arbeiten von Fragonard Sohn und Naigeon, die aus einem Stoß anderer sorgfältig ausgesucht waren; und bevor sie die Assignate, die sie erhalten hatte, in die Kasse einschloß, hielt sie eins nach dem andern achtsam gegen das Licht, um ihre Wasserzeichen zu prüfen, denn es gab soviel falsches wie echtes Papiergeld, und der Handel wurde dadurch schwer geschädigt. Wie früher die Fälscher des Königsnamens, so bestrafte man jetzt die Papiergeldfälscher mit dem Tod; trotzdem gab es in allen Kellern Platten für Assignate; die Schweizer führten Millionen falschen Papiergeldes ein, man warf es bündelweise in die Gasthäuser; die Engländer luden täglich ganze Ballen davon an den französischen Küsten aus, um die Republik in Mißkredit zu bringen und die Patrioten ins Elend zu stürzen. Elodie fürchtete nicht nur, falsches Papiergeld zu bekommen, sondern noch mehr, welches in Umlauf zu setzen und dann als Komplizin von Pitt behandelt zu werden. Gleichwohl verließ sie sich auf ihr Glück in dem sicheren Gefühl, allen Lebenslagen gewachsen zu sein.

Evarist schaute sie mit jenem düsteren Blick an, der besser als alles Lächeln die Liebe verrät. Sie erwiderte diesen Blick mit einem spöttischen Mäulchen, wobei sie ihre schönen schwarzen Augen verdrehte. Sie tat es, weil sie sich geliebt wußte und nicht böse darüber war, und auch, weil solche Frätzchen einen Liebenden reizen, ihn zu Klagen verleiten und ihn zur Erklärung seiner Liebe drängen, sofern er das noch nicht getan hat. Und das war bei Evarist der Fall.

Als sie die Assignate in die Kasse gelegt hatte, zog sie aus ihrem Nähkörbchen einen weißen Schal, den sie zu sticken begonnen, und setzte ihre Arbeit fort. Sie war fleißig und gefallsüchtig und griff daher instinktiv zur Handarbeit, um Gefallen zu erregen und sich zugleich etwas Schmückendes zu machen. Auch stickte sie ganz verschieden, je nach dem, der ihr zusah. Wollte sie zarte Sehnsucht erwecken, so stickte sie nachlässig, wollte sie jemand zum Spaß in Verzweiflung treiben, so machte sie launische Nadelstiche. Als Evarist kam, arbeitete sie sorgfältig, weil sie ein ernstes Gefühl in ihm wachrufen wollte.

Elodie war weder die Jüngste noch die Schönste. Auf den ersten Blick konnte man sie häßlich finden. Sie hatte dunkles Haar und gelblichen Teint; unter ihrem großen, weißen, nachlässig geknoteten Kopftuch quollen rabenschwarze Haarlocken hervor, und ihre glühenden Augen schienen ihre Wimpern zu versengen. Ihr volles, lustiges Antlitz mit den leicht vorspringenden Backenknochen, dem Stumpfnäschen und dem ländlichen, üppigen Ausdruck gemahnten den Maler an den Kopf des borghesischen Fauns, dessen göttlichen Mutwillen er von einem Gipsabguß kannte und schätzte. Ein leichter schwarzer Flaum über dem Munde setzte seinen Akzent auf die brennenden Lippen. Ihr Busen, wie von Liebe geschwellt, hob das Brusttuch, das sie nach der Jahresmode geknotet trug. Ihre schlanke Taille, ihre flinken Beine, ihr ganzer kräftiger Körper bewegten sich mit ungestümer, köstlicher Grazie. Ihr Blick, ihr Atem, ihr Zusammenschaudern, alles an ihr wirkte aufs Herz und versprach Liebe. Hinter dem Ladentisch machte sie den Eindruck einer Ballettnymphe, einer Bacchantin vom Opernhause, die ihr Pantherfell, ihren Thyrsusstab und ihre Efeugirlanden abgelegt hatte und nun ehrbar und wie verzaubert in der bescheidenen Hülle einer Chardinschen Hausfrau dasaß.

»Mein Vater ist nicht zu Hause«, sagte sie zu dem Maler. »Warten Sie ein Weilchen, er wird gleich wiederkommen.«

Ihre kleinen bräunlichen Hände zogen die Nadel flink durch den Stoff.

»Gefällt Ihnen das Muster, Herr Gamelin?«

Evarist besaß eine grade Natur. Und die Liebe, die seinen Mut entflammte, übertrieb seine Aufrichtigkeit.

»Sie sticken sehr geschickt, Bürgerin; aber, wenn Sie es hören wollen: das vorgezeichnete Muster ist nicht schlicht und einfach genug; man spürt den gekünstelten Geschmack, der in Frankreich in den dekorativen Künsten, in Stoffen, Möbeln, Wandverkleidungen nur zu lange geherrscht hat. Diese Schleifen und Girlanden erinnern an den kleinlichen, zopfigen Stil, der unter dem Tyrannen Mode war. Jetzt bekommt man wieder Geschmack! Ach! Wir waren tief gesunken. Zur Zeit des verruchten Ludwig XV. hatte die Dekoration etwas Chinesisches. Man machte dickbäuchige Kommoden mit lächerlichen, geschweiften Griffen, die zu nichts taugen als zum Ofenheizen und zur Erwärmung der Patrioten. Nur das Einfache ist schön. Wir müssen zur Antike zurück. David entwirft Betten und Lehnstühle nach etruskischen Vasen und den Wandgemälden von Herkulaneum.«

»Solche Betten und Lehnstühle habe ich gesehen«, nickte Elodie. »Das ist schön! Bald wird man nichts anderes mehr wollen. Ich bewundere die Antike ganz wie Sie.«

»Nun also, Bürgerin«, fuhr Evarist fort, »hätten Sie diese Stickerei mit einem Mäanderband, Efeuranken, Schlangen oder gekreuzten Pfeilen verziert, so wäre sie eines Spartaners würdig … und Ihrer selbst. Immerhin können Sie das Muster behalten und es nur vereinfachen, mehr gerade Linien hineinbringen.«

Sie fragte, was sie fortlassen sollte.

Er neigte sich auf die Arbeit herab; Elodies Locken streiften seine Haare. Beider Hände begegneten sich auf der Leinwand und ihre Atemzüge vermischten sich. Evarist fühlte sich beseligt, doch als er Elodies Lippen dicht neben den seinen fühlte, fürchtete er, dem jungen Mädchen zu nahe zu treten, und zog den Kopf rasch zurück.

Die Bürgerin Blaise liebte Gamelin; sie fand Gefallen an seinen großen glühenden Augen, seinem schönen, ovalen Gesicht, seiner Blässe und seinem dichten, schwarzen Haar, das in der Mitte gescheitelt war und in Locken auf seine Schultern herabfiel. Sie liebte sein gesetztes Benehmen, seine kalte Miene, sein herbes Wesen, seine feste, niemandem schmeichelnde Sprache. Und da sie in ihn verliebt war, so schrieb sie ihm einen stolzen Künstlergeist zu, der sich eines Tages in Meisterwerken entladen und seinen Namen berühmt machen würde; und darum liebte sie ihn doppelt. Die Bürgerin war zwar keine Verehrerin männlicher Sittsamkeit; sie war nicht moralisch entrüstet, wenn ein Mann seinen Leidenschaften, seinen Wünschen und Neigungen nachgab. Sie liebte den keuschen Evarist also nicht wegen seiner Keuschheit; sie fand diese nur vorteilhaft, weil sie ihr Eifersucht und Argwohn ersparte und jede Besorgnis vor Rivalinnen ausschloß.

In diesem Moment schien ihr seine Zurückhaltung freilich zu groß. Wenn Racines Aricia den Hippolyt liebte und die herbe Tugend des jungen Helden bewunderte, so hoffte sie diese doch zu besiegen, und über eine Sittenstrenge, die zu ihren Gunsten sich nicht erweichte, hätte sie bald geklagt. Sobald sich also Gelegenheit bot, machte sie ihm eine halbe Liebeserklärung, um ihn zu zwingen, ihr sein Herz zu entdecken. Nach dem Vorbild der zärtlichen Aricia war auch die Bürgerin Blaise fast der Meinung, daß die Frau in der Liebe das erste Wort sprechen soll. »Die am stärksten lieben«, sagte sie sich, »sind die schüchternsten. Man muß ihnen nachhelfen und sie ermutigen. Ihre Herzensunschuld ist zudem so groß, daß eine Frau ihnen auf halbem Wege, ja noch weiter entgegenkommen kann, ohne daß sie es merken; so kann sie ihnen den Schein eines kühnen Angriffs und den Ruhm der Eroberung lassen.« Über den Ausgang dieses Liebeshandels war sie ohne Sorge; wußte sie doch ganz bestimmt (ein Zweifel war ausgeschlossen), daß Evarist, bevor die Revolution ihn heroisch gemacht, in sehr irdischer Liebe für ein Weib, ein sehr dürftiges Wesen, die Portiersfrau der Akademie, entbrannt war.

Elodie war keine Naive; sie unterschied mehrere Arten von Liebe. Das Gefühl, das Evarist ihr einflößte, war tief genug, um es durch einen Lebensbund zu besiegeln. Sie hätte ihn gern geheiratet, glaubte aber, daß ihr Vater die Ehe seiner einzigen Tochter mit einem armen, unbekannten Künstler nicht zugeben würde. Gamelin hatte nichts; der Kunsthändler dagegen arbeitete mit großen Summen. Sein ›Amor als Maler‹ brachte viel ein, das Spekulieren noch mehr, und er hatte sich mit einem Armeelieferanten zusammengetan, welcher der Kavallerie der Republik schlechte Stiefel und dumpfigen Hafer verkaufte. Schließlich war der Sohn des Messerschmieds aus der Rue Saint-Dominique keine Partie für die Tochter eines in ganz Europa bekannten Kunsthändlers, der mit den Firmen Blaizot, Bazan, Didot verwandt war und mit den Bürgern Saint-Pierre und Florian, zwei berühmten Schriftstellern jener Zeit, verkehrte. Zwar war sie keine gehorsame Tochter, die das Jawort ihres Vaters für ihre Ehe notwendig fand. Der war früh Witwer geworden, war begehrlich und leichtsinnig, ein Unterrockjäger und großer Geschäftsmann, der nie Zeit für sie übrig hatte und sie frei, ohne Rat, ohne Zuneigung hatte aufwachsen lassen. Anstatt den Wandel seiner Tochter zu bewachen, hatte er darüber hinweggesehen. Als Menschenkenner schätzte er ihr leidenschaftliches Gemüt richtig ein und kannte die Verführungskünste der Männer, die nicht bloß in einem hübschen Gesicht bestehen. Zu weitherzig, um ihre Tugend zu wahren, aber zu klug, um sich zu entehren, hatte sie ihre Torheiten mit Maß begangen und über dem Liebesdrang nie die Konvenienzen vergessen. Ihr Vater war ihr für diese Besonnenheit unendlich dankbar; und da sie von ihm den Geschäftssinn und die Unternehmungslust geerbt hatte, so beunruhigte er sich nicht über die geheimen Gründe, aus denen ein so heiratsfähiges Mädchen ledig und im Vaterhause blieb, wo sie mehr leistete als eine Haushälterin und vier Kommis. Mit siebenundzwanzig Jahren fühlte sie sich alt und erfahren genug, um sich ihr Leben selbst zu gestalten; sie empfand keinerlei Bedürfnis, ihren noch jungen, leichtsinnigen und zerstreuten Vater um Rat zu fragen oder seinem Willen sich zu fügen. Wenn sie indes Gamelin heiraten wollte, so mußte Herr Blaise diesem armen Schwiegersohn eine Stellung machen, ihn an sein Geschäft ketten oder ihm Aufträge sichern, wie verschiedenen anderen Künstlern, kurz, ihm so oder so Einnahmen verschaffen. Nun aber schien es ihr ausgeschlossen, daß der eine dies Angebot machte, weil es zweifelhaft war, ob der andere es annahm: denn die beiden Männer standen auf keinem guten Fuß miteinander.

Diese Schwierigkeit setzte die kluge und zärtliche Elodie in Verlegenheit. Der Gedanke schreckte sie nicht ab, einen heimlichen Bund mit ihrem Freund einzugehen und den Schöpfer zum einzigen Zeugen ihrer gegenseitigen Treue zu nehmen. In ihrer Lebensklugheit fand sie nichts Verwerfliches an einem Herzensbunde, dem ihr unabhängiges Leben Vorschub leistete und dem Evarists ehrbarer und tugendhafter Charakter eine beruhigende Sicherheit gab. Aber Gamelin schlug sich mit seiner Mutter nur mühsam durch, und in einem so eingeschränkten Dasein schien selbst für einen freien Liebesbund kein Raum. Zudem hatte Evarist sich noch nicht erklärt oder seine Absichten durchblicken lassen. Die Bürgerin Blaise nahm sich also vor, ihn bald soweit zu bringen.

Sie hielt in ihren Gedanken und in ihrer Arbeit zugleich inne.

»Bürger Evarist«, sagte sie, »dieser Schal wird mir nur dann gefallen, wenn er Ihnen gefällt. Bitte, zeichnen Sie mir ein Muster dazu. Inzwischen trenne ich, wie Penelope, alles wieder auf, was ich in Ihrer Abwesenheit gemacht habe.«

Er antwortete mit düsterer Begeisterung:

»Das soll geschehen, Bürgerin. Ich will Ihnen das Schwert des Harmodius zeichnen, von Blumen umrankt.«

Er zog seinen Zeichenstift hervor und entwarf Schwerter und Blumen in dem klaren schlichten Stil, den er liebte. Dabei entwickelte er seine Theorien.

»Die regenerierten Franzosen«, sagte er, »sollen das Vermächtnis der Knechtschaft verwerfen, den schlechten Geschmack, die schlechte Form, die schlechte Zeichnung. Watteau, Boucher, Fragonard schufen für Tyrannen und für Sklaven; in ihren Werken fehlt jedes Gefühl für den guten Stil, für die reine Linie, nichts ist natürlich und wahr. Masken, Puppen, Flitter, Äffereien. Die Nachwelt wird dies frivole Zeug verachten. In hundert Jahren sind alle Bilder von Watteau in den Rumpelkammern verschimmelt; im Jahre 1893 werden die Malschüler ihre ersten Versuche auf die Bilder von Boucher klecksen. David hat den Weg gewiesen; er nähert sich der Antike; doch er ist noch nicht schlicht, groß und einfach genug. Unsere Maler werden von den Wandgemälden von Herkulanum, von den römischen Basreliefs, den etruskischen Vasenbildern noch manches Geheimnis zu lernen haben.«

Er redete lang und breit von der antiken Schönheit und kam dann wieder auf Fragonard, den er mit unstillbarem Haß verfolgte.

»Kennen Sie ihn, Bürgerin?«

Elodie nickte.

»Sie kennen auch den Biedermann Greuze, der mit seinem scharlachroten Rock und seinem Degen recht lächerlich aussieht. Aber neben Fragonard wirkt er wie ein griechischer Weiser. Vor einiger Zeit begegnete ich diesem elenden Greise, wie er unter den Arkaden des Palais-Egalité umhertrottelte, gepudert wie ein Galan, zappelig, aufgeblasen, abstoßend. Bei dem Anblick wünschte ich mir, daß ein handfester Kunstfreund die Rolle des Apollo bei Marsyas übernähme, ihn an einen Baum knüpfte und ihm das Fell vom Leibe zöge, zum ewigen Exempel für schlechte Maler.«

Elodie blickte ihn mit ihren heiteren, sinnlichen Augen an.

»Sie sind ein guter Hasser, Herr Gamelin. Soll man daraus schließen, daß Sie ebenso lie...«

»Sie, Gamelin?« unterbrach eine Tenorstimme. Es war die Stimme des Bürgers Blaise, der eben mit knarrenden Stiefeln, fliegenden Rockschößen und klirrenden Uhranhängseln in seinen Laden trat. Auf dem Kopf trug er einen riesigen schwarzen Zweispitz, dessen Enden auf seine Schultern herabfielen.

Elodie nahm ihren Nähkorb und ging in ihr Zimmer hinauf.

»Nun, Gamelin?« fragte der Bürger. »Bringen Sie mir was Neues?«

»Vielleicht«, erwiderte der Maler.

Dann entwickelte er seinen Plan.

»Unsere Spielkarten stehen in verletzendem Widerspruch zu den Sitten. Die Namen König und Bube beleidigen das Ohr der Patrioten. Ich habe ein neues, revolutionäres Kartenspiel ersonnen und ausgeführt. Dabei sind die Könige, Damen und Buben durch Gestalten der Freiheit, Gleichheit und Brüderlichkeit ersetzt. Die Asse, von Rutenbündeln umgeben, heißen Gesetze … Sie sagen an: Treff-Freiheit, Pik-Gleichheit, Karo-Brüderlichkeit, Coeur-Gesetz … Ich glaube, ich habe diese Karten recht kühn gezeichnet; ich will sie von Demahis stechen lassen und ein Patent darauf nehmen.«

Damit zog er aus seiner Mappe einige fertige Aquarellfiguren und reichte sie dem Kunsthändler hin.

Der Bürger Blaise lehnte sie ab und blickte fort.

»Bringen Sie das in den Konvent, mein Junge,«, sagte er. »Der wird Ihnen die Ehre des Tages erweisen. Aber bilden Sie sich nicht ein, damit einen Sou zu verdienen, denn Ihre Erfindung ist nicht neu. Sie kommen einen Posttag zu spät. Ihr revolutionäres Kartenspiel ist das dritte, das mir gebracht wird. Ihr Kollege Dugourc bot mir letzte Woche ein Pikettspiel mit vier Genien, vier Gestalten der Freiheit und Gleichheit an. Mir wurde auch ein Spiel mit Weisen und Helden, Cato, Rousseau, Hannibal und was weiß ich noch angeboten … Dazu hatten die Karten, mein Lieber, vor den Ihren den Vorzug, daß sie grob gezeichnet und in Holz geschnitten waren. Wie wenig kennen Sie die Menschen! Glauben Sie etwa, die Kartenspieler würden Karten gebrauchen, die im Stil von Bartolozzi gestochen sind? Außerdem eine wunderliche Einbildung, daß so viele Umstände gemacht werden müßten, um die alten Spielkarten mit den heutigen Ideen zu vereinbaren. Die braven Sansculotten retten die Bürgertugend von selbst und sagen an: ›Der Tyrann!‹ Oder einfach: ›Das dicke Schwein!‹ Sie spielen mit ihren fettigen Karten und kaufen sich niemals neue. Der große Kartenabsatz ist in den Spielsälen des Palais-Egalité. Ich rate Ihnen, gehen Sie dahin und bieten Sie den Spielhaltern und Spielern Ihre Freiheiten, Gleichheiten und – wie sagten Sie doch – Coeur-Gesetze an. Nachher erzählen Sie mir, wie die Aufnahme war.«

Der Bürger Blaise setzte sich auf den Ladentisch, knipste sich die Tabakskörner von seinen Nankinghosen und blickte Gamelin mit sanftem Mitleid an.

»Darf ich Ihnen einen Rat geben, Bürger Malersmann? Wenn Sie sich Ihr Brot verdienen wollen, so geben Sie Ihre patriotischen Karten, Ihre Revolutionsembleme, Ihre Genien der Freiheit, Ihre Herkulesse, Hydren und Furien, die das Verbrechen verfolgen, samt und sonders auf und malen Sie hübsche Mädchen. Der patriotische Eifer flaut mit der Zeit ab, aber die Frauen werden immer von den Männern geliebt. Malen Sie mir rosige Frauen mit kleinen Füßen und Händen. Und machen Sie sich klar, daß sich kein Mensch mehr für die Revolution begeistert, daß niemand mehr davon hören will.«

»Wie?« fuhr Evarist Gamelin auf. »Nicht mehr von der Revolution hören? ... Aber die Begründung der Freiheit, die Siege unserer Heere, die Bestrafung der Tyrannen – das alles sind doch Ereignisse, die auch die fernste Nachwelt mit Staunen erfüllen werden! Und wir sollten nicht davon gepackt werden? ... Wie? Die Sekte des Sansculotten Jesus hat fast achtzehn Jahrhunderte überdauert, und der Kultus der Freiheit sollte nach knapp vierjährigem Bestehen abgeschafft werden?«

»Sie träumen«, erwiderte Jean Blaise mit überlegener Miene. »Ich stehe im wirklichen Leben. Glauben Sie mir, mein Lieber, die Leute sind der Revolution überdrüssig; sie dauert zu lange. Fünf Jahre Begeisterung, fünf Jahre Volksverbrüderungen, Morde, Reden, Marseillaisen, Sturmläuten, ›Aristokraten an der Laterne‹, auf Piken getragene Köpfe, auf Kanonen reitende Weiber, Freiheitsbäume mit Jakobinermütze obendrauf, Jungfrauen und Greise, die in weißen Gewändern auf Triumphwagen einherfahren, Einkerkerungen, Guillotinierungen, Preisbestimmungen für Lebensmittel, Maueranschläge, Kokarden, Federbüsche, Säbel, Karmagnolen – das ist ein bißchen viel! Und schließlich versteht man den ganzen Rummel nicht mehr. Wir haben zu viele große Bürger erlebt, die erst zum Kapitol geleitet und dann den Tarpejischen Fels heruntergestürzt wurden: Necker, Mirabeau, Lafayette,

Bailly, Pétion, Manuel und so viele andere. Wer sagt uns, daß Sie Ihren neuen Helden nicht das gleiche Schicksal bereiten? ... Es ist nichts mehr sicher.«

»Nennen Sie die Namen, Bürger Blaise, nennen Sie die Namen der Helden, die wir aufopfern wollen!« rief Gamelin in einem Tone, der den Kunsthändler zur Vorsicht mahnte.

»Ich bin Patriot und Republikaner«, sagte er, die Hand aufs Herz legend. »Ebensosehr Republikaner und Patriot wie Sie, Bürger Evarist Gamelin. Ich zweifele Ihren Bürgersinn nicht an und bezichtige Sie durchaus nicht des Wankelmuts. Aber sehen Sie: mein Bürgersinn und meine Treue zur öffentlichen Wohlfahrt sind durch zahlreiche Taten bewiesen. Meine Grundsätze sind diese: Ich schenke jedem mein Vertrauen, der imstande ist, der Nation zu dienen. Vor den Männern, die durch öffentliche Wahl zur gefährlichen Ehre der gesetzgebenden Macht erhoben sind, wie Marat und Robespierre, neige ich mich in Ehrfurcht und bin bereit, sie mit meinen schwachen Kräften zu unterstützen, ihnen den schwachen Beistand eines guten Bürgers zu leisten. Die Ausschüsse können Zeugnis ablegen für meinen Eifer und meine Treue. In Gemeinschaft mit echten Patrioten habe ich Hafer und Furage für unsere brave Kavallerie, und Stiefel für unsere Soldaten geliefert. Noch heute geht von Vernon ein Zug von sechzig Ochsen zur Südarmee, durch eine Gegend, die Räuber unsicher machen und die Pitts und Condés Agenten durchstreifen. Ich rede nicht, ich handle.«

Gamelin legte seine Aquarelle ruhig in ihren Umschlag, knüpfte die Bänder zu und nahm ihn unter den Arm.

»Ein merkwürdiger Widerspruch«, sagte er, die Zähne aufeinanderbeißend, »wenn man unseren Soldaten hilft, die Freiheit gegen die ganze Welt zu behaupten, und sie daheim doch verrät, indem man Unruhe und Verwirrung in die Seelen ihrer Verteidiger sät ... Guten Abend, Bürger Blaise.«

Bevor Gamelin in die Gasse einbog, die am Oratorium entlangführte, drehte er sich noch einmal um und warf einen Blick auf die roten Nelken auf einem Fenstersims. Sein Herz schwoll über vor Liebe und Zorn.

Er verzweifelte nicht an der Rettung des Vaterlandes. Den gesinnungslosen Worten des Jean Blaise setzte er seinen revolutionären Glauben entgegen. Trotzdem konnte er nicht leugnen, daß dieser Händler mit einem Anschein von Recht behauptete, daß das Volk von Paris gegen die Ereignisse lau wurde. Wußte er doch leider selbst, daß die erste Begeisterung einer allgemeinen Gleichgültigkeit gewichen war, daß man die gewaltigen, einmütigen Massen von 89, die Millionen harmonischer Seelen nicht mehr sah, die sich 90 um den Altar der Föderierten geschart hatten. Aber gerade darum mußten die guten Bürger ihren Eifer und ihre Kühnheit verdoppeln und das schläfrige Volk aufrütteln, indem sie ihm nur die Wahl zwischen Tod und Freiheit ließen.

So also dachte Evarist Gamelin, und der Gedanke an Elodie befeuerte seinen Mut.

Als er am Seinekai anlangte, ging die Sonne hinter schweren Wolken wie hinter glühenden Lavagebirgen unter. Die Dächer der Häuser strahlten in goldenem Schein, und die Fensterscheiben blitzten. Und Gamelin malte sich im Geiste das Bild der Titanen aus, die aus den glühenden Trümmern der alten Welten die eherne Stadt Dike schmiedeten.

Da er kein Stück Brot für sich oder seine Mutter hatte, träumte er von der endlosen Tafel, an die sich die ganze regenerierte Menschheit setzen würde. Inzwischen redete er sich ein, daß das Vaterland als gute Mutter seinen treuen Sohn schon ernähren würde. Der Geringschätzung des Kunsthändlers zum Trotze zwang er sich zu dem Glauben, daß sein Plan eines revolutionären Kartenspiels neu und gut sei und daß er mit seinen wohlgelungenen Aquarellen ein Vermögen unter dem Arme trüge. »Demahis soll sie stechen«, dachte er. »Wir werden das neue patriotische Spiel selbst verlegen, und in einem Monat setzen wir sicher zehntausend Stück zu zwanzig Sous ab.«

Und in seiner Ungeduld, dieses Projekt zu verwirklichen, strebte er mit großen Schritten zum Quai de la Ferraille, wo Demahis über dem Glaser wohnte.

Man mußte durch den Laden. Die Glaserfrau sagte, daß

der Bürger Demahis ausgegangen sei, und dies nahm den Maler nicht wunder. Er wußte, daß sein Freund das Umherstreifen und das regellose Leben liebte, und er wunderte sich nur, daß jemand bei so wenig Beharrlichkeit so viel und so gut arbeiten konnte. Gamelin beschloß, ein Weilchen zu warten. Die Glaserfrau bot ihm einen Stuhl an. Sie war mürrisch und klagte über die schlechten Zeiten, obgleich die Revolution, die so viele Scheiben zerschlug, den Glasern viel einbrachte.

Als die Nacht anbrach, gab es Gamelin auf, seinen Freund zu erwarten, und verabschiedete sich. Beim Passieren des Ponf-Neuf sah er berittene Nationalgarden vom Quai des Morfundus her anrücken und die Menge beiseite drängen. Sie trugen Fackeln in den Händen und eskortierten einen Henkerkarren, in dem ein völlig unbekannter Mann saß, unter lautem Säbelgerassel zur Guillotine. Es war irgendein Privilegierter von früher, das erste Opfer des neuen Revolutionstribunals. Man erkannte ihn undeutlich zwischen den Hüten der Gardisten. Er saß, die Hände auf dem Rücken gefesselt; der Kopf, zur Rückseite des Karrens gekehrt und geschoren, wackelte hin und her. Neben ihm stand der Scharfrichter, gegen die Wagenleiter gelehnt. Die Vorübergehenden blieben stehen und meinten, es wäre wohl einer von denen, die das Volk aushungerten. Sie blickten ihn gleichgültig an. Gamelin trat näher und erkannte unter den Zuschauern Demahis, der sich durch die Menge drängte und quer über die Straße wollte. Er rief ihn an und legte ihm die Hand auf die Schulter. Demahis blickte sich um, er war ein schöner, kräftiger, junger Mann. Früher, in der Akademie, hieß es, daß er den Kopf des Bacchus auf den Schultern des Herkules trüge. Sein Freunde nannten ihn Barbaroux, wegen seiner Ähnlichkeit mit diesem Volksvertreter.

»Komm«, sagte Gamelin zu ihm, »ich habe dir was Wichtiges mitzuteilen.«

»Laß mich«, wies ihn Demahis barsch ab.

Dann brummte er ein paar Worte vor sich hin und paßte den Augenblick ab, um weiterzukommen.

»Ich lief eben einem herrlichen Weibe im Strohhut nach,

einer Modistin mit blonden Haaren. Der verdammte Karren kam dazwischen ... Sie ging vor ihm her, jetzt ist sie schon am Ende der Brücke!«

Gamelin suchte ihn am Rocke festzuhalten und schwor, daß die Sache von Wichtigkeit wäre. Aber Demahis hatte sich schon durch Pferde, Garden, Säbel und Fackeln hindurchgedrängt und verfolgte die Modistin.

VIERTES KAPITEL

Es war zehn Uhr morgens. Die Aprilsonne tauchte das junge Blattgrün in Licht. Die Luft war durch das nächtliche Unwetter gereinigt und wundervoll mild. Vereinzelt kam ein Reiter die Allee des Veuves heruntergeritten und unterbrach die stille Einsamkeit. Am Rande des schattigen Baumganges, vor der Hütte der ›Schönen aus Lille‹, saß Evarist auf einer Holzbank und wartete auf Elodie. Seit dem Tage, wo ihre Finger sich auf der Stickerei begegnet waren und ihre Atemzüge sich vermischt hatten, war er nicht wieder zum ›Amor als Maler‹ gegangen. Eine ganze Woche lang hatte sein stolzer Stoizismus und seine Schüchternheit, die ihn immer ungeselliger machte, ihn von Elodie ferngehalten. Er hatte ihr einen ernsten, düsteren, glutvollen Brief geschrieben, worin er sich über das Unrecht beschwerte, das ihm der Bürger Blaise zugefügt habe; aber seine Liebe hatte er verschwiegen und seinen Schmerz unterdrückt. Er hatte nur geschrieben, er würde nicht mehr in den Kunstladen kommen, und bei diesem Entschluß verharrte er mit größerer Festigkeit, als einem liebenden Mädchen recht war.

Elodie war von entgegengesetzter Gemütsart und stets bereit, das, was ihr gehörte, zu verteidigen. Sie nahm sich sogleich vor, sich ihren Freund wiederzuholen. Ihr erster Gedanke war, ihn in seinem Atelier auf der Place de Thionville aufzusuchen; doch da sie wußte, daß er leicht erregt war, und aus seinem Brief auf einen gereizten Gemütszustand schloß, so fürchtete sie, daß er Vater und Tochter mit dem gleichen Hasse bedenken und es darauf ablegen könnte, sie nicht wiederzusehen. So hielt sie es denn fürs beste, ihm ein sentimentales, romantisches Stelldichein zu gewähren, dem er sich nicht entziehen konnte, bei dem sie ihn in aller Muße umstimmen und ihm Eindruck machen konnte und bei dem die Einsamkeit sich mit ihr verschwor, um ihn zu bestricken und zu besiegen.

Kluge Baumeister hatten damals in allen englischen Gärten und Modepromenaden Strohhütten erbaut, die der ländlichen Sehnsucht der Städter schmeichelten. Die Hütte der ›Schönen aus Lille‹, in der Limonade verkauft wurde, stand in ihrer falschen Armseligkeit auf den künstlich nachgeahmten Trümmern eines alten Turmes und vereinte so den ländlichen Reiz mit der Schwermut der Ruinen. Ja, als ob eine Hütte und eine Turmruine noch nicht genügten, um gefühlvolle Seelen zu rühren, hatte der Limonadenverkäufer unter einer Trauerweide daneben ein Grabmal errichtet, eine Säule, die eine Graburne und die Inschrift trug: ›Cleonice ihrem treuen Azor.‹ Hütten, Ruinen, Gräber – diese Symbole der Armut, des Verfalls und des Todes hatte die Aristokratie vor ihrem Untergange in ihren ererbten Parks angelegt. Und jetzt tranken, tanzten und liebelten die patriotischen Bürger mit Vorliebe in falschen Dorfhütten, im Schatten falscher Ruinen von Kreuzgängen, zwischen falschen Gräbern; denn Bürger wie Aristokraten waren Naturschwärmer und Schüler Rousseaus, mit empfindsamen Herzen und voller Philosophie.

Evarist war vor der Zeit zum Stelldichein erschienen und wartete. Er zählte die Minuten an den Schlägen seines Herzens wie am Pendelschlag einer Uhr. Eine Patrouille mit Gefangenen kam vorbei. Zehn Minuten darauf schlüpfte eine rosagekleidete Dame, die nach der Zeitmode ein Blumenbukett in der Hand trug, in Gesellschaft eines Kavaliers im Dreispitz, mit rotem Rock, gestreifter Weste und gestreiftem Beinkleid in die Hütte. Beide sahen den galanten Pärchen der alten Zeit so ähnlich, daß man dem Bürger Blaise schon glauben mußte, es gäbe Eigenschaften an Menschen, die keine Revolution ändert.

Kurz darauf kam von Rueil oder Saint-Cloud her ein altes Weiblein, das eine trommelartige, knallbunte Büchse in den Händen trug. Sie setzte sich auf die Bank, auf der Gamelin wartete, und stellte ihre Büchse neben sich. Der Deckel trug eine Vorrichtung, um Lose zu ziehen. Die arme Frau hielt nämlich in den Gartenanlagen Glücksgaben für Kinder feil. Sie verkaufte ›Plaisirs‹ und gab damit einer alten Zuckerware einen neuen Namen. Denn mochte nun der altgewohnte Name ›Oblaten‹ an Opfer und Schuld gemahnen, oder mochte man ihn aus Laune nicht mehr mögen, jedenfalls hießen die Oblaten damals ›Plaisirs‹.

Die Alte wischte sich mit dem Schürzenzipfel den Schweiß von der Stirn und begann zu jammern und Gott anzuklagen, daß er es der armen Kreatur so schlecht ergehen ließe. Ihr Mann hatte eine Schenke an der Seine in Saint-Cloud, und sie lief täglich bis nach den Champs-Elysées, lärmte mit ihrer Handklapper und rief: » Plaisirs, meine Damen!« Und all die Mühe und Arbeit reichte nicht hin, um ihr altes Leben zu fristen.

Als sie merkte, daß der junge Mann auf der Bank mit ihr Mitleid empfand, erklärte sie lang und breit, woher ihr Mißgeschick käme. Die Republik war schuld daran. Die hatte die Reichen enterbt und nahm damit den Armen das Brot vom Munde. Daß es noch mal besser werden würde, darauf war nicht zu hoffen. Vielmehr sprachen manche Anzeichen dafür, daß das Elend noch größer würde. In Nanterre hatte eine Frau ein Kind mit Natternkopf geboren; in die Kirche von Rueil hatte der Blitz eingeschlagen und das Kirchturmskreuz geschmolzen; in den Wäldern von Chaville hauste ein Werwolf. Maskierte Männer vergifteten die Brunnen und streuten Pulver, die Krankheiten erregten, in die Luft.

Evarist sah Elodie aus dem Wagen steigen. Er eilte auf sie zu. Die Augen des jungen Mädchens leuchteten in dem Helldunkel ihres Strohhutes; ihre Lippen, so rot wie die Nelken, die sie in der Hand trug, lachten. Ein schwarzseidenes Tuch kreuzte sich über ihrer Brust und war im Rücken geknotet. Ihr gelber Rock ließ die raschen Bewegungen der Knie durchblicken und gab die flachbeschuhten Füße frei. Die Hüften waren fast verschwunden, denn die Revolution hatte die Taille der Bürgerinnen ›befreit‹. Freilich trugen die Röcke so auf, daß sie die Hüften nicht sowohl verdeckten als übertrieben und die Körperformen nur unter ihrem vergrößerten Abbild verbargen.

Er wollte sprechen, fand aber keine Worte und machte sich

im stillen Vorwürfe über seine Verlegenheit. Elodie jedoch zog sie dem liebevollsten Empfang vor. Auch bemerkte sie, daß er seine Halsbinde kunstvoller als sonst umgelegt hatte, und das schien ihr ein gutes Zeichen. Sie reichte ihm die Hand.

»Ich wollte Sie sehen«, sagte sie, »mit Ihnen reden. Auf Ihren Brief hab' ich nicht geantwortet. Er mißfiel mir; das war nicht Ihre Art. Bei größerer Natürlichkeit wäre er liebenswürdiger gewesen. Sie tun Ihrem Charakter und Geist unrecht, wenn Sie nicht mehr zum ›Amor als Maler‹ kommen wollen, nur weil Sie dort eine kleine politische Meinungsverschiedenheit mit einem Manne hatten, der viel älter ist als Sie. Sie haben gewiß nicht zu befürchten, daß mein Vater Sie das nächstemal schlecht aufnimmt. Sie kennen ihn gar nicht. Er erinnert sich weder an das, was er zu Ihnen gesagt hat, noch an Ihre Antwort. Ich will zwar nicht behaupten, daß zwischen Ihnen große Sympathie herrsche, aber nachtragend ist er nicht. Offen gesagt, kümmert er sich nicht viel um Sie ... und um mich. Er denkt nur an seine Geschäfte und an sein Vergnügen.«

Sie schritten den Anlagen zu, die die Hütte umgaben. Er folgte ihr nur widerwillig, denn er wußte, daß dort das Stelldichein der käuflichen Liebe und der flüchtigen Verhältnisse war. Sie setzte sich an den verstecktesten Tisch.

»Ich habe Ihnen viel zu sagen, Evarist! Die Freundschaft gibt Rechte; darf ich davon Gebrauch machen? Ich habe viel von Ihnen zu reden ... und ein bißchen von mir, wenn's Ihnen recht ist.«

Der Limonadenverkäufer brachte eine Karaffe und Gläser. Sie schenkte als gute Hausfrau ein. Dann sprach sie von ihrer Kindheit, von der Schönheit ihrer Mutter, die sie gern pries, sowohl aus kindlicher Liebe als auch deshalb, weil sie ihr die eigene Schönheit verdankte. Sie rühmte die Rüstigkeit ihrer Großeltern, denn sie war stolz auf ihr bürgerliches Geblüt. Sie erzählte, wie sie ihre geliebte Mutter mit sechzehn Jahren verloren, wie sie seither ohne Liebe, ohne Stütze gelebt hatte. Sie schilderte sich selbst als lebhaft, feinfühlig, beherzt und setzte hinzu:

»Evarist, ich habe eine zu traurige und einsame Jugend verbracht, um den Wert eines Herzens, wie das Ihre, nicht zu erkennen; und von mir aus verzichte ich nicht leicht auf eine Sympathie, auf die ich zu zählen hoffte und die mir teuer war.«

Evarist blickte sie zärtlich an.

»Sollte ich Ihnen wirklich nicht gleichgültig sein? ... Dürfte ich glauben ...«

Er hielt inne, um nicht zu viel zu sagen und eine so vertraute Freundschaft nicht zu mißbrauchen.

Sie reichte ihm ehrbar ihr Händchen, das halb aus den langen, engen Spitzenärmeln hervorsah. Ihr Busen hob sich in langen Seufzern.

»Legen Sie mir, Evarist, all die Gefühle bei, die ich nach Ihrem Wunsche für Sie haben soll, und Sie werden sich über meinen Herzenszustand nicht täuschen.«

»Elodie, Elodie«, stammelte er, »was Sie da sagen, werden Sie das auch wiederholen, wenn Sie wissen ...«

Er zauderte, und sie senkte die Augen.

Und leiser setzte er hinzu:

»... daß ich Sie liebe?«

Bei den letzten Worten errötete sie – vor Vergnügen. Und während ihre Augen eine zärtliche Wollust ausdrückten, zuckte ungewollt ein komisches Lächeln um ihre Mundwinkel.

»Und da glaubt er«, dachte sie, »er hätte das erste Wort gesprochen! Und fürchtet wohl gar, mich zu kränken!«

Und mit gütigem Tone erwiderte sie:

»Merkten Sie denn nicht, mein Freund, daß ich Sie liebe?«

Sie wähnten sich allein auf der Welt. In seiner Begeisterung blickte Evarist zum blauen, lichtstrahlenden Himmel empor.

»Sehen Sie, wie der Himmel auf uns herniederschaut! Er ist göttlich und gütig wie Sie, Heißgeliebte. Er hat Ihren Glanz, Ihre Sanftmut, Ihr Lächeln.«

Er fühlte sich eins mit der ganzen Natur, verknüpfte sie mit seiner Freude, seinem Stolze. Wie zur Feier seiner Verlobung hatten die Kastanien ihre Blütenkerzen aufgesteckt, glühten die Riesenfackeln der Pappelbäume.

Er schwelgte im Gefühl seiner Kraft und seiner Größe. Sie war zarter und auch feiner, geschmeidiger und schmiegsamer. Sie nahm den Vorteil der Schwäche wahr und unterwarf sich ihm, sobald er sie erobert hatte. Jetzt, wo sie die Seine geworden war, erblickte sie in ihm den Herrn, den Helden, den Gott. Sie brannte darauf, zu gehorchen, zu bewundern und sich hinzugeben. Im Schatten des Buschwerks gab er ihr einen langen Kuß, bei dem ihr Kopf sich zurückbog, und in seinen Armen fühlte sie sich hinschmelzen wie Wachs.

Lange sprachen sie nur voneinander und vergaßen die Welt. Evarist drückte vornehmlich allgemeine, unbestimmte Ideen aus, die Elodie entzückten. Sie dagegen sprach von reizenden und nützlichen Dingen, ging mehr ins einzelne. Schließlich, als sie sich sagte, daß sie nicht länger ausbleiben dürfte, stand sie, entschlossen auf, gab ihrem Geliebten die drei roten Nelken von ihrem Balkonfenster und sprang behend in das Kabriolett, in dem sie gekommen war. Es war ein gelb angestrichener Mietswagen auf sehr hohen Rädern, der gewiß nichts Besonderes hatte, so wenig wie der Kutscher. Aber Gamelin nahm sich nie einen Wagen und seine Umgebung ebensowenig. Und so krampfte sein Herz sich denn zusammen, als er sie auf diesen großen, rasch rollenden Rädern davonfahren sah, und eine trübe Ahnung befiel ihn. In einer Art von innerem Traumgesicht sah er, wie Elodie von dem Mietspferd entführt ward, aus der Gegenwart und Wirklichkeit fort in eine reiche, glücksfrohe Stadt, zu den Häusern des Luxus und der Genüsse, die sich ihm nie auftun würden.

Der Wagen verschwand, und Evarists Verwirrung ließ nach. Trotzdem blieb eine dumpfe Angst in ihm zurück; er fühlte, die Stunden der Zärtlichkeit und des Weltvergessens, die er eben durchlebt hatte, würden nie wiederkehren.

Er ging durch die Champs-Elysées. Frauen in hellen Kleidern saßen plaudernd oder stickend auf den Holzstühlen, während ihre Kinder unter den Bäumen spielten. Eine Plaisirverkäuferin mit ihrer Trommel erinnerte ihn an die Alte in der Allee des Veuves. Ihm war, als ob zwischen dieser und jener ein ganzer Lebensabschnitt läge. Er ging über den

Revolutionsplatz. Im Tuileriengarten hörte er von fern den brausenden Lärm der großen Tage, jenes Zusammenklingen von vieltausend Stimmen, die nach der Behauptung der Feinde der Revolution für immer verstummt waren. Er schritt eilig auf den wachsenden Lärm zu, gelangte in die Rue St.-Honoré und fand sie wimmelnd von Männern und Weibern, die ›Vive la République!‹ schrien. Die Gartenmauern, die Fenster, die Balkons und Dächer waren mit Zuschauern besetzt, die Hüte und Tücher schwenkten. Unter Vorantritt eines Pioniers, der dem Zug Bahn brach, umgeben von Magistratsbeamten, Nationalgarden, Kanonieren, Gendarmen und Husaren, nahte langsam über den Köpfen der Menge ein Mann von galliger Gesichtsfarbe, einen Eichenkranz auf dem Haupte, den Körper in einen alten grünen Überrock mit Hermelinkragen gehüllt. Die Frauen warfen ihm Blumen zu. Er schoß seine bohrenden Fieberblicke nach allen Seiten, als suchte er in dieser begeisterten Menge noch Volksfeinde, um sie zu denunzieren, und Verräter, um sie zu strafen. Als er vorbeikam, zog Gamelin den Hut und stimmte in den Ruf der Hunderttausende ein:

»Hoch Marat!«

Wie das personifizierte Schicksal betrat der Triumphator den Saal des Konvents. Während die Menge sich langsam verlief, drückte Gamelin, auf einem Prellstein in der Rue St.-Honoré sitzend, die Hand gegen sein heftig pochendes Herz. Was er eben gesehen, erfüllte ihn mit hehrer Bewegung und glühender Begeisterung.

Er liebte und verehrte Marat, der mit Fieberglut in den Adern, von Geschwüren verzehrt, den Rest seiner Kraft im Dienste der Republik erschöpfte, und der selbst ihn in seinem armen, jedermann geöffneten Haus mit offenen Armen empfing. Eifrig sprach er mit ihm von der öffentlichen Wohlfahrt und fragte ihn bisweilen nach den Anschlägen der Ruchlosen. Gamelin bewunderte es, daß die Feinde des Gerechten, die seinen Sturz wollten, seinen Triumph herbeigeführt hatten. Er segnete das Revolutionstribunal, das den Volksfreund freigesprochen und dem Konvent den eifrigsten und lautersten seiner Gesetzgeber zurückgegeben hatte. Im Geiste sah er noch einmal jenes fieberverzehrte Gesicht im Schmucke der Bürgerkrone, jenes Antlitz, das von tugendhaftem Stolz und erbarmungsloser Liebe erfüllt war, jenes gefürchtete, zerstörte, mächtige Antlitz mit dem verkniffenen Mund und die breite Brust jenes kraftstrotzenden Sterbenden, der von seinem Triumphwagen herab seinen Mitbürgern zuzurufen schien: »Nehmt mich zum Vorbild! Seid Patrioten bis in den Tod!«

Die Straßen waren leer geworden, die Nacht deckte sie mit ihren Schatten zu; der Laternenanzünder kam mit seiner Stocklaterne vorbei, und Gamelin murmelte:

»Bis in den Tod!«

FÜNFTES KAPITEL

Um neun Uhr morgens traf Evarist sich im Luxembourggarten mit Elodie, die auf einer Bank saß und wartete.

Seit dem Austausch ihrer Liebesschwüre war ein Monat verstrichen, und sie sahen sich täglich im ›Amor als Maler‹ oder in Gamelins Atelier. Beide waren sehr zärtlich, aber bei aller Vertraulichkeit von einer gewissen Zurückhaltung. Das lag an dem ernsten und tugendhaften Charakter des Liebhabers, der als Deist und guter Bürger seinen Liebesbund nur vor dem Gesetz und vor Gott allein (je nach den Umständen) besiegeln wollte, und dies nur am hellen Tage und in aller Öffentlichkeit. Elodie erkannte die Ehrbarkeit dieses Entschlusses wohl an, aber bei den schier unüberwindlichen Schwierigkeiten eines Ehebundes und ihrem Vorsatz, die Konvenienzen zu wahren, träumte sie von einem heimlichen, dezenten Verhältnis, das durch seine Dauer schließlich geheiligt würde. Eines Tages hoffte sie die Bedenken dieses allzu ehrsamen Liebhabers zu überwinden. Aber sie wollte es nicht länger hinausschieben, ihm ein notwendiges Geständnis zu machen, und zu dem Zweck hatte sie ihn zu einer längeren Zwiesprache in den menschenleeren Garten beim Karthäuserkloster bestellt.

Sie blickte ihn zärtlich und aufrichtig an, ergriff seine Hand, zog ihn neben sich auf die Bank und sprach mit ruhiger Gefaßtheit:

»Ich achte Sie zu sehr, Evarist, um Ihnen irgend etwas zu verheimlichen. Ich glaube, ich bin Ihrer würdig. Ich wäre es nicht mehr, wenn ich Ihnen etwas verhehlte. Hören Sie mich also an und seien Sie mein Richter. Ich habe mir nichts Niedriges, Gemeines oder auch nur Eigennütziges vorzuwerfen. Ich war nur schwach und leichtgläubig ... Vergessen Sie nicht, mein Freund, unter welchen schwierigen Verhältnissen ich lebte. Sie wissen es ja, ich hatte keine Mutter mehr, mein Vater war noch jung und dachte nur an sein Vergnügen. Um mich kümmerte er sich nicht. Ich war gemütvoll; die Natur hatte mir ein zärtliches Herz und eine edelmütige Seele gegeben. Freilich auch ein sicheres und gesundes Urteil; aber das Gefühl war stärker in mir als der Verstand! Ach! Es gewänne noch jetzt die Oberhand, wenn nicht alle beide, Evarist, mich zu restloser, ewiger Hingabe an Sie drängten!«

Sie drückte sich bestimmt und gemessen aus; ihre Worte waren zurechtgelegt. Seit langem war sie entschlossen, ihm ein Geständnis zu machen, denn sie war offenherzig; sie gefiel sich in der Nachahmung Rousseaus und war auch so klug, sich zu sagen: »Evarist wird eines Tages doch alles erfahren. Ich bin nicht allein die Hüterin meines Geheimnisses, und so ist es besser, wenn ich ein freiwilliges Geständnis ablege, das mich nur ehren kann, anstatt daß er es eines Tages zu meiner Schande erfährt.« Bei ihrem zärtlichen Gemüt und ihrer Hingabe an die Natur fühlte sie sich nicht sehr schuldbewußt, und so fiel dies Geständnis ihr denn um so leichter; übrigens wollte sie nur das Notwendigste sagen.

»Ach!« seufzte sie. »Warum kamen Sie nicht zu mir, lieber Evarist, in jenen Stunden, wo ich allein und verlassen war? …«

Gamelin hatte ihren Wunsch, den Richter zu spielen, zu wörtlich gefaßt. Von Natur oder durch seine literarische Bildung zur Ausübung der häuslichen Gerechtigkeit veranlagt, erwartete er Elodies Beichte. Sie zauderte, und er nickte ihr ermunternd zu.

Sie sagte ohne Umschweife:

»Ein junger Mann, der schlechte mit guten Eigenschaften verband, aber nur diese zeigte, fühlte sich zu mir hingezogen und umwarb mich mit einer für ihn erstaunlichen Beharrlichkeit. Er stand in der Blüte der Jahre, war voller Anmut und mit reizenden Frauen liiert, die aus ihrer Bewunderung für ihn kein Hehl machten. Weder seine Schönheit noch sein Geist taten es mir an. Er rührte mein Herz durch die Liebe, die er mir bezeigte, und ich glaube, er liebte mich wirklich. Er war zärtlich und diensteifrig. Ich verlangte nichts als sein Herz, und dieses Herz war unbeständig … Ich klage mich allein an;

ich lege eine Beichte für mich ab, nicht für ihn. Ich beschwere mich nicht über ihn, denn er ist mir fremd geworden. Ach! Evarist, ich schwöre es Ihnen, er ist für mich nicht mehr auf der Welt!«

Sie schwieg. Gamelin gab keine Antwort. Er verschränkte die Arme und starrte finster vor sich hin. Er dachte an seine Geliebte und an seine Schwester Julie. Auch die hatte einem Liebhaber ihr Ohr geliehen! Aber darin, so meinte er, unterschied sie sich sehr von der unglücklichen Elodie, daß sie sich hatte entführen lassen, nicht im Taumel eines zärtlichen Gemüts, sondern um in der Fremde Luxus und Vergnügen zu finden. In seiner Sittenstrenge hatte er die Schwester verdammt, und nun neigte er dazu, über seine Geliebte den Stab zu brechen.

Mit sanftem Tonfall fuhr Elodie fort:

»Mein Kopf war angefüllt mit Philosophie. Ich glaubte, die Menschen wären von Natur redlich. Zu meinem Unglück war mein Liebhaber nicht durch die Schule der Natur und Moral gegangen, und die sozialen Vorurteile, der Ehrgeiz, die Eigenliebe, ein falsches Ehrgefühl, hatten ihn selbstsüchtig und treulos gemacht.«

Diese berechneten Worte verfehlten ihre Wirkung nicht. Gamelins Augen blickten milder.

»Wer war Ihr Verführer?« fragte er. »Kenne ich ihn?«

»Nein.«

»Wie heißt er?«

Diese Frage hatte sie vorausgesehen, und sie war entschlossen, sie nicht zu beantworten. Sie gab ihre Gründe an.

»Ersparen Sie es mir, bitte, seinen Namen zu nennen. Ich habe schon zu viel gesagt, zu viel für mich wie für Sie.«

Und als er in sie drang:

»Bei der Heiligkeit unserer Liebe, ich werde Ihnen nichts sagen, was Ihnen ein deutliches Bild von diesem … Fremdling geben könnte. Ich will Ihre Eifersucht nicht mit einem Gespenst erregen, ich will keinen störenden Schatten zwischen Sie und mich werfen. Ich habe diesen Menschen vergessen und will Sie daher nicht mit ihm bekannt machen.«

Gamelin bestand darauf, den Namen des Verführers zu wissen. So nannte er ihn beharrlich, denn er war fest überzeugt, daß Elodie verführt, getäuscht und betrogen worden war. Ja, er konnte es sich gar nicht denken, daß es anders gewesen sein könnte, daß sie dem Verlangen, dem unbezwinglichen Drange gefolgt wäre, daß sie den Einflüsterungen der Sinne und des Blutes gehorcht hätte. Er konnte es sich nicht vorstellen, daß dieses sinnliche, zärtliche Wesen, dieses schöne Opfer, sich dargeboten hätte. Um seinen Geist zu beruhigen, mußte er glauben, daß sie mit List oder Gewalt bezwungen, mißbraucht worden, daß sie in Schlingen, die ihr gelegt waren, gestrauchelt wäre. Er stellte ihr Fragen in schonender Form, aber bestimmt, knapp und peinlich. Er erkundigte sich nach dem Beginn dieses Verhältnisses, ob es lang oder kurz, still oder stürmisch gewesen sei, und wie der Bruch erfolgt wäre. Immer wieder kam er darauf zurück, welche Verführungskünste dieser Fremde angewandt hätte: gleich als ob er zu seltsamen, unerhörten Mitteln gegriffen hätte. Alle diese Fragen waren vergebens. Ihr Widerstand war sanft und flehentlich. Sie schwieg mit gepreßten Lippen und tränenerfüllten Augen.

Nur als Evarist fragte, wo der Mensch sich jetzt aufhielte, erklärte sie: »Er hat das Königreich verlassen.« Und sich rasch verbessernd, sagte sie: »Frankreich.«

»Ein Emigrant!« rief Gamelin aus.

Sie blickte ihn stumm an, beruhigt und doch traurig, daß er sich die Wahrheit nach seinen politischen Ansichten zurechtlegte und seiner Eifersucht so rasch einen jakobinischen Anstrich gab.

In Wirklichkeit war Elodies Liebhaber ein kleiner Gerichtsschreiber, ein bildhübscher Schwerenöter gewesen. Sie hatte ihn angebetet, und er machte ihr noch in der Erinnerung nach drei Jahren das Herz warm. Er suchte sein Glück bei reichen, ältlichen Frauen und hatte Elodie wegen einer erfahreneren Dame verlassen, die seine Verdienste belohnte. Nach der Aufhebung aller Behörden war er zur Stadtverwaltung von Paris übergetreten. Gegenwärtig war er Sansculottendragoner und Liebling einer vormaligen Aristokratin.

»Ein Adeliger! Ein Emigrant!« wiederholte Gamelin. Sie hütete sich wohl, ihn von dieser Spur abzubringen, denn sie hatte nie gewünscht, daß er die volle Wahrheit erfahre. »Und er hat dich schmählich verlassen?«

Sie nickte.

Er preßte sie an sein Herz.

»Du armes Opfer der monarchischen Sinnenverderbnis, meine Liebe wird dich an diesem Ruchlosen rächen. Möge der Himmel ihn auf meine Weg führen! Ich werde ihn schon erkennen!«

Sie wandte den Kopf ab, traurig und lächelnd zugleich, und enttäuscht. Sie hätte gewünscht, daß er in der Liebe mehr Einsicht besäße, daß er natürlicher und brutaler wäre. Sie fühlte wohl, daß er ihr nur deshalb so rasch verzieh, weil seine Phantasie kalt war, weil ihr Geständnis keines jener Bilder in ihm erweckt hatte, welche die Wollüstigen peinigen, und schließlich auch, weil er in dieser Verführung nur eine moralisch-soziale Tatsache sah.

Sie waren aufgestanden und schlenderten die grünen Baumgänge entlang. Er sagte, weil er um sie gelitten hätte, schätzte er sie um so mehr. Elodie verlangte gar nicht soviel; aber so, wie er war, liebte sie ihn und bewunderte den Künstlergeist, den sie in ihm glänzen sah.

Als die den Luxembourggarten verließen, sahen sie Aufläufe, in der Rue de l'Egalité und um das Nationaltheater herum, was sie jedoch nicht überraschte. Seit mehreren Tagen herrschte große Erregung in den patriotischen Stadtteilen; man denunzierte die orleanistische Partei und die Anhänger Brissots wegen angeblicher Verschwörung zum Untergang von Paris und zur Ermordung der Republikaner. Gamelin selbst hatte ja vor kurzem die Petition der Kommune mit unterzeichnet, die Einundzwanzig zu achten.

Als sie in die Arkade einbiegen wollten, die das Theater mit dem Nebenhause verband, mußten sie durch eine Gruppe von Bürgern in Karmagnolen. Ein junger Soldat, der einen mit Pantherfell besetzten Helm trug, schön wie der Amor des Praxiteles, hielt diesen Leuten von einer Galerie herab eine

Ansprache. Der schmucke Kriegsmann beschuldigte den Volksfreund der Lässigkeit.

»Du schläfst, Marat«, so rief er, »und die Föderalisten schmieden uns Ketten!«

Kaum hatte Elodie ihn erblickt, so sagte sie rasch: »Komm, Evarist!«

Die Volksmenge flößte ihr angeblich Angst ein, und sie fürchtete, in diesem Gedränge ohnmächtig zu werden.

Auf der Place de la Nation trennten sie sich und schworen sich ewige Liebe.

Am selben Morgen hatte der Bürger Brotteaux der Bürgerin Gamelin einen prächtigen Kapaun zum Geschenk gemacht. Es wäre unklug gewesen, hätte er die Herkunft dieser Gabe verraten. Er hatte ihn nämlich von einem Marktweib aus der Halle bekommen, für das er manchmal Briefe schrieb; und die ›Damen der Halle‹ galten für royalistisch und standen im Einvernehmen mit den Emigranten. Die Bürgerin Gamelin hatte den Kapaun dankbaren Herzens angenommen. Solches Geflügel war damals eine Rarität; die Lebensmittel wurden immer teurer. Das Volk befürchtete eine Hungersnot; die Aristokraten, so hieß es, wünschten sie, und die Kornwucherer führten sie herbei.

Sie lud den Bürger Brotteaux ein, den Kapaun mit ihr zu verspeisen. Er nahm diese Einladung an und beglückwünschte seine Wirtin zu dem herzhaften Küchenduft, den man bei ihr atmete. In der Tat duftete das Maleratelier nach kräftiger Fleischbrühe.

»Sie sind sehr liebenswürdig, mein Herr«, sagte die gute Frau. »Um den Magen auf Ihren Kapaun vorzubereiten, hab' ich eine Suppe mit Kräutern gekocht, mit einer Speckschwarte drin und einem dicken Rindsknochen. Nichts gibt der Suppe mehr Wohlgeruch als ein Markknochen.«

»Ein löblicher Grundsatz, Bürgerin«, erwiderte der alte Brotteaux. »Und wenn Sie klug sind, tun Sie diesen kostbaren Knochen morgen, übermorgen und die ganze Woche lang in den Suppentopf; er wird der Suppe stets Wohlgeschmack geben. Die Sibylle von Panzoust machte es ebenso. Sie kochte eine grüne Kohlsuppe mit einer gelben Speckschwarte und einem alten Savorados. So nämlich heißt in ihrer und meiner Heimat der schmackhafte und saftige Rückenknochen.«

»War die Dame, von der Sie reden, mein Herr«, fragte die Bürgerin Gamelin, »nicht vielleicht zu sparsam, da sie denselben Knochen so oft auskochte?«

»Ja, es ging ihr nicht gut«, antwortete Brotteaux. »Sie war arm, obwohl eine Prophetin.«

In diesem Moment trat Gamelin ein, tief erregt von der vernommenen Beichte und entschlossen, Elodies Verführer zu ermitteln, um die Republik wie seine Liebe an ihm zu rächen.

Nach den üblichen Höflichkeitsphrasen nahm der Bürger Brotteaux den Faden seines Gesprächs wieder auf.

»Die berufsmäßigen Wahrsager gelangen selten zu Wohlstand. Man kommt mir zu bald hinter ihre Schliche. Ihre Betrügereien erwecken Haß. Aber man müßte sie noch viel mehr verabscheuen, wenn sie wirklich die Zukunft prophezeiten. Denn das Menschenleben wäre nicht zu ertragen, wenn man wüßte, was einem noch zustoßen kann. Man würde an dem zukünftigen Elend schon jetzt leiden und das Gute der Gegenwart nicht genießen, weil man dessen Ende voraussähe. Die Unwissenheit ist die Grundbedingung des irdischen Glücks, und diese erfüllen die Menschen, wie man zugeben muß, fast immer. Von uns selber wissen wir fast nichts, von den anderen gar nichts. Die Unwissenheit gibt uns Ruhe, die Lüge Glück.«

Die Bürgerin Gamelin füllte die Suppe auf, sprach das Tischgebet, lud die beiden Männer ein, Platz zu nehmen, und begann selbst im Stehen zu essen. Sie lehnte es ab, sich neben den Bürger Brotteaux zu setzen; sie wüßte wohl, sagte sie, was die Höflichkeit gebietet.

SECHSTES KAPITEL

Zehn Uhr morgens. Kein Lüftchen regte sich. Es war im Juli und heißer denn je. In der engen Rue Jérusalem standen gegen hundert Bürger des Bezirks einer hinter dem anderen vor einem Bäckerladen, beaufsichtigt von vier Nationalgardisten, die mit Gewehr bei Fuß ihre Pfeife rauchten.

Der Konvent hatte einen Höchstpreis bestimmt, und sofort waren Korn und Mehl verschwunden. Wie das Volk Israel in der Wüste, so standen die Pariser vor Tagesanbruch auf, wenn sie etwas essen wollten. Dicht gedrängt standen alle Männer, Weiber und Kinder in der versengenden Glut, die auf den Abfällen der Gossen brütete und die Ausdünstungen von Schweiß und Schmutz widerlich erhöhte. Sie schubsten sich, riefen sich an und betrachteten sich mit allen Gefühlen, die Menschen füreinander hegen: Abneigung, Ekel, Eigennutz, Begierde und Gleichgültigkeit. Durch eine trübe Erfahrung hatte man gelernt, daß das Brot nicht für alle Erdenkinder ausreicht, und so suchten die letzten sich vorzudrängen; die Zurückgedrängten schimpften und pochten vergebens auf ihr mißachtetes Recht. Die Weiber arbeiteten wütend mit Hüften und Ellbogen, um ihren Platz zu behaupten oder einen besseren zu kriegen. Wurde das Gedränge zu arg, so erschollen Rufe: »Nicht drängen!« Ein jeder protestierte dann und behauptete, er würde gedrängt.

Um diese täglichen Auftritte abzustellen, waren die Kommissare des Bezirks auf den Einfall gekommen, vor der Tür des Bäckerladens eine Leine zu spannen, die jeden in Reih und Glied zwang. Aber die Hände, die sich an der Leine drängten, gerieten in Streit. Wer sie einmal verließ, erhaschte sie nicht wieder. Unzufriedene oder Spaßvögel schnitten sie durch, und so mußte man die Sache ganz aufgeben.

In dieser langen Reihe erstickte man, wollte sterben, riß Witze und Zoten und fluchte auf die Aristokraten und Föderalisten, die Urheber alles Unglücks. Kam ein Hund vorbei, so nannten die Spaßvögel ihn Pitt. Bisweilen klatschte die saftige Ohrfeige einer Bürgerin auf die Backe eines Unverschämten, während eine junge Dienstmagd, an die ihr Nachbar sich drängte, mit halbgeschlossenen Augen und offenem Mund wohlig seufzte. Bei jedem Wort, jeder Gebärde, die zu Schlüpfrigkeiten Anlaß gab, stimmte ein Schwarm junger liederlicher Burschen das ›Ça ira‹ an, obwohl ein alter Jakobiner entrüstet dagegen protestierte, daß ein Lied des republikanischen Glaubens an eine gerechte und glückliche Zukunft durch schmutzige Zoten entweiht würde.

Ein Plakatankleber erschien mit seiner Leiter und schlug gegenüber vom Bäckerladen eine Preisbestimmung der Kommune für Schlächterwaren an. Passanten blieben stehen und lasen den noch klebrigen Zettel. Eine Kohlverkäuferin kam mit ihrer Butte auf dem Rücken vorbei und sagte mit ihrer groben, brüchigen Stimme:

»Das schöne Ochsenfleisch ist futsch! Wir müssen die Kaldaunen schlucken.«

Plötzlich stieg eine Wolke glühenden Gestanks aus einem Wasserablauf empor, so daß mehreren übel wurde. Eine Frau fiel in Ohnmacht und wurde von einigen Gardisten nach der nächsten Pumpe getragen. Man hielt sich die Nase zu; dumpfes Murren erscholl; Worte flogen hin und her, voller Angst und Schrecken. Man fragte sich, ob da unten irgendein Aas läge, ob jemand aus Bosheit Gift gestreut hätte, oder ob einer von den Septembermorden, ein Pfaff oder Junker, in einem Keller verfaulte.

»Hat man denn welche hineingeschmissen?«

»Überall hin!«

»Das muß einer vom Châtelet sein. Am zweiten sah ich einen Haufen von zweihundert auf dem Pont de Change.«

Die Pariser fürchteten die Rache dieser Ermordeten, deren Leichen sie vergifteten.

Evarist Gamelin trat als letzter in die Reihe. Er wollte es seiner alten Mutter ersparen, so lange zu stehen. Sein Hausgenosse Brotteaux begleitete ihn still lächelnd, seinen Lukrez in der weit offenen Tasche seines flohbraunen Rocks. Der gute

Alte rühmte diese Szene als ein groteskes Gemälde, des Pinsels eines modernen Teniers würdig.

»Diese Lastträger und Klatschweiber«, sagte er, »sind amüsanter als die Griechen und Römer, für die unsere Maler heute schwärmen. Ich für mein Teil mochte die flämische Schule stets gern.«

Aus Klugheit und gutem Geschmack verschwieg er, daß er selbst eine Galerie holländischer Bilder besessen hatte, die nur vom Kabinett Choiseuls an Zahl und Güte übertroffen wurde.

»Nur die Antike ist schön«, erwiderte der Maler, »und alles, was sich nach ihr richtet. Doch ich will Ihnen zugeben, daß die Grotesken von Teniers, Steen und Ostade noch immer mehr taugen als die Kleckserelen von Watteau, Boucher oder Van Loo. Sie haben die Menschheit verhäßlicht, aber doch nicht erniedrigt, wie Baudouin oder Fragonard.«

Ein Ausrufer kam vorüber:

»Veröffentlichung des Revolutionstribunals! ... Die Liste der Verurteilten!«

»Ein Revolutionstribunal reicht gar nicht aus«, bemerkte Gamelin. »In jeder Stadt, was sag' ich, in jeder Gemeinde, in jedem Kreis sollte eins sein. Alle Familienväter, alle Bürger müßten Richter werden. Wird die Nation von den Kanonen des Feindes, von den Dolchen der Verräter bedroht, so ist Nachsicht ein Verbrechens! Wie? Lyon, Marseille, Bordeaux in Aufruhr, Korsika in Empörung, die Vendée in Flammen, Mainz und Valenciennes in den Klauen der Koalition, Verrat in den Städten und Feldlagern, Verräter auf den Bänken des Konvents, Verräter mit der Karte in der Hand im Kriegsrat unserer Generale! ... Die Guillotine muß das Vaterland retten!«

»Ich habe eigentlich nichts gegen die Guillotine«, erwiderte der alte Brotteaux. »Die Natur, meine einzige Herrin und Lehrmeisterin, sagt nichts davon, daß das Menschenleben irgendwelchen Wert hätte. Sie lehrt im Gegenteil auf alle mögliche Weise, daß es wertlos ist. Der einzige Zweck der Lebewesen scheint der zu sein, daß sie die Nahrung der anderen bilden, die ein gleiches Schicksal erwartet. Totschlag ist Naturrecht, folglich ist die Todesstrafe rechtmäßig, vorausgesetzt, daß sie nicht aus Tugend oder Gerechtigkeit, sondern aus Notwendigkeit oder Vorteil verhängt wird. Trotzdem muß ich verderbte Instinkte haben, denn es ekelt mich, Blut fließen zu sehen, und all meine Philosophie war noch nicht imstande, mich von dieser Entartung zu heilen.«

»Die Republikaner«, entgegnete Evarist, »sind menschlich und zartfühlend. Nur Despoten behaupten, die Todesstrafe sei ein notwendiges Hilfsmittel der Autorität. Das souveräne Volk wird sie eines Tages abschaffen. Robespierre hat sie bekämpft, und mit ihm alle Patrioten; das Gesetz, das sie aufhebt, kann nicht früh genug erscheinen. Nur so lange muß sie in Anwendung bleiben, bis der letzte Feind der Republik unter dem Schwert des Gesetzes gefallen ist.«

Gamelin und Brotteaux waren jetzt nicht mehr die letzten. Nachzügler hatten sich angeschlossen, darunter Frauen aus dem Bezirk, insbesondere eine schöne, stattliche Trikoteuse in Kopftuch und Holzschuhen, die einen Säbel am Wehrgehenk trug, eine hübsche Blondine mit wirrem Haar und zerknülltem Brusttuch und eine junge, blasse, hagere Mutter, die ihr kränkliches Kind stillte.

Das Kind, das keine Milch mehr fand, fing an zu schreien, aber sein schwaches Geschrei erstickte in Schluchzen. Es war erbarmungswürdig klein, bleich und schwammig; seine Augen brannten, und die Mutter blickte es mit schmerzlicher Sorge an.

»Es ist noch sehr klein«, sagte Gamelin, sich zu dem armen Säugling umdrehend, der in seinem Rücken greinte, denn die letzten in der Reihe drängten so heftig nach, daß man schier erstickte.

»Sechs Monate alt, das arme Liebchen! ... Sein Vater ist im Felde bei dem Heer, das die Österreicher nach Condé zurücktrieb. Er heißt Michel Dumonteil und ist von Beruf Tuchmachergehilfe. Auf einer Bühne vor dem Rathause wurde er als Rekrut angeworben. Der Ärmste wollte sein Vaterland verteidigen und die Welt sehen. Er schreibt, ich sollte Geduld haben. Aber wie soll ich Paul ernähren (so heißt der Junge), wo ich mich selbst nicht ernähren kann?«

»Ha!« stieß die Blondine hervor. »Das dauert noch eine Stunde, und heute abend gibt es wieder die gleichen Faxen vor der Kolonialwarenhandlung. Für drei Eier und ein Achtel Butter kommt man fast um!«

»Butter«, seufzte die Bürgerin Dumonteil, »die hab' ich seit drei Monaten nicht mehr gesehen!«

Und die Frauen fielen im Chor ein und klagten über die teuren Lebensmittel, fluchten auf die Emigranten und wünschten die Kommissare aufs Schafott, die liederlichen Weibern Poularden und Doppellaibe zusteckten – als Preis ihrer Schande. Man verbreitete aufregende Gerüchte über Schlachtvieh, das in der Seine ersäuft, Mehlsäcke, die in Kloaken geschüttet, Brote, die in die Latrinen geworfen sein sollten ... Das taten die Royalisten, Brissotisten, Rolandisten und andere Hungerstifter, die das Volk von Paris zugrunde richten wollten.

Plötzlich kreischte die junge Blondine mit dem zerknitterten Brusttuch laut auf, als ob ihre Röcke brannten. Sie schüttelte sie heftig, drehte die Taschen nach außen und behauptete, man hätte ihr die Börse gestohlen.

Als man von dem Diebstahl erfuhr, entstand große Entrüstung unter diesem armen Volke, das die Adelspaläste im Faubourg Saint-Germain geplündert und die Tuilerien überschwemmt hatte, ohne das Geringste mitzunehmen. Diese Handwerker und armen Weiber hätten mit gutem Gewissen das Schloß von Versailles in Brand gesteckt, sich aber für entehrt gehalten, wenn sie eine Nadel gestohlen hätten. Die jungen liederlichen Burschen rissen ein paar schlechte Witze über das Mißgeschick des hübschen Mädchens, die aber in dem allgemeinen Murren erstickten. Man drohte bereits, den Dieb an der nächsten Laterne aufzuknüpfen. Eine lärmende, parteiische Untersuchung fand statt. Die große Trikoteuse wies mit dem Finger auf einen alten Mann, den man für einen früheren Mönch hielt, und schwor, daß der ›Kapuziner‹ der Taschendieb sei. Die Menge glaubte es unbesehen und stieß Todesdrohungen aus.

Der alte Mann, der so jählings der öffentlichen Vergeltung ausgeliefert war, stand höchst bescheiden vor dem Bürger Brotteaux und sah tatsächlich ganz so aus wie ein früherer Mönch. Er machte einen würdevollen Eindruck, trotz der Bestürzung, die den Ärmsten beim Anblick dieser tobenden Menge und der noch frischen Erinnerung der Septembermorde befiel. Der Schrecken, der sich in seinen Zügen malte, machte ihn dem Pöbel verdächtig, denn dieser glaubt gern, daß allein die Schuldigen seine Urteilssprüche fürchten, als ob die besinnungslose Hast, womit er sie fällt, nicht auch den Schuldlosesten erschrecken müßte.

Brotteaux hatte es sich zur Regel gemacht, dem Volksempfinden nie zu widersprechen, besonders wenn es sich wild und wahnwitzig gebärdete. »Denn dann«, sagte er, »ist Volkes Stimme Gottes Stimme.« Aber er war inkonsequent und erklärte laut, dieser Mann, ob Kapuziner oder nicht, hätte der Bürgerin nichts stehlen können, da er ihr keinen Moment nahe gekommen sei.

Die Volksmenge folgerte daraus, daß der, welcher den Dieb verteidigte, sein Mitschuldiger war, und schon forderten Stimmen die strenge Bestrafung der beiden Missetäter. Gamelin trat für Brotteaux ein, und die Klügsten schlugen vor, alle drei nach dem Bezirkshause zu schicken.

Da plötzlich rief das hübsche Mädchen frohlockend, sie hätte ihre Börse wieder. Nun wurde sie mit Hohngelächter überschüttet, und man drohte ihr, sie wie eine Nonne öffentlich durchzuprügeln.

Der Mönch sagte zu Monsieur Brotteaux: »Ich danke Ihnen für Ihren Beistand. Mein Name hat wenig zu bedeuten, doch ich will ihn Ihnen nennen. Ich heiße Louis de Longuemare. Ich bin allerdings Ordensbruder, aber kein Kapuziner, wie die Weiber da sagten. Weit gefehlt: Ich bin Ordensgeistlicher der Barnabiten, aus denen mancher Kirchenlehrer und Heilige hervorging. Der Ursprung dieses Ordens reicht weit über den heiligen Karl Borromäus hinaus; als sein wahrer Gründer ist der Apostel Paulus anzusehen, dessen Namenszug unser Wappen ziert. Ich mußte mein Kloster verlassen, das jetzt Sitz des Bezirks vom Pont-Neuf ist, und weltliche Kleidung anlegen.«

»Mein Vater«, erwiderte Brotteaux mit einem Blick auf den langen groben Leinenrock des Ordensgeistlichen. »Ihr Anzug bezeugt zur Genüge, daß Sie Ihren Stand nicht verleugnet haben. Man glaubt eher, daß Sie Ihren Orden reformiert als verlassen haben. Und in diesem klösterlichen Aufzuge setzen Sie sich ganz unnütz den Schmähungen des gottlosen Pöbels aus.«

»Ich kann doch nicht«, erwiderte der Mönch, »einen blauen Rock tragen wie ein Tänzer.«

»Mein Vater, was ich von Ihrem Anzug sage, geschieht, um Ihren Charakter zu ehren und Sie vor den Gefahren, die Sie bedrohen, zu warnen.«

»Im Gegenteil, mein Herr, Sie müßten mich zur Bekenntnis meines Glaubens anfeuern. Denn ich fürchte mich nur zu leicht vor Gefahr. Daß ich meine Kutte abgelegt habe, ist ein Akt der Abtrünnigkeit. Ich wollte wenigstens das Haus nicht verlassen, in dem ich, dank Gottes Gnade, so viele Jahre lang ein stilles, verborgenes Dasein geführt habe. Man erlaubte mir, dazubleiben. Ich behielt meine Zelle während Kloster und Kirche in eine Art Rathaus im kleinen, das sogenannte Bezirkshaus, verwandelt wurden. Ich sah, mein Herr, ich sah, wie die Symbole der heiligen Wahrheit ausgemeißelt wurden, sah den Namen des Apostels Paulus durch eine Sträflingsmütze ersetzt. Manchmal wohnte ich sogar den Beratungen des Bezirks bei und hörte erstaunliche Verirrungen. Schließlich verließ ich die entweihte Stätte und lebe seitdem von der Pension von hundert Pistolen, die mir die Nationalversammlung gewährt. Ich hause in einem Stall, dessen Pferde für das Heer requiriert worden sind. Dort lese ich die Messe vor den wenigen Frommen, welche die Ewigkeit der Kirche Jesu Christi bezeugen.«

»Und ich, mein Vater«, antwortete der andere, »ich heiße, wenn Sie es wissen wollen, Brotteaux und war ehemals Zollpächter.«

»Mein Herr«, entgegnete der Pater Longuemare, »ich weiß

durch das Beispiel des heiligen Matthäus, daß auch ein Zöllner ein gutes Wort reden kann.«

»Bürger Brotteaux«, sprach Gamelin dazwischen, »bewundern Sie doch dieses Volk, das mehr nach Gerechtigkeit als nach Brot hungert. Ein jeder war hier bereit, seinen Platz aufzugeben, um den Dieb zu züchtigen. Diese armen Männer und Frauen, die so darben müssen, sind von strengster Ehrlichkeit und dulden kein Unrecht.«

»Allerdings«, schränkte Brotteaux ein, »hätten diese Leute in ihrem wilden Verlangen, den Dieb aufzuknüpfen, auf ein Haar dem guten Ordensbruder, seinem Verteidiger und dessen Verteidiger übel mitgespielt. Ihr eigener Geiz und das selbstsüchtige Hängen an ihrem Besitz trieb sie dazu an. Der Dieb, der sich an einem vergriff, bedrohte alle; durch seine Bestrafung schützen sie sich vor ihm ... Übrigens mögen die meisten dieser Handwerker und Hausfrauen wohl ehrlich sein und Hab und Gut des Nächsten achten. Diese Gefühle sind ihnen von Vater und Mutter von klein auf tüchtig eingebleut worden ...«

Gamelin verhehlte dem alten Brotteaux nicht, daß er diese Sprache eines Philosophen für unwürdig hielte.

»Die Tugend«, sagte er, »ist dem Menschen eingeboren. Gott hat ihren Keim in die Menschenherzen gelegt.«

Der alte Brotteaux war Atheist und sog sich aus seinem Unglauben eine Fülle von Genüssen.

»Ich merke, Bürger Gamelin«, sagte er, »daß Sie auf Erden revolutionär, in Dingen des Himmels jedoch konservativ, ja reaktionär sind. Mit Robespierre und Marat steht es ebenso. Und ich finde es seltsam, daß die Franzosen, die keinen sterblichen König mehr dulden, durchaus den unsterblichen behalten wollen, der viel wilder und tyrannischer ist. Denn was ist die Bastille, ja selbst das hochnotpeinliche Gericht gegen die Hölle? Die Menschheit schafft sich ihre Götter nach dem Bilde ihrer Tyrannen, und Sie verwerfen das Original, behalten aber den Abklatsch!«

»Oh, Bürger«, rief Gamelin aus, »schämen Sie sich nicht, so was zu sagen? Wie können Sie die finsteren Gottheiten, die

Angst und Unwissenheit schufen, mit dem Schöpfer der Natur verwechseln? Der Glaube an einen guten Gott ist nötig für die Moral. Das höchste Wesen ist der Urquell aller Tugenden, und wer nicht an Gott glaubt, ist kein guter Republikaner. Das wußte Robespierre wohl, als er aus dem Konvent die Büste jenes Philosophen Helvetius verbannte, der die Franzosen zur Sklaverei anleitete, indem er sie die Gottlosigkeit lehrte ... Wenigstens hoffe ich, Bürger Brotteaux, daß Sie, wenn die Republik den Kult der Vernunft erst eingeführt hat, dieser philosophischen Religion beitreten werden.«

»Ich liebe die Vernunft, aber ich bin nicht ihr Fanatiker«, erwiderte Brotteaux. »Die Vernunft leitet und erleuchtet uns. Wenn Sie sie zur Gottheit erheben, wird sie Sie blenden und zu Verbrechen verleiten.«

So deduzierte Brotteaux weiter, mit den Füßen im Rinnstein, wie er es vormals in den vergoldeten Lehnstühlen beim Baron Holbach getan, die, wie er zu sagen pflegte, die Grundlage der Naturphilosophie bildeten.

»Jean Jacques Rousseau«, fuhr er fort, »besaß zwar einige Talente, namentlich das für Musik; aber er war ein Hanswurst, der seine Moral angeblich aus der Natur ableitete, in Wahrheit aber aus Calvins Lehren. Die Natur lehrt uns, einander aufzufressen; sie gibt uns das Vorbild aller Laster und Verbrechen, welche die Gesittung beseitigt oder verhüllt. Man soll die Tugend lieben, aber es ist gut zu wissen, daß dies ein bloßes Mittel ist, damit die Menschen bequem miteinander auskommen. Was wir Moral nennen, das ist nur ein verzweifeltes Unternehmen von unseresgleichen gegen die Weltordnung, welche auf Kampf, Schlächterei und dem blinden Spiel feindlicher Kräfte beruht. Sie zerstört sich selbst, und je mehr ich darüber nachsinne, um so mehr glaube ich, daß das Weltall wahnsinnig ist. Die Theologen und Philosophen, die Gott zum Schöpfer der Natur und zum Begründer des Weltalls machen, stellen ihn als absurd und bösartig hin. Sie nennen ihn gut, weil sie ihn fürchten, aber sie müssen doch zugeben, daß er in entsetzlicher Weise verfährt. Sie schreiben ihm eine Schlechtigkeit zu, die selbst beim Menschen selten ist. Und dadurch machen sie ihn zum Gegenstand unserer Anbetung. Denn gerechte und wohlwollende Götter, von denen unser elendes Geschlecht nichts zu fürchten hat, würde es nicht verehren. Es würde ihnen für ihre Wohltaten nicht unnütz danken. Ohne Hölle und Fegefeuer wäre der liebe Gott nur ein armer Teufel.«

»Mein Herr«, sagte der Pater Longuemare, »reden Sie nicht von der Natur. Sie kennen sie nicht.«

»Potztausend, mein Vater, so gut wie Sie!«

»Sie können sie nicht kennen, da Sie keinen Glauben haben. Der Glaube allein lehrt uns, was die Natur ist, inwiefern sie gut ist und wie sie verderbt wurde. Übrigens glauben Sie nicht, daß ich Ihnen antworte und Ihre Irrtümer widerlege. Gott gab mir dazu weder die Glut der Sprache noch die Kraft des Geistes, und ich würde nur besorgen, daß ich Ihnen durch meine Unzulänglichkeit Anlaß zu Lästerungen und zu Verstocktheit gäbe; und wenn ich lebhaft wünschte, Ihnen dienlich zu sein, so könnte ich Ihnen in meiner unbescheidenen Nächstenliebe nichts bieten als ...«

Seine Worte unterbrach ein lautes Geschrei an der Spitze der Reihe, das Signal für all diese Hungrigen, daß die Bäckerei geöffnet wurde. Langsam, ganz langsam rückte man weiter. Ein diensttuender Gardist ließ die Käufer einzeln hinein. Zwei Zivilkommissare, eine Trikolore am linken Arm, halfen dem Bäcker, seiner Frau und seinem Gehilfen beim Brotverkauf und paßten auf, ob die Käufer auch zum Bezirk gehörten und ob jeder nur so viel bekam, als er Münder zu versorgen hatte.

Der Bürger Brotteaux sah in dem Streben nach Lust den einzigen Lebenszweck. Verstand und Sinne, die einzigen Richter, wenn es keine Götter gab, konnten nach seiner Meinung kein anderes Ziel erfassen. In den Reden des Malers lag ihm zu viel Fanatismus und in denen des Mönchs zu viel Einfalt, als daß er viel Vergnügen daran gefunden hätte, und so zog dieser Weltweise denn, um unter den obwaltenden Umständen nach seiner Lehre zu handeln und sich das lange Warten zu versüßen, aus der weit offenen Tasche seines flohbraunen Rocks den Lukrez hervor, der sein liebstes Vergnügen und seine wahre Befriedigung, bildete. Der rote Maroquineinband war abgestoßen, und das Wappen darauf hatte der Bürger Brotteaux klüglich ausgekratzt: die drei goldenen Rauten, die sein Vater, der Zollpächter, sich einst mit klingender Münze erstanden hatte. Er schlug das Buch an der Stelle auf, wo der Dichterphilosoph, um die Menschen von den eitlen Qualen der Liebe zu heilen, eine Frau in der Obhut ihrer Mägde und in einem Zustande belauscht, der alle Sinne eines Liebhabers verletzen würde. Der Bürger Brotteaux las diese Verse, blickte dabei aber auf das goldene Nackenhaar des hübschen Mädchens, das vor ihm stand, und sog wollüstig den feuchten Duft ihrer Haut ein. Der Dichter Lukrez besaß nur eine Weisheit, der Bürger Brotteaux aber mehrere.

Im Lesen rückte er alle Viertelstunden zwei Schritte vor. Sein Ohr, von den ernsten, wechselnden Rhythmen der lateinischen Muse entzückt, hörte nichts mehr von dem Gejammer der Weiber über die Verteuerung von Brot, Zucker, Kaffee, Kerzen und Seife. So gelangte er heiteren Sinnes bis an die Schwelle des Bäckerladens. Evarist Gamelin sah über seinen Kopf weg den vergoldeten Strauß auf dem Eisengitter der Treppe.

Endlich gelangte er in den Laden. Körbe und Kasten waren leer; der Bäcker gab ihm das einzige, noch übriggebliebene Brot. Evarist zahlte, und das Gitter wurde hinter ihm geschlossen, damit das Volk den Laden nicht stürmte. Aber daß war nicht zu fürchten, denn all diese armen Leute, denen ihre alten Bedrücker und neuen Befreier Gehorsam beigebracht hatten, gingen kopfhängerisch und mit schleppenden Schritten von dannen.

An der nächsten Straßenecke sah Gamelin auf einem Prellstein die Bürgerin Dumonteil sitzen, ihren Säugling im Arme. Sie starrte regungslos, bleich und tränenlos vor sich hin. Das Kind sog gierig an ihrem Finger. Einen Moment blieb Gamelin unschlüssig und schüchtern vor ihr stehen. Sie schien ihn nicht zu sehen.

Er stammelte ein paar Worte; dann zog er sein Messer aus

der Tasche, einen Hirschfänger mit Horngriff, schnitt sein Brot mittendurch und legte die Hälfte in den Schoß der jungen Mutter, die erstaunt dankte. Doch er war schon um die Ecke gebogen.

Als er heimkehrte, fand er seine Mutter am Fenster sitzend und Strümpfe stopfend. Er legte ihr fröhlich sein halbes Brot in die Hand.

»Sei nicht böse, Mutter«, sagte er. »Bei dem langen Herumstreifen und der drückenden Hitze da draußen habe ich auf dem Heimweg mein halbes Brot Stück für Stück aufgegessen. Es ist kaum die Hälfte für dich übrig.«

Und er tat, als klopfte er sich die Brotkrumen von der Weste.

SIEBTES KAPITEL

Wie die Bürgerin Gamelin es mit einer sehr alten Redensart ausgedrückt hatte: ›Vom vielen Kastanienessen werden wir schließlich selbst zu Kastanien‹, so hatte sie heute, am 13. Juli, mit ihrem Sohne eine Kastanienbrühe zu Mittag verspeist. Kaum war diese kärgliche Mahlzeit beendet, als eine Dame eintrat, die das Atelier alsbald mit ihrem Glanz und mit dem Duft ihrer Parfüms erfüllte. Evarist erkannte die Bürgerin Rochemaure. In dem Glauben, sie hätte sich in der Tür geirrt und suchte den Bürger Brotteaux, ihren einstigen Freund, wollte er ihr schon die Dachkammer des früheren Aristokraten zeigen oder Brotteaux rufen, um der eleganten Dame das Hinaufklettern auf die rohe Holzleiter zu ersparen. Doch ihr Besuch schien zunächst dem Bürger Evarist Gamelin zu gelten; denn sie drückte ihre Freude aus, ihn zu treffen und ihm ihre Aufwartung zu machen.

Sie waren einander nicht ganz unbekannt. Sie hatten sich mehrfach im Atelier von David, auf einer Tribüne der Nationalversammlung, bei den Jakobinern und bei dem Restaurator Venua getroffen, und er war ihr durch seine Schönheit, seine Jugend und sein anziehendes Aussehen aufgefallen.

Ihr Hut war mit Bändern geschmückt, wie eine Lockenfrisur aus der alten Zeit, und mit einer Feder versehen, wie der Hut eines Abgeordneten.

Sie trug eine Perücke, war geschminkt, parfümiert und hatte Schönheitspflästerchen auf der durch so viele Kunstmittel noch frisch erscheinenden Haut. Diese starken Toilettenkünste verrieten die fiebernde Lebenshast jener schrecklichen Tage mit ihrem ungewissen Morgen. Ihre blutrote Taille mit großen Aufschlägen und weiten Schößen blitzte von riesigen Stahlknöpfen. Ihre ganze Erscheinung war halb aristokratisch, halb jakobinisch, und man wußte nicht recht, ob sie die Farben der Opfer oder die der Henker trug. Ein junger Soldat, ein Dragoner, begleitete sie.

Einen hohen Stock mit Perlmuttergriff in der Hand, stattlich, schön und umfangreich, mit hochherzig geschwellter Brust, schritt sie rund um das ganze Atelier, hielt sich das goldene Doppellorgnon vor die grauen Augen und betrachtete alle Bilder des Malers. Sie lächelte, tat Ausrufe, von der Schönheit des Künstlers bezaubert, und schmeichelte, um Schmeicheleien zu hören.

»Was ist das für ein edles und rührendes Bild?« fragte die Bürgerin Rochemaure. »Eine schöne, sanfte Frau am Bett eines kranken Jünglings?«

Gamelin erwiderte, das sei Elektra, die ihren Bruder Orest pflegte. Hätte er das Bild vollenden können, so wäre es vielleicht nicht sein schlechtestes geworden.

»Der Gegenstand«, erklärte er, »stammt aus dem ›Orest‹ des Euripides. In einer alten Übersetzung dieser Tragödie las ich eine Szene, die mich packte und mit Bewunderung erfüllte. Die junge Elektra richtet ihren Bruder auf seinem Schmerzenslager empor, wischt ihm den Schaum vom Munde, streicht ihm die Haare aus der Stirn, die seine Augen verdunkeln, und bittet den geliebten Bruder, auf ihre Worte zu hören, solange die Furien schweigen ... Immer wieder las ich diese Übersetzung. Mir war, als verhüllte ein Nebel mir die griechischen Formen, und ich konnte ihn nicht verscheuchen. Den Urtext hielt ich für nerviger und von anderem Rhythmus. Ich wollte durchaus eine genaue Vorstellung davon haben und bat Monsieur Gail, der damals (es war 91) am Collége de France Griechisch lehrte, mir die Szene Wort für Wort zu übersetzen. Er tat es, und da merkte ich, daß die alten Texte viel einfacher und familiärer sind, als man denkt. So sagt Elektra zu Orest: ›Teurer Bruder, wie froh bin ich, daß du Schlaf fandest. Soll ich dich aufrichten helfen?‹ Und Orest: ›Ja, hilf mir, richte mich empor und wische mir die Reste von Schaum fort, die mir an Augen und Mund kleben. Drücke deinen Busen gegen meine Brust und streiche mir das wirre Haar aus dem Gesicht, denn es verdunkelt mir den Blick‹ ... Erfüllt von dieser jugendfrischen Poesie, diesen starken, naiven Ausdrücken, entwarf ich das Bild, das Sie vor sich sehen, Bürgerin.«

Der Maler, der von seinen Werken sonst mit großer Zurückhaltung sprach, redete unerschöpflich von diesem. Die Bürgerin Rochemaure erhob ihr Stilglas und winkte ihm fortzufahren. Er sagte:

»Hennequin hat die Raserei des Orest meisterlich dargestellt. Aber Orest rührt uns noch mehr in seiner Trübsal als in seiner Raserei. Welch ein Schicksal! Aus kindlicher Liebe, aus Gehorsam gegen geheiligte Satzungen beging er ein Verbrechen, das die Götter ihm verzeihen müssen, das aber die Menschen nie vergeben werden. Um die verletzte Gerechtigkeit zu sühnen, verleugnete er die Natur, wurde zum Unmenschen und riß sich das Herz aus dem Busen. Stolz trägt er die Last seines furchtbaren, tugendhaften Verbrechens ... Das wollte ich in dieser Szene zwischen Bruder und Schwester darstellen.«

Er trat näher an das Bild heran und betrachtete es wohlgefällig.

»Manches«, sagte er, »ist so gut wie fertig, so der Kopf und Arm des Orest.«

»Ein prachtvolles Stück! Und Orest sieht Ihnen ähnlich, Bürger Gamelin.«

»Finden Sie?« sagte der Maler mit ernstem Lächeln.

Sie setzte sich auf den Stuhl, den Gamelin ihr anbot. Der junge Krieger stellte sich neben sie und stützte den Arm auf die Lehne. Daran konnte man schon den Sieg der Revolution erkennen, denn in der alten Zeit hätte ein Herr in Gesellschaft nie gewagt, den Stuhl einer Dame auch nur zu berühren. Die Höflichkeit erzog damals zum Zwang, ja zur Steifheit; dafür aber gab die öffentliche Zurückhaltung den geheimen Vertraulichkeiten erhöhten Reiz, und um den Respekt zu verlieren, mußte man welchen besitzen.

Louise Maché de Rochemaure, die Tochter eines königlichen Hofjägermeisters und Witwe eines Staatsanwalts, war zwanzig Jahre lang die treue Freundin des Finanzmannes Brotteaux Des Ilettes gewesen, aber den neuen Grundsätzen beigetreten. Im Juli 1790 hatte sie auf dem Marsfelde die symbolischen Spatenstiche getan. Sie stellte sich stets resolut auf die Seite der Machthaber und war von den Feuillants unbedenklich zu den Girondisten und von diesen zur Montagne übergegangen, obwohl eine Lust am Versöhnen, ein Anschmiegungsdrang und eine gewisse Neigung zur Intrige sie noch immer mit den Aristokraten und den Gegnern der Revolution verband. Sie ließ sich überall sehen, in Wirtshäusern und Theatern, in den Moderestaurants und Spielsälen in Salons und Zeitungsredaktionen, wie in Vorzimmern der Ausschüsse. Die brachte ihr stets etwas Neues: Zerstreuung, Freuden und Leiden, Geschäfte und erfolgreiche Unternehmungen. Sie spann politische Ränke und Liebeshändel, spielte die Harfe, malte Landschaften, sang Lieder, tanzte in griechischen Tänzen, gab Soupers, lud hübsche Damen zu Gaste, wie die Gräfin Beaufort und die Schauspielerin Descoings, saß die ganze Nacht am Spieltisch beim Trente-et-un und Biribiri oder ließ die Roulettekugel rollen und fand dabei noch Zeit, ihren Freunden hilfreich zu sein. Neugierig, tätig, frivol wie sie war, kannte sie die Menschen und ignorierte die große Masse. Die Meinungen, die sie teilte, waren ihr so fremd wie die, welche sie verurteilen mußte, und allem, was in Frankreich vorging, stand sie ahnungslos gegenüber. So war sie unternehmend, keck, ja verwegen aus Unkenntnis der Gefahr und infolge ihres schrankenlosen Vertrauens auf die Macht ihrer Reize.

Der Soldat, der sie begleitete, stand in der Blüte der Jugend. Sein bildhübsches Gesicht war von einem Messinghelm beschattet, der mit einem Pantherfell verbrämt war und den ein klatschmohnroter Helmbusch krönte, dessen Roßschweif sich in langen, dräuenden Haaren über seinen Rücken ergoß. Sein roter, enganliegender Waffenrock reichte knapp bis an die Hüften und ließ deren eleganten Schwung deutlich hervortreten. Am Koppel hing ein riesiger Säbel, dessen Griff ein blitzender Adlerschnabel zierte. Seine zartblaue Latzhose ließ seine elegante Beinmuskulatur erkennen; dunkelblaue Strümpfe mit reichen Arabesken bedeckten die Schenkel. Er sah aus wie ein Kostümtänzer in irgendeiner galanten Kriegerrolle, im ›Achill auf Skyros‹ oder in der

›Hochzeit Alexanders‹ von einem Schüler Davids, der knappe Formen liebte.

Es kam Gamelin vor, als hätte er ihn schon irgendwo erblickt. In der Tat war es derselbe junge Reitersmann, den er vor vierzehn Tagen gesehen hatte, als er von der Galerie des Nationaltheaters herab eine Rede an das Volk hielt.

Die Bürgerin Rochemaure stellte ihn vor.

»Bürger Henri vom Revolutionsausschuß der Menschenrechte.«

Er folgte ihr wie ihr Schatten, ein Spiegel der Liebe und die lebendige Verkörperung des Bürgersinnes.

Die Bürgerin beglückwünschte Gamelin zu seinem Talent und fragte ihn, ob er nicht gewillt sei, eine Zeichnung für eine Modistin anzufertigen, für die sie sich interessierte.

Er sollte einen passenden Gegenstand darstellen, eine Dame, die sich vorm Spiegel einen Schal anprobiert, oder ein Laufmädchen mit einem Hutkarton unterm Arm.

Zur Anfertigung eines solchen Modebildchens hätte man ihr den Sohn Fragonard, den jungen Ducis und auch einen gewissen Prudhomme empfohlen, aber sie wandte sich lieber an den Bürger Evarist Gamelin. Immerhin kam es zu keiner festen Bestellung, und man merkte wohl, daß sie diese nur vorgeschützt hatte, um einen Gesprächsstoff zu haben. In Wahrheit kam sie aus einem ganz anderen Grunde; sie wollte den Bürger Gamelin um einen Dienst bitten. Da sie wußte, daß er bei Marat verkehrte, so sollte er sie bei dem Volksfreund einführen, da sie mit ihm zu reden wünschte.

Gamelin erklärte, er sei zu unbedeutend, um sie bei Marat einzuführen; außerdem bedürfe es da keiner Einführung, denn Marat, obwohl mit Geschäften überbürdet, wäre durchaus nicht so unzugänglich, wie behauptet würde.

Und Gamelin setzte hinzu:

»Er wird Sie empfangen, Bürgerin, wenn Sie unglücklich sind, denn sein großes Herz steht dem Unglück offen und erbarmt sich aller Leiden. Er wird Sie empfangen, wenn Sie ihm eine wichtige Enthüllung in Dingen der öffentlichen

Wohlfahrt zu machen haben: Sein Dasein ist der Entlarvung der Verräter geweiht.«

Die Bürgerin Rochemaure erwiderte, sie schätze sich glücklich, in Marat einen berühmten Bürger zu begrüßen, der dem Vaterland große Dienste geleistet hätte und ihm noch größere leisten könnte. Sie wünschte Beziehungen zwischen diesem Gesetzgeber und einigen Wohlgesinnten anzuknüpfen, begüterten Menschenfreunden, die imstande wären, ihm neue Mittel zur Befriedigung seiner glühenden Menschenliebe zu liefern.

»Es ist wünschenswert«, setzte sie hinzu, »daß die Reichen an der öffentlichen Wohlfahrt mitwirken.«

In der Tat hatte die Bürgerin dem Bankier Morhardt versprochen, daß er mit Marat speisen sollte. Morhardt, ein Schweizer, wie der Volksfreund, hatte mit mehreren Konventsmitgliedern, mit Julien (Toulouse), Delaunay (Angers) und dem früheren Kapuziner Chabot, sich zum Spekulieren in den Aktien der Ostindischen Kompanie zusammengetan. Die Sache war sehr einfach. Erst mußte der Kurs durch schlimme Gerüchte auf sechshundertfünfzig Livres herabgedrückt werden, dann wurden möglichst viele dieser Aktien aufgekauft und der Kurs durch beruhigende Gerüchte auf viertausend bis fünftausend Livres hinaufgetrieben. Jedoch Chabot, Julien und Delaunay waren verdächtig. Auch Lacroix, Fabre d'Eglantine, ja selbst Danton standen mit Recht oder Unrecht im gleichen Verdacht. Der Agent der Spekulanten, Baron Batz, suchte neue Helfershelfer im Konvent und riet dem Bankier Morhardt, sich an Marat heranzumachen.

Dieser Einzelfall der Spekulanten der Gegenrevolution war nicht so sonderbar, wie es zunächst schien. Diese Leute suchten stets Fühlung mit den Mächten des Tages; und Marat war durch seine Popularität, seine Feder, seinen Charakter eine furchtbare Macht, ja die einzige, die noch feststand. Die Girondisten waren gescheitert, die Anhänger Dantons kämpften mit den Wogen und herrschten nicht mehr. Robespierre, der Abgott des Volkes, war von unbestechlicher Ehrlichkeit, mißtrauisch und ließ niemanden an sich heran. Man mußte also Marat umgarnen und sich sein Wohlwollen sichern, für den Tag, wo er Diktator wurde, und alles deutete darauf hin: seine Popularität, sein Ehrgeiz, seine Vorliebe für große Mittel. Und vielleicht gelang es ihm auch, die Ordnung, die Finanzen, den Wohlstand wiederherzustellen. Mehrfach war er gegen die Heißsporne aufgetreten, die ihn im Patriotismus überboten, und seit einiger Zeit denunzierte er die ›Demagogen‹ fast ebenso wie die Gemäßigten. Nachdem er das Volk aufgestachelt hatte, die Kornwucherer in ihren geplünderten Läden aufzuknüpfen, ermahnte er die Bürger zur Ruhe und Besonnenheit; er wurde zum Herrscher.

Trotz mancher Gerüchte, die über ihn wie über andere Revolutionsmänner ausgesprengt wurden, hielten die Spekulanten ihn für unbestechlich; aber sie kannten ihn auch als eitel und leichtgläubig. Sie hofften ihn durch Schmeichelei und vor allem durch herablassende Vertraulichkeit zu gewinnen, die sie ihrerseits für die bestechendste Schmeichelei hielten. Durch seine Vermittlung gedachten sie alle Werte, die sie kaufen und verkaufen wollten, steigen und fallen zu lassen, und während er ihren Interessen diente, sollte er glauben, nur im Dienste der öffentlichen Wohlfahrt zu handeln.

Die Bürgerin Rochemaure, eine große Intrigantin, wiewohl noch im liebesfähigen Alter, hatte die Anknüpfung von Beziehungen zwischen dem Bankier und dem gesetzgebenden Journalisten übernommen, und in ihrer überhitzten Einbildungskraft malte sie sich bereits den Mann aus dem Keller, dessen Hände vom Blute der Septembermorde noch rot waren, als Werkzeug der Finanzclique aus, deren Agentin sie war. Im Geiste sah sie, wie er eben durch seine Empfindlichkeit und Lauterkeit in die Welt des Agio verstrickt würde, jene ihr so liebe Welt von Kornwucherern, Armeelieferanten, geheimen Agenten des Auslandes, Spielhaltern und galanten Damen.

Sie ließ nicht nach, den Bürger Gamelin zu bitten, sie bei dem Volksfreund einzuführen. Dieser wohnte in nächster

Nähe, in der Rue des Cordelières dicht bei der Kirche. Nach einigem Widerstreben gab der Maler dem Wunsche der Bürgerin nach.

Der Dragoner Henri wurde aufgefordert, mitzukommen, lehnte dieses aber mit der Begründung ab, daß er seine Freiheit selbst einem Marat gegenüber wahren wollte. Der hätte der Republik zwar Dienste geleistet, flaute jetzt aber schon ab: Hatte er dem Volke von Paris doch in seiner Zeitung Resignation empfohlen!

Und mit melodischer Stimme und langen Seufzern beklagte der junge Krieger das Los der Republik, die von denen verraten würde, auf die sie gebaut hätte. Danton widersetzte sich einer Besteuerung der Reichen; Robespierre erklärte sich gegen die Permanenz der Bezirksversammlungen und Marat brach durch mattherzige Ratschläge den patriotischen Schwung.

»Oh!« rief er. »Wie schwach erscheinen diese Männer neben Leclerc und Jaques Roux! ... Roux! Leclerc! Ihr seid die wahren Volksfreunde!«

Gamelin hörte diese Reden, die ihn empört hätten, nicht: Er war ins Nebenzimmer gegangen, um seinen blauen Rock anzuziehen.

»Sie können stolz sein auf Ihren Sohn«, sagte die Bürgerin Rochemaure zu Gamelins Mutter. »Er ist groß an Talent wie an Charakter.«

Die Bürgerin Gamelin stellte ihrem Sohn ein gutes Zeugnis aus, ohne jedoch vor dieser vornehmen Dame mit ihm zu prahlen, denn sie hatte als Kind gelernt, daß die erste Pflicht der kleinen Leute Bescheidenheit gegenüber den Großen ist. Doch sie klagte gern ihr Leid; an Anlaß fehlte es nicht, und das Klagen erleichterte ihr das Herz. Glaubte sie von einem Menschen, daß er ihr Unglück lindern könnte, so erging sie sich lang und breit darüber, und Frau von Rochemaure schien ihr zu jenen Leuten zu gehören. So benutzte sie denn den günstigen Augenblick und erzählte in einem Atem, wie schlecht es ihnen beiden ginge, und wie sie fast verhungerten. Kein Mensch kaufte mehr Bilder, die Revolution hatte Handel und

Wandel vernichtet. Die Lebensmittel waren rar und unerschwinglich ...

Alle diese Klagen sprudelte die gute Frau mit ihren weichlichen Lippen und ihrer dicken Zunge hervor, um nur ja fertig zu sein, bevor ihr Sohn wiederkam, dessen Stolz dieses Jammern mißbilligt hätte. In kürzester Frist suchte sie diese Dame, die offenbar reich war und gute Beziehungen hatte, zu rühren und am Geschick ihres Sohnes zu interessieren. Und Evarists Schönheit, das merkte sie wohl, half ihr, eine so vornehme Dame zu rühren.

In der Tat zeigte die Bürgerin Rochemaure Mitgefühl; der Gedanke an die Entbehrungen Evarists und seiner Mutter bewegte sie, und sie sann nach, wie sie die Not lindern könnte. Sie wollte reiche Freunde bestimmen, Bilder von ihm zu kaufen. – »Denn«, wie sie lächelnd sagte, »es gibt noch Geld in Frankreich. Es kommt nur nicht zum Vorschein.«

Oder noch besser: Da die Kunst doch tot war, so wollte sie Evarist eine Stellung bei Morhardt oder bei den Gebrüdern Perregaux verschaffen, oder einen Posten als Schreiber bei einem Armeelieferanten.

Dann wieder schien ihr das nicht das Rechte für einen Mann von seinem Charakter, und nach kurzem Besinnen machte sie eine Gebärde, daß sie die Lösung gefunden habe.

»Es sind noch mehrere Geschworene am Revolutionstribunal zu ernennen«, erklärte sie. »Ihr Sohn muß Geschworener, Beamter werden. Ich habe Beziehungen zu den Mitgliedern des Wohlfahrtsausschusses, ich kenne den älteren Robespierre; sein Bruder ißt häufig bei mir zu Abend. Ich werde mit ihnen reden. Sie sollen mit Montané, Fouquier, Dumas sprechen.«

Die Bürgerin Gamelin war bewegt und dankerfüllt. Sie legte den Finger auf den Mund: Evarist trat eben ins Atelier.

Er geleitete die Bürgerin Rochemaure die dunkle Stiege hinab, deren getäfelte Holzstufen eine dicke Schmutzschicht bedeckte.

Die Sonne stand schon tief, als sie über den Pont-Neuf schritten, und der Sockel des früheren Bronzepferdes, der jetzt mit den Nationalfarben bewimpelt war, warf lange Schatten. Ein großer Volkshaufe, zu kleinen Gruppen gesondert, lauschte einigen leise sprechenden Bürgern. Die verblüffte Menge schwieg still; nur manchmal wurden Stöhnen und Zornesrufe laut. Ein Haufe eilte zur Rue de Thionville (vormals Rue Dauphine). Als Gamelin sich einer der Gruppen näherte, erfuhr er, daß Marat ermordet worden sei.

Die Nachricht wurde bestätigt und allmählich vervollständigt. Er war im Bade ermordet worden, von einer Frau, die zu diesem Verbrechen eigens aus Caën gekommen war. Einige glaubten, die Mörderin sei entflohen, die meisten jedoch behaupteten, sie sei gefangengenommen. Alle standen sie da wie eine Herde ohne Hirten und dachten:

»Marat, der gefühlvolle, menschliche, wohltätige Marat ist nicht mehr da, uns zu leiten, er, der Unbeirrbare, der alles erriet, der den Mut hatte, alles aufzudecken! … Was tun? Was soll nun werden? Wir haben unseren Ratgeber verloren, unseren Freund, unseren Beschützer!«

Sie wußten, woher der Schlag kam, und wer den Arm dieses Weibes geführt hatte.

»Marat«, so seufzten sie, »fiel unter den Händen der Verbrecher, die uns vernichten wollen. Sein Tod ist das Zeichen zur Abschlachtung aller Patrioten.«

Die näheren Umstände dieses tragischen Todes und die letzten Worte des Ermordeten wurden verschieden berichtet. Man erkundigte sich nach der Mörderin, von der man nur wußte, daß es ein junges Weib war, ein Werkzeug der föderalistischen Verräter. Die Bürgerinnen krallten die Nägel und bleckten die Zähne; sie fanden die Guillotine zu mild für dies Scheusal und verlangten Auspeitschung, Rad und Vierteilung, ja sie ersannen neue Martern.

Nationalgarden zerrten einen Mann voll entschlossener Miene zum Bezirkshause. Sein Anzug war zerrissen, Blutfäden rannen über sein bleiches Gesicht. Man hatte ihn bei den Worten ertappt, daß Marat sein Schicksal verdient hätte, da er immerfort zu Mord und Plünderung aufgereizt hätte. Nur mit großer Mühe hatten ihn die Garden der Volkswut entrissen.

Man wies mit dem Finger auf ihn, als sei er ein Mitschuldiger der Mörderin, und wo er vorbeikam, wurden Todesdrohungen laut.

Gamelin stand niedergeschmettert da. Ein paar kleine Tränen versiegten in seinen Augen. In seinen persönlichen Schmerz mischten sich patriotische Sorgen und das Mitleid des Volkskindes, sein ganzes Wesen aufwühlend.

Er dachte:

»Erst Le Peltier, dann Bourdon, und nun Marat! ... Ich erkenne das Schicksal der Patrioten; auf dem Marsfeld, in Nancy, überall werden sie ermordet.« Und er dachte an den Verräter Wimpfen, der erst kürzlich an der Spitze einer Horde von sechzigtausend Royalisten auf Paris marschiert war. Wären ihm in Vernon die braven Patrioten nicht entgegengetreten, so hätte er die geächtete Stadt der Helden mit Feuer und Schwert verwüstet.

Und wie viele Gefahren drohten noch, wie viele verbrecherische Anschläge und Verrätereien, die allein Marats Wachsamkeit und Weisheit durchschauen und vereiteln konnte! Wer würde nun Custine anklagen, der müßig im Feldlager stand und Valenciennes nicht entsetzen wollte, oder Biron, der in der unteren Vendée tatenlos zusah, wie Saumur genommen und Nantes belagert wurde, oder Dillon, der in den Argonnen das Vaterland verriet? ...

Inzwischen erscholl ringsum immer lauter der schicksalsvolle Ruf:

»Marat ist tot! Die Aristokraten haben ihn ermordet!«

Das Herz von Schmerz, Haß und Liebe geschwellt, machte er sich auf, um dem Märtyrer der Freiheit die letzte Ehre zu erweisen, als eine alte Bäuerin auf ihn zutrat und ihn fragte, ob der ermordete Marat etwa der Pfarrer Mara aus Saint-Piere-de-Queyroix wäre?

ACHTES KAPITEL

Am Vorabend des Festes, einem stillen und klaren Abend, ging Elodie an Evarists Arm über den Föderationsplatz. Arbeiter legten hastig die letzte Hand an Säulen, Statuen, Tempel, einen Berg und einen Altar. Riesige Symbole, ein volkstümlicher Herkules, der seine Keule schwang, die Natur, welche die Welt an ihren unerschöpflichen Brüsten saugte, erhoben sich, der Teuerung und dem Schrecken zum Trotze, plötzlich inmitten der Hauptstadt, die beständig erwartete, auf der Straße nach Meaux den Geschützdonner der Österreicher zu hören. Die Aufständischen in der Vendée hatten ihre Schlappe vor Nantes durch kühne Siege wettgemacht. Ein Ring von Eisen, Flammen und Haß umschloß die revolutionäre Hauptstadt. Und doch empfing sie prunkvoll, wie die Herrscherin eines gewaltigen Reiches, die Deputierten, welche die Konstitution angenommen hatten. Die Föderalisten waren zerschmettert; die einige, unteilbare Republik blieb Siegerin über alle Feinde.

»Hier«, sagte Evarist, mit dem Arm über den weiten, volkreichen Platz weisend, »hier ließ der verruchte Bailly am 17. Juli 91 am Altar des Vaterlandes auf das Volk schießen. Der Grenadier Passavant, ein Zeuge dieses Blutbades, ging nach Hause, zerriß seinen Rock und rief: ›Ich schwor, mit der Freiheit zu sterben. Sie ist nicht mehr: Ich sterbe.‹ Und er erschoß sich.«

Inzwischen schauten die Künstler und die friedlichen Bürger sich die Festvorbereitungen an; doch die Lebenslust, die sich auf ihren Gesichtern malte, war so trübe wie ihr Dasein. Die größten Ereignisse schrumpften in ihrem engen Geiste zusammen und wurden so dürftig wie sie. Jedes Elternpaar trug im Arme Kinder, führte sie an der Hand oder ließ sie vor sich herlaufen, und diese Kinder waren nicht schöner als sie und hatten keine größere Aussicht auf Glück. Auch deren Kinder würden einst so wenig Freude und Schönheit erben wie sie. Hier und dort kam ein schönes, großgewachsenes Mädchen vorbei; die jungen Leute blickten sehnsüchtig hinterdrein, und die Greise dachten wehmutsvoll an das schöne Leben zurück.

Vor der Militärschule zeigte Evarist seiner Freundin ägyptische Statuen, die David nach römischen Vorbildern aus der ersten Kaiserzeit entworfen hatte. Ein alter gepuderter Pariser rief: »Man glaubt, am Nil zu sein!«

In den letzten drei Tagen, wo Elodie ihren Freund nicht gesehen, hatten sich im ›Amor als Maler‹ große Dinge zugetragen. Der Bürger Blaise war beim allgemeinen Sicherheitsausschuß wegen Unterschleifs in den Armeelieferungen angezeigt worden. Zum Glück war der Kunsthändler in seinem Bezirk wohlbekannt; der Überwachungsausschuß des Pikenbezirks hatte beim allgemeinen Sicherheitsausschuß für seine Gesinnung gebürgt und ihn völlig gerechtfertigt.

Elodie erzählte dieses Geschehnis erregt; dann setzte sie hinzu:

»Inzwischen haben wir uns wieder beruhigt, aber das war ein schlimmer Schreckschuß! Mein Vater wäre beinah ins Gefängnis gekommen. Hätte die Gefahr nur ein paar Stunden länger gewährt, Evarist, so wäre ich zu Ihnen gekommen und hätte Sie um Fürsprache für meinen Vater bei Ihren einflußreichen Freunden gebeten.«

Evarist gab keine Antwort. Elodie ermaß die Tiefe dieses Stillschweigens nicht.

Sie gingen Hand in Hand längs der Seineufer und gestanden sich ihre Zärtlichkeiten in der Sprache von Julie und Saint-Preux: Rousseaus ›Neue Heloise‹ lieferte ihnen den Ausdruck und den Schmuck ihrer Liebe.

Der Gemeinderat hatte wie durch ein Wunder für einen Tag Überfluß in der hungernden Stadt geschaffen. Auf dem Invalidenplatz am Seineufer hatte sich ein Jahrmarkt aufgetan. In den Buden bot man Bratwürstchen, Leber- und Zervelatwürste, lorbeergeschmückte Schinken, Butterkuchen, Pfefferkuchen, Krapfen, Vierpfundbrote, Limonade und Wein feil. In den anderen Buden wurden patriotische Lieder, Kokarden, Trikoloren, Börsen, Messingketten und allerhand kleine Schmucksachen verkauft. Evarist blieb vor der Auslage eines kleinen Juweliers stehen und suchte ein silbernes Ringchen aus, auf dem Marats Kopf, mit einem Tuch umwunden, in erhabener Arbeit prangte. Er steckte es Elodie an den Finger.

Am Abend ging Gamelin in der Rue de L'Arbre-Sec zur Bürgerin Rochemaure, die ihn in einer eiligen Sache zu sich bestellt hatte. Er fand sie in ihrem Schlafzimmer in galantem Negligé, auf einer Chaiselongue hingegossen; und wie diese Stellung der Bürgerin etwas Schmachtendes, Wollüstiges verriet, so deutete alles ringsum auf ihre Anmut, ihre Talente und Künste. Neben dem aufgeschlagenen Klavier lehnte eine Harfe; in einem Lehnstuhl ruhte ihre Gitarre; in einem Stickrahmen spannte sich ein Stück Atlas; auf dem Tisch lag eine angefangene Miniatur neben Papieren und Büchern; der Bücherschrank war in Unordnung und schien von einer schönen Hand durchstöbert, die ebenso wißbegierig wie gefühlvoll war.

Sie reichte ihm die Hand zum Kuß und sagte:

»Guten Tag, Herr Geschworener! ... Heute hat mir Robespierre einen Empfehlungsbrief für den Präsidenten Hermann gegeben, ein sehr geschicktes Schreiben, worin es ungefähr hieß: ›Ich empfehle Ihnen den Bürger Gamelin wegen seiner Talente und seiner patriotischen Gesinnung. Ich hielt es für meine Pflicht, Ihnen einen Patrioten namhaft zu machen, der sich durch Grundsätze und mannhaftes Verhalten in den republikanischen Reihen auszeichnet. Versäumen Sie die Gelegenheit nicht, einem Republikaner hilfreich zu sein ...‹ Dieses Schreiben brachte ich unverzüglich zum Präsidenten Hermann, der mich mit ausgesuchter Höflichkeit empfing und sofort Ihre Ernennung unterzeichnete. Die Sache ist also gemacht.«

Nach kurzem Stillschweigen sagte Gamelin:

»Bürgerin! Ich habe zwar kein Stück Brot für meine Mutter, aber ich gebe Ihnen mein Ehrenwort, ich nehme das Amt als Geschworener nur an, um der Republik zu dienen und sie an allen ihren Feinden zu rächen.«

Die Bürgerin fand den Dank kalt und das Kompliment hart. Sie hielt Gamelin für ungeschliffen. Aber sie liebte die Jugend zu sehr, um ihm nicht etwas Rauheit nachzusehen. Gamelin war schön, sie fand Gefallen an ihm. »Ich werde ihn erziehen«, dachte sie. Und sie lud ihn zu ihren Soupers ein: allabendlich nach dem Theater hatte sie Empfang.

»Bei mir treffen Sie Leute von Talent und von Geist. Elleviou, Talma und den Bürger Vigée, der Gedichte mit gegebenen Endreimen unglaublich geschickt macht. Der Bürger François hat uns seine ›Pamela‹ vorgelesen, die jetzt im Nationaltheater einstudiert wird. Der Stil ist rein und elegant, wie alles, was der Bürger François schreibt. Das Stück ist rührend; es hat uns Tränen entlockt. Die junge Lange wird die Pamela spielen.«

»Ich verlasse mich ganz auf Ihr Urteil, Bürgerin«, erwiderte Gamelin. »Aber das Nationaltheater ist wenig national. Und für den Bürger François ist es schlimm, daß seine Stücke über die Bretter gehen, die Laya mit seinen elenden Versen entweiht hat. Der Skandal des ›Ami des Lois‹ ist noch unvergessen ...«

»Bürger Gamelin, den Laya schenke ich Ihnen; er gehört nicht zu meinen Freunden.«

Nicht bloß aus Herzensgüte hatte die Bürgerin ihren ganzen Kredit aufgewandt, um Gamelin ein vielbegehrtes Amt zu verschaffen. Durch das, was sie für ihn getan hatte und vielleicht noch tun würde, hoffte sie ihn an sich zu fesseln und sich einen Freund bei der Justiz zu schaffen, mit der sie selbst eines Tages in Konflikt kommen konnte; denn schließlich schickte sie viele Briefe nach Frankreich und ins Ausland, und derartige Korrespondenzen erregten damals Verdacht.

»Gehen Sie oft ins Theater, Bürger?«

In diesem Augenblick trat der Reitersmann Henri, reizender als der Knabe Bathyll, ins Zimmer. In seinem Gürtel steckten zwei riesige Pistolen. Er küßte der schönen Bürgerin die Hand, und diese sagte:

»Hier ist der Bürger Evarist Gamelin, dessentwegen ich

heute den ganzen Tag beim Sicherheitsausschuß verbrachte und der mir nicht mal dafür dankte. Schelten Sie ihn aus!«

»Ach, Bürgerin«, seufzte der Soldat, »Sie sahen unsere Gesetzgeber in den Tuilerien! Welch betrübender Anblick! Die Vertreter eines freien Volkes in den Prunkgemächern eines Despoten! Dieselben Kronleuchter, die vormals die Verschwörungen Capets und die Orgien Marie Antoinettes beleuchteten, brennen jetzt bei den Nachtsitzungen unserer Gesetzgebers! Die Natur schaudert!«

»Mein Lieber«, antwortete sie, »gratulieren Sie dem Bürger Gamelin. Er ist Geschworener beim Revolutionsgericht geworden!«

»Wünsche viel Glück, Bürger Gamelin!« sagte Henri. »Es freut mich, einen Mann von Ihrem Charakter in dieser Stellung zu sehen. Aber offen gesagt, hab' ich wenig Zutrauen zu dieser methodischen Justiz, die von den Gemäßigten im Konvent geschaffen wurde, zu dieser gutmütigen Nemesis, die die Verschwörer schont und die Verräter freispricht. Man wagt ja kaum gegen die Föderalisten vorzugehen und fürchtet sich, die Österreicherin vor Gericht zu ziehen. Nein, das Revolutionsgericht wird die Republik nicht retten! In der verzweifelten Lage, in der wir sind, war es ein Verbrechen, den Schwung der Volksjustiz zu brechen!«

»Henri«, sagte die Bürgerin Rochemaure, »geben Sie mir doch das Riechfläschchen her ...«

Als er heimkehrte, fand Gamelin bei seiner Mutter den alten Brotteaux. Sie spielten Pikett beim Schein einer qualmenden Talgkerze. Die Bürgerin sagte eben ungeniert ›Terz für den König‹ an.

Als sie hörte, daß ihr Sohn zum Geschworenen ernannt sei, umarmte sie ihn überschwenglich. Sie meinte, daß dies für sie beide eine große Ehre sei und daß sie nun beide satt zu essen haben würden.

»Ich bin stolz und glücklich«, sagte sie, »die Mutter eines Geschworenen zu sein. Die Justiz ist etwas Schönes und das Allernotwendigste; ohne Justiz würden die Schwachen immerfort geplagt. Und du wirst sicher ein guter Richter sein, mein Evarist, denn von klein auf kenne ich dich als gerecht und wohlwollend in allen Dingen. Du hast Unrecht nie geduldet und der Gewalt mit allen Kräften widerstanden. Du hattest Mitleid mit den Unglücklichen, und das ist die schönste Zier eines Richters ... Aber sag mal, Evarist, welche Kleidung tragt ihr denn in diesem großen Gericht?«

Gamelin antwortete, die Richter trügen einen schwarzen Federhut, aber die Geschworenen hätten kein Amtskleid, sondern erschienen in Zivil.

»Es wäre besser«, entgegnete die Bürgerin, »sie würden Talar und Perücke tragen, das gäbe ihnen mehr Würde. Du ziehst dich zwar fast nie sorgfältig an, aber du bist hübsch und verschönst deinen Anzug. Die meisten Männer jedoch brauchen irgendeinen Schmuck, um nach etwas auszusehen; und darum wäre es besser, die Geschworenen trügen Talar und Perücke.«

Die Bürgerin wußte vom Hörensagen, daß das Amt eines Geschworenen etwas einbrachte. Sie konnte die Frage nicht unterdrücken, ob es so viel wäre, daß man auskömmlich leben könnte; denn, wie sie sagte, ›ein Geschworener muß ein Auftreten haben‹. Zu ihrer Befriedigung erfuhr sie, daß die Geschworenen für jede Sitzung achtzehn Francs Vergütung bekämen und daß die große Zahl von Verbrechen gegen das Staatswohl zu häufigen Sitzungen Anlaß gäbe.

Der alte Brotteaux legte die Karten zusammen, erhob sich und sagte zu Evarist:

»Bürger Gamelin, man hat Sie mit einem hehren und furchtbaren Amte betraut. Ich gratuliere Ihnen, daß Sie Ihre Einsicht in den Dienst eines Gerichtes stellen, das vielleicht zuverlässiger und unfehlbarer ist als jedes andere, weil es Gut und Böse nicht an sich und nach seinem Wesen ergründet, sondern nur im Hinblick auf greifbare Interessen und offenbare Gefühle. Sie brauchen nur zwischen Haß und Liebe zu entscheiden, und das geht von selbst, anstatt zwischen Wahrheit und Irrtum, die unser schwacher Menschengeist nicht zu unterscheiden vermag. Urteilen Sie nach den Regungen Ihres Herzens, so kommen Sie nicht in Gefahr, sich zu irren, denn das Urteil ist gut, wenn es nur die Leidenschaften befriedigt, die Ihr heiliges Gesetz sind. Aber wie dem auch sei, wäre ich Ihr Präsident, ich ließe die Würfel entscheiden. In der Justiz ist das noch das sicherste.«

NEUNTES KAPITEL

Evarist Gamelin sollte sein Amt am 14. September antreten, nach der Reorganisation des Gerichts, das in Zukunft in vier Sektionen zu je fünfzehn Geschworenen zerfiel. Die Gefängnisse waren überfüllt; der Staatsanwalt arbeitete täglich achtzehn Stunden. Den Niederlagen der Heere, den Aufständen der Provinzen, den Verschwörungen, Komplotten und Verrätereien setzte der Konvent den Schrecken entgegen. Die Götter dürsteten ...

Das erste, was der neue Geschworene tat, war ein Antrittsbesuch beim Präsidenten Hermann, der ihn durch die Sanftmut seiner Sprache und seine liebenswürdigen Umgangsformen bezauberte. Als Landsmann und Freund Robespierres, dessen Anschauungen er teilte, besaß er ein gefühlvolles, tugendhaftes Herz. Er war tief durchdrungen von jenen Gefühlen der Menschlichkeit, die den Herzen der Richter so lange fremd waren und die den ewigen Ruhm eines Dupaty und Beccaria bilden. Er freute sich über die milderen Sitten, die sich in der Justiz durch die Aufhebung der Folter und der schändenden oder grausamen Strafen äußerten. Er freute sich zu sehen, daß die Todesstrafe, mit der man früher so verschwenderisch umgegangen war und die noch vor kurzem zur Bestrafung der geringsten Delikte diente, seltener wurde und nur noch bei großen Verbrechen in Anwendung kam. Er selbst hätte sie ebenso gern abgeschafft wie Robespierre, außer bei Vergehen gegen die öffentliche Sicherheit. Aber er hätte es für Staatsverrat gehalten, wenn die Verbrechen gegen die Volkssouveränität nicht mit dem Tode gesühnt wurden.

Alle seine Kollegen waren der gleichen Ansicht; die alte monarchische Vorstellung von der Staatsräson erfüllte das Revolutionstribunal. Achthundert Jahre des Absolutismus hatten die Beamten erzogen, und nach den Grundsätzen des Gottesgnadentums richtete man die Feinde der Freiheit.

Evarist Gamelin machte noch am selben Tage seinen

Besuch beim Staatsanwalt, dem Bürger Fouquier; dieser empfing ihn in seinem Kabinett, wo er mit seinem Schreiber arbeitete. Er war ein kräftiger Mann mit rauher Stimme und Katzenaugen. Sein breites, pockennarbiges Gesicht war fahl und verriet die Schädlichkeit der sitzenden Lebensweise und der Zimmerluft für einen kräftigen Mann, der für den Aufenthalt im Freien und für körperliche Anstrengung geschaffen war. Die Aktenstöße türmten sich ringsum wie die Mauern eines Grabes, und offenbar liebte er diese furchtbaren Papiermassen, die ihn zu ersticken drohten. Seine Worte waren die eines fleißigen, pflichttreuen Beamten, dessen Geist über den Kreis seiner Amtsgeschäfte nicht hinausreicht. Sein heißer Atem roch nach Branntwein, den er aber nur trank, um sich frisch zu halten, und der ihm scheinbar nicht zu Kopfe stieg, so klar waren seine durchaus beschränkten Reden.

Er lebte in einer kleinen Wohnung des Justizpalastes mit seiner jungen Frau, die ihm Zwillinge geboren hatte, sowie mit seiner Tante Henriette und der Magd Pélagie, der gegenüber er sanft und menschlich war. Kurz, er war ein ausgezeichneter Familienvater und ein guter Jurist, ohne viel Ideen und ohne die mindeste Einbildungskraft.

Gamelin bemerkte nicht ohne ein gewisses Mißbehagen, wie sehr diese Beamten der neuen Weltordnung in Geist und Benehmen denen der alten Zeit glichen. Der Grund war der: Hermann war General-Prokurator am Landgericht von Artois gewesen, und Fouquier war ein alter Staatsanwalt vom Châtelet. Sie hatten ihren Charakter behalten. Aber Evarist Gamelin glaubte an die Wiedergeburt durch die Revolution.

Nach Verlassen des Bureaus ging er durch die Bogengänge des Justizpalastes und blieb vor den Verkaufsbuden stehen, wo allerlei Waren kunstvoll ausgelegt waren. Vor dem Buchladen der Bürgerin Ténot blätterte er in historischen, politischen und philosophischen Werken, wie: ›Die Ketten der Sklaverei‹, ›Versuch über den Despotismus‹, ›Die Verbrechen der Königinnen‹. »Recht so«, dachte er, »das sind republikanische Schriften!« Und er fragte die Buchhändlerin, ob sie viel verkaufen würde. Sie schüttelte den Kopf.

»Man verlangt nur Gassenhauer und Romane.«

Sie zog einen kleinen Band aus einer Schublade und sagte: »Dies ist was Feines.«

Evarist las den Titel: *Die Nonne im Hemde.*

Vor dem Nebenladen traf er Philipp Demahis. Er stand stolz und zärtlich zwischen den wohlriechenden Wassern, den Puderbüchsen und Beutelchen der Bürgerin Saint-Jorre und schwor der schönen Verkäuferin seine Liebe. Er versprach ihr, sie zu malen, und bat sie um ein kurzes Stelldichein am Abend im Tuileriengarten. Er war schön. Die Überredung sprudelte von seinen Lippen und sprühte aus seinen Blicken. Die Bürgerin Saint-Jorre hörte ihm stillschweigend zu und schlug halb überredet die Augen nieder.

Um das furchtbare Amt, das ihm anvertraut war, näher kennenzulernen, wollte der neue Geschworene sich unter das Volk mischen und einer Gerichtssitzung beiwohnen. Er stieg die Treppe hinauf, auf der eine Menge Menschen wie auf den Stufen eines Theaters saßen, und betrat den Saal des früheren Parlamentsgerichts von Paris.

Man drückte sich halb tot, um einen General zu sehen. Denn damals, wie der alte Brotteaux sagte, stellte der Konvent nach dem Vorbild Seiner Majestät, des Königs von England, die besiegten Generäle vor Gericht, in Ermangelung der verräterischen Generäle, die sich dem Urteil entzogen. »Ein besiegter General«, setzt Brotteaux hinzu, »braucht zwar nicht notwendig ein Verbrecher zu sein, denn einer muß schließlich in jeder Schlacht unterliegen. Aber nichts schwellt den anderen so sehr den Mut als ein Todesurteil über einen General ...«

Schon waren mehrere auf die Anklagebank gekommen, lauter leichtsinnige, dickköpfige Soldaten mit Vogelhirnen in Ochsenschädeln. Der letzte wußte über die Schlachten und Belagerungen, die er befehligt hatte, nicht mehr als die Beamten, die ihn verhörten. Anklage und Verteidigung verloren sich in Einzelheiten von Truppenstärken, Kriegsmaterial, Märschen und Gegenmärschen. Und die Schar der Bürger, die diesen dunklen und endlosen Debatten folgte, sah hinter dem einfältigen Heerführer das dem Feind offenstehende, zerrissene Vaterland, das tausendfältigen Tod erlitt. Mit Blick und Stimme drängte man die ruhig auf ihrer Bank sitzenden Geschworenen, ihr Verdikt wie einen Keulenschlag auf die Feinde der Republik herabzuschmettern.

Evarist fühlte es brennend, was in diesem Elenden gestraft werden sollte; es waren die beiden Ungeheuer, welche die Republik zerrissen: Aufstand und Niederlage. Es galt wahrlich zu wissen, ob dieser General schuldig oder schuldlos war! Wenn die Vendée wieder Mut schöpfte, wenn Toulon sich dem Feinde auslieferte, wenn die Rheinarmee vor den Siegern von Mainz zurückwich, wenn ein Handstreich der Österreicher, der Engländer oder der Holländer, die im Besitz von Valenciennes waren, die im Feldlager stehende Nordarmee vernichten konnte, so mußten die Generale Befehl erhalten, zu siegen oder zu sterben. Und wie Gamelin diesen schwachen, verstörten Soldaten sah, der sich bei seinem Verhör in seinen Karten verirrte, wie er sich in den nordischen Ebenen verirrt hatte, verließ er schleunigst den Saal, um nicht in den Ruf ›Aufs Schafott!‹ einzustimmen.

In der Bezirksversammlung empfing der neue Geschworene die Glückwünsche des Präsidenten Olivier. Der ließ ihn am alten Hauptaltar der Barnabiten, dem jetzigen Altar des Vaterlandes, schwören, im heiligen Namen der Menschheit alle menschliche Schwäche abzutun.

Mit erhobener Schwurhand gelobte es Gamelin bei den hehren Manen Marats, des Märtyrers der Freiheit, dessen Büste an einem Pfeiler der früheren Kirche, gegenüber der Büste Le Peltiers, angebracht war.

Beifall erscholl, von Murren unterbrochen. Die Versammlung war erregt. Am Eingang des Kirchenschiffes lärmte ein Haufe pikentragender Bezirksmitglieder.

»Es ist antirepublikanisch«, erklärte der Präsident, »in einer Versammlung freier Männer Waffen zu tragen.«

Und er befahl, die Flinten und Piken sofort in die frühere Sakristei zu schaffen.

Ein Buckliger mit lebhaften Augen und wulstigen Lippen,

der Bürger Beauvisage vom Überwachungsausschuß, bestieg die zur Tribüne verwandelte Kanzel, die mit einer roten Mütze geschmückt war.

»Die Generäle verraten uns«, sagte er; »sie liefern unsere Heere dem Feinde aus. Die Österreicher schieben Kavallerie bis nach Péronne und Saint-Quentin vor. Toulon hat sich den Engländern ergeben, die dort vierzehntausend Mann ausschiffen. Selbst im Schoße des Konvents verschwören sich die Feinde der Republik. In Paris schmiedet man zahllose Komplotte zur Befreiung der Österreicherin. In diesem Augenblick läuft das Gerücht um, daß der Sohn Capets aus dem Temple entronnen sei und im Triumph nach Saint-Cloud geführt werde. Man will ihn auf den Thron des Tyrannen setzen. Die Teuerung der Lebensmittel, die Entwertung der Assignate sind die Frucht der Machenschaften, die Agenten des Auslandes in unsern Häusern, vor unseren Augen anzetteln. Im Namen der öffentlichen Wohlfahrt fordere ich den Bürger Geschworenen auf, die Verschwörer und Verräter unbarmherzig zu richten.«

Während er von der Tribüne herabstieg, erschollen Stimmen in der Versammlung:

»Nieder mit dem Revolutionstribunal! Nieder mit den Gemäßigten!«

Ein dicker Mensch mit blühenden Farben, der Bürger Dupont der Ältere, Tischler von der Place de Thionville, bestieg die Tribüne. Er wollte, wie er sagte, eine Anfrage an den Geschworenen richten. Und er fragte Gamelin, welche Stellung er gegenüber den Brissotisten und der Witwe Capet einnähme?

Evarist war schüchtern und verstand nicht öffentlich zu reden. Aber die Entrüstung ergriff ihn. Er stand auf und sagte bleich und mit dumpfer Stimme:

»Ich bin Beamter. Mein Gewissen ist meine einzige Richtschnur. Jedes Versprechen, das ich hier ablegen würde, wäre pflichtwidrig. Ich soll vor Gericht reden, aber sonst überall schweigen. Ich kenne euch nicht mehr. Ich bin Richter; ich kenne weder Freunde noch Feinde.«

Die Versammlung war uneins, unsicher und schwankend, wie alle Versammlungen. Man klatschte Beifall. Doch der Bürger Dupont wiederholte seine Frage: er verzieh es Gamelin nicht, daß er jetzt ein Amt bekleidete, nach dem er selbst gestrebt hatte.

»Ich begreife«, fuhr er fort, »ja ich billige die Bedenken des Bürgers Geschworenen. Er gilt für patriotisch; möge er sich prüfen, ob sein Gewissen ihm erlaubt, in einem Gerichtshofe zu sitzen, der die Feinde der Republik vernichten soll, aber entschlossen ist, sie zu schonen. Es gibt Fälle von Mitschuld, denen ein guter Bürger sich entziehen muß. Ist es doch notorisch, daß mehrere Geschworene dieses Gerichtshofes sich von den Angeklagten bestechen ließen, ja daß der Präsident Montané eine Fälschung begangen hat, um den Kopf der Charlotte Corday zu retten!«

Bei diesen Worten hallte die Kirche von lautem Applaus wider. Der letzte Schall brach sich noch an den Wölbungen, als Fortuné Trubert die Tribüne bestieg. Er war in letzter Zeit sehr abgemagert. Sein Antlitz war bleich; die roten Backenknochen drangen spitz durch die Haut; seine Lider brannten und die Augen waren verglast.

»Bürger!« rief er mit schwacher, keuchender und doch merkwürdig durchdringender Stimme. »Man darf das Revolutionsgericht nicht verdächtigen, ohne zugleich den Konvent und den Wohlfahrtsausschuß, von dem es abhängt, anzuklagen. Der Bürger Beauvisage hat uns beunruhigt mit der Angabe, daß der Präsident Montané das Verfahren zugunsten einer Schuldigen beeinflußt hat. Warum fügte er zu unserer Beruhigung nicht hinzu, daß Montané auf Anzeige des Staatsanwalts abgesetzt und eingekerkert worden ist? ... Kann man der öffentlichen Wohlfahrt nicht dienen, ohne überall Verdacht auszustreuen? ... Gibt es keine Talente, keine Tugenden mehr im Konvent? Sind Robespierre, Couthon, Saint-Just keine Ehrenmänner? Es ist auffällig, daß die heftigsten Reden stets von solchen kommen, die nie für die Republik gekämpft haben! Wenn sie so reden, machen sie sie nur verächtlich ... Bürger: weniger Lärm und mehr Arbeit!

Mit Kanonen, nicht mit Geschrei retten wir Frankreich. Die Hälfte der Keller des Bezirkes ist noch nicht ausgelaugt. Mehrere Bürger halten noch beträchtliche Mengen von Bronze zurück. Wir erinnern die Reichen, daß patriotische Gaben für sie die beste Sicherheit sind. Eurer Wohltätigkeit empfehle ich die Frauen und Töchter unserer Soldaten, die sich an der Grenze und an der Loire mit Ruhm bedecken. Einer von ihnen, der Husar Augustin Pommier, früher Kellner aus der Rue de Jérusalem, wurde am Zehnten letzten Monats vor Condé, als er Pferde zur Tränke führte, von sechs österreichischen Reitern angefallen. Er tötete zwei und nahm die anderen gefangen. Ich beantrage, daß der Bezirk erklärt: Augustin Pommier hat seine Pflicht getan.«

Diese Rede fand Beifall und die Bezirksmitglieder trennten sich mit dem Rufe: »Vive la République!«

Gamelin, der allein mit Trubert in der Kirche zurückblieb, drückte diesem die Hand:

»Ich danke dir! Wie geht's?«

»Mir? Ausgezeichnet! Ausgezeichnet!« antwortete Trubert, indem er, plötzlich aufhustend, Blut in sein Taschentuch spie. »Die Republik hat viele äußere und innere Feinde, und unser Bezirk allein hat recht viele. Aber die Staaten werden nicht mit Geschrei, sondern mit Eisen und mit Gesetzen gegründet ... Guten Abend, Gamelin! Ich habe ein paar Briefe zu schreiben.«

Und er ging mit dem Taschentuch vor den Lippen in die ehemalige Sakristei.

Die Bürgerin Gamelin trug ihre Kokarde jetzt fester am Hute und hatte in kürzester Frist bürgerlichen Anstand und republikanischen Stolz angenommen. Sie benahm sich jetzt würdig, wie es der Mutter eines Geschworenen ziemt. Die Achtung vor der Justiz, in der sie aufgewachsen, die Ehrerbietung vor der Richterrobe, die sie von klein auf empfunden, der heilige Schrecken, der sie stets beim Anblick jener Männer ergriffen, denen Gott sein Recht über Leben und Tod hienieden anvertraut hat, alle diese Gefühle machten ihr ihren Sohn, den sie bis vor kurzem noch für ein halbes Kind hielt, ehrwürdig, hehr und heilig. In ihrem schlichten Sinne empfand sie die Fortdauer der Justiz in den Wirren der Revolution so lebhaft, wie die Gesetzgeber des Konvents die Kontinuität des Staates trotz des Wechsels der Regierungsform fühlten, und das Revolutionstribunal erschien ihr nicht minder majestätisch als alle früheren Gerichtshöfe, die sie zu verehren gelernt.

Der Bürger Brotteaux bezeigte dem jungen Geschworenen eine mit Überraschung gemischte Anteilnahme und eine erzwungene Ehrerbietung. Wie die Bürgerin Gamelin sah auch er die Fortdauer der Justiz unter allen Regierungsformen; doch im Gegensatz zu der guten Frau verachtete er die Revolutionsgerichte genau so wie die Gerichtshöfe der alten Zeit. Diesen Gedanken wagte er zwar nicht offen auszudrücken, aber stillschweigen konnte er auch nicht; und so erging er sich denn in Paradoxien, von denen Gamelin nur so viel verstand, daß er ihn für gesinnungslos hielt.

»Das hohe Gericht, in dem Sie alsbald sitzen werden«, sagte er einmal zu ihm, »ist vom französischen Senat zur Wohlfahrt der Republik eingesetzt. Es war gewiß ein tugendhafter Gedanke unserer Gesetzgeber, ihren Feinden Richter zu geben. Diesen Edelsinn begreife ich wohl, doch politisch scheint er mir nicht. Mich dünkt, es wäre geschickter gewesen, ihre unversöhnlichsten Gegensätze im stillen fortzuräumen und die übrigen durch Geschenke oder Versprechungen zu gewinnen. Gerichtsurteile werden langsam gefällt und rufen mehr Furcht als Schaden hervor; sie dienen vor allem zur Abschreckung. Ihr Nachteil besteht darin, daß sie alle, die dadurch erschreckt werden, zu Leidensgenossen machen; und so entsteht aus einem Haufen entgegengesetzter Interessen und Leidenschaften eine große Partei, die zu gemeinsamen und gefährlichen Taten schreiten kann. Sie säen Furcht aus; aber noch mehr als der Mut bringt die Furcht Helden hervor. Möge es Ihnen erspart bleiben, Bürger Gamelin, eines Tages Wunder an Furcht gegen sich ausbrechen zu sehen!«

Der Kupferstecher Demahis hatte sich in jener Woche in eine Dirne vom Palais Egalité vergafft, in die braune Flora, ein baumlanges Geschöpf. Trotzdem nahm er sich fünf Minuten Zeit, um seinen Gefährten zu beglückwünschen. Eine derartige Ernennung, so erklärte er, sei eine große Ehre für die Kunst.

Die zärtliche Elodie verabscheute zwar unbewußt alles Revolutionäre und sah im öffentlichen Dienste die gefährlichste Nebenbuhlerschaft, die ihr das Herz ihres Geliebten abspenstig machen konnte. Trotzdem unterlag auch sie dem Einfluß eines Beamten, der berufen war, Urteile in Kapitalverbrechen zu fällen. Im übrigen hatte seine Ernennung zum Geschworenen die angenehmsten Wirkungen, die seiner Empfindlichkeit schmeichelten. So erschien der Bürger Jean Blaise persönlich im Atelier an der Place de Thionville und umarmte den Geschworenen mit überschwenglicher männlicher Zärtlichkeit.

Wie alle Gegenrevolutionäre bezeigte er den republikanischen Machthabern Hochachtung, und seit er als Armeelieferant wegen Unterschleifs angezeigt war, flößte ihm das Revolutionsgericht eine heilige Scheu ein. Er stand zu sehr im Vordergrund und war an zu vielen Geschäften beteiligt, um sich ganz sicher zu fühlen, und so erschien ihm der Bürger Gamelin als einer, mit dem man behutsam umgehen mußte. Und schließlich war er doch ein guter Bürger und ein Freund des Gesetzes ...

Er reichte dem Maler und Geschworenen die Hand, war vertraulich und patriotisch, zeigte sich als Gönner der Kunst und als Freiheitsfreund. Hochherzig drückte Gamelin seine breit dargebotene Hand.

»Bürger Evarist Gamelin«, sagte Jean Blaise, »ich erhebe Anspruch auf Ihre Freundschaft und auf Ihr Talent. Ich lade Sie für morgen zu einem zweitägigen Ausflug ein; Sie sollen zeichnen und wir werden uns unterhalten.«

Der Kunsthändler machte alljährlich mehrere Landpartien in Gesellschaft von Malern, die nach seinen Angaben Landschaften und Ruinen malten. Er verstand sich auf das, was dem Publikum gefiel, und brachte von diesen Ausflügen Skizzen heim, die im Atelier ausgeführt und dann geistreich gestochen, als Rötelzeichnungen oder farbige viel Geld einbrachten. Nach diesen Skizzen ließ er auch Sopraporten und Spiegelumrahmungen malen, die sich ebensogut und noch besser verkauften als die Dekorationsstücke von Hubert Robert.

Diesmal wollte er den Bürger Gamelin mitnehmen, um Ruinen nach der Natur zu zeichnen; so sehr war der Geschworene in seiner Achtung als Maler gestiegen. Zwei andere Künstler waren mit eingeladen: der Kupferstecher Demahis und der unbekannte Philipp Dubois, der im Genre von Robert sehr tüchtig arbeitete. Nach alter Gewohnheit nahm die Bürgerin Elodie mit ihrer Freundin, Fräulein Hazard, an der Landpartie teil. Und Jean Blaise, der über seinen Geschäften sein Vergnügen nicht vergaß, hatte auch die Bürgerin Thévenin aufgefordert, eine Schauspielerin vom Vaudeville, die für seine Freundin galt.

ZEHNTES KAPITEL

Am Sonnabend früh um sieben Uhr klopfte Bürger Blaise mit dem Stiel seiner Reitpeitsche an die Tür des Ateliers. Er trug einen schwarzen Zweispitz, scharlachrote Weste, Lederhosen und gelbe Stulpstiefel. Die Witwe Gamelin unterhielt sich ehrbar mit dem Bürger Brotteaux, während Evarist sich vor einer Spiegelscheibe sein hohes weißes Halstuch umknüpfte.

»Guten Tag, Herr Blaise«, sagte die Bürgerin, »aber da Sie Landschaften malen wollen, so nehmen Sie doch den Herrn Brotteaux mit, er ist Maler.«

»Schön!« sagte Jean Blaise. »Bürger Brotteaux, kommen Sie mit.«

Als Brotteaux merkte, daß er nicht lästig wäre, nahm er den Vorschlag an. Er war von geselliger Natur und liebte Zerstreuungen.

Die Bürgerin Elodie kam die vier Treppen herauf, um Frau Gamelin zu umarmen, die sie ›liebe Mama‹ nannte. Sie trug ein weißes Kleid und duftete nach Lavendel.

Eine alte Reisekutsche, mit zwei Pferden bespannt, wartete mit herabgeschlagenem Verdeck auf dem Platze. Rose Thévenin und Julie Hazard saßen im Vordersitz. Elodie ließ die Schauspielerin rechts von sich Platz nehmen, setzte sich links daneben, und die schlanke Julie ließ sich zwischen beiden nieder. Brotteaux nahm gegenüber der Bürgerin Thévenin Platz, Philipp Dubois setzte sich Fräulein Hazard und Evarist Elodie gegenüber. Auf dem Bock neben dem Kutscher thronte Philipp Demahis in seiner Athletengestalt und erzählte dem erstaunt zuhörenden Rosselenker von einem Land in Amerika, wo die Würste auf den Bäumen wüchsen.

Der Bürger Blaise, ein vorzüglicher Reiter, ritt vorweg, um den Staub des Wagens nicht zu schlucken.

Die Räder rollten über das Vorstadtpflaster, und die Insassen vergaßen ihre Sorgen beim Anblick der Felder, der Bäume und des Himmels. Ihre Gedanken wurden heiter und idyllisch. Elodie träumte von einer Hühnerzucht in einem Dorfe, wo Evarist Friedensrichter wäre, und das an einem Fluß und am Waldesrand läge. Die Ulmen der Straße flogen im Fahren vorüber. Die Hunde in den Dörfern sprangen schief gegen den Wagen an und bellten vor den Beinen der Pferde, während ein großer Jagdhund, der quer über den Weg lag, sich mürrisch erhob. Die Hühner stoben auseinander und liefen über den Weg. Die Gänse wichen in dichter Schar langsam aus. Schmutzige Kinder glotzten das vorbeifahrende Gefährt an. Es war ein heißer Morgen bei klarem Himmel. Die dürren, riesigen Äcker dürsteten nach Regen. Vor Villejuif stieg alles aus. Als man durch den Ort schritt, ging Demahis in einen Fruchtladen, um den Damen Kirschen zu kaufen. Die Verkäuferin war hübsch: Demahis kam nicht wieder. Dubois rief ihn bei seinem Spitznamen: »He! Barbaroux! Barbaroux! ...«

Bei diesem verhaßten Namen spitzten die Einwohner die Ohren, und an den Fenstern erschienen Gesichter. Als sie aus dem Fruchtladen einen schönen jungen Mann von herkulischer Gestalt mit offener Weste und flatterndem Jabot heraustreten sahen, der einen Korb mit Kirschen auf seiner Schulter trug und seinen Rock an der Spitze des Spazierstockes befestigt hatte, hielt man ihn für den geächteten Girondisten. Sansculotten stürzten sich auf ihn und hätten ihn trotz seiner entrüsteten Proteste auf das Schulzenamt geschleppt, hätten der alte Brotteaux, Gamelin und die drei jungen Mädchen nicht bezeugt, daß er der Bürger Philipp Demahis, Kupferstecher von Beruf und ein guter Jakobiner sei. Außerdem mußte der Verdächtige noch seinen Bürgerschein vorzeigen, den er zufällig bei sich trug, denn er war in diesen Dingen sehr nachlässig. Erst jetzt entging er den Händen der Dorfpatrioten ohne andere Einbuße als die einer abgerissenen Spitzenmanschette; aber dieser Verlust ließ sich verschmerzen. Ja, die Nationalgardisten, die am kräftigsten angepackt und erklärt hatten, ihn im Triumphe auf die Amtsstube zu schleppen, baten ihn um Entschuldigung.

Als Demahis frei war und die Bürgerinnen Elodie, Rose und Julianne ihn umringten, warf er Dubois, den er nicht leiden mochte und den er für einen Verräter hielt, ein bitteres Lächeln zu und erklärte, ihn um Haupteslänge überragend:

»Dubois, wenn du mich noch mal Barbaroux nennst, so nenne ich dich Brissot: das ist ein kleiner lächerlicher Kerl mit fettigen Haaren, öliger Haut und klebrigen Händen. Kein Mensch wird zweifeln, daß du der schändliche Brissot, der Volksfeind bist, und die Republikaner werden bei deinem Anblick von Abscheu und Ekel gepackt werden und dich an der nächsten Laterne aufknüpfen … Verstehst du? …«

Der Bürger Blaise, der mit seinem Pferd von der Tränke kam, versicherte, er habe die ganze Geschichte nur in Szene gesetzt, obwohl es allen so schien, daß sie ohne ihn passiert war.

Man bestieg wieder den Wagen. Unterwegs band Demahis dem Kutscher auf, hier in der Ebene von Longjumeau wären früher Menschen vom Himmel gefallen, die nach Form und Farbe wie Frösche ausgesehen hätten, doch viel größer gewesen wären. Dubois und Gamelin führten Kunstgespräche. Dubois, ein Schüler von Regnault, war in Rom gewesen und hatte die Teppiche von Raffael gesehen, die er über alle Meisterwerke stellte. Bei Correggio bewunderte er das Kolorit, bei Annibale Carracoi die Erfindung und bei Dominichino die Zeichnung; was aber den Stil betraf, so ging ihm nichts über die Bilder von Pompeo Batoni. Verkehrt hatte er in Rom bei Ménageot und bei Madame Lebrun. Da sich aber beide gegen die Revolution erklärt hatten, so schwieg er darüber. Dagegen rühmte er Angelika Kauffmann, die einen reinen Geschmack hatte und die Antike kannte.

Gamelin beklagte es, daß auf die Blütezeit der französischen Malerei, die erst sehr spät, mit Lesueur, Poussin und Claude Lorrain eingesetzt hatte, als die italienische und flämische Schule im Niedergang war, ein so rascher und tiefer Verfall gefolgt sei. Die Gründe dafür sah er in den öffentlichen Sitten und in der Akademie, die deren Ausdruck war. Doch zum Glück war die Akademie ja aufgehoben, und unter dem

Einfluß der neuen Ideen schufen David und seine Schüler eine Kunst, die eines freien Volkes würdig war. Unter den jungen Künstlern erkannte Gamelin Hennequin und Topino-Lebrun neidlos als die ersten an. Dubois gab Regnault, seinem Lehrer, den Vorzug vor David und setzte seine Hoffnungen in der Malerei auf den jungen Gérard.

Elodie sagte der Bürgerin Thévenin Artigkeiten über ihr rotes Samtbarett und ihr weißes Kleid. Und die Schauspielerin rühmte die Toiletten ihrer beiden Gefährtinnen und verriet ihnen, wie sie sich noch schöner kleiden könnten, indem sie noch mehr auf Einfachheit hielten.

»Man ist nie einfach genug gekleidet«, sagte sie. »Wir lernen das im Theater, wo alle Bewegungen und Stellungen durch das Kleid durchscheinen sollen. Darin liegt die einzige Schönheit.«

»Sie haben recht, meine Schöne«, erwiderte Elodie. »Aber bei Kleidern ist nichts kostspieliger als die Einfachheit. Und wenn wir Fransen benutzen, so geschieht das nicht immer aus schlechtem Geschmack, sondern auch aus Sparsamkeit.«

Sie sprachen lebhaft von den Herbstmoden, den Kleidern aus einem Stück und den kurzen Taillen.

»Viele Damen machen sich häßlich, indem sie der Mode folgen«, sagte die Thévenin. »Man muß sich nach seiner Körperform kleiden.«

»Schön –«, warf Gamelin dazwischen, »– sind nur die um den Körper gelegten, gerafften Stoffe. Alles Zugeschnittene und Genähte ist scheußlich.«

Diese Worte, die eher in ein Buch von Winckelmann als in den Mund von einem gehörten, der mit Pariserinnen sprach, wurden mit Verachtung übergangen.

»Für den Winter«, sagte Elodie, »macht man lappländische Stepppröcke aus Futtertaft oder Köperseide und langschößige Jacken à la Zuleima in rundem Schnitt mit türkischer Weste.«

»Das sind Kleider für arme Leute«, sagte die Thévenin. »Man kauft sie fertig. Ich habe eine kleine Schneiderin, die wunderbar arbeitet und nicht teuer ist. Ich schicke sie Ihnen, meine Liebste.«

Und mit leichten und raschen Worten entfalteten sie prüfend die feinen Gewebe, gestreiften Seidentaft, Uni-Pekingseide, Köper, Gaze und Nankingstoff.

Der alte Brotteaux hörte ihrem Geplauder zu und gedachte mit schwermütiger Wollust, wie diese Hüllen eine Saison lang die reizenden Formen verbergen, die auch nur wenige Jahre dauern, doch ewig wiederkehren wie die Blumen auf den Feldern. Und seine Blicke, die von den drei jungen Mädchen zu den Kornblumen und zu dem Mohn in den Ackerfurchen schweiften, wurden feucht von lächelnden Tränen.

Gegen neun Uhr kamen sie nach Orangis und kehrten im Gasthaus ›Zur Glocke‹ ein. Der Bürger Blaise, der sich bereits zurechtgemacht hatte, streckte den Damen die Hände entgegen. Man bestellte das Mittagessen, dann zogen alle mit ihren Malkästen, Sonnenschirmen, Staffeleien und Papierblocks, die ein kleiner Dorfbube vor ihnen hertrug, zu Fuße nach der Mündung der Orge in die Yvette, einem reizenden Punkte, von dem man die grüne Ebene von Longjumeau übersah, begrenzt von der Seine und den Wäldern von Sainte-Geneviève.

Jean Blaise, der die Führung des Künstlertrupps übernommen, wechselte mit dem früheren Finanzmann kurzweilige Reden, in denen ohne Ordnung und Wahl Verboquet der Großmütige, die Hausiererin Katharina Cuissot, die Fräulein Chaudrons, der Zauberer Galichet und die neueren Gestalten von Cadet-Rousselle und Madame Angot vorkamen.

Evarist wurde von plötzlicher Naturschwärmerei ergriffen; beim Anblick der garbenbindenden Erntearbeiter fühlte er seine Augen von Tränen feucht werden; Träume von Frieden und Eintracht erfüllten sein Herz. Demahis blies den Bürgerinnen die leichten Samenkörner des Löwenzahns in die Haare. Da sie alle drei eine städtische Vorliebe für Blumenpflücken hatten, so brachen sie auf den Wiesen Königskerzen mit ihren dicht um den Blumenstiel wachsenden Blüten, Glockenblumen mit ihren in Absätzen angeordneten, zartlila Glöckchen, die dünnen Raupen der duftenden Verbenen, Krauseminze, Schafgarbe, Gelbkraut und alle die Feldblumen des Spätsommers. Und da Rousseau das Botanisieren unter den Stadtmädchen in Mode gebracht hatte, so kannten alle drei die Namen und Liebesfunktionen dieser Blumen. Die zarten Kelche, von der Dürre halb welk, entblätterten sich in Elodies Händen und regneten zu ihren Füßen nieder. Sie seufzte in ehrlicher Trauer:

»Ach! Die Blumen welken schon!«

Alle machten sich an die Arbeit und suchten die Natur so wiederzugeben, wie sie sie sahen; aber jeder sah sie mit den Augen eines Meisters. Binnen kurzem hatte Philipp Dubois einen verlassenen Pachthof, sturmgeknickte Bäume, einen versiegten Gießbach im Stile von Hubert Robert gemodelt. Evarist Gamelin fand am Ufer der Yvette die Landschaften von Poussin wieder; Philipp Demahis entwarf einen Taubenschlag im Schelmenstil von Callot und Duplessis. Der alte Brotteaux, der die Holländer nachahmen wollte, strichelte sorgfältig an einer Kuh. Elodie skizzierte eine Strohhütte, und ihre Freundin Julie, die Tochter eines Farbenhändlers, setzte ihr die Farben auf. Dorfkinder drängten sich an sie heran und sahen zu, wie sie malte. Sie hieß sie, ihr aus dem Wege zu gehen, nannte sie ›Fliegen‹ und gab ihnen Karamellen. Die Bürgerin Thévenin suchte sich die hübschesten von ihnen heraus, wischte ihnen den Mund ab, küßte sie und flocht ihnen Blumen ins Haar. Sie liebkoste sie sanft und schwermütig, weil sie nicht die Freude hatte, Kinder zu besitzen, und auch, um sich durch den Ausdruck zärtlicher Gefühle zu verschönen und ihre Kunst der Stellung und Gruppierung zu üben.

Sie war die einzige, die nicht malte oder zeichnete. Sie beschäftigte sich mit dem Einstudieren einer Rolle und noch mehr damit, zu gefallen. Mit ihrem Rollenheft in der Hand schwebte sie ätherisch und anmutig von einem zum andern. »Kein Teint, keine Figur, kein Körper, keine Stimme«, sagten die Frauen von ihr; sie erfüllte den Raum mit Bewegung, Farbe und Harmonie. Verblüht und doch hübsch, müde und doch unermüdlich, bildete sie das Entzücken der Reisegesellschaft. Launisch, aber stets lustig, empfindlich und reizbar und doch anschmiegend und bestimmbar, scharf in ihren Ausdrücken bei höflichstem Tone, eitel und bescheiden, ehrlich und falsch, aber stets köstlich, brachte es Rose Thévenin trotzdem nicht zur angebeteten Göttin, weil die Zeiten schlecht waren und weil Paris weder Weihrauch noch Altäre für die Grazien mehr besaß. Die Bürgerin Blaise schnitt zwar Gesichter, wenn sie von ihr sprach, und nannte sie ihre Stiefmutter, konnte sich der Wirkung ihrer Grazie aber doch nicht entziehen.

Im Theater Feydeau wurden die ›Visitandinerinnen‹ geprobt, und Rose war glücklich, in diesem Stück eine Rolle voller Natürlichkeit zu spielen. Denn Natürlichkeit suchte sie, erstrebte und erreichte sie.

»Pamela wird also nicht gespielt?« fragte der schöne Demahis.

Das Nationaltheater war geschlossen und die Schauspielerinnen nach der Besserungsanstalt geschickt worden.

»Ist das Freiheit?« rief die Thévenin, ihre schönen Augen entrüstet gen Himmel erhebend.

»Die Schauspieler vom Nationaltheater«, sagte Gamelin, »sind Aristokraten, und das Stück des Bürgers François ruft die Sehnsucht nach den Adelsprivilegien wach.«

»Meine Herren«, fragte die Thévenin, »können Sie nur das anhören, was Ihnen schmeichelt?«

Gegen Mittag wurden alle heißhungrig, und die kleine Gesellschaft kehrte ins Gasthaus zurück.

Evarist erinnerte Elodie lächelnd an ihre erste Begegnung.

»Zwei junge Vögel waren vom Dache gefallen; ihr Nest war über Ihrem Fenstersims. Sie fütterten sie auf, der eine kam durch und flog davon. Der andere starb in dem Wattenest, das Sie ihm gemacht hatten. Sie sagten: ›Den hatte ich am liebsten.‹ An diesem Tage trugen Sie, Elodie, eine rote Schleife im Haar.«

Philipp Dubois und Brotteaux waren etwas zurückgeblieben und sprachen von Rom, das sie beide besucht hatten, der eine im Jahre 72, der andere in den letzten Tagen der Akademie. Der alte Brotteaux erinnerte sich der Prinzessin Mondragone, der er seine Liebe erklärt hätte, wäre ihr Graf Altieri nicht wie ihr Schatten gefolgt. Philipp Dubois verschwieg nicht, daß er beim Kardinal de Bernis gespeist hätte und daß dieser der liebenswürdigste Wirt von der Welt gewesen sei.

»Ich habe ihn gekannt«, sagte Brotteaux, »und ohne mich zu rühmen, darf ich sagen, ich gehörte eine Zeitlang zu seinen intimsten Bekannten: er verkehrte nämlich gern mit dem Pöbel. Der Kardinal war ein liebenswürdiger Mann, und obwohl er von Berufs wegen Fabeln erzählte, so besaß er im kleinen Finger doch mehr gesunde Lebensweisheit, als alle unsere Jakobiner, die uns tugendhaft und göttergleich machen wollen, im Kopfe haben. Wahrhaftig, mir sind unsere schlichten Hostienesser, die nicht wissen, was sie reden und tun, weit lieber als die wütenden Gesetzesfabrikanten, die uns emsig guillotinieren, um uns zur Weisheit und zur Tugend zu erziehen und uns die Verehrung des höchsten Wesens zu lehren, das sie nach ihrem Ebenbild schufen. In der alten Zeit ließ ich in der Kapelle von Les Ilettes einen armen Teufel von Pfarrer die Messe lesen, der beim Glase Wein sagte: ›Schelten wir die armen Sünder nicht! Wir leben von ihnen, wir unwürdigen Priester!‹ Sie werden zugeben, mein Herr, daß dieser Paternosterbeter gesunde Grundsätze über die Regierung hatte. Dahin müßte man zurückkehren und die Menschen so regieren, wie sie sind, und nicht, wie man sie haben möchte.«

Die Thévenin hatte sich dem alten Brotteaux genähert. Sie wußte, daß er früher in großem Stile gelebt hatte, und in ihrer Phantasie umkleidete sie mit dieser glänzenden Erinnerung die gegenwärtige Armut des Finanzmannes, die ihr um so weniger demütigend erschien, als sie allgemein und durch die öffentliche Zerrüttung herbeigeführt war. In ihm sah sie mit einem Gemisch von Neugier und Hochachtung das Schattenbild eines jener freigebigen Krösusse, die ihre älteren Kolleginnen seufzend priesen. Auch die Manieren dieses Biedermannes in dem abgeschabten, aber sauberen flohbraunen Rocke sagten ihr zu.

»Herr Brotteaux«, redete sie ihn an, »man weiß, daß Sie früher einen schönen Park besaßen, der des Nachts illuminiert wurde und in dessen Myrtengebüschen Sie sich mit Schauspielerinnen und Tänzerinnen beim Klang ferner Flöten und Violinen verloren ... Ach! Ihre Sterne von der Oper und der Comédie Française waren gewiß schöner als wir armen kleinen Schauspielerinnen von heute.«

»Durchaus nicht, mein Fräulein«, erwiderte Brotteaux. »Im Gegenteil; hätte es zu jener Zeit eine wie Sie gegeben, so wäre sie, wenn sie nur gewollt hätte, als alleinige Gebieterin und ohne jede Nebenbuhlerschaft in dem Park lustwandelt, von dem Sie sich eine so schmeichelhafte Vorstellung zu machen belieben ...«

Das Gasthaus ›Zur Glocke‹ war ländlich. Ein Stechpalmzweig hing über der Einfahrt, die in einen stets feuchten Hof führte, auf dem Hühner herumpickten. Die Rückseite des Hofes nahm das Gasthaus ein. Es bestand aus zwei Stockwerken mit hohem, bemoostem Ziegeldach. Die Mauern verschwanden unter alten Kletterrosen, die in vollem Flor standen. Rechts zog sich eine niedrige Gartenmauer, über die Distelköpfe hinwegsahen. Links war der Pferdestall mit einer Raufe an der Außenwand und ein Heuboden mit offenem Balkenwerk. An der Mauer lehnte eine Leiter. Unter einem Schuppen, der voller Ackergerät und Baumstümpfe war, saß auf einem alten zweirädrigen Wagen ein weißer Hahn und bewachte seine Hennen. Auf dieser Seite war der Hof durch Viehställe begrenzt; davor ragte wie ein Siegesmahl ein Dunghaufen empor, den eben eine strohblonde Magd, mehr breit als lang, mit ihrer Forke umgrub. Ihre Holzschuhe waren voller Jauche, die ihre bloßen Füße netzte, so daß die Hacken, die sich hin und wieder hoben, safrangelb waren. Unter ihrem hochgeschürzten Rock kamen die dicken, tiefsitzenden, schmutzigen Waden zum Vorschein. Philipp Demahis sah ihr zu, überrascht und belustigt von dem wunderlichen Naturspiel, das diesem Mädchen mehr Breite als Länge gegeben hatte.

Der Wirt rief: »He! Klotz! Geh Wasser holen!«

Sie drehte sich um und zeigte ein scharlachrotes Gesicht

mit breitem Munde, dem ein Stück Kiefer fehlte. Ein Stierhorn war nötig gewesen, um in dieses mächtige Gebiß eine Lücke zu schlagen. Sie nahm ihre Forke auf die Schulter und grinste. Ihre dicken Arme glänzten in der Sonne.

Der Tisch war in der niedrigen Wirtsstube gedeckt. Auf dem Rande des mit alten Flinten geschmückten Herdmantels brutzelten die Brathühner. Die Wirtsstube war mehr als zwanzig Fuß lang und mit Kalk getüncht. Sie erhielt ihr einziges Licht durch die grünlichen Scheiben der Tür und ein rosenumranktes Fenster, an dem die Großmutter am Spinnrade saß. Sie trug eine Spitzenhaube aus der Zeit der Regentschaft. Mit den knotigen Fingern ihrer braungefleckten Hände drehte sie die Spindel. Fliegen setzten sich auf den Rand ihrer Augenlider; sie verscheuchte sie nicht. Als ihre Mutter sie noch im Arme trug, hatte sie Ludwig XIV. in einer Karosse vorbeifahren sehen.

Vor sechzig Jahren war sie nach Paris gereist. Mit schwacher, singender Stimme erzählte sie den drei jungen Mädchen, die vor ihr standen, sie hätte das Rathaus, die Tuilerien und die Samaritaine gesehen, und als sie über den Pont Royal ging, war ein Apfelkarren, der nach dem Obstmarkte fuhr, geborsten, und die Äpfel waren von der Strömung fortgerissen worden, so daß die Seine ganz purpurrot wurde.

Sie wußte von den neuen Veränderungen im Königreich und vor allem von dem Streit zwischen den Pfarrern, die auf die neue Verfassung den Eid geleistet, und denen, die ihn verweigert hatten. Auch wußte sie, daß Kriege und Hungersnöte ausgebrochen und daß Zeichen am Himmel erschienen waren. Daß der König tot sei, glaubte sie nicht. Man hätte ihn, sagte sie, durch einen Keller entweichen lassen und an seiner Stelle einen Mann aus dem Volke geköpft.

Zu Füßen der Ahne lag in seiner Wiege das jüngste Kind des Gastwirts im Zahnfieber. Die Thévenin hob den Vorhang des Weidenkorbes auf und lächelte dem Kinde zu. Es mußte wohl recht krank sein, denn man hatte den Arzt, den Bürger Pelleport, gerufen, der als stellvertretendes Konventsmitglied für seine Besuche kein Geld nahm.

Die Bürgerin Thévenin, ein Kind aus dem Volke, war überall zu Hause. Unzufrieden mit der Art, wie der ›Klotz‹ das Geschirr gewaschen hatte, wischte sie die Teller, Gläser und Gabeln ab, indes die Gastwirtin, die Bürgerin Poitrine, die Suppe kochte und sie als gute Hausfrau abschmeckte. Elodie schnitt ein noch backwarmes Vierpfundbrot auf. Als Gamelin dies sah, sagte er zu ihr:

»Vor ein paar Tagen las ich ein Buch von einem jungen Deutschen, dessen Namen ich vergessen habe; die Übersetzung war gut. Ein schönes junges Mädchen, namens Lotte, schnitt wie Sie, Elodie, und ebenso anmutig das Brot auf, so daß der junge Werther sich beim bloßen Zusehen in sie verliebt.«

»Und haben die beiden sich geheiratet?« fragte Elodie.

»Nein«, erwiderte Evarist, »es endete mit Werthers gewaltsamem Tode.«

Da alles heißhungrig war, langte man zu, obschon das Essen mäßig war. Jean Blaise beschwerte sich darüber: er war ein Feinschmecker, und gut zu speisen war für ihn eine Lebensregel; ja gerade wegen der allgemeinen Teuerung erhob er seine Feinschmeckerei zum System. Die Revolution hatte in allen Häusern den Suppentopf umgestoßen. Die meisten Bürger hatten nichts zu beißen. Geschickte Leute wie Jean Blaise, die bei dem allgemeinen Elend viel verdienten, gingen ins Restaurant und bewiesen ihren Geist im Schlemmen. Brotteaux, der im Jahre zwei der Republik von Kastanien und Brotrinden lebte, gedachte an die Zeiten, wo er bei Grimod de la Reynière am Eingang der Champs-Elysées soupiert hatte. In dem Wunsche, sich bei dem Kohl mit Speck, den die Bürgerin Poitrine gekocht hatte, als Feinschmecker zu beweisen, erging er sich in Küchenrezepten und guten kulinarischen Regeln. Und als Gamelin erklärte, ein Republikaner verachte die Tafelgenüsse, gab der alte Steuerpächter und Altertumsfreund dem jungen Spartaner das echte Rezept der schwarzen Suppe.

Nach Tisch ließ Jean Blaise, der die ernsten Geschäfte nicht vergaß, durch seine ländliche Malakademie Skizzen und Entwürfe des Gasthofes anfertigen, den er in seinem Verfall ganz romantisch fand. Während Demahis und Dubois die Kuhställe zeichneten, ging der ›Klotz‹ die Schweine füttern. Der Bürger Pelleport, der eben aus der Wirtsstube kam, wo er dem zahnenden Kinde einen Krankenbesuch abgestattet hatte, trat an die Künstler heran, beglückwünschte sie zu ihren Talenten, die der ganzen Nation zur Ehre gereichten, und wies dann auf den ›Klotz‹ inmitten der Schweine.

»Sehen Sie dieses Geschöpf«, sagte er, »das ist nicht *ein* Mädchen, wie Sie vielleicht glauben, sondern zwei. Verstehen Sie mich wohl, ich meine es wörtlich. Da mich der riesige Umfang ihres Knochengerüstes verwunderte, so hab' ich sie untersucht und festgestellt, daß die meisten Knochen bei ihr doppelt sind. An jedem Bein hat sie zwei zusammengewachsene Schenkelknochen, an jeder Schulter zwei Oberarmknochen. Auch die Muskeln sind doppelt. Sie besteht nach meiner Meinung aus zusammengewachsenen Zwillingen. Der Fall ist interessant. Ich habe Herrn Saint-Hilaire darauf aufmerksam gemacht, er war mir dankbar dafür. Es ist eine Mißgeburt, was Sie da vor sich sehen, Bürger. Die Leute nennen sie den ›Klotz‹; sie sollten sagen: ›die Klötze‹, denn es sind zwei. Die Natur hat wunderliche Launen ... Guten Tag, Bürger, Malersleute! Heute nacht gibt's ein Gewitter ...«

Man aß bei Kerzenlicht zu Abend; dann spielte die Blaisesche Akademie auf dem Hofe des Gasthauses unter Mitwirkung eines Wirtssohnes und einer Wirtstochter Blindekuh. Die jungen Leute und Mädchen entwickelten dabei eine in ihren Jahren begreifliche Lebhaftigkeit; aber vielleicht spornte die Unsicherheit und die Wildheit der Zustände ihren Eifer noch an. Als es Nacht war, schlug Jean Blaise vor, in der Wirtsstube harmlose Spiele zu spielen. Elodie wollte ›Herzfangen‹ spielen, und die ganze Gesellschaft ging darauf ein. Auf Geheiß des jungen Mädchens zeichnete Philipp Demahis mit Kreide sieben Herzen auf die Möbel, die Türen und Wände, das heißt eins weniger als Mitspieler waren; denn der alte Brotteaux hatte sich höflich dazugesellt. Man tanzte den Reigen ›La Tour, gib acht!‹ und auf ein Zeichen Elodies lief jeder und suchte seine Hand auf ein Herz zu legen. Gamelin war zerstreut und ungeschickt, er kam zu spät und mußte ein Pfand geben, das kleine Messer für sechs Heller vom Jahrmarkt von Saint-Germain. Das Spiel ging wieder an, und nach und nach kamen Blaise, Elodie, Brotteaux und die Thévenin zu spät und mußten ebenfalls ein Pfand geben: einen Ring, einen Strickbeutel, ein kleines Buch in Maroquineinband, ein Armband. Dann nahm Elodie die Pfänder auf den Schoß und diese wurden ausgelost. Jeder mußte seine gesellschaftlichen Talente zeigen, ein Lied singen oder Verse aufsagen. Brotteaux rezitierte die Rede des Schutzpatrons von Frankreich aus dem ersten Gesang von Voltaires ›Pucelle‹.

»Ich bin Denis und Heiliger von Beruf,
Ich liebe Gallien …«

Der Bürger Blaise, obwohl nicht so literarisch gebildet, gab schlagfertig die Antwort Richmonds:

»Herr Heiliger, es war der Müh' nicht wert,
Daß Sie vom Himmel sich herab beschwert.«

Damals las man mit Entzücken immer und immer wieder das Meisterwerk des französischen Ariost. Die ernstesten Männer schmunzelten über Johannas Liebschaft mit Dunois, über die Abenteuer von Agnes und Monrose und die Taten des geflügelten Esels. Alle Gebildeten wußten die schönsten Stellen dieser amüsanten philosophischen Dichtung auswendig. Selbst der strenge Evarist Gamelin sagte, als er sein Sechshellermesser aus Elodies Schoß nahm, Grisbourdons Höllenfahrt gutwillig her. Die Bürgerin Thévenin sang ohne Begleitung Ninas Romanze ›Wenn der Liebste wiederkehrt‹, und Demahis stimmte nach der Melodie eines Gassenhauers das Lied an:

Sankt-Anton, dem frommen,
Ward ein Schwein genommen;
'ne Kapuze kriegt es auf,
Und so ward ein Mönch daraus.
Kleider machen Leute.

Trotzdem war Demahis sorgenvoll. In alle drei jungen Mädchen, mit denen er das Pfänderspiel spielte, war er sterblich verliebt, und allen dreien warf er feurige Blicke zu. Die Thévenin liebte er wegen ihrer Anmut, ihrer Geschmeidigkeit und ihrer berechneten Kunst, wegen ihrer Blicke und ihrer Stimme, die zu Herzen gingen. Elodie liebte er, weil er ihr üppiges, reiches spendendes Wesen herausfühlte, und Julie Hazard hatte es ihm trotz ihrer farblosen Haare, ihrer weißen Wimpern, ihrer Sommersprossen und ihrer hageren Figur angetan, weil er, wie jener Dunois, von dem Voltaire in seiner ›Pucelle‹ spricht, im Überschwang seines Herzens auch der Unschönsten einen Reiz verlieh, zumal Julie ihm augenblicklich die am wenigsten Umworbene und daher die am leichtesten Angreifbare schien. Jeder Eitelkeit bar, war er nie sicher, ob er Gefallen erregen, aber auch nie, ob er abblitzen würde. Und so probierte er denn sein Glück und benutzte die bequeme Gelegenheit des Pfänderspiels, um der Thévenin ein paar zärtliche Worte zu sagen. Sie war nicht böse darüber, konnte aber unter den eifersüchtigen Blicken des Bürgers Jean Blaise nichts darauf erwidern. Stärker setzte er schon der Bürgerin Elodie zu, obwohl er wußte, daß ihr Herz Gamelin gehörte; doch er war nicht so anspruchsvoll, ein Herz für sich allein zu verlangen. Elodie konnte ihn nicht lieben, fand ihn jedoch schön und vermochte ihm dies nicht ganz zu verhehlen. Schließlich flüsterte er der Bürgerin Hazard seine glühendsten Beteuerungen ins Ohr. Sie erwiderte sie mit verdutzter Miene, die sowohl tiefe Hingebung als auch stumpfe Gleichgültigkeit bedeuten konnte. Aber an Gleichgültigkeit mochte Demahis nicht glauben …

Im Gasthause waren nur zwei Schlafzimmer, beide im ersten Stock und auf dem gleichen Flur. Das links gelegene war das schönere; es hatte eine geblümte Tapete und einen handgroßen Spiegel, dessen Goldrahmen seit drei Menschenaltern mit Fliegenschmutz bedeckt war. Unter einem Betthimmel aus geblümtem Kattun standen zwei Betten mit Federkissen, Daunenbetten und wattierten Steppdecken. Das Zimmer war für die drei jungen Mädchen bestimmt.

Beim Schlafengehen wünschten sich Demahis und die Bürgerin Hazard, beide mit einem Licht in der Hand, gute Nacht. Der Kupferstecher steckte der Tochter des Farbenhändlers auf dem Flur einen Zettel zu, worin er sie bat, ihn, wenn alles schliefe, auf dem Boden über dem Zimmer der jungen Mädchen zu treffen.

Klug vorausschauend, hatte er am Tage die Örtlichkeit ausgekundschaftet und diesen Boden entdeckt, der mit Zwiebelknollen, mit trocknenden, wespenumschwärmten Früchten, Kisten und alten Reisekoffern angefüllt war. Sogar ein altes, wackliges, scheinbar ausrangiertes Gurtbett hatte er dort entdeckt, sowie eine zerlöcherte Matratze, auf der Flöhe hüpften.

Das andere Schlafzimmer lag dem der drei jungen Mädchen gegenüber. Es war ziemlich klein und hatte drei Betten, mit denen die Herren fürliebnehmen mußten. Aber Brotteaux, der ein Sybarit war, schlich sich auf den Heuboden, um im Heu zu schlafen, und Jean Blaise war verschwunden. Dubois und Gamelin schliefen bald ein. Auch Demahis ging zu Bette; als jedoch die Stille der Nacht das Haus wie ein stilles Wasser umflutete, stand er auf und stieg die Holztreppe hinan, die unter seinen bloßen Füßen knarrte. Die Bodentür war angelehnt. Eine schwüle Hitze, vermischt mit dem Geruch faulen Obstes, quoll ihm entgegen. In dem wackligen Gurtbett schlief offenen Mundes der ›Klotz‹, mit hochgestreiftem Hemd und ausgespreizten Beinen, ein wahrer Elefant. Durch die Dachluke fiel ein bläulicher Mondstrahl silbern auf ihre Haut, die überall, wo die Schmutzkruste und die Jauchespritzer fehlten, jugendfrisch glänzte. Demahis machte sich über sie her. Sie fuhr hoch, erschrak heftig und schrie. Sobald sie aber begriff, was er von ihr wollte, zeigte sie sich weder überrascht noch widerspenstig und tat so, als läge sie noch im Halbschlummer, der ihr das helle Bewußtsein raubte und ihr erlaubte, dem Gefühl nachzugeben …

Demahis kehrte in das Schlafzimmer zurück und schlief bis zum hellen Tage ruhig und tief.

Nach einem zweiten Arbeitstage trat die Wanderakademie am nächsten Abend die Heimreise nach Paris an. Als Jean

Blaise die Rechnung in Assignaten bezahlte, klagte der Bürger Poitrine, daß er immer nur ›viereckiges Geld‹ zu sehen kriegte, und gelobte dem Kerl eine dicke Opferkerze, der die Goldfüchse wieder ins Land brächte.

Den Damen verehrte er Blumen. Auf sein Geheiß kletterte der ›Klotz‹ in seinen Holzpantinen auf eine Leiter, wo er hochaufgeschürzt seine schmutzigen Waden präsentierte und unermüdlich die Kletterrosen abschnitt, welche die Mauer bedeckten. Aus seinen dicken Händen regneten die Rosen wie eine Lawine in die ausgespannten Röcke der drei jungen Mädchen, und die ganze Kutsche wurde voll davon. Als sie in der Nacht heimkehrten, brachten sie Arme von Rosen mit, und ihr Schlaf wie ihr Erwachen war von Rosenduft umfangen.

ELFTES KAPITEL

Am Morgen des 7. September begab sich die Bürgerin Rochemaure zu dem Geschworenen Gamelin, der sich eines Verdächtigen aus ihrer Bekanntschaft annehmen sollte. Auf dem Treppenflur begegnete sie dem früheren Brotteaux des Ilettes, den sie in den Tagen des Glückes geliebt hatte. Er wollte eben zwölf Dutzend selbstverfertigte Hampelmänner zu dem Spielwarenhändler in der Rue de la Loi bringen; um sie leichter zu transportieren, hatte er sie nach Art der Straßenhändler oben an einer Stange befestigt. Er benahm sich galant gegen alle Frauen, auch gegen solche, deren Reiz durch langen Verkehr für ihn abgestumpft war, wie dies bei der Bürgerin Rochemaure der Fall sein mußte, sofern nicht Verrat, Trennung, Untreue und ihre Rundlichkeit ihr in seinen Augen neue Reize verliehen. Jedenfalls begrüßte er sie auf dem schmutzigen Treppenflur mit den ausgetretenen Stiegen wie dereinst auf den Stufen der Freitreppe von Les Ilettes und bat sie um die Ehre ihres Besuches in seinem Bodengelaß. Ziemlich behende stieg sie die Leiter hinauf und befand sich unter einem Dachstuhl, dessen schräge Balken ein Ziegeldach trugen, in dem sich eine Luke befand. Man konnte kaum aufrecht stehen. Sie setzte sich auf den einzigen Stuhl, der sich in diesem Loche befand, und ließ ihre Blicke über das klaffende Ziegeldach schweifen. Dann sagte sie überrascht und betrübt:

»Hier hausen Sie, Maurice? Belästigung haben Sie hier freilich nicht zu fürchten. Nur der Teufel oder die Katzen suchen Sie hier auf.«

»Der Raum ist allerdings klein«, antwortetet der einstige Steuerpächter. »Und ich verhehle Ihnen nicht, daß es manchmal auf mein elendes Bett regnet. Das ist ein kleiner Nachteil. Aber in hellen Nächten sehe ich dafür den Mond scheinen, das Abbild und den Zeugen der menschlichen Liebschaften. Denn der Mond, Madame, wurde in allen Zeiten von den Liebenden zum Zeugen angerufen, und bei Vollmond gemahnt seine bleiche, runde Gestalt die Liebhaber an den Gegenstand ihres Verlangens.«

»Ich verstehe«, nickte die Bürgerin.

»Im Lenz«, fuhr Brotteaux fort, »machen die Katzen beträchtlichen Lärm in der Dachrinne. Doch man muß es der Verliebtheit nachsehen, daß sie auf den Dächern miaut und schwört, da sie ja das Leben der Menschen mit Qualen und Verbrechen erfüllt.«

Beide waren so klug gewesen, sich wie Freunde zu begegnen, die sich am Abend vorher getrennt hatten, um zur Ruhe zu gehen. Und so unterhielten sie sich denn freundlich und vertraulich, wiewohl sie sich fremd geworden.

Trotzdem war Frau von Rochemaure bekümmert. Die Revolution, die für sie so lange unterhaltsam und erfolgreich gewesen, bereitete ihr jetzt Sorgen und Befürchtungen. Ihre Soupers waren weniger glänzend und fröhlich als sonst. Ihr Harfenspiel heiterte die finstern Gesichter nicht mehr auf; und die reichsten Glücksspieler verließen ihre Spieltische. Mehrere ihrer Vertrauten verbargen sich als verdächtig; ihr Freund, der Bankier Morhardt, saß im Gefängnis, und seinetwegen wollte sie den Geschworenen Gamelin anrufen. Sie selbst war verdächtig. Nationalgardisten hatten bei ihr Haussuchung gehalten, in den Schubladen ihrer Kommoden gewühlt, die Dielen ihres Fußbodens aufgebrochen und ihre Matratzen mit Bajonettstichen durchbohrt. Sie hatten jedoch nichts gefunden, um Entschuldigung gebeten und ihren Wein getrunken. Doch um ein Haar hätten sie ihre Korrespondenz mit einem Emigranten, dem Herrn von Expilly, entdeckt. Einige Freunde, die sie unter den Jakobinern besaß, hatten ihr bedeutet, daß der schöne Henri, ihr Trabant, sich durch die Heftigkeit seiner Reden, die zu maßlos waren, um ehrlich zu sein, mißliebig machte.

Die Ellenbogen auf die Knie gestemmt und die Wangen in die Hände gelegt, fragte sie ihren alten Freund, der auf seinem Strohsack saß, sorgenvoll:

»Was denken Sie von alledem?«

»Ich denke, daß diese Leute einem Philosophen und einem

Zuschauer der Ereignisse reichlichen Stoff zum Nachdenken und zur Unterhaltung liefern. Aber für Sie, liebe Freundin, wäre es besser, Sie wären nicht in Frankreich.«

»Maurice, wohin führt uns das noch?«

»Die Frage, Louise, stellten Sie mir schon einmal, als wir am Ufer des Cher nach Les Ilettes fuhren und unser Pferd das Gebiß zwischen die Zähne nahm und in wildem Galopp durchging. O Neugier der Frauen! Auch heute wollen Sie wissen, wohin die Fahrt geht. Fragen Sie die Kartenlegerinnen. Ich bin kein Wahrsager, Verehrteste. Und die Philosophie, auch die gesündeste, hilft uns nur wenig die Zukunft entschleiern. Ein Ende wird auch dies nehmen, wie alle Dinge. Aber es gibt mehrere Auswege. Den Sieg der Koalition und den Einzug der Alliierten in Paris. Sie sind gar nicht weit, gleichwohl zweifle ich am Gelingen. Die Heere der Republik sind trotz aller Schläge von unermüdlicher Kampflust. Es kann auch sein, daß Robespierre die Königin heiraten und sich während der Minderjährigkeit Ludwigs XVII. zum Protektor des Königreiches machen läßt.«

»Glauben Sie?« rief die Bürgerin aus, voll Begier, sich an dieser schönen Intrige zu beteiligen.

»Schließlich«, fuhr Brotteaux fort, »kann auch die Vendée siegen, und die Priesterschaft erhebt sich von neuem auf Trümmerhaufen und Leichenhügeln. Sie ahnen ja nicht, teure Freundin, welche Macht der Klerus über die meisten Esel noch hat ... Ich habe mich versprochen, ich meinte die meisten Seelen ... Nach meiner Ansicht ist das wahrscheinlichste, daß das Revolutionstribunal das Regime, von dem es eingesetzt ist, vernichtet; es bedroht zu viele Köpfe. Die von ihm Erschreckten sind zahllos; sie werden sich zusammentun, und um es zu vernichten, werden sie das ganze Regime stürzen. Ich glaube, auf Ihre Veranlassung ist der junge Gamelin in diesen Gerichtshof berufen worden. Er ist tugendhaft; er wird ein Wüterich werden. Je mehr ich drüber nachdenke, liebe Freundin, um so mehr glaube ich, daß dieses Tribunal, das die Republik retten soll, sie zerstören wird. Der Konvent wollte, ganz wie das Königstum, seine großen Strafgerichte, seine peinlichen Gerichtshöfe haben und sich durch Beamte sichern, die er ernennt und die von ihm abhängen. Aber wie sehr stehen die großen Strafgerichte des Konvents denen der Monarchie nach, und wieviel unpolitischer ist sein peinlicher Gerichtshof als der Ludwigs XIV.! Im Revolutionstribunal herrscht ein Geist niederer Justiz und blöder Gleichmacherei; der wird es bald verhaßt und lächerlich machen und jedermann Widerwillen einflößen. Wissen Sie, Louise, daß dieses Gericht, vor dem die Königin von Frankreich und einundzwanzig Gesetzgeber demnächst erscheinen sollen, gestern eine Dienstmagd verurteilt hat, weil sie in böser Absicht, um die Republik zu stürzen, gerufen hat: ›Vive le roi!‹ Unsere Richter mit ihren schwarzen Federhüten arbeiten im Stil William Shakespeares, den die Engländer so lieben und der in die erschütterndsten Szenen seiner Stücke grobe Narrenpossen einflicht.«

»Sagen Sie mal, Maurice«, fragte die Bürgerin, »haben Sie noch immer Glück in der Liebe?«

»Ach!« seufzte Brotteaux, »die Tauben fliegen zum weißen Taubenschlag und setzen sich nicht auf Turmruinen.«

»Sie sind der alte geblieben ... Auf Wiedersehen, mein Freund!«

Am selben Abend kam der Dragoner Henri unaufgefordert zu Frau von Rochemaure. Er traf sie beim Versiegeln eines Briefes, auf dem er die Adresse des Bürgers Rauline in Vernon las. Er wußte, daß der Brief für England bestimmt war. Durch einen Postillon der Paketpost erhielt Rauline die Korrespondenz der Frau von Rochemaure und ließ sie von einer Seefischhändlerin nach Dieppe befördern. In der Nacht brachte ein Fischerboot sie an Bord eines britischen Schiffes, das vor der Küste kreuzte. Ein Emigrant, Herr von Expilly, nahm sie in London in Empfang und teilte sie, wenn er es für angezeigt hielt, dem Kabinett von Saint-James mit.

Henri war jung und schön. Achill besaß nicht soviel Anmut, mit Kraft vereint, als er die Waffen anlegte, die Odysseus ihm brachte. Doch die Bürgerin Rochemaure, die bisher für die Reize des jungen Revolutionshelden empfänglich gewesen, wandte ihr Denken und ihre Blicke jetzt von ihm ab, seit man sie bedeutet hatte, daß er den Jakobinern als Radikaler verdächtigt war. Dieser junge Soldat konnte sie bloßstellen und ins Verderben stürzen. Henri fühlte sich vielleicht nicht außerstande, der Liebe zu der Bürgerin Rochemaure zu entsagen; aber es verdroß ihn, daß sie ihn nicht mehr liebte. Auf sie rechnete er bei gewissen Ausgaben, zu denen der Dienst der Republik ihn verpflichtete. Schließlich dachte er auch an die verzweifelten Mittel, zu denen die Frauen bisweilen greifen, und wie rasch sie von der glühenden Zärtlichkeit zur kältesten Fühllosigkeit übergehen, wie leicht es ihnen fällt, das, was sie geliebt haben, zu opfern und das, was sie angebetet haben, zu vernichten. Und so kam ihm der Argwohn, die holde Louise könnte ihn eines Tages ins Gefängnis werfen lassen, um ihn loszuwerden. Seine Klugheit riet ihm, diese verlorene Schönheit wiederzuerobern. Deshalb erschien er, mit all seinen Reizen gewappnet. Er näherte sich ihr, entfernte sich, kam wieder näher, streifte sie und floh sie nach allen Ballettregeln der Verführung. Dann warf er sich in einen Fauteuil, und mit seiner bezwingenden Stimme, der kein Frauenherz standhielt, pries er die Natur und die Einsamkeit und schlug ihr seufzend einen Spaziergang nach Ermenonville vor.

Jedoch sie klimperte auf ihrer Harfe und warf ungeduldige, gelangweilte Blicke umher. Plötzlich stand Henri mit finsterer Entschlossenheit auf und erklärte, daß er zur Armee ginge und in einigen Tagen vor Maubeuge stände.

Sie nickte ihm billigend zu, ohne Zweifel oder Überraschung zu zeigen.

»Sie wünschen mir Glück zu diesem Entschluß?«

»Ich tue es.«

Sie wartete auf einen neuen Freund, der ihr ausnehmend gefiel und von dem sie sich große Vorteile versprach. Das war ein ganz anderer Mann als dieser: ein auferstandener Mirabeau, ein gereinigter und zum Armeelieferanten beförderter Danton, ein Löwe, der alle Patrioten in die Seine werfen wollte. Jeden Augenblick glaubte sie die Klingel zu hören und fuhr auf.

Um Henri loszuwerden, schwieg sie, gähnte, blätterte in einem Notenheft und gähnte wieder. Da er keine Anstalten traf, sie zu verlassen, so erklärte sie, daß sie ausgehen müßte, und verschwand in ihrem Toilettenzimmer.

Mit bewegter Stimme rief er hinter ihr her:

»Adieu, Louise! ... Werd' ich Sie je wiedersehen?«

Und seine Hände wühlten in dem offenen Schreibtisch ...

Auf der Straße öffnete er den Brief an den Bürger Rauline und las ihn gespannt. Er enthielt in der Tat eine eigenartige Schilderung der öffentlichen Zustände in Frankreich. Von der Königin war die Rede, von der Thévenin, ja selbst von dem biederen Brotteaux des Ilettes.

Nachdem er den Brief gelesen, steckte er ihn in seine Tasche und blieb einen Augenblick unschlüssig stehen. Dann ging er, wie einer, der einen Entschluß gefaßt hat und der sich sagt: ›Je früher, desto besser‹ nach den Tuilerien und trat in das Vorzimmer vom allgemeinen Sicherheitsausschuß.

Am selben Tage, um drei Uhr nachmittags, setzte sich Evarist Gamelin auf die Geschworenenbank neben seine vierzehn Kollegen, die er größtenteils kannte, ehrliche und patriotische kleine Leute, Gelehrte, Künstler und Handwerker: ein Maler, wie er, ein Zeichner, beide sehr talentvoll, ein Wundarzt, ein Schuhmacher, ein früherer Marquis, der große Proben seines Bürgersinnes abgelegt hatte, ein Buchdrucker, kleine Kaufleute, kurz, ein Auszug des Pariser Volkes. Sie saßen in ihrem Arbeitskittel oder in bürgerlicher Kleidung, mit langen Haaren oder bezopft; sie hatten den Zweispitz ins Gesicht gedrückt, die runde Kappe auf den Hinterkopf geschoben oder die rote Mütze über die Ohren gezogen. Die einen trugen Rock, Weste und Kniehose wie in der alten Zeit, die anderen Karmagnole und gestreifte Beinkleider nach Art der Sansculotten. Sie hatten Stiefel, Schnallenschuhe oder Holzschuhe an und zeigten in ihrem Anzug alle Verschiedenheiten der damaligen Männertracht. Da sie alle schon mehrmals getagt hatten, so saßen sie gemächlich auf ihrer Bank, und Gamelin beneidete sie um ihre Seelenruhe. Sein Herz pochte, seine Ohren summten, seine Augen umflorten sich, und alles, was er sah, hatte einen fahlen Schein.

Als der Gerichtsdiener den Gerichtshof meldete, erschienen drei Richter auf einer kleinen Estrade und nahmen vor einem grünen Tische Platz. Sie trugen Hüte und Kokarden mit großen schwarzen Federn und die Amtsrobe mit einem Band in den Nationalfarben, von dem eine schwere silberne Medaille auf ihre Brust herabhing. Vor ihnen, zu Füßen der Estrade, saß der Vertreter der Anklage in der gleichen Tracht. Der Gerichtsschreiber nahm zwischen dem Richtertisch und dem leeren Stuhl für den Angeklagten Platz. Die drei Richter erschienen Gamelin heute anders als sonst, schöner, würdiger, furchtgebietender, obwohl sie sich zwanglos benahmen, in Schriftstücken blätterten, einen Gerichtsdiener riefen oder sich zurückneigten, um eine Mitteilung von einem Geschworenen oder einem Beamten entgegenzunehmen.

Über den Richtern hing die Tafel mit der Verkündung der Menschenrechte; rechts und links von ihnen, an den mittelalterlichen Mauern, waren die Büsten von Marat und Le Peltier angebracht. Gegenüber der Geschworenenbank, im Hintergrunde des Saales, erhob sich die Tribüne für das Publikum. Frauen hatten die erste Reihe inne, blond, brünett oder grau, mit hoher Spitzenhaube, deren Bänder ihre Wangen verschatteten. Auf ihren Busen, der nach der Tagesmode üppig hervortrat, kreuzte sich ein weißer Schal oder spannte sich der Latz einer blauen Schürze. Sie verschränkten die Arme auf der Brüstung der Tribüne. Hinter ihnen sah man auf den dünn besetzten Stufen die Bürger in ihrer mannigfachen Tracht, die den damaligen Versammlungen ein phantastisches, malerisches Aussehen gab. Rechts an der Eingangstür lief eine Holzschranke, hinter der die Stehplätze für die Zuschauer waren. Heute kamen nicht viele. Der Fall, den diese Sektion des Gerichtshofes zu entscheiden hatte, interessierte nur wenige; bei den anderen Sektionen, die zu gleicher Zeit Sitzung hatten, mußten sich wohl aufregendere Dinge zutragen.

Das beruhigte Gamelin etwas; denn sein Herz, das fast zu schlagen aufhörte, hätte den glühenden Dunstkreis einer großen Sitzung nicht ertragen. Sein Blick haftete an den geringsten Kleinigkeiten; er bemerkte die Watte im Ohr des Gerichtsschreibers, einen Tintenklecks auf den Akten des Vertreters der Anklage. Wie durch eine Lupe erkannte er die gemeißelten Blattkapitelle der gotischen Säulen, die aus einer Zeit stammten, wo jeder Begriff der antiken Baukunst verloren war und die Säulenknäufe mit Verzierungen von Nesseln und Stechblatt geschmückt wurden. Aber immer wieder schweiften seine Blicke zu dem altmodischen Lehnstuhl des Angeklagten mit seinem roten, abgenutzten Utrechter Samt und seinen vom Alter geschwärzten Armlehnen. Bewaffnete Nationalgarden hielten alle Ausgänge besetzt.

Endlich erschien der Angeklagte, von Grenadieren geführt, aber ungefesselt, wie das Gesetz es vorschrieb. Es war ein Mann in den Fünfzigern, hager, braun, kahlköpfig, mit hohlen Wangen und dünnen, bläulichen Lippen. Er trug einen rotbraunen Rock aus der alten Zeit und hatte offenbar Fieber, denn seine Augen leuchteten wie Karfunkel und seine Backen glänzten wie gefirnißt. Er nahm Platz, kreuzte die Beine, die auffällig mager waren, und umspannte die Knie mit seinen großen knochigen Händen. Er hieß Marie Adolphe Guillergues und war wegen Unterschleifs bei den öffentlichen Lieferungen angeschuldigt. Die Anklage legte ihm zahlreiche und schwere Vergehen zur Last, von denen aber keins klar bewiesen war. Beim Verhör leugnete Guillergues die meisten Straftaten und legte die übrigen zu seinen Gunsten aus. Er sprach deutlich, kalt und merkwürdig geschickt und erweckte den Eindruck von einem, mit dem man nicht gern Geschäfte macht. Auf alles hatte er eine Entgegnung. Stellte der Richter ihm eine peinliche Frage, so blieb sein Gesicht kalt und seine Worte bestimmt; nur seine beiden auf dem Knie gefalteten Hände krampften sich angstvoll zusammen. Gamelin merkte es und flüsterte seinem Nachbar, einem Maler, ins Ohr:

»Sehen Sie nur seine Daumen!«

Der erste Zeuge, der vernommen wurde, belastete ihn schwer. Auf ihn stützte sich die ganze Anklage. Die nach ihm aufgerufenen Zeugen hingegen sagten zu seinen Gunsten aus. Der Vertreter der Anklage wurde heftig, erging sich aber nur in unbestimmten Worten. Die Rede des Verteidigers klang treuherzig und gewann dem Beklagten die Sympathie, die er sich selbst nicht zu erringen vermochte. Das Verhör ward abgebrochen, und die Geschworenen zogen sich ins Beratungszimmer zurück. Dort schieden sich die Meinungen nach einer wirren und dunklen Debatte in zwei fast gleich starke Gruppen. Auf der einen Seite die Gleichgültigen, die Lauen, die Klugredner, die keine Leidenschaft beseelte, und andererseits die, welche sich vom Gefühl leiten ließen, die für Vernunftgründe kaum zugänglich waren und nur mit dem Herzen richteten. Die verurteilten stets; das waren die Guten und Lauteren. Sie dachten nur an die Rettung der Republik und sorgten sich nicht um das übrige. Ihr Benehmen machte einen tiefen Eindruck auf Gamelin, der sich mit ihnen eins fühlte.

»Dieser Guillergues«, dachte er, »ist ein geschickter Spitzbube, ein Verbrecher, der auf die Furage unserer Kavallerie spekuliert hat. Ihn freisprechen, heißt einen Verräter entwischen lassen, heißt das Vaterland verraten und das Heer dem Untergang weihen.« Und Gamelin sah bereits die Husaren der Republik auf ihren stolpernden Gäulen von den feindlichen Säbeln niedergehauen ... Doch wenn Guillergues unschuldig war? ...

Plötzlich dachte er an Jean Blaise, der auch wegen Unterschleifs bei den Armeelieferungen angeklagt war. Und wie ihn und Guillergues gab es gewiß manchen, der die Niederlagen herbeiführte und die Republik dem Untergang weihte! Man mußte ein Exempel statuieren! ... Doch wenn Guillergues unschuldig war? ...

»Wir haben keine Beweise«, sagte Gamelin laut.

»Man hat nie Beweise«, entgegnete achselzuckend der Obmann der Geschworenen, einer von den Gesinnungsvollen.

Die Abstimmung ergab sieben Schuldsprüche und acht Freisprüche. Die Geschworenen kehrten in den Gerichtssaal zurück, und die Verhandlung nahm ihren Fortgang. Die Geschworenen mußten jeder ihr Urteil begründen, und so sprach denn ein jeder vor dem leeren Lehnstuhl des Angeklagten, die einen weitschweifig, die anderen einsilbig; manche redeten unverständliches Zeug.

Als die Reihe an Gamelin kam, stand er auf und sagte:

»Entzieht man den Verteidigern des Vaterlandes die Mittel zum Siege, so ist das ein großes Verbrechen, das bündige Beweise erheischt. Die aber haben wir nicht.«

Der Angeklagte wurde mit Stimmenmehrheit freigesprochen.

Guillergues wurde wieder vorgeführt, von dem wohlwollenden Murmeln der Zuschauer begleitet, das ihm seine Freisprechung verkündete. Er war wie verwandelt. Die Härte seiner Züge war gewichen, seine Lippen hatten ihre Spannung verloren. Er sah ehrwürdig aus; seine Mienen kündeten Unschuld. Der Präsident las mit bewegter Stimme das freisprechende Urteil; die Zuschauer brachen in Beifall aus. Der Gendarm, der Guillergues vorgeführt hatte, schloß ihn in seine Arme. Der Präsident rief ihn heran und gab ihm den Bruderkuß. Auch die Geschworenen umarmten ihn. Gamelin weinte heiße Tränen ...

Im Hofe des Justizpalastes, von den letzten Sonnenstrahlen beleuchtet, wogte eine lärmende Menge. Die vier Sektionen des Revolutionstribunals hatten am letzten Tage dreißig Todesurteile verhängt, und auf den Stufen der Haupttreppe hockten Trikoteusen und warteten auf die Abfahrt der Henkerkarren. Als Gamelin in den Schwarm der Geschworenen und Zuschauer die Stufen hinabstieg, sah und hörte er nichts als sein gerechtes und menschliches Urteil, und er beglückwünschte sich selbst, daß er die Unschuld erkannt hatte. Auf dem Hofe warf sich Elodie, weiß gekleidet, unter Tränen lächelnd in seine Arme und blieb ohnmächtig darin liegen. Als sie wieder zu sprechen vermochte, sagte sie zu ihm:

»Evarist, du bist schön, du bist gut, du bist edelmütig! Droben im Saale ging mir der Klang deiner Stimme, so männlich und sanft, durch und durch wie magnetische Wellen. Ich war wie elektrisiert. Immerfort blickte ich nach eurer Bank. Ich sah nur dich allein. Aber du, Geliebter, du ahntest nichts von meiner Gegenwart? Sagte dir denn gar nichts, daß ich da war? Ich saß auf der Tribüne, rechts in der zweiten Reihe. O Gott! Wie schön ist es, Gutes zu tun! Du hast einen Unglücklichen gerettet. Ohne dich war's um ihn geschehen, er würde geköpft. Du hast ihm das Leben gerettet, ihn den Seinen wiedergegeben. Jetzt muß er dich segnen. Evarist, ich bin glücklich und stolz auf deine Liebe!«

Arm in Arm und eng aneinandergeschmiegt schritten sie durch die Straßen. Sie fühlten sich so leicht, als ob sie flögen.

Sie gingen zum ›Amor als Maler‹. Am Oratorium angelangt, sagte Elodie:

»Wir wollen nicht durch den Laden gehen.«

Sie führte ihn durch die Hofeinfahrt ins Haus. Als sie auf dem Treppenflur vor der Wohnung standen, zog sie aus ihrem Strickbeutel einen großen eisernen Schlüssel.

»Der reine Gefängnisschlüssel«, sagte sie. »Evarist, du sollst mein Gefangener sein.«

Sie durchschritten das Eßzimmer und traten in das Schlafzimmer des jungen Mädchens.

Evarist fühlte die frische Glut ihrer Lippen auf den seinen. Er schloß sie fest in seine Arme. Ihr Kopf sank zurück, ihre Augen brachen, die Haare lösten sich und die Hüften gaben nach. Halb ohnmächtig entwand sie sich ihm, eilte zur Tür und schob den Riegel vor …

Es war schon tief in der Nacht, als die Bürgerin Blaise ihrem Geliebten die Wohnungstür aufschloß und im Dunkel flüsterte:

»Leb wohl, Geliebter! Um diese Zeit pflegt mein Vater heimzukehren. Hörst du Geräusch auf der Treppe, so steige rasch in den zweiten Stock hinauf und gehe erst wieder herunter, wenn keine Gefahr mehr ist, daß er dich sieht. Klopfe dreimal ans Fenster der Portiersfrau, damit dir die Haustür geöffnet wird. Leb wohl, mein Leben, meine Seele!«

Als er auf der Straße war, sah er, wie das Fenster von Elodies Zimmer aufging und eine kleine Hand eine rote Nelke brach, die wie ein Blutstropfen zu seinen Füßen fiel.

ZWÖLFTES KAPITEL

Eines Abends trug der alte Brotteaux zwölf Dutzend Hampelmänner zum Bürger Caillou in der Rue de la Loi. Der Spielwarenhändler, sonst sanft und höflich, empfing ihn heute mit seinen Puppen und Polichinells sehr unsanft.

»Nehmen Sie sich in acht, Bürger Brotteaux«, sagte er zu ihm, »nehmen Sie Sich in acht! Die Zeit zum Lachen geht vorbei, und die Witze sind nicht immer angebracht. Gestern kam ein Mitglied vom Sicherheitsausschuß des Bezirks in meinen Laden, sah Ihre Hampelmänner und erklärte sie für antirepublikanisch.«

»Er spaßte wohl«, sagte Brotteaux.

»Durchaus nicht, Bürger, durchaus nicht! Der Mann spaßt nie. Er behauptete, diese Puppen seien eine niederträchtige Nachahmung der Nationalversammlung; man erkenne insbesondere die Karikaturen von Couthon, Saint-Just und Robespierre, und er hat sie konfisziert. Das ist ein harter Schlag für mich, gar nicht zu reden von der Gefahr, in der ich jetzt schwebe.«

»Wie, diese Harlekins, diese Hanswürste, Bramarbasse, Schäfer und Schäferinnen, die ich gemalt habe, wie Boucher sie vor fünfzig Jahren gemalt hat, sollen Karikaturen von Saint-Just und Couthon sein? Das wird doch kein vernünftiger Mensch behaupten!«

»Möglicherweise«, erwiderte der Bürger Caillou, »haben Sie sich nichts Schlimmes dabei gedacht, obgleich man einem geistreichen Manne wie Sie stets mißtrauen sollte. Trotzdem ist es ein gefährliches Spiel. Wollen Sie ein Beispiel? Vorgestern wurde Natoile, der ein kleines Theater in den Champs-Elysées hat, wegen schlechter Gesinnung verhaftet, weil er den Konvent von Polichinell spielen ließ.«

»Schauen Sie noch mal«, entgegnete Brotteaux, indem er die Leinwand aufhob, die seine kleinen Hampelmänner bedeckte. »Sehen Sie sich diese Masken und Fratzen an: sind die etwas anderes als Figuren aus Lust- und Schäferspielen? Wie können Sie sich vorreden lassen, Bürger Caillou, ich verhöhnte den Nationalkonvent?«

Brotteaux war betroffen. Obwohl er der menschlichen Dummheit viel zutraute, hätte er sie doch nicht für fähig gehalten, seine Bramarbasse und Schäferinnen zu verdächtigen. Er beteuerte seine und ihre Unschuld. Doch der Bürger Caillou wollte nichts hören.

»Bürger Brotteaux«, sagte er, »nehmen Sie Ihre Hampelmänner wieder mit. Ich schätze und ehre Sie, aber ich will Ihretwegen weder gescholten noch beunruhigt werden. Ich achte das Gesetz. Ich will ein guter Bürger bleiben und als solcher behandelt werden. Guten Abend, Bürger Brotteaux; nehmen Sie Ihre Hampelmänner wieder mit.«

Der alte Brotteaux trat den Heimweg an. Er trug seine Verdächtigen auf der Spitze einer Stange, und die Kinder ulkten ihn an, denn sie hielten ihn für einen Hausierer mit Rattengift. Er machte sich trübe Gedanken. Er lebte zwar nicht ausschließlich von seinen Puppen; er malte auch Bilder zu zwanzig Sous in den Hofeinfahrten der Häuser und in einem Gewölbe der Markthallen in Gesellschaft von Flickschneiderinnen, und viele junge Rekruten, die ins Feld rückten, schenkten ihrer Liebsten zum Abschied ihr Konterfei. Aber diese kleinen Arbeiten machten ihm große Mühe, und seine Porträts gelangen ihm bei weitem nicht so wie seine Hampelmänner. Auch schrieb er bisweilen Briefe für die Marktweiber; da aber die ›Damen der Halle‹ royalistisch gesinnt waren, so lief er große Gefahr, in Komplotte verwickelt zu werden. In der Rue Neuve des Petits Champs, unfern der ehemaligen Place Vendôme, wohnte, wie ihm einfiel, ein anderer Spielwarenhändler namens Joly; er nahm sich vor, am nächsten Morgen zu ihm zu gehen und ihm die Hampelmänner anzubieten, die Caillou aus Feigheit abgelehnt hatte.

Ein feiner Sprühregen fiel. Brotteaux fürchtete, daß seine Puppen verdürben, und beschleunigte die Schritte. Als er über den dunkeln und menschenleeren Pont-Neuf kam und nach der Place de Thionville einbog, erblickte er auf einem

Prellstein einen hageren Greis, der von Hunger und Ermüdung erschöpft schien, aber ein ehrwürdiges Aussehen hatte. Er trug einen zerrissenen langen Überrock, war ohne Hut und schien über sechzig Jahre alt. Beim Näherkommen erkannte Brotteaux den Pater Longuemare, den er vor sechs Monaten von der Laterne gerettet hatte, als sie beide vor dem Bäckerladen in der Rue Jérusalem Queue standen und warteten. Da er ihm schon einmal dienlich gewesen, so trat er auf ihn zu, gab sich als der Steuerpächter zu erkennen, der eines Tages bei großer Teuerung mit ihm unter dem Pöbel gestanden hatte, und fragte ihn, ob er ihm nicht zum zweitenmal helfen könnte.

»Sie sehen müde aus, mein Vater. Trinken Sie einen Schluck Branntwein.«

Damit zog er aus der Tasche seines flohbraunen Rockes eine Schnapsflasche, die er neben seinem Lukrez trug.

»Trinken Sie. Dann werde ich Sie zu Ihrer Wohnung bringen.«

Der Mönch wies die Schnapsflasche ab und versuchte aufzustehen. Doch er sank auf seinen Stein zurück.

»Mein Herr«, versetzte er mit schwacher, aber sicherer Stimme, »seit drei Monaten wohnte ich in Picpus. Ich erfuhr, daß man gestern um fünf Uhr nachmittags zu mir gekommen sei, um mich zu verhaften, und so bin ich in mein Quartier nicht zurückgekehrt. Ich habe kein Obdach. Ich irre durch die Straßen und bin etwas müde.«

»Dann, mein Vater«, sagte Brotteaux, »erweisen Sie mir die Ehre, meine Dachstube mit mir zu teilen.«

»Ich bin verdächtig, mein Herr«, erwiderte der Barnabit; »verstehen Sie mich wohl.«

»Ich auch«, versetzte Brotteaux, »und meine Hampelmänner desgleichen, und das ist das schlimmste. Sie sind unter dieser dünnen Leinwand dem Regen ausgesetzt, der uns durchnäßt. Denn, wissen Sie, mein Vater, nachdem ich Zöllner gewesen, verfertige ich jetzt Hampelmänner, um mein Leben zu fristen.«

Der Pater ergriff die Hand, die ihm der einstige Finanzmann darbot, und nahm seine Gastfreundschaft an. In der Dachstube setzte ihm Brotteaux Brot, Käse und Wein vor, den er zur Kühlung in die Dachrinne gestellt hatte, denn er war ein Sybarit.

Nachdem der Pater Longuemare seinen Hunger gestillt hatte, sagte er:

»Ich muß Ihnen mitteilen, welche Umstände zu meiner Flucht geführt haben, und wie es kam, daß ich halbtot auf dem Steine saß, auf dem Sie mich fanden. Als ich aus meinem Kloster vertrieben war, lebte ich von der kargen Rente, die mir die Nationalversammlung zahlte. Ich gab Unterricht in Latein und Mathematik und verfaßte Schriften über die Verfolgung der französischen Kirche. Ich schrieb sogar ein größeres Werk, um den Nachweis zu führen, daß der Eid der Priester auf die Verfassung der geistlichen Disziplin widerspricht. Die Fortschritte der Revolution raubten mir alle Schüler, und meine Pension wurde mir vorenthalten, da ich den gesetzlich vorgeschriebenen Bürgerschein nicht hatte. Um diesen zu bekommen, ging ich ins Rathaus, in der Überzeugung, ihn verdient zu haben. Als Mitglied eines Ordens, der vom Apostel Paulus gegründet ist, welcher sich auf sein römisches Bürgerrecht berief, glaubte ich nach seinem Vorbilde mich als guter französischer Bürger benommen zu haben, der alle menschlichen Gesetze achtet, solange sie nicht in Widerspruch mit den göttlichen stehen. Ich ging mit meinem Anliegen zu Herrn Colin, Schlächtermeister und Stadtrat, der die Ausstellung dieser Karten unter sich hatte. Er fragte mich nach meinem Stande. Ich gab an, daß ich Priester sei. Er fragte, ob ich verheiratet wäre, und als ich dies verneinte, sagte er: ›Um so schlimmer für Sie.‹ Nach mehreren anderen Fragen wollte er schließlich wissen, ob ich meine Gesinnung am 10. August, 2. September und 31. Mai bewiesen hätte*. ›Nur die können einen Bürger-

* Am 10. August 1792 fand ein Aufstand des Pariser Pöbels infolge der Entlassung der Girondistischen Minister statt, am 2. September ein Massaker politischer Gefangener; am 31. Mai 1793 begann der Sturz der Girondisten (Anm. des Übersetzers).

schein erhalten‹, sagte er, ›die ihre Gesinnung bei diesen drei Anlässen bewiesen haben.‹ Ich konnte ihm keine befriedigende Antwort geben. Trotzdem schrieb er sich meinen Namen und meine Adresse auf und versprach meinen Fall prompt zu untersuchen. Er hat Wort gehalten. Die Folge seiner Untersuchung war, daß in meiner Abwesenheit zwei Kommissare des Sicherheitsausschusses von Picpus mit der bewaffneten Macht in meine Wohnung kamen, um mich ins Gefängnis abzuführen. Ich weiß nicht, welches Verbrechens man mich beschuldigt. Aber wie Sie zugeben werden, ist Herr Colin zu bedauern. Sein Geist ist so verwirrt, einem Geistlichen einen Vorwurf daraus zu machen, daß er am 10. August, am 2. September und am 31. Mai seinen Bürgersinn nicht bewiesen hat. Wer eines solchen Gedankens fähig ist, verdient Mitleid.«

»Auch ich habe keinen Bürgerschein«, sagte Brotteaux. »Wir sind beide verdächtig. Aber Sie sind müde. Legen Sie sich zur Ruhe, mein Vater. Morgen werden wir für Ihre Sicherheit sorgen.«

Er gab seinem Gast die Matratze und behielt den Strohsack für sich. Doch aus Demut bat der Mönch sich diesen aus, und zwar so beharrlich, daß Brotteaux zuletzt nachgab; sonst hätte er auf dem Fußboden geschlafen.

Nach Beendigung dieser Zurüstungen blies er das Licht aus, sowohl aus Sparsamkeit als auch aus Vorsicht.

»Mein Herr«, sagte der Mönch zu ihm, »ich danke Ihnen für das, was Sie für mich tun. Aber mein Dank hat für Sie leider wenig zu bedeuten. Möchte Gott es Ihnen vergelten; das wäre für Sie von unendlicher Bedeutung. Allein Gott sieht das nicht an, was nicht zu seinem Ruhme geschieht und was nur der Ausdruck einer natürlichen Tugend ist. Darum bitte ich Sie, mein Herr, das für ihn zu tun, was Sie für mich tun wollten.«

»Mein Vater«, erwiderte Brotteaux, »machen Sie sich keine Sorge und danken Sie mir nicht. Was ich jetzt für Sie tue, das übertreiben Sie, und ich tue es nicht aus Liebe zu Ihnen; denn so liebenswert Sie sein mögen, mein Vater, so kenne ich Sie doch zu wenig, um Sie zu lieben. Aus Menschenliebe geschieht es ebensowenig, denn ich bin nicht so einfältig wie Don Juan, um zu wähnen, daß die Menschheit Rechte besitzt; ja, dieses Vorurteil betrübt mich bei einem so freien Geiste wie er einer ist. Ich tue es aus jenem Eigennutz, der die Menschen zu allen Taten des Edelmuts und der Hingebung treibt, kraft dessen sie in allen Unglücklichen ihr Ebenbild sehen, im Elend des Nächsten ihr eigenes Elend beklagen und sich veranlaßt fühlen, einem Sterblichen zu helfen, den Natur und Schicksal zu ihresgleichen gemacht haben, so daß sie schließlich selbst zu helfen wähnen, indem sie anderen beistehen. Ich tue es ferner aus Müßiggang, denn das Leben ist so stumpfsinnig, daß man sich um jeden Preis zerstreuen muß. Die Wohltätigkeit ist zwar eine ziemlich öde Kurzweil, die man sich an Stelle von anderen, besseren gönnt. Ich tue es aus Stolz und um mich Ihnen überlegen zu fühlen; ich tue es schließlich aus Prinzip, um Ihnen zu zeigen, wessen ein Atheist fähig ist.«

»Verleumden Sie sich nicht, mein Herr«, erwiderte der Pater Longuemare. »Gott hat mich bisher mehr begnadet als Sie; aber ich bin weniger wert als Sie und besitze weit weniger natürliche Anlagen. Gestatten Sie mir trotzdem, mich meines Vorteils über Sie zu berühmen. Da Sie mich nicht kennen, so können Sie mich nicht lieben. Ich aber, mein Herr, ich liebe Sie, ohne Sie zu kennen, mehr als mich selbst. Das ist Gottes Wille.«

Nachdem er also gesprochen, kniete er auf dem Steinfußboden nieder und sagte sein Gebet her; dann legte er sich auf den Strohsack und schlief friedlich ein.

DREIZEHNTES KAPITEL

Evarist Gamelin hatte die zweite Sitzung im Revolutionstribunal. Vor ihrer Eröffnung sprach er mit seinen Mitgeschworenen über die am Morgen eingelaufenen Nachrichten. Einige waren unsicher oder falsch; was jedoch übrigblieb, war furchtbar. Die Heere der Koalition waren im Besitz aller Straßen und rückten gemeinsam vor; die Vendée war siegreich, Lyon in Aufruhr, Toulon in der Hand der Engländer, die dort vierzehntausend Mann ausschifften.

Diese Ereignisse, die die ganze Welt in Spannung hielten, waren für die Beamten gleichsam ihre eigene Angelegenheit. Sie wußten, daß der Untergang des Vaterlandes auch der ihre war, und so machten sie die Rettung des Vaterlandes zu ihrer persönlichen Sache. Das nationale Interesse, mit dem eigenen verschmolzen, diktierte ihre Gefühle, ihre Leidenschaften, ihr ganzes Benehmen.

Gamelin empfing auf seiner Bank einen Brief des Bürgers Trubert, des Sekretärs vom Verteidigungsausschuß; er enthielt seine Ernennung zum Kommissar für Pulver und Salpeter.

> Du wirst alle Keller des Bezirkes auskratzen lassen, um die nötigen Substanzen zur Herstellung des Pulvers zu gewinnen. Der Feind steht morgen vielleicht vor Paris. Der Boden des Vaterlandes muß uns den Blitz liefern, den wir seinen Bedrückern entgegenschleudern. Beiliegend sende ich dir eine Instruktion über die Behandlung des Salpeters. Gruß und Brüderlichkeit.

In diesem Moment wurde der Angeklagte vorgeführt. Es war einer der letzten besiegten Generäle, die der Konvent vor Gericht zog und der unbekannteste von allen. Bei seinem Anblick schauderte Gamelin zusammen; er glaubte den General wiederzusehen, dessen Verurteilung er vor drei

Wochen im Zuschauerraum beigewohnt hatte. Es war derselbe Mann, dickköpfig und dumm; es war der gleiche Prozeß. Er antwortete brutal und verschlagen und verdarb sich dadurch seine besten Entgegnungen. Bei seinen Ausflüchten und Spitzfindigkeiten, bei der Art, wie er alle Schuld auf seine Untergebenen wälzte, vergaß man, daß er die achtbare Aufgabe erfüllte, seine Ehre und sein Leben zu verfechten. In dieser Sache war alles unklar und strittig; die Stellung und Stärke der beiden Heere, die Munition, die erlassenen und empfangenen Befehle, die Truppenbewegungen; nichts war bekannt. Niemand verstand etwas von diesen konfusen, sinnlosen und zwecklosen Operationen, die zu einer Niederlage geführt hatten, weder der Verteidiger noch der Angeklagte selbst, weder der öffentliche Ankläger noch die Geschworenen und Richter. Und sonderbar: keiner gestand den anderen oder sich selbst ein, daß er nichts davon verstand. Die Richter gefielen sich im Entwerfen von Schlachtplänen, in Diskussionen über Taktik und Strategie; der Angeklagte verriet seine natürliche Anlage für Winkelzüge.

Der Streit nahm kein Ende. Derweilen sah Gamelin im Geist auf den rauhen Wegen des Nordens die Protzkästen im Straßenschmutz festgefahren, die Kanonen in den Wegegleisen umgestürzt; er sah auf allen Straßen die geschlagenen Kolonnen aufgelöst zurückfluten, während die feindliche Kavallerie überall aus den verlassenen Defileen hervorbrach. Und er hörte aus diesen verratenen Heeresmassen ein ungeheures Geschrei aufsteigen, das den General anklagte. Beim Schluß der Verhandlung war es im Saale dunkel geworden, und Marats Büste schimmerte undeutlich wie ein Gespenst über dem Haupte des Präsidenten. Die Sprüche der Geschworenen gingen auseinander. Mit zugeschnürter Kehle und dumpfer Stimme, aber in entschlossenem Tone erklärte Gamelin den Angeklagten des Verrats an der Republik für schuldig, und das Beifallsmurmeln der Zuschauer umschmeichelte seine junge Tugend. Das Urteil wurde bei Kerzenschein verlesen, der bleich auf den hohlen Schläfen des Angeklagten zitterte, auf denen man Schweißperlen sah.

Nach Verlassen des Saales, auf den Treppenstufen, die mit kokardentragenden Klatschweibern besetzt waren, hörte Gamelin seinen Namen aussprechen, der den ständigen Besuchern der Sitzungen schon geläufig wurde, und ein paar Trikoteusen drängten sich an ihn heran, erhoben drohend die Fäuste und forderten das Haupt der Österreicherin.

Am nächsten Tage hatte Gamelin ein armes Weib, die Witwe Meyrion, eine Brotausträgerin, zu richten. Sie zog mit einem kleinen Handwagen durch die Straßen und trug an ihrem Gürtel ein Holzbrettchen, in das sie die Zahl der abgelieferten Brote einkerbte. Damit verdiente sie sich acht Sous täglich. Der Vertreter der Anklage zeigte einen seltsamen Grimm auf diese Unglückliche, die anscheinend mehrmals gerufen hatte: ›Es lebe der König.‹ Auch hatte sie in den Häusern, an die sie täglich das Brot brachte, antirepublikanische Reden gehalten und sich an einer Verschwörung beteiligt, die das Entkommen der Witwe Capet zum Ziel hatte. Vom Richter verhört, gab sie die ihr zur Last gelegten Handlungen zu und trug aus Einfalt oder Fanatismus eine maßlos royalistische Gesinnung zur Schau, durch die sie sich selbst vernichtete.

Das Revolutionstribunal verhalf der Gleichheit zum Siege, indem es gegen Lastträger und Mägde ebenso streng verfuhr wie gegen Aristokraten und Finanzleute. Gamelin faßte es nicht, daß es unter einer Volksherrschaft anders sein könnte. Er hätte es für eine Verachtung des Volkes, ja für eine ihm angetane Schmach gehalten, wenn man es straflos ausgehen ließ. Das hätte ja ausgesehen, als wäre es der Strafe unwürdig. Die Guillotine als Vorrecht der Aristokraten wäre ihm als ungerechtes Privileg erschienen. Gamelin begann sich von der Strafe eine religiös-mystische Vorstellung zu bilden, ihr Tugenden und besondere Verdienste zuzuschreiben. Er meinte, man schulde den Verbrechern ihre Strafe und täte ihnen unrecht, wenn man sie ihnen vorenthielte.

Er erklärte die Witwe Meyrion für schuldig und der Todesstrafe würdig und bedauerte nur, daß die Fanatiker, die sie ins

Verderben gestürzt hatten, und die schuldiger waren als sie, ihr Geschick nicht teilen konnten.

Fast allabendlich ging Gamelin zu den Jakobinern, die sich in der Rue St.-Honoré in der alten Kapelle der Dominikaner, im Volksmunde Jakobiner genannt, vereinigten. Auf dem Hofe, auf dem ein Freiheitsbaum stand, eine Pappel, deren bewegte Blätter immerfort rauschten, erhob sich die Kapelle, ein schmuckloses, düsteres Bauwerk mit schwerem Ziegeldach und kahler Giebelfront, die von einer Fensterrose und einer rundbogigen Tür durchbrechen war. Über dieser wehte die Nationalfahne, mit der Freiheitsmütze geschmückt. Die Jakobiner hatten sich, gleich den Cordeliers und Feuillants, die Wohnstätte und den Namen der vertriebenen Mönche zugelegt. Gamelin, der bisher stets zu den Sitzungen der Cordeliers gegangen war, fand bei den Jakobinern die Holzschuhe, die Karmagnolen und das Geschrei der Anhänger Dantons nicht wieder. In Robespierres Klub herrschte bürgerliche Gesetztheit und administrative Klugheit. Seit Ermordung des Volksfreundes folgte Evarist den Lehren Robespierres, dessen Denkart bei den Jakobinern vorherrschte und von dort sich durch tausend Zweigvereine über ganz Frankreich verbreitete. Während der Verlesung des Protokolls schweiften seine Blicke über die kahlen, düsteren Mauern, die einst die geistigen Söhne der großen Ketzerinquisitoren beherbergt hatten und die nun die eifrigen Inquisitoren der Verbrechen gegen das Vaterland umschlossen.

Hier tagte die höchste Staatsgewalt ohne jeden Pomp, nur durch das gesprochene Wort ausgeübt. Sie beherrschte die Hauptstadt, ganz Frankreich, sie diktierte dem Konvent ihren Willen. Diese Begründer der neuen Ordnung hielten das Gesetz so in Ehren, daß sie im Jahre 1791 Royalisten geblieben waren und es noch nach der Flucht des Königs bleiben wollten, weil sie sich streng nach der Konstitution richteten. Sie waren Freunde der bestehenden Ordnung, selbst nach den Morden auf dem Marsfelde, und revoltierten nie gegen die Revolution. Dem Volksbewußtsein fernstehend, nährten sie in ihren düsteren und starken Seelen eine glühende Vaterlandsliebe, die vierzehn Heere aus dem Boden gestampft und die Guillotine errichtet hatte. Evarist bewunderte ihre Wachsamkeit, ihren mißtrauischen Geist, ihr dogmatisches Denken, ihre Ordnungsliebe, ihre Herrschkunst und ihre Regierungsweisheit.

Die Stimmen der im Saale anwesenden Menge klangen wie ein einmütiges, gleichmäßiges Rauschen, gleich den Blättern des Freiheitsbaumes im Hofe.

An jenem Tage, dem elften des Vendemiaire, bestieg ein junger Mann mit zurücktretender Stirn, durchdringendem Blick, spitzer Nase, scharfem Kinn, pockennarbigem Gesicht und kalter Miene langsam die Tribüne. Er trug gepudertes Haar und einen blauen Rock mit enger Taille. Sein abgezirkeltes Wesen, sein gemessenes Benehmen veranlaßte manche zu der spöttischen Bemerkung, er sähe aus wie ein Tanzlehrer. Andere begrüßten ihn als den ›französischen Orpheus‹. Mit klarer Stimme hielt Robespierre einen beredten Vortrag über die Feinde der Republik. Mit furchtbaren, metaphysischen Beweisgründen schmetterte er Brissot und dessen Anhänger nieder. Er sprach lange, wortreich und harmonisch. In den himmlischen Sphären der Philosophie schwebend, schleuderte er seine Blitze auf die am Boden kriechenden Verräter.

Evarist hörte zu und begriff ihn. Bisher hatte er die Girondisten im Verdacht, die Wiederkehr der Monarchie oder den Sieg der Orléanisten zu begünstigen und die Heldenstadt, die Frankreich befreit hatte, und die dereinst die ganze Welt befreien würde, ins Verderben zu stürzen. Jetzt, wo er der Stimme des Weisen lauschte, erkannte er höhere und reinere Wahrheiten, bildete er sich eine revolutionäre Metaphysik, die seinen Geist über die plumpen Zufälle, über die Irrtümer der Sinne, in das Reich der absoluten Gewißheit hinaushob. An sich sind die Dinge ja durcheinandergemischt und voller Verwirrung; die Tatsachen sind so verwickelt, daß man sich darin verirrt. Robespierre vereinfachte sie, brachte Gut und Böse auf klare und einfache Formeln. Hier Föderalismus, dort Unteilbarkeit. In der Einheit und Unteilbarkeit lag das Heil, im Föderalismus das Verderben. Gamelin schwelgte in der tiefen Freude eines Gläubigen, der das rettende und verdammende Wort kennt. Fortan sollte das Revolutionstribunal, wie vormals die geistlichen Gerichte, das absolute Verbrechen an sich kennen. Und da Evarist religiös war, so erfüllten ihn diese Offenbarungen mit düsterer Begeisterung; sein Herz geriet in Entzücken und Freude bei dem Gedanken, daß er fortan ein Symbol besäße, um Unschuld und Verbrechen zu unterscheiden. Die Schätze des Glaubens werden allem gerecht.

Der weise Robespierre erleuchtete ihn auch über die ruchlosen Absichten derer, die das Eigentum gleichmachen und Grund und Boden aufteilen, Reichtum und Armut aufheben und die glückliche Mittelmäßigkeit für alle einführen wollten. Von ihren Grundsätzen bestochen, hatte er anfangs ihr Vorhaben gebilligt; es schien ihm den Grundsätzen eines wahren Republikaners zu entsprechen. Aber Robespierre enthüllte ihm durch seine Reden bei den Jakobinern die Anschläge jener Leute, deren Absichten so lauter schienen, und bewies, daß sie es auf den Sturz der Republik angelegt hätten, daß sie die Besitzenden nur deshalb beängstigten, um der rechtmäßigen Staatsgewalt mächtige und gefährliche Feinde zu schaffen. Sobald das Eigentum bedroht war, mußte sich die ganze Bevölkerung, die an ihrem Besitz um so mehr hing, als sie wenig besaß, jählings gegen die Republik kehren. Die Privatinteressen gefährden, hieß so viel wie konspirieren. Alle die also, die unter dem Deckmantel der Volksbeglückung und der Herrschaft der Gerechtigkeit die Gleichheit und Gütergemeinschaft als erstrebenswertes Ziel für alle Bürger hinstellten, waren Verräter und Verbrecher von gefährlicherer Art als die Föderalisten.

Doch die größte Offenbarung, die Robespierres Weisheit ihm brachte, waren die Verbrechen und Ruchlosigkeiten des Atheismus. Gamelin war nie ein Gottverleugner gewesen. Er war Deist und glaubte an eine Vorsehung, die über den Menschen waltet. Doch er gestand sich, daß er von dem höchsten Wesen nur eine sehr unklare Vorstellung hatte, die mit der Gewissensfreiheit eng verknüpft war; und so hatte er wohl begriffen, wie redliche Geister nach dem Vorbilde von Holbach, Lalande, Helvetius und dem Bürger Dupuis das Dasein Gottes leugnen und eine Moral aufstellen konnten, welche die Quellen der Gerechtigkeit und die Regeln eines tugendhaften Lebens in der Menschenbrust suchte. Ja er hatte Mitgefühl mit den Atheisten gehabt, wenn er sie verhöhnt und verfolgt sah. Robespierre öffnete ihm auch hierüber die Augen. Durch seine tugendhafte Beredsamkeit offenbarte ihm dieser große Mann das wahre Wesen des Atheismus, dessen Absichten und Wirkungen; er bewies ihm, daß diese Irrlehre, die in den Salons und Boudoirs der Aristokraten entstanden war, die verruchteste Erfindung sei, welche die Feinde des Volkes erfinden konnten, um es zu entsittlichen und zu knechten, daß es verbrecherisch sei, den tröstlichen Glauben an eine belohnende Vorsehung aus den Herzen der Unglücklichen zu reißen und sie ohne Zügel und Leitstern ihren Leidenschaften auszuliefern, die den Menschen zum schnöden Sklaven erniedrigen, kurz, daß das monarchische Epikuräertum eines Helvetius zur Unsittlichkeit, Grausamkeit und zu allen Verbrechen führte. Und seit die Lehren dieses großen Bürgers ihn erleuchtet hatten, verabscheute er die Atheisten, besonders wenn sie ein offenes und heiteres Herz besaßen wie der alte Brotteaux.

An den folgenden Tagen hatte Gamelin Schlag auf Schlag eine Menge Menschen zu richten, einen früheren Aristokraten, der überführt war, Getreide vernichtet zu haben, um das Volk auszuhungern, drei Emigranten, die zurückgekehrt waren, um in Frankreich den Bürgerkrieg schüren zu helfen, zwei Dirnen vom Palais-Egalité und vierzehn Verschwörer aus der Bretagne, Frauen, Greise, Jünglinge, Herren und Knechte. Das Verbrechen war offenbar, das Gesetz unbeugsam. Unter den Schuldigen befand sich ein reizendes zwanzigjähriges Mädchen im Glanze der Jugend, auf dem der Schatten ihres nahen Todes lag. Ein blaues Band schlang sich um ihr goldblondes Haar; ein Brusttuch von feinem Leinen umgab ihren weißen, geschmeidigen Hals.

Evarists Spruch lautete beständig auf Tod, und alle Angeklagten, mit Ausnahme eines alten Gärtners, wurden aufs Schafott geschickt ...

In der nächsten Woche mähten Evarist und seine Sektion fünfunddreißig Männer und achtzehn Frauen nieder.

Die Richter vom Revolutionstribunal machten keinen Unterschied zwischen Männern und Frauen; sie folgten darin einem Grundsatz, der so alt ist wie die Justiz. Hatte der Präsident Montané, durch den Mut und die Schönheit der Charlotte Corday gerührt, sie durch einen Eingriff in das Verfahren zu retten gesucht und darüber Amt und Würde verloren, so wurden die Frauen jetzt größtenteils ohne Gnade verhört, wie es ja bei allen Gerichtshöfen Brauch ist. Die Geschworenen fürchteten die weiblichen Listen, die gewohnte Verstellung der Frauen, ihre Verführungskünste. Den Männern an Mut gleich, forderten sie das Gericht heraus, sie wie Männer zu behandeln. Die meisten Richter waren wenig sinnlich oder sie waren es nur zu bestimmten Stunden, sie ließen sich durch nichts verwirren. Verurteilung oder Freispruch erfolgten nach ihrem Gewissen, ihren Vorurteilen, ihrer lauen oder wilden Liebe zur Republik. Die meisten dieser weiblichen Opfer waren sorgfältig frisiert und so gewählt gekleidet, wie es ihre unglückliche Lage zuließ. Die wenigsten waren jung und noch wenigere hübsch. In Kerker und Sorgen waren sie verblüht; das grelle Licht des Saales verriet ihre Ermüdung, ihre Angst, es fiel auf ihre müden Lider, ihre fahlen Gesichter, ihre bleichen, verkniffenen Lippen. Trotzdem saß auf dem schicksalsvollen Stuhl nicht selten ein junges, noch in seiner Blässe schönes Weib, während ein düsterer Schatten wie ein Schleier der Wollust seine Blicke umflorte. Mancher Geschworene mochte bei diesem Anblick gerührt oder gereizt werden; mancher mochte in seiner verderbten Phantasie die Heimlichkeiten dieses Wesens antasten, das er sich lebend und zugleich tot vorstellte und das er in wollüstigen und blutigen Vorstellungen begehrlich dem Henker auslieferte. Doch still davon; wer die Menschen kennt, wird nicht daran zweifeln. Evarist Gamelin, ein kalter und gelehrter Künstler, sah nur die Antike als schön an, und die Schönheit flößte ihm weniger Verwirrung als Hochachtung ein. Sein klassischer Geschmack war so streng, daß er selten ein Weib schön fand; die Reize eines hübschen Gesichtes ließen ihn ebenso kalt wie die Farben eines Fragonard und die reizenden Formen eines Boucher. Begierde kannte er nur in der tiefsten Liebe.

Wie die Mehrzahl seiner Amtsgenossen hielt er die Frauen für gefährlicher als die Männer. Er haßte die früheren Prinzessinnen; er sah sie in seinen wilden Träumen mit Elisabeth und der Österreicherin Kugeln fabrizieren, um die Patrioten zu ermorden. Er haßte sogar die Geliebten der Finanzleute, Philosophen und Literaten, die den Freuden der Sinne wie des Geistes gefrönt hatten, in einer Zeit, da das Leben noch schön war. Er haßte sie, ohne sich seinen Haß einzugestehen, und wenn er über eine von ihnen zu urteilen hatte, so verurteilte er sie aus Haß, wähnte aber, sie aus Gerechtigkeit und zum Heile des Vaterlandes in den Tod zu schicken. Und seine Rechtschaffenheit, seine männliche Keuschheit, seine kalte Tugend, seine Hingabe an das öffentliche Wohl, kurz seine Tugenden legten manch reizenden Kopf unter das Henkerbeil.

Doch welch seltsames Wunder! Noch vor kurzem mußte man die Schuldigen suchen, sie in ihren Schlupfwinkeln aufstöbern und ihnen das Geständnis ihres Verbrechens entlocken. Jetzt war's keine Jagd mehr mit einer Meute von Spürhunden, nicht mehr die Verfolgung eines scheuen Wildes: die Opfer drängten sich von allen Seiten herbei. Adlige, Jungfrauen, Soldaten und Dirnen liefen Sturm auf den Gerichtshof, entrissen den Richtern ihre säumigen Urteile, verlangten den Tod wie ein Recht, auf das sie ungeduldig pochten. Nicht genug mit den Zahllosen, mit denen der Eifer der Angeber die Gefängnisse angefüllt hatte, die der öffentliche Ankläger und seine Gehilfen mit Aufbietung aller Kräfte vor Gericht zerrten, man mußte auch noch für die Hinrichtung derer sorgen, die nicht warten wollten. Ja viele, noch stolzer und ungestümer, neideten den Richtern und Henkern ihren Tod und entleibten sich selbst! Der Wut zu töten entsprach die Wut zu sterben. In der Conciergerie saß ein schöner, junger, tapferer Soldat; er ließ im Gefängnis eine anbetungswürdige Geliebte zurück, die ihn bat: »Lebe an meiner Statt!« Er wollte weder für sie noch für sich noch für den Ruhm leben und steckte sich mit der Anklageschrift seine Pfeife an. Obwohl Republikaner und von Freiheitsdurst erfüllt, ward er Royalist, um zu sterben. Das Gericht gab sich Mühe, ihn freizusprechen; der Angeklagte war stärker: er zwang Richter und Geschworene, ihn zu verurteilen.

Evarists Geist, von Natur unruhig und grüblerisch, erfüllte sich bei den Lehren der Jakobiner und beim Anblick des Lebens mit Argwohn und Besorgnis. Wenn er nachts durch die schlecht erleuchteten Straßen zu Elodie ging, glaubte er durch jedes Kellerloch die Platten für die falschen Assignate zu sehen. Im Hintergrund der leeren Bäcker- und Drogenläden dachte er sich Speicher von aufgekauften Lebensmitteln. Durch die lichtstrahlenden Fenster der Restaurants glaubte er die Reden der Börsenspekulanten zu hören, die bei der Flasche Beaune oder Chablis den Untergang des Vaterlandes betrieben. In verrufenen Gassen sah er die Dirnen, bereit, die Nationalkokarde unter dem Beifall der jungen Lebemänner mit Füßen zu treten: überall sah er Verräter und Verschwörer. Und er dachte: »Republik! Gegen so viele offene und versteckte Feinde hast du nur ein Mittel: Heilige Guillotine, rette das Vaterland...!«

Elodie erwartete ihn in ihrem weißen Schlafstübchen über dem ›Amor als Maler‹. Zum Zeichen, daß er hinaufkommen könnte, stellte sie ihre kleine Gießkanne auf den Balkon ihres Fensters neben den Nelkentopf. Jetzt flößte er ihr Entsetzen ein und erschien ihr wie ein Ungeheuer. Sie fürchtete sich vor ihm und betete ihn an. Die ganze Nacht lagen sie eng aneinandergeschmiegt, der blutdürstige Liebhaber und das sinnliche Mädchen, und vereinten sich in wilden, stummen Küssen.

VIERZEHNTES KAPITEL

Bei Morgengrauen stand der Pater Longuemare auf, fegte die Dachstube aus und ging in eine Kapelle der Rue de l'Enfer, in der ein Priester, der den Eid geleistet hatte, den Kirchendienst versah. Dort las er die Messe. Es gab in Paris Tausende solcher Verstecke, wo die Geistlichen, die den Eid nicht geleistet, heimlich ihre kleinen Gemeinden von Gläubigen versammelten. Die Bezirkspolizei, obwohl wachsam und mißtrauisch, drückte über diese geheimen Stätten der Andacht ein Auge zu, aus Furcht vor der Empörung der Gläubigen und aus einem Rest von Hochachtung für geheiligte Dinge. Der Barnabit sagte seinem Wirte Lebewohl, und dieser konnte ihn nur mit Mühe bewegen, zum Essen zurückzukehren. Zudem mußte er versprechen, daß die Mahlzeit weder reichlich noch gut sein sollte.

Als der Mönch fort war, legte Brotteaux in dem kleinen irdenen Ofen Feuer an und begann mit den Zurüstungen zur Mahlzeit des Mönchs und des Epikuräers. Zwischendurch las er in seinem Lukrez und dachte über das menschliche Schicksal nach.

Der alte Weltweise wunderte sich nicht, daß die Menschen als elende Wesen, als eitle Spielbälle der Naturkräfte, sich fast immer in peinlichen und absurden Lagen befanden. Aber er hatte die Schwäche, zu glauben, daß die Revolutionsmänner dümmer und boshafter wären als die übrige Menschheit, und damit geriet er in die Ideologie. Im übrigen war er kein Pessimist und hielt das Leben nicht für durchaus schlecht. Er bewunderte die Natur in mancher Hinsicht, besonders in der Mechanik der Himmelskörper und in den Funktionen der Liebe, und er fügte sich in den Gang des Lebens, in Erwartung des Tages, wo er weder Furcht noch Verlangen mehr kennen würde.

Er tuschte mehrere Hampelmänner sorgfältig an und verfertigte eine Zerlinde, die der Thévenin ähnlich sah. Dieses

Mädchen gefiel ihm, und der alte Epikuräer lobte die Anordnung ihrer Atome. Mit dieser Arbeit beschäftigte er sich bis zur Rückkehr des Barnabiten.

»Mein Vater«, sagte er, ihm die Türe öffnend, »ich sagte Ihnen voraus, daß unser Mahl kärglich sein würde. Es gibt nur Kastanien. Und dabei sind sie noch nicht mal recht schmackhaft.«

»Kastanien!« rief der Pater Longuemare lächelnd. »Es gibt nichts, das besser schmeckt. Mein Vater war ein verarmter Edelmann aus der Gegend von Limoges; seine ganze Habe bestand in einem baufälligen Taubenschlag, einem verwilderten Obstgarten und ein paar Kastanienbäumen. Er lebte mit Frau und zwölf Kindern von dicken grünen Kastanien und wir waren alle gesund und kräftig. Ich war der Jüngste und Ausgelassenste; mein Vater sagte im Scherze zu mir, er wollte mich als Freibeuter nach Amerika schicken ... Ach! Mein Herr, wie duftet diese Kastanienbrühe! Sie erinnert mich an den kinderreichen Tisch, an dem meine Mutter lächelnd saß ...«

Nach der Mahlzeit ging Brotteaux zu dem Spielwarenhändler Joly in der Rue Neuve des Petits Champs; dieser nahm ihm die von Caillou abgelehnten Hampelmänner ab und bestellte fürs erste nicht zwölf Dutzend neue, sondern gleich vierundzwanzig Dutzend.

Als Brotteaux nach der Rue Royal kam, sah er, auf dem Revolutionsplatz ein Dreieck aus Stahl zwischen zwei Holzpfosten blitzen; es war die Guillotine. Eine riesige fröhliche Zuschauermenge umdrängte das Schafott und erwartete die Ankunft der Henkerkarren. Weiber mit flachen Körben vor dem Leibe boten Butterkuchen feil. Teeverkäufer klingelten mit ihrer Schelle; am Fuße der Freiheitsstatue zeigte ein alter Mann Guckkastenbilder auf einer kleinen Bühne, über der sich in einer Schaukel ein Affe schwang. Hunde leckten unter dem Schafott das gestern vergossene Blut auf ...

Brotteaux kehrte zu der Rue St.-Honoré zurück. In seiner Dachstube fand er den Barnabiten, sein Brevier lesend. Er wischte sorgfältig den Tisch ab und legte seinen Malkasten nebst den Werkzeugen und dem Material seines Handwerks darauf.

»Mein Vater«, sagte er, »erscheint Ihnen diese Beschäftigung Ihres geistlichen Standes nicht unwürdig, so helfen Sie mir bitte beim Anfertigen von Hampelmännern. Ein Herr Joly hat mir heute früh eine ziemlich große Bestellung gemacht. Ich will die fertigen Figuren antuschen, und Sie sind derweilen vielleicht so gut, Köpfe, Arme, Beine und Rümpfe nach diesen Modellen auszuschneiden. Es gibt keine besseren; sie sind von Watteau und Boucher gemacht.«

»Ich glaube allerdings«, sagte Longuemare, »daß Watteau und Boucher die rechten waren, um solches Zeug zu malen; es wäre für ihren guten Ruf besser gewesen, wenn sie nur harmlose Hampelmänner gemacht hätten wie diese. Ich will Ihnen gern helfen, nur fürchte ich, mir fehlt das nötige Geschick dazu.«

Der Pater Louguemare mißtraute seinem Geschick mit Recht. Nach mehreren mißlungenen Versuchen mußte er einsehen, daß er nicht imstande war, mit der Spitze des Federmessers hübsche Konturen aus einem Stück Pappe auszuschneiden. Doch als ihm Brotteaux Bindfaden und eine Packnadel gab, wußte er sehr geschickt den kleinen Figuren, die er nicht zu schneiden vermochte, Bewegung zu geben und sie tanzen zu lehren. Mit Vergnügen probte er ihre Schritte aus, ließ jede ein paar Gavottepas machen, und wenn sie seinen Ansprüchen genügten, so glitt ein Lächeln über seine strengen Züge.

Als er einen Bramarbas tanzen ließ, sagte er:

»Diese kleine Maske, mein Herr, bringt mich auf eine merkwürdige Geschichte. Es war im Jahre 1746, ich vollendete damals mein Noviziat unter dem Pater Magitot, einem Greise von tiefem Wissen und strengem Wandel. Wie Sie sich vielleicht noch entsinnen, übten die Hampelmänner damals, obwohl sie zum Vergnügen der Kinder bestimmt waren, auf Frauen und selbst auf junge und alte Männer einen seltsamen Reiz aus; sie machten in Paris Furore. Die Modegeschäfte waren voll davon; man fand sie bei Leuten von

Stand, und nicht selten sah man auf der Promenade und auf der Straße eine ernste Persönlichkeit, die ihren Hampelmann springen ließ. Der Pater Magitot blieb trotz seines Alters und seines Standes vor dieser Ansteckung bewahrt. Wie er alle Welt so beschäftigt sah, eine kleine Puppe aus Pappe tanzen zu lassen, zuckten seine Finger vor Ungeduld, und das wurde ihm bald zur Last. Eines Tages besuchte er Herrn Chauvel, einen Advokaten vom Parlamentsgericht, in einer wichtigen Sache, die den ganzen Orden betraf. Da sah er einen Hampelmann am Kamin baumeln und verspürte eine furchtbare Versuchung, an der Schnur zu ziehen. Nur mit großer Mühe überwand er sich. Aber dieser frivole Wunsch verfolgte ihn und ließ ihm keine Ruhe. Bei seinen Studien, in seinem frommen Sinnen, beim Gebet, in der Kirche, im Kapitel, im Beichtstuhl, auf der Kanzel – überall verfolgte er ihn. Nach mehreren Tagen schrecklicher Seelenpein trug er diesen ungewöhnlichen Fall dem Ordensgeneral vor, der damals zum Glück in Paris weilte .... Dieser, ein Kirchenfürst, riet dem Pater Magitot, sein Verlangen zu befriedigen, da es an sich harmlos, in seinen Folgen jedoch lustig war und die Seele, die von ihm verzehrt wurde, durch seine Bezwingung ernstlich beunruhigte. Auf Anraten, oder besser auf Befehl des Generals, ging der Pater Magitot nochmals zu Herrn Chauvel, der ihn wie das erstemal in seinem Amtszimmer empfing. Er sah den Hampelmann wieder am Kamin baumeln, trat hastig auf ihn zu und bat den Advokaten um Erlaubnis, an der Schnur ziehen zu dürfen. Der Advokat gewährte ihm diesen Wunsch und vertraute ihm an, daß er seinen Bramarbas öfters tanzen ließe, während er seine Plädoyers vorbereitete, ja daß er noch am letzten Tage seine Verteidigungsrede für eine Frau, die fälschlich der Vergiftung ihres Gatten beachtet war, beim Takt dieser Puppe entworfen hätte. Zitternd ergriff Pater Magitot die Schnur und ließ den Bramarbas hüpfen, wie einen Besessenen, der exerziert wird. Als er so seine Laune befriedigt hatte, hörte die Besessenheit auf.«

»Ihre Geschichte nimmt mich nicht wunder, mein Vater«,

sagte Brotteaux. »Derartige Besessenheit gibt es. Aber es sind nicht immer die Pappfiguren, die sie hervorrufen.«

Der Pater Longuemare, der tief religiös war, sprach nie von Religion; Brotteaux sprach beständig davon. Und da er Sympathie für den Barnabiten empfand, so gefiel er sich darin, ihn in die Enge zu treiben und ihn durch seine Einwände gegen verschiedene Glaubensartikel zu verwirren. Einmal, als sie gemeinsam Zerlinden und Bramarbasse anfertigten, sagte er zu ihm:

»Wenn ich die Ereignisse betrachte, die uns so weit gebracht haben, und mich frage, wer in der allgemeinen Torheit das Törichteste getan hat, so bin ich geneigt zu glauben, daß es die Hofpartei war.«

»Mein Herr«, erwiderte der Mönch, »alle Menschen werden verblendet wie Nebukadnezar, wenn sie Gott verläßt; aber kein Mensch war in unseren Tagen so tief in Unwissenheit und Irrtum versunken, wie der Abbé Fauchet, kein Mensch so verderblich für das Königtum wie er. Gott muß sehr erzürnt auf Frankreich gewesen sein, um ihm den Abbé Fauchet zu senden!«*

»Mir scheint, wir haben schlimmere Übeltäter erlebt als den unseligen Fauchet.«

»Auch der Abbé Grégoire hat viel Bosheit bewiesen.«**

»Und Brissot? Und Danton? Und Marat? Und hundert andere? Was sagen Sie von denen, mein Vater?«

»Das sind Laien, mein Herr: die Laien tragen nicht die gleiche Verantwortung wie die Geistlichen. Das Böse, was sie tun, kommt nicht aus solcher Höhe und hat nicht so allgemeine Bedeutung.«

»Und Ihr Gott, mein Vater, was sagen Sie von dessen Verhalten in dieser Revolution?«

* Der Abbé Fauchet, ein Girondist (1744–93), war Hofprediger, beteiligte sich an der Erstürmung der Bastille, wurde Präsident des Pariser Gemeinderates und der gesetzgebenden Versammlung und starb beim Sturze der Girondisten auf dem Schafott (Anm. des Übersetzers).

** Der Abbé Grégoire (1750–1831), Bischof von Blois, war Mitglied des Konvents (Anm. des Übersetzers).

»Ich verstehe Sie nicht, mein Herr.«

»Epikur hat gesagt: Entweder will Gott das Böse verhindern, kann es aber nicht, oder er kann es, will es aber nicht. Entweder kann und will er es nicht, oder er will und kann es. Will er es und kann er es nicht, so ist er ohnmächtig; kann er es und will es nicht, so ist er schlecht; kann und will er es nicht, so ist er ohnmächtig und schlecht; will er es aber und kann es, warum tut er es dann nicht, mein Vater?«

So fragte Brotteaux, indem er auf seinen Partner einen befriedigenden Blick warf.

»Mein Herr«, erwiderte der Mönch, »nichts ist kläglicher als die Einwände, die Sie da machen. Prüfe ich die Gründe des Unglaubens, so kommt es mir vor, als ob Ameisen einen brausenden Bergstrom mit ein paar Grashalmen abdämmen wollten. Gestatten Sie, daß ich mit Ihnen nicht disputiere. Ich hätte zu viel Gründe und zu wenig Geist. Zudem finden Sie Ihre Widerlegung in dem Buche des Abbé Guéné und in zwanzig anderen. Ich will aber nur das eine sagen; was Sie da von Epikur berichten, ist eine Dummheit, denn er beurteilt Gott, als ob er ein Mensch wäre und menschliche Moral besäße. Wohlan, mein Herr, die Ungläubigen von Celsius bis auf Bayle und Voltaire haben die Dummen mit solchen Paradoxa irregeführt.«

»Da sehen Sie, mein Vater«, sagte Brotteaux, »wozu Ihr Glaube Sie hinreißt. Nicht zufrieden damit, daß Sie in Ihrer Theologie alle Wahrheit sehen, lassen Sie auch keine Wahrheit in den Werken so vieler Schöngeister gelten, die anders dachten als Sie.«

»Sie irren durchaus, mein Herr«, antwortete der Mönch. »Ich glaube im Gegenteil, das menschliche Denken kann nie völlig verkehrt sein. Die Atheisten nehmen die unterste Stufe der Erkenntnis ein; selbst auf dieser Stufe bleibt ihnen ein Schimmer von Vernunft und ein Blitz der Wahrheit; und obwohl sie in Finsternis getaucht sind, wohnt in ihrer Stirne doch Gottes Geist: es ist Luzifers Schicksal.«

»Wohlan, mein Herr«, entgegnete Brotteaux, »ich bin nicht so großmütig und gestehe Ihnen, daß ich in allen Werken der

Theologen nicht einen Hauch von gesundem Menschenverstand sehe.«

Trotzdem verwahrte er sich dagegen, die Religion anzugreifen, da er sie als nützlich für das Volk ansah. Er hätte nur gewünscht, daß ihre Diener Philosophen und nicht Glaubensstreiter wären.

Er beklagte es, daß die Jakobiner sie durch eine jüngere und bösartigere ersetzen wollten: die Religion der Freiheit und Gleichheit, der Republik und des Vaterlandes. Er hatte bemerkt, daß die Religionen in ihrer Jugendkraft wütender und grausamer sind und daß sie mit zunehmendem Alter milder werden. Daher wünschte er, daß man beim Katholizismus bliebe, der in der Zeit seiner Kraft, viele Opfer verschlungen hatte, jetzt aber unter der Last der Jahre den Hunger verloren hatte und sich mit vier bis fünf gebratenen Ketzern im Jahrhundert begnügte.

»Übrigens«, setzte er hinzu, »habe ich mich mit den Hostienessern und Christentumsverehrern stets gut vertragen. In Les Ilettes hatte ich einen Kaplan, der jeden Sonntag die Messe las: alle meine Gäste wohnten ihr bei. Die Philosophen waren die Andächtigsten und die Tänzerinnen die Inbrünstigsten. Damals war ich glücklich und hatte zahlreiche Freunde.«

»Freunde!« rief der Pater von Longuemare aus, »Freunde! ... Ach, mein Herr, glauben Sie etwa, die liebten Sie, alle diese Philosophen und Kurtisanen, die Ihre Seele erniedrigt haben, so sehr, daß es Gott selbst schwerfiele, in ihr den Tempel wiederzuerkennen, den er sich zu seinem Ruhme erbaut hat?«

Der Pater von Longuemare wohnte nun schon acht Tage unbelästigt bei dem Zöllner. So gut es anging, befolgte er seine Ordensregel und erhob sich von seinem Strohsack, um auf den Steinfliesen niederzuknien und sein Nachtgebet zu verrichten. Wiewohl beide nur elende Speisereste zu verzehren hatten, beachtete er Fasten und Enthaltsamkeit. Als betrübter und zugleich lächelnder Zeuge dieser Strenge fragte der Philosoph ihn eines Tages:

»Glauben Sie wirklich, daß es Gott Freude macht, Sie so darben und frieren zu sehen?«

»Gott selbst«, erwiderte der Barnabit, »hat uns das Vorbild des Leidens gegeben.«

Am neunten Tage, den der Mönch in der Dachstube des Philosophen verbrachte, ging dieser eines Abends zur Dämmerstunde aus, um seine Hampelmänner zu dem Spielwarenhändler Joly zu bringen. Er verkaufte sie alle und kehrte fröhlich heim, als plötzlich auf dem früheren Karussellplatz ein Mädchen in blauseidenem, hermelinverbrämtem Pelz hinkend auf ihn zustürzte und sich in seine Arme warf.

Sie hielt ihn nach Art aller Schutzflehenden umschlungen und zitterte heftig. Er hörte das rasche Pochen ihres Herzens. Als er sah, wie pathetisch sie sich bei ihrem gewöhnlichen Aussehen benahm, dachte er als alter Theaterliebhaber, daß Mademoiselle Raucourt von ihr hätte lernen können. Sie sprach keuchend und suchte ihre Stimme zu dämpfen, aus Furcht, von den Passanten gehört zu werden.

»Nehmen Sie mich mit, Bürger, verbergen Sie mich aus Erbarmen! ... Sie sind in meinem Zimmer in der Rue Fromenteau. Während sie heraufkamen, rettete ich mich zu Flora, meiner Nachbarin, und sprang durchs Fenster auf die Straße, wobei ich mir den Fuß verstaucht habe ... Sie kommen, sie wollen mich ins Gefängnis werfen und mich umbringen ... Letzte Woche haben sie Virginie umgebracht.«

Brotteaux begriff, daß sie die Häscher vom Revolutionsausschuß des Bezirks oder die Kommissare des allgemeinen Sicherheitsausschusses meinte. Die Stadtverwaltung besaß damals einen tugendhaften Ankläger, den Bürger Chaumette, der die Freudenmädchen als die verderblichsten Feindinnen der Republik verfolgte. Er wollte die Sitten bessern. Allerdings waren die Fräulein vom Palais-Egalité wenig patriotisch. Sie wünschten den alten Zustand zurück und machten daraus nicht immer ein Hehl. Mehrere waren bereits als Verschwörerinnen guillotiniert worden, und ihr tragisches Geschick hatte unter ihresgleichen große Nacheiferung erregt.

Der Bürger Brotteaux fragte die Schutzflehende, durch welches Vergehen sie sich die Verhaftung zugezogen.

Sie schwor, keine Ahnung zu haben; sie hätte nichts getan, was man ihr vorwerfen könnte.

»Wohlan, mein Kind«, sagte Brotteaux, »du bist unverdächtig; so hast du nichts zu fürchten. Geh, leg dich zu Bette und laß mich in Frieden.«

Da gestand sie alles:

»Ich habe mir die Kokarde abgerissen und gerufen: ›Es lebe der König!‹«

Er nahm sie mit sich längs der menschenleeren Seinekais; sie hängte sich in seinen Arm.

»Ich liebe den König zwar nicht«, sagte sie. »Sie können sich denken, daß ich ihn nicht gekannt habe, und vielleicht war er ein Mensch wie die anderen. Aber die da sind boshaft. Sie quälen mich, sie hudeln und schänden mich auf alle Weise; sie wollen mir mein Gewerbe verbieten. Sie können sich denken, wenn ich ein anderes hätte, so betriebe ich nicht so eines ... Was wollen sie denn? Sie wüten gegen die schwachen, die kleinen Leute, gegen den Milchhändler, den Kohlenhändler, den Wasserträger, die Wäscherin. Sie werden nicht eher zufrieden sein, als bis sie das ganze arme Volk gegen sich aufgebracht haben.«

Er blickte sie an: sie sah wie ein Kind aus. Ihre Angst war vorüber; sie lächelte fast und schritt, obwohl humpelnd, leichtfüßig dahin. Er fragte nach ihrem Namen, sie hieß Athenais und war sechzehn Jahre alt.

Brotteaux erbot sich, sie hinzuführen, wohin sie wollte. Sie kannte keine Seele in Paris, doch sie hatte eine Tante, eine Dienstmagd in Palaiseau; die würde sie zu sich nehmen.

Brotteaux faßte einen Entschluß.

»Komm mit, mein Kind«, sagte er.

Und er nahm sie mit sich, auf seinen Arm gestützt.

In seine Dachkammer zurückgekehrt, fand er den Pater Longuemare, der sein Brevier las. Er zeigte ihm Athenais, die er an der Hand führte.

»Mein Vater«, sagte er, »dies ist ein Mädchen aus der Rue

Fromenteau, das gerufen hat: ›Es lebe der König!‹ Die Revolutionspolizei ist ihr auf den Fersen. Sie hat kein Obdach. Darf sie die Nacht hierbleiben?«

Der Mönch klappte sein Brevier zu.

»Verstehe ich Sie recht«, sagte er, »so fragen Sie mich, mein Herr, ob dieses junge Mädchen, das, wie ich, mit Verhaftung bedroht ist, diese Nacht zum Zwecke seines irdischen Heils das Zimmer mit mir teilen darf?«

»Jawohl, mein Vater.«

»Welches Recht hätte ich zum Widerspruch? Und um mich durch ihre Anwesenheit verletzt zu fühlen, müßte ich mich da nicht für besser halten als sie?«

Er brachte die Nacht in dem wackeligen Lehnstuhl zu, in dem er, wie er versicherte, gut schlafen würde. Athenais legte sich auf die Matratze; Brotteaux nahm den Strohsack zum Lager, und löschte das Licht aus.

Von den Kirchtürmen schallte der Schlag der Stunden und halben Stunden. Er fand keinen Schlaf und hörte die Atemzüge des Mönchs und der Dirne. Der Mond, der Zeuge und das Abbild seiner Liebschaften, ging auf und fiel in die Dachstube. Ein Silberstrahl beleuchtete das blonde Haar, die goldenen Wimpern, die feingeschwungene Nase und den roten vollen Mund der Athenais, die mit geballten Fäusten schlief.

»Die«, dachte er, »ist gewiß eine furchtbare Feindin der Republik…!«

Als Athenais erwachte, war es heller Tag. Der Mönch war fort. Brotteaux saß unter der Dachluke und las in seinem Lukrez; er wollte nach der Lehre des lateinischen Dichters ohne Furcht und Verlangen leben, und doch war er von Sehnsucht und Sorge erfüllt.

Als Athenais die Augen aufschlug, sah sie erstaunt die Dachbalken über ihrem Kopfe. Alsbald erinnerte sie sich, lächelte ihrem Retter zu und streckte ihm ihre hübschen, schmutzigen Hände entgegen, um ihn zu streicheln.

Dann richtete sie sich auf ihrem Lager empor und wies mit dem Finger auf den morschen Lehnstuhl, auf dem der Mönch die Nacht zugebracht hatte.

»Ist er fort? ... Er ist doch nicht gegangen, mich anzuzeigen?«

»Nein, mein Kind. Es gibt keinen größeren Ehrenmann als den alten Narren.«

Athenais fragte, worin denn die Narrheit dieses Biedermannes bestände. Als Brotteaux antwortete, es wäre die Religion, verwies sie es ihm ernstlich, so zu reden, und erklärte die Menschen ohne Religion für schlimmer als Tiere. Was sie beträfe, so betete sie oft zu Gott und hoffte, daß er ihr ihre Sünden vergeben und sie in seinen Gnadenschoß aufnehmen würde.

Als sie merkte, daß Brotteaux ein Buch in der Hand hatte, hielt sie es für ein Meßbuch und sagte:

»Sehen Sie, auch Sie lesen Ihre Gebete! Gott wird's Ihnen vergelten, was Sie für mich taten.«

Brotteaux sagte ihr, daß dies kein Meßbuch sei, und daß es geschrieben wäre, bevor der Gedanke an die Messe auf die Welt gekommen sei. Da hielt sie es für ein Traumbuch und fragte, ob darin keine Erklärung stände für einen seltsamen Traum, den sie gehabt hätte. Sie selbst konnte nicht lesen und kannte vom Hörensagen nur diese beiden Arten von Büchern.

Brotteaux sagte ihr, daß dieses Buch nur den großen Traum das Lebens erklärte. Das schöne Kind fand die Antwort zu schwierig und gab es auf, sie zu verstehen. Dann tauchte sie ihre Nasenspitze in die irdene Schüssel, die Brotteaux jetzt an Stelle seiner früheren silbernen Waschschüssel benützte, und frisierte sich vor dem Rasierspiegel ihres Wirtes mit ernster, peinlicher Sorgfalt. Ihre weißen Arme über dem Kopf verschränkend, sprach sie hin und wieder ein paar Worte.

»Sie sind reich gewesen?«

»Weshalb glaubst du das?«

»Ich weiß nicht. Aber Sie waren reich und ein Aristokrat, das weiß ich bestimmt.«

Sie zog aus der Tasche eine kleine, silberne Madonnenstatue in einem runden Kapellchen, ein Stück Zucker, Garn, eine Schere, ein Feuerzeug, mehrere Etuis; und nachdem sie sich das Nötige ausgesucht hatte, begann sie ihren Rock auszuflicken, der an mehreren Stellen zerrissen war.

»Zu deiner Sicherheit, Kind, stecke dies an deine Frisur«, sagte Brotteaux und gab ihr eine Kokarde in den Nationalfarben.

»Ich will es gern tun, mein Herr«, erwiderte sie, »aber nur Ihretwillen und nicht aus Liebe zur Nation.«

Als sie sich angekleidet und sich so hübsch wie möglich zurechtgemacht hatte, nahm sie ihren Rock mit beiden Händen auf, machte ihren Knicks, wie sie es auf dem Dorfe gelernt hatte und sagte:

»Mein Herr, ich bin Ihre ergebene Dienerin.«

Sie war bereit, ihrem Wohltäter auf alle Weise erkenntlich zu sein; doch sie fand es passender, daß er um nichts bat und daß sie ihm nichts anbot; es schien ihr artig, ihre Dankesschuld auf geziemendere Art zu begleichen.

Brotteaux drückte ihr ein paar Assignate in die Hand, damit sie mit dem Marktschiff nach Palaiseau fahren konnte. Es war die Hälfte seines Vermögens; und obwohl er stets als freigebig gegen die Frauen bekannt war, hatte er doch noch nie eine so gleiche Güterteilung vorgenommen.

Sie frage ihn, wie er hieße.

»Maurice, mein Kind.«

Ungern öffnete er ihr die Tür seiner Dachstube.

»Leb wohl, Athenais.«

Sie gab ihm einen Kuß.

»Herr Maurice, wenn Sie an mich denken, nennen Sie mich Martha; das ist mein Taufname. So wurde ich auf dem Dorfe genannt … Adieu und vielen Dank … Ich bin Ihre Dienerin, Herr Maurice.«

FÜNFZEHNTES KAPITEL

Die überfüllten Gefängnisse mußten leer werden. Man mußte richten, richten, ohne Rast und Ruhe. An den mit Rutenbündeln und roten Mützen geschmückten Wänden saßen die Richter, wie dereinst unter den Lilien, mit der Feierlichkeit und der furchtbaren Ruhe ihrer königlichen Vorgänger. Der öffentliche Ankläger und seine Vertreter, von Arbeit erschöpft, von Schlaflosigkeit und Branntwein erhitzt, kämpften ihre Müdigkeit nur mit Gewalt nieder, und ihr schlechtes Befinden machte sie grimmig. Die Geschworenen, verschieden von Herkunft wie von Charakter, die einen gebildet, die anderen unwissend, feig oder edelmütig, sanft oder heftig, ehrlich oder heuchlerisch, fühlten angesichts der Gefahr, in der das Vaterland und die Republik schwebte, alle die gleiche Besorgnis oder täuschten sie vor; sie brannten alle in der gleichen Glut, waren alle grausam aus Tugend oder aus Angst, bildeten alle nur ein einziges Wesen mit einem dumpfen, gereizten Kopfe, eine einzige Seele, ein mystisches Untier, das infolge seiner natürlichen Anlage zahllosen Tod gebar. In ihrer Erregung bald wohlwollend, bald grausam und von plötzlichen Anfällen von Mitleid gepackt, sprachen sie unter Tränen einen Angeklagten frei, den sie eine Stunde zuvor mit hämischen Worten verurteilt hätten. Je weiter sie in ihrer Aufgabe kamen, desto ungestümer folgten sie den Eingebungen ihres Herzens.

Sie urteilten im Fieber und in der Schläfrigkeit ihrer Überbürdung, unter den Antrieben ihrer Umgebung und den Geboten des Herrschers, unter den Drohungen der Sansculotten und Trikoteusen, die sich auf den Tribünen und im Zuschauerraum drängten, auf Grund rasender Zeugenaussagen und wutschnaubender Anklagereden, in stickiger Luft, die ihr Gehirn lähmte, von der ihnen die Ohren summten und die Schläfen pochten, und die ihre Augen mit einem blutigen Schleier umflorte. Im Publikum liefen unbestimmte Gerüchte über Geschworene um, die sich von den Angeklagten hätten bestechen lassen. Aber diese Gerüchte beantwortete die gesamte Jury mit entrüsteten Protesten und erbarmungslosen Verurteilungen. Kurz, sie waren Menschen, nicht besser noch schlimmer als andere. Die Unschuld ist ja zumeist ein Glück und keine Tugend; und wer mit ihnen hätte tauschen wollen, der hätte ebenso gehandelt wie sie und diese furchtbare Aufgabe mit mittelmäßiger Seele erfüllt.

Endlich nahm auch Marie Antoinette, die längst Erwartete, im schwarzen Kleid auf dem Schicksalsstuhle Platz. Der allgemeine Haß war so groß, daß nur die Gewißheit über den Ausgang ihres Prozesses die Wahrung der Formen ermöglichte. Auf die furchtbaren Fragen antwortete die Angeklagte bald in ihrem angeborenen Konversationston, bald auch in gewohntem Hochmut, und einmal, als die Infamie eines ihrer Ankläger sie aufbrachte, mit mütterlicher Würde. Den Zeugen wurden nur Schmähungen und Verleumdungen erlaubt; die Verteidigung war erstarrt. Der Gerichtshof zwang sich zur Wahrung der Formen und wartete, bis alles zu Ende war, um den Kopf der Österreicherin ganz Europa vor die Füße zu werfen.

Drei Tage nach Antoinettes Hinrichtung wurde Gamelin zu dem Bürger Fortuné Trubert gerufen. Er lag ein paar Schritte von dem Militärbureau, wo er seine Lebenskraft erschöpft hatte, auf einem Gurtbett in der Zelle irgendeines vertriebenen Barnabiten und rang mit dem Tode. Sein fahler Kopf war tief in das Kissen gedrückt. Seine Augen, die schon nichts mehr sahen, wandten sich mit verglasten Blicken nach Evarist; seine fleischlose Hand ergriff die des Freundes und drückte sie mit unverhoffter Kraft. Er hatte in zwei Tagen dreimal Blut gespien. Er versuchte zu sprechen; seine Stimme war anfangs verschleiert und schwach wie ein Murmeln, dann schwoll sie an und dröhnte.

»Wattignies! Wattignies! ... Jourdan hat den Feind aus seinem Lager gejagt ... Maubeuge ist entsetzt ... Wir haben Valenciennes wieder ... Ça ira ... ça ira«, lächelte er.

Es waren keine Fieberträume, sondern die klare Erkenntnis der Wirklichkeit, die sein Hirn erleuchtete, auf das schon die ewigen Schatten herabsanken. Der feindliche Vormarsch war gehemmt, die verängstigten Generale merkten, daß sie nichts Besseres tun konnten als siegen. Was die freiwillige Anwerbung nicht erreicht hatte, ein starkes diszipliniertes Heer, das vermochte die allgemeine Aushebung. Noch einige Anstrengungen, und die Republik war gerettet.

Nach einer halben Stunde tiefster Ohnmacht belebte sich Truberts hohles Totengesicht wieder; er erhob die Hände und wies auf das einzige Möbel, das in der Zelle stand, seinen kleinen Schreibtisch aus Nußbaumholz.

Und mit seiner schwachen, keuchenden Stimme, die ein klarer Geist beseelte, sprach er:

»Mein Freund, wie Eudamidas vermache ich dir meine Schulden: dreihundert Franken. Die Rechnung findest du ... in dem roten Hefte ... Leb wohl, Gamelin. Schlafe nicht. Wache über die Verteidigung der Republik. Ça ira ...«

Die Nacht sank auf die Zelle herab. Gamelin hörte den schweren Atem des Sterbenden, hörte seine Finger über das Bettuch scharren.

Gegen Mitternacht brachte er unzusammenhängende Worte hervor:

»Kratzt die Wände ab ... Mehr Salpeter ... Laßt die Gewehre ausliefern ... Wie's mir geht? Ausgezeichnet ... Nehmt die Glocken herunter ...«

Um fünf Uhr morgens tat er den letzten Atemzug.

Auf Anordnung des Bezirkes ward seine Leiche im Schiff der früheren Barnabitenkirche vor dem Altar des Vaterlandes aufgebahrt. Der Tote lag auf einem Feldbett, mit einer Trikolore bedeckt und die Stirn mit dem Eichenkranze geschmückt.

Zwölf Greise in römischer Toga, eine Palme in der Hand, und zwölf blumentragende Jungfrauen in langen Schleiern bildeten die Totenwacht. Zu Füßen der Bahre hielten zwei Kinder umgekehrte Fackeln. Evarist erkannte das eine, es war das Töchterchen seines Portiers. In ihrem kindlichen Ernst und ihrer lieblichen Schönheit gemahnte ihn die kleine Josephine an die Liebes- und Todesgenien, welche die Römer auf ihren Sarkophagen anbrachten.

Der Leichenzug ging nach dem früheren Kirchhof Saint-André-des-Arts, beim Klange der Marseillaise und des Ça ira.

Als Evarist den Abschiedskuß auf Fortuné Truberts Stirn drückte, mußte er weinen. Er weinte über sich selbst und beneidete den, der nun ausruhte und sein Tagewerk vollbracht hatte.

Nach Hause zurückgekehrt, erhielt er die Nachricht, daß er zum Mitglied des Stadtrats ernannt sei. Seit vier Monaten Kandidat für diesen Posten, war er nach mehreren Wahlgängen ohne Gegenkandidaten mit etwa dreißig Stimmen gewählt worden.

Kein Mensch wollte mehr wählen. Die Bezirksversammlungen blieben leer; Reiche wie Arme entzogen sich den öffentlichen Ämtern. Die größten Ereignisse erweckten weder Begeisterung noch Neugier; man las keine Zeitungen mehr. Evarist zweifelte, ob von den siebenhunderttausend Einwohnern der Hauptstadt auch nur drei- bis viertausend noch republikanische Gesinnung besaßen.

An jenem Tage erschienen die einundzwanzig Konventsmitglieder vor Gericht. Schuldig oder unschuldig an den Mißgeschicken und Verbrechen der Republik, eitel, unvorsichtig, ehrgeizig und leichtsinnig, maßvoll und gewalttätig zugleich, schwach in ihrer Strenge wie in ihrer Milde, rasch bereit zur Kriegserklärung, aber langsam im Kriegführen, und nach dem Vorbild, das sie selbst gegeben, vor Gericht gezerrt, bildeten sie trotz alledem die leuchtende Jugend der Revolution; sie waren ihr Reiz und ihr Ruhm gewesen. Der Richter, der sie nun mit kluger Parteilichkeit verhörte, der bleiche Ankläger, der dort an seinem Tischchen ihren Tod und ihre Schande bereitete, die Geschworenen, die ihnen alsbald die Verteidigung abschneiden sollten, das Tribünenpublikum, das sie mit Schimpfworten und Hohngelächter empfing – sie alle, Richter, Geschworene, Volk, hatten noch vor kurzem ihre Talente und Tugenden gerühmt. Aber sie wußten es nicht mehr.

Evarist hatte früher in Vergniaud seinen Abgott, in Brissot

sein Orakel gesehen. Er entsann sich dessen nicht mehr, und wenn in seinem Gedächtnis noch eine Spur seiner früheren Bewunderung haftete, so bewies ihm das nur, daß diese Ungeheuer auch die besten Bürger verführt hatten.

Als Gamelin von der Sitzung heimkehrte, hörte er im Hause gellendes Geschrei. Es war die kleine Josephine, die von ihrer Mutter Schläge bekam, weil sie auf dem Platze mit den Gassenbuben gespielt und sich dabei ihr schönes weißes Kleid beschmutzt hatte, das ihr zur Leichenfeier des Bürgers Trubert angezogen war.

SECHZEHNTES KAPITEL

Drei Monate lang hatte Evarist Tag für Tag dem Vaterlande berühmte oder unbekannte Opfer geschlachtet, als er seinen eigenen Prozeß zu führen bekam. Einen der Angeklagten machte er zu *seinem* Angeklagten.

Seit er am Revolutionsgericht wirkte, spähte er in der Menge der Angeschuldigten, die ihm zu Gesicht kamen, begierig nach Elodies Verführer, von dem er sich in seiner regen Phantasie eine Vorstellung mit einigen bestimmten Zügen gemacht hatte. Er dachte ihn sich jung, schön, frech und bildete sich fest ein, daß er nach England geflohen sei. Er glaubte ihn in einem jungen Emigranten namens Maubel zu entdecken, der, nach Frankreich zurückgekehrt, von seinem Wirt angezeigt und in einer Herberge in Passy verhaftet worden war. Der Staatsanwalt Fouquier führte die Untersuchung neben tausend anderen. Man hatte bei ihm Briefe gefunden, welche die Anklage als Beweise für ein Komplott ansah, das Maubel mit Pitts Agenten angezettelt hätte. In Wirklichkeit stammten die Briefe von einem Bankier in London, bei dem er sein Vermögen angelegt hatte. Maubel war jung und schön und schien vornehmlich Liebesabenteuern nachzugehen. In seinem Tagebuch fand man Aufzeichnungen über Beziehungen in Spanien, das damals mit Frankreich im Kriege lag. Diese Briefe waren in Wirklichkeit von intimer Art, und wenn die Behörde nicht die Niederschlagung des Prozesses verfügt hatte, so geschah dies zufolge des Grundsatzes, daß die Justiz sich nie beeilen soll, einen Gefangenen freizulassen …

Gamelin erfuhr von dem ersten Verhör, das im Beratungszimmer mit Maubel angestellt worden war, und ihm fiel sogleich der Charakter des jungen Aristokraten auf; er schien ihm zum Charakter des Mannes, der Elodies Vertrauen mißbraucht hatte, vollkommen zu passen. Fortan saß er stundenlang in der Gerichtsschreiberei und studierte eifrig in den Akten. Sein Verdacht wurde eigentümlich bestärkt, als er in einem alten Notizbuch des Emigranten die Adresse ›Amor als Maler‹ fand, allerdings im Verein mit der des ›Grünen Affen‹, der früheren ›Kronprinzessin‹ und mehrerer anderer Bilder- und Kupferstichladen. Als er jedoch erfuhr, daß man in demselben Notizbuch einige Blätter von roten Nelken, in Seidenpapier eingewickelt, gefunden hätte, zweifelte er nicht mehr. Die roten Nelken waren Elodies Lieblingsblumen; sie zog sie vor ihrem Fenster, trug sie im Haar und gab sie – er wußte es ja – als Liebespfand.

Als er seiner Sache gewiß war, beschloß er, Elodie zu fragen, freilich ohne Angabe der Umstände, durch die er den Verbrecher entdeckt hatte.

Als er die Treppe zu seiner Wohnung hinaufstieg, quoll ihm schon in den unteren Etagen ein berauschender Fruchtgeruch entgegen. Im Atelier fand er Elodie, die der Bürgerin Gamelin beim Einmachen von Quitten half. Die alte Hausfrau legte Feuer im Herdofen an und überlegte sich gerade, wie sie Kohlen und Kochzucker sparen könnte, ohne daß es dem Eingemachten schadete. Die Bürgerin Blaise saß auf dem Rohrstuhl, hatte eine graue Leinenschürze vorgebunden und den Schoß voll goldiger Früchte. Sie schälte die Quitten und warf sie, in Viertel zerschnitten, in einen Kupferkessel. Die Spitzen ihrer Haube fielen zurück und ihre schweren Locken ringelten sich auf ihrer feuchten Stirn. Ein fraulicher Reiz und eine häusliche Anmut gingen von ihr aus und erweckten holde Gedanken und sanfte Sehnsucht.

Ohne sich zu rühren, blickte sie ihren Geliebten mit ihren schönen goldbraunen Augen an und sagte:

»Sehen Sie, Evarist, wir arbeiten für Sie. Den ganzen Winter werden Sie schmackhaftes Quittenmus essen, das Ihren Magen stärken und Ihnen das Herz froh machen wird.«

Doch Gamelin trat auf sie zu und sagte ihr, ins Ohr den Namen »Jacques Maubel« ...

In diesem Augenblick erschien die rote Nase des Schuhflickers in der Türspalte. Er brachte ausgebessertes Schuhzeug, dem er neue Hacken angesetzt hatte, und die Rechnung für Sohlen.

Um nicht für einen schlechten Bürger zu gelten, hatte er die Daten nach dem neuen Kalender aufgeschrieben. Die Bürgerin Gamelin, die klare Rechnungen liebte, wurde aus den Fructidors und Vendemiaires nicht klug.

»Jesus«, seufzte sie, »alles wollen sie ändern, Tage, Monate, Jahreszeiten, Sonne und Mond! Bei Gott, Herr Combalot, was ist das für ein Paar Überschuhe am 8. Vendemiaire?«

»Bürgerin, schauen Sie doch auf Ihren Kalender; dann werden Sie's wissen.«

Sie nahm ihn von der Wand, studierte ihn und wandte die Blicke gleich wieder ab.

»Der sieht gar nicht christlich aus!« sagte sie bestürzt.

»Nicht nur das, Bürgerin«, versetzte der Schuhflicker; »wir haben auch nur drei Sonntage statt vier im Monat. Ja noch mehr, wir müssen unsere ganze Rechnerei ändern. Es soll künftig keine Heller und Pfennige mehr geben; alles soll nach dem destillierten Wasser eingeteilt werden*.«

Bei diesen Worten blickte die Bürgerin Gamelin mit bebenden Lippen zur Decke und seufzte: »Das ist zu viel!«

Während sie so klagte wie die heiligen Frauen auf ländlichen Kalvarienbergen, qualmte eine Kohle in der Herdglut und erfüllte das ganze Atelier mit einem Gestank, der im Verein mit dem starken Geruch der Quitten zum Ersticken war.

Elodie klagte, daß der Rauch sie im Halse kratzte, und bat, das Fenster zu öffnen. Doch als der Bürger Schuhflicker gegangen und die Bürgerin Gamelin wieder an ihren Herd geeilt war, sagte Evarist seiner Geliebten von neuem den Namen »Jacques Maubel« ins Ohr.

Sie blickte ihn überrascht an und fragte seelenruhig, während sie eine Quitte durchschnitt:

»Nun, und? – Jacques Maubel ...«

»Er ist's.«

»Wer? Er?«

* Gemeint ist die Dezimaleinteilung des Geldes in Centimen nach Analogie des neu eingeführten Litermaßes, das einem Kubikdezimeter Wasser oder einem Kilogramm entspricht (Anm. des Übersetzers).

»Du gabst ihm eine rote Nelke.«

Sie behauptete, ihn nicht zu verstehen, und bat ihn um Aufklärung.

»Der Aristokrat! ... Der Emigrant! ... Der verfluchte Kerl.«

Sie zuckte die Achseln und erklärte mit großer Natürlichkeit, einen Jacques Maubel hätte sie nie gekannt. Und es war wirklich so.

Sie leugnete auch, je einem anderen als Evarist rote Nelken gegeben zu haben; doch darin ließ ihr Gedächtnis sie wohl im Stiche.

Er war kein Frauenkenner und hatte Elodies Charakter nicht recht begriffen; trotzdem traute er ihr wohl zu, daß sie sich verstellen und auch einen Geschickteren als ihn hintergehen könnte.

»Warum leugnen?« sagte er. »Ich weiß alles.«

Sie versicherte abermals, daß sie keinen Maubel kenne. Nachdem sie alle Quitten geschält hatte, bat sie um Wasser, weil ihr die Finger klebten.

Gamelin brachte ihr eine Waschschüssel. Und beim Händewaschen wiederholte sie ihr Leugnen.

Er erklärte nochmals, alles zu wissen, und nun schwieg sie.

Sie wußte nicht, was ihr Liebhaber mit seiner Frage bezweckte, und hatte nicht die mindeste Ahnung, daß dieser Maubel, dessen Namen sie nie gehört hatte, vor dem Revolutionstribunal erscheinen sollte. Sie begriff nichts von dem Argwohn, mit dem er sie plagte, und wußte nur, daß er grundlos war. Und da sie keine Hoffnung hatte, diesen Verdacht zu zerstreuen, so gab sie sich auch keine Mühe mehr dazu. Sie verteidigte sich nicht länger und ließ den Eifersüchtigen lieber auf einer falschen Fährte, zumal ja der geringste Zufall ihn jeden Augenblick auf die richtige Spur bringen konnte. Ihr kleiner verflossener Schreiber, der ein hübscher patriotischer Reiter geworden war, hatte mit seiner aristokratischen Freundin gebrochen. Traf er Elodie auf der Straße, so schien sein Blick ihr zu sagen: ›Na, schönes Kind? Ich fühle es, ich werde Ihnen verzeihen, daß ich Ihnen die Treue brach, und ich bin gern bereit, Ihnen wieder meine Achtung zu schenken.«‹Sie strengte sich also nicht mehr an, die vermeintlichen Grillen ihres Freundes zu verscheuchen; und Gamelin gewann die Überzeugung, daß Jacques Maubel Elodies Verführer gewesen sei.

In den folgenden Tagen war das Gericht unausgesetzt mit Vernichtung der Föderalisten beschäftigt, die wie eine Hydra die Freiheit zu verschlingen gedroht hatten. Es waren schwere Tage, und die erschöpften Geschworenen verurteilten in aller Eile die Bürgerin Roland*, deren Worte einer Römerin würdig waren, obwohl die Tribüne sie mit Murren aufnahm.

Jeden Morgen ging Gamelin in die Gerichtsschreiberei, um den Prozeß Maubel zu beschleunigen. Wichtige Schriftstücke befanden sich in Bordeaux; er setzte es durch, daß ein Kommissar sie mit der Post abholte. Endlich trafen sie ein.

Der Vertreter des Staatsanwalts las sie, schnitt ein Gesicht und sagte zu Gamelin:

»Diese Beweisstücke sind nichts wert. Es steht nichts drin als seichtes Zeug! ... Wäre es nur sicher, daß der frühere Graf Maubel ausgewandert ist...!«

Endlich hatte Gamelin sein Ziel erreicht. Der junge Maubel erhielt seine Anklageschrift und erschien am 19. Brumaire vor dem Revolutionstribunal.

Die ständigen Besucher der Verhandlungen merkten dem Gericht von vornherein seine Befangenheit an. Der Präsident zeigte eine finstere, wütende Miene, die er immer aufsetzte, wenn er schlechtvorbereitete Prozesse zu leiten hatte. Der Vertreter der Anklage strich sich mit dem Federkiel über das Kinn und spielte die Heiterkeit des reinen Gewissens. Der Gerichtsschreiber verlas die Anklage; etwas so Hohles war noch nie erhört worden.

Der Präsident fragte den Angeklagten, ob ihm die Gesetze gegen die Emigranten nicht bekannt seien.

* Die Gattin des Girondisten und Ministers des Innern Roland, der vor der radikalen Bergpartei entfloh und sich 1793 selbst entleibte. Sie wurde am 9. November 1793 guillotiniert (Anm. des Übersetzers).

»Ich kenne sie und habe sie befolgt«, antwortete Maubel; »ich habe Frankreich mit vorschriftsmäßigen Pässen verlassen.«

Über die Gründe seiner Reise nach England und seiner Heimkehr nach Frankreich gab er befriedigende Auskunft. Sein Gesicht war sympathisch; er hatte eine stolze, freimütige Miene, die allgemein gefiel. Die Frauen auf den Tribünen blickten ihn wohlwollend an. Nach Behauptung der Anklage hatte er sich in Spanien zu einer Zeit aufgehalten, wo dieses Land sich schon im Kriege mit Frankreich befand. Er versicherte, damals nicht über Bayonne hinausgekommen zu sein. Nur ein Punkt blieb dunkel. Von seinen Papieren, die er in den Kamin geworfen hatte, als man ihn verhaftete, waren nur noch ein paar Fetzen übrig, auf denen spanische Worte und der Name ›Nieves‹ zu lesen war.

Über diesen Punkt verweigerte Jacques Maubel jeden Aufschluß. Ja, auf die Vorhaltung des Präsidenten, daß es im eigenen Vorteil des Angeklagten läge, Aufklärung zu geben, erwiderte er, man solle nicht immer seinem Vorteil nachgehen.

Gamelin wollte den Angeklagten nur *eines* Verbrechens überführen. Dreimal drang er in den Präsidenten, Maubel zu befragen, ob er sich über die Nelke äußern könnte, deren getrocknete Blätter er sorgfältig in seiner Brieftasche aufhob.

Maubel antwortete, er hielte sich nicht für verpflichtet, auf eine Frage zu antworten, die die Justiz nicht interessierte, da man ja das Billett, das in dieser Blume versteckt war, nicht gefunden hätte.

Die Geschworenen zogen sich ins Beratungszimmer zurück. Sie waren günstig gestimmt gegen diesen jungen Mann, dessen im Grunde unaufgeklärter Fall vor allem Liebesgeheimnisse zu bergen schien. Diesmal hätten selbst die Guten und Gesinnungsvollen ihn gern freigesprochen. Einer von ihnen, der frühere Marquis, der sich der Revolution angeschlossen hatte, fragte:

»Wirft man ihm seine Geburt vor? Auch ich hatte das Unglück, als Aristokrat auf die Welt zu kommen.«

»Jawohl«, entgegnete Gamelin, »aber du bist aus diesem Stand ausgetreten, und er ist darin geblieben.«

Und er wetterte so gegen diesen Verschwörer, diesen Sendling von Pitt, diesen Komplicen Coburgs, der über Meer und Gebirge gezogen war, um der Freiheit Feinde zu machen; er verlangte so glühend die Verurteilung des Verräters, daß er den steten Argwohn und die alte Strenge seiner Kollegen wachrief.

Einer von ihnen sagte zynisch:

»Es gibt Dienste, die man sich unter Kollegen nicht abschlagen darf.«

Er wurde mit einer Stimme Mehrheit zum Tode verurteilt.

Der Verurteilte nahm diesen Spruch mit lächelnder Gefaßtheit entgegen. Seine Blicke, die ruhig durch den Saal schweiften, drückten, als sie auf Gamelin fielen, unsägliche Verachtung aus. Der Spruch fand keinerlei Beifall.

Jacques Maubel ward ins Gefängnis zurückgeführt und schrieb vor der Hinrichtung, die noch am selben Abend bei Fackelschein stattfinden sollte, einen Brief:

Liebe Schwester!
Das Tribunal schickt mich aufs Schafott; es ist die einzige Freude seit dem Tod meiner angebeteten Nieves. Sie haben mir das einzige genommen, was mir von ihr geblieben ist, eine Granatblüte, die sie, warum, weiß ich nicht, als Nelke bezeichneten.

Ich liebte die Kunst. In Paris sammelte ich in den glücklichen Zeiten Gemälde und Kupferstiche, die sich jetzt in Sicherheit befinden und die man Dir sobald wie möglich herausgeben wird. Ich bitte Dich, liebe Schwester, sie als Andenken an mich zu bewahren.

Er schnitt sich eine Haarlocke ab, legte sie in den Brief, faltete ihn zusammen und schrieb die Adresse:

An die Bürgerin Clemence Dezeimeris, geb. Maubel
in La Réole.

Alles, was er an Geld besaß, gab er dem Gefängniswärter und bat ihn, diesen Brief zu besorgen. Dann bestellte er sich eine Flasche Wein und leerte sie schluckweise in Erwartung des Henkerkarrens …

Nach dem Abendbrot eilte Gamelin in den ›Amor als Maler‹ und trat in das weiße Zimmer, in dem Elodie ihn allnächtlich empfing.

»Du bist gerächt«, sagte er. »Jacques Maubel ist nicht mehr. Der Karren, auf dem er zum Schafott gebracht wurde, fuhr bei Fackelschein an deinem Fenster vorbei.«

Sie begriff.

»Elender! Du hast ihn gemordet; und er war nicht mein Geliebter. Ich kannte ihn gar nicht … hab' ihn nie gesehen … Wie war er? Jung, liebenswert … unschuldig. Und du hast ihn gemordet, Elender! Elender!«

Sie sank ohnmächtig dahin. Doch in dem Schatten ihrer Umnachtung fühlte sie ihren Busen von Abscheu und Wollust schwellen. Sie kam halb zu sich; das Weiße ihrer Augäpfel trat unter ihren schweren Lidern hervor; ihre Brust hob sich und ihre tastenden Hände suchten ihren Geliebten. Sie preßte ihn in ihre Arme, als wollte sie ihn erdrücken, krallte ihre Nägel in sein Fleisch und gab ihm mit ihren zuckenden Lippen den stummsten, längsten, schmerzlichsten und süßesten Kuß.

Sie liebte ihn mit allen Sinnen, und je furchtbarer, je grausamer, je scheusäliger er ihr erschien, je mehr sie ihn mit dem Blut seiner Opfer bedeckt sah, um so mehr hungerte und dürstete sie nach ihm.

SIEBZEHNTES KAPITEL

Am 24. Frimaire um zehn Uhr morgens, bei klarem, rosigem Sonnenschein, der das Eis der Nacht auftaute, begaben sich die Bürger Guénot und Delourmel, Kommissare vom allgemeinen Sicherheitsausschuß, in die Barnabitenkirche und ließen sich zum Überwachungsausschuß des Bezirkes führen, der im früheren Kapitelsaal seinen Sitz hatte. Sie trafen den Bürger Beauvisage, der gerade Holzscheite in den Kamin warf, wurden ihn aber infolge seiner kleinen verkrüppelten Gestalt nicht gleich gewahr.

Mit der brüchigen Stimme aller Buckligen lud der Bürger Beauvisage die Kommissare ein, Platz zu nehmen, und stellte sich ihnen ganz zur Verfügung.

Guénot fragte ihn, ob ihm ein früherer Des Ilettes bekannt sei, der in der Nähe des Pont-Neuf wohnte. »Es ist«, wie er hinzusetzte, »einer, den ich verhaften soll.«

Damit entfaltete er den Befehl des allgemeinen Sicherheitsausschusses.

Beauvisage überlegte eine Weile, dann erwiderte er, daß ihm ein Individuum Des Ilettes nicht bekannt sei und daß der Verdächtige dieses Namens nicht im Bezirk wohnen könnte. Auch einige Teile der Bezirke ›Museum‹, ›Einheit‹, ›Marat‹ und ›Marseille‹ lagen ja in der Nähe des Pont-Neuf; und wenn er doch im Bezirke wohnen sollte, dann jedenfalls unter anderem Namen als dem im Verhaftungsbefehl genannten. Nichtsdestoweniger sollte er bald ermittelt werden.

»Verlieren wir keine Zeit!« sagte Guénot. »Er fiel unserer Wachsamkeit auf durch einen Brief einer seiner Mitschuldigen, der aufgefangen und dem Ausschuß vor vierzehn Tagen übergeben wurde. Erst gestern abend hat der Bürger Lacroix Kenntnis davon genommen. Wir sind überlaufen; die Anzeigen treffen von allen Seiten in solcher Fülle ein, daß man nicht mehr weiß, auf wen man hören soll.«

»Auch beim Überwachungsausschuß des Bezirks«, sagte

Beauvisage stolz, »laufen unausgesetzt Anzeigen ein. Die einen machen ihre Enthüllungen aus Gesinnung; andere besticht der Hundertsousschein. Viele Kinder denunzieren ihre Eltern, um sie zu beerben.«

»Dieser Brief«, sagte Guénot, »stammte von einer früheren Rochemaure, einer galanten Frau, bei der Biribiri gespielt wurde. Er trägt die Adresse eines Bürgers Rauline, ist aber für einen Emigranten in Pitts Diensten bestimmt. Ich habe ihn bei mir, um Ihnen die nötigen Mitteilungen über den Des Ilettes zu machen.«

Er zog den Brief aus der Tasche.

»Er beginnt«, sagte er, »mit ausführlichen Angaben über die Konventsmitglieder, die man nach Behauptung dieser Frau mit Geld bestechen könnte oder auch mit dem Versprechen einer hohen Stellung in einer neuen, stabileren Regierung, als diese. Dann folgt dieser Passus:

> Ich komme eben von Herrn Des Ilettes; er wohnt nahe beim Pont-Neuf in einer Dachstube, in der ihn nur die Katzen und der Teufel finden können. Seinen Lebensunterhalt verdient er sich mit Anfertigen von Hampelmännern. Er ist ein Mann von Verstand, darum teile ich Ihnen das Wesentlichste aus seinem Gespräche mit. Er glaubt nicht, daß der gegenwärtige Zustand noch lange andauern wird. Sein Ende sieht er nicht im Siege der Koalition, und die Ereignisse scheinen ihm recht zu geben. Denn wie Sie wissen, sind die Nachrichten vom Kriegsschauplatze seit einiger Zeit schlecht. Eher glaubt er an einen Aufstand der kleinen Leute und der Frauen aus dem Volke, die noch fest an ihrer Religion hängen. Der allgemeine Schrecken, den das Revolutionstribunal verbreitet, wird nach seiner Meinung bald ganz Frankreich gegen die Jakobiner in Aufruhr bringen. ›Dieses Tribunal‹, sagte er scherzend, ›das die Königin von Frankreich und eine Brotausträgerin richtet, gleicht jenem William Shakespeare, den die Engländer so lieben‹, usw. Er hält es nicht für unmöglich, daß Robespierre die Königin-Witwe heiratet und sich zum Protektor des Königreichs

machen läßt. – Ich wäre Ihnen dankbar, wenn Sie die mir geschuldeten Summen, das heißt tausend Pfund Sterling, auf dem gewohnten Wege zukommen ließen. Aber schreiben Sie ja nicht an Herrn Morhardt: er ist eben verhaftet worden und ins Gefängnis gekommen, usw.

»Herr Des Ilettes verfertigt Hampelmänner«, sagte Beauvisage; »das ist ein wertvoller Fingerzeig … Freilich gibt es viele solche kleine Gewerbe im Bezirk.«

»Dabei fällt mir ein«, bemerkte Delourmel, »daß ich meinem Töchterchen Natalie, der jüngsten, eine Puppe versprochen habe. Sie liegt krank am Scharlachfieber; die Flecke sind gestern gekommen. Das ist keine gefährliche Krankheit, verlangt aber viel Pflege. Und Natalie ist für ihre Jahre sehr entwickelt und geistig frühreif, bei zarter Gesundheit.«

»Ich«, sagte Guénot, »habe nur einen Jungen. Er spielt Reifen mit Faßbändern und macht sich kleine Montgolfieren, indem er in Säcke bläst.«

»Sehr oft«, bemerkte Beauvisage, »spielen die Kinder am liebsten mit Dingen, die kein Spielzeug sind. Mein Neffe Emil, ein geweckter Junge von sieben Jahren, amüsiert sich den ganzen Tag mit kleinen Holzstücken, aus denen er Bauten aufführt … Eine Prise gefällig?«

Damit bot er den beiden Kommissaren seine Schnupftabaksdose an.

»Jetzt müssen wir unserem Halunken an den Kragen«, sagte Delourmel, ein Mann mit mächtigem Schnurrbart und rollenden Augen. »Ich habe heute morgen Appetit auf Aristokraten-Ragout mit einem Glas Weißwein.«

Beauvisage schlug den Kommissaren vor, mit ihnen in den Laden seines Kollegen Dupont des Älteren auf der Place Dauphine zu gehen. Der wüßte sicher Bescheid über den Des Ilettes.

Sie schritten durch die frische Morgenluft, von vier Grenadieren der Sektion begleitet.

»Haben Sie«, fragte Delourmel seine Gefährten, »schon das

›Jüngste Gericht der Könige‹ gesehen? Das Stück ist sehenswert. Der Verfasser stellt dar, wie alle Könige Europas auf eine öde Vulkaninsel geflohen sind und von dem Vulkan verschlungen werden. Ein patriotisches Stück.«

Am Ende der Rue de Harlay erblickte Delourmel einen Handwagen, der wie eine Kapelle blinkte. Eine alte Frau schob ihn, die über ihrer Haube einen Hut aus Wachsleinen trug.

»Was verkauft die Alte da?« fragte er.

Sie antwortete selbst:

»Sehen Sie, meine Herren, kaufen Sie. Ich habe Rosenkränze, Kreuze, Bilder vom heiligen Antonius, heilige Schweißtücher, Tücher der heiligen Veronika, Ecce Homos, Agnus Dei, Hörner und Ringe vom heiligen Hubertus und alle frommen Gegenstände.«

»Das Arsenal des Fanatismus!« rief Delourmel aus und begann ein summarisches Verhör mit der Straßenhändlerin, die auf alle seine Fragen antwortete:

»Mein Sohn, seit vierzig Jahren verkaufe ich fromme Gegenstände.«

Der Kommissar vom allgemeinen Sicherheitsausschuß sah einen Blaurock vorbeikommen und riet diesem, die verdutzte Alte in die Conciergerie abzuführen.

Der Bürger Beauvisage bemerkte dagegen, daß es wohl Sache des Überwachungsausschusses sei, diese Händlerin zu verhaften und sie nach dem Bezirkshause zu bringen; überdies wüßte man nicht mehr, wie man sich dem früheren Kult gegenüber benehmen und ob man alles erlauben oder verbieten sollte, um es der Regierung recht zu machen.

Als sie in den Tischlerladen kamen, hörten die drei Kommissare wütendes Geschrei, vermischt mit dem Knirschen der Säge und dem Humpeln des Hobels. Zwischen dem Tischler Dupont dem Älteren und seinem Nachbar, dem Portier Remacle, war wegen dessen Frau ein Streit ausgebrochen. Ein unwiderstehlicher Drang trieb die Bürgerin Remacle immer wieder in die Tischlerwerkstätte, von wo sie stets voller Hobel- und Sägespäne in die Portiersloge zurückkehrte.

Der entrüstete Portier versetzte Mouton, dem Hunde des Tischlers, einen Fußtritt, obwohl sein eigenes Töchterchen Josephine das Tier gerade zärtlich umschlang. Josephine geriet in Wut und überhäufte ihren Vater mit Schimpfworten; und der Tischler schrie mit gereizter Stimme:

»Lumpenkerl! Ich verbiete dir, meinen Hund zu mißhandeln!«

»Und ich«, entgegnete der Portier, seinen Besen erhebend, »ich verbiete dir ...«

Während er noch sprach, flog ihm der Hobel des Tischlers am Kopfe vorbei und streifte ihn.

Sobald er den Bürger Beauvisage mit den beiden Kommissaren erblickte, lief er auf ihn zu und sagte:

»Bürger Kommissar, du bist Zeuge, daß dieser Verbrecher mich ermordet hat ...«

Der Bürger Beauvisage, auf dem Haupte die rote Mütze, das Abzeichen seiner Würde, streckte Frieden gebietend den Arm aus und sagte zu den beiden Feinden:

»Hundert Sous für den, der mir angibt, wo sich ein Verdächtiger befindet, der vom allgemeinen Sicherheitsausschuß gesucht wird. Es ist der frühere Des Ilettes, der Hampelmänner fabriziert.«

Da gaben beide, der Tischler wie der Portier, die Dachkammer von Brotteaux an und stritten sich nur noch um das Assignat von hundert Sous, das dem Angeber versprochen war.

Delourmel, Guénot und Beauvisage, gefolgt von den vier Grenadieren, dem Portier Remacle, dem Tischler Dupont und einem Dutzend Gassenbuben der Stadtgegend, stiegen gemeinsam die Treppe hinauf, die unter ihren Schritten erbebte, und kletterten die Bodenleiter empor.

Brotteaux saß in seiner Dachkammer und schnitt Hampelmänner aus, während der Pater Longuemare, ihm gegenübersitzend, ihre verstreuten Glieder auf Bindfaden zog und mit Befriedigung sah, wie unter seinen Fingern Takt und Harmonie entstanden.

Als der Mönch die Gewehrkolben auf der Treppe dröhnen

hörte, erbebte er an allen Gliedern. Nicht daß er mehr Angst gehabt hätte als Brotteaux, der unbewegt blieb, aber die irdischen Rücksichten hatten ihn nicht gelehrt, seine Haltung zu bewahren. Bei den Fragen des Bürgers Delourmel begriff Brotteaux, woher der Schlag kam, und er erkannte etwas spät, daß man sich den Frauen nie anvertrauen soll. Der Kommissar forderte ihn auf, ihm zu folgen; er nahm seinen Lukrez und seine drei Hemden mit.

»Dieser Bürger«, sagte er auf den Vater Longuemare deutend, »ist ein Gehilfe, den ich zur Anfertigung meiner Hampelmänner engagiert habe. Er wohnt hier.«

Da aber der Mönch keinen Bürgerschein vorweisen konnte, so wurde er mitsamt Brotteaux verhaftet.

Als der Zug an der Portiersloge vorbeikam, blickte die Bürgerin Remacle, auf ihren Besen gestützt, ihren Mieter mit der Miene der Tugend an, die das Laster in der Hand des Gesetzes sieht. Die kleine Josephine hielt Mouton verächtlich am Halsband zurück, als er den Freund, der ihm Zucker gegeben, liebkosen wollte. Ein Schwarm Neugieriger erfüllte die Place de Thionville.

Am Fuße der Treppe traf Brotteaux mit einem Bauernmädchen zusammen, das die Treppe hinaufwollte. Sie trug unterm Arm einen Korb voll Eier und in der Hand einen Brotlaib, in ein Tuch eingeschlagen. Es war Athenais. Sie kam aus Palaiseau, um ihrem Retter eine Dankesgabe zu bringen. Als sie merkte, daß Beamte und vier Grenadiere ›Herrn Maurice‹ abführten, blieb sie verblüfft stehen und fragte, ob es denn wahr sei, trat auf den Kommissar zu und sagte mit sanfter Stimme:

»Sie wollen ihn doch nicht verhaften? Das ist doch gar nicht möglich ... Sie kennen ihn ja gar nicht! ... Er ist so gut wie der liebe Gott.«

Der Bürger Delourmel stieß sie zurück und winkte den Grenadieren, weiterzugehen. Da schleuderte Athenais die schmutzigsten Schimpfworte, die gemeinsten Schmähungen gegen die Beamten und Soldaten, so daß ihnen zumute war, als würden alle Eimer vom Palais Royal und der Rue Fromenteau auf sie ausgegossen. Dann schrie sie mit einer Stimme, die über den ganzen Platz gellte und die Menge der Zuschauer erbeben ließ:

»Es lebe der König! Es lebe der König!«

ACHTZEHNTES KAPITEL

Die Bürgerin Gamelin liebte den alten Brotteaux und hielt ihn für den liebenswürdigsten und zugleich für den bedeutendsten Menschen, den sie jemals kennengelernt hatte. Als man ihn abführte, hatte sie ihm nicht Lebewohl gesagt, aus Furcht, der Staatsgewalt Trotz zu bieten, und weil sie in ihrer niedrigen Stellung die Feigheit für eine Pflicht hielt. Aber sie hatte von ihm einen Blick empfangen, von dem sie sich nicht erholte.

Sie konnte nichts essen und klagte, daß sie den Appetit in dem Augenblick verloren hätte, wo sie endlich genug besaß, um ihn zu befriedigen. Ihren Sohn bewunderte sie noch; allein sie wagte nicht mehr an das furchtbare Amt zu denken, das er verrichtete, und war froh, nur eine unwissende Frau zu sein, um ihn nicht verurteilen zu müssen.

In der Tiefe eines Koffers hatte die arme Mutter einen alten Rosenkranz gefunden. Sie wußte zwar nicht recht damit umzugehen, aber er beschäftigte doch ihre zitternden Finger. Nachdem sie sich bis in ihr Alter wenig um die Religion bekümmert hatte, wurde sie fromm und betete den ganzen Tag im Herdwinkel zu Gott, daß er ihren Sohn und den guten Brotteaux erretten möchte. Elodie kam oft zu ihr; sie wagten sich nicht in die Augen zu sehen und plauderten, nebeneinander sitzend, von gleichgültigen Dingen.

Eines Tages im Monat Pluviose, als ein dichtes Schneegestöber den Himmel verdüsterte und alle Geräusche der Stadt dämpfte, hörte die Bürgerin Gamelin, die allein in der Wohnung war, an die Tür pochen. Sie fuhr zusammen; seit Monaten versetzte sie das geringste Geräusch in Schrecken. Als sie die Tür öffnete, trat ein junger Mann von achtzehn bis zwanzig Jahren mit dem Hut auf dem Kopf ein. Er trug einen flaschengrünen Carrick, dessen drei Kragen seine Brust und Taille bedeckten, und englische Stulpstiefel. Sein kastanienbraunes Haar fiel in Locken auf seine Schultern herab. Er schritt bis in die Mitte des Ateliers, wie um möglichst in das Licht zu treten, das bei dem Schneetreiben noch durch die Scheiben fiel, und blieb eine Weile stumm und unbeweglich stehen.

Schließlich, als die Bürgerin Gamelin ihn sprachlos anblickte, sagte er:

»Erkennst du deine Tochter nicht...?«

Die alte Frau schlug die Hände zusammen.

»Julie! ... Du! ... Gott, ist's möglich...?«

»Ja, gewiß, ich bin's! Umarme mich, Mutter.«

Die Witwe Gamelin schloß ihre Tochter in die Arme und ließ eine Träne auf ihren Mantelkragen fallen. Dann fuhr sie in bangem Tone fort:

»Du in Paris...!«

»Ach Mama, warum bin ich nicht allein gekommen! ... Mich erkennt niemand in dieser Kleidung.«

Der Carrick verbarg ihre Formen in der Tat, und sie sah nicht anders aus als viele junge Leute, die, wie sie langes, in der Mitte gescheiteltes Haar trugen. Ihre feinen und anmutigen Gesichtszüge, vom Wetter gebräunt, von Erschöpfung hohl, von Sorgen gehärtet, gaben ihr ein keckes, männliches Aussehen. Sie war schlank, hatte lange, gerade Beine und sichere Bewegungen; nur ihre helle Stimme konnte sie verraten.

Ihre Mutter fragte sie, ob sie Hunger hätte. Sie erwiderte, daß sie gern etwas äße, und als die Witwe ihr Brot, Wein und Schinken auftrug, langte sie zu, einen Ellbogen aufgestemmt, schön und heißhungrig wie Ceres in der Hütte der alten Baubo.

»Mama«, fragte sie, das Glas noch an den Lippen, »weißt du, wann mein Bruder heimkehrt? Ich will mit ihm reden.«

Die gute Frau blickte ihre Tochter verlegen an und gab keine Antwort.

»Ich muß ihn sprechen«, wiederholte Julie. »Mein Gatte ist heute früh verhaftet und ins Gefängnis gebracht worden.«

Den sie als Gatten bezeichnete, war Fortuné von Chassagne, vormals Edelmann und Offizier im Regiment Bouillé. Er hatte eine Liebschaft mit ihr gehabt, als sie Modistin in der Rue des Lombards war. Als er nach dem 10. August auswanderte, hatte er sie entführt und mit nach England genommen. Er war ihr Liebhaber, doch sie fand es vor ihrer Mutter dezenter, ihn als Gatten zu bezeichnen. Auch sagte sie sich, daß das Unglück ihre Ehe besiegelt hätte und daß das Elend ein Sakrament sei. Mehrmals hatten sie beide die Nacht auf einer Bank in den Londoner Parks verbracht und unter den Tischen der Schenken von Piccadilly die Brotreste aufgelesen.

Ihre Mutter gab keine Antwort und blickte sie trüb an.

»Verstehst du mich nicht, Mama? Die Zeit drängt, ich muß Evarist gleich sprechen. Er allein kann Fortuné retten.«

»Julie«, erwiderte die Mutter, »es ist besser, du sprichst mit deinem Bruder nicht.«

»Wie? Was sagst du, Mutter?«

»Ich sage, es ist besser, du sprichst mit deinem Bruder nicht über Herrn von Chassagne.«

»Mama, es muß doch sein!«

»Mein Kind, Evarist vergibt es Herrn von Chassagne nicht, daß er dich entführt hat. Du weißt, mit welchem Ingrimm er von ihm sprach, welche Namen er ihm gab.«

»Ja, er nannte ihn Verführer«, sagte Julie mit zischendem Lachen und zuckte die Achseln.

»Mein Kind, er ist tödlich beleidigt. Evarist hat geschworen, nie mehr von Herrn von Chassagne zu sprechen. Und seit zwei Jahren hat er von ihm wie von dir nicht ein Wort gesagt. Seine Gefühle haben sich nicht geändert. Du kennst ihn: er vergibt euch nicht.«

»Aber Mama, wenn doch Fortuné mich geheiratet hat … in London …«

Die arme Mutter erhob Augen und Arme gen Himmel.

»Es genügt, daß Fortuné ein Aristokrat, ein Emigrant ist, damit Evarist ihn als Feind behandelt.«

»Kurz und gut, antworte mir, Mama. Glaubst du, wenn ich ihn bitte, beim Staatsanwalt und beim allgemeinen Sicherheitsausschuß die nötigen Schritte zu tun, um Fortuné zu retten, daß er mir es abschlägt? … Aber Mama, er wäre ja ein Ungeheuer, wenn er das täte!«

»Mein Kind, dein Bruder ist ein Ehrenmann und ein guter Sohn. Aber bitte ihn nicht, sich für Herrn von Chassagne zu verwenden … Hör mich an, Julie. Er vertraut mir seine Gedanken nicht an, er hat Grundsätze, er handelt nach seinem Gewissen. Bitte ihn um nichts, Julie.«

»Ich sehe, du kennst ihn jetzt. Du weißt, er ist kalt, gefühllos, ein böser Mensch, voller Ehrgeiz und Eitelkeit. Und du hast ihn mir stets vorgezogen. Als wir noch alle drei zusammenlebten, stelltest du ihn mir als Muster hin. Sein steifleinenes Benehmen, seine feierliche Redeweise imponierten dir, du entdecktest an ihm alle Tugenden. Aber mich schaltest du stets, mir trautest du alle Laster zu, weil ich ehrlich war und auf die Bäume kletterte. Du hast mich nie leiden können. Du liebtest ihn allein. Ja, ich hasse deinen Evarist, ein Heuchler ist er.«

»Schweig, Julie; ich war eine gute Mutter, gegen dich wie gegen ihn. Ich ließ dich einen Beruf ergreifen. Es lag nicht an mir, daß du kein anständiges Mädchen bliebst und nicht in deinem Stande heiratetest. Ich habe dich von Herzen geliebt und liebe dich noch. Ich vergebe dir und liebe dich. Aber schilt nicht auf Evarist. Er ist ein guter Sohn. Er hat sich stets meiner angenommen. Als du von mir fortgingst, mein Kind, als du deinen Beruf, deinen Laden verließest, um mit Herrn von Chassagne zu leben, was wäre da aus mir geworden ohne ihn? Ich wäre in Hunger und Elend gestorben.«

»Rede doch nicht so, Mama. Du weißt wohl, Fortuné und ich hätten für dich gesorgt, hätte Evarist dich nicht aufgestachelt, dich von uns abzuwenden. Geh mir mit deinem Evarist. Er ist keiner guten Tat fähig; wenn er so tat, als ob er für dich sorgte, so geschah das nur, um mich in deinen Augen verächtlich zu machen. Er dich lieben? … Ist er denn fähig, einen Menschen zu lieben? Er hat weder Herz noch Geist. Kein Talent, gar keins. Zum Malen gehört ein liebevolleres Gemüt als seines.«

Sie ließ ihre Blicke über die Bilder im Atelier schweifen; sie waren noch in dem gleichen Zustand, in dem sie sie verlassen hatte.

»Das ist seine Seele!« sagte sie. »Er hat sie auf diese Leinwand gemalt, kalt und finster. Sein Orest mit dem blöden Blick, dem bösen Mund und der Miene eines Gepfählten, das ist er ganz und gar ... Kurzum, Mama, begreifst du's denn nicht? Ich kann Fortuné doch nicht im Kerker lassen. Du kennst sie ja, die Jakobiner, die Patrioten, Evarists ganze Sippe. Sie werden ihn köpfen. Mama, liebes Mamachen, ich will nicht, daß er getötet wird. Ich lieb' ihn! Ich lieb' ihn! Er ist so gut gegen mich und wir haben zusammen so viel durchgemacht. Sieh, dieser Carrick ist von ihm. Ich hatte kein Hemd mehr auf dem Leibe. Ein Freund Fortunés lieh mir einen Kittel und ich war Gehilfe bei einem Limonadenverkäufer in Dover, während er bei einem Friseur arbeitete. Wir wußten es wohl: nach Frankreich heimkehren, hieß unser Leben aufs Spiel setzen. Doch man fragte uns, ob wir nach Paris gehen und einen wichtigen Auftrag ausführen wollten ... Wir haben ja gesagt; wir hätten einen Auftrag für den Teufel angenommen. Unsere Reise wurde uns bezahlt und wir kriegten einen Wechselbrief auf einen Pariser Bankier. Wir fanden sein Bureau geschlossen; er ist im Gefängnis und soll guillotiniert werden. Wir hatten keinen roten Heller. Alle unsere Bekannten, an die wir uns hätten wenden können, sind flüchtig oder im Kerker. Keine Tür, an die wir anklopfen konnten. Wir schliefen in einem Stall in der Rue de la Femme sans tête. Ein mitleidiger Stiefelputzer, der mit uns auf dem Stroh schlief, lieh meinem Liebsten einen seiner Kästen, eine Bürste und einen fast leeren Topf mit Wichse. Seit vierzehn Tagen verdient Fortuné sich seinen und meinen Unterhalt mit Stiefelputzen auf dem Grèveplatz. Doch am Montag ließ ein Mitglied vom Gemeinderat sich von ihm die Stiefel putzen. Es war ein alter Schlachter, dem Fortuné früher mal einen Fußtritt in den Hintern versetzt hatte, weil er falsch abwog. Als Fortuné aufblickte, um seine zwei Sous zu fordern, erkannte ihn der Schuft, nannte ihn einen Aristokraten und drohte, ihn verhaften zu lassen. Das Volk lief zusammen; es waren meist brave Leute, aber ein paar Lumpen darunter schrien: ›Tod dem Emigranten!‹ und riefen die Gendarmen. In diesem Augenblick brachte ich Fortuné seine Suppe. Ich sah, wie er nach dem Bezirkshause geführt und in der Kirche Saint Jean eingesperrt wurde. Ich verbrachte die Nacht wie ein Hund auf der Kirchenschwelle … Heute morgen … führten sie ihn …«

Julie könnte nicht weiter; ihre Stimme erstickte in Schluchzen. Sie warf ihren Hut zu Boden und kniete vor ihrer Mutter nieder.

»Heute morgen führten sie ihn ins Luxembourg-Gefängnis. Mama, Mama, hilf mir ihn retten; hab Erbarmen mit deiner Tochter!«

Sie weinte heftig, riß ihren Carrick auf und öffnete ihren Busen, um sich besser als liebendes Mädchen zu erkennen zu geben. Sie ergriff die Hände der Mutter und drückte sie auf ihre beiden wogenden Brüste.

»Mein liebes Kind, meine Julie! Meine Julie!« seufzte die Witwe Gamelin und preßte ihr tränenfeuchtes Gesicht an die Wangen des jungen Mädchens.

So blieben sie beide eine Weile stumm aneinandergeschmiegt. Die arme Mutter zergrübelte ihr Hirn, wie sie ihrer Tochter helfen könnte, und Julie spähte nach den Blicken ihrer tränenüberschwemmten Augen.

»Vielleicht«, dachte Evarists Mutter, »vielleicht läßt er sich erweichen, wenn ich mit ihm rede. Er ist gut und zartfühlend. Hätte die Politik ihn nicht verhärtet, wäre er nicht ins Fahrwasser der Jakobiner geraten, so zeigte er nicht diese erschreckende Schroffheit, die ich nicht begreife.«

Sie nahm Julies Kopf zwischen ihre Hände.

»Hör mich an, Kind. Ich will mit Evarist reden. Ich will ihn darauf vorbereiten, dich zu sehen, mit dir zu sprechen. Dein Anblick könnte, ihn reizen, und ich müßte seine erste Wallung fürchten … Und dann kenne ich ihn: dieser Anzug würde ihn verletzen; er ist streng in allem, was die Sitten und die Schicklichkeit angeht. Ich war selbst etwas überrascht, meine Julie, dich als Mann zu sehen.«

»Ach, Mama, die Emigration und die entsetzlichen Zustände im Königreich machen diese falschen Kleider ganz allgemein. Man verkleidet sich, um einen Beruf auszuüben, um nicht erkannt zu werden, um einen Paß oder eine Bescheinigung, die man sich geliehen hat, zu benutzen. In London sah ich den kleinen Girey in Frauenkleidern; er sah aus wie ein sehr hübsches Mädchen; und du wirst mir zugeben, Mama, solch eine Verkleidung ist anstößiger als meine.«

»Mein armes Kind, vor mir brauchst du dich nicht zu rechtfertigen, weder hierfür noch für sonst was. Ich bin deine Mutter, für mich wirst du stets unschuldig bleiben. Ich will mit Evarist reden, will ihm sagen ...«

Sie hielt inne. Sie fühlte, was ihr Sohn war, fühlte es, aber wollte es nicht glauben, noch wissen.

»Er ist gut. Er wird für mich ... für dich tun, um was ich ihn bitte.«

Die beiden Frauen schwiegen tief erschöpft. Julie schlief ein, mit dem Kopfe auf dem Schoße der Mutter, auf dem sie als Kind geruht hatte, und diese hielt ihren Rosenkranz in der Hand und weinte voller Schmerz über das Unglück, das sie leise herannahen fühlte in der Stille dieses Schneetages, wo alles schwieg, die Schritte, die Wagenräder, der Himmel.

Plötzlich hörte sie mit ihrem angstgeschärften Ohre die Schritte ihres Sohnes, der die Treppe heraufkam.

»Evarist!« rief sie. »Verstecke dich!«

Und sie stieß ihre Tochter in ihr Schlafzimmer.

»Wie geht's dir heute, liebe Mutter?« fragte Evarist, seinen Hut an den Kleiderriegel hängend. Dann zog er seinen blauen Rock aus, legte einen Arbeitskittel an und setzte sich vor seine Staffelei. Seit einigen Tagen skizzierte er mit Kohle eine Viktoria, die einen Kranz auf das Haupt eines gefallenen Vaterlandsverteidigers drückt. Diese Arbeit hätte er mit Begeisterung vollendet, doch das Gericht verschlang alle seine Tage, es nahm seine ganze Seele in Anspruch, und seine des Zeichnens entwöhnte Hand war schwer und träge.

Er summte das Ça ira vor sich hin.

»Du singst, mein Sohn«, sagte die Bürgerin Gamelin; »du bist fröhlich.«

»Wir haben allen Grund, uns zu freuen, Mutter. Wir haben gute Nachrichten bekommen. Die Vendée ist niedergeschlagen, die Österreicher besiegt, die Rheinarmee hat die Linien von Lautern und Weißenburg genommen; der Tag ist nahe, wo die siegreiche Republik ihre Milde zeigen wird. Warum sollte auch die Keckheit der Verschwörer in dem Maße zunehmen, als die Republik Kraft gewinnt und die Verräter lernen müssen, das Vaterland heimlich zu treffen, während es die Feinde, die es angreifen, öffentlich zerschmettert?«

Die Bürgerin Gamelin, die an einem Strumpfe strickte, spähte über ihre Brille weg nach ihrem Sohne.

»Berzelius, dein altes Modell, war hier, um die zehn Franken einzufordern, die du ihm schuldig warst. Ich habe sie ihm gegeben. Die kleine Josephine hatte Leibschmerzen von den vielen Süßigkeiten, die ihr der Tischler gegeben hat. Ich habe ihr einen Arzneitrank gemacht. Demahis kam dich besuchen und bedauerte, dich nicht zu treffen. Er möchte eine Zeichnung von dir stechen. Er findet, daß du großes Talent hast. Der gute Kerl hat sich deine Skizzen angesehen und sie sehr gelobt.«

»Wenn der Friede erst hergestellt und die Verschwörung unterdrückt ist«, sagte der Maler, »so gehe ich wieder an meinen Orest. Ich pflege mich sonst nicht selbst zu loben, aber der eine Kopf ist Davids würdig.«

Und mit majestätischem Schwung zeichnete er den Arm seiner Viktoria.

»Sie trägt Palmen«, sagte er. »Doch es wäre noch schöner, wenn ihre Arme selbst Palmen wären.«

»Evarist!«

»Mama? ...«

»Ich habe Nachricht ... Rat mal, von wem...?«

»Ich weiß es nicht ...«

»Von Julie ... deiner Schwester ... Sie ist nicht glücklich ...«

»Es wäre ein Skandal, wenn sie es wäre.«

»Rede nicht so, mein Sohn, sie ist deine Schwester. Julie ist nicht schlecht; sie hat ein gutes Herz, aber das Unglück hat sie verbittert. Sie liebt dich. Ich kann dir versichern, Evarist, daß sie danach strebt, ein arbeitsames, ehrbares Leben zu führen und sich mit den Ihren wieder auszusöhnen. Nichts steht dem entgegen, daß du sie wiedersiehst. Sie hat Fortuné Chassagne geheiratet.«

»Hat sie dir geschrieben?«

»Nein.«

»Woher sind denn die Nachrichten von ihr, Mutter?«

»Nicht aus einem Brief, mein Sohn. Sie ist...«

Er stand auf und unterbrach sie mit furchtbarer Stimme:

»Schweig, Mutter! Sage nicht, daß sie beide nach Frankreich zurückgekehrt sind ... Wenn sie umkommen müssen, dann wenigstens nicht durch meine Hand. Um ihret-, deinet- und meinetwillen darf ich nicht wissen, daß sie in Paris sind ... Zwinge mich nicht, es zu wissen, sonst ...«

»Sonst, mein Sohn? Du wolltest ... Du wagtest.«

»Hör mich an, Mutter ... Wüßte ich, daß meine Schwester Julie da in dem Zimmer ist ...«, und er wies mit der Hand auf die geschlossene Tür, »...so ginge ich augenblicklich zum Überwachungsausschuß des Bezirks und zeigte sie an.«

Die arme Mutter wurde weiß wie ihre Haube und der Strickstrumpf entfiel ihren zitternden Händen. Dann seufzte sie mit einer Stimme, schwächer als das leiseste Flüstern:

»Ich mochte es nicht glauben. Aber ich sehe es jetzt ein: er ist ein Ungeheuer ...«

Evarist war ebenso bleich wie sie und der Schaum stand ihm vor dem Munde. Er stürzte hinaus, zu Elodie, um bei ihr Vergessen, Schlaf und den köstlichen Vorgeschmack des Nichts zu suchen.

NEUNZEHNTES KAPITEL

Während der Pater Longuemare und die Dirne Athenais im Bezirkshaus verhört wurden, führte man Brotteaux zwischen zwei Gendarmen ins Luxembourg-Gefängnis, dessen Pförtner ihn aus Platzmangel abwies. Der alte Zöllner wurde nun in die Conciergerie gebracht und ins Bureau geführt, einen kleinen Raum, der durch eine Zwischenwand mit Glasfenstern geteilt war. Während der Schreiber ihn ins Register eintrug, sah Brotteaux durch die Scheiben zwei Männer, die wie tot auf schlechten Matratzen lagen und vor sich hin starrten, als ob sie nichts sähen. Der Boden ringsum war mit Tellern, Flaschen, Brot- und Fleischresten bedeckt. Es waren Verurteilte, die auf den Henkerkarren warteten …

Der frühere Des Ilettes wurde in eine Kerkerzelle geführt, wo er beim Schein einer Laterne zwei liegende Gestalten erblickte, die eine wild entstellt, abstoßend, die andere anmutig und sanft. Die beiden Gefangenen räumten ihm ein Plätzchen auf ihrem faulen, von Ungeziefer wimmelnden Stroh ein, damit er nicht auf dem mit Unrat beschmutzten Fußboden zu liegen brauchte. Brotteaux ließ sich in der stinkenden Dunkelheit auf eine Bank sinken und blieb, den Kopf gegen die Wand gelehnt, stumm und regungslos sitzen. Sein Schmerz war so heftig, daß er mit dem Kopf gegen die Wände gerannt wäre, wenn er die Kraft dazu gehabt hätte. Der Atem versagte ihm; seine Augen umflorten sich, ein langes Brausen, ruhig wie die Stille, erfüllte seine Ohren; sein ganzes Wesen versank in ein köstliches Nichts. Eine unvergleichliche Sekunde lang war für ihn alles Harmonie, heitere Klarheit, Duft und Süße. Dann schwand sein Bewußtsein.

Als er wieder zu sich kam, war der erste Gedanke, der seinen Geist ergriff, ein Zurücksehnen der Bewußtlosigkeit. Dann bedachte er als Philosoph, der er bis in die dumpfe Verzweiflung hinein blieb, daß er, bevor er guillotiniert wurde, in ein Kerkerloch hatte hinabsteigen müssen, um das lebhafteste

Glück zu empfinden, das seine Sinne ihm je beschert hatten. Er versuchte von neuem jedes Gefühl zu verlieren, doch es gelang ihm nicht; im Gegenteil er fühlte mehr und mehr, wie die Pestluft dieses Kerkers, die seine Lungen erfüllte, ihm mit der Lebenswärme das Bewußtsein seines unerträglichen Elends brachte.

Seine beiden Leidensgenossen hielten sein Schweigen für einen grausamen Schimpf, und als gesellige Natur suchte Brotteaux ihre Neugier zu befriedigen. Wie sie jedoch erfuhren, daß er ein ›politischer Verbrecher‹ sei, einer von denen, deren leichtes Vergehen in Worten oder Gedanken bestand, bezeigten sie ihm weder Achtung noch Sympathie. Die Missetaten dieser beiden Mitgefangenen hatten mehr Erdenschwere; der älteste war ein Mörder, der jüngere hatte Assignate gefälscht. Beide hatten sich in ihre Lage gefügt und waren beinahe zufrieden damit. Plötzlich kam Brotteaux auf den Gedanken, daß da über seinem Kopfe Leben, Licht, Lärm und Bewegung war, daß die hübschen Verkäuferinnen des Justizpalastes hinter ihren Auslagen von Parfümerien und Spezereien standen und den freien und glücklichen Passanten zulächelten, und diese Vorstellung steigerte seine Verzweiflung noch.

Die Nacht kam, fast unmerkbar in der Stille und dem Dunkel des Kerkers, und doch lastend und unheimlich. Ein Bein auf der Bank ausgestreckt und den Rücken gegen die Wand gelehnt, schlief Brotteaux ein. Er träumte, wie er vor einer dichten Hecke säße, in der die Vögel sangen. Die untergehende Sonne goß flüssige Flammen über den Fluß aus und umsäumte die Ränder der Wolken mit Purpur. Die Nacht ging vorüber. Ein brennendes Fieber verzehrte ihn, und gierig trank er seinen Wasserkrug bis zur Neige aus; doch das Wasser vermehrte das Übel noch …

Am Morgen brachte der Gefängniswärter ihm seine Suppe, und versprach ihm, wenn er zahlte, eine bessere Zelle mit eigener Beköstigung, sobald Platz wäre, was nicht lange dauern könnte. In der Tat holte er den alten Finanzmann schon am zweiten Tage aus seinem Kerker. Bei jeder Stufe, die er emporstieg, fühlte Brotteaux seine Lebenskraft zurückkehren, und als er auf den roten Steinfliesen einer Zelle ein Gurtbett mit einer üblen Wolldecke stehen sah, weinte er Freudentränen. Das vergoldete Bett mit den schnäbelnden Tauben, das er einst für die schönste Tänzerin der Oper hatte anfertigen lassen, war ihm nicht so köstlich erschienen und hatte ihm nicht solche Wonne verheißen.

Dieses Gurtbett stand in einem großen, ziemlich reinlichen Saal neben siebzehn anderen, die durch hohe Bretterwände abgetrennt waren. Die Leute, die hier wohnten, frühere Adlige, Kaufleute, Bankiers und Handwerker, gefielen dem alten Zollpächter, der sich mit Menschen jedes Schlages zu stellen wußte. Er bemerkte, daß diese Menschen, die gleich ihm jeder Freude beraubt waren und die von Henkers Hand sterben sollten, lustig und sehr zu Neckereien aufgelegt waren. Da er die Menschen geringschätzte, so hielt er die gute Laune seiner Mitgefangenen für Leichtsinn und glaubte, daß sie sich von ihrer Lage keinen rechten Begriff machten. In dieser Ansicht bestärkte ihn die Wahrnehmung, daß die Klügsten unter ihnen tief traurig waren. Bald bemerkte er jedoch, daß die Lustigkeit der meisten von Wein- und Schnapsgenuß kam, wodurch sie etwas Heftiges, ja bisweilen Tolles erhielt.

Nicht alle waren mutig, aber alle taten so. Dies überraschte Brotteaux nicht. Er wußte, daß die Menschen gern ihre Grausamkeit, ihren Zorn, ja selbst ihren Geiz zugeben, aber nie ihre Feigheit, denn dieses Geständnis würde sie bei den Wilden, ja selbst unter zivilisierten Menschen in Lebensgefahr bringen. Deshalb, dachte er, sind alle Völker so tapfer, und alle Heere bestehen nur aus Helden.

Doch mehr noch als durch Wein und Branntwein wurden die Gefangenen durch das Klirren der Waffen und Schlüssel, das Knarren der Schlösser und den Ruf der Wachen, den Schall der Schritte vor der Tür des Gerichtssaales berauscht und in Schwermut, in Taumel oder Raserei versetzt. Es kam vor, daß sich einer mit einem Rasiermesser die Kehle durchschnitt oder sich zum Fenster hinausstürzte.

Brotteaux war seit drei Tagen in Selbstbeköstigung, als er

durch den Schließer hörte, daß der Pater Longuemare auf dem faulen, von Ungeziefer wimmelnden Stroh bei den Dieben und Mördern elend verkam. Er sorgte dafür, daß er in sein Zimmer heraufgebracht wurde, wo ein Bett frei geworden war. Doch da der alte Zollpächter, der sich verpflichtet hatte, für den Mönch zu zahlen, selbst keine großen Schätze besaß, so kam er auf den Einfall, Porträts für einen Taler zu malen. Durch einen Gefängniswärter verschaffte er sich kleine schwarze Rahmen, in die er Arbeiten aus Haaren einsetzte, die er ziemlich geschickt machte. Solche Arbeiten werden sehr gesucht in einem Kreise von Menschen, die gern ein Andenken hinterlassen wollten.

Der Pater Longuemare blieb stark an Herz wie an Geist. In Erwartung seines Erscheinens vor dem Revolutionstribunal bereitete er seine Verteidigung vor. Er trennte seine Sache nicht von der der Kirche und hatte sich vorgenommen, seinen Richtern die Mißstände und Ärgernisse vorzuhalten, welche die bürgerliche Gesetzgebung der Braut Christi bereitete. Er wollte ihnen darstellen, wie die älteste Tochter der Kirche einen gotteslästerlichen Krieg mit dem Papste führte, wie der französische Klerus ausgeplündert, vergewaltigt, dem Laienregiment schnöde unterworfen, wie die Ordensgeistlichen, die wahren Gottesstreiter, beraubt und auseinandergesprengt wurden. Er zitierte Gregor den Großen und den Heiligen Irenäus, führte zahlreiche Artikel des kanonischen Rechts und lange Paragraphen der Dekretalien an.

Den ganzen Tag über saß er am Fuße seines Bettes und kritzelte auf seinen Knien, tauchte Federkiele, die bis an die Federn abgenutzt waren, in Tinte, Ruß, Kaffeesatz und bedeckte Fidibusse, Packpapiere, Zeitungen, Bücherhüllen, alte Briefe, Rechnungen und Spielkarten mit unlesbarer Schrift; ja er dachte schon daran, auf sein Hemd zu schreiben, nachdem er es hatte stärken lassen. Er häufte Blatt auf Blatt, und auf dieses unlesbare Geschreibsel weisend, sagte er:

»Wenn ich vor meine Richter trete, werde ich sie mit Licht überfluten.«

Eines Tages warf er einen befriedigten Blick auf seine

immer mehr anschwellende Verteidigungsschrift und rief im Gedanken an die Richter, die es ihn zu überzeugen drängte:

»Ich möchte nicht an ihrer Stelle sein…!«

Die Schreckenszeit wurde von Monat zu Monat furchtbarer. Allnächtlich zogen betrunkene Gefängniswärter mit ihren Wachhunden von Kerker zu Kerker und trugen die Anklageschriften aus; sie schrien verstümmelte Namen, weckten die Gefangenen auf, und für zwanzig Opfer, die sie abholten, versetzten sie zweihundert in Schrecken. Auf den finsteren Korridoren, in denen blutige Schatten umgingen, wurden täglich, ohne einen Laut der Klage, zwanzig, dreißig, fünfzig Verurteilte abgeführt, Greise, Frauen, Jünglinge, so verschieden an Stand, Charakter und Empfinden, daß man sich fragte, ob sie nicht nach dem Lose bestimmt waren.

Eines Morgens wurde den Gefangenen mitgeteilt, daß die Kommissare vom allgemeinen Sicherheitsausschuß Durchsuchungen bei ihnen vornehmen und Assignate, Wertgegenstände, Messer und Scheren konfiszieren würden. Solche Visitationen hatten bereits im Luxembourg-Gefängnis stattgefunden, und man hatte dort Briefe, Papiere und Bücher beschlagnahmt.

Jeder dachte sofort an ein Versteck für das, was ihm das Teuerste war. Der Pater Longuemare schleppte seine Verteidigungsschrift stoßweise in eine Dachrinne. Brotteaux versteckte seinen Lukrez in der Asche des Kamins.

Als die Kommissare mit der Trikolore auf der Brust zur Beschlagnahme erschienen, fanden sie nichts als das, was man ihnen preiszugeben für gut befand. Kaum waren sie fort, so eilte der Pater Longuemare nach seiner Dachrinne und holte sich wieder, was Wind und Wasser von seiner Verteidigungschrift übriggelassen hatten; und Brotteaux zog seinen Lukrez aus dem Kamin hervor.

»Genießen wir den Augenblick«, dachte er, »denn an gewissen Anzeichen erkenne ich, daß die Zeit uns künftig nur sehr knapp bemessen sein wird.«

In einer milden Nacht des Monats Prairial, als das Silberhorn des Mondes am bleichen Himmel über dem Gefängnishofe glänzte, saß Brotteaux wie gewöhnlich auf einer der steinernen Treppenstufen und las in seinem Lukrez, als er seinen Namen rufen hörte. Es war eine Frauenstimme, die er nicht wiedererkannte. Er ging in den Hof hinab und erblickte hinter dem Gitter eine Gestalt, die er ebenso wenig erkannte, und die ihn mit ihren unbestimmten, reizenden Formen an alle Frauen gemahnte, die er geliebt hatte. Der Mond tauchte sie in bläulichen Silberschein. Mit einem Male erkannte Brotteaux die hübsche Schauspielerin aus der Rue Feydeau, Rose Thévenin.

»Sie hier, Kind! Ich bin verzweifelt und doch glücklich, Sie zu sehen! Seit wann und warum sind Sie hier?«

»Seit gestern.«

Und flüsternd setzte sie hinzu:

»Ich bin als Royalistin denunziert worden. Man beschuldigt mich eines Komplotts zur Befreiung der Königin. Da ich wußte, daß Sie hier waren, so hab' ich sofort versucht, Sie zu sehen. Hören Sie mich an, mein Freund ... Denn diesen Namen darf ich Ihnen doch geben? ... Ich kenne Leute von Einfluß. Ich weiß, selbst im Wohlfahrtsausschuß besitze ich Sympathien. Ich will meine Freunde in Bewegung setzen: sie werden mich befreien, und ich werde Sie befreien.«

Da sagte Brotteaux mit eindringlicher Stimme:

»Bei allem, was Ihnen lieb und teuer ist, Kind, tun Sie nichts! Schreiben Sie nicht, bitten Sie um nichts. Verlangen Sie von keinem Menschen etwas; ich beschwöre Sie, lassen Sie sich vergessen.«

Und da sie von seinem Rat wenig überzeugt schien, so bat er noch eindringlicher:

»Schweigen Sie still, Rose, lassen Sie sich vergessen: da liegt das Heil! Alle Rettungsversuche Ihrer Freunde würden Ihren Untergang nur beschleunigen. Gewinnen Sie Zeit. Es bedarf nur einer kleinen, wie ich hoffe, einer ganz kleinen Frist, um Sie zu retten ... Vor allem versuchen Sie nicht, die Richter, die Geschworenen, Leute wie Gamelin zu rühren ... Das sind keine Menschen, das sind Maschinen. Maschinen schüttet man sein Herz nicht aus. Lassen Sie sich vergessen.

Wenn Sie meinen Rat befolgen, liebe Freundin, so sterbe ich glücklich, daß ich Ihnen das Leben gerettet habe.«

Sie antwortete:

»Ich will Ihnen gehorchen ... Reden Sie nicht vom Sterben.«

Er zuckte die Achseln:

»Mein Leben ist verwirkt, Kind. Leben Sie und seien Sie glücklich.«

Sie ergriff seine Hände und drückte sie an ihren Busen.

»Hören Sie mich an, mein Freund ... Ich sah Sie nur einmal, und doch sind Sie mir nicht gleichgültig. Und wenn das, was ich Ihnen sagen will, Sie wieder ans Leben ketten kann, so glauben Sie es mir: Ich will Ihnen alles sein ... was Sie wollen.«

Und sie gaben sich durch das Gitter einen Kuß auf den Mund.

ZWANZIGSTES KAPITEL

Während einer langen Gerichtssitzung des Revolutionstribunals sitzt Evarist Gamelin auf seiner Bank in der heißen Luft. Er schließt die Augen und denkt:

»Die Schlechtgesinnten zwangen Marat, sich in Löchern zu verbergen, und machten ihn so zu einem Nachtvogel, zum Vogel der Minerva, dessen Augen die Verschwörer in dem Dunkel erspähten, worin sie sich verbargen. Jetzt durchschaut ein kalter, blauer, ruhiger Blick die Feinde des Staates und entlarvt die Verräter mit einer Schärfe, die selbst jenem Volksfreunde fehlte, der nun im Garten der Cordeliers schlummert. Der neue Retter, ebenso eifrig und scharfsinniger als der erste, sieht, was niemand gesehen, und sein erhobener Finger verbreitet Schrecken. Er unterscheidet die feinsten, unmerklichsten Schattierungen zwischen Gut und Böse, Laster und Tugend, die man ohne ihn zum Schaden des Vaterlandes und der Freiheit miteinander verwechselt hätte. Er zeichnet den schmalen festen Pfad vor, neben dem rechts und links nur Irrtum, Verbrechen und Verworfenheit liegen. Der Unbestechliche lehrt, wie man durch Übertreibung und durch Schwäche dem Auslande dient, indem man die Kulte im Namen der Vernunft verfolgt und im Namen der Religion den Gesetzen der Republik trotzt. Nicht minder als die Verbrecher, die einen Le Peltier und Marat opferten, dienen auch die dem Auslande, die göttliche Ehren für sie verlangen, um ihr Andenken in Mißachtung zu bringen. Ein Agent des Auslands ist, wer immer die Ideen der Ordnung, der Klugheit und Opportunität verwirft, ein Agent des Auslands, wer immer die Sitten verletzt, die Tugend beleidigt und in seinem zuchtlosen Herzen Gott leugnet. Die fanatischen Priester verdienen den Tod; aber es gibt auch eine Art der Gegenrevolution, den Fanatismus zu bekämpfen, es gibt verbrecherische Glaubensabschwörungen. Mit Mäßigung richtet man die Republik zugrunde, mit Gewalttätigkeit auch.

O furchtbare Pflichten des Richters, die der weiseste der Menschen diktiert! Nicht nur die Aristokraten, die Föderalisten, die Verbrecher der orléanistischen Partei, die erklärten Feinde des Vaterlandes gilt es zu strafen. Der Verschwörer, der Agent des Auslandes, ist ein Proteus und nimmt alle Formen an. Er verkappt sich als Patriot, als Revolutionär, als Feind der Könige. Er heuchelt die Kühnheit eines Herzens, das nur für die Freiheit schlägt; mit dröhnender Stimme läßt er die Feinde der Republik erbeben. Er ist Danton; seine heftige Sprache verhehlt seine schnöde Lauheit nur schlecht, und seine Bestechlichkeit tritt endlich zutage. Ein Verschwörer, ein Agent des Auslandes ist jener beredte Stammler, der zuerst die revolutionäre Kokarde an seinen Hut steckte, es ist der Pamphletschreiber, der in seiner höhnischen, grausamen Gesinnung sich selbst den ›Staatsanwalt für die Laterne‹ nannte, es ist Camille Desmoulins, der sein Herz enthüllte, als er die verräterischen Generäle verteidigte und die verbrecherischen Maßregeln einer unzeitigen Milde verlangte ... Es ist Philippeaux, es ist Hérault, es ist der elende Lacroix ... Ein Verschwörer, ein Agent des Auslandes ist der ›Père Duchesne‹*, der die Freiheit durch seine niedrige Demagogie in den Staub zog und dessen schmutzige Verleumdungen selbst für Marie Antoinette Teilnahme erweckten ... Es ist Chaumette, den man doch als sanft und volksfreundlich kannte, als gemäßigt, bieder und tugendhaft in der Gemeindeverwaltung. Doch er war Atheist ... Die Verschwörer, die Agenten des Auslands, das sind alle die Sansculotten in roter Mütze, Karmagnole und Holzschuhen, die die Jakobiner durch wilden Patriotismus übertrumpfen wollten.

Ein Verschwörer, ein Agent des Auslands, das ist Anacharsis Cloots**, der Redner des Menschengeschlechts, der von

* Ein von Hébert redigiertes Revolutionsblatt (1789). Anm. des Übers.

** Joh. Baptist, Baron von Cloots (1755–94), in Kleve geboren, ein politischer Schwärmer, der unter dem Namen Anacharsis Europa bereiste, in der Nationalversammlung 1790 an der Spitze eines Haufens Fremder als Redner des Menschengeschlechts auftrat, 1792 Konventsmitglied wurde und 1794 als Hébertist unter der Guillotine endete. Anm. des Übers.

allen Monarchien der Welt zum Tode verurteilt wurde. Aber von ihm war alles zu befürchten: er war ein Preuße …

Jetzt sind alle diese Schlechtgesinnten, die Gewalttätigen wie die Gemäßigten, alle diese Verräter, Danton, Desmoulins, Hébert, Chaumette unter dem Beile geendet. Die Republik ist gerettet; aus allen Ausschüssen und Volksversammlungen steigt einstimmiges Lob zu Robespierre und zur Bergpartei auf. Die Gutgesinnten rufen: Würdige Vertreter eines freien Volkes, umsonst haben die Söhne der Titanen ihr stolzes Haupt erhoben. Wohltätiger Berg, schirmender Sinai, aus deinem kochenden Schoße brach der heilsame Blitz hervor! …

Dieses einstimmige Lob gilt auch dem Revolutionstribunal. Wie hold ist die Tugend und wie süß ist die öffentliche Anerkennung für das Herz eines unbestechlichen Richters!

Und doch; wie seltsam und besorgniserregend für ein patriotisches Herz! Wie? Um die Sache des Volkes zu verraten, genügten nicht die Mirabeau, Lafayette, Bailly, Pétion und Brissot? Auch die, welche diese Verräter entlarvten, wurden Verräter! Wie? Alle, welche die Revolution machten, taten dies nur, um sie zu vernichten? Jene großen Bürger, die Urheber der großen Tage, arbeiteten mit Pitt und Coburg für das Königtum der Orléans oder die Vormundschaft Ludwigs XVII. Wie? Chaumette und die Anhänger Héberts waren ruchloser als die Föderalisten, die sie unter das Beil brachten, und verschworen sich zum Sturze der Freiheit! Aber wird Robespierres blaues Auge unter denen, die den ruchlosen Danton, den ruchlosen Chaumette stürzten, nicht morgen noch ruchlosere entdecken? Wann endet diese entsetzliche Kette der verratenen Verräter, und was entdeckt der Scharfblick des Unbestechlichen noch…?«

EINUNDZWANZIGSTES KAPITEL

Tag für Tag ging Julie Gamelin in ihrem flaschengrünen Carrick in den Luxembourg-Garten, setzte sich auf eine Bank am Ende einer Allee und wartete dort auf den Augenblick, wo ihr Geliebter zu einer Dachluke des Palais hinausschaute. Sie machten sich Zeichen und tauschten ihre Gedanken in einer stummen Sprache aus, die sie sich ausgedacht hatten. Auf diese Weise erfuhr sie, daß der Gefangene in einer leidlichen Zelle wohnte, in angenehmer Gesellschaft war, eine Decke und einen Kochkessel brauchte und sein Mädchen zärtlich liebte.

Sie war nicht die einzige, die vor diesem zum Kerker verwandelten Palais nach einem geliebten Antlitz ausspähte. Eine junge Mutter neben ihr heftete ihre Blicke auf ein geschlossenes Fenster, und sobald sie es aufgehen sah, hob sie ihr Kind, das sie im Arme trug, hoch über ihren Kopf. Eine alte Dame im Spitzenschleier stand stundenlang unbeweglich auf einem Klappstuhl und hoffte umsonst auf einen Augenblick, wo ihr Sohn sich zeigte. Der aber spielte, um nicht von Rührung überwältigt zu werden, im Gefängnishof mit der Wurfscheibe, bis der Garten geschlossen ward.

Während dieses langen Harrens unter dem blauen oder grauen Himmel saß ein Mann in reiferen Jahren auf der nächsten Bank. Er war ziemlich dick und sehr sauber gekleidet und spielte mit seiner Tabaksdose und seinen Uhranhängseln oder entfaltete eine Zeitung, in der er aber nie las. Er trug die alte bürgerliche Tracht, einen Dreispitz mit goldener Tresse, einen violettroten Rock und eine silbergestickte, blaue Weste. Sein Aussehen war ehrbar; nach der Flöte zu urteilen, die aus seiner Tasche hervorsah, war er ein Musiker. Er ließ das verkleidete Mädchen nicht einen Moment aus den Augen, lächelte ihr immerfort zu, und wenn er sie aufstehen sah, so erhob er sich selbst und folgte ihr von fern. In ihrem Elend und in ihrer Vereinsamung fühlte Julie sich durch die zurückhaltende Sympathie, die ihr dieser Biedermann bezeigte, gerührt.

Eines Tages, als sie den Garten verließ, begann es zu regnen. Der Unbekannte trat auf sie zu, öffnete seinen riesigen roten Regenschirm und bat sie um Erlaubnis, sie damit schützen zu dürfen. Mit ihrer hellen Stimme antwortete sie sanft, daß ihr dies sehr recht wäre. Doch beim Klang dieser Stimme und vielleicht auch wegen des leisen Frauendufts, den sie ausströmte, verließ er sie plötzlich und setzte das junge Mädchen dem Gewitterregen aus. Sie begriff, und trotz ihrer Sorgen mußte sie lächeln.

Julie hauste in einer Dachstube in der Rue du Cherche-Midi, wo sie sich für einen Arbeit suchenden Tuchmachergehilfen ausgab. Die Bürgerin Gamelin, die jetzt endlich einsah, daß ihre Tochter nirgends gefährdeter sei als in ihrer Nähe, hatte sie von der Place de Thionville und aus dem Bezirk Pont-Neuf fortgeschickt und ließ ihr Lebensmittel und Wäsche zukommen, so gut sie vermochte. Julie kochte etwas, ging in den Luxembourg-Garten, um ihren Heißgeliebten zu sehen, und kehrte dann in ihr elendes Loch zurück. Die Eintönigkeit dieses Lebens lullte ihren Kummer ein, und da sie jung und kräftig war, so schlief sie des Nachts tief und fest. Von keckem Charakter, an Abenteuer gewöhnt und wohl auch durch die Kleidung, die sie trug, kühn gemacht, ging sie nachts bisweilen zu einem Limonadenverkäufer in der Rue du Four, ›Zum roten Kreuz‹, wo Leute aller Art und galante Frauen verkehrten. Dort las sie Zeitungen und spielte Tricktrack mit irgendeinem Ladenschwengel oder einem Soldaten, der ihr mit seiner Pfeife ins Gesicht qualmte. Dort wurde getrunken, gespielt, geliebelt, und nicht selten kam es zu Schlägereien. Eines Abends hörte ein Zecher Hufschall auf dem Pflaster der Straßenkreuzung. Er hob den Vorhang und erkannte den Kommandanten der Nationalgarde, den Bürger Hanriot, der mit seinem Stabe vorbeigaloppierte.

»Das ist Robespierres Eselsgarde«, brummte er zwischen den Zähnen.

Julie platzte bei dieser Bemerkung heraus.

Doch ein schnurrbärtiger Patriot gab ihm kräftig Bescheid:

»Wer so redet, ist ein Hundsfott von Aristokraten. Den soll der Scharfrichter sich langen. General Hanriot, das merkt Euch, ist ein guter Patriot; der wird Paris und den Konvent, wenn es not tut, schon beschützen. Das gerade können ihm die Royalisten nicht vergeben.«

Da Julie noch immer lachte, so blickte der schnurrbärtige Patriot sie herausfordernd an:

»Du Grünschnabel, sieh dich vor, daß ich dir nicht 'nen Tritt in den Hintern gebe, damit du Respekt vor den Patrioten lernst.«

Doch schon schrie alles durcheinander:

»Hanriot ist ein Trunkenbold und ein Schafskopf!«

»Hanriot ist ein guter Jakobiner! Hanriot lebe hoch!«

Sofort bildeten sich zwei Parteien. Man wurde handgemein. Die Fäuste sausten auf die eingeschlagenen Hüte herab, die Tische stürzten um, die Gläser schlugen in Scherben, die Lampen erloschen und die Frauen kreischten auf. Julie wurde von mehreren Patrioten angegriffen. Sie schwang einen Schemel, wurde zu Boden geworfen, kratzte und biß die Angreifer. Aus ihrem aufgegangenen Carrick und ihrem zerrissenen Jabot quoll ihr wogender Busen hervor. Eine Patrouille eilte auf den Lärm herbei, und die junge Aristokratin entschlüpfte den Beinen der Gendarmen.

Tag für Tag waren die Henkerkarren voll Verurteilter.

»Ich kann meinen Geliebten aber doch nicht sterben lassen!« sagte Julie zu ihrer Mutter.

Sie entschloß sich zu Bittgängen und allen möglichen Schritten, lief in die Ausschüsse, in die Bureaus, zu den Volksvertretern und Richtern, überallhin, wo es nötig war. Da sie keine Frauenkleider besaß, so lieh ihre Mutter sich einen gestreiften Rock, ein Busentuch und ein Spitzenhäubchen von der Bürgerin Blaise, und so ging Julie, als Frau und Patriotin gekleidet, zum Richter Renaudin, in ein düsteres, feuchtes Haus in der Rue Mazarine.

Zitternd stieg sie die mit Steinfliesen belegte Holztreppe empor. Der Richter empfing sie in seinem elenden Arbeitszimmer, in dem nur ein Tisch aus Fichtenholz und zwei Rohrstühle standen. Die Tapeten hingen in Fetzen von den Wänden. Renaudin, ein Mann mit schwarzen, anliegenden Haaren, finsteren Blicken, wulstigen Lippen und vorspringendem Kinn, winkte ihr zu reden und hörte sie stillschweigend an.

Sie gab sich als Schwester des Bürgers Chassagne aus, der im Luxembourg-Gefängnis gefangen saß, erklärte ihm so geschickt wie möglich die Umstände, unter denen er verhaftet war, stellte ihn als unschuldig und unglücklich hin und wurde zudringlich. Er blieb hart und fühllos.

Sie warf sich ihm zu Füßen und weinte.

Sobald er Tränen sah, veränderte sich seine Miene. Seine schwarzroten Pupillen flammten auf und er bewegte seine mächtigen, schwarzbärtigen Kinnbacken, als wollte er schlucken.

»Bürgerin, das Nötige soll geschehen. Seien Sie unbesorgt.«

Er öffnete eine Tür und schob die Bittgängerin in einen kleinen rosa Salon mit bemalten Wandspiegeln, Figuren aus Biskuit, einer Stutzuhr und vergoldeten Kandelabern, gepolsterten Lehnstühlen und einem Kanapee mit gewebtem Bezug, der eine Schäferszene von Boucher darstellte. Julie war zu allem bereit, um ihren Liebsten zu retten.

Renaudin war brutal und machte kurzen Prozeß. Als sie sich erhob und das schöne Kleid der Bürgerin Elodie wieder ordnete, begegnete sie dem grausamen, höhnischen Blick des Mannes; sie fühlte sofort, daß ihr Opfer vergebens gewesen war.

»Sie haben mir die Freiheit meines Bruders versprochen«, sagte sie.

Er lachte höhnisch.

»Ich sagte dir, Bürgerin, daß das Nötige geschehen wird. Das heißt, daß das Gesetz zur Anwendung kommt, nicht mehr und nicht weniger. Ich sagte dir, du solltest unbesorgt sein, und warum auch Sorge? Das Revolutionstribunal ist stets gerecht.«

Sie hatte Lust, sich auf ihn zu stürzen, ihn zu beißen, ihm

die Augen auszukratzen. Aber sie fühlte, daß sie damit Fortunés Schicksal nur beschleunigen würde. Sie stürzte hinaus und lief in ihre Dachstube, um Elodies beflecktes Kleid abzulegen. Dort erst, wo sie allein war, heulte sie die ganze Nacht vor Wut und Schmerz.

Als sie am nächsten Morgen in den Luxembourg-Garten ging, fand sie ihn von Gendarmen besetzt, die alle Frauen und Kinder vertrieben. Schildwachen standen auf den Alleen und verhinderten die Passanten, mit den Gefangenen in Verbindung zu treten. Die junge Mutter, die Tag für Tag mit ihrem Kind auf dem Arme hinkam, sagte Julie, man spräche von Verschwörungen in den Gefängnissen und würfe den Frauen vor, im Garten zusammenzukommen, um das Volk zugunsten der Aristokraten und Verräter aufzuwiegeln.

ZWEIUNDZWANZIGSTES KAPITEL

Plötzlich erhebt sich ein Berg im Tuileriengarten. Der Himmel ist wolkenlos. Maximilian Robespierre schreitet vor seinen Kollegen daher, in blauem Rock und gelben Kniehosen, in der Hand einen Strauß von Ähren, Kornblumen und Mohn. Er besteigt den Berg und verkündet der gerührten Republik den Gott Rousseaus. O Reinheit! O Sanftmut! O Glaube! O antike Schlichtheit! O Tränen der Frömmigkeit! O fruchtbarer Tau! O Güte! O Brüderlichkeit!

Umsonst erhebt der Atheismus noch sein scheußliches Haupt. Maximilian ergreift eine Fackel; die Flammen verzehren das Ungeheuer und die Weisheit erscheint, mit der einen Hand gen Himmel weisend, in der anderen einen Sternenkranz haltend.

Auf der Tribüne, die vor dem Tuilerienpalast aufgeschlagen ist, steht Evarist Gamelin inmitten der gerührten Menge, vergießt holde Tränen und dankt Gott. Eine Ära der Glückseligkeit sieht er heraufkommen.

»Endlich«, seufzt er, »werden wir glücklich und unschuldig sein, sofern die Frevler es zulassen.«

Ach, die Frevler ließen es nicht zu! Noch immer muß hingerichtet werden, müssen Ströme unreinen Blutes fließen. Drei Tage nach dem Feste des neuen Bundes und der Aussöhnung zwischen Himmel und Erde erläßt der Konvent das furchtbare Prairial-Gesetz, das in entsetzlicher Biederkeit mit allen überlieferten Gesetzesformen bricht und alles, was seit den Tagen der gerechten Römer zum Schutz der verdächtigten Unschuld ersonnen ward, abschafft. Keine Voruntersuchungen, keine Verhöre, keine Zeugen, keine Verteidiger mehr: die Vaterlandsliebe ersetzt alles. Der Angeklagte bewahrt sein Verbrechen oder seine Unschuld im Busen und zieht stumm an dem patriotischen Richter vorüber. Kann man in dieser kurzen Zeit seinen oft schwierigen, verwickelten, dunklen Fall erkennen? Wie soll man jetzt richten? Wie im

Handumdrehen den Ehrenmann vom Verbrecher, den Patrioten vom Vaterlandsfeind unterscheiden...?

Nach einem Augenblick des Stutzens begriff Gamelin seine neuen Pflichten und fand sich in seine neuen Funktionen. In der Abkürzung des Verfahrens erkannte er das Wahrzeichen jener heilsamen, schrecklichen Justiz, deren Diener keine Richter in hermelinverbrämten Roben waren, die auf ihren gotischen Waagen das Für und Wider der Maße abwogen, sondern Sansculotten, die in patriotischer Erleuchtung urteilten und alles blitzschnell erkannten. Wo Vorsicht und gesetzlicher Schutz ins Verderben führten, da mußten die Regungen eines redlichen Herzens alles retten. Man mußte der Stimme der Natur folgen, dieser guten Mutter, die niemals irrt; man mußte mit dem Herzen urteilen. Und Gamelin rief Rousseaus Schatten an:

»Tugendhafter Mann, erfülle mich mit Menschenliebe und mit der Glut, die Menschen zu bessern!«

Seine meisten Kollegen teilten sein Empfinden. Sie waren fast alle einfache Leute, und bei der Vereinfachung des Verfahrens fühlten sie sich wohl. Die abgekürzte Gerechtigkeit befriedigte sie. In diesem hastigen Verfahren verirrte sie nichts mehr. Sie forschten nur nach der Gesinnung der Angeklagten und faßten es nicht, daß man ohne Bosheit anders denken konnte als sie. Da sie die Wahrheit, die Weisheit, die höchste Güte zu besitzen wähnten, so schrieben sie ihren Gegnern den Irrtum und die Schlechtigkeit zu. Sie fühlten sich stark: sie sahen Gott!

Sie sahen Gott, diese Richter vom Revolutionstribunal. Das höchste Wesen, das Maximilian Robespierre wiedererkannt hatte, überschüttete sie mit Licht. Sie liebten und glaubten.

Der Lehnstuhl des Angeklagten war durch eine große Tribüne ersetzt worden, auf der fünfzig Menschen Platz hatten: man prozessierte nur noch mit ganzen Abteilungen. Die Anklage vereinigte zu ein und derselben Sache Leute, die sich vor Gericht oft zum ersten Male sahen, und beschuldigte sie als Komplizen. Mit der furchtbaren Leichtigkeit, die das Prairial-Gesetz erlaubte, verurteilte das Gericht die angeblichen Verschwörungen in den Gefängnissen, die auf die Ächtungen der Dantonisten und der Stadtverwaltung folgten und die durch die Kunststücke rabulistischen Denkens mit ihnen verknüpft wurden. In der Tat hatte man, um die beiden Grundtypen eines mit dem Gelde des Auslands angezettelten Komplotts gegen die Republik zu veranschaulichen, um in der unzeitigen Mäßigung und in der berechneten Übertreibung noch das dantonistische und hébertistische Verbrechen zu erkennen, zwei Köpfe dieser entgegengesetzten Richtungen preisgegeben, zwei Frauenköpfe, den der Witwe Camilles, der liebenswürdigen Lucile, und den der Witwe des Hébertisten Momoro, jener Eintagsgöttin und fröhlichen Klatschschwester. Aus Symmetrie hatte man sie in dasselbe Gefängnis geworfen, wo sie zusammen auf derselben Steinbank geweint hatten, aus Symmetrie hatten beide zugleich das Schafott bestiegen. Ein allzu sinnreiches Symbol, das sicher in der Seele irgendeines Staatsanwaltes entstanden war, dessen Ehre man aber Robespierre zuschrieb. Alle glücklichen oder unglücklichen Ereignisse in der Republik, Gesetze und Sitten, der Lauf der Jahreszeiten, Ernte und Krankheiten, alles wurde diesen Volksvertretern angerechnet.

Eine wohlverdiente Ungerechtigkeit; denn dieser kleine, geleckte, schmächtige Mann mit dem Gesicht einer abgehäuteten Katze hatte Macht über das Volk …

An jenem Tage schickte das Tribunal einen Schub der großen Gefängnisverschwörung aufs Schafott, gegen dreißig Verschwörer aus dem Luxembourg-Gefängnis, lauter sehr demütige, aber ausgesprochen royalistische oder föderalistische Gefangene. Die Anklage stützte sich auf das Zeugnis eines einzigen Angebers. Die Geschworenen hatten keine Ahnung von der Sache; sie kannten nicht mal die Namen der Verschwörer. Als Gamelin seine Blicke über die Bänke der Angeklagten schweifen ließ, erkannte er unter ihnen Fortuné Chassagne, Julias Liebhaber. Er war infolge der langen Kerkerhaft abgemagert und bleich. Das grelle Licht, das in den Saal fiel, machte seine Züge hart, obwohl noch etwas Anmut und Stolz darauf lagen. Seine Blicke begegneten denen Gamelins und füllten sich mit Verachtung.

Von stiller Wut gepackt, stand Gamelin auf, bat ums Wort und sagte, die Augen auf die Büste des älteren Brutus heftend, die über dem Gerichtstische thronte:

»Bürger Präsident! Zwischen mir und einem der Angeklagten bestehen vielleicht Beziehungen, die, wenn sie bekannt würden, als verwandtschaftliche gelten könnten. Trotzdem verweigere ich mein Urteil nicht. Auch die beiden Brutusse verweigerten ihre Richterpflicht nicht, als die Wohlfahrt der Republik und die Sache der Freiheit es erheischte, einen Sohn zu verurteilen oder einen Adoptivvater zu strafen.«

Damit setzte er sich.

»Ein netter Lump!« brummte Chassagne zwischen den Zähnen.

Das Publikum blieb kalt, sei es, weil es der erhabenen Charaktere müde war, sei es, weil Gamelin die natürlichen Gefühle zu leicht bezwang.

»Bürger Gamelin«, sagte der Präsident, »nach dem Wortlaut des Gesetzes soll jede Urteilsverweigerung innerhalb vierundzwanzig Stunden vor Eröffnung des Verfahrens schriftlich eingereicht werden. Überdies bedarf es bei dir keiner Verweigerung, ein patriotischer Geschworener steht über den Leidenschaften.«

Jeder Angeklagte wurde drei bis vier Minuten lang verhört. Die Anklage lautete für alle auf Tod. Die Geschworenen votierten das Urteil mit einem Wort, einem Kopfnicken oder durch Beifall. Als die Reihe an Gamelin kam, sagte er: »Alle Angeklagten sind überführt; das Gesetz ist unverbrüchlich.«

Als er die Treppe des Justizpalastes hinabschritt, vertrat ein junger Mann in flaschengrünem Carrick, der siebzehn bis achtzehn Jahre alt sein mochte, ihm plötzlich den Weg. Er trug einen runden, zurückgeschobenen Hut, dessen Krempe seinen schönen bleichen Kopf mit einem schwarzen Nimbus umrahmte. Mit furchtbarer Stimme, voller Zorn und Verzweiflung, schrie er dem Geschworenen ins Gesicht:

»Verbrecher! Ungeheuer! Mörder! Schlage mich, Feigling! Ich bin ein Weib! Laß mich festnehmen, guillotinieren, Kain! Ich bin deine Schwester!« Und sie spie ihm ins Gesicht.

Der Schwarm der Trikoteusen und Sansculotten war in seiner revolutionären Wachsamkeit erlahmt, sein patriotischer Eifer war abgeflaut; und so entstand um Gamelin und seinen Angreifer nur eine unbestimmte, wirre Bewegung. Julie brach sich Bahn durch die Rotte und verschwand in der Dämmerung.

DREIUNDZWANZIGSTES KAPITEL

Evarist Gamelin war müde und fand doch keine Ruhe. Zwanzigmal in der Nacht fuhr er aus Alpträumen auf. Nur in dem weißen Schlafzimmer, in Elodies Armen, fand er ein paar Stunden Schlummer. Er sprach und schrie im Schlaf und weckte sie auf; aber sie konnte seine Worte nicht verstehen.

Eines Morgens, nach einer Nacht, in der er die Eumeniden gesehen hatte, erwachte er wie zerschlagen vor Schrecken und schwach wie ein Kind. Die Dämmerung schoß ihre bleichen Pfeile durch die Fenstervorhänge. Seine Haare hingen ihm wirr über die Stirn und umflorten seinen Blick mit schwarzem Schleier. Elodie, am Kopfende des Bettes, strich ihm sanft die störrischen Haare aus der Stirn. Sie blickte ihn heute mit schwesterlicher Zärtlichkeit an und trocknete den kalten Schweiß auf der Stirn des Unglücklichen. Da fiel ihm die schöne Szene aus dem ›Orest‹ des Euripides ein, die er zu malen begonnen und die, wenn er sie vollendet hätte, sein Meisterwerk geworden wäre; die Szene, wo die unglückliche Elektra ihrem Bruder den Schaum abwischt, der seine Lippen befleckt. Und er glaubte, daß auch Elodie mit sanfter Stimme sagte:

»Höre mich an, geliebter Bruder, solange die Furien deinen Geist nicht trüben.«

»Und doch bin ich kein Vatermörder«, dachte er. »Im Gegenteil, aus kindlicher Liebe vergoß ich das Blut der Feinde meines Vaterlandes.«

VIERUNDZWANZIGSTES KAPITEL

Die Gefängnisverschwörungen nahmen kein Ende. Neunundfünfzig Angeklagte erfüllten die Tribüne. Maurice Brotteaux nahm ganz rechts in der obersten Reihe den Ehrenplatz ein. Er trug seinen flohbraunen Rock, den er am Vorabend sorgfältig abgebürstet und dessen Tasche er ausgeflickt hatte, weil der kleine Lukrez sie mit der Zeit schadhaft gemacht. Neben ihm saß Frau Rochemaure, gemalt und geschminkt, aufgedonnert und scheußlich. Zwischen sie und die Dirne Athenais hatte man den Pater Longuemare gesetzt. Im Kerker der Madelonnettes hatte das Mädchen die Frische der ersten Jugend wiedererlangt.

Die Gendarmen pferchten auf den Bänken neben ihnen andere Angeklagte zusammen, die jene nicht kannten und die sich vielleicht auch untereinander nicht kannten. Trotzdem waren sie als Komplizen angeklagt, Parlamentarier, Tagelöhner, frühere Adlige, Bürger und Bürgersfrauen. Die Bürgerin Rochemaure erblickte Gamelin auf der Geschworenenbank. Obwohl er auf ihre dringenden Briefe, auf ihre wiederholten Botschaften nicht geantwortet hatte, hoffte sie doch auf ihn, warf ihm einen flehenden Blick zu und bemühte sich, in seinen Augen schön und rührend zu erscheinen. Doch der kalte Blick des jungen Geschworenen raubte ihr jede Illusion.

Der Gerichtsschreiber verlas die Anklageschrift, die jeden der Beschuldigten nur kurz abtat, wegen ihrer Menge jedoch lang war. In großen Zügen stellte sie das Komplott in den Gefängnissen dar, das den Zweck hatte, die Republik im Blute der Volksvertreter zu ertränken; dann ging sie auf jeden einzelnen ein und sagte:

»Einer der gefährlichsten Anstifter dieser schändlichen Verschwörung ist der namens Brotteaux, früher Des Ilettes, Finanzpächter unter dem Tyrannen. Dieses Individuum, das selbst in den Zeiten der Tyrannei durch seinen ausschweifenden Wandel auffiel, ist ein sicherer Beweis dafür, daß die Freigeisterei und die schlechten Sitten die größten Feindinnen der Freiheit und des Völkerglückes sind. Nachdem dieser Mensch die öffentlichen Finanzen ruiniert und einen beträchtlichen Teil der Volksgüter in Ausschweifungen vergeudet hat, tat er sich mit seiner alten Konkubine, der Frau Rochemaure, zusammen, um mit den Emigranten zu korrespondieren und die Auslandspartei verräterisch über den Stand unserer Finanzen, unserer Truppenbewegungen und die Strömungen der öffentlichen Meinung zu unterrichten.

Brotteaux lebte in jener Periode seines verächtlichen Daseins im Konkubinat mit einer Prostituierten, die er im Schmutz der Rue Fromenteau aufgelesen hatte, der Dirne Athenais. Diese gewann er leicht für seine Zwecke und benutzte sie zur Förderung der Gegenrevolution durch schamlose Rufe und unanständige Aufhetzereien.

Einige Reden dieses gefährlichen Menschen werden Ihnen seine verworfenen Ideen und sein verderbliches Ziel klarmachen. Von dem patriotischen Gericht, das ihn heute zu züchtigen hat, sagte er frech: ›Das Revolutionstribunal gleicht einem Stück von William Shakespeare, der in die blutigsten Szenen die plattesten Clownspossen verflicht.‹ Unentwegt bekannte er sich zum Atheismus, als zum sichersten Mittel, das Volk zu erniedrigen und es in die Unsittlichkeit hinabzustürzen. Im Conciergerie-Gefängnis, wo er eingekerkert war, beklagte er die glänzenden Siege unserer tapferen Heere als das schlimmste Unglück und bemühte sich, Verdacht auf die patriotischsten Generäle zu werfen, indem er ihnen tyrannische Absichten unterschob. ›Eines Tages‹, so sagte er in einer Sprache, die die Feder sich wiederzugeben sträubt, ›wird einer jener Säbelraßler, dem Ihr Euer Heil verdankt, Euch alle verschlucken, wie der Kranich in der Fabel die Frösche verschluckte‹.«

Die Anklageschrift fuhr folgendermaßen fort:

»Die Frau Rochemaure, früher adlig, Brotteaux' Konkubine, ist nicht minder schuldig als er. Sie stand nicht nur in Korrespondenz mit dem Ausland und im Solde von Pitt selbst, sondern auch im Verkehr mit Bestochenen, wie Jullien

(Toulouse) und Chabot. Sie unterhielt Beziehungen zu dem früheren Baron Batz und ersann im Verein mit diesem Frevler alle möglichen Ränke, um die Aktien der Ostindischen Gesellschaft zu drücken, sie billig aufzukaufen und den Preis dann durch entgegengesetzte Machenschaften wieder in die Höhe zu treiben, wodurch sie sowohl das Privatvermögen als auch das öffentliche Vermögen schädigte. In La Bourbe und in den Madelonnettes eingekerkert, fuhr sie im Gefängnis mit Verschwörungen, Börsenwucher und Bestechungsversuchen gegenüber den Richtern und Geschworenen fort.

Louis Longuemare, früher adlig und Kapuziner, hat sich schon lange in Frevel und Ruchlosigkeit geübt, bevor er die verräterischen Akte beging, für die er sich hier zu verantworten hat. Er lebte in unsittlichem Verkehr mit dem Mädchen Gorcut, genannt Athenais, unter Brotteaux' eigenem Dache; er ist der Komplize jenes Mädchens und jenes früheren Adligen. Während seiner Haft in der Conciergerie hat er tagaus, tagein Pamphlete geschrieben, in denen er die Freiheit und den öffentlichen Frieden angriff.

In betreff der Marthe Gorcut, genannt Athenais, ist zu betonen, daß die Prostituierten die schlimmste Geißel der öffentlichen Sittlichkeit sind, die sie durch ihren Wandel verletzen, und ein Schandfleck der Gesellschaft, die sie verderben. Aber weshalb auf so abstoßende Frevel eingehen, welche die Angeklagte selbst schamlos eingesteht...?«

Auf diese Weise ging die Anklageschrift die vierundfünfzig anderen Vorgeladenen durch, die weder Brotteaux noch den Pater Longuemare, noch die Bürgerin Rochemaure kannten, außer von flüchtigem Ansehen in den Gefängnissen, und die trotzdem mit ihnen verwickelt sein sollten, ›in die schändlichste Verschwörung, dergleichen in den Annalen der Völker nicht zu finden ist‹.

Die Anklage forderte für alle Beschuldigten den Tod.

Brotteaux ward zuerst verhört.

»Du hast konspiriert?»

»Nein, ich habe nicht konspiriert. Alles in der Anklageschrift, die ich eben vernommen, ist falsch.«

»Du siehst: noch in diesem Augenblick konspirierst du gegen das Gericht.«

Damit ging der Präsident zu Frau Rochemaure über, die mit verzweifelten Unschuldsbeteuerungen, mit Tränen und Spitzfindigkeiten antwortete.

Der Pater Longuemare fügte sich ganz in Gottes Willen. Er hatte seine Verteidigungsschrift nicht einmal mitgebracht. Alle Fragen, die ihm gestellt wurden, beantwortete er mit tiefer Resignation. Nur als der Präsident ihn als Kapuziner anredete, erwachte der Mann in dem Greise.

»Ich bin kein Kapuziner«, sagte er, »ich bin Priester und Mönch des Ordens der Barnabiten.«

»Das ist das gleiche«, erwiderte der Präsident gemütlich.

Der Pater Longuemare blickte ihn entrüstet an:

»Es gibt keinen seltsameren Irrtum«, sagte er, »als einen Kapuziner mit einem Mönch des Ordens der Barnabiten zu verwechseln, der seine Regeln vom Apostel Paulus selbst empfing.«

Allgemeines Gelächter und Hohnrufe waren die Antwort.

Doch der Pater Longuemare, der dieses Hohngelächter für ein Zeichen ansah, daß man seinen Worten nicht glaubte, erklärte, daß er als Mitglied des Ordens des heiligen Barnabas stürbe, dessen Kleid er im Herzen trüge.

»Gestehst du«, fragte ihn der Präsident, »mit der Dirne Gorcut, genannt Athenais, die dir ihre schnöde Gunst erwies, konspiriert zu haben?«

Bei dieser Frage blickte der Barnabit schmerzerfüllt gen Himmel und schwieg. Das war der Ausdruck der Überraschung seiner lauteren Seele und seines mönchischen Ernstes, der eitle Worte verschmähte.

»Mädchen Gorcut«, fragte der Präsident die junge Athenais, »gestehst du, mit Brotteaux konspiriert zu haben?«

Sie erwiderte sanft:

»Herr Brotteaux hat meines Wissens nur Gutes getan. Er ist ein Mann, wie viele sein sollten, und es gibt keinen besseren. Wer das Gegenteil sagt, irrt sich. Weiter hab' ich nichts zu sagen.«

Der Präsident fragte sie, ob sie gestände, mit Brotteaux im Konkubinat gelebt zu haben. Sie verstand den Ausdruck nicht und er mußte ihr erklärt werden. Sobald sie aber begriff, was er bedeutete, antwortete sie, es hätte nur an ihm gelegen, er hätte sie aber nicht darum gebeten.

Auf den Tribünen erscholl Gelächter, und der Präsident drohte dem Mädchen Gorcut, sie vom Verhör auszuschließen, wenn sie noch weiter mit solchem Zynismus antwortete.

Da schimpfte sie ihn Heuchler, Fastnachtsmaske, Hahnrei und spie auf ihn, auf die Richter und Geschworenen Kübel von Schmähungen aus, bis die Gendarmen sie von ihrer Bank fortgezerrt und hinausgeführt hatten. Der Präsident verhörte hierauf kurz die anderen Angeklagten in der Reihenfolge, in der sie saßen. Einer, namens Navette, antwortete, er hätte in dem Gefängnis, in dem er erst seit vier Tagen gesessen hätte, nicht konspirieren können.

Der Präsident wies darauf hin, daß diese Antwort in Betracht zu ziehen wäre, und bat die Geschworenen, dies zu tun. Ein gewisser Bellier gab die gleiche Antwort und der Präsident richtete an die Jury die gleiche Anforderung zugunsten des Beklagten. Dieses Wohlwollen des Richters erschien als der Ausdruck einer löblichen Gerechtigkeit oder auch als Lohn für ihre Angeberei.

Der Vertreter der Anklage ergriff das Wort. Er erweiterte die Anklageschrift noch und stellte die Frage:

»Steht es fest, daß Maurice Brotteaux, Louise Rochemaure, Louis Longuemare, Marthe Gorcut, genannt Athenais, Eusebius Rocher, Peter Guyton-Fabulet, Marcelline Descourtis usw. usw. eine Verschwörung angezettelt haben, deren Mittel Meuchelmord, Hungersnot, Anfertigung falscher Assignate und falscher Münzen, Verderbnis der Moral und des öffentlichen Geistes und Aufstände in den Gefängnissen waren, deren Ziel der Bürgerkrieg, die Auflösung der Nationalversammlung und die Wiederherstellung des Königtums sind?«

Die Geschworenen zogen sich ins Beratungszimmer zurück. Sie stimmten Mann für Mann auf schuldig für alle

Angeklagten, mit Ausnahme von Navette und Bellier, die der Präsident und nach ihm der Vertreter der Anklage sozusagen aus dem Verfahren ausgeschlossen hatten. Gamelin begründete sein Verdikt mit diesen Worten:

»Die Schuld der Angeklagten springt in die Augen. Ihre Bestrafung ist für die öffentliche Wohlfahrt wichtig, und sie selbst müssen ihre Hinrichtung wünschen, als das einzige Mittel zur Sühnung ihrer Verbrechen.«

Der Präsident fällte das Urteil in Abwesenheit derer, die es betraf. An diesen großen Tagen wurden die Verurteilten gegen die gesetzliche Bestimmung nicht wieder in den Saal gerufen, um das Urteil zu vernehmen, jedenfalls, weil man die Verzweiflung einer so großen Anzahl von Menschen fürchtete. Eitle Befürchtung, denn die Ergebung der Opfer war damals groß und allgemein! Der Gerichtsschreiber ging hinunter und verlas das Urteil. Es wurde mit der Ruhe und Gefaßtheit hingenommen, derentwegen man die Opfer des Prairial mit gefällten Bäumen verglich.

Die Bürgerin Rochemaure erklärte sich guter Hoffnung. Ein Chirurg, der zugleich Geschworener war, wurde beauftragt, sie zu untersuchen. Man trug sie ohnmächtig in ihr Gefängnis.

»Ach«, seufzte der Pater Longuemare, »diese Richter sind mitleidswürdige Menschen; ihr Seelenzustand ist wahrlich beklagenswert. Sie werfen alles durcheinander und verwechseln einen Barnabiten mit einem Franziskaner!«

Die Hinrichtung fand noch am selben Tage an der Zollsperre ›des umgestürzten Thrones‹ statt. Die Verurteilten machten sich zurecht, ließen sich die Haare schneiden, schlugen ihre Hemden am Halse zurück und warteten auf die Henkerkarren. Sie waren in dem kleinen, durch eine Glaswand abgetrennten Teil des Gefängnisbureaus zusammengepfercht, wie eine Herde Schlachtvieh. Brotteaux las ruhig in seinem Lukrez.

Als der Henker und seine Knechte erschienen, legte er das Buchzeichen in die angefangene Seite, klappte das Buch zu, steckte es in seine Rocktasche und sagte zu dem Barnabiten:

»Verehrter Vater, was mich wütend macht, ist, daß ich Sie nicht überzeugen kann. Wir werden alle beide unseren letzten Schlaf schlafen und ich kann Sie nicht am Ärmel zupfen und zu ihnen sagen: ›Sehen Sie, Sie haben kein Gefühl und Bewußtsein mehr; Sie sind leblos. Was dem Leben folgt, ist wie das, was ihm vorausgeht.‹«

Er wollte lächeln, doch ein furchtbarer Schmerz wühlte ihm durch Herz und Eingeweide und er wurde fast ohnmächtig.

Trotzdem fuhr er fort:

»Mein Vater, ich verberge Ihnen meine Schwäche nicht. Ich liebe das Leben und verlasse es nur widerwillig.«

»Mein Herr«, erwiderte der Mönch sanft, »bedenken Sie eins: Sie sind tapferer als ich, und doch verwirrt der Tod Sie mehr. Was will das besagen, wenn nicht, daß ich das Licht sehe, das Sie noch nicht sehen?«

»Vielleicht auch«, sagte Brotteaux, »fällt mir der Tod schwerer, weil ich das Leben mehr genossen habe als Sie, der es dem Tode schon so ähnlich wie möglich machte.«

»Mein Herr«, sagte der Pater Longuemare erbleichend, »diese Stunde ist schwer. Gott stehe mir bei! Wir werden gewiß ohne Beistand sterben. Ich muß die Sakramente wohl früher ohne Andacht und mit undankbarem Herzen empfangen haben, da der Himmel sie mir heute versagt, wo ich ein so brennendes Verlangen danach habe.«

Die Henkerkarren warteten. Man pferchte die Verurteilten mit gebundenen Händen hinein. Frau Rochemaure, deren Schwangerschaft sich nicht bestätigt hatte, wurde auf einen zweirädrigen Karren geladen. Sie fand etwas von ihrer Lebenskraft wieder, um den Schwarm der Zuschauer zu beobachten, und hoffte gegen alles Erwarten, Retter unter ihnen zu finden. Ihre Augen flehten. Der Volksauflauf war geringer als früher, und die Erregung der Geister weniger heftig. Nur ein paar Weiber schrien: ›Zum Tode!‹ oder verhöhnten die Todgeweihten. Die Männer zuckten die Achseln, wandten den Blick ab und schwiegen, sei es aus Vorsicht oder aus Achtung vor dem Gesetz.

Doch ein Schauder ging durch die Menge, als Athenais durch das Gittertor trat. Sie sah wie ein Kind aus.

Sie verneigte sich vor dem Mönch und sagte:

»Herr Pfarrer, geben Sie mir die Absolution.«

Der Pater Longuemare murmelte ernst die Worte des Sakraments und schloß:

»Meine Tochter, du bist in große Verirrungen hinabgesunken. Dennoch möchte ich dem Herrn ein so schlichtes Herz darbringen können wie du!«

Leichtfüßig bestieg sie den Wagen. Dort richtete sie sich hoch auf, warf ihren Kinderkopf stolz zurück und rief:

»Es lebe der König!«

Sie machte Brotteaux ein Zeichen, daß neben ihr noch Platz wäre. Der alte Finanzmann half dem Barnabiten hinauf und setzte sich zwischen den Mönch und das unschuldige Kind.

»Mein Herr«, sagte der Pater Longuemare zu dem Epikuräer, »ich bitte Sie um eine Gnade. Der Gott, an den Sie noch nicht glauben – beten Sie zu ihm für mich. Es ist nicht sicher, ob Sie ihm nicht näher sind als ich: ein Augenblick kann es entscheiden. Es bedarf nur einer Sekunde, und Sie sind das Lieblingskind des Herrn. Mein Herr, beten Sie für mich.«

Während die Räder über das Pflaster der langen Vorstadt knirschten, sagte der Mönch still, nur die Lippen bewegend, Totengebete her, und Brotteaux wiederholte sich die Worte des Dichterphilosophen: »*Sic ubi non erimus…*«

Obwohl festgebunden und von dem elenden Karren geschüttelt, bewahrte er eine ruhige Haltung, ja er suchte es sich noch bequem zu machen. Athenais, die neben ihm saß, war stolz, so zu sterben wie die Königin von Frankreich, und warf hochmütige Blicke auf die Menge, dieweil der alte Finanzmann den weißen Busen des jungen Mädchens mit Kenneraugen betrachtete und bedauerte, daß es nicht heller Tag war.

FÜNFUNDZWANZIGSTES KAPITEL

Während die Henkerkarren, von Gendarmen umringt, nach dem Platze ›des umgestürzten Thrones‹ rollten und Brotteaux und seine Mitgeschworenen zum Tode führten, saß Evarist in Gedanken versunken auf einer Bank im Tuileriengarten und wartete auf Elodie. Die Sonne ging zur Rüste und bohrte ihre glühenden Strahlen in das dichte Laub der Kastanienbäume. Am Gitter des Gartens ritt die Figur des Ruhmes auf geflügeltem Roß und blies ihre ewige Trompete. Die Zeitungsverkäufer riefen den großen Sieg bei Fleurus aus.

»Ja«, dachte Gamelin, »der Sieg ist unser. Wir haben ihm Wert gegeben.«

Er sah die Schatten der verurteilten, schlechten Generäle in dem blutigen Staube des Revolutionsplatzes wirbeln, wo sie geendet waren. Und er lächelte stolz in dem Gedanken, daß ohne die Strenge, an der er seinen Anteil gehabt, die österreichischen Pferde jetzt die Rinde dieser Bäume abnagten.

»Heilsamer Schrecken!« so rief es in ihm. »O heiliger Schrecken! Vergangenes Jahr um diese Zeit waren unsere Verteidiger heldenmütige Besiegte in Lumpen; der Boden des Vaterlandes war vom Feind überschwemmt, zwei Drittel aller Departements in Aufruhr. Jetzt sind unsere Heere gut gekleidet, gut geschult, von fähigen Generalen geführt und ergreifen die Offensive, um die Freiheit über die Welt zu verbreiten. In ganz Frankreich herrscht Friede … Heilsamer Schrecken! O heiliger Schrecken! Vergangenes Jahr um diese Zeit war die Republik in Parteien zerspalten; die Hydra des Föderalismus drohte sie zu verschlingen. Jetzt herrscht die jakobinische Einheit in Kraft und Weisheit …«

Trotzdem war er finster. Eine tiefe Falte durchfurchte seine Stirn und ein bitterer Zug lag um seinen Mund. Er sagte sich: »Wir dachten: siegen oder sterben. Wir irrten. Wir hätten sagen sollen: siegen und sterben.«

Er blickte um sich. Kinder schütteten Sandhaufen auf.

Frauen saßen auf Holzstühlen unter den Bäumen und stickten oder nähten. Passanten in Rock- und Kniehosen, merkwürdig elegant, strebten, an ihre Geschäfte oder Vergnügen denkend, nach Hause. Gamelin fühlte sich unter ihnen allein. Er war weder ihr Landsmann noch ihr Zeitgenosse. Was war nur geschehen? Wie war auf die Begeisterung der schönen Jahre nur die Gleichgültigkeit, die Ermüdung, ja vielleicht der Ekel getreten? Diese Leute wollten offensichtlich vom Revolutionstribunal nicht mehr reden hören und wandten sich von der Guillotine ab. Auf dem Revolutionsplatze zu lästig geworden, hatte man sie ans Ende vom Faubourg Antoine versetzt. Und selbst dort murrte das Volk, wenn die Henkerkarren vorbeikamen; ja einige Stimmen sollten gerufen haben: ›Genug‹

Genug, wo es noch Verräter und Verschwörer gab! Genug, wo die Ausschüsse erneuert, der Konvent gereinigt werden mußte! Genug, wo Verbrecher die Volksvertretung entehrten! Genug, wo man selbst im Revolutionstribunal den Sturz des Gerechten betrieb! Denn schrecklich zu denken und doch nur zu wahr! – Selbst Fouquier schmiedete Ränke, und nur, um Robespierre zu verderben, hatte man ihm pomphaft siebenundfünfzig Opfer geschlachtet, die im roten Hemde der Vatermörder zur Richtstatt geschleppt worden waren! Welchem frevelhaften Mitleid gab Frankreich sich hin? Man mußte es also wider Willen retten, und wenn es nach Gnade schrie, sich die Ohren verstopfen und strafen. Ach! Das Schicksal hatte es so bestimmt: das Vaterland verfluchte seine Retter! Möge es uns verfluchen und gerettet werden…!

»Es genügt nicht, obskure Opfer zu schlachten, Aristokraten, Finanzleute, Publizisten, Dichter, einen Lavoisier, einen Roucher, einen André Chénier. Man muß auch die allmächtigen Frevler strafen, die mit ihren bluttriefenden, goldgefüllten Händen den Sturz der Bergpartei betreiben, die Fouché, Tallien, Rovère, Carrier und Bourdon. Man muß den Staat von all seinen Feinden befreien. Hätte Hébert gesiegt, so wäre der Konvent gestürzt worden und die Republik rollte in den Abgrund. Hätten Desmoulins und Danton gesiegt, so verlöre der Konvent jede Tugend und lieferte die Republik den Aristokraten, den Wucherern und Generalen aus. Wenn die Tallien und Fouché siegen, diese bluttriefenden, von Raub geschwellten Ungeheuer, so geht Frankreich in Schande und Verbrechen unter ... Du schläfst, Robespierre, indes wutschnaubende, angsttrunkene Frevler dir den Tod bereiten und die Freiheit zu Grabe tragen wollen. Couthon, Saint-Just, was zaudert ihr, die Verschwörer zu brandmarken?

Wie? Der alte Staat, das königliche Ungeheuer sicherte sich die Macht, indem es alljährlich vierhunderttausend Menschen einkerkerte, fünfzehntausend aufknüpfte und dreitausend räderte, und die Republik sollte zaudern, noch ein paar hundert Köpfe ihrer Sicherheit und ihrer Macht zu opfern? Waten wir im Blut und retten wir das Vaterland ...«

Wie er so dachte, eilte Elodie bleich und aufgelöst auf ihn zu.

»Evarist, was hast du mir zu sagen? Warum kommst du nicht in den ›Amor als Maler‹, in das weiße Zimmer? Warum hast du mich hierher bestellt?«

»Um dir ewig Lebewohl zu sagen.«

Sie murmelte, er sei von Sinnen, sie verstände ihn nicht ... Er unterbrach sie mit unmerklicher Handbewegung.

»Elodie, ich kann deine Liebe nicht annehmen.«

»Schweig still, Evarist, schweig still!«

Sie bat ihn, weiterzugehen. Hier beobachtete und belauschte man sie. Er folgte ihr zwanzig Schritte, dann fuhr er sehr ruhig fort:

»Ich habe meinem Vaterlande mein Leben und meine Ehre geopfert. Ich werde verfemt sterben und vermache dir, Unglückliche, nichts als ein verfluchtes Andenken ... Uns lieben? Kann man mich noch lieben? ... Kann ich selbst lieben?«

Sie sagte ihm, er wäre wahnsinnig; sie liebte ihn und würde ihn stets lieben. Sie war leidenschaftlich, aufrichtig; doch auch sie fühlte es und besser als er, daß er recht hatte. Und sie wehrte sich gegen den Augenschein.

»Ich werfe mir nichts vor«, fuhr er fort. »Was ich tat, würde ich auch ein zweites Mal tun. Ich nahm den Fluch auf mich für das Vaterland. Ich bin verflucht. Ich habe die Schranken der Menschheit überschritten, ich werde nie mehr zu ihr zurückkehren. Nein! Die große Aufgabe ist noch nicht vollendet. Ach, Güte, Vergebung! ... Vergeben denn die Verräter? Üben denn die Verschwörer Güte? Die Zahl der Vaterlandsverräter nimmt unablässig zu. Sie wachsen aus dem Boden heraus, sie strömen von allen Grenzen herbei; Jünglinge, die besser im Felde gefallen wären, Greise, Kinder und Frauen mit der Maske der Unschuld, der Reinheit und Anmut. Und wenn man sie geopfert hat, finden sich immer mehr ... Du siehst wohl, ich muß der Liebe Valet sagen, jeder Freude, allen Reizen des Lebens, ja dem Leben selbst.«

Er schwieg. Elodie war zum friedlichen Genuß geschaffen und es graute ihr von Tag zu Tag mehr, in den Umarmungen dieses düsteren Liebhabers blutige Bilder mit den Eindrücken der Wollust zu vermischen. Sie gab keine Antwort. Evarist trank dieses Schweigen des jungen Mädchens wie einen bitteren Kelch.

»Du siehst, Elodie«, fuhr er fort, »wir werden fortgerissen .... Unser eigenes Werk verschlingt uns. Unsere Tage und Stunden sind Jahre. Bald hab' ich ein Jahrhundert gelebt. Sieh diese Stirn! Ist sie die Stirn eines Liebenden? Lieben ...«

»Evarist, du bist mein, ich behalte dich; ich gebe dir deine Freiheit nicht wieder.«

Ihre Worte klangen, als brächte sie ein Opfer. Er merkte es und sie selbst auch.

»Elodie, kannst du eines Tages bezeugen, daß ich meiner Pflicht treu blieb, daß meine Seele rein und mein Herz lauter war, daß ich keine andere Leidenschaft hatte als das öffentliche Wohl, daß ich von Natur zartfühlend und zärtlich war? Kannst du sagen: ›Er lebte seiner Pflicht?‹ Doch nein, du wirst es nicht sagen. Und ich bitte dich, es zu tun. Mein Andenken soll erlöschen. Mein Ruhm liegt in meinem Herzen; um mich her ist Schande. Wenn du mich je liebtest, so wahre über meinen Namen ewiges Schweigen.«

Ein Kind von acht bis neun Jahren, das seinen Reifen schlug, geriet in diesem Augenblick zwischen seine Beine.

Er hob es plötzlich empor und schloß es in seine Arme:

»Kind, du wirst aufwachsen in Freiheit und Glück, und das dankst du dem verruchten Gamelin. Ich bin ein Ungeheuer, damit du gut sein kannst, ich bin erbarmungslos, damit sich morgen alle Franzosen unter Freudentränen umarmen.«

Er drückte es an seine Brust.

»Kleiner, wenn du ein Mann sein wirst, dann schuldest du mir dein Glück, deine Unschuld; und wenn du je meinen Namen hörst, wirst du ihn verfluchen.«

Damit setzte er das Kind zu Boden und dieses floh entsetzt zu den Röcken seiner Mutter, die herbeigeeilt war, um es zu befreien. Es war eine junge Mutter von aristokratischer Schönheit, in weißem, feinem Leinenkleid, die ihren Knaben mit hochmütiger Miene davonführte.

Gamelin warf einen verstörten Blick auf Elodie:

»Ich habe dies Kind umarmt. Vielleicht lasse ich seine Mutter guillotinieren!«

Und er verließ sie mit großen Schritten und verschwand zwischen den Baumreihen.

Einen Augenblick blieb Elodie regungslos stehen und starrte zu Boden. Doch plötzlich stürzte sie ihrem Geliebten nach, ereilte ihn wütend, mit fliegenden Haaren, wie eine Mänade, packte ihn, als wollte sie ihn zerreißen, und mit einer von Blut und Tränen erstickten Stimme schrie sie ihn an: »Wohlan, Geliebter, schicke mich auch zur Guillotine! Laß mir auch den Kopf abschlagen!«

Und bei dem Gedanken des Messers, das ihr den Nacken durchschnitt, schmolz ihr ganzer Leib in Grausen und Wollust hin.

SECHSUNDZWANZIGSTES KAPITEL

Während die Thermidorsonne in blutiger Pracht unterging, irrte Evarist düster und sorgenvoll durch den Garten Marbeuf, der Nationaleigentum geworden war und in dem die müßigen Pariser spazierengingen. Man trank Limonade und aß Eis. Ein Karussell mit Holzpferden und ein Scheibenstand für die patriotische Jugend war eingerichtet. Unter einem Bäume saß ein kleiner zerlumpter Savoyarde mit schwarzer Mütze und ließ zum scharfen Klang seiner Fiedel ein Murmeltier tanzen. Ein jüngerer schlanker Mann in blauem Rock, mit gepuderten Haaren, von einem großen Hunde begleitet, blieb stehen und lauschte dieser ländlichen Weise. Evarist erkannte Robespierre. Er fand ihn blaß und abgemagert, mit harten Zügen, das Gesicht von schmerzlichen Falten durchfurcht. Und er dachte:

»Wie viele Anstrengungen und Leiden haben ihr Siegel auf seine Stirn gedrückt! Wie schwer ist es doch, für das Menschenglück zu arbeiten! Woran mag er jetzt denken? Lenkt ihn der Klang der Bergfiedel von seinen Amtssorgen ab?

Denkt er daran, daß er einen Pakt mit dem Tode geschlossen hat, und daß die Stunde der Erfüllung naht? Plant er, als Sieger in den Wohlfahrtsausschuß zurückzukehren, aus dem er ausgetreten ist, weil er es satt hatte, mit Couthon und Saint-Just von einer aufrührerischen Mehrheit in Schach gehalten zu werden? Welche Hoffnungen regen sich hinter diesem undurchdringlichen Antlitz oder welche Befürchtungen?«

Indessen lächelte Maximilian dem Knaben zu und stellte ihm mit sanfter Stimme ein paar wohlwollende Fragen über sein heimisches Tal, die Hütte, die Eltern, die der arme Junge verlassen; dann warf er ihm eine kleine Silbermünze zu und setzte seinen Spaziergang fort. Nach einigen Schritten drehte er sich um und rief seinen Hund, der das Wild gewittert hatte und das Murmeltier anfletschte, das sein Fell sträubte.

»Brount! Brount!« rief er.

Dann verschwand er in den dunklen Baumgängen.

Aus Ehrfurcht näherte sich Gamelin dem einsamen Spaziergänger nicht; doch als er die schmächtige Gestalt in der Dämmerung verschwinden sah, richtete er an ihn dieses stille Gebet:

»Ich sah deine Trübsal, Maximilian; ich erriet deine Gedanken. Deine Schwermut, deine Ermüdung, ja selbst der Ausdruck des Schreckens in deinen Blicken, alles an dir sagt: ›Möge die Schreckenszeit enden und die Brüderlichkeit beginnen! Franzosen, seid einig, seid tugendhaft, seid gut. Liebet einander ...‹ Wohlan, ich will deinen Plänen dienen! Auf daß du in deiner Weisheit und Güte dem Bürgerzwist ein Ziel setzen, den brudermörderischen Haß auslöschen und den Henker zum Gärtner machen kannst, der nur noch die Kohl- und Salatköpfe abschneidet, will ich mit meinen Kollegen vom Tribunal der Güte Bahn brechen, indem ich die Verräter und Verschwörer ausrotte.

Wir wollen unsere Strenge und Wachsamkeit verdoppeln. Kein Schuldiger soll uns entgehen. Und wenn das Haupt des letzten Feindes der Republik unter dem Richtbeil gefallen ist, dann kannst du ohne Frevel nachsichtig sein und Unschuld und Tugend über Frankreich herrschen lassen, o Vater des Vaterlandes!«

Der Unbestechliche war schon fern. Zwei Männer mit runden Hüten und Nankinghosen begegneten ihm an der Biegung einer Allee. Der eine, groß und hager, von scheuer Miene, hatte einen braunen Fleck über dem Auge und sah Tallien ähnlich. Sie warfen ihm im Vorübergehen einen schiefen Blick zu und taten, als erkannten sie ihn nicht. Als sie weit genug waren, um nicht gehört zu werden, murmelten sie leise:

»Da ist er ja, der König, der Papst, der Gott. Denn er ist Gott. Und Katharina Théot ist seine Prophetin.«

»Diktator! Verräter! Tyrann! Es gibt noch Brutusse!«

»Erzittre, Frevler! Der tarpejische Fels ist neben dem Kapitol!«

Der Hund Brount kam auf sie zu. Sie schwiegen still und beschleunigten den Schritt.

SIEBENUNDZWANZIGSTES KAPITEL

Du schläfst, Robespierre! Die Stunde verstreicht, die kostbare Zeit verrinnt …

Endlich, am 8. Thermidor, im Konvent, steht der Unbestechliche auf und redet. Sonne des 31. Mai, wirst du noch einmal aufgehen? Gamelin hofft und wartet. Robespierre wird also die Gesetzgeber, die schuldiger sind als die Föderalisten, gefährlicher als Danton, von den Bänken entfernen, die sie entehren … Nein, noch nicht! »Ich kann mich nicht entschließen«, sagt er, »den Schleier ganz zu zerreißen, der dieses große Geheimnis der Ungerechtigkeit verhüllt.« Und die Wetterwolke zerstreut sich, ohne einen der Verschworenen mit dem Blitze zu treffen. Aber alle erschreckt sie. Man zählte an die sechzig, die seit acht Tagen nicht mehr in ihrem Bette zu schlafen wagten. Marat nannte die Verräter bei Namen, wies mit dem Finger auf sie. Der Unbestechliche zaudert, und sofort wird er zum Angeklagten …

Am Abend herrscht drückendes Gedränge im Saale der Jakobiner, in den Gängen, im Hofe. Alle sind zugegen, die lärmenden Freunde wie die stummen Feinde. Robespierre verliest ihnen die Rede, die der Konvent in furchtbarem Schweigen anhörte und der die Jakobiner bewegt Beifall zollen.

»Das ist mein Testament«, sagte er. »Ich werde den Schierlingsbecher gefaßt trinken.«

»Ich trinke ihn mit dir!« ruft David.

»Alle, alle!« rufen die Jakobiner und trennen sich, ohne einen Beschluß gefaßt zu haben.

Während der Tod des Gerechten sich vorbereitete, schlief Evarist wie die Jünger auf dem Ölberge. Am nächsten Morgen ging er zum Tribunal, von dem nur zwei Abteilungen tagten. Die seine verurteilte einundzwanzig Mitschuldige der Verschwörung Lazares. Inzwischen trafen die Nachrichten ein: »Der Konvent hat nach sechsstündiger Sitzung beschlossen, die Anklage gegen Maximilian Robespierre, Couthon und Saint-Just zu erheben, desgleichen gegen Augustin Robespierre und Lebas, die das Schicksal der Angeklagten zu teilen wünschten. Die fünf Geächteten sind in Haft.«

Man erfährt, daß der Präsident der anderen Abteilung, die im Nebensaale zu Gericht sitzt, der Bürger Dumas, auf seinem Präsidentenstuhle verhaftet ist, daß aber die Sitzung fortdauert. Man hört den Generalmarsch schlagen und Sturm läuten.

Evarist erhält auf seiner Bank den Befehl des Stadtrates, sich ins Rathaus zur Sitzung des Gemeinderates zu begeben. Bei Trommelwirbel und Glockenklang fällt er seinen Spruch mit seinen Kollegen. Dann eilt er nach Hause, um seine Schärpe umzulegen und seine Mutter zu umarmen. Die Place de Thionville ist menschenleer. Der Bezirk wagt weder für noch gegen den Konvent zu stimmen. Man drückt sich an den Wänden entlang, schleicht sich hinaus, geht nach Hause. Auf das Sturmläuten und den Generalmarsch antwortet das Klappen der Fensterläden und Türen, die sich schließen. Der Bürger Dupont der Ältere verkriecht sich in seinen Laden, der Portier Remacle verschanzt sich in seiner Loge. Die kleine Josephine hält Mouton ängstlich umarmt. Die Bürgerin Gamelin stöhnt über die teuren Lebensmittel, die an allem Elend schuld seien. Am Fuße der Treppe begegnet Evarist der atemlosen Elodie; ihre schwarzen Locken kleben an ihrem feuchten Halse.

»Ich suchte dich im Gericht. Du warst gerade fort. Wohin gehst du?«

»Ins Rathaus.«

»Geh nicht hin. Du gehst ins Verderben. Hanriot ist verhaftet. Die Bezirke machen nicht mit. Die Sektion der Piken, Robespierres Bezirk, bleibt ruhig. Ich weiß es, mein Vater gehört zu ihr. Wenn du ins Rathaus gehst, so läufst du unnütz in dein Verderben.«

»Soll ich feig sein?«

»Es ist im Gegenteil mutig, dem Konvent treu zu sein und dem Gesetz zu gehorchen.«

»Das Gesetz ist tot, wenn die Frevler triumphieren.«

»Evarist, hör auf deine Elodie, hör auf deine Schwester. Komm und setze dich zu ihr, damit sie deine erregte Seele beruhigt.«

Er blickte sie an: noch nie war sie ihm so begehrenswert erschienen. Noch nie hatte ihre Stimme in seinen Ohren so wonnig und überredend geklungen.

»Zwei Schritte, mein Freund, nur zwei Schritte!«

Sie zog ihn nach dem Uferdamm, auf dem der Sockel der gestürzten Statue sich erhob. Ringsum standen Bänke, mit Spaziergängern und Spaziergängerinnen besetzt. Eine Posamentenverkäuferin bot ihre Spitzen feil. Der Wasserverkäufer trug seinen Behälter auf dem Rücken und klingelte mit seiner Schelle. Kleine Mädchen spielten Federball. Am Flußufer saßen regungslose Angler, ihre Rute in der Hand. Der Himmel war bedeckt, ein Gewitter im Anzug. Gamelin beugte sich über die Brüstung und blickte auf die Insel herab, die spitz wie ein Schiffskiel auslief. Er hörte die Baumwipfel im Winde rauschen und fühlte in seiner Seele ein unendliches Verlangen nach Stille und Einsamkeit.

Und wie ein köstliches Echo seiner Gedanken seufzte Elodies Stimme:

»Erinnerst du dich noch, wie du beim Anblick der Felder Friedensrichter in einem Dorfe sein wolltest? Da liegt das Glück.«

Doch durch das Rauschen der Bäume und die Stimme der Geliebten hörte er das Sturmläuten, den Generalmarsch, den fernen Hufschall und das Rasseln der Kanonen über das Pflaster. Zwei Schritte von ihm sagte ein junger Mann, der mit einer eleganten Bürgerin plauderte:

»Wissen Sie schon das Neueste? … Die Oper ist in der Rue de la Loi untergebracht …«

Man wußte schon alles. Man flüsterte Robespierres Namen, doch nur zitternd, man fürchtete ihn noch. Und die Frauen verbargen ein Lächeln bei der Kunde von seinem Sturze.

Evarist ergriff Elodies Hand und stieß sie fast unmittelbar zurück.

»Lebe wohl! Ich ließ dich mein furchtbares Geschick teilen; ich habe dein Leben für ewig zerstört. Lebe wohl! Suche mich zu vergessen!«

»Vor allem«, riet sie, »kehre heute nacht nicht nach Hause zurück. Komm in den ›Amor als Maler‹. Klingle nicht; wirf einen Stein an meinen Fensterladen. Ich öffne dir selber die Haustür, ich verstecke dich auf dem Boden.«

»Du wirst mich als Sieger wiedersehen oder nie mehr. Lebe wohl!«

Als er sich dem Rathaus näherte, hörte er das Getöse der großen Tage zu dem lastenden Himmel aufsteigen. Auf dem Grèveplatz ein Gewirr von Waffen, ein Leuchten von Schärpen und Uniformen, Hanriots Kanonen in Stellung. Er steigt die Ehrentreppe hinan und trägt sich im großen Ratssaal in die Präsenzliste ein. Der Gemeinderat erklärt sich mit vierhunderteinundneunzig Mitgliedern einstimmig für die Geächteten.

Der Maire läßt sich die Tafel der Menschenrechte bringen und verliest den Artikel, in dem es heißt: »Wenn die Regierung die Volksrechte verletzt, so ist die Auflehnung für das Volk die heiligste und unerläßlichste Pflicht.« Und der oberste Stadtbeamte von Paris erklärt, daß die Gemeinde dem Staatsstreiche des Konvents den Aufstand des Volkes entgegensetzt.

Die Mitglieder des Gemeinderats schwören, auf ihrem Posten zu sterben. Zwei städtische Beamte werden auf den Grèveplatz geschickt, um das Volk aufzufordern, sich mit seinen Beamten zur Rettung des Vaterlandes und der Freiheit zu vereinen.

Alles sucht sich, tauscht Nachrichten aus, gibt Ratschläge. Unter den städtischen Beamten sind wenige Handwerker. Der jetzt vereinte Gemeinderat ist von den Jakobinern gesäubert worden: Richter und Geschworene vom Revolutionstribunal, Künstler wie Beauvallet und Gamelin, Rentner und Professoren, reiche Bürger, Großkaufleute, gepuderte Köpfe, Bäuche mit Uhrgehängen. Nur wenige Holzschuhe, lange Hosen, Karmagnolen und rote Mützen. Diese Bürger sind zahlreich und entschlossen. Aber recht bedacht, ist es fast alles, was Paris an wahren Republikanern besitzt. Aufrecht stehen sie im Rathaus, wie auf dem Felsen der Freiheit, umbrandet von einem Meer von Gleichgültigkeit.

Immerhin treffen günstige Nachrichten ein. Alle Gefängnisse, in denen die Geächteten eingekerkert wurden, öffnen ihre Tore und geben ihre Beute frei. Augustin Robespierre kommt als erster ins Rathaus und wird mit Beifall empfangen. Um acht Uhr trifft die Nachricht ein, daß Maximilian nach langem Widerstreben auch kommen will. Man erwartet ihn; er erscheint. Ungeheurer Beifall braust zu den Wölbungen des alten Rathauses empor. Er erscheint, von zwanzig Armen getragen, der schmächtige, geleckte Mann in blauem Rock und gelben Kniehosen – das ist er. Er übernimmt den Vorsitz, er spricht.

Bei seiner Ankunft ordnet der Gemeinderat an, daß die Fassade des Rathauses sofort illuminiert wird. In ihm ist der Sitz der Republik. Er redet, redet mit dünner Stimme, mit Eleganz. Er spricht rein und wortreich. Die Anwesenden, die ihren Kopf auf sein Leben gesetzt haben, merken zu ihrem Entsetzen, daß er ein Mann der Worte ist, ein Mann der Ausschüsse, der Tribünen, unfähig zu raschem Entschluß und zu revolutionärer Tat.

Man zieht ihn ins Beratungszimmer. Jetzt sind sie alle beisammen, die berühmten Geächteten: Lebas, Saint-Just, Couthon. Robespierre redet. Es ist halb ein Uhr nachts. Er redet noch immer. Inzwischen drückt Gamelin im großen Rathaussaale die Stirn gegen die Scheiben und schaut mit bangem Blick hinaus. Er sieht die Lampions in der dichten, finstern Nacht schweben. Hanriots Kanonen stehen vor dem Rathause aufgefahren. Um halb ein Uhr tauchen Fackeln an der Ecke der Rue de la Vannerie auf. Sie umringen einen Delegierten des Konvents mit den Abzeichen seiner Würde. Er entfaltet ein Papier und verliest im roten Lichtschein ein Dekret des Konvents, das die Mitglieder des aufständischen Gemeinderats und die Bürger, die seinem Befehle gehorchen, ächtet.

Ächtung! Tod ohne Urteil! Der bloße Gedanke läßt die Entschlossensten erbleichen. Gamelin fühlt, wie seine Stirn eiskalt wird. Er sieht die Menge den Grèveplatz mit großen Schritten räumen. Und als er sich umdreht, sieht er, daß der Saal, in dem die Stadträte sich noch eben erdrückten, fast leer ist. Doch sie sind umsonst entflohen. Sie hatten sich eingezeichnet!

Zwei Uhr morgens. Der Unbestechliche berät im Nebensaal mit dem Gemeinderat und den geächteten Volksvertretern.

Gamelin bohrt seine Blicke verzweifelt in den finsteren Platz. Beim Schein der Laternen sieht er die Holzlichter am Schaufenster des Krämers wie Kegel zusammenschlagen; die Laternen baumeln und flackern: ein Sturm hat sich aufgetan. Im nächsten Moment stürzt ein Platzregen nieder. Der Platz leert sich völlig, und die, welche das furchtbare Dekret nicht vertrieben hatte, nehmen vor einem Regengusse Reißaus. Hanriots Kanonen sind verlassen. Bei Blitzesschein sieht er aus der Rue Antoinette und vom Seinekai gleichzeitig die Truppen des Konvents anrücken, und die Eingänge zum Rathause stehen offen …

Endlich hat Maximilian beschlossen, über das Dekret des Konvents an die Sektion der Piken zu appellieren. Der Gemeinderat läßt Säbel, Pistolen, Piken herbeischaffen … Doch ein Getöse von Waffen, von marschierenden Truppen und zertrümmerten Scheiben erfüllt das Haus. Wie eine Lawine stürzen die Truppen des Konvents durch das Beratungszimmer und ergießen sich in den großen Rathaussaal. Ein Schuß kracht: Gamelin sieht Robespierre mit zerschmettertem Kinnbacken stürzen. Er selbst ergreift ein Messer, das Sechsdreiermesser, mit dem er eines Tages, als Hungersnot herrschte, einer darbenden Mutter sein halbes Brot abgeschnitten, das Messer, das Elodie eines schönen Abends im Gasthofe zu Orangis als Pfand auf ihrem Schoße gehalten hatte. Er klappt es auf und will es sich ins Herz stoßen. Die Klinge prallt gegen eine Rippe, schnappt zu und zerschneidet ihm zwei Finger, Gamelin bricht blutüberströmt zusammen. Er kann sich nicht rühren, leidet jedoch an grausamem Frost.

In dem furchtbaren Handgemenge, das über ihn hinstampft, hört er deutlich die Stimme des jungen Dragoners Henri schreien:

»Der Tyrann ist nicht mehr; sein Gefolge ist zerschmettert. Die Revolution nimmt ihren majestätischen, furchtbaren Fortgang.«

Gamelin wird ohnmächtig.

Um sieben Uhr morgens kam ein Arzt, vom Konvent geschickt, und verband ihn. Der Konvent war sehr fürsorglich für Robespierres Mitschuldige: keiner sollte der Guillotine entgehen. Auf einer Tragbahre wurde der Maler, Geschworene und geächtete Stadtrat in die Conciergerie geschafft.

ACHTUNDZWANZIGSTES KAPITEL

Am 10. fuhr Evarist, auf einer Gefängnispritsche liegend, aus seinem Fieberschlafe mit unsäglichem Entsetzen auf. Paris strahlte im Sonnenschein in seiner Anmut und Größe. Hoffnung kehrte in die Herzen der Gefangenen zurück; die Kaufleute öffneten fröhlich ihre Läden, die Bürgersleute fühlten sich reicher, die jungen Leute glücklicher, die Frauen schöner– alles dank Robespierres Sturz. Nur ein Rudel von Jakobinern, ein paar Priester, die den Eid geleistet, und einige alte Weiber erbebten darob, daß die Macht nun in die Hände der Bestochenen und Böswilligen käme. Eine Abordnung vom Revolutionstribunal, bestehend aus dem Staatsanwalt und zwei Richtern, begab sich in den Konvent und beglückwünschte ihn, daß er den Verschwörungen ein Ende bereitet hätte. Die Versammlung beschloß, die Guillotine von neuem auf dem Revolutionsplatze aufzustellen. Die Reichen, die Elegants, die hübschen Frauen sollten, ohne sich zu bemühen, Robespierres Hinrichtung beiwohnen können, die noch am selben Tage stattfand. Der Diktator und seine Mitschuldigen waren geächtet; es genügte also, daß zwei städtische Beamte ihre Identität feststellten, damit das Gericht sie sofort dem Scharfrichter überlieferte. Doch eine Schwierigkeit ergab sich: diese Feststellung konnte nicht in vorschriftsmäßiger Form stattfinden, da der ganze Gemeinderat geächtet war. Der Konvent ermächtigte das Gericht, sie durch gewöhnliche Zeugen vornehmen zu lassen.

Die Triumvirn wurden mit ihren Hauptschuldigen zum Tode geschleppt, unter Wut- und Jubelgeschrei, unter Flüchen, Gelächter und Freudentänzen …

Am Tage darauf wurde Evarist aus seinem Kerker geholt und vor Gericht gestellt. Er war etwas zu Kräften gekommen und konnte fast auf seinen Beinen stehen. Man setzte ihn auf die Tribüne, die er so oft voll Angeklagter gesehen hatte und auf der nach und nach so viele berühmte und unbekannte

Opfer erschienen waren. Jetzt ächzte sie unter der Last von fünfundsechzig Individuen, meist Mitgliedern des Gemeinderats und etlichen Geschworenen, die gleich ihm geächtet waren. Er erblickte seine Bank wieder, die Rückenlehne, gegen die er sich sonst gelehnt hatte, den Platz, von dem aus er so viele Unglückliche in Schrecken versetzt hatte. Dort war er den Blicken von Jacques Maubel, Fortuné Chassagne, Maurice Brotteaux und den flehenden Augen der Bürgerin Rochemaure begegnet, der er seine Ernennung zum Geschworenen verdankte und der er seinen Dank durch ihr Todesurteil abgestattet hatte. Auf der Tribüne thronten die Richter in drei Mahagoni-Lehnstühlen, die mit rotem Utrechter Samt bezogen waren; darüber erblickte er die Büsten von Chalier und Marat und die des Brutus, bei der er einst geschworen hatte. Nichts war verändert: weder die Äxte und Rutenbündel, die roten Papiermützen, die Schmährufe, die die Trikoteusen von den Tribünen herab auf die Todgeweihten schleuderten, noch die Seele des dickköpfigen, arbeitsamen Fouquier, der eifrig in seinen mörderischen Papieren blätterte und als vollendeter Beamter seine gestrigen Freunde aufs Schafott schickte.

Die Bürger Remacle, Portier und Schneider, sowie Dupont der Ältere, Tischler an der Place de Thionville und Mitglied vom Überwachungsausschuß des Bezirks Pont-Neuf, rekognoszierten Evarist Gamelin, Kunstmaler, früheren Geschworenen am Revolutionstribunal und früheres Mitglied des Pariser Gemeinderats. Für diese Leistung erhielten sie vom Bezirk ein Assignat von hundert Sous auf Bezirkskosten. Doch da sie Nachbarn und Freunde des Geächteten waren, so machte sein Blick sie verlegen. Zudem war es heiß, sie waren durstig und gingen rasch ein Glas Wein trinken.

Nur mit Mühe bestieg Gamelin den Henkerkarren. Er hatte viel Blut verloren und seine Wunde schmerzte ihn heftig. Der Kutscher schlug auf seinen Klapper ein und langsam setzte der Zug sich in Bewegung, von Hohngelächter begleitet.

Frauen, die Gamelin erkannten, riefen ihm zu:

»Nur zu! Blutsauger! Mörder für achtzehn Franken pro

Tag! ... Er lacht nicht mehr. Seht, wie bleich er ist, der Feigling!«

Es waren dieselben Weiber, die früher die Aristokraten und die Verschwörer, die Gemäßigten und die Heißsporne verhöhnt hatten, die von Gamelin und seinen Kollegen in den Tod geschickt wurden.

Der Karren kam auf den Quai des Morfondus, fuhr langsam über den Pont-Neuf und erreichte die Rue de la Monnaie. Es ging nach dem Revolutionsplatze, zu Robespierres Schafott. Der Gaul lahmte, der Kutscher schlug ihm in einem fort seine Peitsche um die Ohren. Der fröhliche Schwarm der Zuschauer versperrte der Bedeckung fortwährend den Weg. Das Publikum jubelte den Gendarmen zu, die ihre Pferde zurückhielten. An der Ecke der Rue St.-Honoré verdoppelten sich die Schmähungen. Junge Leute, die im Zwischenstock in den Moderestaurants zu Tische saßen, traten mit der Serviette in der Hand an die Fenster und riefen:

»Kannibalen! Menschenfresser! Blutsauger!«

Der Karren geriet in einen Schmutzhaufen, den man an diesen beiden unruhigen Tagen nicht fortgeschafft hatte. Die goldene Tugend brach in Jubelgeschrei aus:

»Der Karren steckt im Dreck! ... In den Kot mit den Jakobinern!«

Gamelin war in Gedanken versunken und eine Erkenntnis ging in ihm auf.

»Ich sterbe gerecht«, dachte er. »Es ist recht und billig, daß diese Schmähungen, die der Republik gelten, auf uns fallen; wir hätten sie davor schirmen sollen. Wir waren schwach. Wir haben uns der Nachsicht schuldig gemacht. Wir haben die Republik verraten. Unser Schicksal ist verdient. Selbst Robespierre, der Reine, der Heilige, sündigte durch Milde und Sanftmut. Seine Sünden sind durch sein Martyrium gesühnt. Wie er verriet auch ich die Republik; sie geht unter: es ist gerecht, daß ich mit ihr sterbe. Ich schonte das Blut anderer; möge das meine fließen! Möge ich untergehen; ich hab' es verdient...!«

Während er so dachte, erblickte er das Schild des ›Amor als

Maler‹, und ein Strom von Süße und Bitterkeit quoll wild in seinem Herzen auf.

Der Laden war geschlossen, die Jalousien der drei Fenster im Zwischenstock ganz heruntergelassen. Als der Karren vor dem linken Fenster, dem des weißen Stübchens, vorbeikam, hob eine Frauenhand, die am Finger ein silbernes Ringchen trug, den unteren Rand der Jalousie auf und warf ihm eine rote Nelke zu, die Gamelin mit seinen gefesselten Händen nicht auffangen konnte, die er aber anbetete als Symbol und Abbild der roten duftenden Lippen, die seinen Mund so oft erfrischt hatten. Seine Augen füllten sich mit Tränen, und ganz versunken in den Zauber dieses Abschieds sah er auf dem Revolutionsplatze das blutige Fallbeil aufragen.

NEUNUNDZWANZIGSTES KAPITEL

Die Seine ging mit Eis. Es war im Monat Nivôse. Die Wasserbecken der Tuilerien, die Rinnsteine und Fontänen waren gefroren. In den Straßen wirbelte der Nordwind Schneewolken auf. Weißer Dampf quoll aus den Nüstern der Pferde; an den Türen der Optikerläden blickten die Passanten nach den Thermometern. Ein Verkäufer wischte die Eiskruste von den Scheiben des ›Amor als Maler‹, und die Neugierigen sahen sich die Modekupfer an: Robespierre preßte ein Herz über einem Kelche aus wie eine Zitrone, um das Blut zu trinken. Daneben große allegorische Darstellungen, wie ›Robespierres Tigerherrschaft‹ – lauter Schlangen, Hydren, scheußliche Ungeheuer, die der Tyrann auf Frankreich losließ – ferner ›Robespierres schändliche Verschwörung‹, ›Robespierres Gefangennahme‹, ›Robespierres Tod‹.

Nach dem Mittagessen erschien Philipp Demahis im ›Amor als Maler‹, seine Mappe unter dem Arme; er brachte dem Bürger Blaise eine Platte, die er soeben gestochen: ›Robespierres Selbstmord‹. Der Schelmengriffel des Malers hatte den Selbstmörder denkbar abstoßend gemacht. Das Publikum hatte sich damals noch nicht satt gesehen an all den Bildern, welche die Schändlichkeit dieses Mannes darstellten, den man mit allen Verbrechen der Revolution belud. Trotzdem erklärte der Kunsthändler, der sein Publikum kannte, er werde ihm demnächst militärische Sujets zu stechen geben.

»Wir werden bald Siege und Eroberungen brauchen, Säbel, Helmbüsche und Generale. Wir sind auf dem Wege zum Ruhme. Ich fühle es in mir; mein Herz schlägt bei der Kunde von den Siegen unserer tapferen Heere. Und wenn ich etwas fühle, so fühlt es fast immer alle Welt mit mir. Was wir brauchen, sind Krieger und Frauen. Mars und Venus.«

»Bürger Blaise, ich habe noch zwei oder drei Zeichnungen von Gamelin, die Sie mir zum Stechen gaben. Eilt es damit?«

»Durchaus nicht.«

»Übrigens, bei Gamelin ... Gestern ging ich über den Boulevard du Temple. Bei einem Althändler gegenüber von Beaumarchais' Hause sah ich alle Bilder dieses Unglücksmannes, auch seinen ›Orest und Elektra‹. Orests Kopf sieht Gamelin ähnlich und ist sehr schön, ich versichere Ihnen ... Kopf und Arm sind süperb ... Der Althändler sagte, die Bilder würde er leicht los an Maler, die sie übermalten ... Der arme Gamelin! Vielleicht wäre er ein großes Talent geworden, hätte er die Politik sein lassen.«

»Er hatte eine Verbrecherseele!« erwiderte der Bürger Blaise. »Ich habe ihn hier in diesem Laden entlarvt, zu einer Zeit, wo seine blutdürstigen Instinkte noch nicht hervortraten. Er hat es mir nie verziehen ... Ha! das war 'ne nette Kanaille!«

»Der arme Kerl! Er meinte es ehrlich. Die Fanatiker haben ihm den Kopf verdreht!«

»Sie wollen ihn doch hoffentlich nicht verteidigen, Demahis? ... Er ist nicht zu verteidigen.«

Und der Bürger Blaise klopfte dem schönen Demahis auf die Schulter.

»Die Zeiten haben sich geändert. Jetzt, wo der Konvent die Geächteten zurückruft, kann man Sie ruhig ›Barbaroux‹ nennen ... Da fällt mir ein, Demahis, stechen Sie mir doch ein Bild der Charlotte Corday.«

Eine große und schöne Frauengestalt, brünett und in Pelze gehüllt, betrat den Laden und nickte dem Bürger Blaise diskret und vertraulich zu. Es war Julie Gamelin; doch diesen Namen der Schande trug sie nicht mehr; sie nannte sich ›Witwe Chassagne‹ und trug unter ihrem Mantel eine rote Tunika, zum Andenken an die roten Hemden der Schreckenszeit.

Julie hatte gegen Evarists Geliebte anfangs Abneigung empfunden; alles, was mit ihrem Bruder zusammenhing, war ihr verhaßt. Doch die Bürgerin Blaise hatte die unglückliche Mutter nach Evarists Tode in einer Dachstube ihres Hauses zum ›Amor als Maler‹ untergebracht, und auch Julie hatte dort anfangs ihre Zuflucht gesucht, bis sie wieder eine Stellung in dem Modegeschäft in der Rue des Lombards fand. Ihr kurzes Haar ›a la victime‹, ihre aristokratische Miene und ihre Trauer wandten ihr die Interessen der goldenen Jugend zu. Jean Blaise, mit dem die Thévenin halb gebrochen hatte, bewarb sich um sie und sie nahm seine Werbung an. Trotzdem trug sie mit Vorliebe Männerkleider wie in der Schreckenszeit: sie ließ sich einen schönen Stutzeranzug machen und ging oft, einen riesigen Stock in der Hand, mit einem Modefräulein in ein Wirtshaus in Sèvres oder Meudon zum Nachtessen. Untröstlich über den Tod des jungen Edelmannes, dessen Namen sie trug, fand die männliche Julie in ihrer Trübsal keinen anderen Trost als die Wut, und wenn sie Jakobinern begegnete, so hetzte sie die Passanten gegen sie auf und schrie: »Zum Tode mit ihnen!« Für ihre Mutter behielt sie wenig Zeit übrig. Die saß jetzt allein in ihrem Stübchen und betete den ganzen Tag ihren Rosenkranz. Der tragische Tod ihres Sohnes hatte sie so niedergeschmettert, daß sie den Stachel des Schmerzes nicht fühlte. Rose war Elodies treue Gefährtin geworden, die sich mit ihren Stiefmüttern offenbar gut vertrug.

»Wo ist Elodie?« fragte die Bürgerin Chassagne.

Jean Blaise zuckte die Achseln; es war bei ihm Prinzip, dies nie zu wissen.

Julie kam, sie abzuholen, um die Thévenin in Monceaux zu besuchen, wo die Schauspielerin ein Häuschen mit einem englischen Garten bewohnte.

Im Conciergeriegefängnis hatte die Thévenin die Bekanntschaft eines großen Armeelieferanten, des Bürgers Montfort, gemacht. Auf Bitten von Jean Blaise war sie aus dem Gefängnis freigelassen worden und hatte ihrerseits die Befreiung des Bürgers Montfort durchgesetzt. Sobald dieser in Freiheit war, lieferte er den Truppen Proviant und spekulierte in Grundstücken des Stadtviertels der Pépinière. Ledoux, Olivier und Vailly bauten hübsche Häuser darauf, und binnen drei Monaten hatte das Terrain den dreifachen Wert. Seit dem Gefängnis war Montfort der Liebhaber der Thévenin; er schenkte ihr ein kleines Haus in der Nähe von Tivoli und der Rue du

Rocher, das sehr teuer war, ihn aber nichts kostete, da der Verkauf der anstoßenden Grundstücke ihm den Preis schon dreifach vergütet hatte. Jean Blaise war ein galanter Mann. Er meinte, man müsse das dulden, was man nicht hindern kann, und trat die Thévenin an Montfort ab, ohne mit ihr zu brechen.

Kurz nachdem Julie den ›Amor als Maler‹ betreten hatte, erschien Elodie in voller Toilette im Laden. Trotz der Kälte trug sie unter ihrem Mantel nur ein weißes Kleid auf bloßem Leibe. Ihr Gesicht war blässer geworden, ihre Taille schlanker, ihre Augen blickten schmachtend, und ihr ganzes Wesen atmete Wollust.

Die beiden Frauen gingen zur Thévenin, die sie erwartete. Demahis schloß sich ihnen an; die Schauspielerin pflegte ihn über die Ausschmückung ihres Hauses um Rat zu fragen, und er liebte Elodie, die in diesem Augenblick mehr als halb entschlossen war, ihn nicht länger leiden zu lassen. Als die beiden Frauen bei Monceaux vorbeikamen, wo die auf dem Revolutionsplatze Hingerichteten unter einer Kalkschicht beerdigt lagen, sagte Julie:

»Während der Kälte ist's gut so. Aber im Frühjahr werden die Ausdünstungen dieses Bodens die halbe Stadt verpesten ...«

Die Thévenin empfing ihre beiden Freundinnen in einem antiken Salon, dessen Kanapees und Lehnstühle von David entworfen waren. Römische Flachreliefs, in Grisaille-Malerei nachgeahmt, prangten an den Wänden über Statuen, Büsten und in Bronze gemalten Kandelabern. Sie trug eine strohblonde Lockenperücke. Perücken machten damals Furore; man gab sechs, zwölf, ja achtzehn zur Aussteuer mit. Ein Kleid ›a la cyprienne‹ legte sich eng um ihre schlanke Figur. Sie warf sich einen Mantel über die Schultern und führte ihre Freundinnen und den Kupferstecher in den Garten, den Ledoux ihr entwarf, der aber bisher nur ein Chaos von kahlen Bäumen und Stuck war. Immerhin zeigte sie schon die Fingalsgrotte, eine gotische Kapelle mit einer Glocke, einen Tempel, einen Gießbach.

»Dort«, sagte sie, auf eine Gruppe von Fichten deutend, »möchte ich ein Denkmal zur Erinnerung an den unglücklichen Brotteaux des Ilettes errichten. Ich war ihm nicht gleichgültig. Er war ein liebenswürdiger Mann. Die Ungeheuer haben ihn erwürgt; ich habe ihn beweint. Demahis, zeichnen Sie mir doch eine Urne auf eine Säule.« Und fast unmittelbar setzte sie hinzu: »Es ist zum Verzweifeln ... Diese Woche wollt' ich einen Ball geben. Aber alle Musikanten sind schon für drei Wochen bestellt. Bei der Bürgerin Tallien ist allabendlich Ball.«

Nach der Mahlzeit fuhr die Thévenin in ihrem Wagen mit ihren beiden Freundinnen und Demahis nach dem Théâtre Feydeau. Das ganze elegante Paris war dort vereinigt. Die Frauen trugen antike Frisuren oder kurze Haare ›a la victime‹ und tief ausgeschnittene Kleider in Weiß oder Purpur mit Goldpailletten. Die Männer trugen riesenhohe Kragen, und ihr Kinn verschwand in mächtigen weißen Krawatten.

Der Theaterzettel zeigte ›Phädra‹ und den ›Hund des Gärtners‹ an. Das ganze Haus verlangte die Hymne ›Das Erwachen des Volkes‹, welche die Stutzer und die goldene Jugend so liebten.

Der Vorhang ging auf und ein kleiner dicker Mann erschien auf der Bühne: es war der berühmte Lays. Er sang mit seiner schönen Tenorstimme:

»Peuple français, peuple de frères!«

Ein donnernder Beifall erscholl, so daß die Kristalle der Kronleuchter klirrten. Hier und dort vernahm man ein Murren, und die Stimme eines Bürgers in rundem Hute antwortete aus dem Parterre mit der Marseillaise:

»Allons, enfants de la Patrie...!«

Aber dieses Lied erstickte in Hohngelächter; Rufe ertönten:

»Nieder mit den Terroristen! Tod den Jakobinern!«

Lays wurde zurückgerufen und sang zum zweiten Male die Hymne des Thermidor:

»Peuple français, peuple de frères ...«

In allen Theatern sah man Marats Büste auf einer Säule oder auf einem Sockel; im Théâtre Feydeau stand diese Büste auf einem Gestell vor dem ›Garten‹, an einer Kulisse, die eine Mauer darstellte und die Szene abschloß.

Während das Orchester die Ouvertüre von ›Phädra und Hippolyte‹ spielte, wies ein junger Stutzer mit der Spitze seines Stockes auf diese Büste und rief:

»Nieder mit Marat!«

Das ganze Haus fiel ein:

»Nieder mit Marat! Nieder mit Marat!«

Und beredte Stimmen überschrien den Tumult:

»Es ist eine Schande, daß diese Büste noch dasteht!«

»Der infame Marat herrscht überall zu unserer Schande! Er hat so viel Büsten wie Köpfe, die er abschlagen wollte!« – »Giftkröte!« – »Tiger!« – »Schwarze Schlange!«

Plötzlich schwang sich ein eleganter Theaterbesucher über die Brüstung seiner Loge, stieß die Büste um und warf sie herunter. Und der Gipskopf flog zertrümmert auf das Orchester herab, während der ganze Saal tosend applaudierte und stehend das ›Erwachen des Volkes‹ intonierte:

»Peuple français, peuple de frères…!«

Unter den begeisterten Sängern erkannte Elodie den hübschen Dragoner Henri, den kleinen Schreiber beim Staatsanwalt, ihre erste Liebe …

Nach der Vorstellung rief der schöne Demahis ein Kabriolett heran und fuhr mit der Bürgerin Blaise zum ›Amor als Maler‹. Im Wagen nahm er ihre Hand zwischen die seinen und sagte:

»Glauben Sie, Elodie, daß ich Sie liebe?«

»Ich glaube es, denn Sie lieben alle Frauen.«

»Ich liebe sie in Ihnen.«

Sie lächelte: »Da hätte ich viel zu tun, trotz der schwarzen, blonden und roten Perücken, die jetzt Furore machen, wenn ich Ihnen alle Frauen ersetzen sollte.«

»Elodie, ich schwöre Ihnen …«

»Was? Schwüre, Bürger Demahis? … Sie sind entweder sehr naiv, oder Sie halten mich dafür.«

Demahis wußte nichts zu antworten, und sie genoß es wie einen Sieg, daß sie ihm all seinen Witz genommen hatte.

An der Ecke der Rue de la Loi hörten sie Gesang und Geschrei und sahen Schattengestalten sich um ein Kohlenbecken bewegen. Es war ein Schwarm von Elegants, die aus dem Théâtre Français kamen und eine Puppe als Marat verbrannten. In der Rue St.-Honoré stieß der Kutscher mit seinem Zweimaster gegen ein burleskes Zerrbild von Marat, das an der Laterne baumelte. Über diesen Zusammenstoß belustigt, drehte der Kutscher sich zu den Fahrgästen um und erzählte ihnen, wie gestern der Kuttelflecksieder aus der Rue Montorgueil Marats Kopf mit Blut beschmiert und gesagt hätte. »Das liebte er.« Zehnjährige Buben hätten die Büste dann in die Kloake geworfen und die Bürger hätten dann schlagfertig gerufen: »Das ist sein Pantheon!«

Derweil hörten sie in allen Restaurants und bei allen Limonadenverkäufer das Lied singen:

»Peuple français, peuple de frères…!«

Als sie am ›Amor als Maler‹ anlangten, sagte Elodie ›Adieu‹ und sprang aus dem Wagen.

Aber Demahis flehte sie so zärtlich an und war so dringlich und so sanft zugleich, daß sie es nicht über das Herz brachte, ihn vor der Tür zu lassen.

»Es ist spät«, sagte sie, »Sie dürfen nur einen Moment bleiben.«

In dem weißen Zimmer warf sie ihren Mantel ab und stand in ihrem antiken Gewande da, das ihre Formen umspannte.

»Sie frieren vielleicht«, sagte sie. »Ich will das Feuer anzünden, es ist alles bereit.«

Sie schlug Feuer an und legte ein brennendes Scheitholz in den Kamin.

Philipp schloß sie in seine Arme, mit der Zartheit, welche die Kraft offenbart, und ein unsäglich holdes Gefühl überkam sie. Sie schmolz unter seinen Küssen schon hin, entwand sich ihm aber.

»Lassen Sie mich!«

Langsam löste sie vor dem Kaminspiegel ihre Haare auf, dann blickte sie wehmütig auf den Ring, den sie am Ringfinger der linken Hand trug, ein silbernes Ringlein, mit dem ganz verwischten und unkenntlichen Kopf Marats geschmückt. Sie blickte ihn an, bis die Tränen ihre Blicke umflorten, zog ihn sanft ab und warf ihn in die Flammen.

Dann wirft sie sich, strahlend von Tränen und Lächeln, schön vor Zärtlichkeit und Liebe, in Philipps Arme.

Es war tief in der Nacht, als die Bürgerin Blaise ihrem Geliebten die Wohnungstür öffnete und ihm im Dunkeln zuflüsterte:

»Lebe wohl, Geliebter ... Um diese Zeit kann mein Vater heimkehren. Hörst du Geräusch auf der Treppe, so steige rasch in den zweiten Stock hinauf und gehe erst wieder hinunter, wenn keine Gefahr mehr ist, daß er dich sieht. Klopfe dreimal aus Fenster der Portierloge, damit dir die Haustür geöffnet wird. Leb wohl, mein Leben! Leb wohl, meine Seele!«

Die letzten Scheite verglommen im Kamin. Elodies Kopf sank glücklich und müde ins Kissen.

ENDE